A JOURNEY FROM MAGIC SQUARES TO MAGICAL PATTERNS

THE SECRET BEHIND MY MAGICAL COLORING BOOK SERIES

5	15	3	10
16	9	5	4
1	8	12	13
11	2	14	7

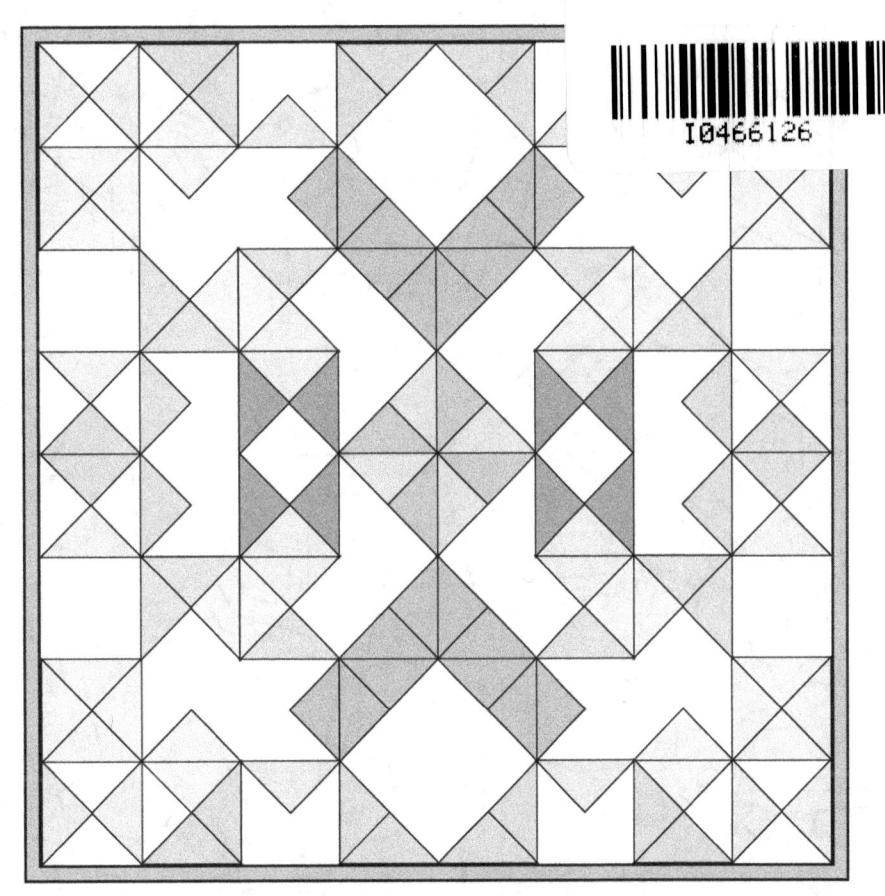

GHOLAMREZA ZARE

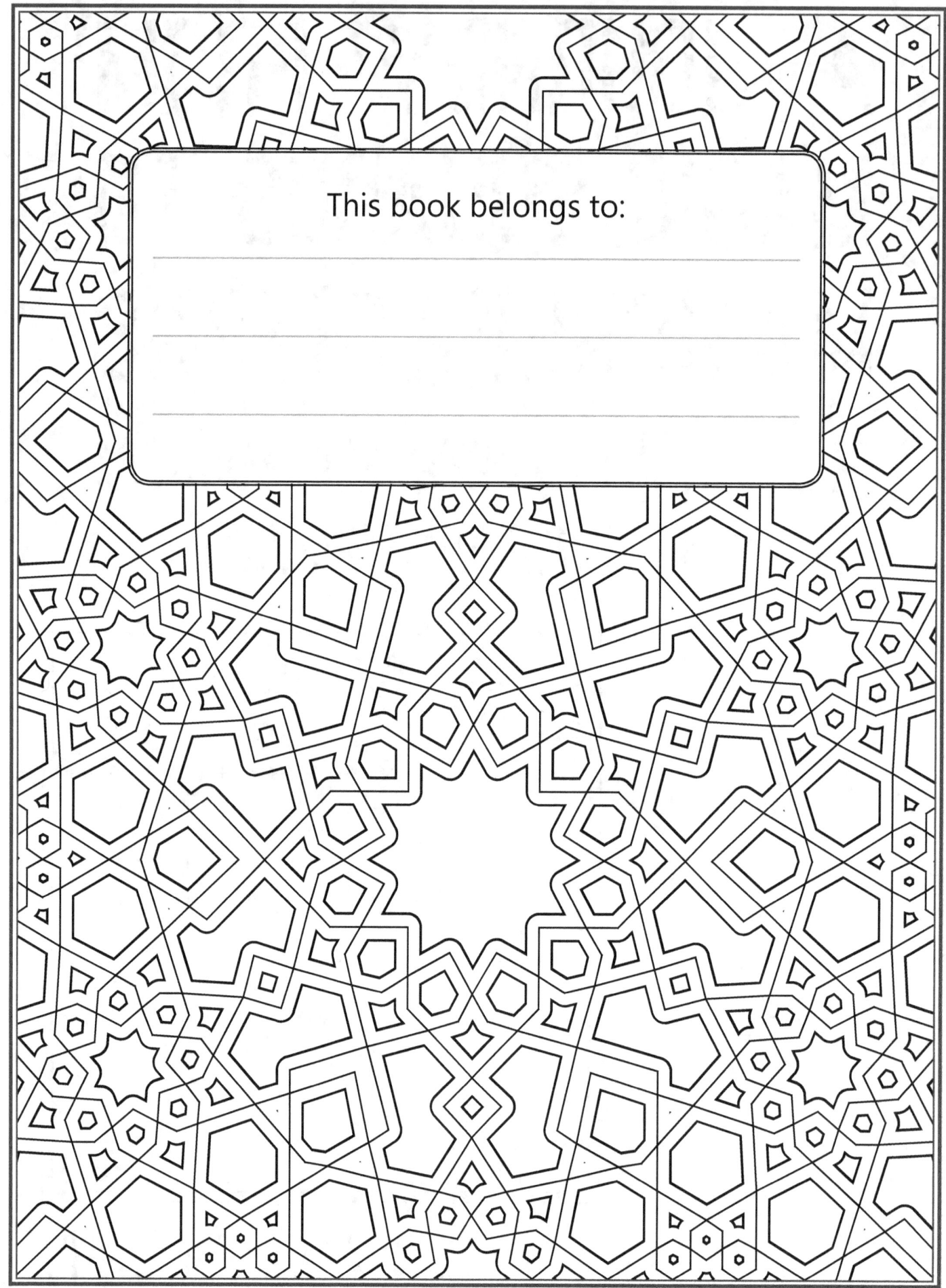

This book belongs to:

Table of Contents

Chapter One: The proposed method

Introduction

This book expresses an incredible journey from magic squares to magical patterns. I have designed 20 books in two 10-volume collections, highlighting magical patterns on the topic of adult coloring books in 2018. I have published them through Amazon. The titles are as follows:

- Adult Coloring Book: 88 Magical Designs to Improve Visual Perception (Volume 1 through 10).
- Adult Coloring Book: 104 Magical Stress Relieving Patterns To Improve Brain Relaxation (Volume 1 through 10).

All patterns of the collection 1 are in this book. Also, in the second collection, I have employed the curved lines instead of straight lines to complete the books. However, there are 880 magical patterns in each collection. Also, I have included some random patterns in the second collection. I have designed all of the designs based on the magic square of order 4. In this book, I have presented the generating method. It can help you to improve your imaginations and your thinking about the numbers. So this book can be an introductory guide to using the creativity of using numerical sets to generating your designs. I have included all 880 patterns with the base magic squares. Thus, this book improves your visual perception and also creativity. The task is an excellent way.

On the other hand, you can employ the magical patterns or the method in some applications including tiling, coloring, knitting, and different artistic designs. It can also be used as a coloring resource for children and adults. This book gives you an incredible journey that offers you an idea that you can have many different and beautiful designs of 16 numbers with just a technique of simple math conversion. Imagine what else you can do with this method. Hope you enjoy it, and the collection improves your creativity.

Have a beautiful journey with the magical experience! Good luck!

Gholamreza Zare (Ghrzarea@gmail.com)

An introduction to magic square

A magic square is an arrangement of numbers in a grid square in such a way that the sum of each row, column, and diagonal is one constant number. In math, a magic square is a $n \times n$ square grid of numbers (where n is the number of cells on each side) filled with distinct positive integers in the range $1, 2, \ldots, n^2$ such that each cell contains a different integer and the sum of the numbers in each row, column and diagonal are equal. For example, in a $3x3$ magic square, there are nine cells, which are filled with the numbers from 1 to 9 so that the sum of the integers of each row, column, and the diameter is equal to 15. The amount of this sum is called the magic constant or magic sum of the magic square. Similarly, a square grid with n cells on each side is said to have order n.

How to calculate the magic constant?

Let's show an example of how to calculate the magic constant of the magic square of order 3. In this square, you see nine cells that can be filled by numbers from 1 to 9. Thus, you can sum these numbers at first step. So, you have this equation:

$$The\ sum = 1 + 2 + 3 + 4 + 5 + 6 + 7 + 8 + 9 = 45$$

Let's divide it into 3 (the order of our magic square) Thus:

$$The\ magic\ constant = \frac{45}{3} = 15$$

To get the right sense, notice the following grid.

A	B	C	15
D	E	F	15
G	H	I	15
15	15	15	15

In this case, you can try to place all the numbers 1 through 9 instead of A through I in which all following equations and conditions are correct.

Rows	A+B+C=15	D+E+F=15	G+H+I=15
Columns	A+D+G=15	B+E+H=15	C+F+I=15
Diagonals	A+E+I=15	C+E+G=15	

Note that the number of conditions that must be considered simultaneously for any n x n magic square is equal to 2(n+1) forms. The following table shows the number of equations for some magic squares.

Type	3x3	4x4	5x5	6x6	7x7	8x8	9x9	10x10	11x11
#Conditions	8	10	12	14	16	18	20	22	24

The sum of the numbers 1 through n^2 in math is equal to half the value of n^2 times the next natural number $(n^2 + 1)$. So in mathematics, it is represented symbolically as the following formula:

$$The\ sum = \sum_{i=1}^{n^2} i = 1 + 2 + 3 + \cdots + n^2 = \frac{n^2(n^2 + 1)}{2}$$

Since each square has n rows, so this sum must be divided into n. Thus the following equation is obtained.

$$The\ magic\ constant = \frac{\frac{n^2(n^2 + 1)}{2}}{n} = \frac{n(n^2 + 1)}{2}$$

For example: for n=3:

$$The\ magic\ constant = \frac{n(n^2 + 1)}{2} = \frac{3(3^2 + 1)}{2} = \frac{3(9 + 1)}{2} = \frac{30}{2} = 15$$

Also, for n=4:

$$The\ magic\ constant = \frac{n(n^2 + 1)}{2} = \frac{4(4^2 + 1)}{2} = \frac{4(16 + 1)}{2} = \frac{68}{2} = 34$$

Hence, the primary rule or condition for a magic square is that all rows, columns, and diagonals of the grid must add up to the magic constant (Use each number exactly once).

Let's solve a 3x3 magic square

You can put the numbers 1 through 9 in the next 3x3 grid so that every row, column, and diagonal add up to the magic constant (15). So, try to find all possible arrangements. Suggest all answers. Stop reading the book and figure it out. To follow the book content, at first give the puzzle a try and when you're ready to resume reading for the resolution.

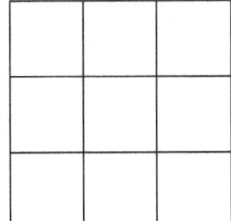

Solution

Here is a table that shows the number of equations that each label (ex. A through I) involved with them.

3(A)	2(B)	3(C)
2(D)	4(E)	2(F)
3(G)	2(H)	3(I)

Now consider all of possibilities that sum of 3 numbers choose from 1 through 9 is equal to 15 as following table:

#	Equation
1	1+5+9=15
2	1+6+8=15
3	2+4+9=15
4	2+5+8=15
5	2+6+7=15
6	3+4+8=15
7	3+5+7=15
8	4+5+6=15

There are some important points.

Each of the numbers 1, 3, 7, and 9 are involved exactly in exactly 2 distinct equations such as B, D, F, and H. Also odd numbers (2, 4, 6, and 8) are involved in exactly 3 distinct equations such as A, C, G, and I. And finally the number 5 is involved in 4 equations like E. Thus, let's place the number 5 in center of the magic square. Also, even numbers in corners and odd number in the edge. So there is only one possible magic square of order 3.

To clarify the solution see these eight possibilities rotation and reflection for a single 3x3 magic square as follows.

8	1	6
3	5	7
4	9	2

6	1	8
7	5	3
2	9	4

4	9	2
3	5	7
8	1	6

2	9	4
7	5	3
6	1	8

8	3	4
1	5	9
6	7	2

4	3	8
9	5	1
2	7	6

6	7	2
1	5	9
8	3	4

2	7	6
9	5	1
4	3	8

You'll see some numeric patterns in these squares. The number 5 is in the center of every single square. Also, the corners of each square are made up the even numbers (2, 4, 6, and 8). And the edges are made up the odd numbers (1, 3, 7, and 9). As you guess, every single one of these arrangements is really a rotation and a reflection of a single pattern.

The solutions for the magic square with order 4

Now, guess the number of unique solution for the magic square with order 4. As you know, there are 4 x 4 =16 cells and you must put all numbers from 1 through 16 in the cells to achieve the constant magic (34 in this case).

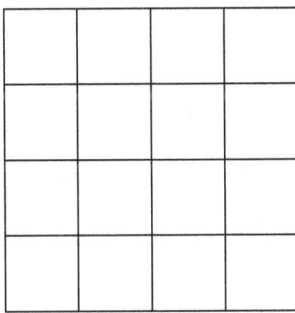

Here is one of them for instance, try to make another one.

7	12	1	14
2	13	8	11
16	3	10	5
9	6	15	4

In above magic square, there are 10 equations as follows:

Type	#	Sum equation
Rows	1	7 + 12 + 1 + 14 = 34
	2	2 + 13 + 8 + 11 = 34
	3	16 + 3 + 10 + 5 = 34
	4	9 + 6 + 15 + 4 = 34
Columns	5	7 + 2 + 16 + 9 = 34
	6	12 + 13 + 3 + 6 = 34
	7	1 + 8 + 10 + 15 = 34
	8	14 + 11 + 5 + 4 = 34
Diagonal	9	7 + 13 + 10 + 4 = 34
	10	14 + 8 + 3 + 9 = 34

The next table gives the magic numbers of a few different orders of magic squares.

Order	Magic number
3	15
4	34
5	65
6	111
7	175
8	260
9	369
10	505

There is no known usual method to compute the whole number of magic squares of a given order. But, using different methods, the number of magic squares has been calculated for orders smaller than 6. The next table shows them.

Order	number of basic forms	Number of classical magic squares
3	1	8
4	880	7040
5	68826306	2202441792

From Magic square to magic design

I have selected magic square of order 4 to make my magical coloring book series. In this case there are 880 basic forms. Thus, I design a program to generate the pages of my books from these basic forms. But, what's the secret behind this conversions. How I made patterns from numbers? To answer the question, let's introduce binary numbers at first.

Binary numbers

A binary number is made up of only 0s and 1s. For example, 10010110 is a binary number that has 8 bits. A bit is a single binary digit. Binary numbers have many uses in mathematics and computer science. Also, the digital world uses binary digits. We use decimal in our life to express any numeric values. In other hand, our mind understand the decimal numbers, but computers considers and uses binary numbers.

We show 2 numbers with a single binary digit. In fact, 0 for 0 and 1 for 1. Also, 0 means off and 1 means on. But if we want to present the number 2 what should we do?

Consider following table to understand the value of each location of digit 1 in any binary number. (Suppose that we have only 8 bits). So if 1 in the first right cell, it is 1. But in any other position it times to up row values as following table.

For example "10" means 2 in decimal. And "100" means 4. Thus every bit with value 1 have a value of the proper position. So "101" means 4+1=5. The following table help you to do the calculation.

128	64	32	16	8	4	2	1

The technique

Here all binary numbers from 0 through 15. Be consider that, we uses only 4 digits for all of this numbers.

Decimal	0	1	2	3	4	5	6	7
Binary	0000	0001	0010	0011	0100	0101	0110	0111
Decimal	8	9	10	11	12	13	14	15
Binary	1000	1001	1010	1011	1100	1101	1110	1111

No, think about a 4x4 magic square. What's the similarity between these numbers and the numbers of a magic square of order 4 do you see?

Right, the magic square consists of the number 1 through 16 and this table uses the number 1 through 15. Ok, if you minus 1 from all the numbers it convert to this one.

This is an original magic square.

7	12	1	14
2	13	8	11
16	3	10	5
9	6	15	4

And it converts to another square with -1 conversion.

6	11	0	13
1	12	7	10
15	2	9	4
8	5	14	3

Now, use binary numbers instead of decimals respectively.

0110	1011	0000	1101
0001	1100	0111	1010
1111	0010	1001	0100
1000	0101	1110	0011

Let's sum the number of 0s or 1s in each row, column, and diagonal of the resulted square. There are exactly eight 0s as well as 1s in each row, column, and diagonal.

The main secret

And now, the main secret is how to convert this digits to drawings as you saw in my books? Also, you see all 880 patterns, in this book.

To solve this problem, let's consider a little square with main diagonals. As you see it consists of four triangles. Now, let's name and identify the weight them to 1, 2, 4, and 8 as follows.

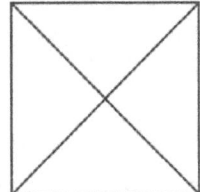
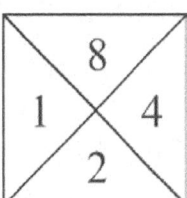

Thus for each number from 0 to 15, there is a single above pattern that if the relative digit is 1 we black the respectively triangle and if it is 0 remind it blank. In other hand, there are 16 situations as following table.

Decimal	0	1	2	3
Binary	0000	0001	0010	0011
Image				
Decimal	4	5	6	7
Binary	0100	0101	0110	0111
Image				
Decimal	8	9	10	11
Binary	1000	1001	1010	1011
Image				
Decimal	12	13	14	15
Binary	1100	1101	1110	1111
Image				

Now, let's look at one produced image from a magic square. Also, as the binary numbers consists only of 0s and 1s, they have symmetric patterns. It's shown in the image clearly.

Chapter two: 880 magical patterns collection

Introduction

In this chapter, I have provided a collection including 880 magical patterns. Each pattern has a simple symmetric design, a base magic square, and a base design as you see in the previous chapter. I have categorized the designs into seven groups based on the numbers in the upper left-hand corner of the base magic square. The following table shows the number of patterns in each group.

Group Id	number of magic squares
1	208
2	200
3	166
4	178
5	64
6	48
7	16

For example, there are 208 magic squares that start with the number 1 and the number 7 is the first upper-top cells of only 16 magic squares.

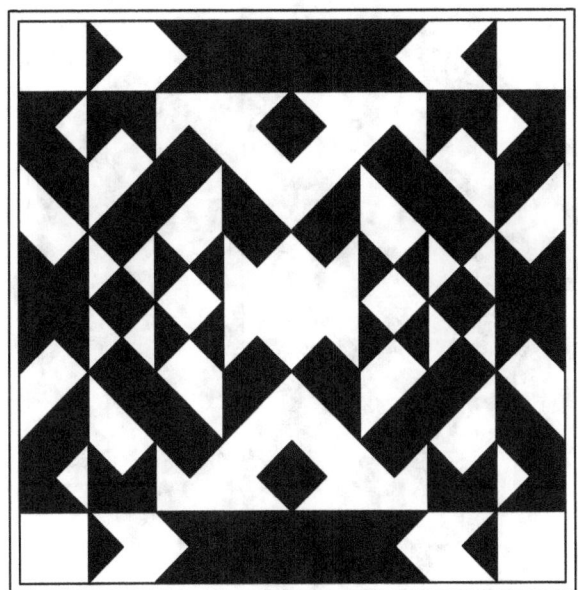

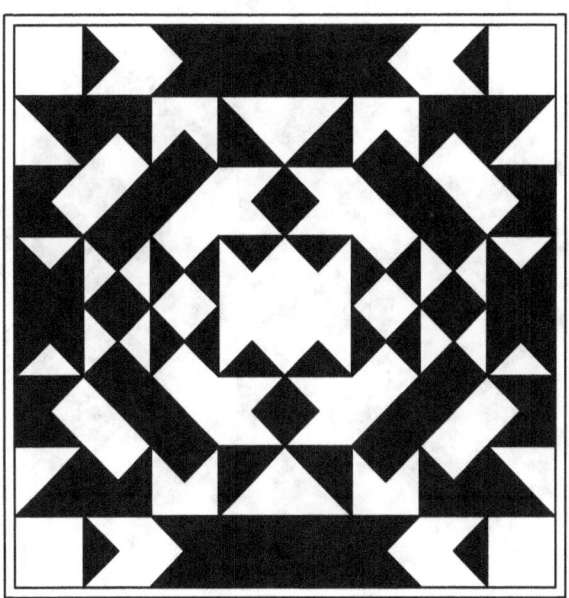

1	2	15	16
12	14	3	5
13	7	10	4
8	11	6	9

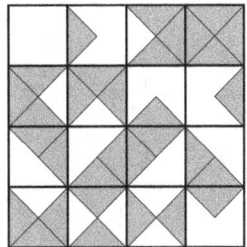

1	2	15	16
13	14	3	4
12	7	10	5
8	11	6	9

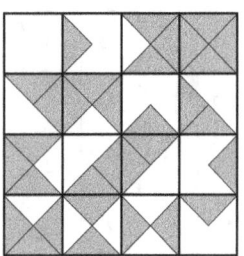

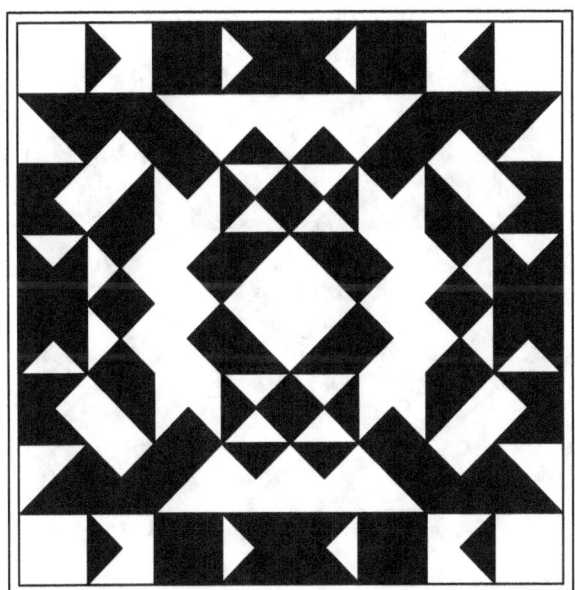

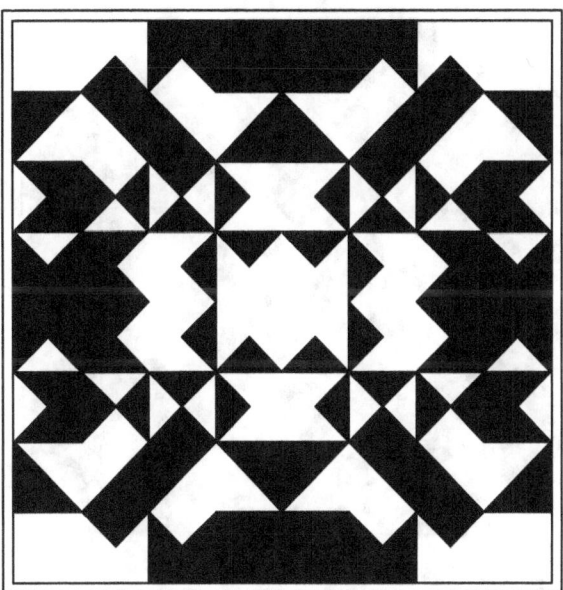

1	2	16	15
13	14	4	3
12	7	9	6
8	11	5	10

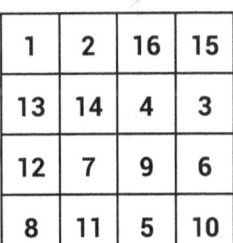
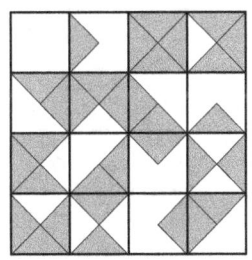

1	3	14	16
10	13	4	7
15	6	11	2
8	12	5	9

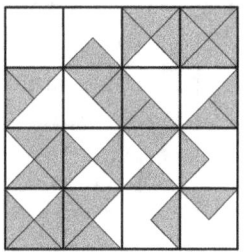

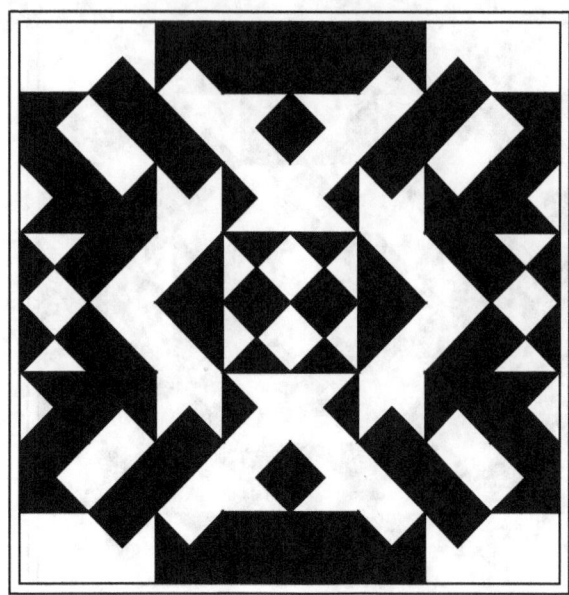

1	3	14	16
12	13	4	5
15	8	9	2
6	10	7	11

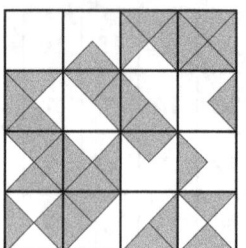

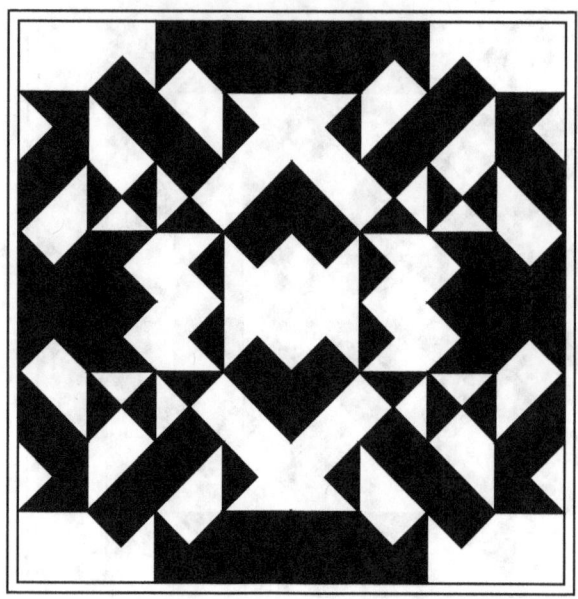

1	3	14	16
15	13	4	2
10	6	11	7
8	12	5	9

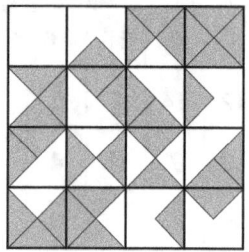

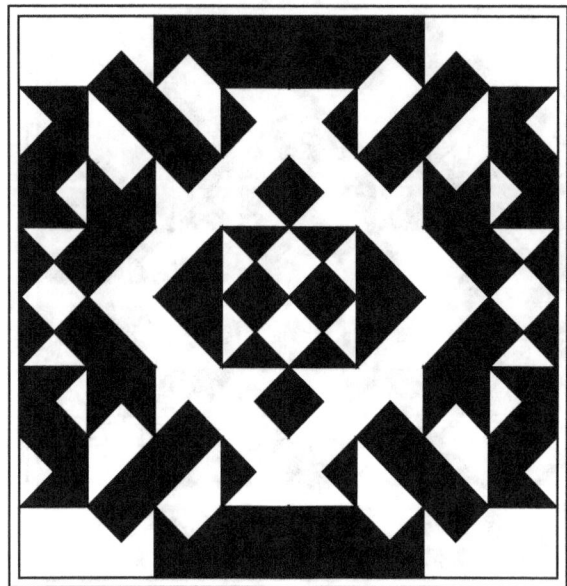

1	3	14	16
15	13	4	2
12	8	9	5
6	10	7	11

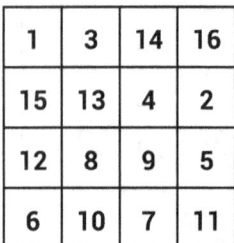
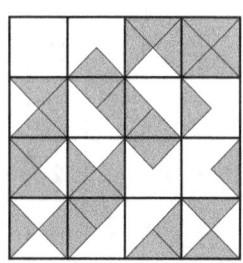

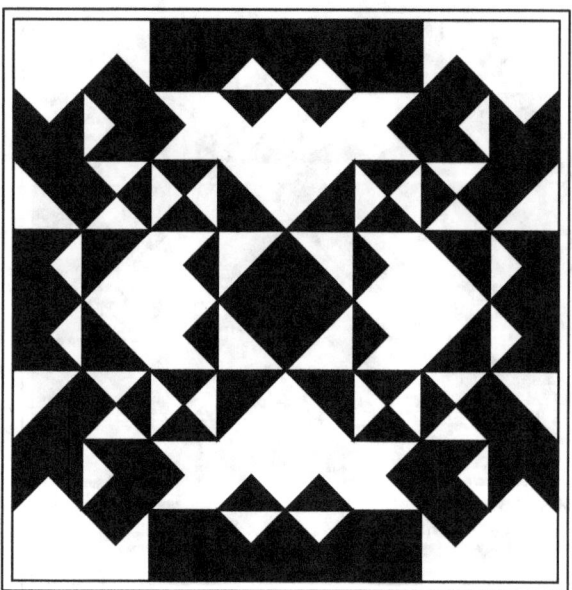

1	3	16	14
8	15	2	9
13	6	11	4
12	10	5	7

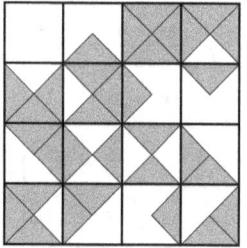

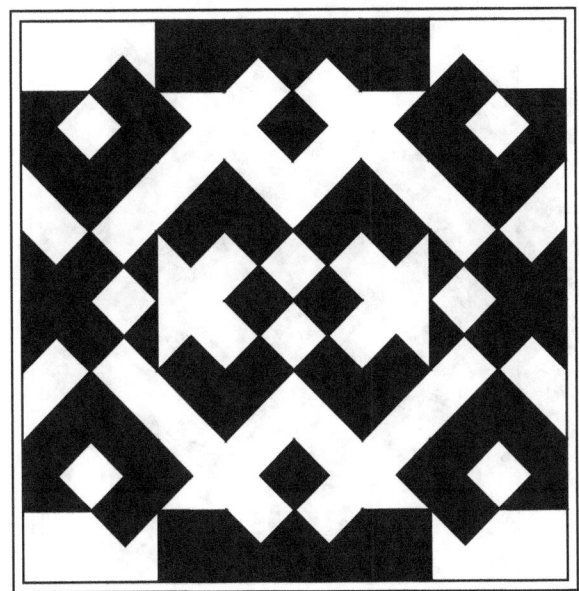

1	3	16	14
12	15	2	5
13	10	7	4
8	6	9	11

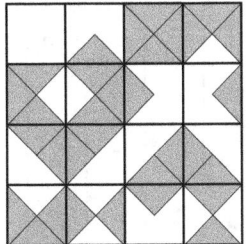

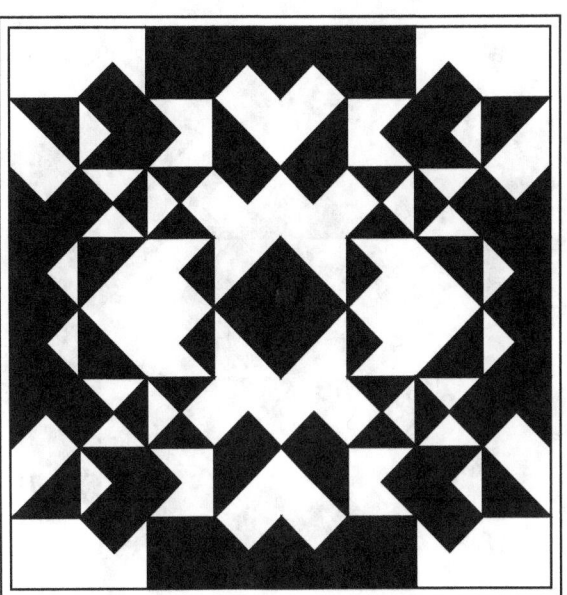

1	3	16	14
13	15	2	4
8	6	11	9
12	10	5	7

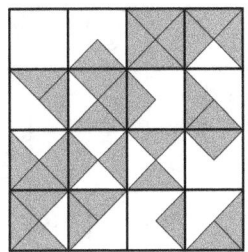

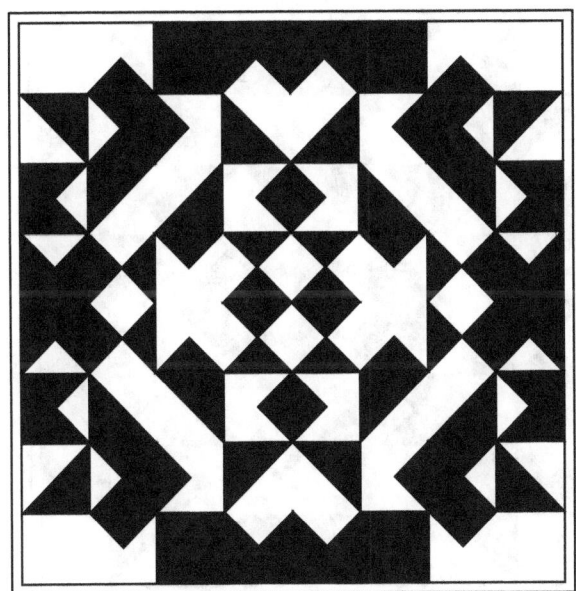

1	3	16	14
13	15	2	4
12	10	7	5
8	6	9	11

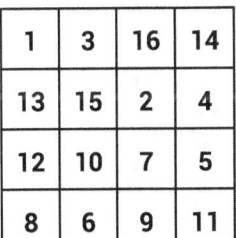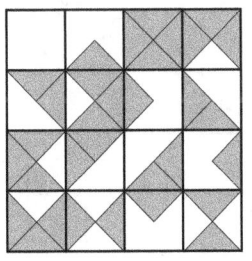

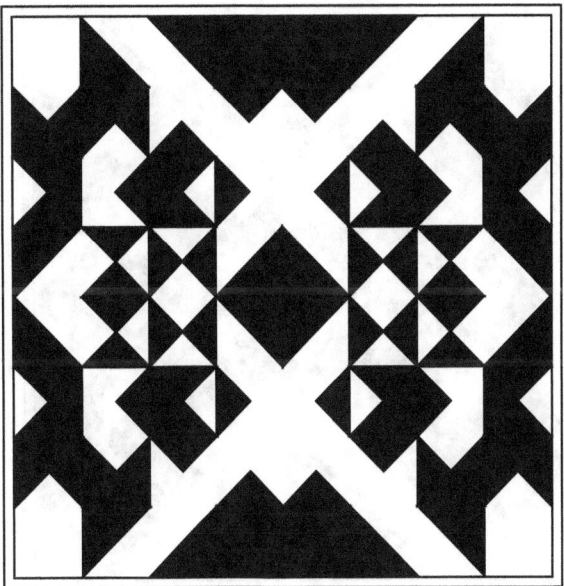

1	4	13	16
8	14	3	9
15	5	12	2
10	11	6	7

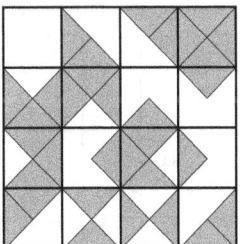

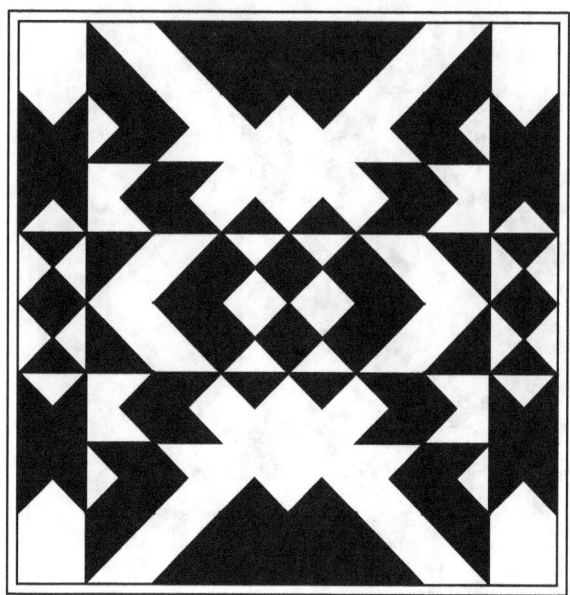

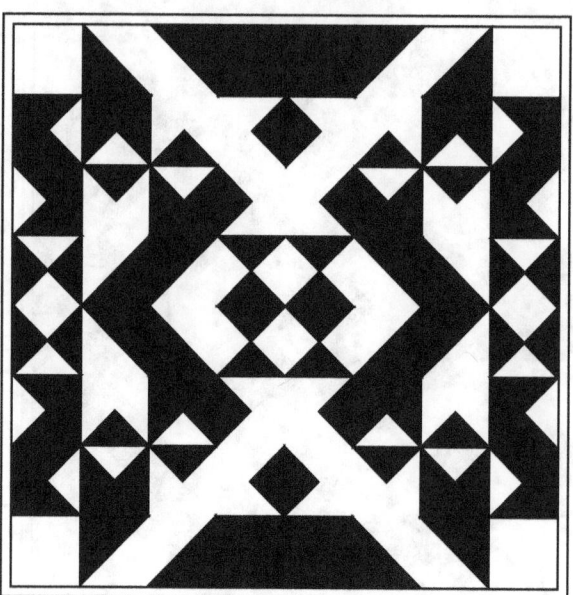

1	4	13	16
8	15	2	9
14	5	12	3
11	10	7	6

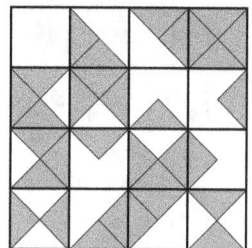

1	4	13	16
12	14	3	5
15	9	8	2
6	7	10	11

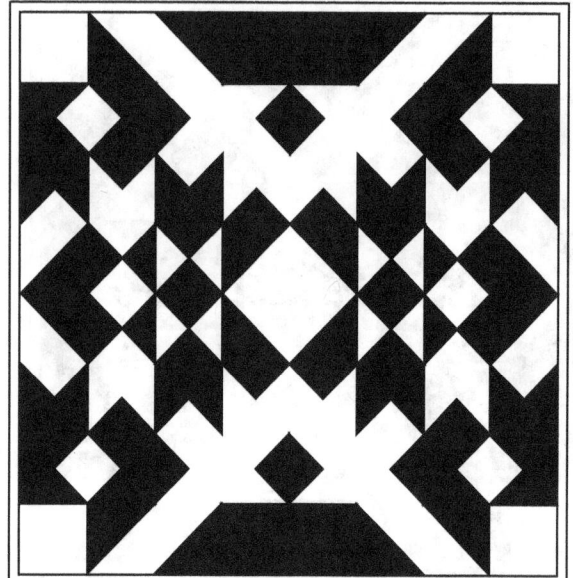

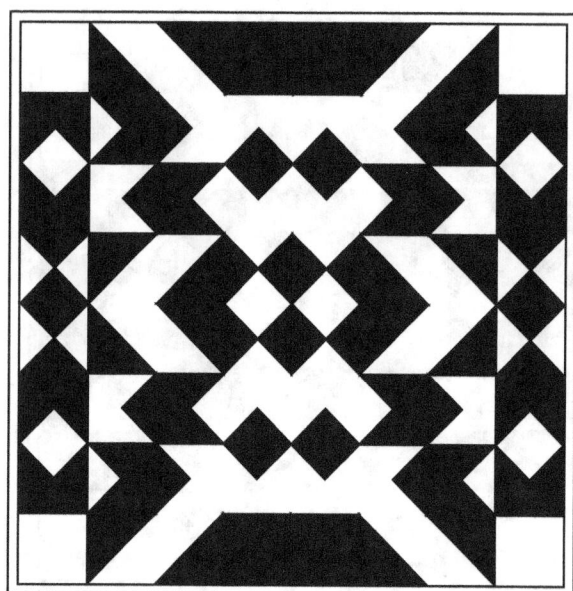

1	4	13	16
12	15	2	5
14	9	8	3
7	6	11	10

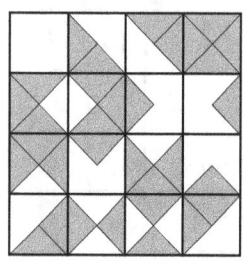

1	4	13	16
14	15	2	3
8	5	12	9
11	10	7	6

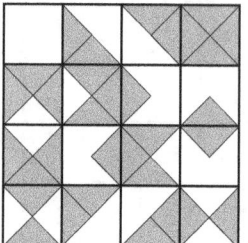

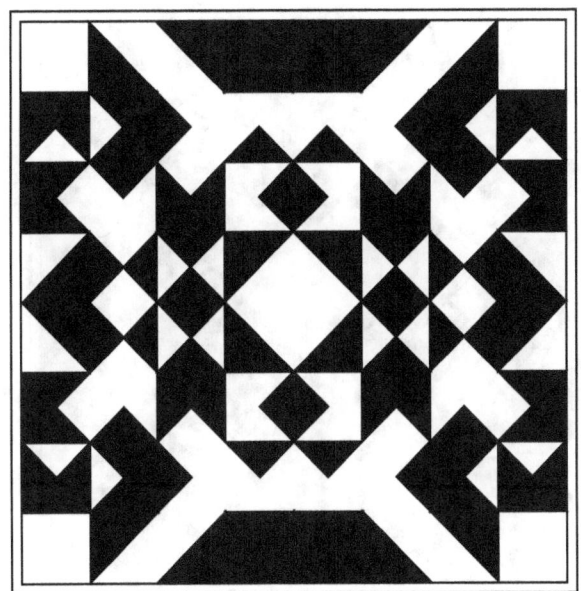

1	4	13	16
14	15	2	3
12	9	8	5
7	6	11	10

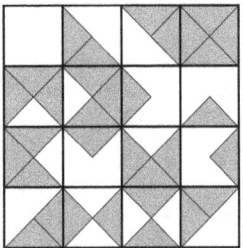

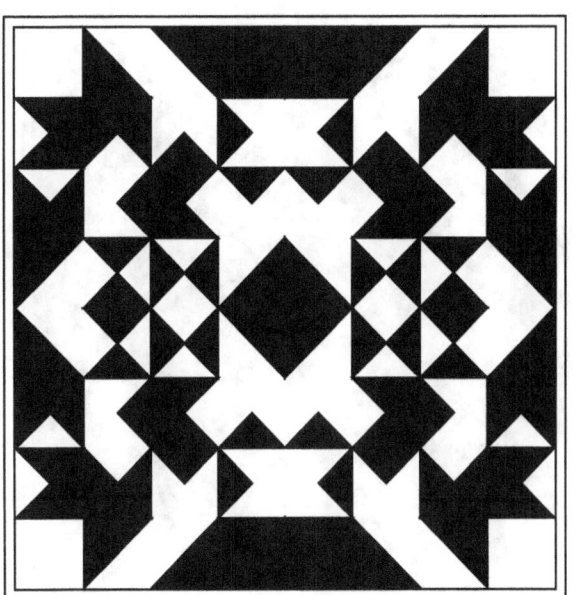

1	4	13	16
15	14	3	2
8	5	12	9
10	11	6	7

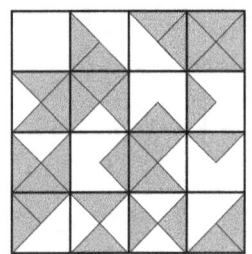

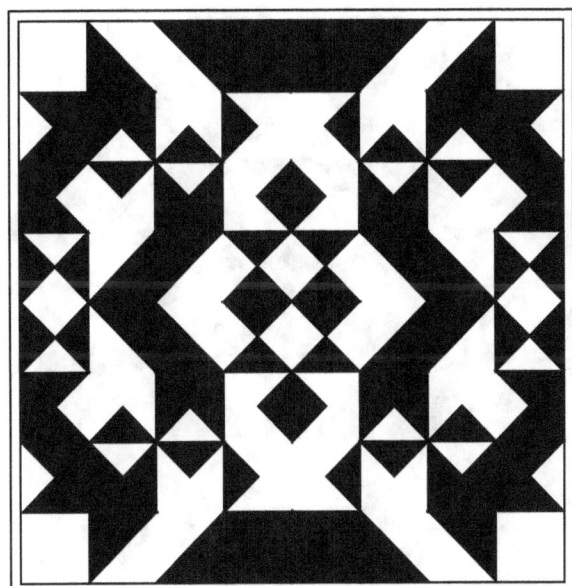

1	4	13	16
15	14	3	2
12	9	8	5
6	7	10	11

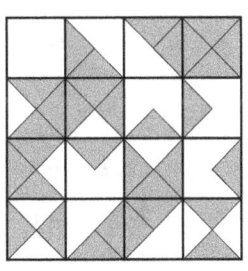

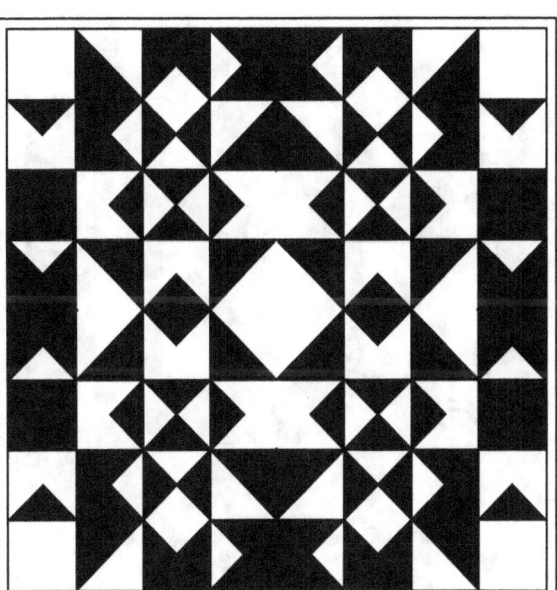

1	4	14	15
9	12	6	7
16	5	11	2
8	13	3	10

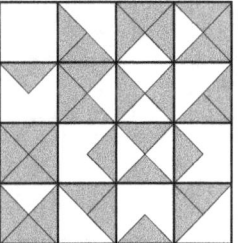

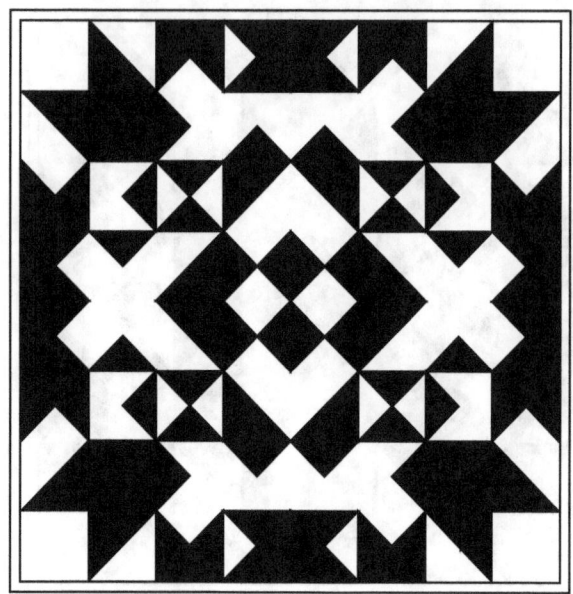

1	4	14	15
13	16	2	3
8	5	11	10
12	9	7	6

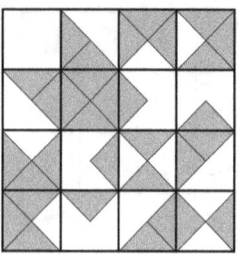

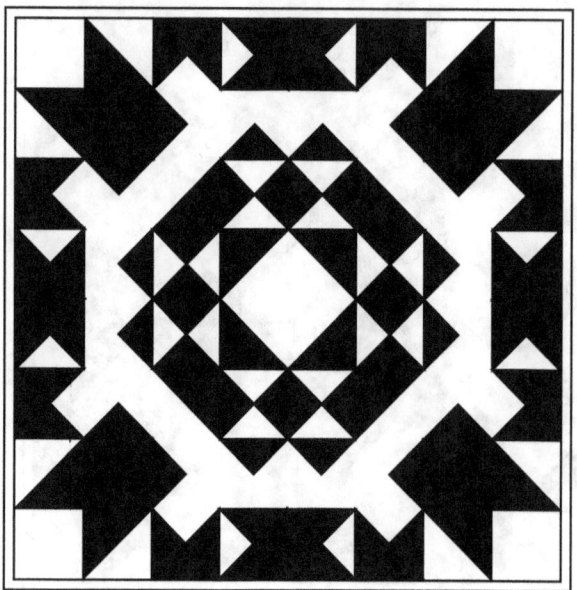

1	4	14	15
13	16	2	3
12	9	7	6
8	5	11	10

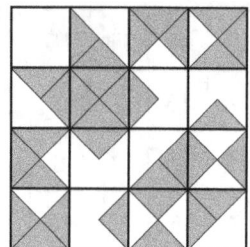

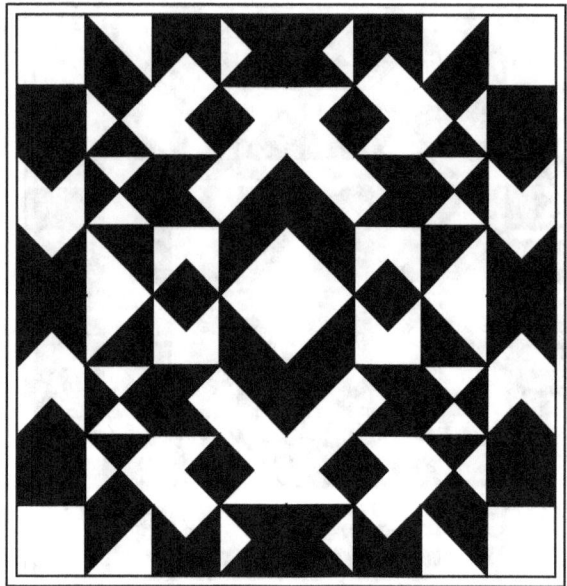

1	4	14	15
16	11	5	2
9	6	12	7
8	13	3	10

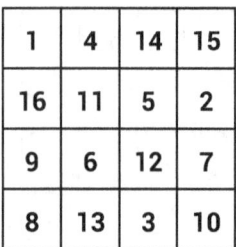

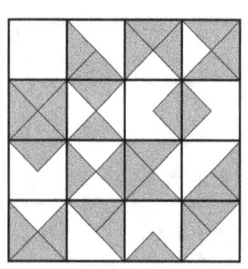

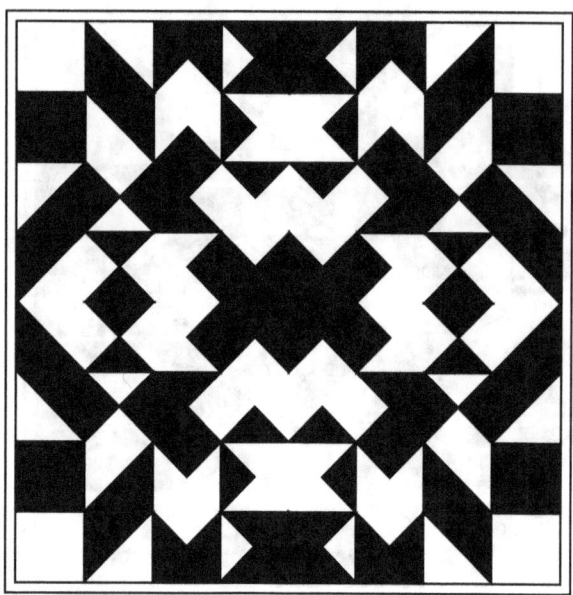

1	4	14	15
16	13	3	2
7	6	12	9
10	11	5	8

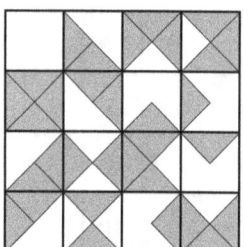

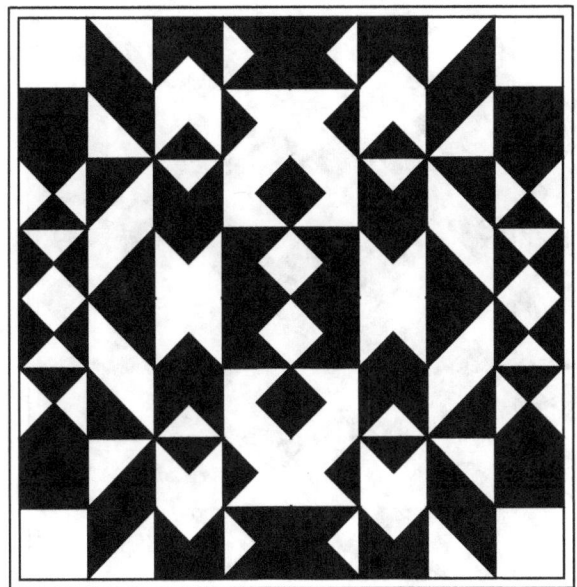

1	4	14	15
16	13	3	2
11	10	8	5
6	7	9	12

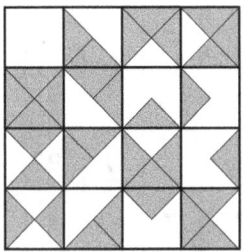

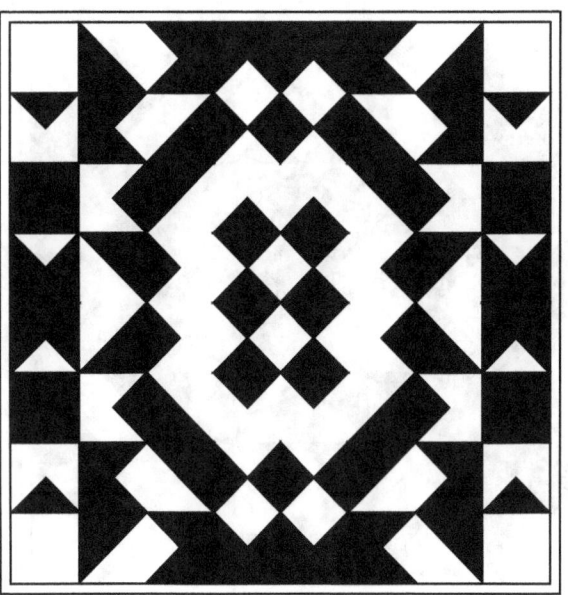

1	4	15	14
9	12	7	6
16	5	10	3
8	13	2	11

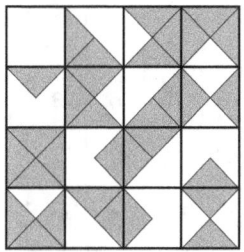

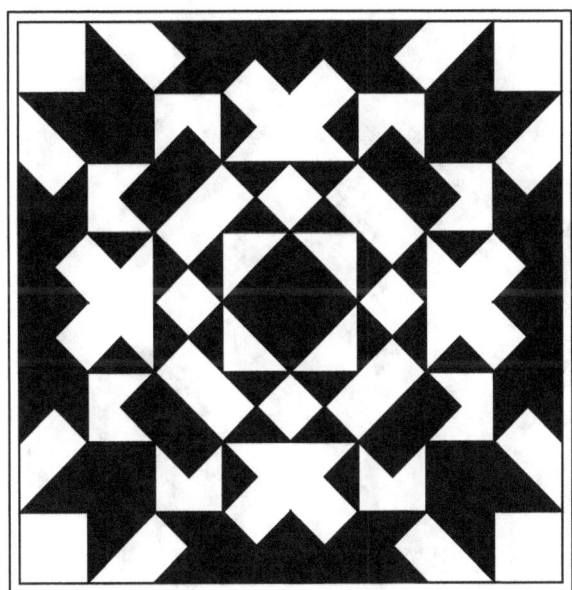

1	4	15	14
13	16	3	2
8	5	10	11
12	9	6	7

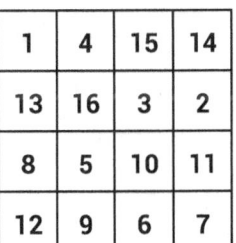
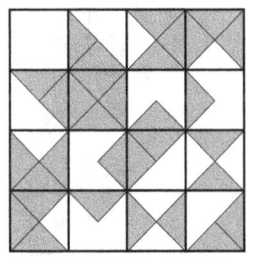

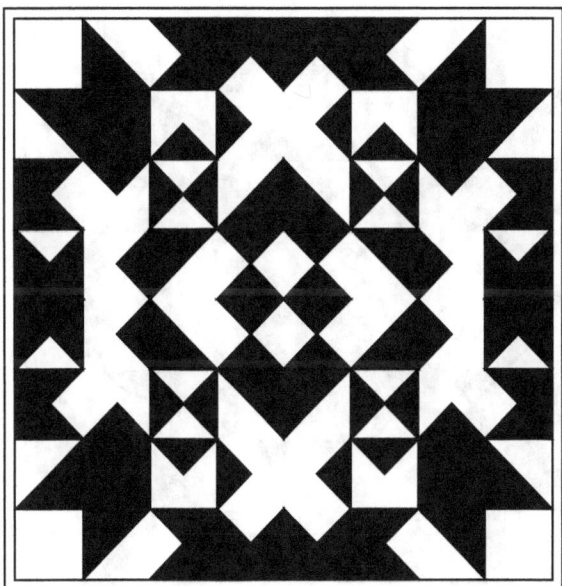

1	4	15	14
13	16	3	2
12	9	6	7
8	5	10	11

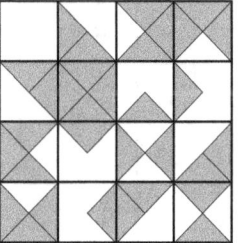

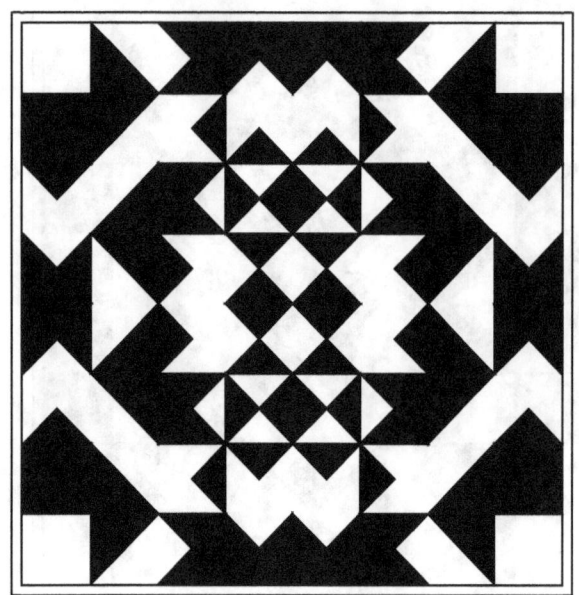

1	4	15	14
16	10	5	3
9	7	12	6
8	13	2	11

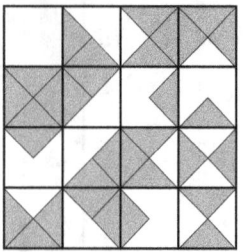

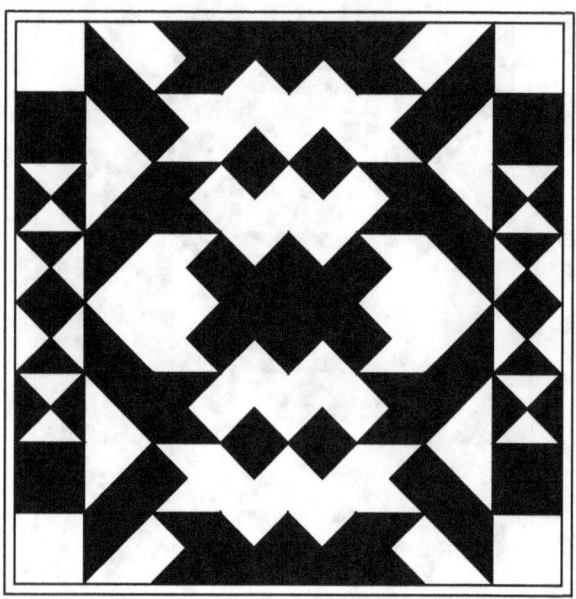

1	4	15	14
16	13	2	3
6	7	12	9
11	10	5	8

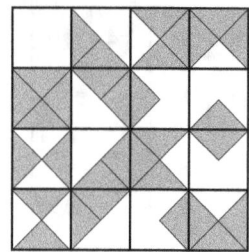

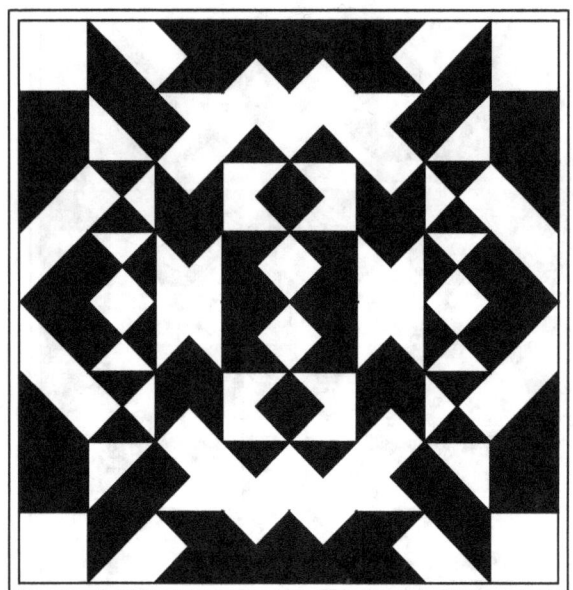

1	4	15	14
16	13	2	3
10	11	8	5
7	6	9	12

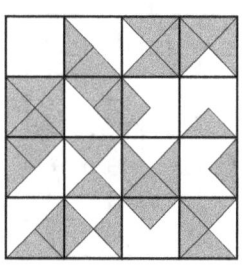

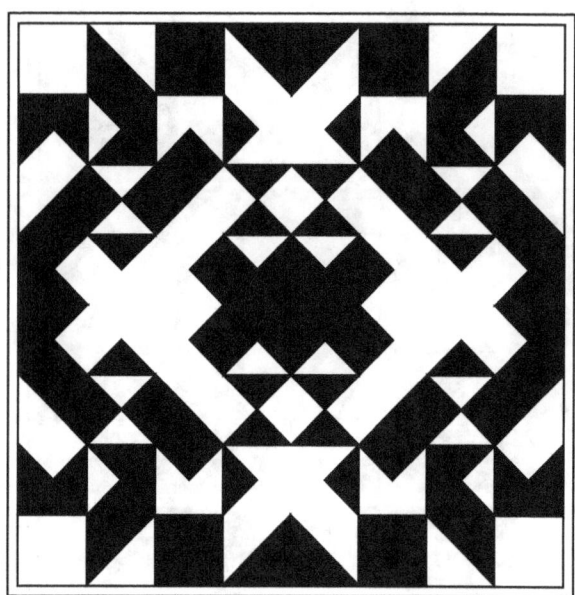

1	4	16	13
14	15	3	2
7	6	10	11
12	9	5	8

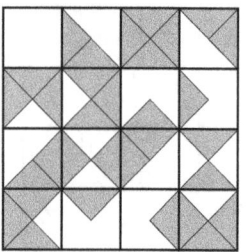

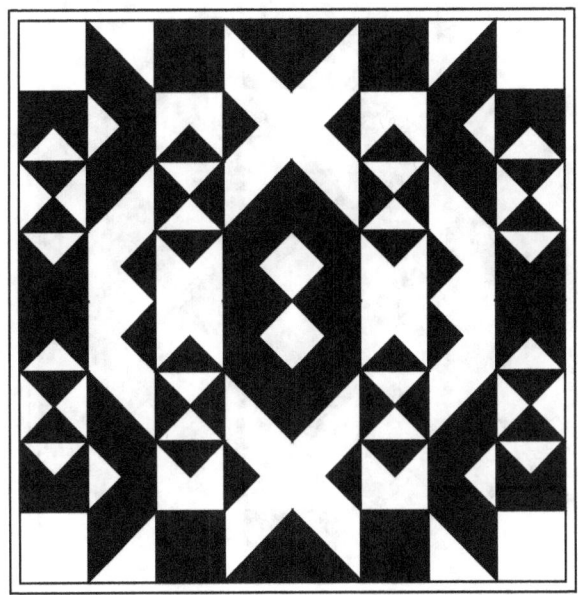

1	4	16	13
14	15	3	2
11	10	6	7
8	5	9	12

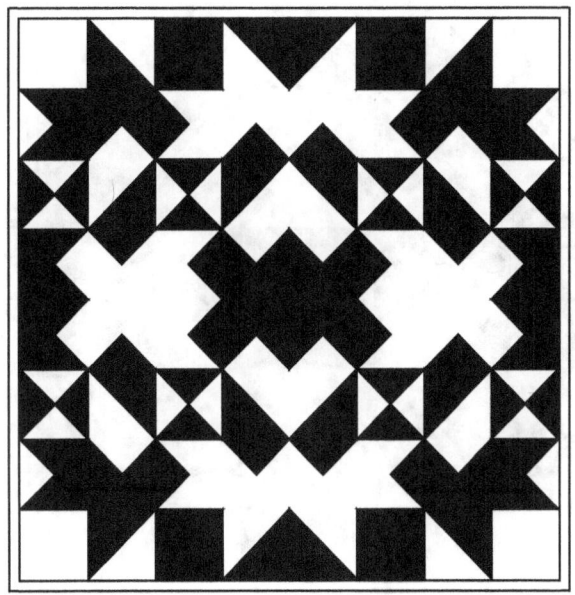

1	4	16	13
15	14	2	3
6	7	11	10
12	9	5	8

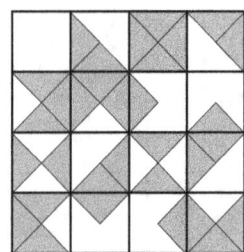

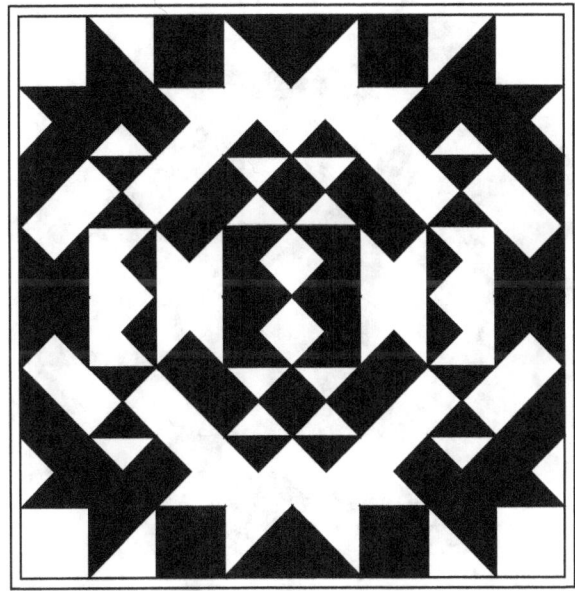

1	4	16	13
15	14	2	3
10	11	7	6
8	5	9	12

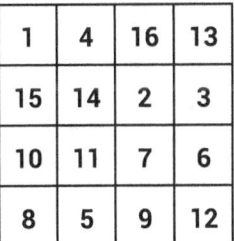

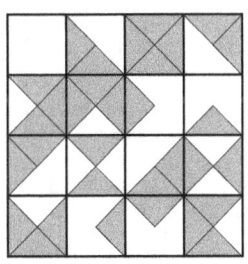

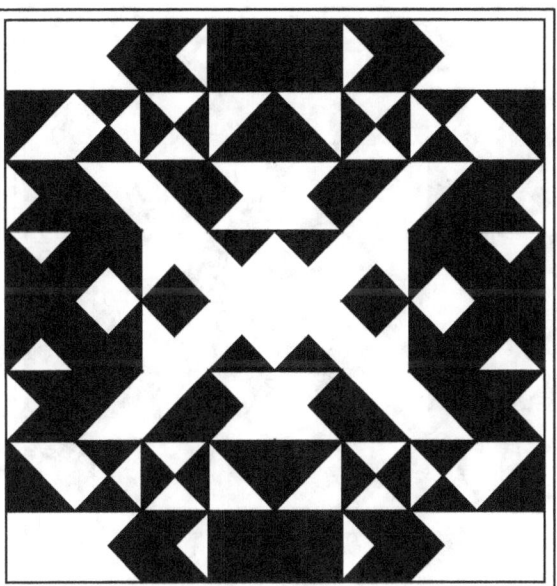

1	5	12	16
10	11	6	7
15	4	13	2
8	14	3	9

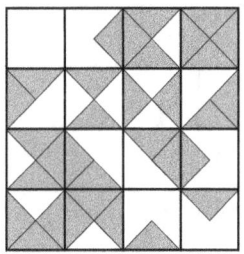

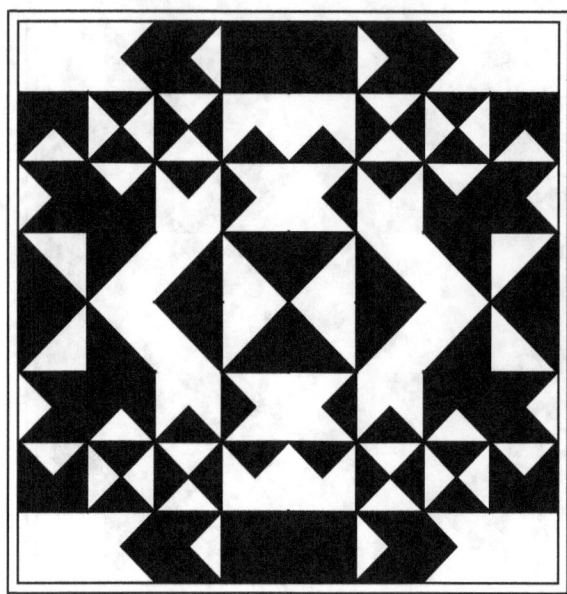

1	5	12	16
14	11	6	3
15	8	9	2
4	10	7	13

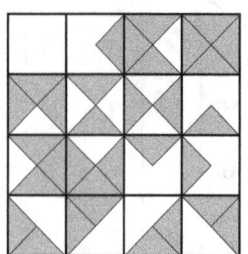

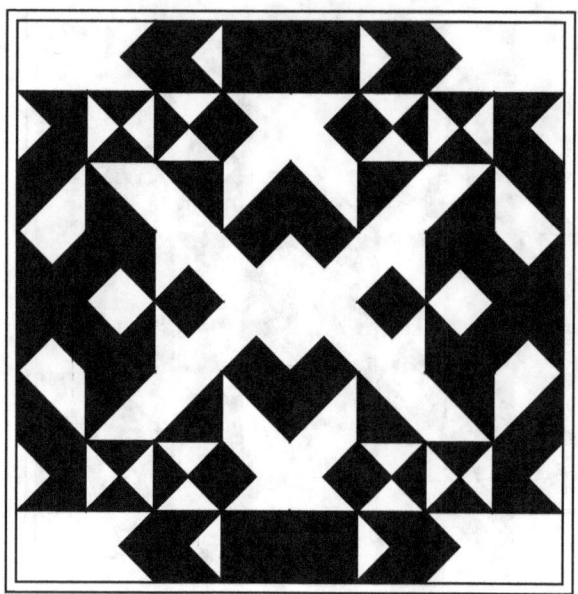

1	5	12	16
15	11	6	2
10	4	13	7
8	14	3	9

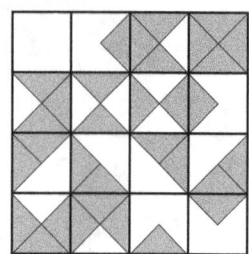

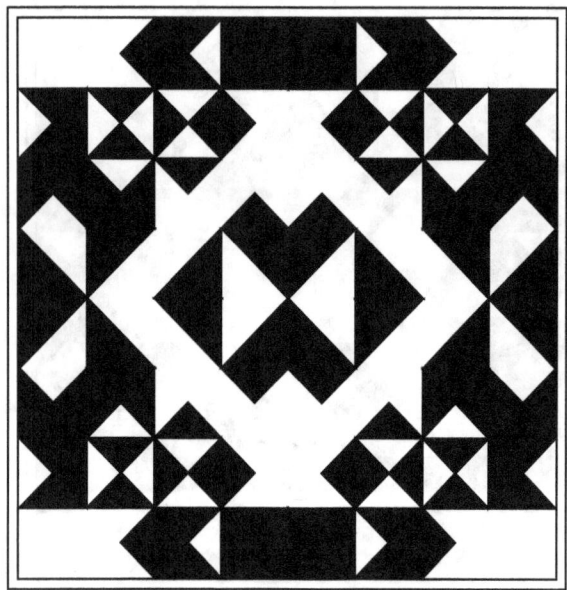

1	5	12	16
15	11	6	2
14	8	9	3
4	10	7	13

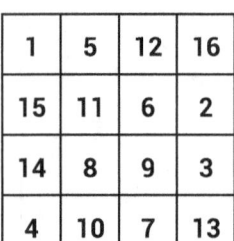
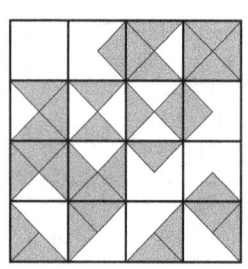

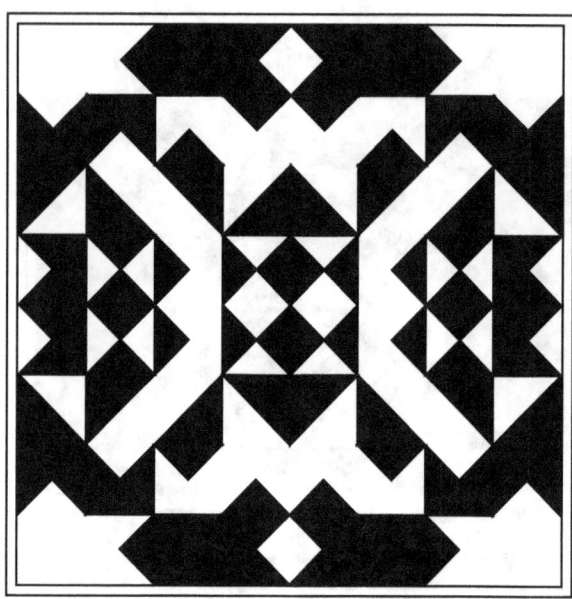

1	5	16	12
8	14	3	9
10	4	13	7
15	11	2	6

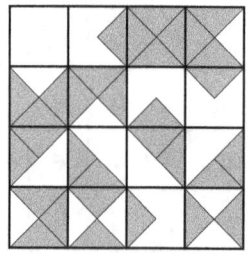

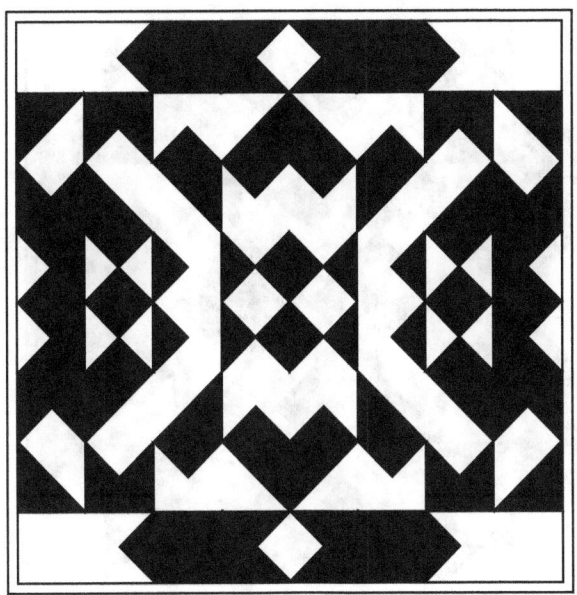

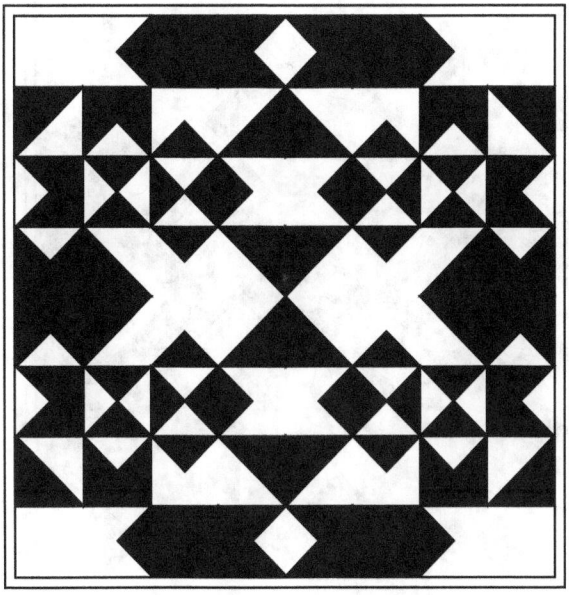

1	5	16	12
10	14	3	7
8	4	13	9
15	11	2	6

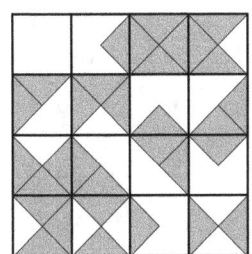

1	5	16	12
10	14	3	7
15	11	6	2
8	4	9	13

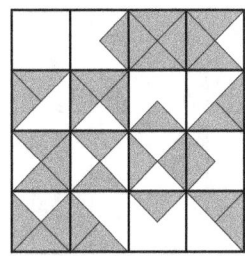

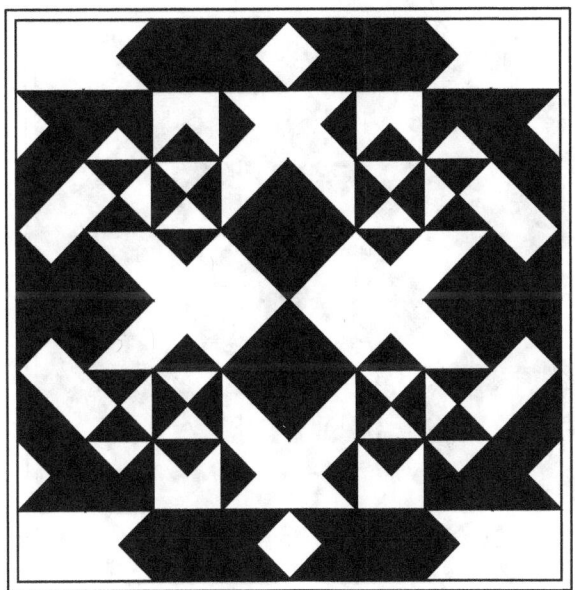

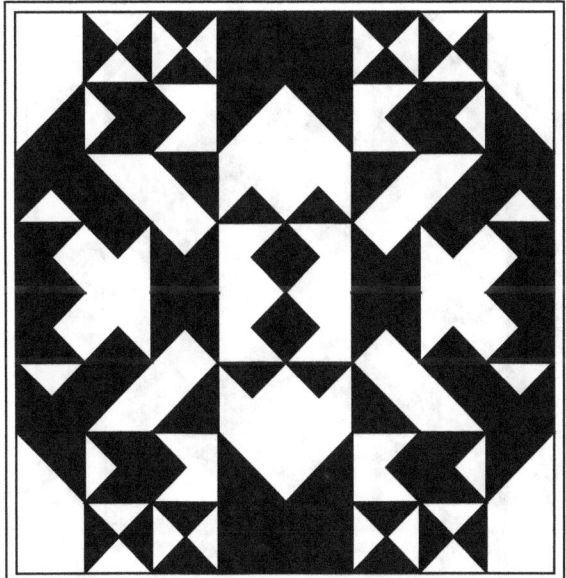

1	5	16	12
15	14	3	2
10	11	6	7
8	4	9	13

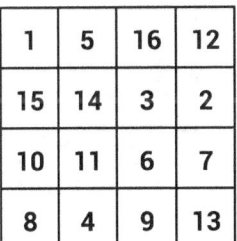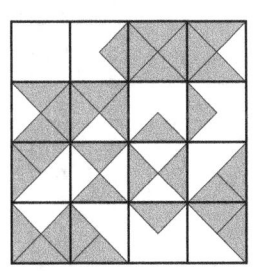

1	6	11	16
7	15	2	10
14	4	13	3
12	9	8	5

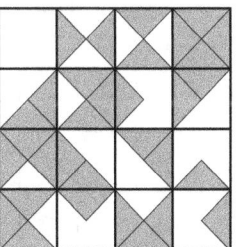

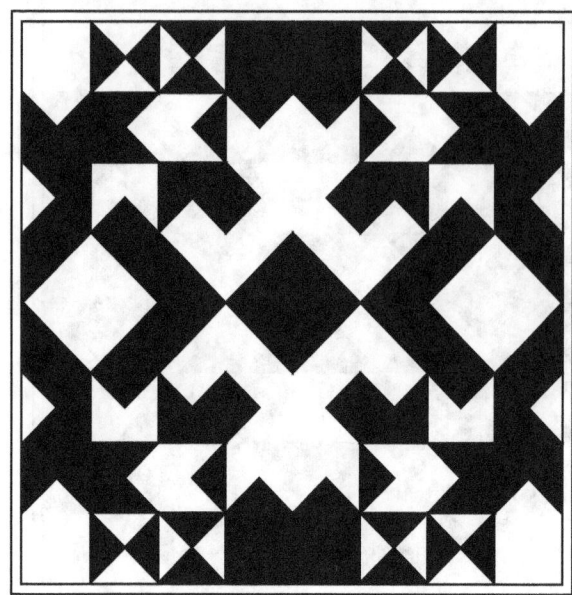

1	6	11	16
8	12	5	9
15	3	14	2
10	13	4	7

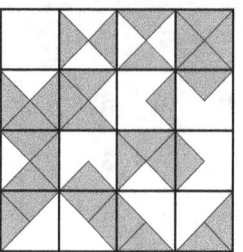

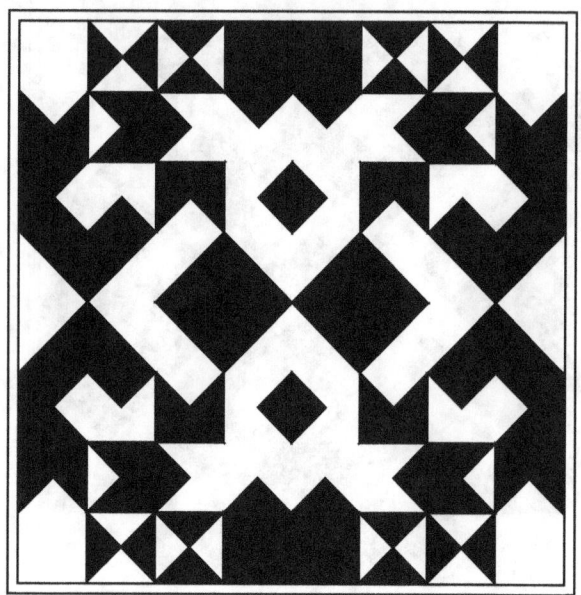

1	6	11	16
8	15	2	9
12	3	14	5
13	10	7	4

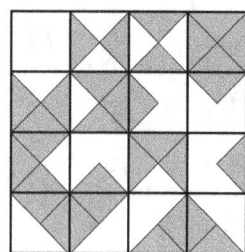

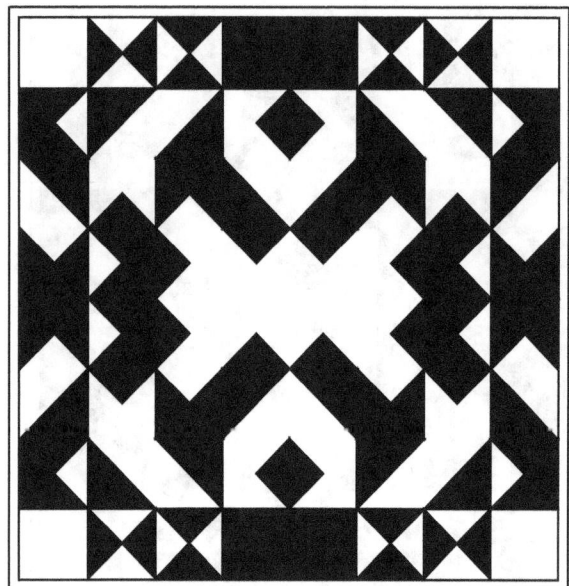

1	6	11	16
12	10	7	5
13	3	14	4
8	15	2	9

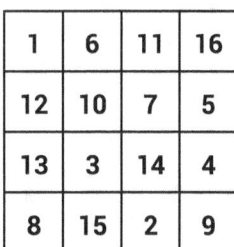
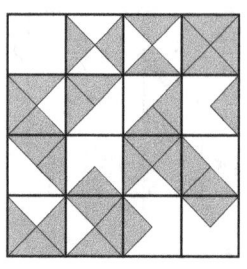

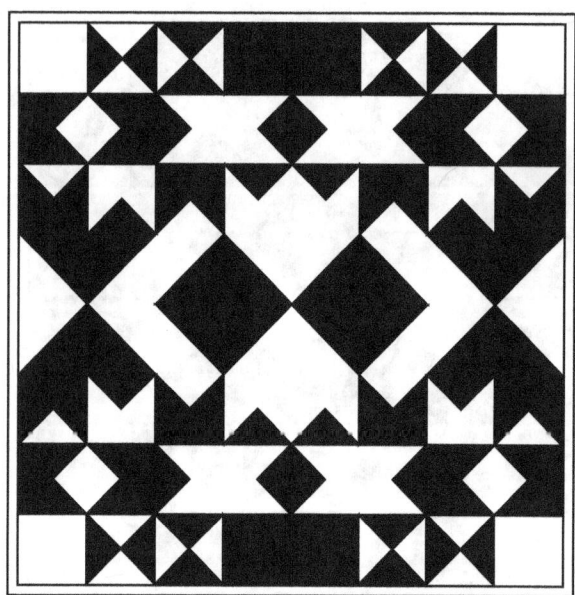

1	6	11	16
12	15	2	5
8	3	14	9
13	10	7	4

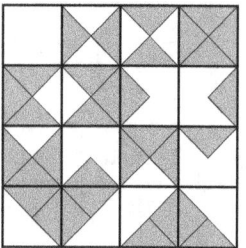

26

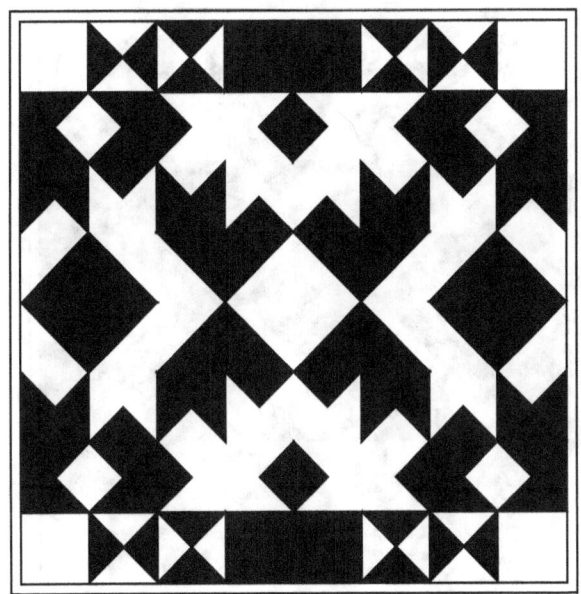

1	6	11	16
12	15	2	5
14	9	8	3
7	4	13	10

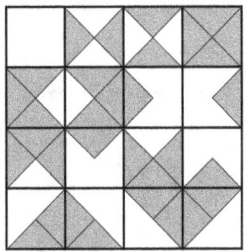

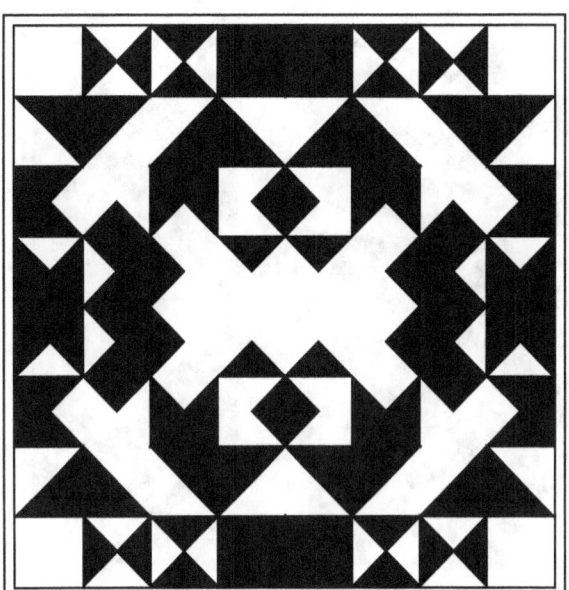

1	6	11	16
13	10	7	4
12	3	14	5
8	15	2	9

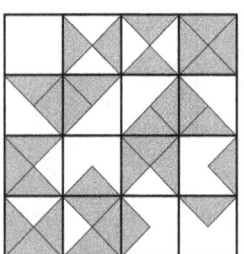

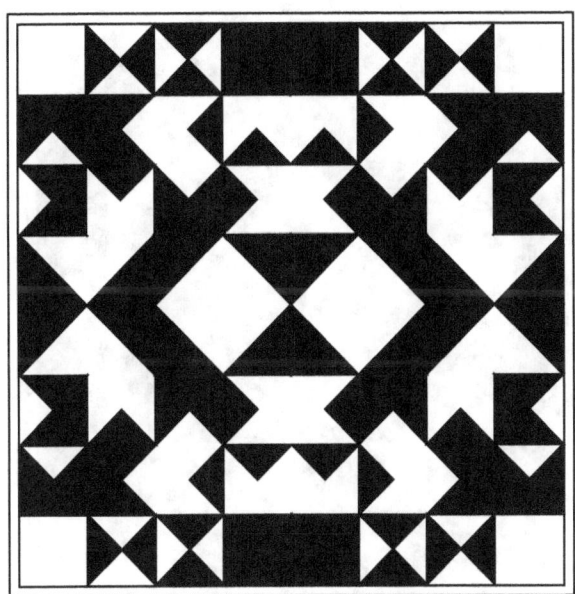

1	6	11	16
14	12	5	3
15	9	8	2
4	7	10	13

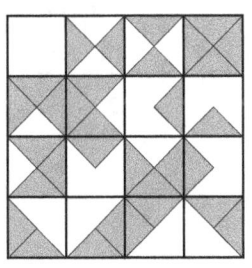

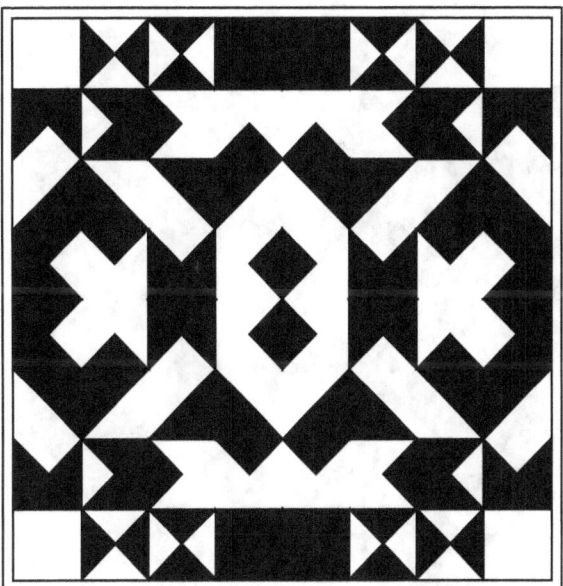

1	6	11	16
14	15	2	3
7	4	13	10
12	9	8	5

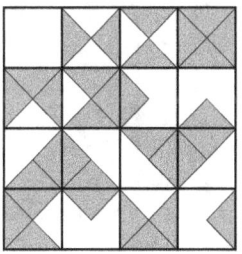

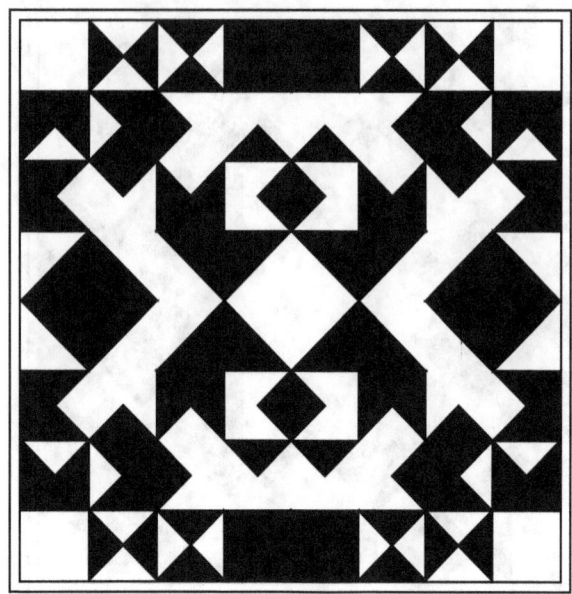

1	6	11	16
14	15	2	3
12	9	8	5
7	4	13	10

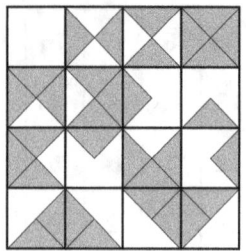

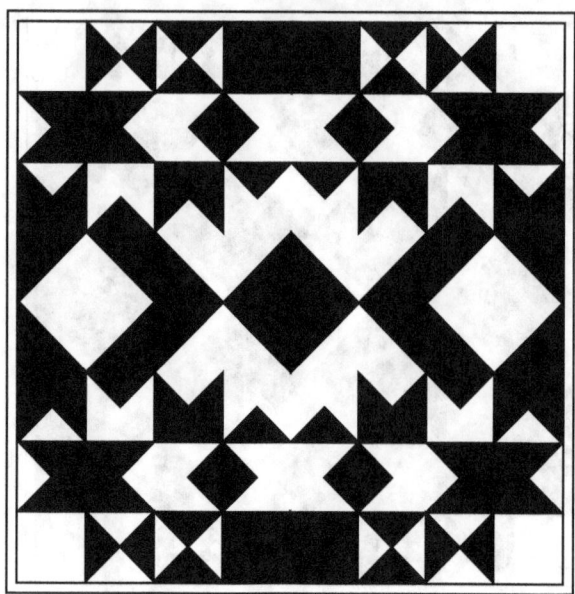

1	6	11	16
15	12	5	2
8	3	14	9
10	13	4	7

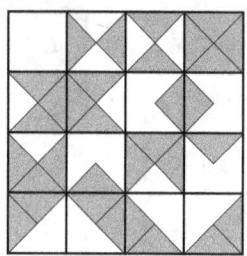

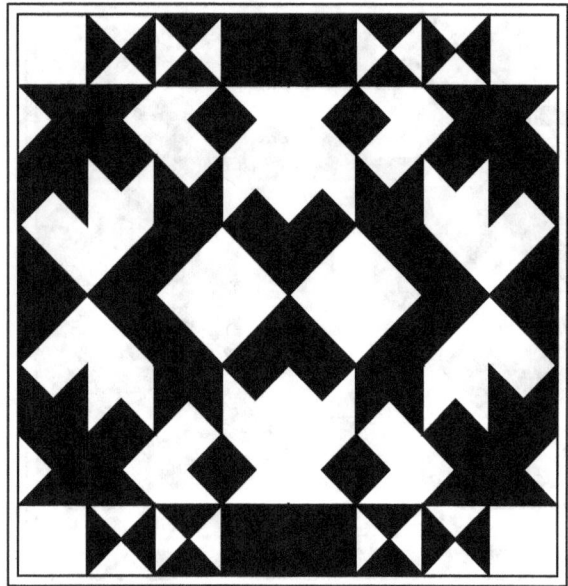

1	6	11	16
15	12	5	2
14	9	8	3
4	7	10	13

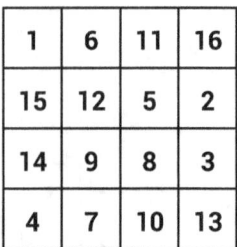

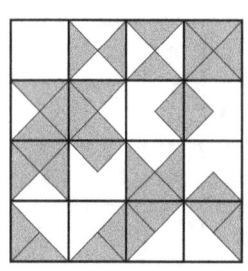

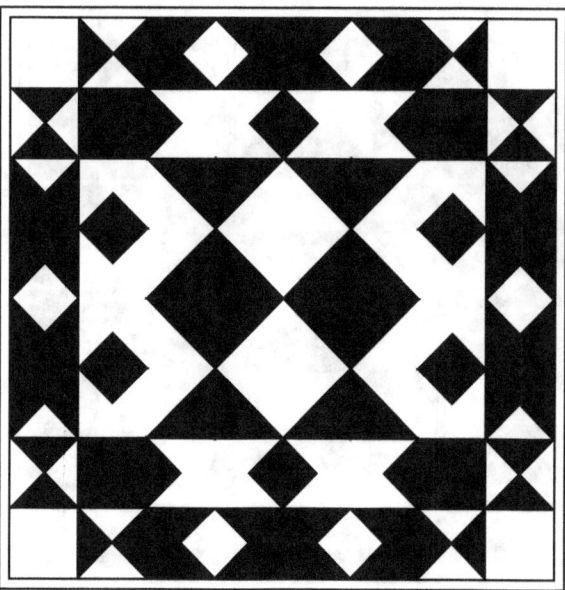

1	6	12	15
11	16	2	5
8	3	13	10
14	9	7	4

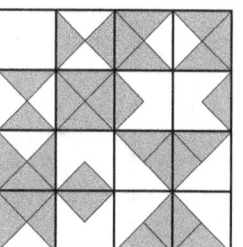

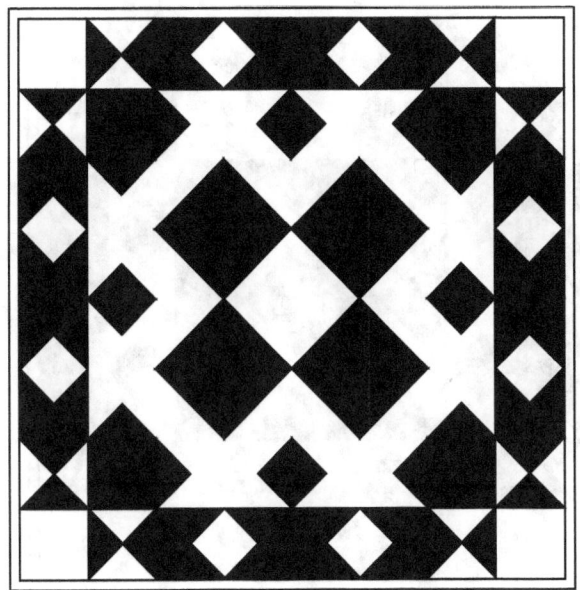

1	6	12	15
11	16	2	5
14	9	7	4
8	3	13	10

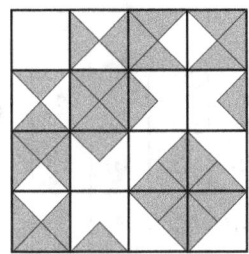

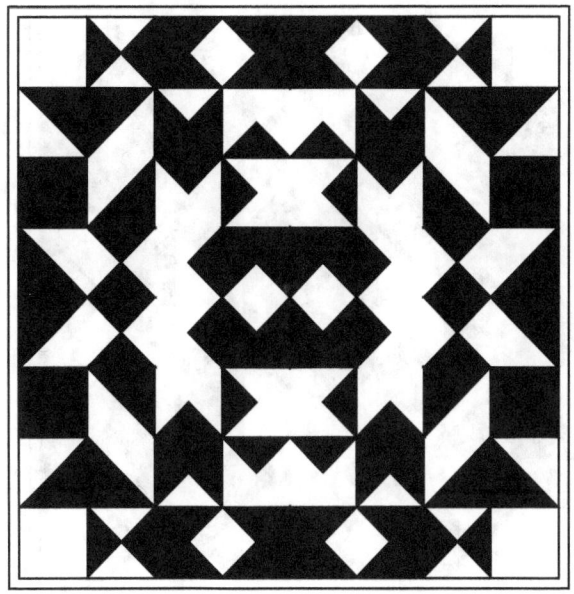

1	6	12	15
13	10	8	3
16	7	9	2
4	11	5	14

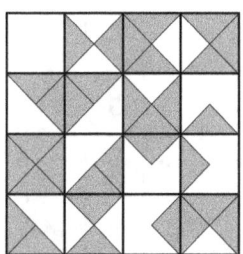

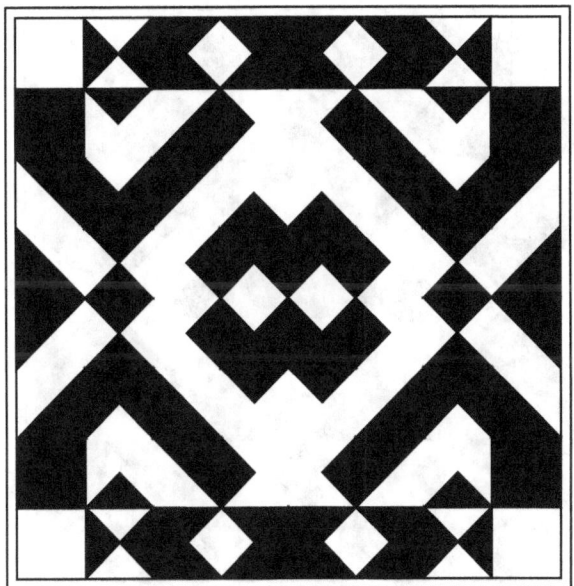

1	6	12	15
16	9	7	2
13	8	10	3
4	11	5	14

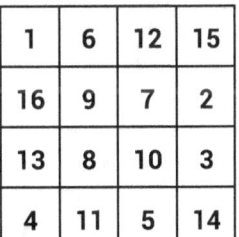

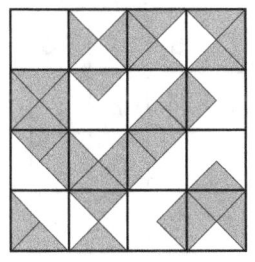

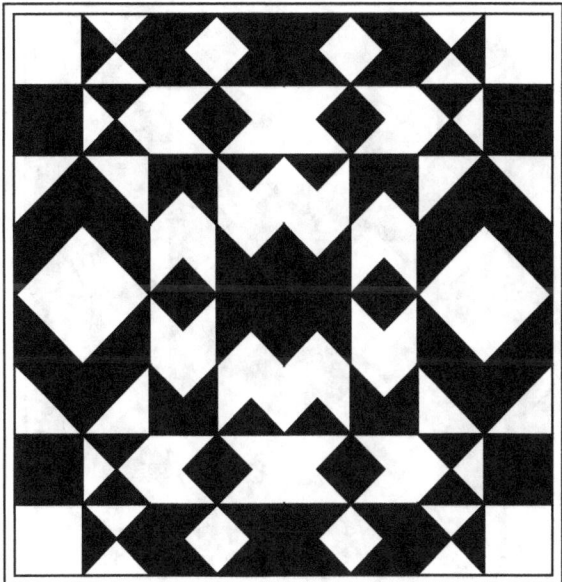

1	6	12	15
16	11	5	2
7	4	14	9
10	13	3	8

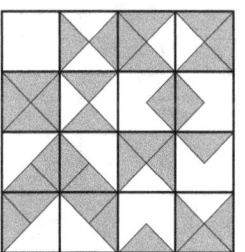

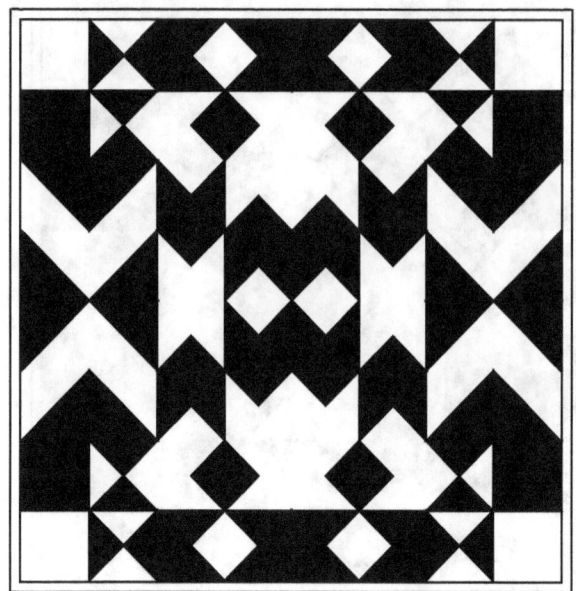

1	6	12	15
16	11	5	2
13	10	8	3
4	7	9	14

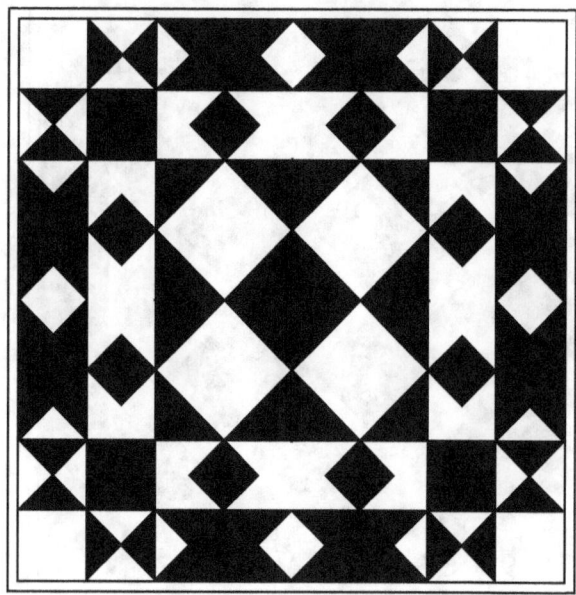

1	6	15	12
11	16	5	2
8	3	10	13
14	9	4	7

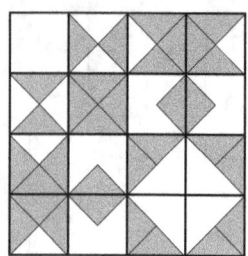

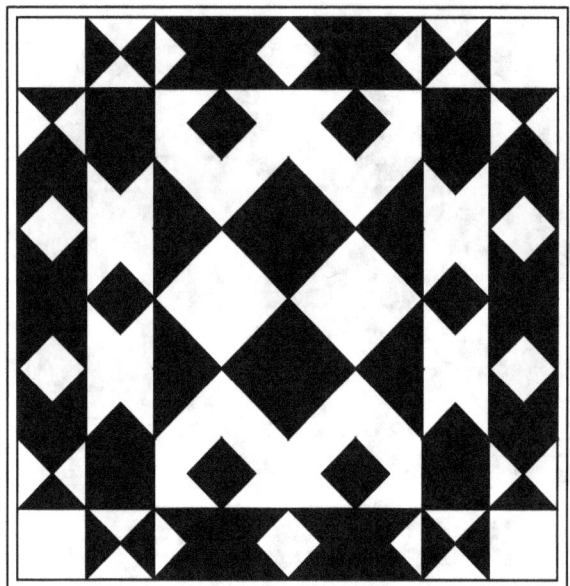

1	6	15	12
11	16	5	2
14	9	4	7
8	3	10	13

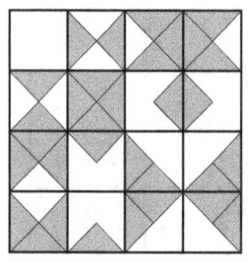

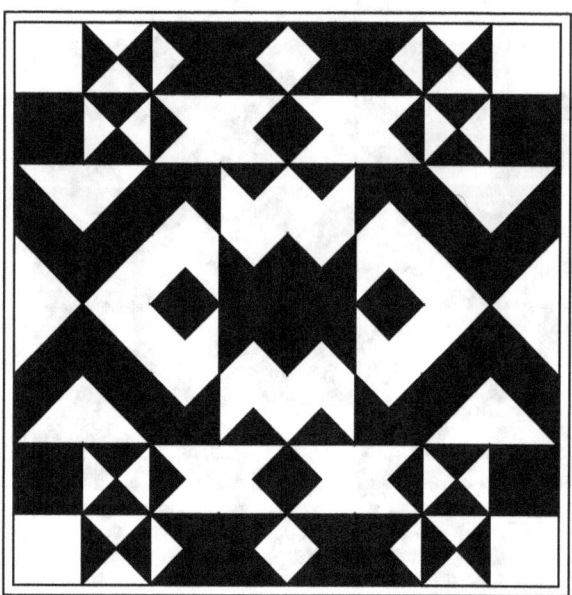

1	6	15	12
16	11	2	5
4	7	14	9
13	10	3	8

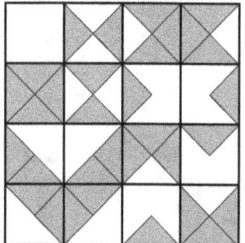

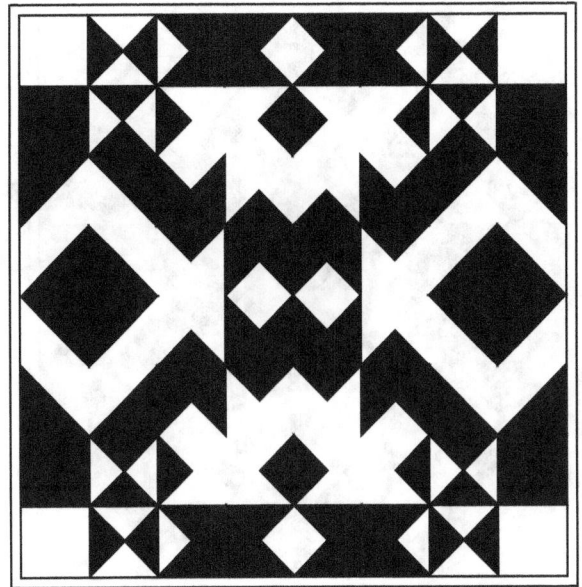

1	6	15	12
16	11	2	5
10	13	8	3
7	4	9	14

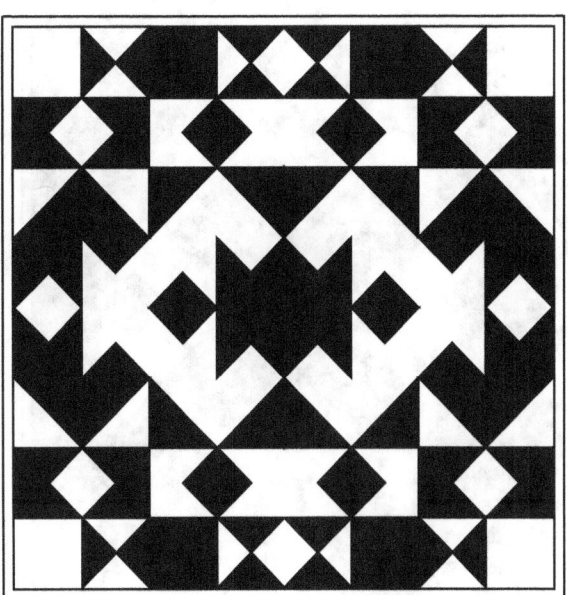

1	6	16	11
12	15	5	2
7	4	10	13
14	9	3	8

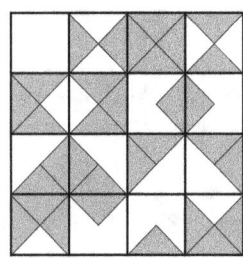

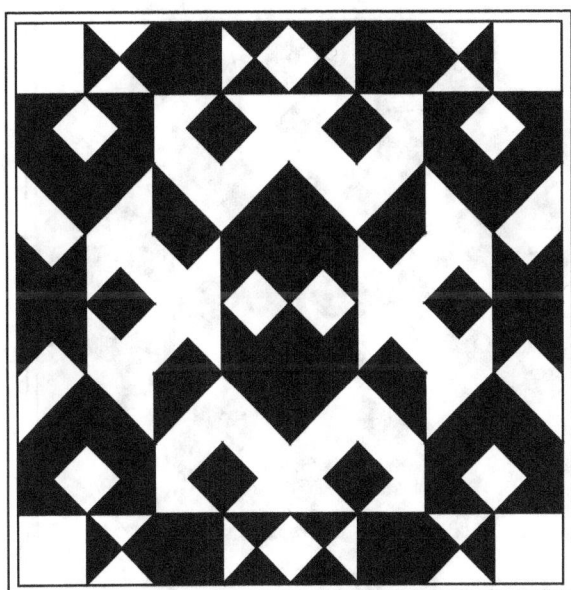

1	6	16	11
12	15	5	2
13	10	4	7
8	3	9	14

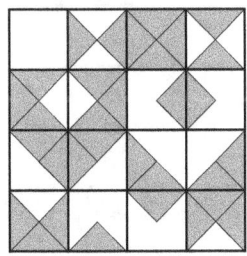

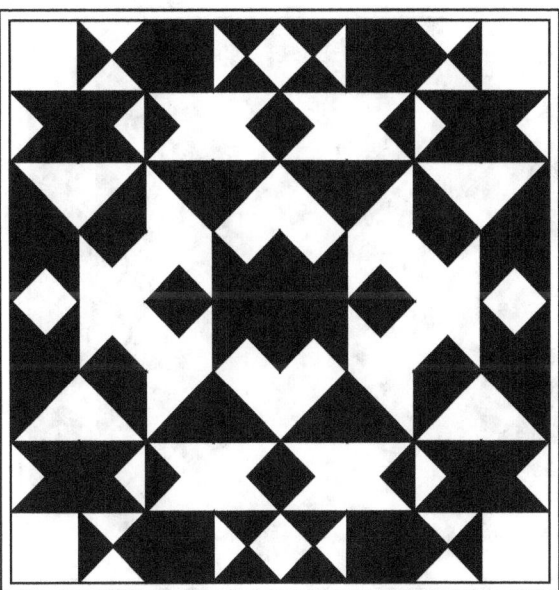

1	6	16	11
15	12	2	5
4	7	13	10
14	9	3	8

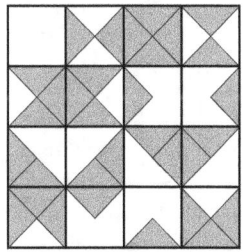

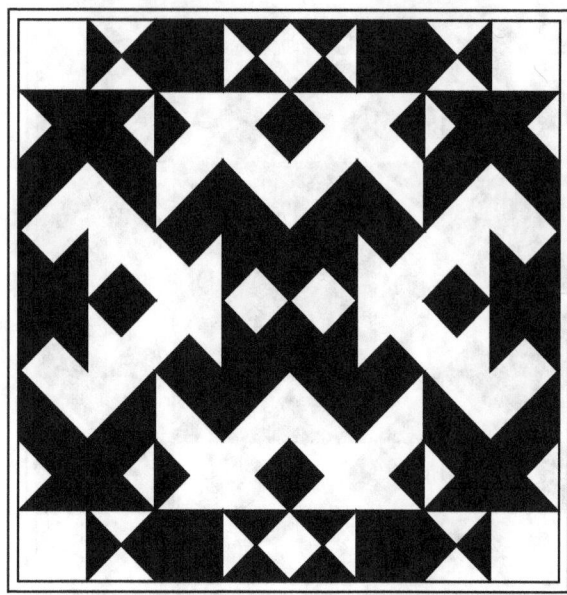

1	6	16	11
15	12	2	5
10	13	7	4
8	3	9	14

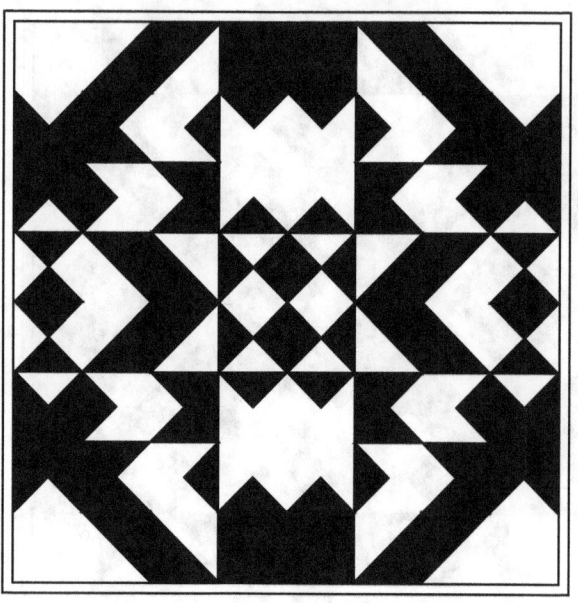

1	7	10	16
8	12	5	9
14	2	15	3
11	13	4	6

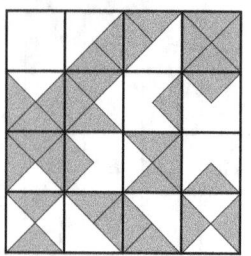

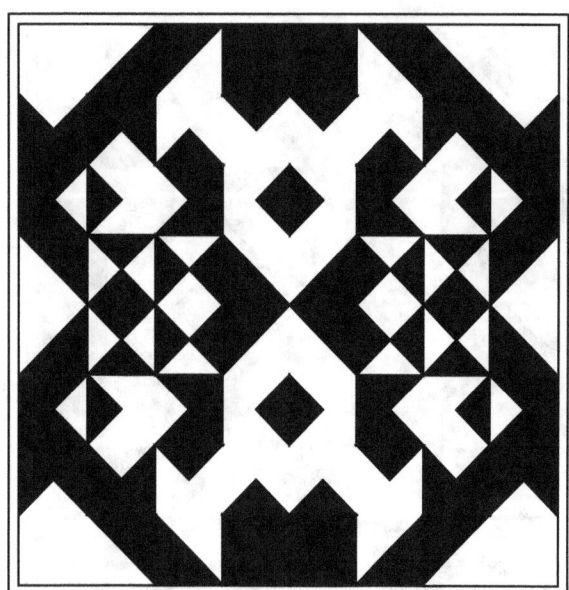

1	7	10	16
8	14	3	9
12	2	15	5
13	11	6	4

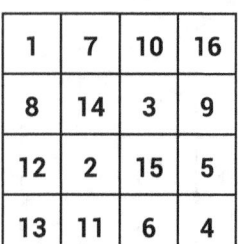
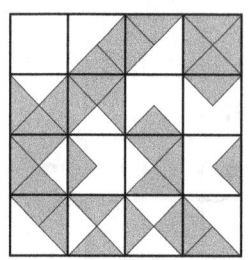

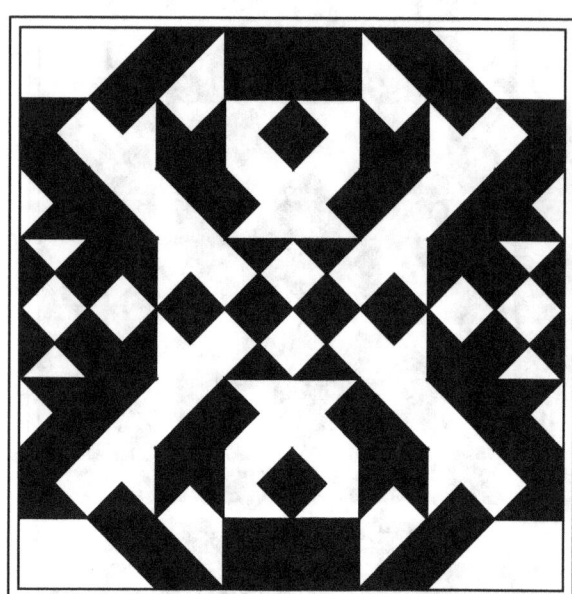

1	7	10	16
12	9	8	5
15	4	13	2
6	14	3	11

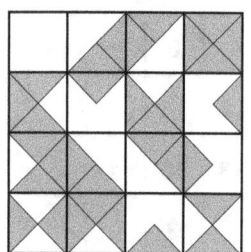

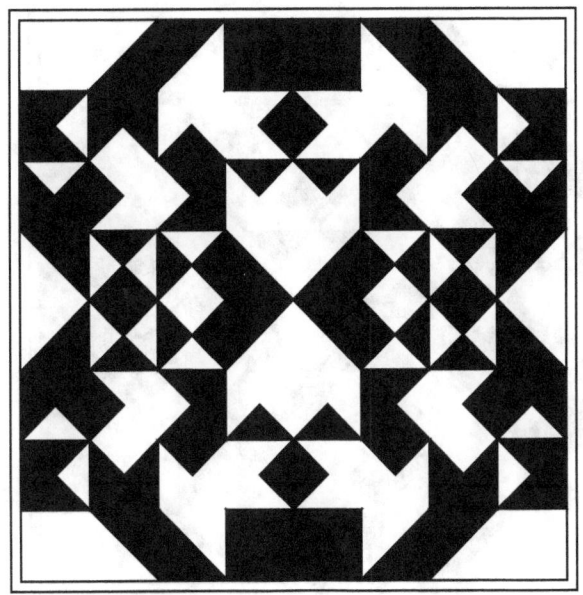

1	7	10	16
12	14	3	5
8	2	15	9
13	11	6	4

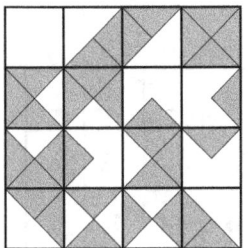

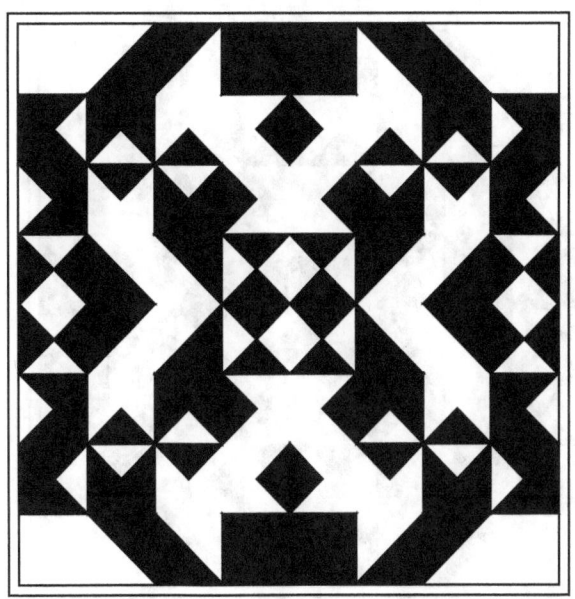

1	7	10	16
12	14	3	5
15	9	8	2
6	4	13	11

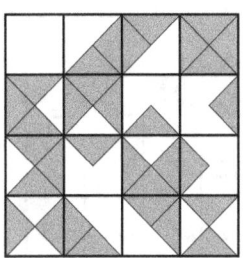

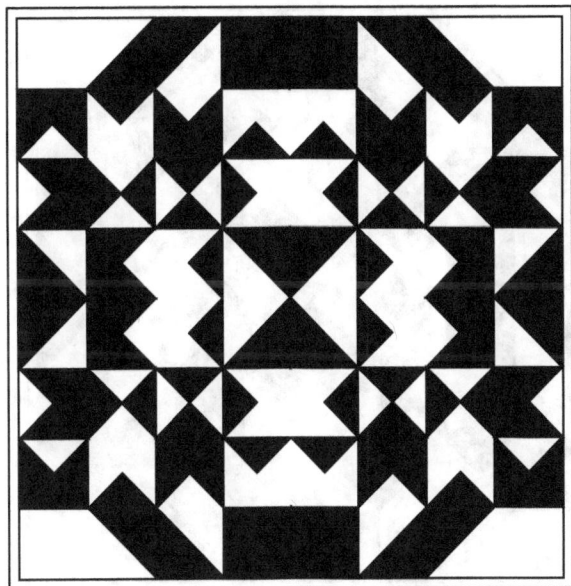

1	7	10	16
14	9	8	3
15	6	11	2
4	12	5	13

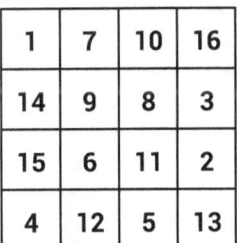
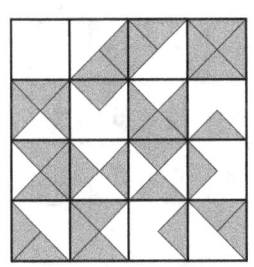

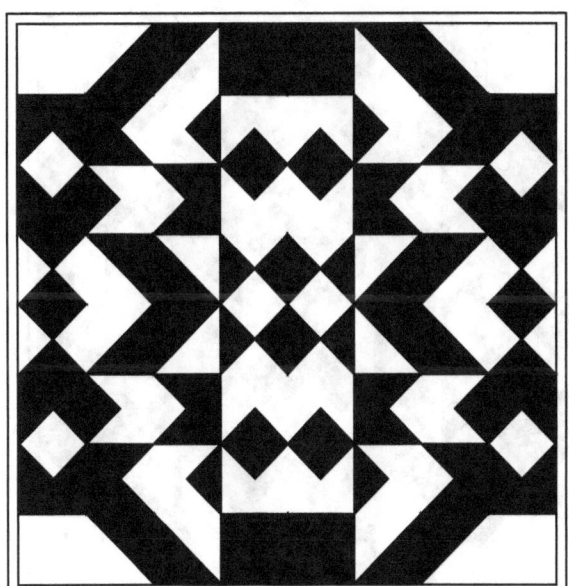

1	7	10	16
14	12	5	3
8	2	15	9
11	13	4	6

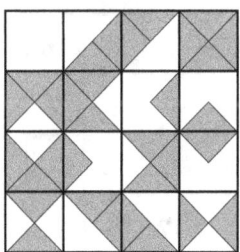

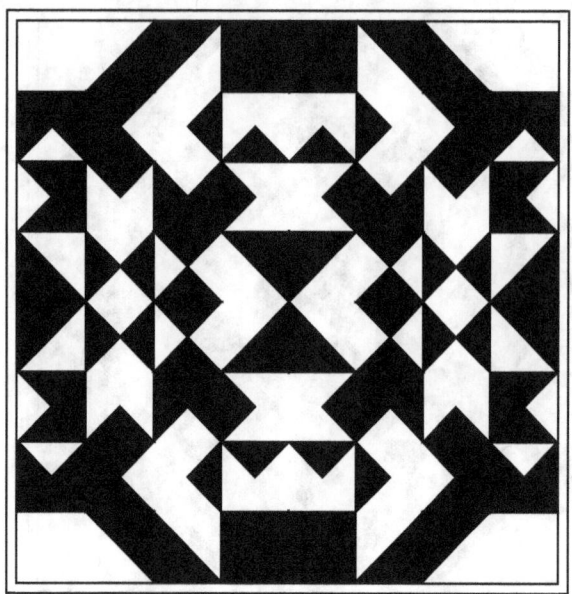

1	7	10	16
14	12	5	3
15	9	8	2
4	6	11	13

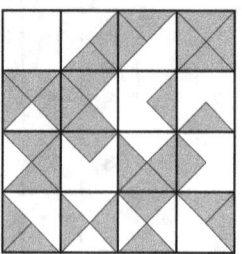

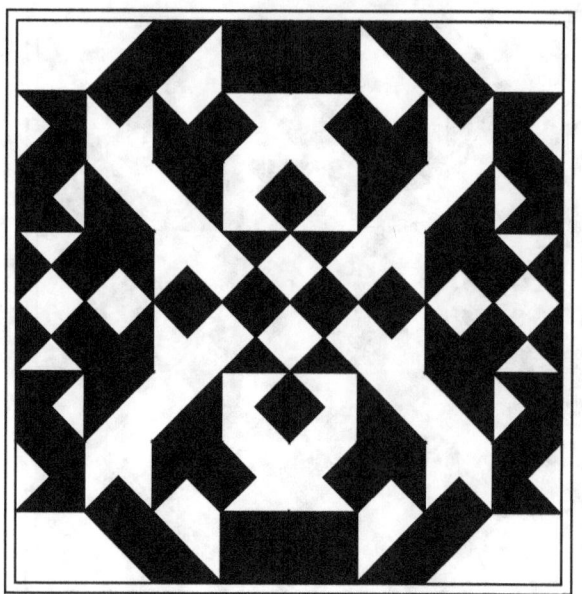

1	7	10	16
15	9	8	2
12	4	13	5
6	14	3	11

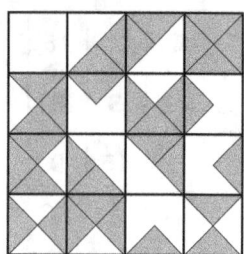

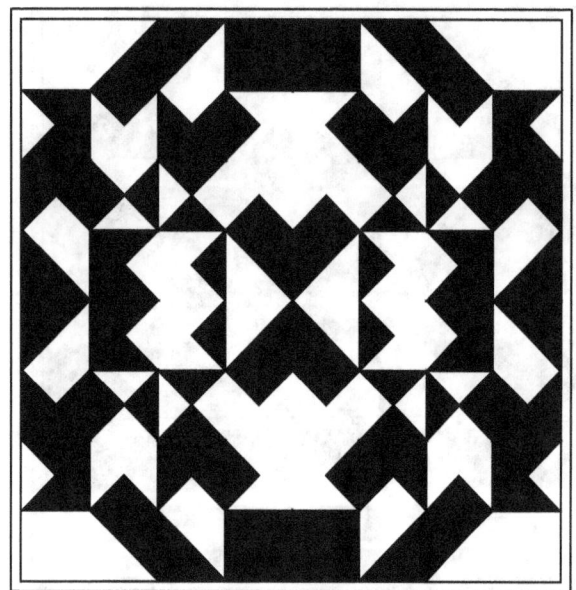

1	7	10	16
15	9	8	2
14	6	11	3
4	12	5	13

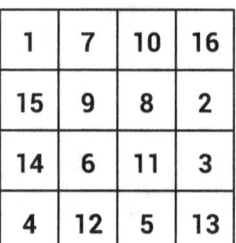

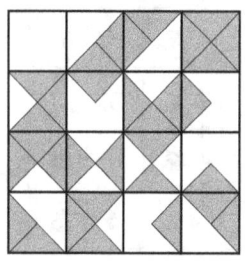

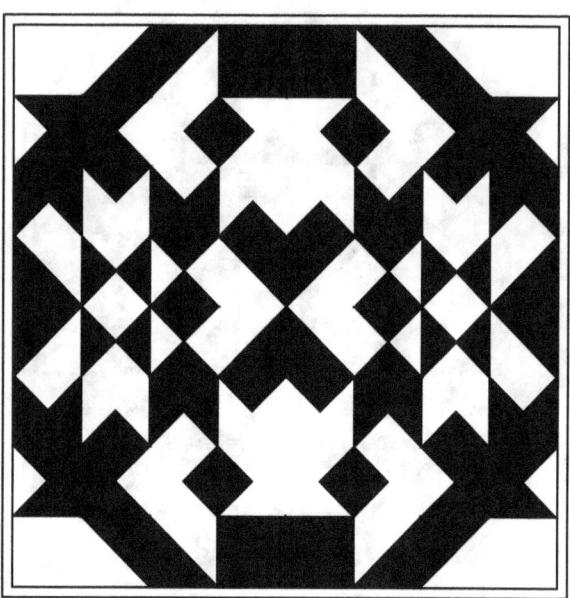

1	7	10	16
15	12	5	2
14	9	8	3
4	6	11	13

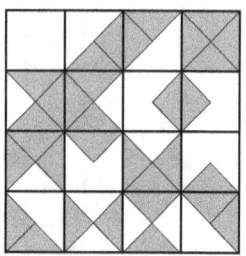

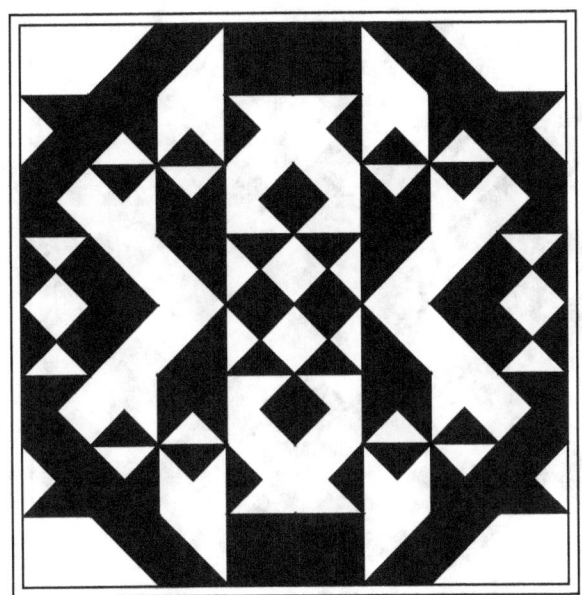

1	7	10	16
15	14	3	2
12	9	8	5
6	4	13	11

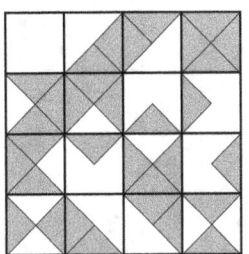

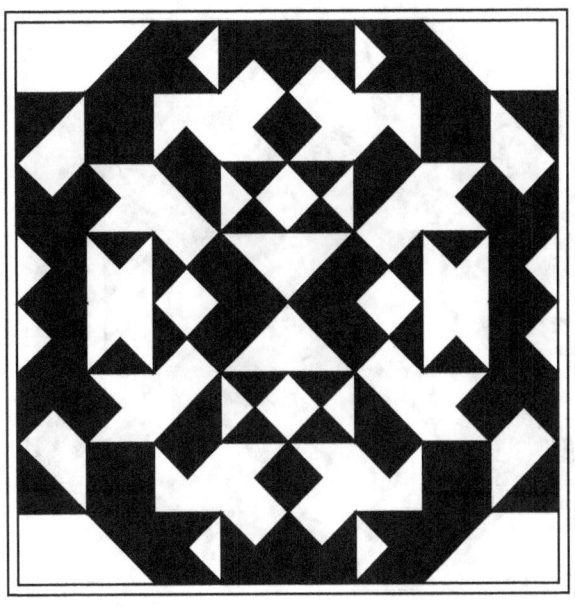

1	7	12	14
10	16	3	5
8	2	13	11
15	9	6	4

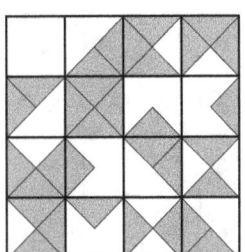

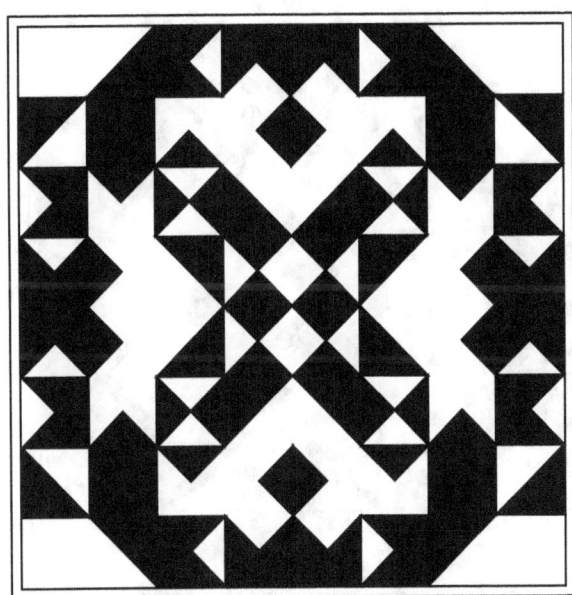

1	7	12	14
10	16	3	5
15	9	6	4
8	2	13	11

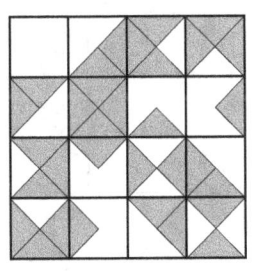

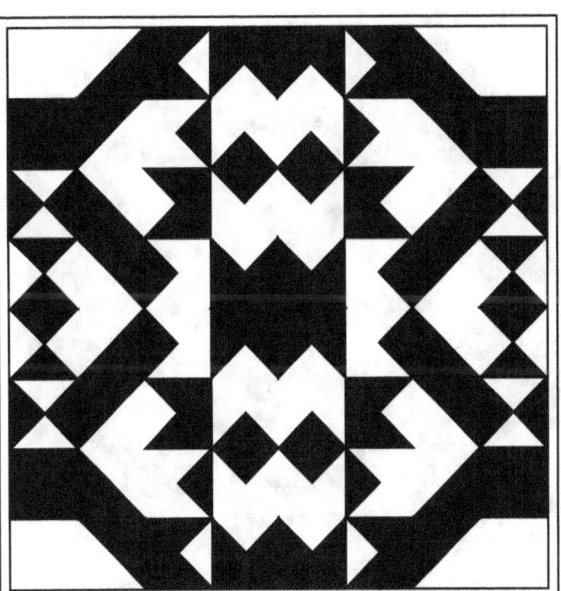

1	7	12	14
16	10	5	3
6	4	15	9
11	13	2	8

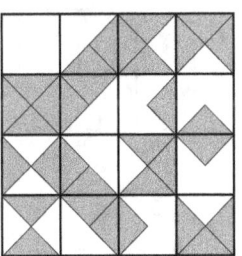

35

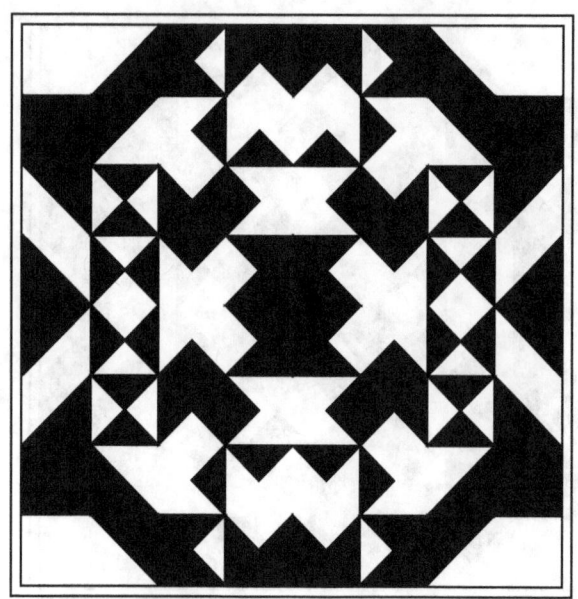

1	7	12	14
16	10	5	3
13	11	8	2
4	6	9	15

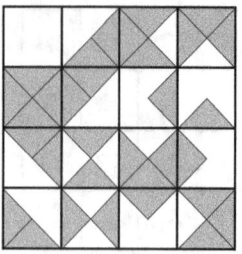

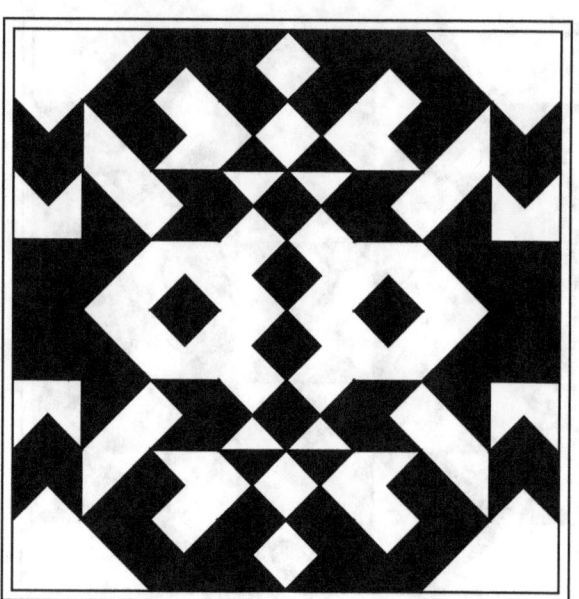

1	7	14	12
8	13	2	11
9	4	15	6
16	10	3	5

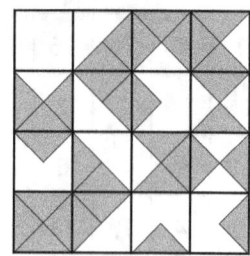

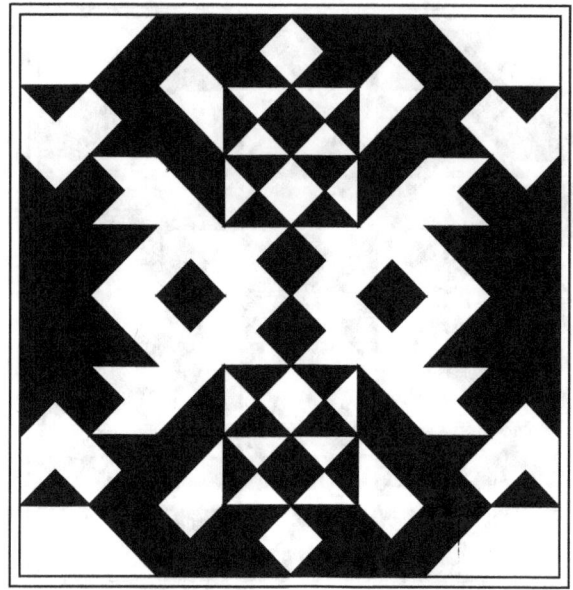

1	7	14	12
9	15	4	6
8	2	13	11
16	10	3	5

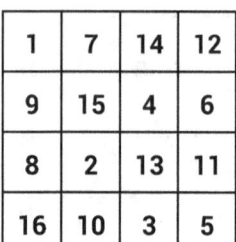
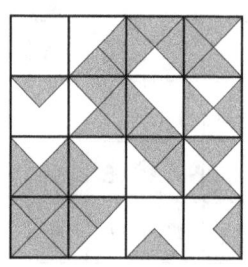

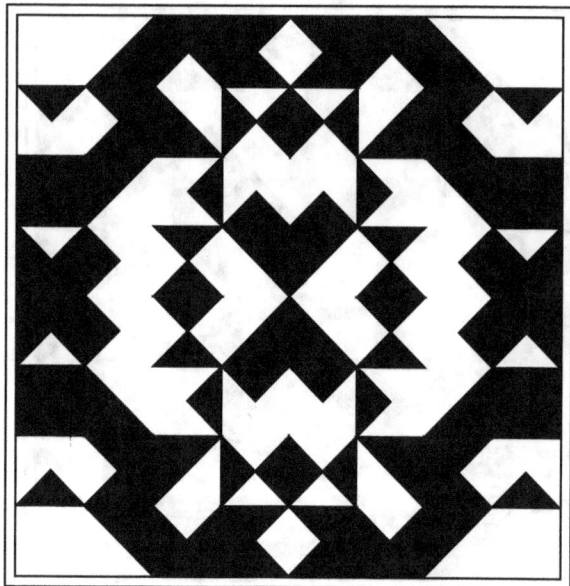

1	7	14	12
9	15	4	6
16	10	5	3
8	2	11	13

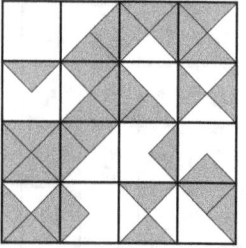

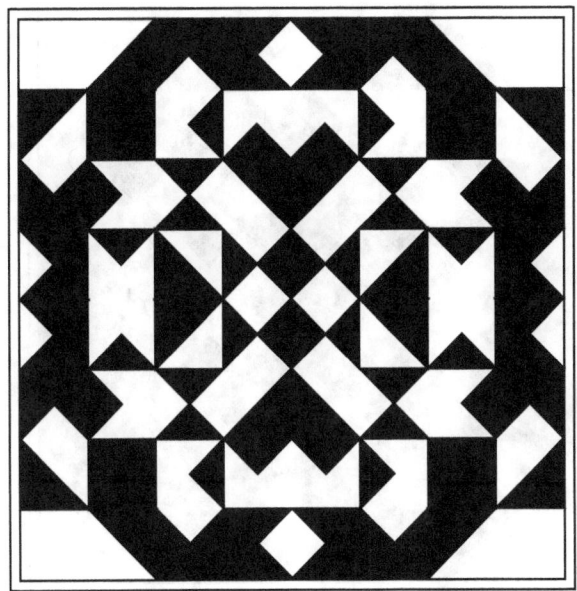

1	7	14	12
10	16	5	3
8	2	11	13
15	9	4	6

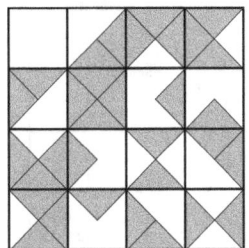

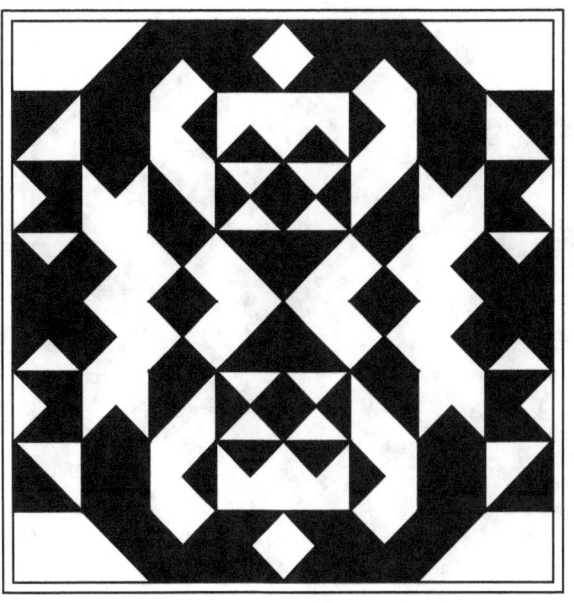

1	7	14	12
10	16	5	3
15	9	4	6
8	2	11	13

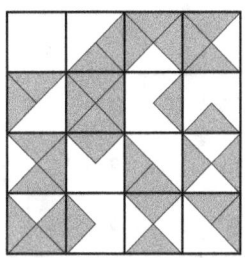

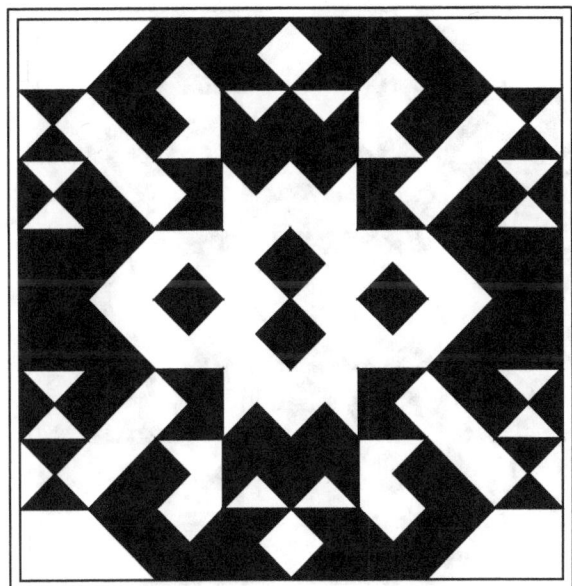

1	7	14	12
11	13	2	8
6	4	15	9
16	10	3	5

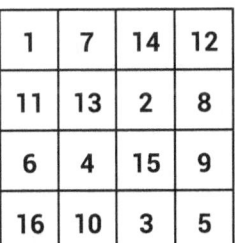

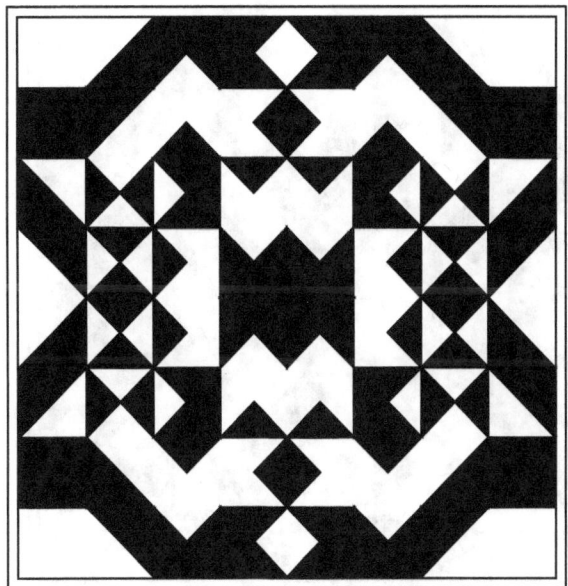

1	7	14	12
16	10	3	5
4	6	15	9
13	11	2	8

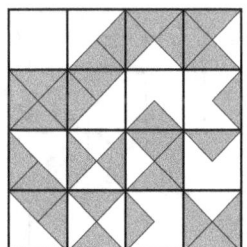

37

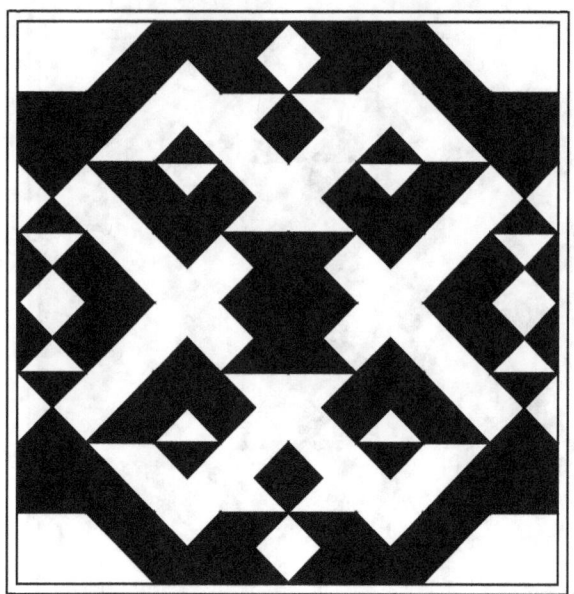

1	7	14	12
16	10	3	5
11	13	8	2
6	4	9	15

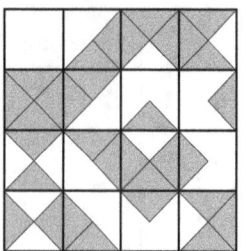

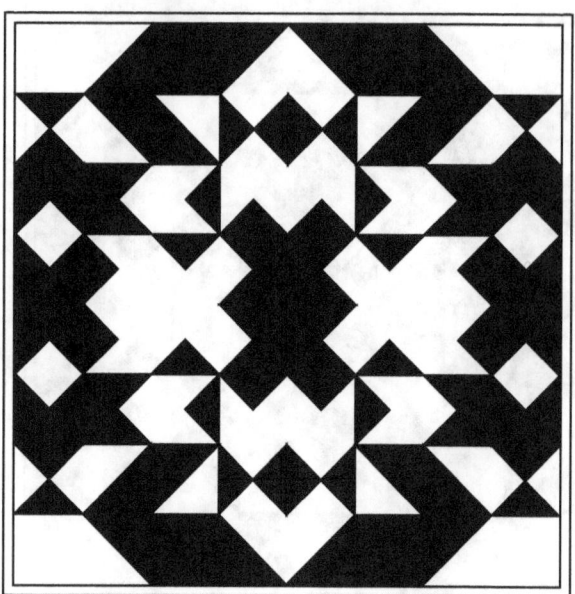

1	7	16	10
11	13	4	6
14	12	5	3
8	2	9	15

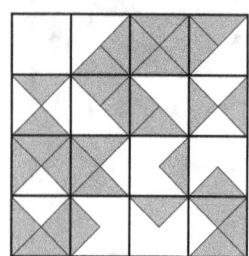

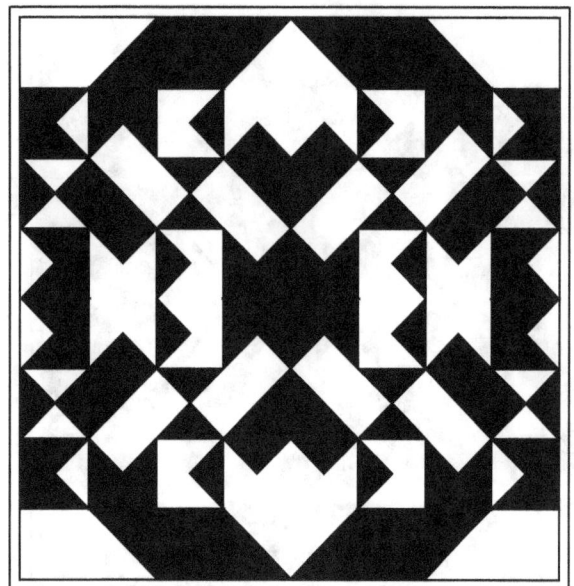

1	7	16	10
12	14	5	3
6	4	11	13
15	9	2	8

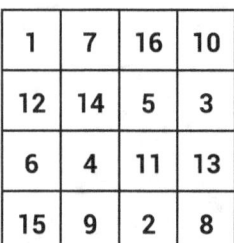 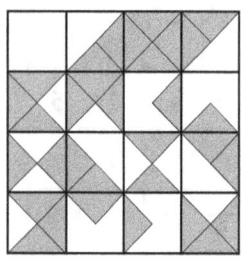

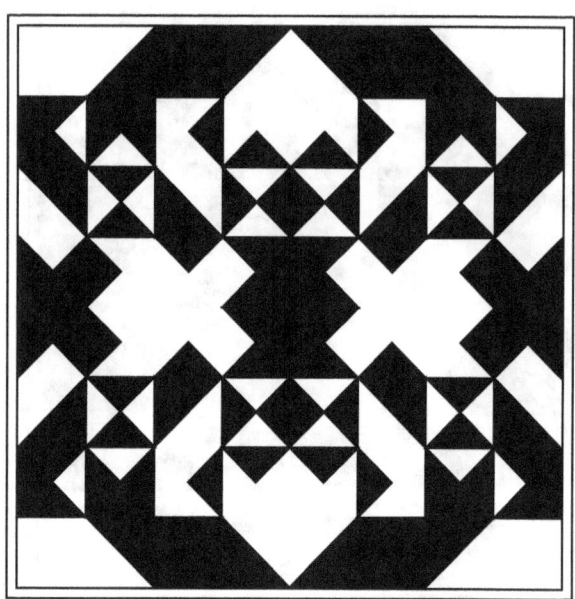

1	7	16	10
12	14	5	3
13	11	4	6
8	2	9	15

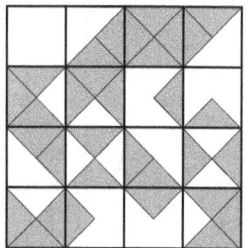

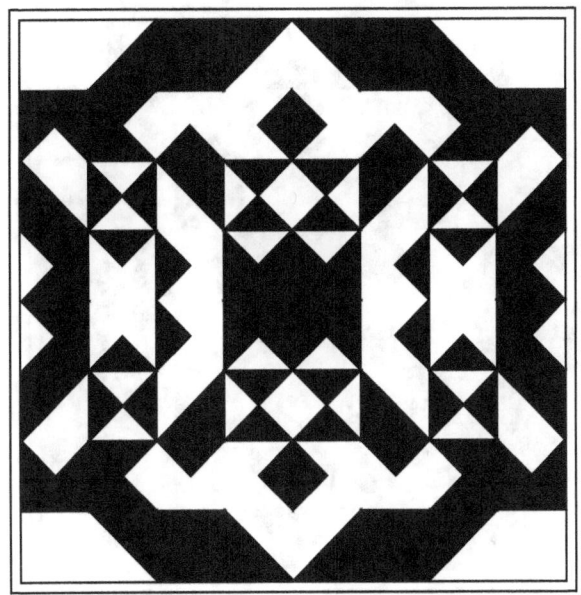

1	7	16	10
14	12	3	5
4	6	13	11
15	9	2	8

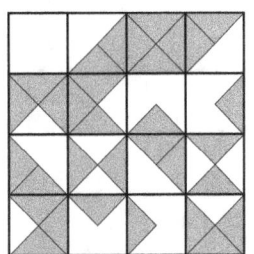

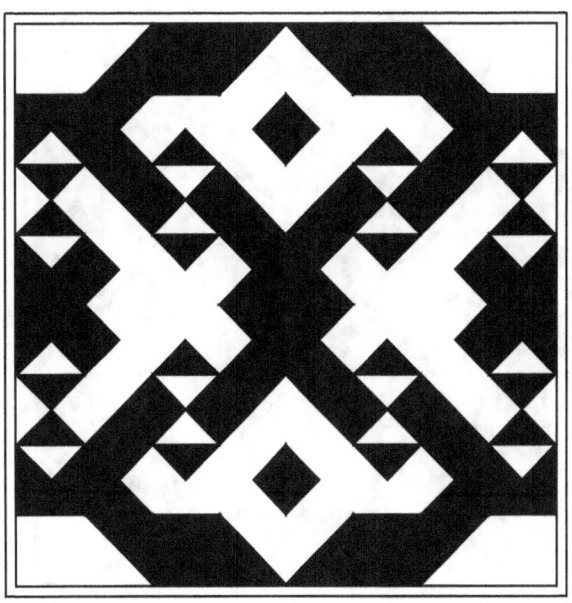

1	7	16	10
14	12	3	5
11	13	6	4
8	2	9	15

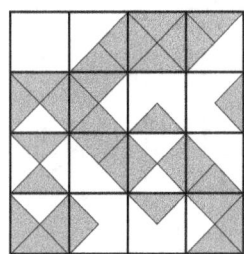

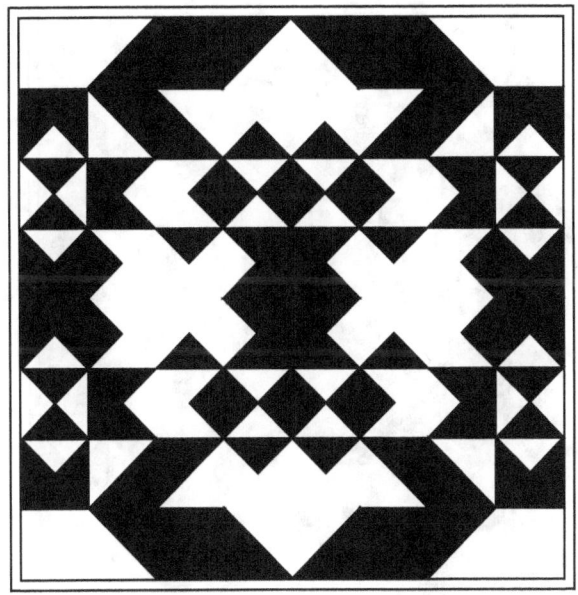

1	7	16	10
14	13	4	3
11	12	5	6
8	2	9	15

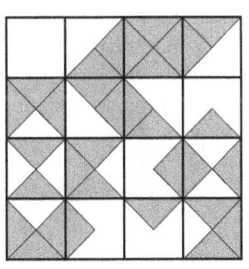

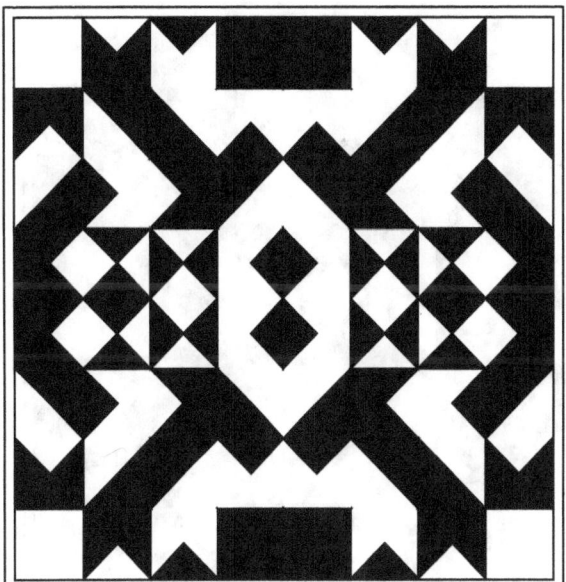

1	8	9	16
14	13	4	3
7	2	15	10
12	11	6	5

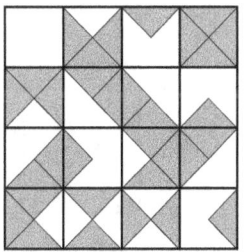

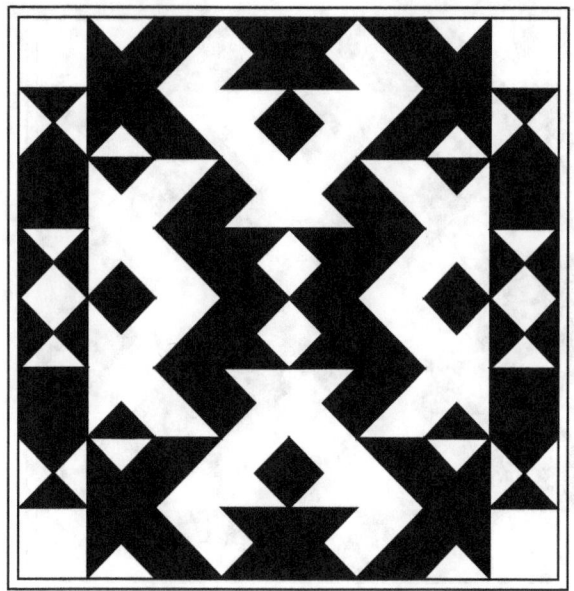

1	8	10	15
11	14	4	5
16	9	7	2
6	3	13	12

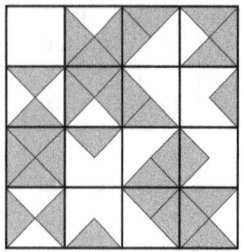

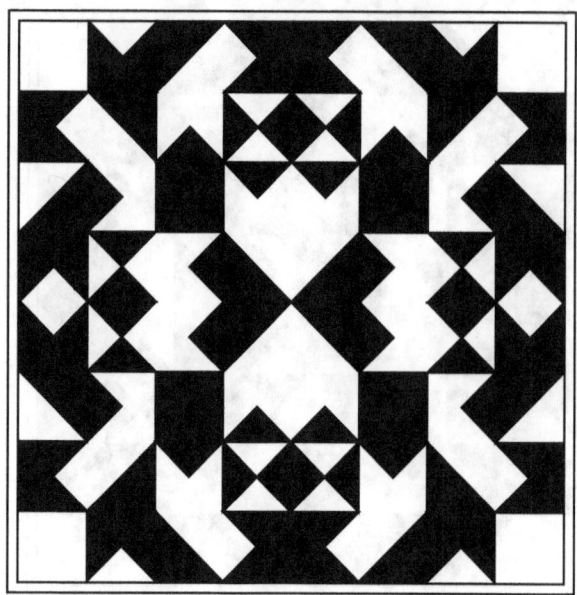

1	8	10	15
12	13	3	6
7	2	16	9
14	11	5	4

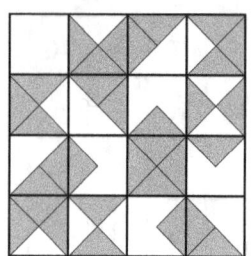

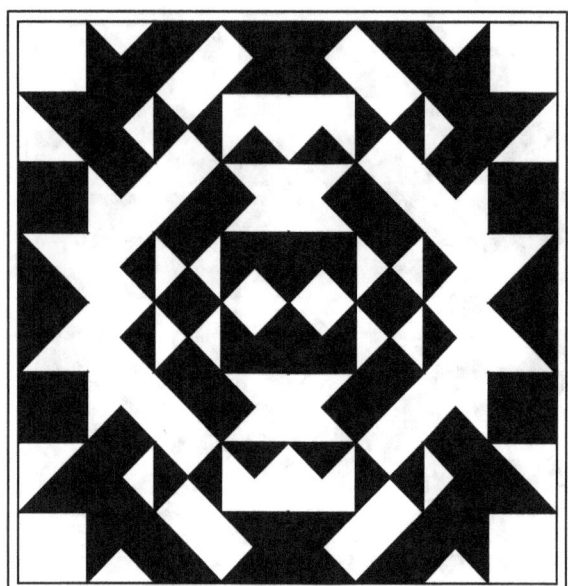

1	8	10	15
13	12	6	3
16	9	7	2
4	5	11	14

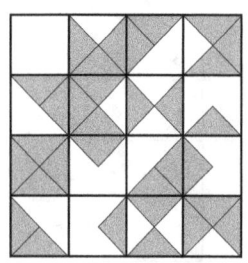

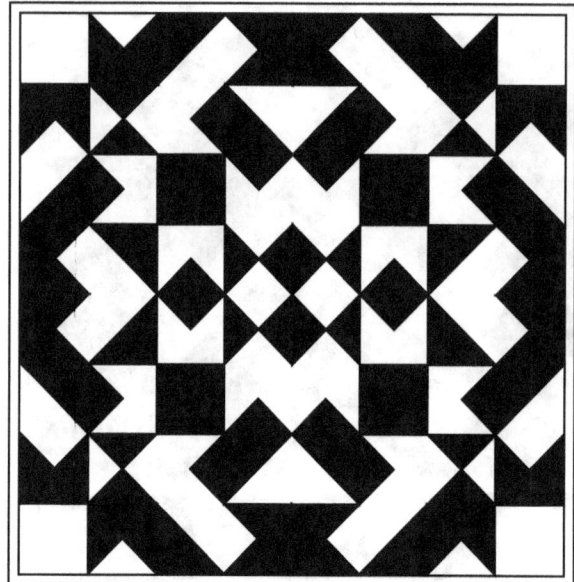

1	8	10	15
14	11	5	4
7	2	16	9
12	13	3	6

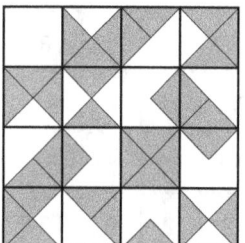

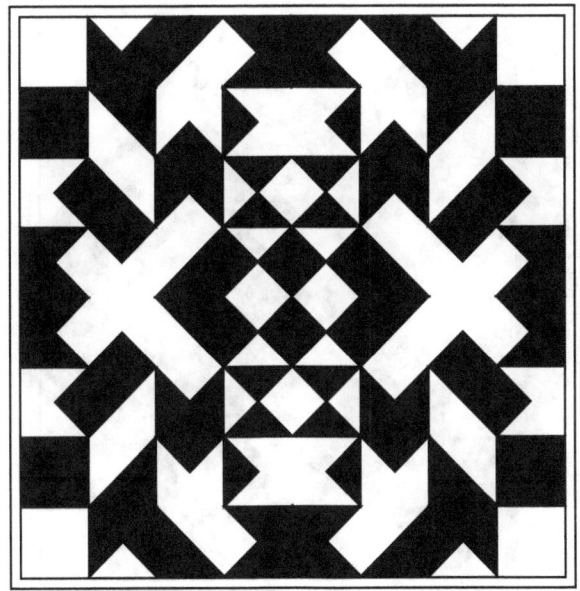

1	8	10	15
16	13	3	2
5	4	14	11
12	9	7	6

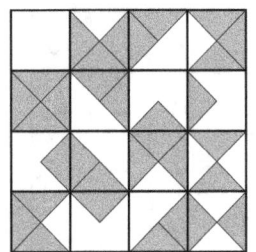

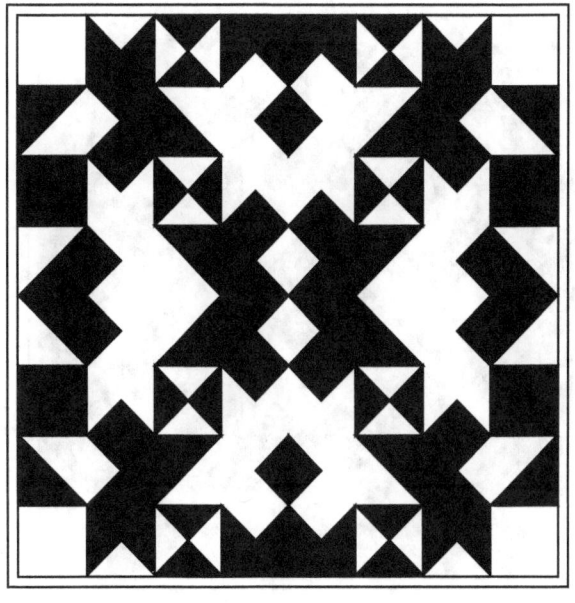

1	8	11	14
10	15	4	5
16	9	6	3
7	2	13	12

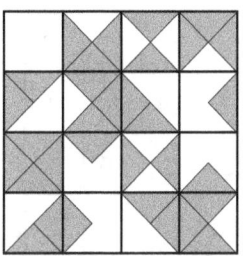

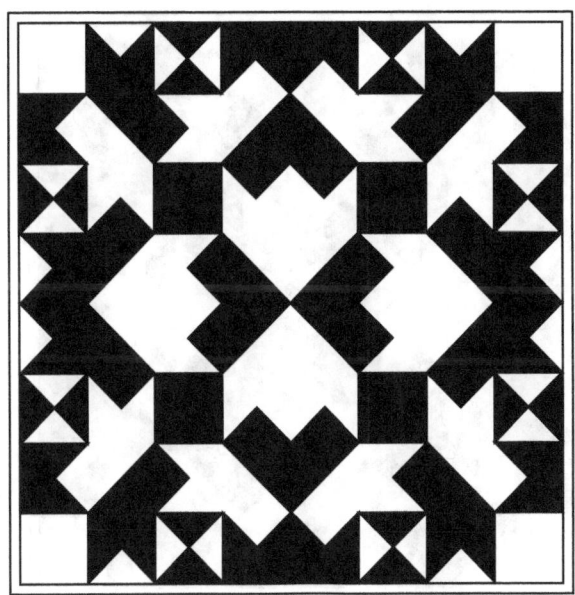

1	8	11	14
12	13	2	7
6	3	16	9
15	10	5	4

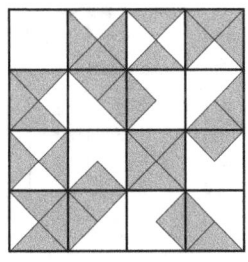

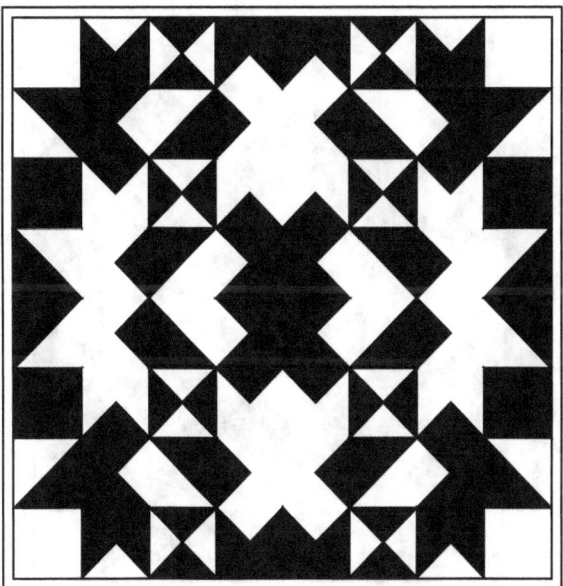

1	8	11	14
13	12	7	2
16	9	6	3
4	5	10	15

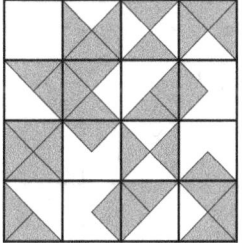

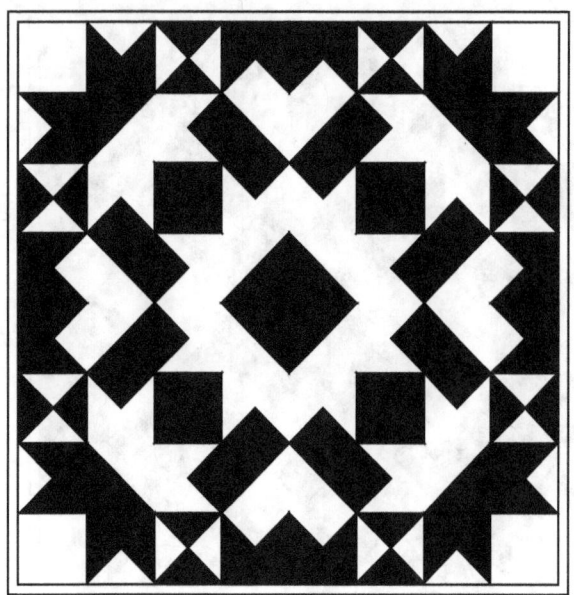

1	8	11	14
15	10	5	4
6	3	16	9
12	13	2	7

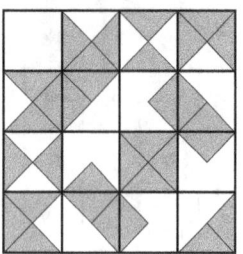

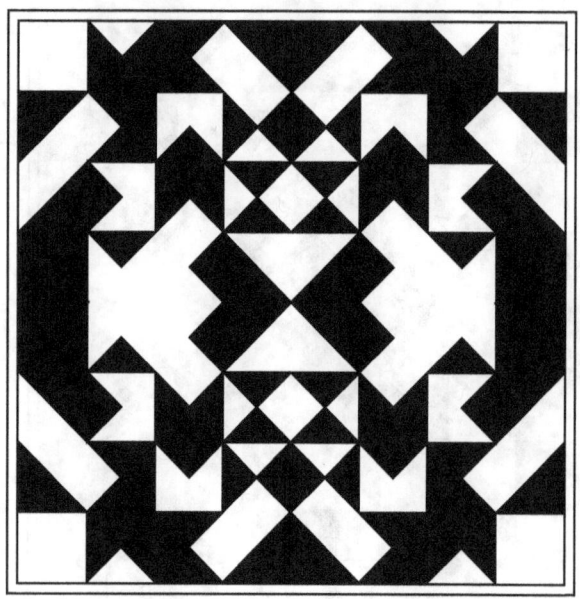

1	8	12	13
10	15	3	6
7	2	14	11
16	9	5	4

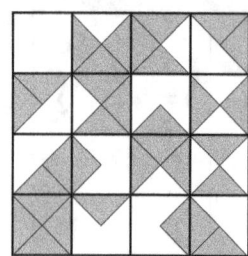

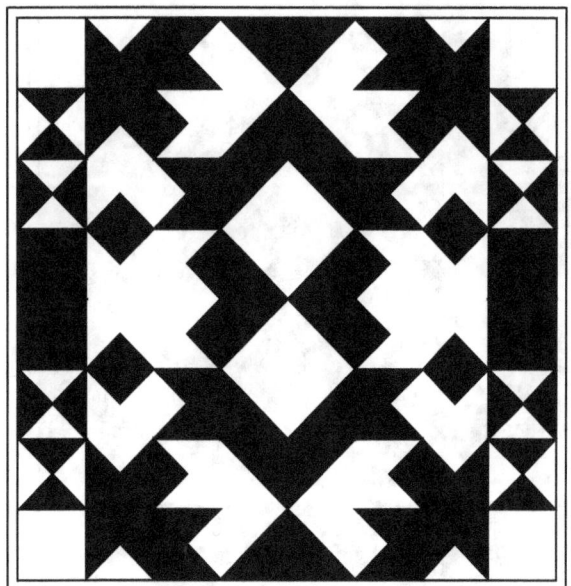

1	8	12	13
11	14	2	7
6	3	15	10
16	9	5	4

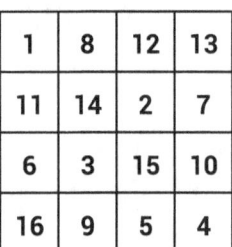

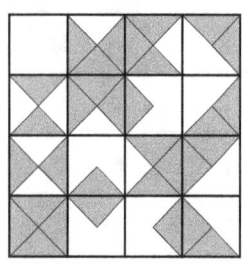

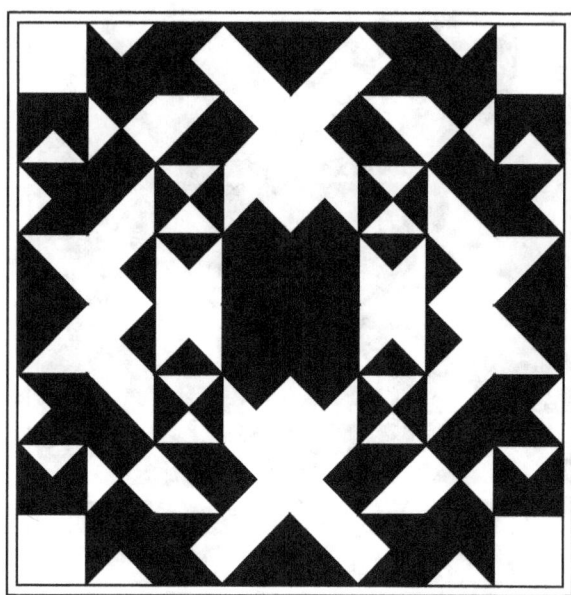

1	8	12	13
14	11	7	2
15	10	6	3
4	5	9	16

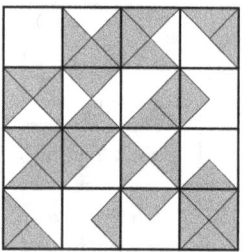

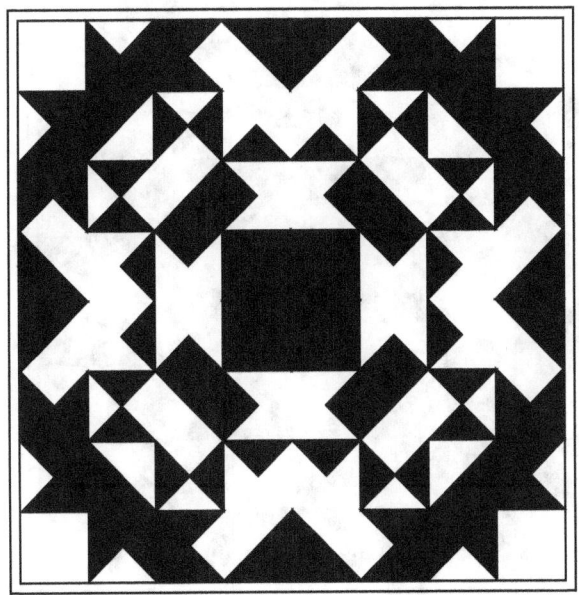

1	8	12	13
15	10	6	3
14	11	7	2
4	5	9	16

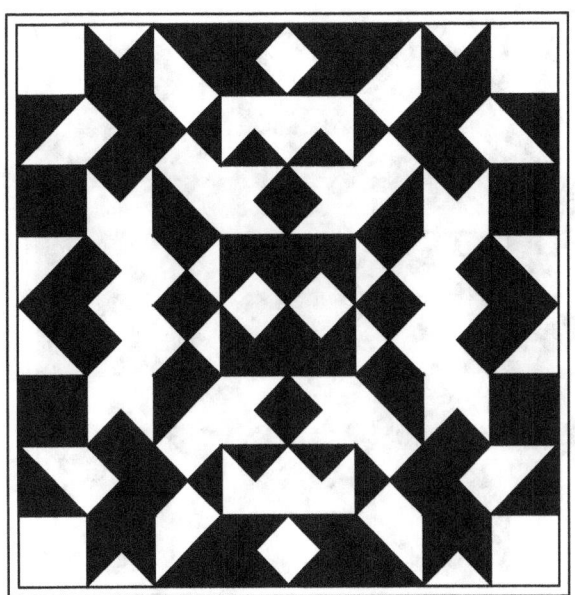

1	8	13	12
10	15	6	3
16	9	4	5
7	2	11	14

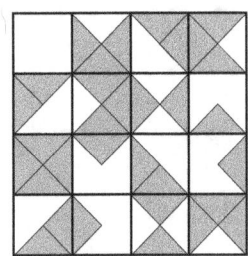

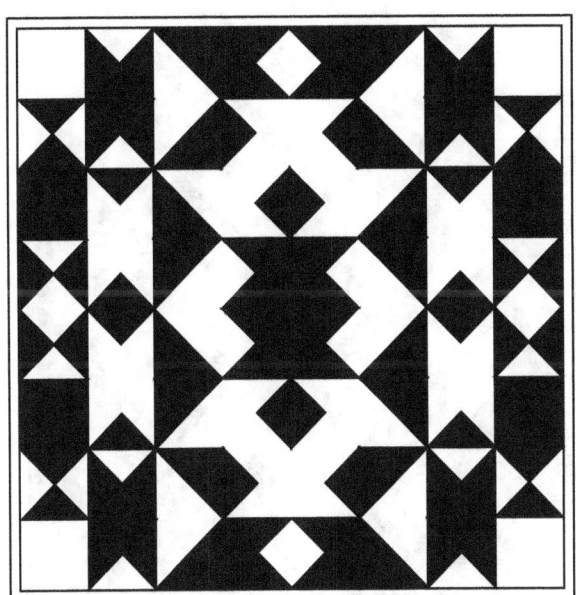

1	8	13	12
11	14	7	2
16	9	4	5
6	3	10	15

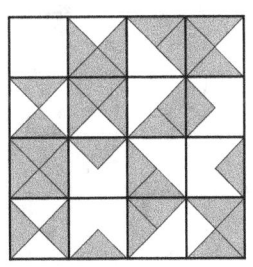

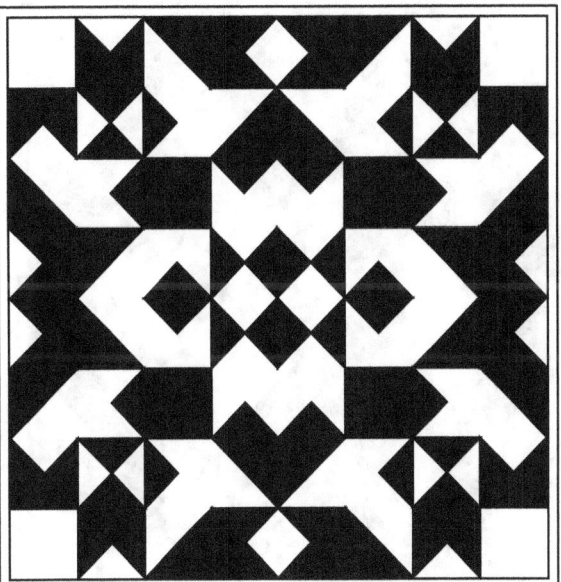

1	8	13	12
14	11	2	7
4	5	16	9
15	10	3	6

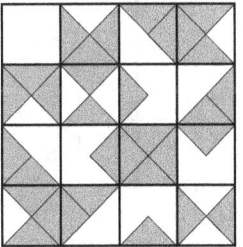

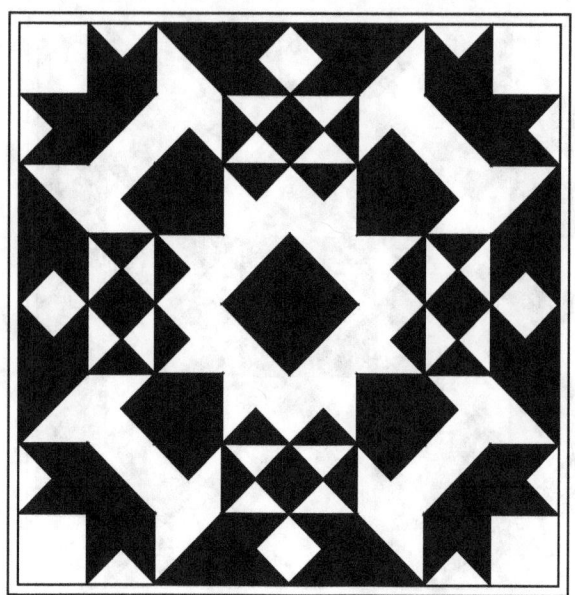

1	8	13	12
15	10	3	6
4	5	16	9
14	11	2	7

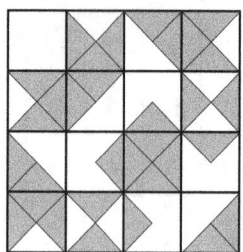

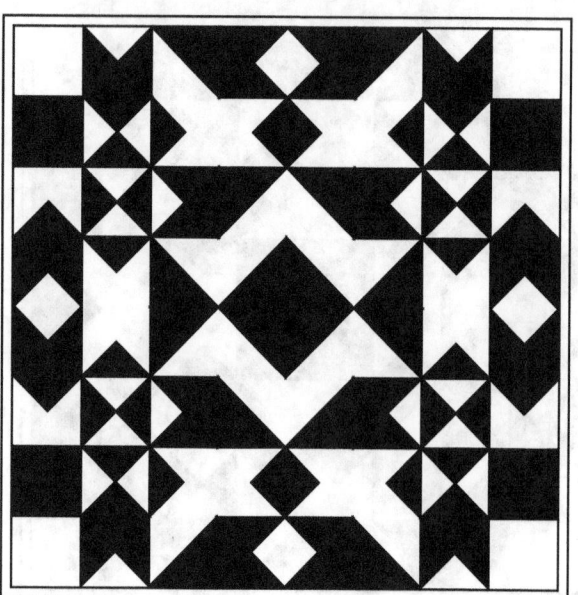

1	8	13	12
16	11	2	5
3	6	15	10
14	9	4	7

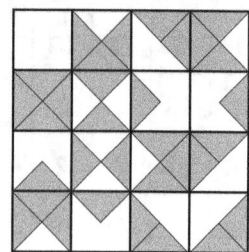

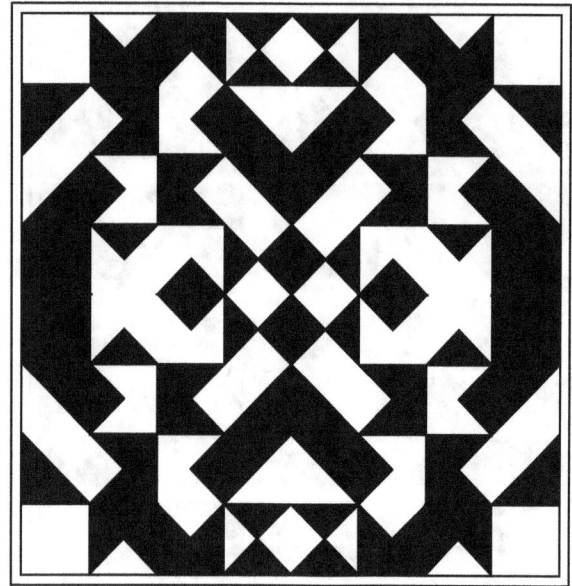

1	8	14	11
10	15	5	4
7	2	12	13
16	9	3	6

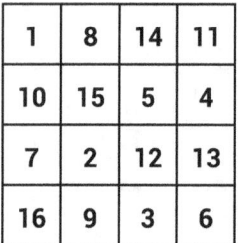

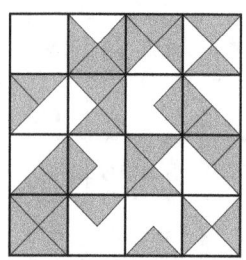

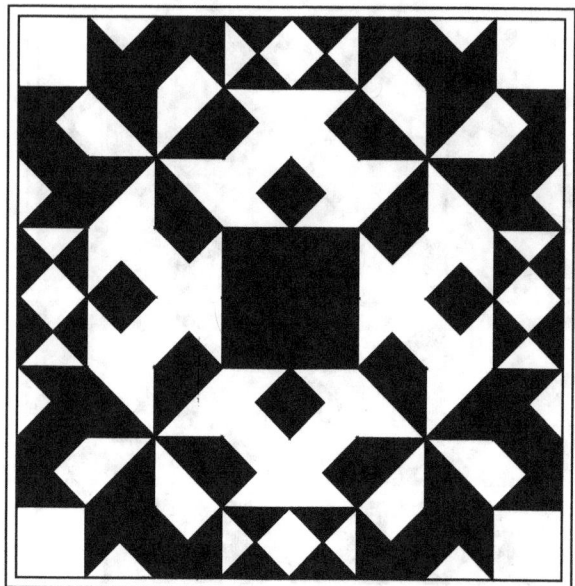

1	8	14	11
12	13	7	2
15	10	4	5
6	3	9	16

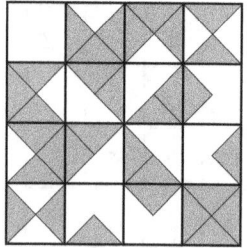

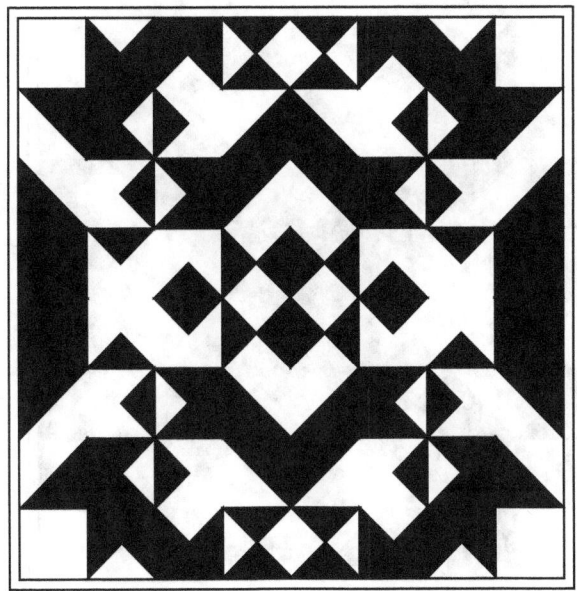

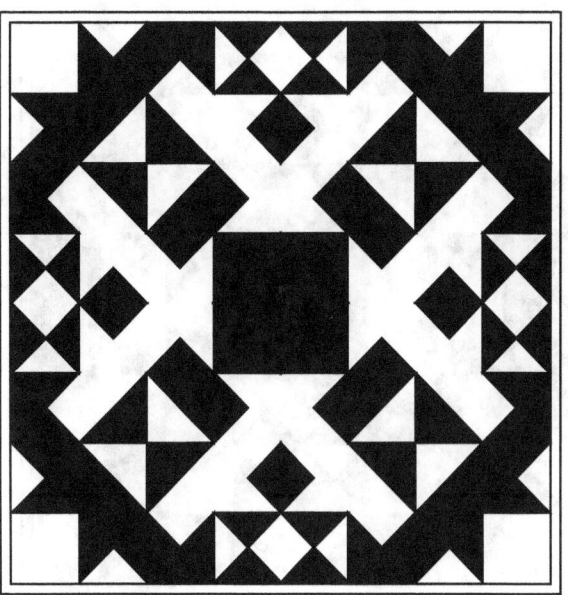

1	8	14	11
13	12	2	7
4	5	15	10
16	9	3	6

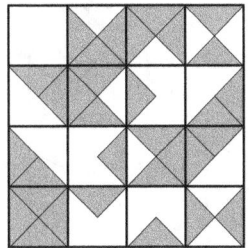

1	8	14	11
15	10	4	5
12	13	7	2
6	3	9	16

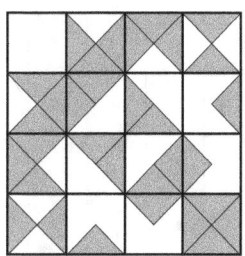

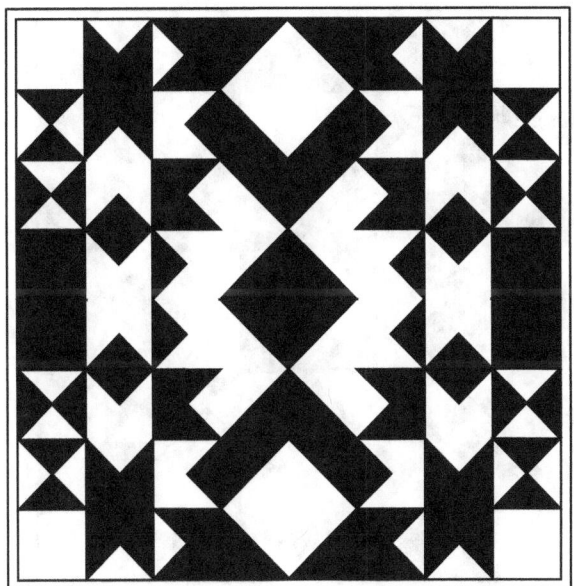

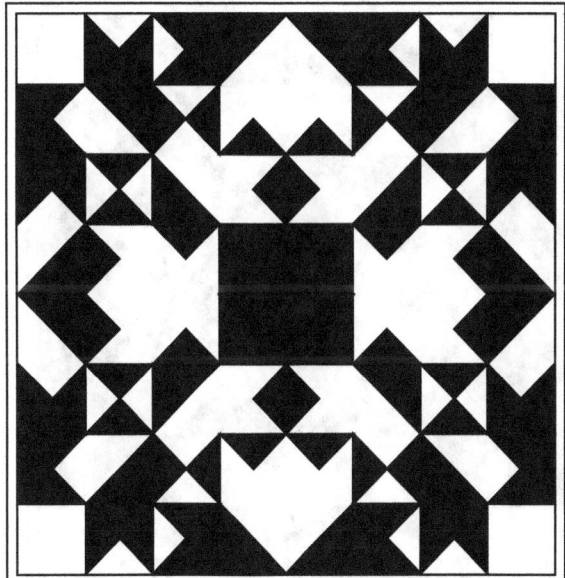

1	8	15	10
11	14	5	4
6	3	12	13
16	9	2	7

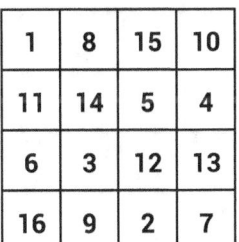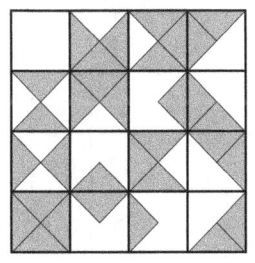

1	8	15	10
12	13	6	3
14	11	4	5
7	2	9	16

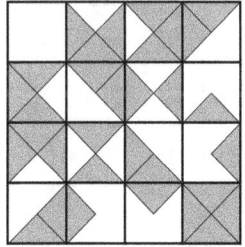

45

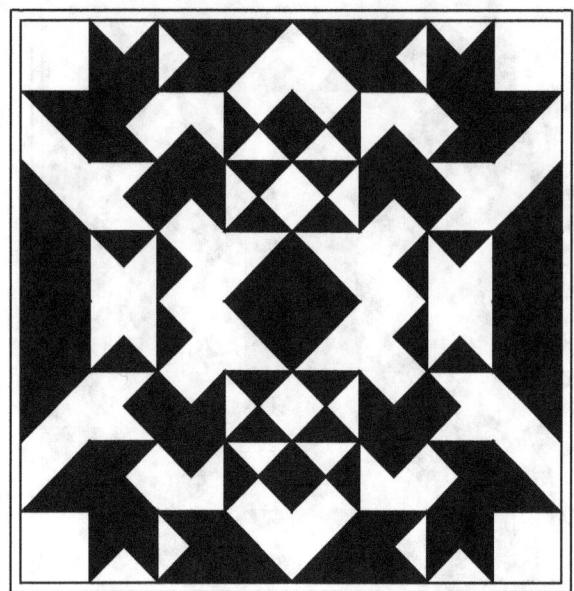

1	8	15	10
13	12	3	6
4	5	14	11
16	9	2	7

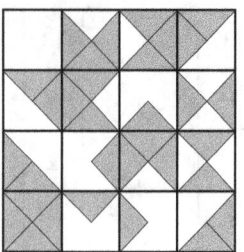

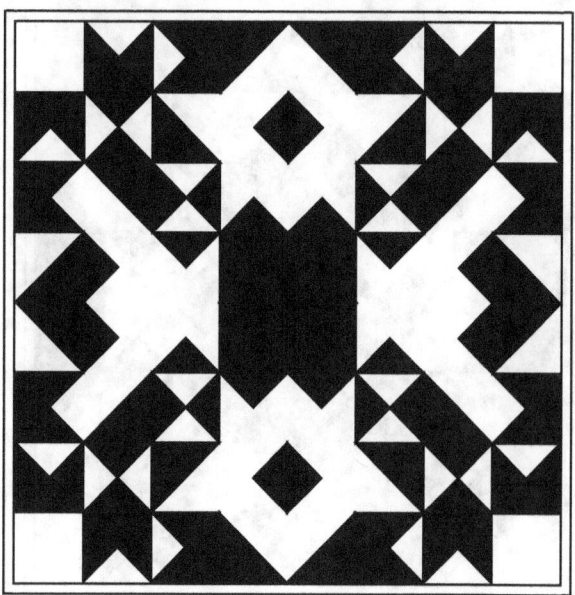

1	8	15	10
14	11	4	5
12	13	6	3
7	2	9	16

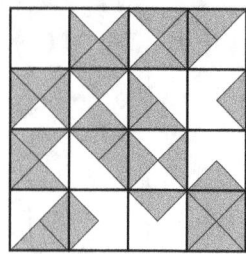

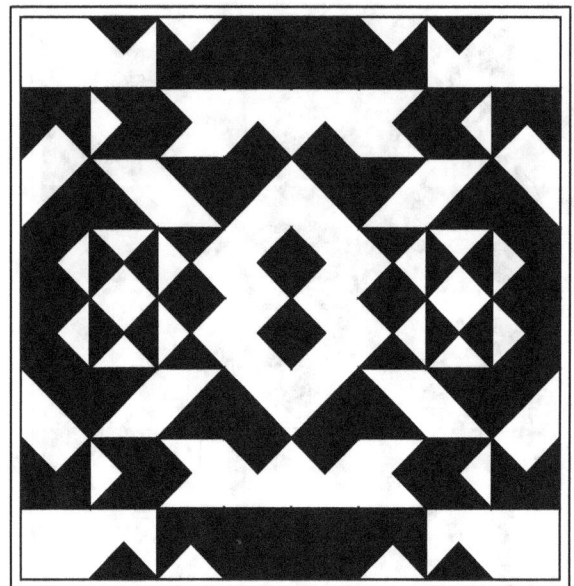

1	9	8	16
14	15	2	3
7	4	13	10
12	6	11	5

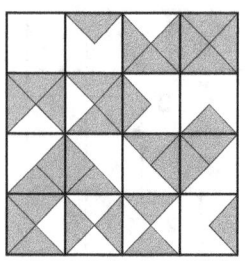

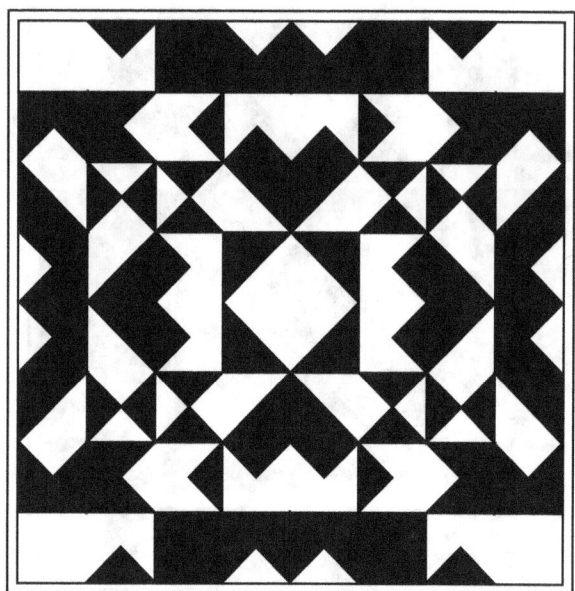

1	9	16	8
14	12	5	3
4	6	11	13
15	7	2	10

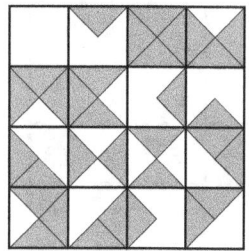

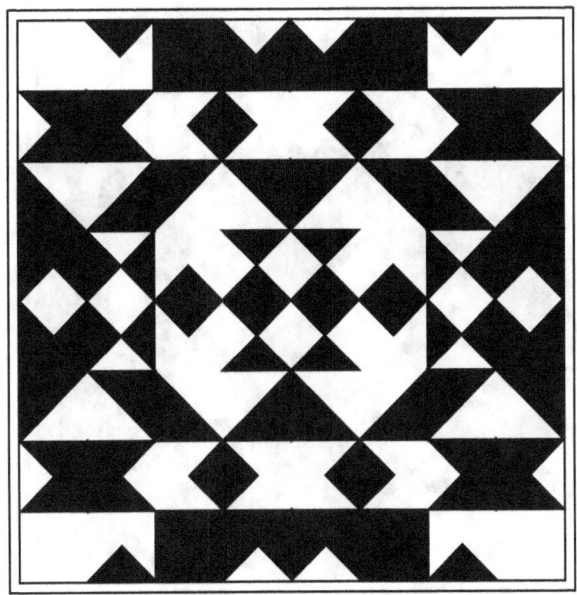

1	9	16	8
15	12	5	2
4	7	10	13
14	6	3	11

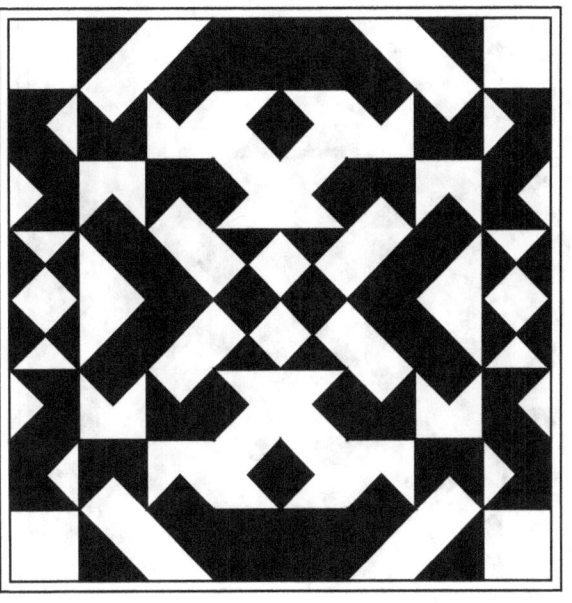

1	10	7	16
12	8	9	5
15	3	14	2
6	13	4	11

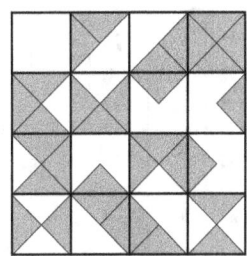

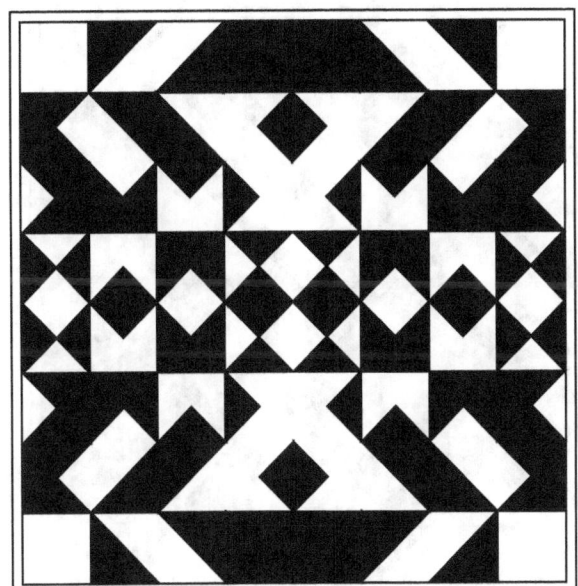

1	10	7	16
12	13	4	5
15	8	9	2
6	3	14	11

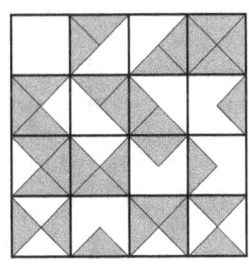

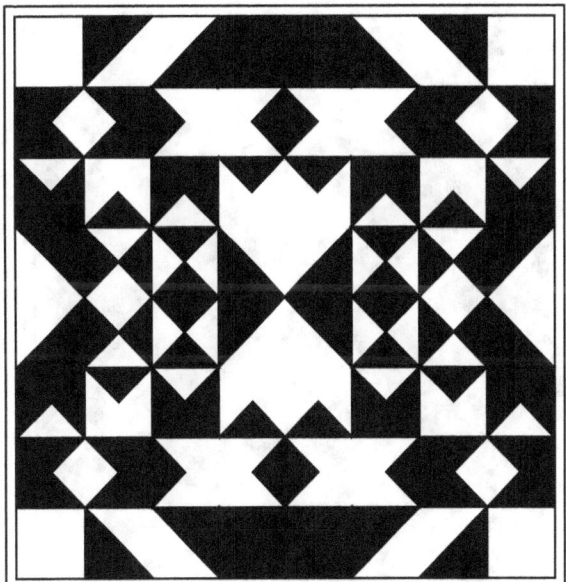

1	10	7	16
12	15	2	5
8	3	14	9
13	6	11	4

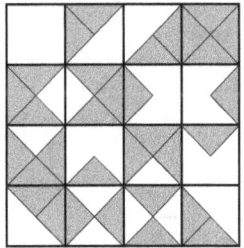

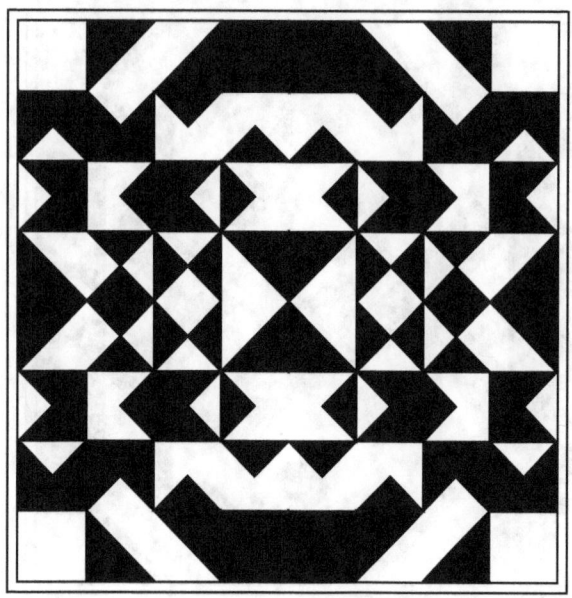

1	10	7	16
14	8	9	3
15	5	12	2
4	11	6	13

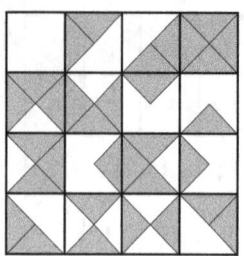

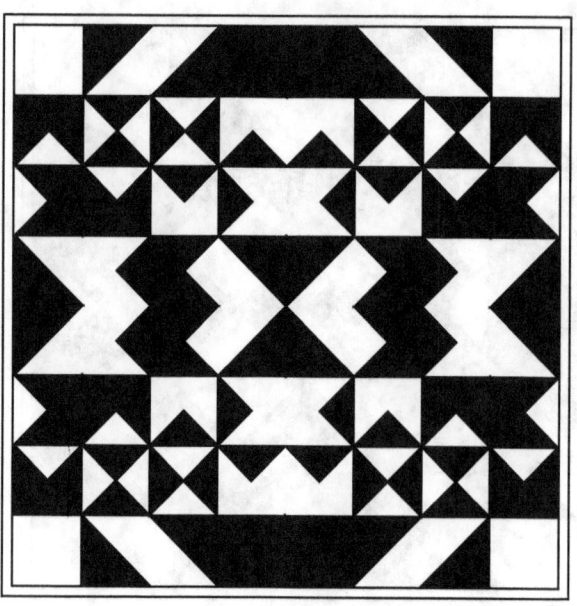

1	10	7	16
14	11	6	3
15	8	9	2
4	5	12	13

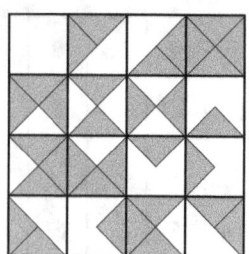

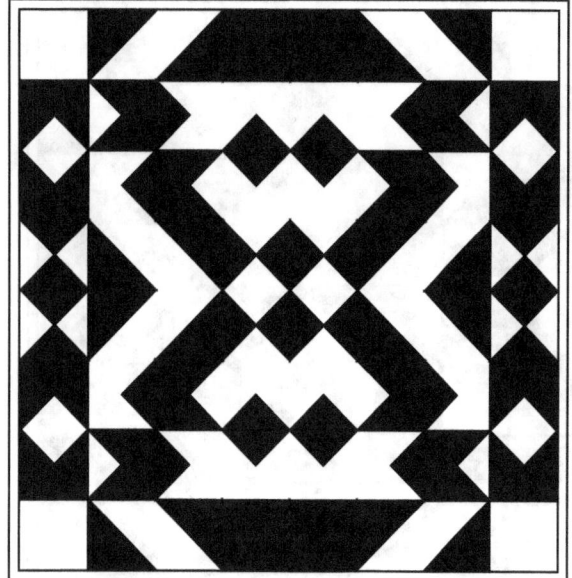

1	10	7	16
14	15	2	3
8	5	12	9
11	4	13	6

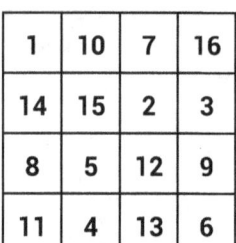

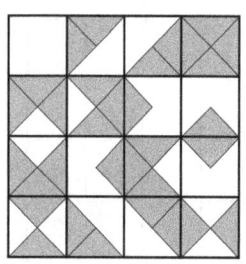

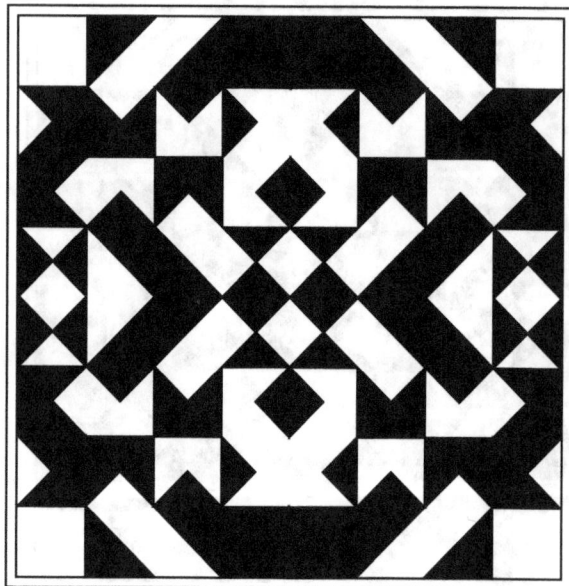

1	10	7	16
15	8	9	2
12	3	14	5
6	13	4	11

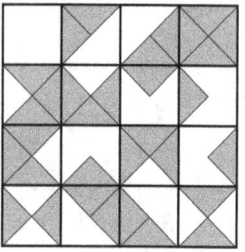

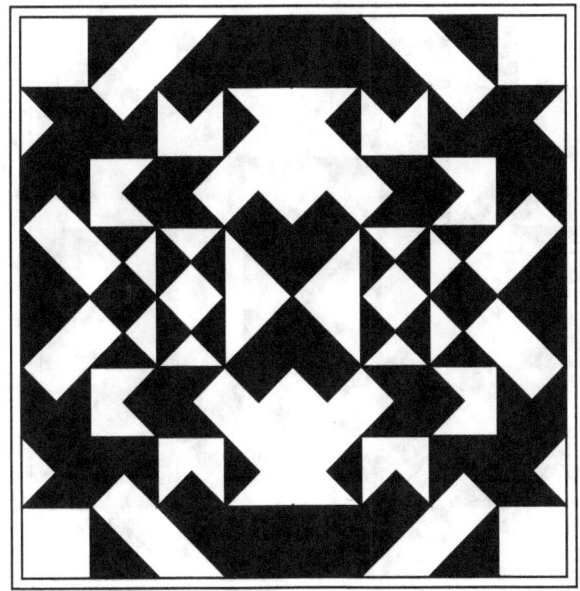

1	10	7	16
15	8	9	2
14	5	12	3
4	11	6	13

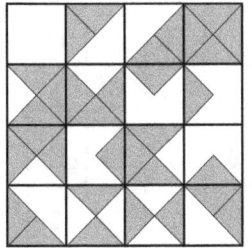

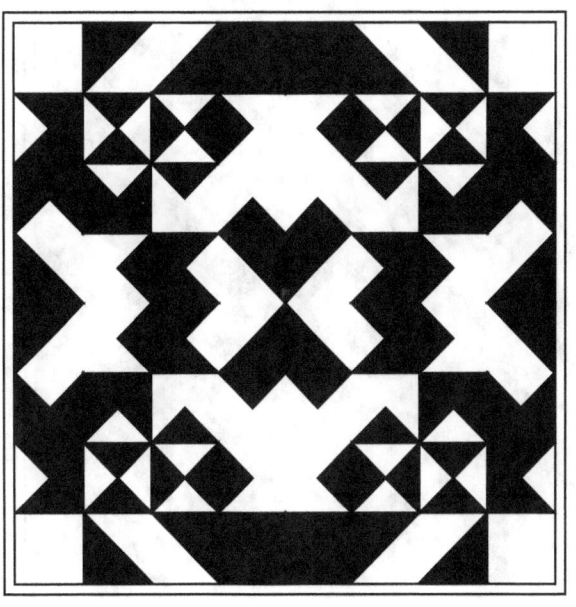

1	10	7	16
15	11	6	2
14	8	9	3
4	5	12	13

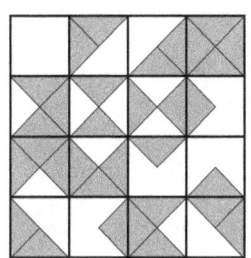

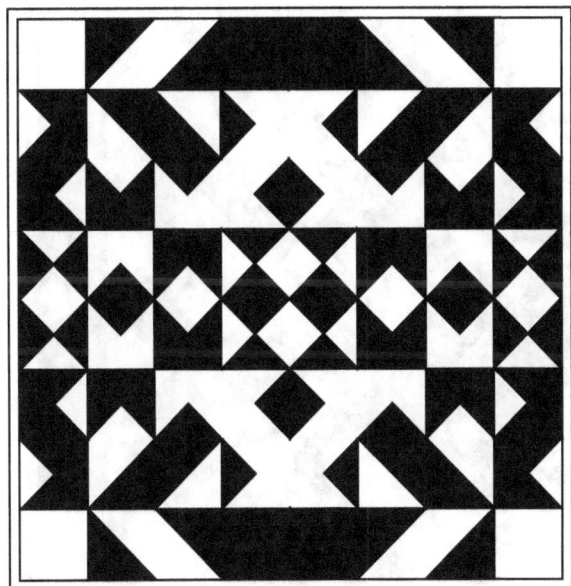

1	10	7	16
15	13	4	2
12	8	9	5
6	3	14	11

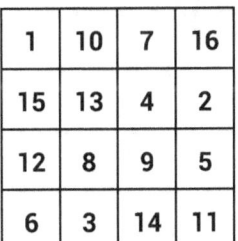
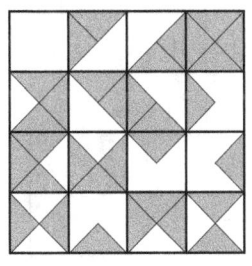

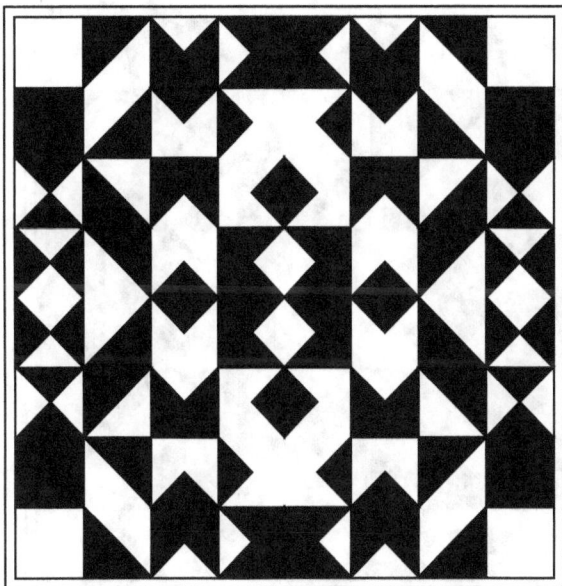

1	10	8	15
16	7	9	2
11	4	14	5
6	13	3	12

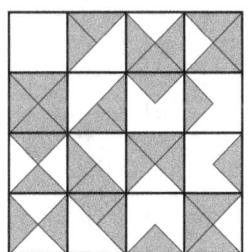

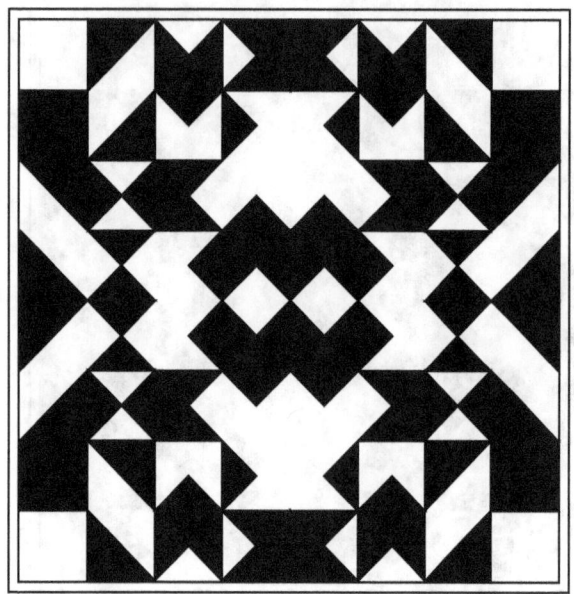

1	10	8	15
16	7	9	2
13	6	12	3
4	11	5	14

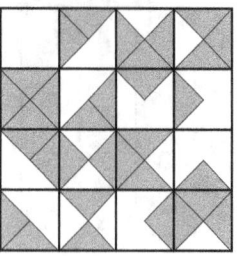

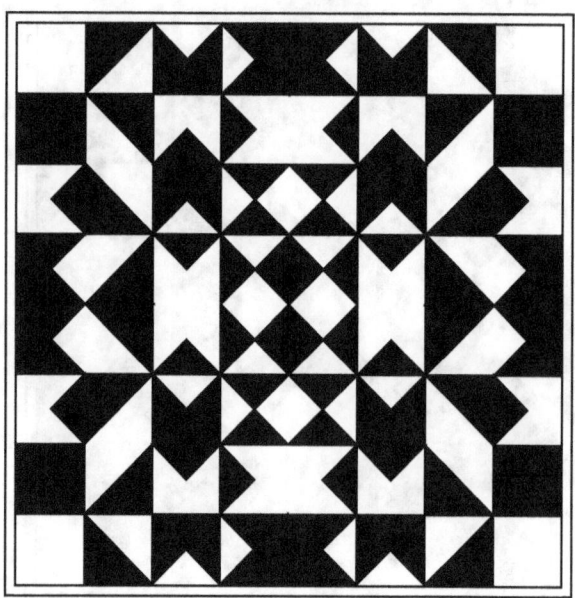

1	10	8	15
16	13	3	2
5	4	14	11
12	7	9	6

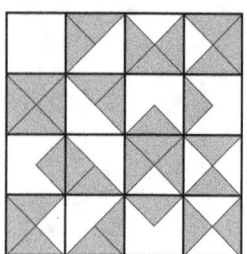

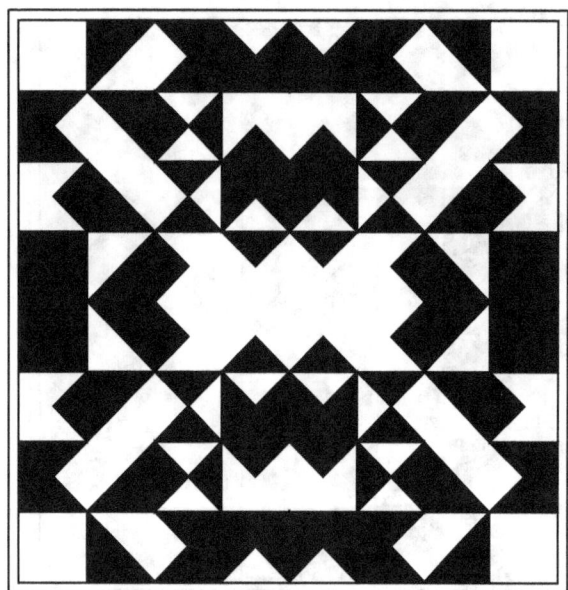

1	10	15	8
12	13	6	3
5	4	11	14
16	7	2	9

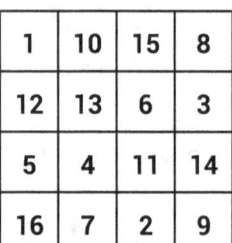
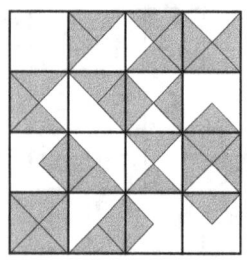

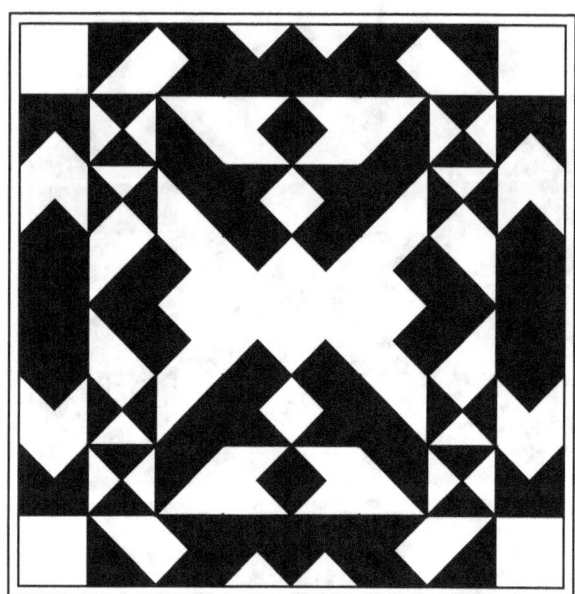

1	10	15	8
14	11	4	5
3	6	13	12
16	7	2	9

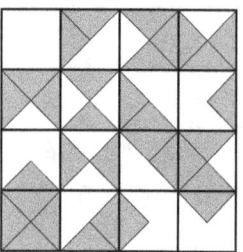

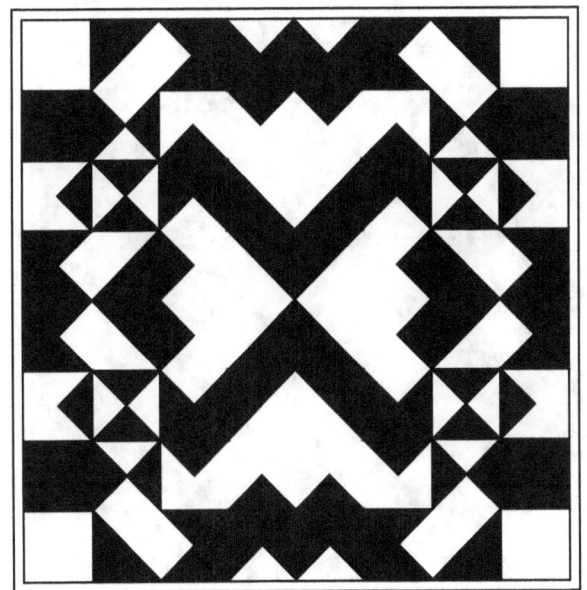

1	10	15	8
16	6	3	9
5	11	14	4
12	7	2	13

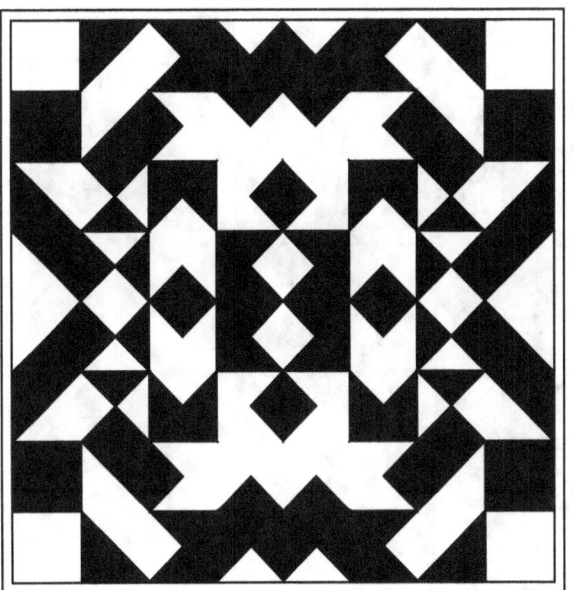

1	10	15	8
16	7	2	9
4	11	14	5
13	6	3	12

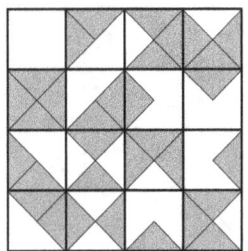

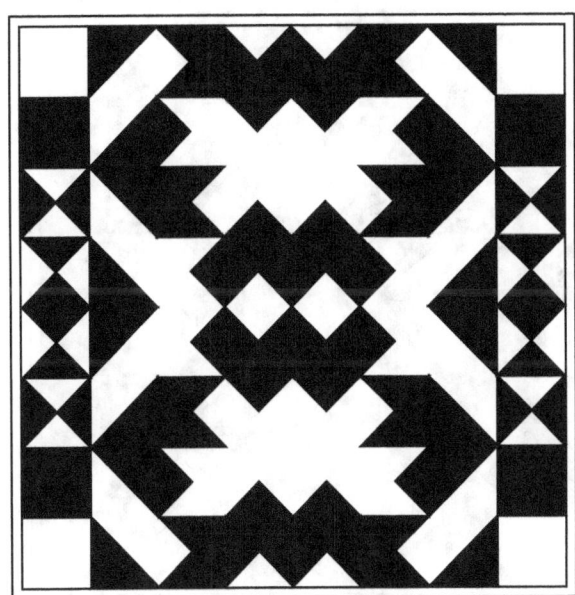

1	10	15	8
16	7	2	9
6	13	12	3
11	4	5	14

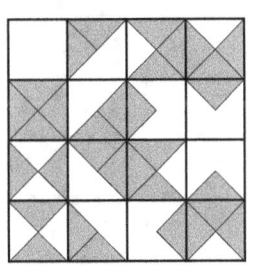

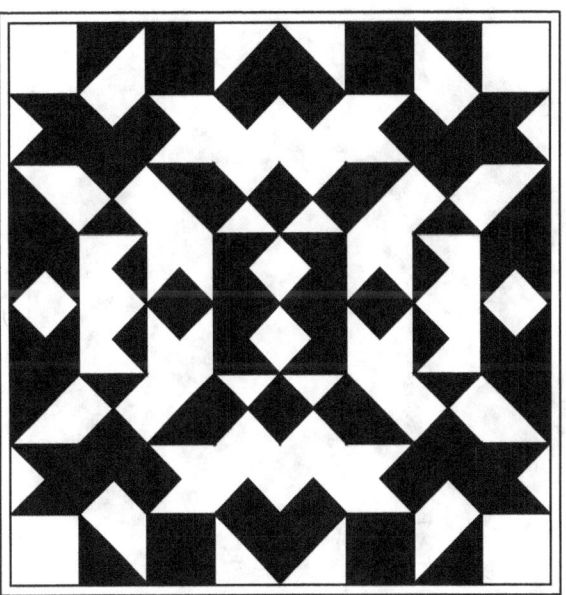

1	10	16	7
15	8	2	9
4	11	13	6
14	5	3	12

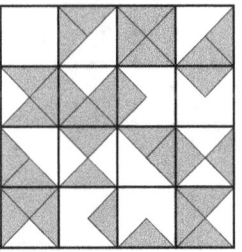

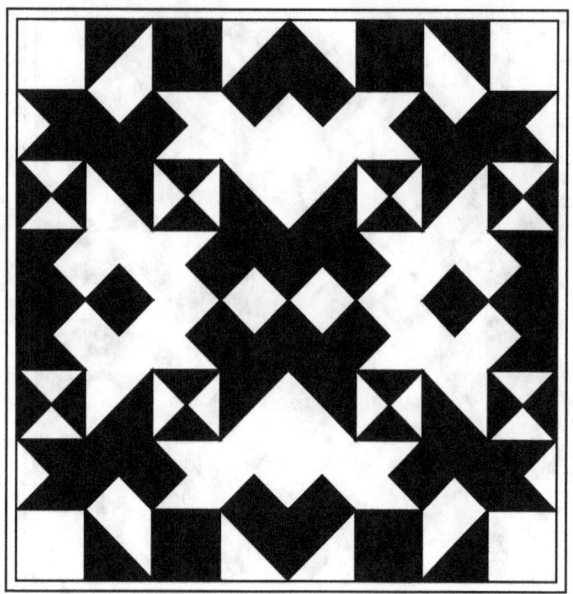

1	10	16	7
15	8	2	9
6	13	11	4
12	3	5	14

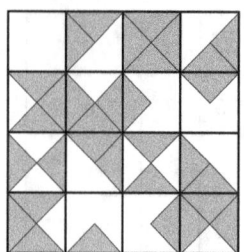

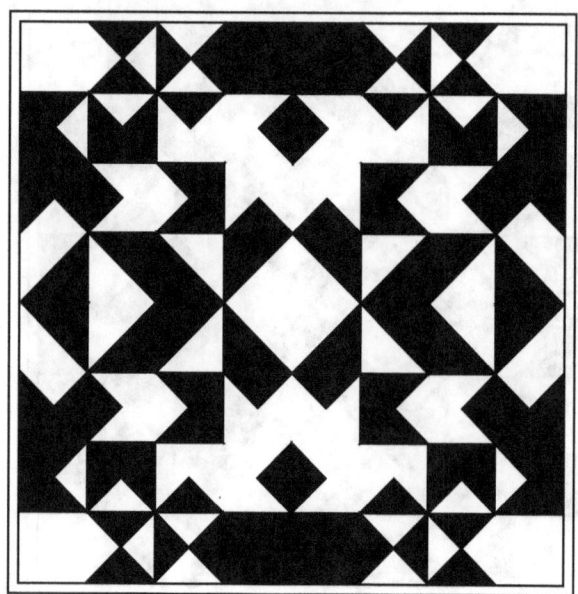

1	11	6	16
12	8	9	5
14	2	15	3
7	13	4	10

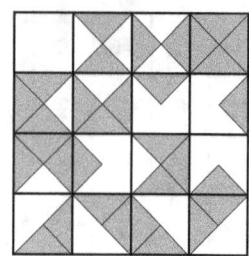

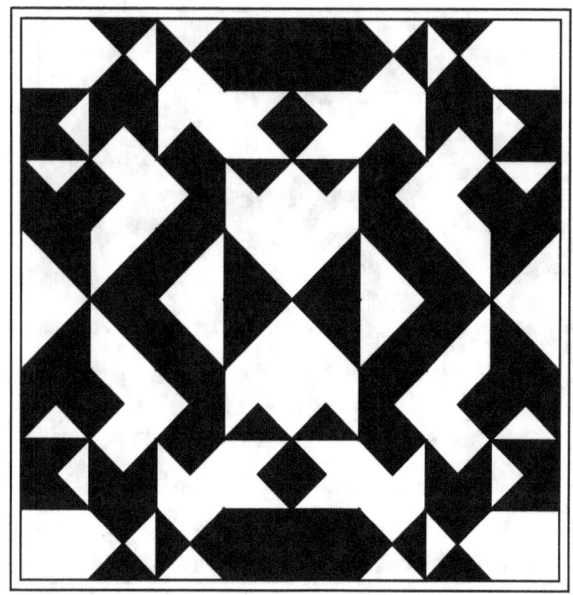

1	11	6	16
12	14	3	5
8	2	15	9
13	7	10	4

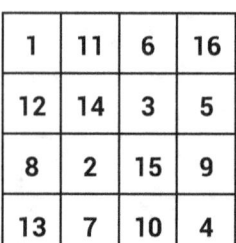

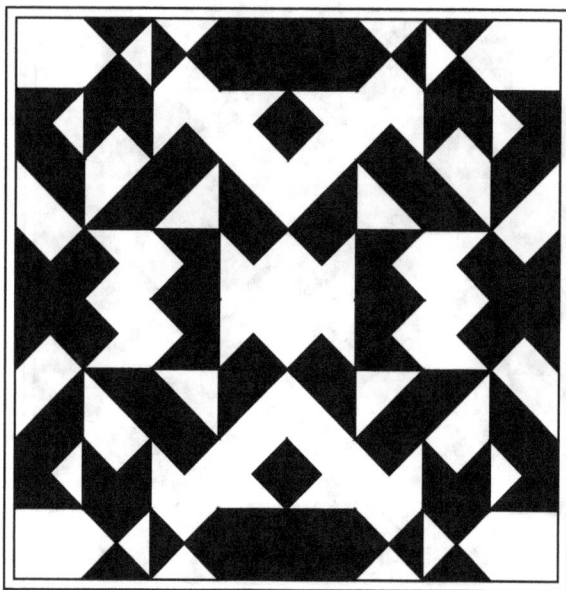

1	11	6	16
12	14	3	5
13	7	10	4
8	2	15	9

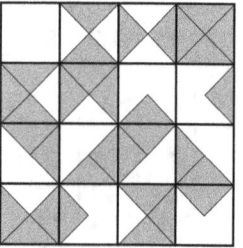

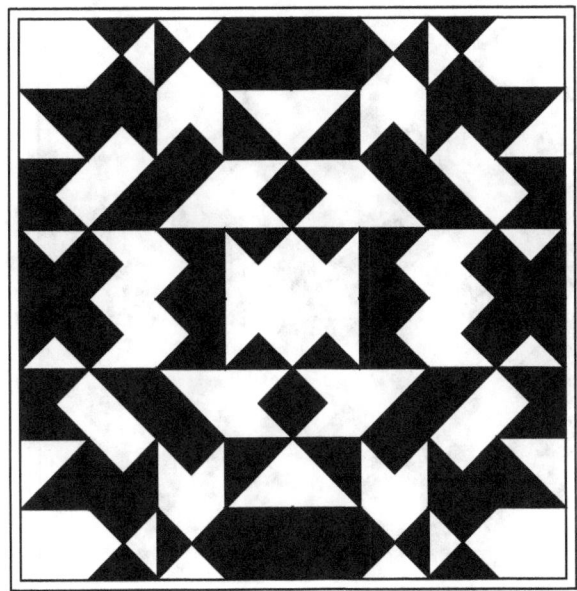

1	11	6	16
13	14	3	4
12	7	10	5
8	2	15	9

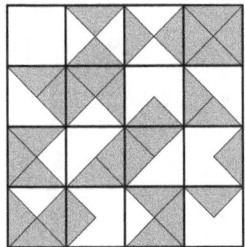

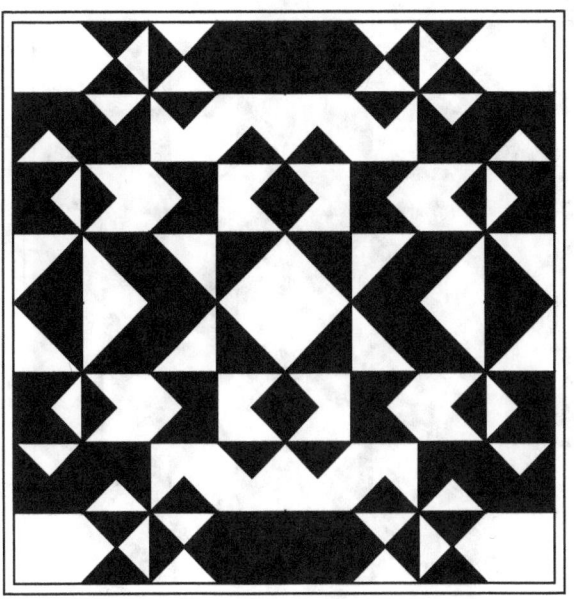

1	11	6	16
14	8	9	3
12	2	15	5
7	13	4	10

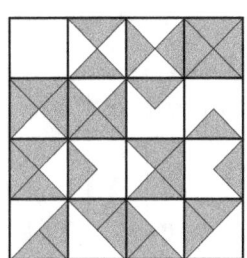

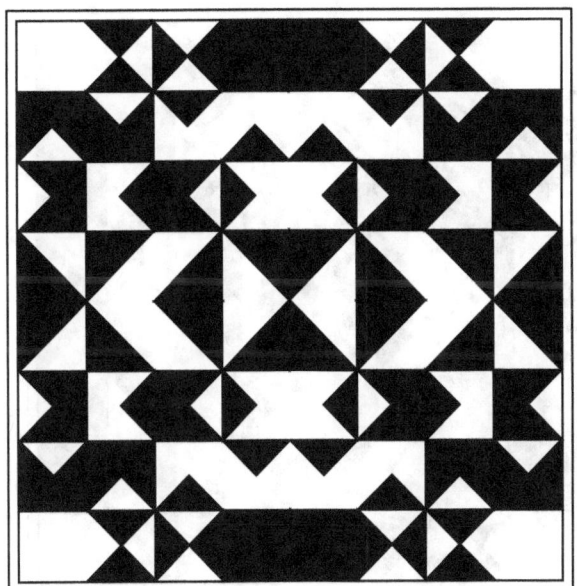

1	11	6	16
14	8	9	3
15	5	12	2
4	10	7	13

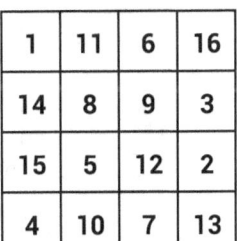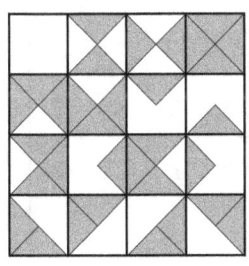

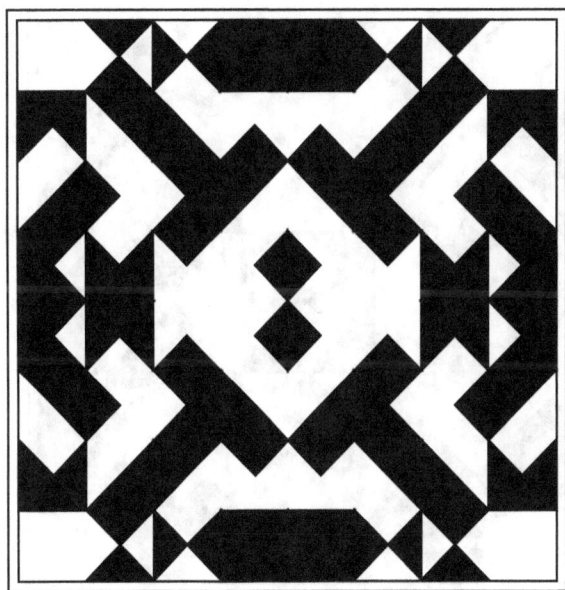

1	11	6	16
14	13	4	3
7	2	15	10
12	8	9	5

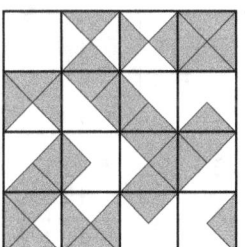

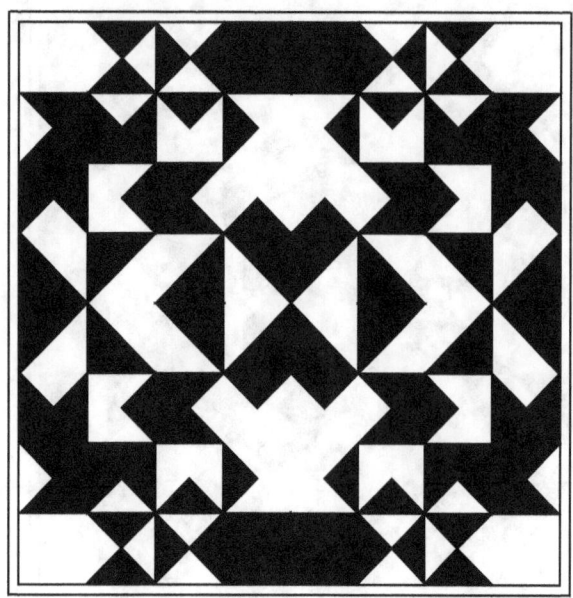

1	11	6	16
15	8	9	2
14	5	12	3
4	10	7	13

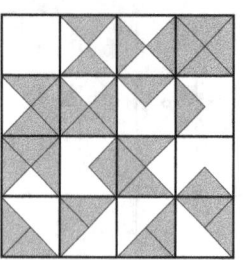

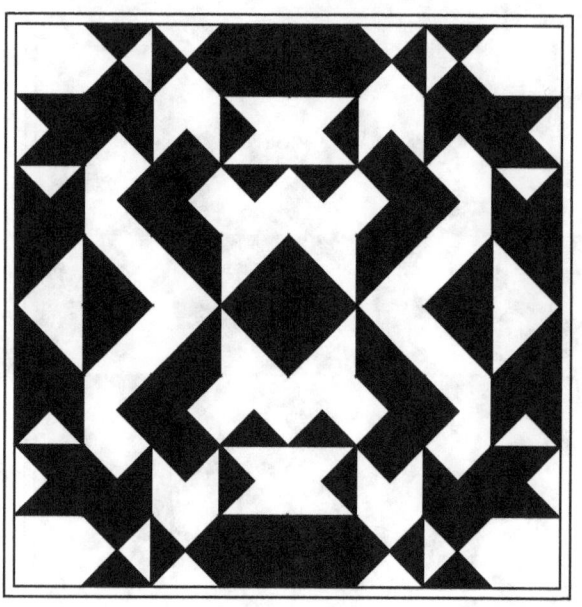

1	11	6	16
15	14	3	2
8	5	12	9
10	4	13	7

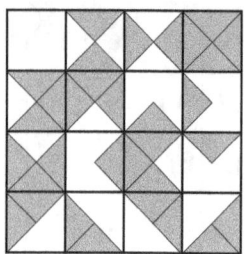

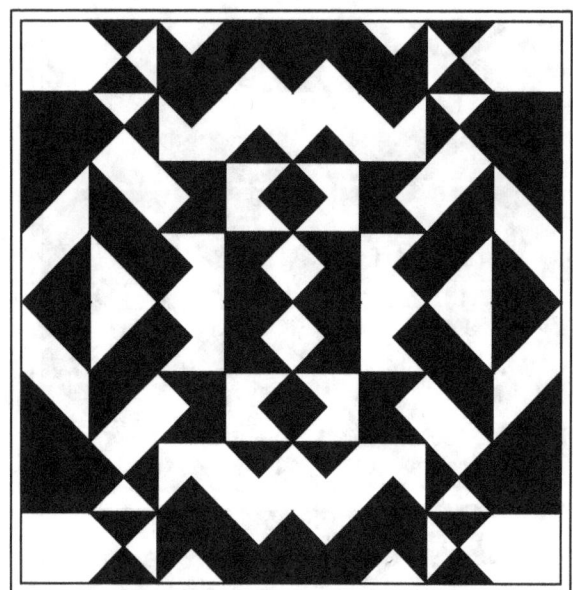

1	11	8	14
16	6	9	3
10	4	15	5
7	13	2	12

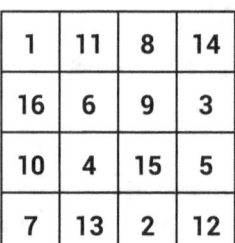

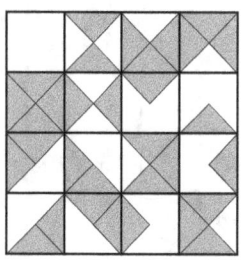

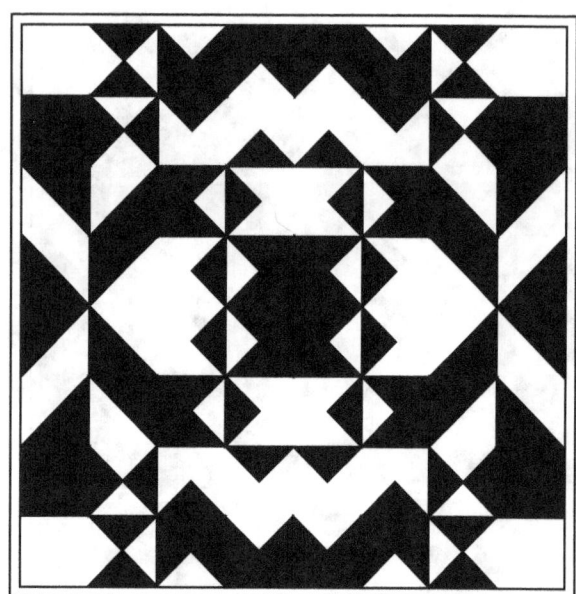

1	11	8	14
16	6	9	3
13	7	12	2
4	10	5	15

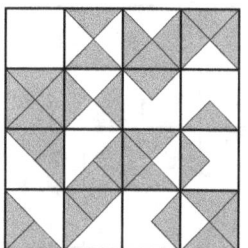

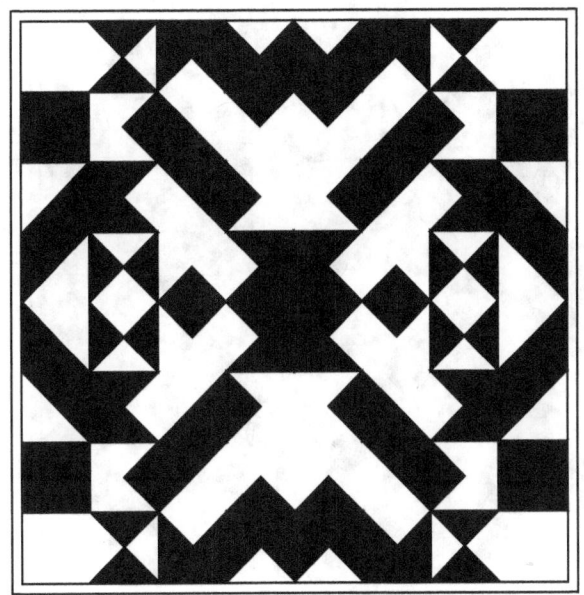

1	11	14	8
16	5	4	9
7	12	13	2
10	6	3	15

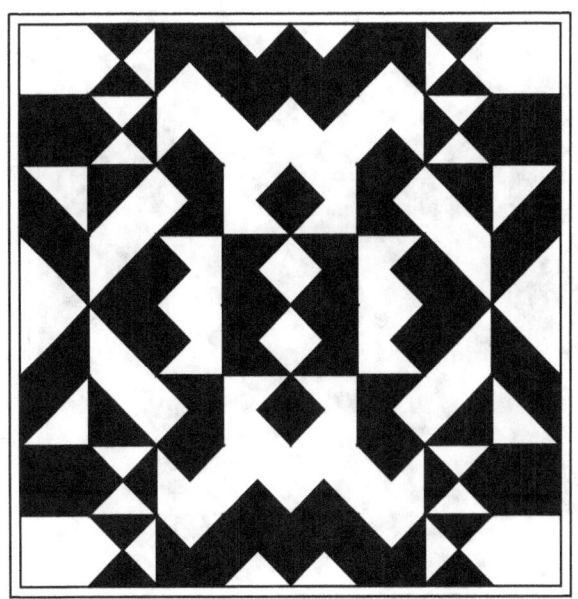

1	11	14	8
16	6	3	9
4	10	15	5
13	7	2	12

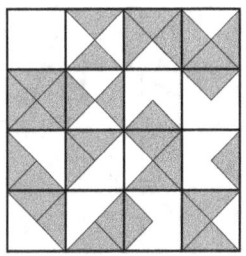

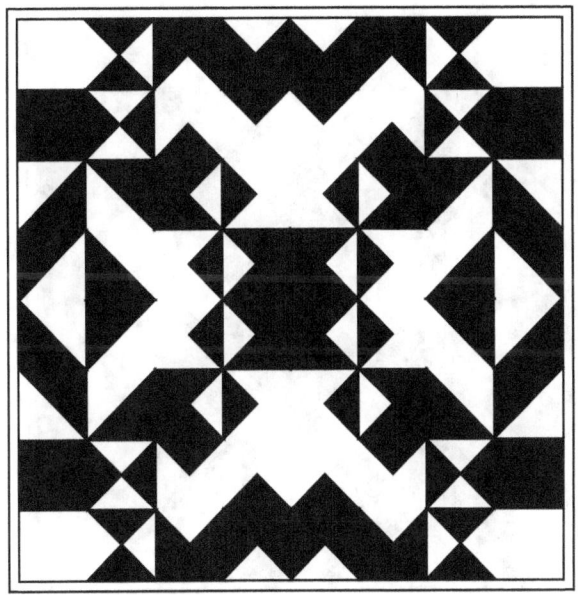

1	11	14	8
16	6	3	9
7	13	12	2
10	4	5	15

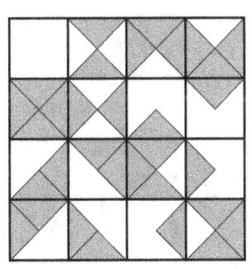

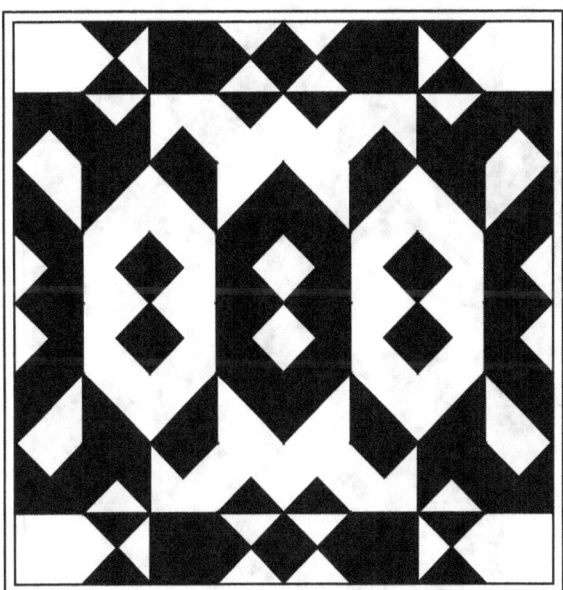

1	11	16	6
14	8	3	9
4	10	13	7
15	5	2	12

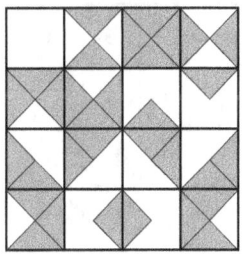

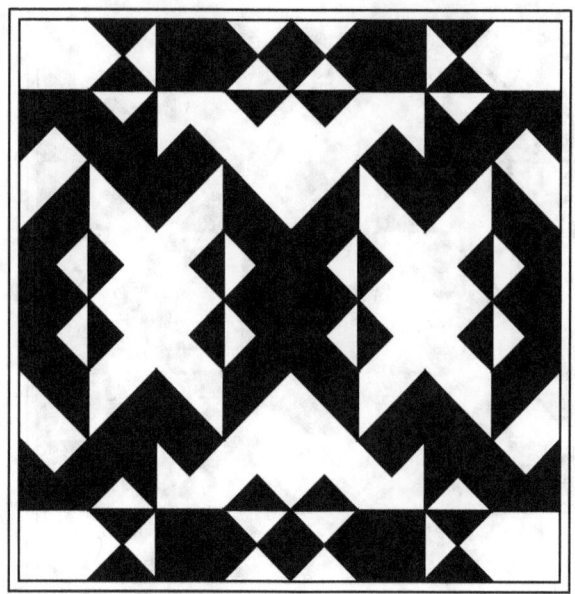

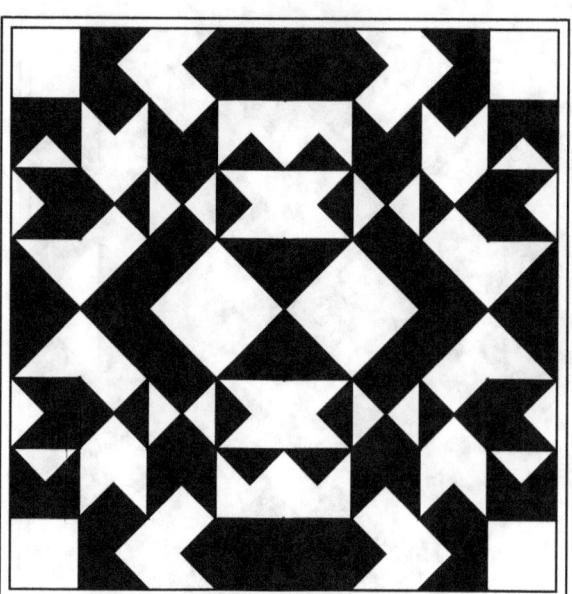

1	11	16	6
14	8	3	9
7	13	10	4
12	2	5	15

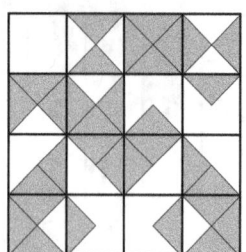

1	12	5	16
14	9	8	3
15	6	11	2
4	7	10	13

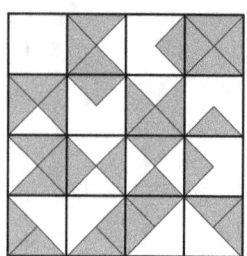

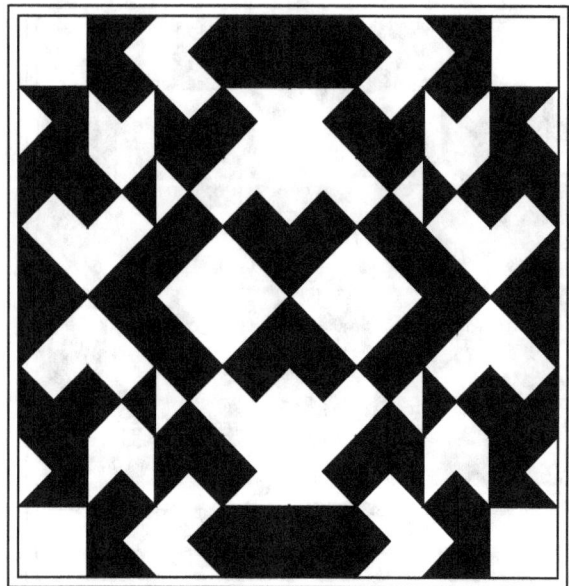

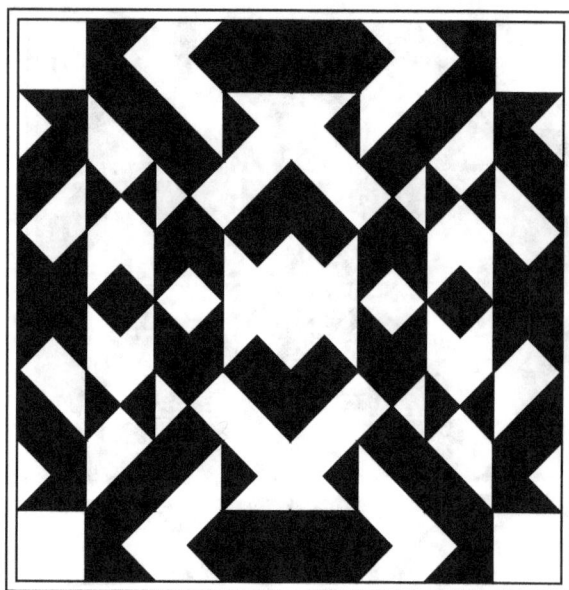

1	12	5	16
15	9	8	2
14	6	11	3
4	7	10	13

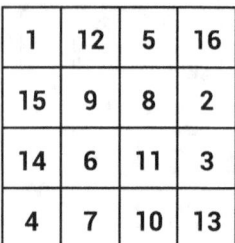

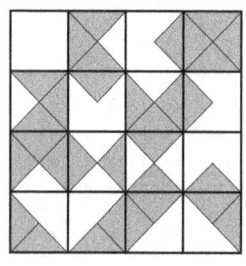

1	12	5	16
15	13	4	2
10	6	11	7
8	3	14	9

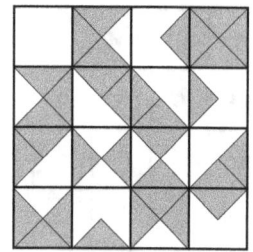

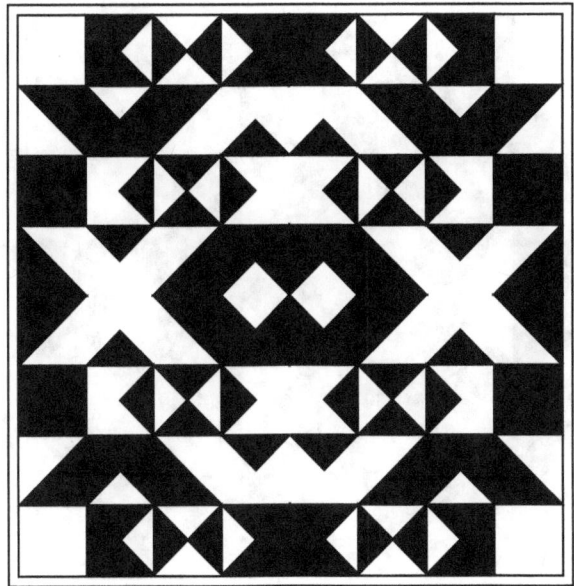

1	12	6	15
13	8	10	3
16	5	11	2
4	9	7	14

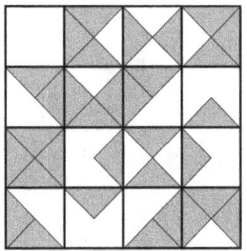

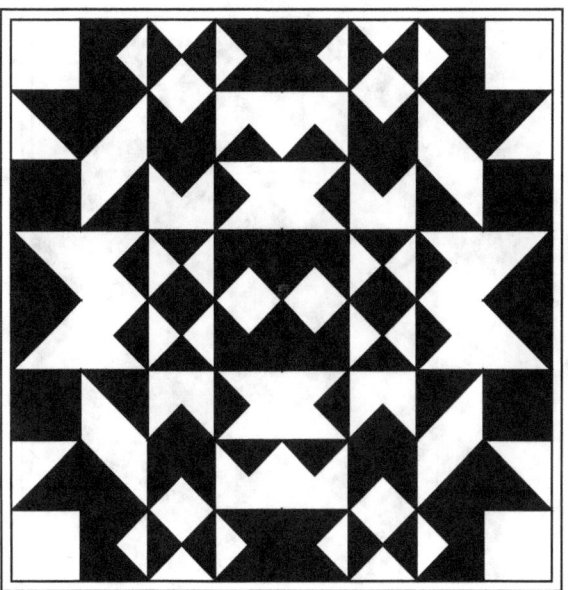

1	12	6	15
13	10	8	3
16	7	9	2
4	5	11	14

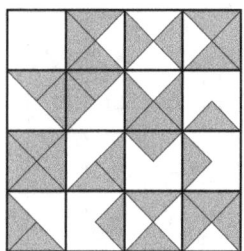

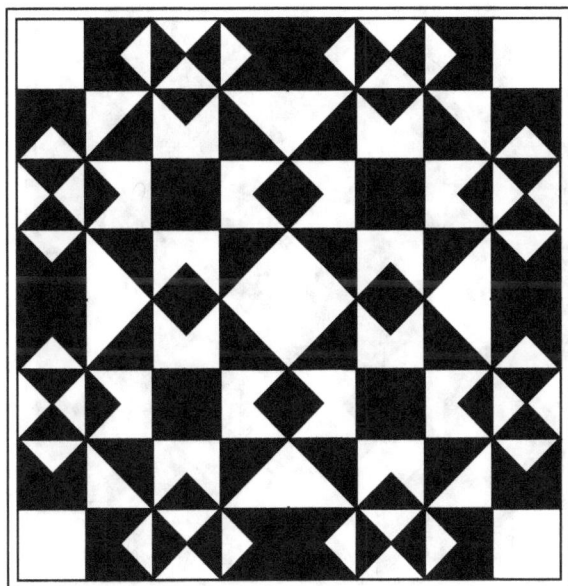

1	12	6	15
14	7	9	4
11	2	16	5
8	13	3	10

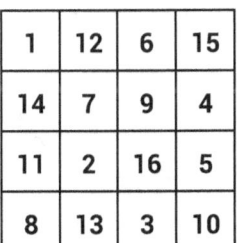
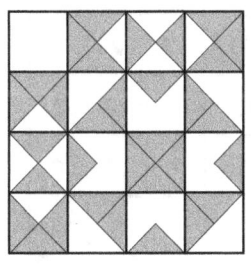

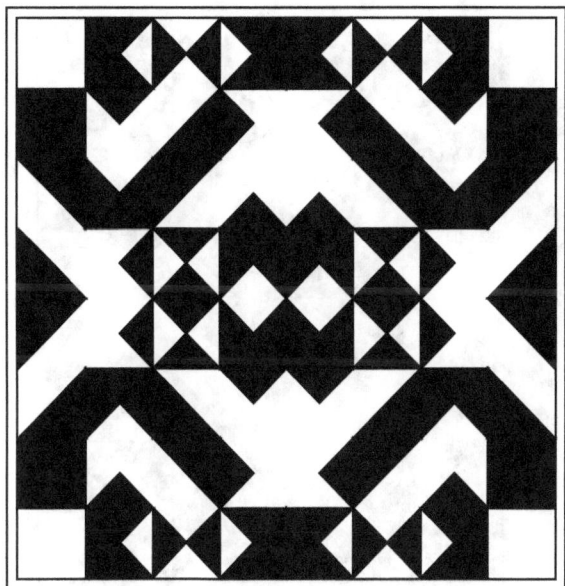

1	12	6	15
16	9	7	2
13	8	10	3
4	5	11	14

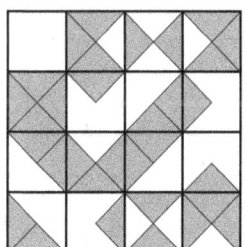

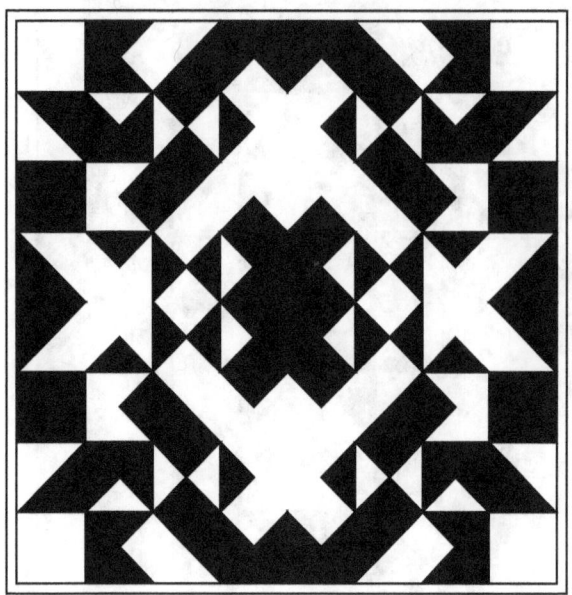

1	12	7	14
13	8	11	2
16	5	10	3
4	9	6	15

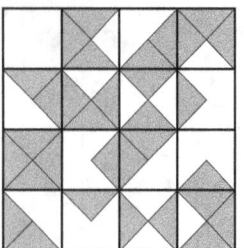

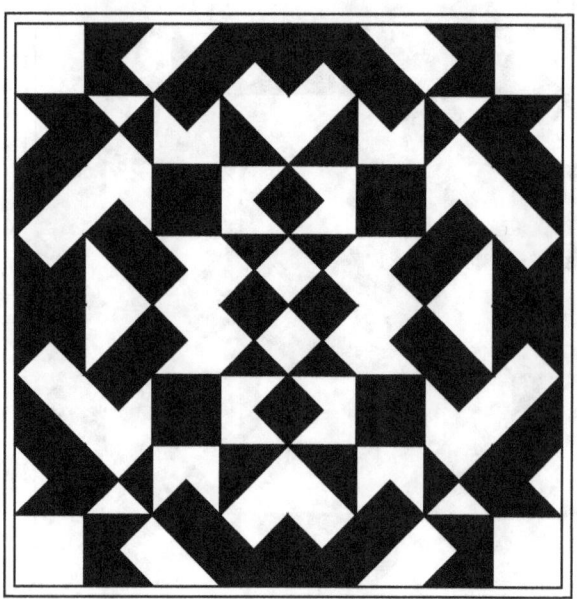

1	12	7	14
15	6	9	4
10	3	16	5
8	13	2	11

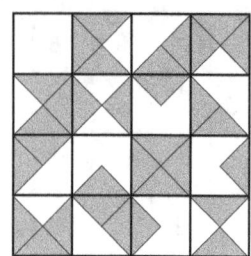

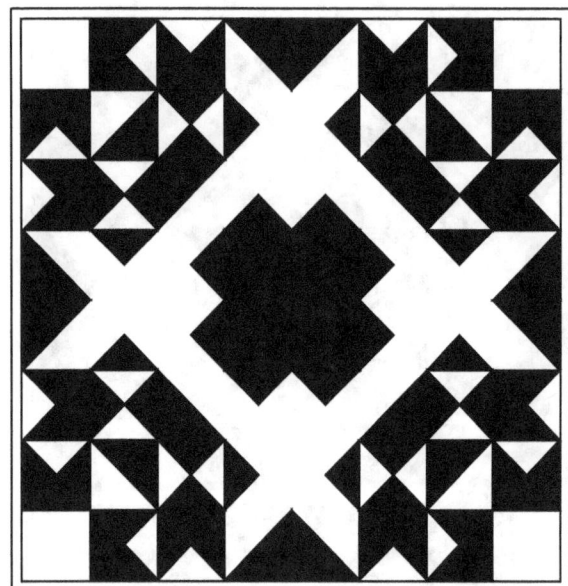

1	12	8	13
14	7	11	2
15	6	10	3
4	9	5	16

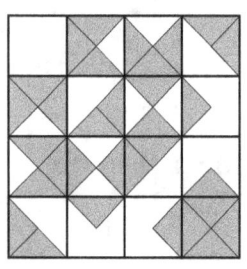

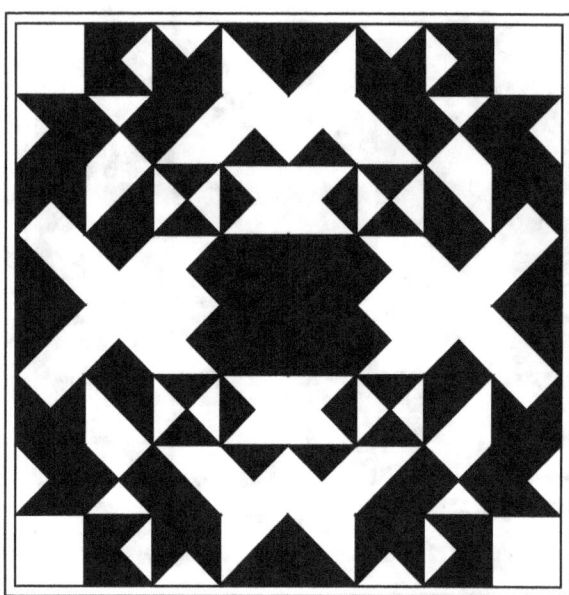

1	12	8	13
15	6	10	3
14	7	11	2
4	9	5	16

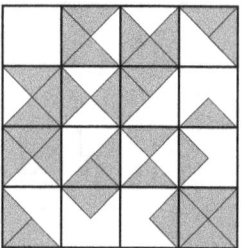

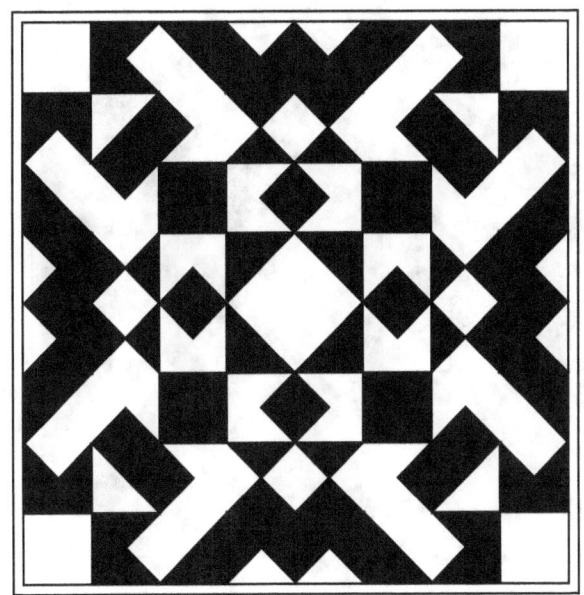

1	12	13	8
14	7	2	11
4	9	16	5
15	6	3	10

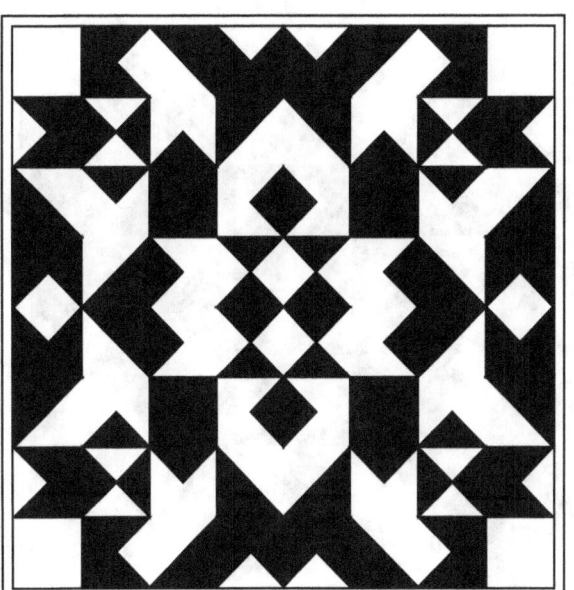

1	12	13	8
15	6	3	10
4	9	16	5
14	7	2	11

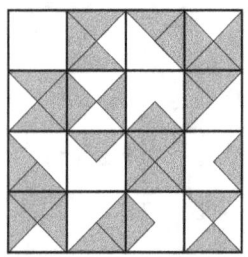

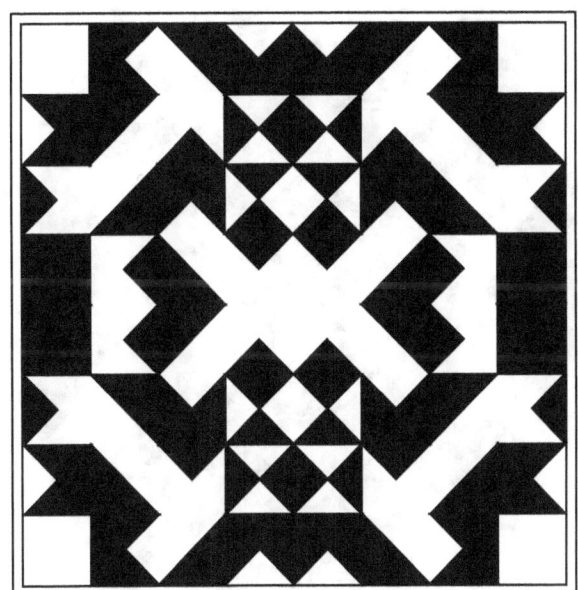

1	12	13	8
15	10	3	6
2	7	14	11
16	5	4	9

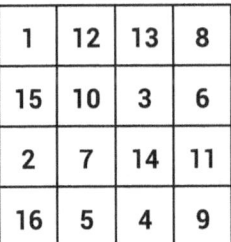
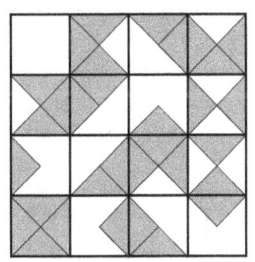

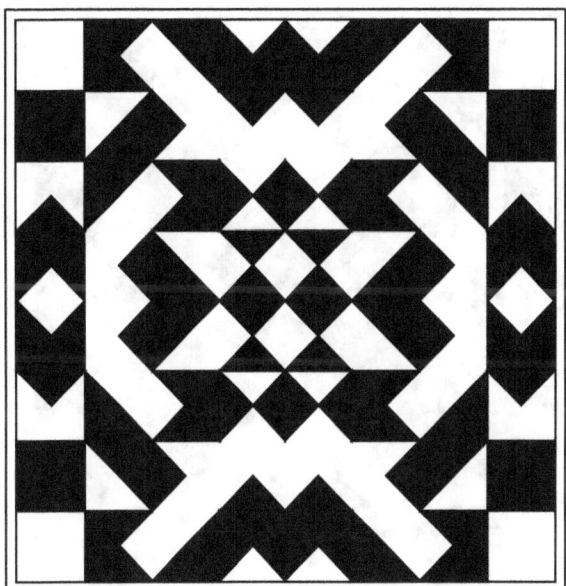

1	12	13	8
16	7	2	9
3	10	15	6
14	5	4	11

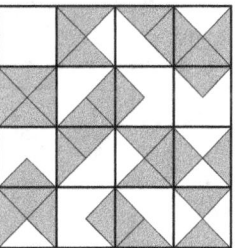

59

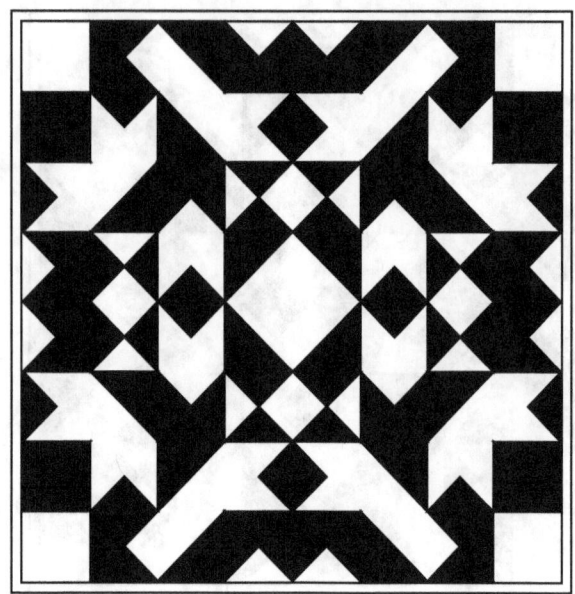

1	12	13	8
16	9	4	5
2	7	14	11
15	6	3	10

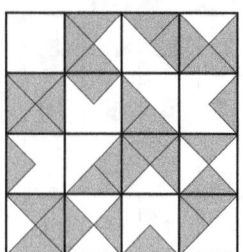

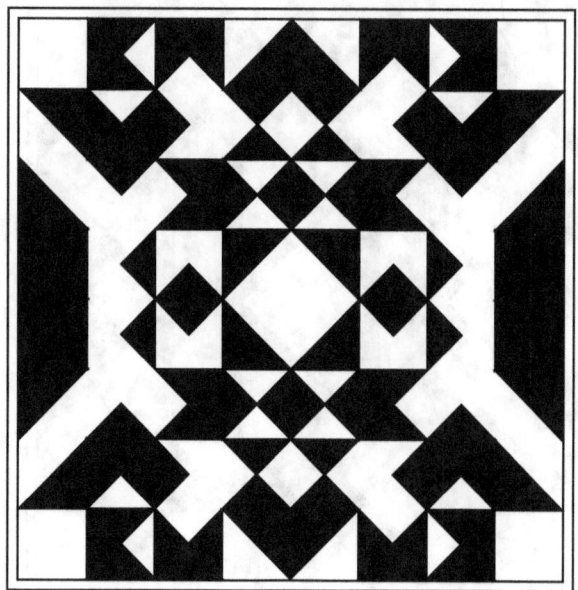

1	12	14	7
13	8	2	11
4	9	15	6
16	5	3	10

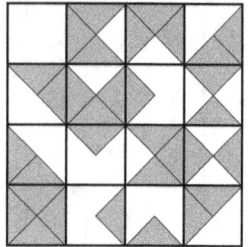

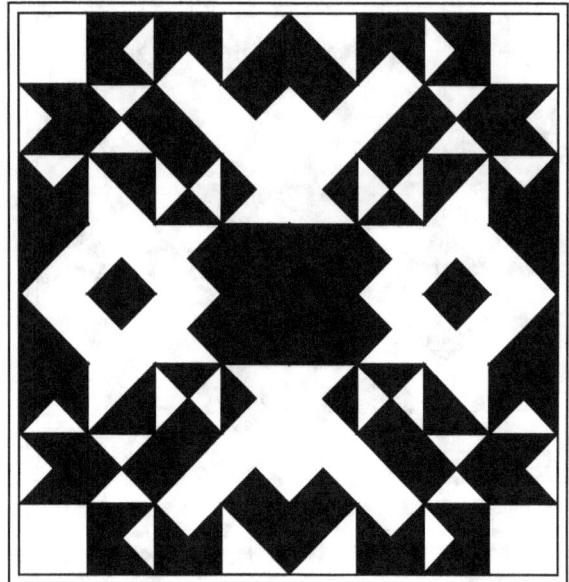

1	12	14	7
15	6	4	9
8	13	11	2
10	3	5	16

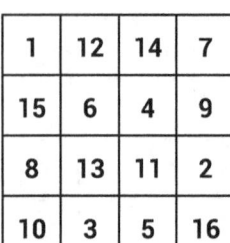
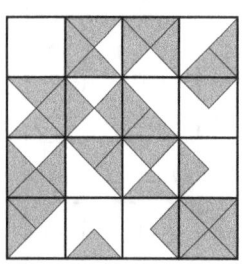

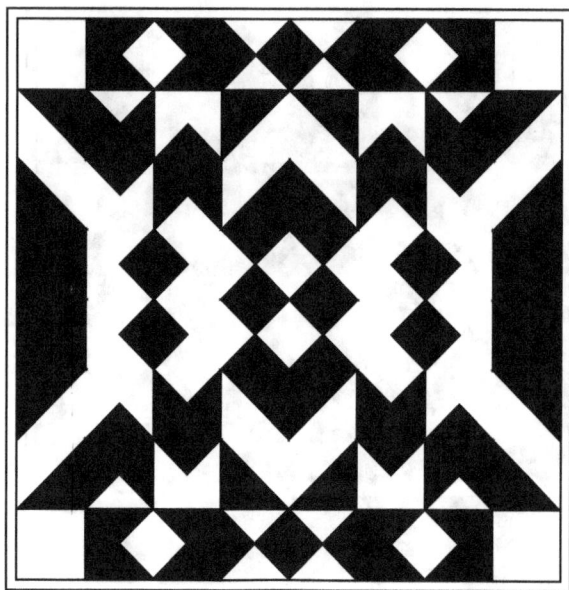

1	12	15	6
13	8	3	10
4	9	14	7
16	5	2	11

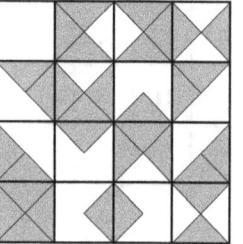

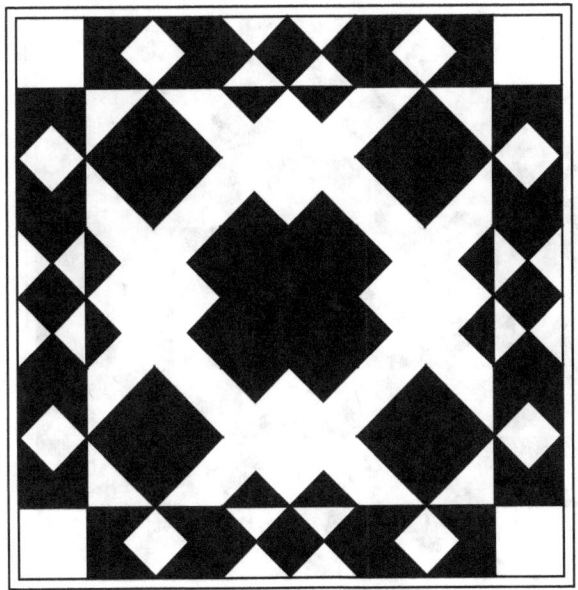

1	12	15	6
14	7	4	9
8	13	10	3
11	2	5	16

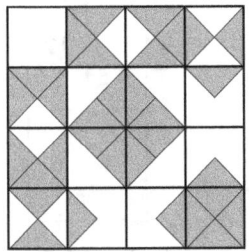

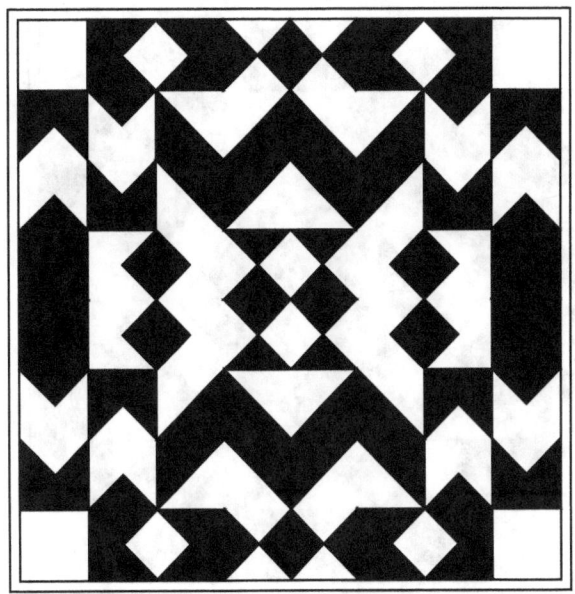

1	12	15	6
14	9	4	7
3	8	13	10
16	5	2	11

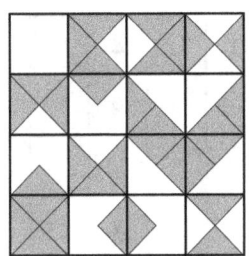

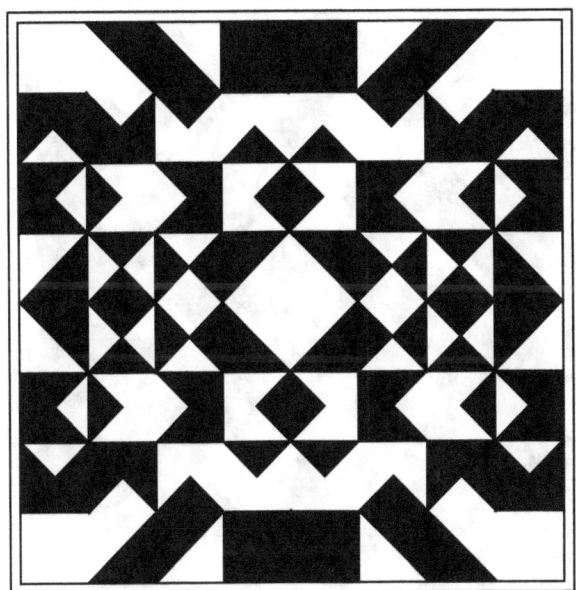

1	13	4	16
14	8	9	3
12	2	15	5
7	11	6	10

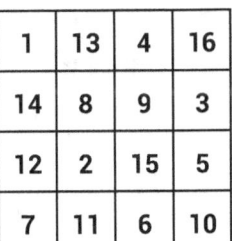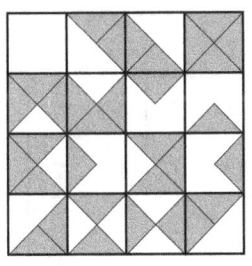

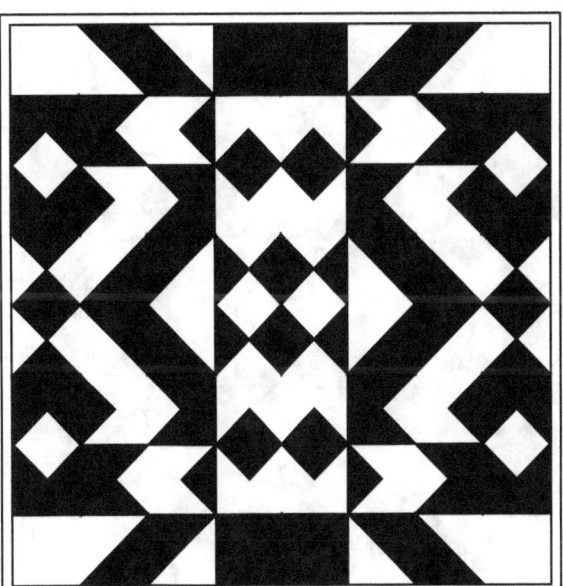

1	13	4	16
14	12	5	3
8	2	15	9
11	7	10	6

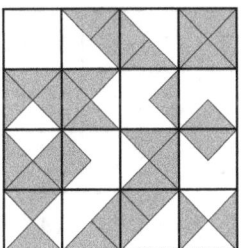

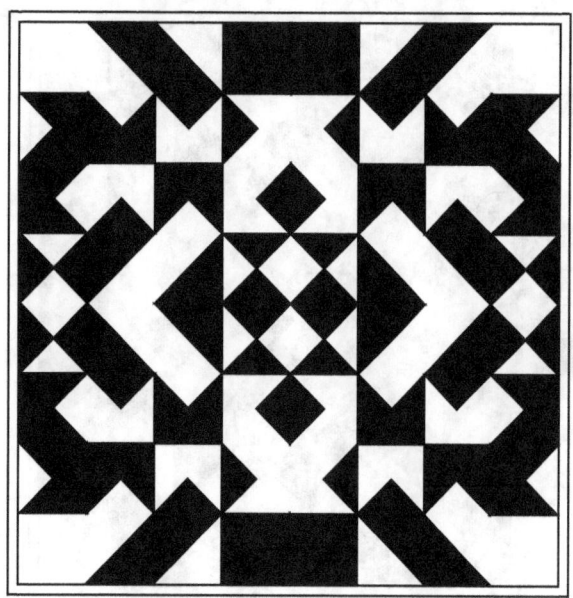

1	13	4	16
15	8	9	2
12	3	14	5
6	10	7	11

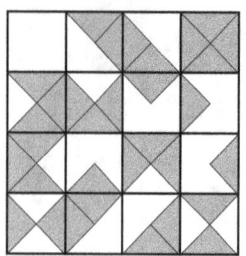

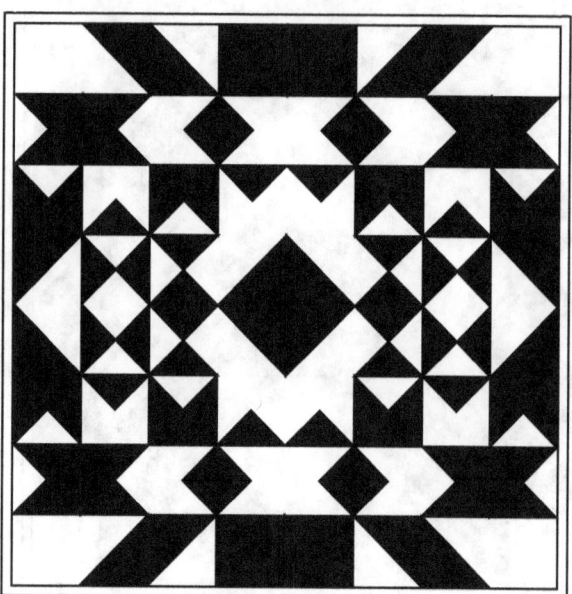

1	13	4	16
15	12	5	2
8	3	14	9
10	6	11	7

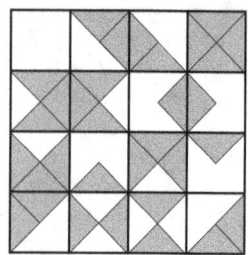

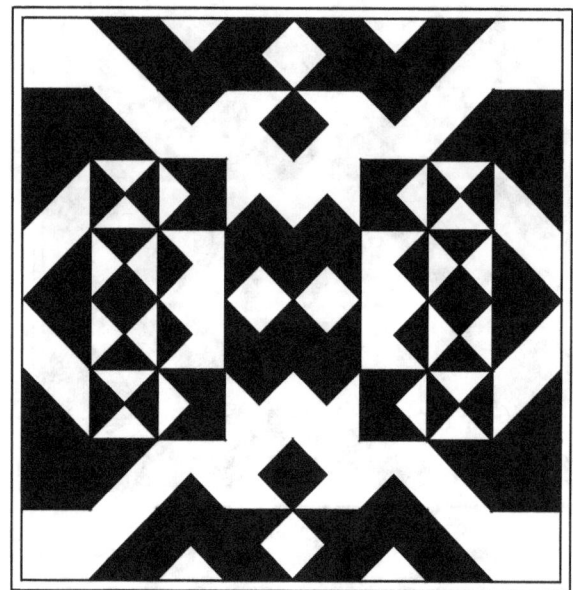

1	13	8	12
16	4	9	5
10	6	15	3
7	11	2	14

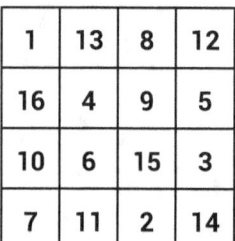
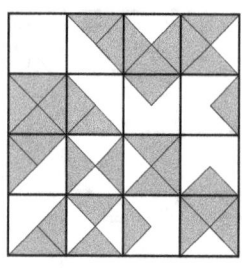

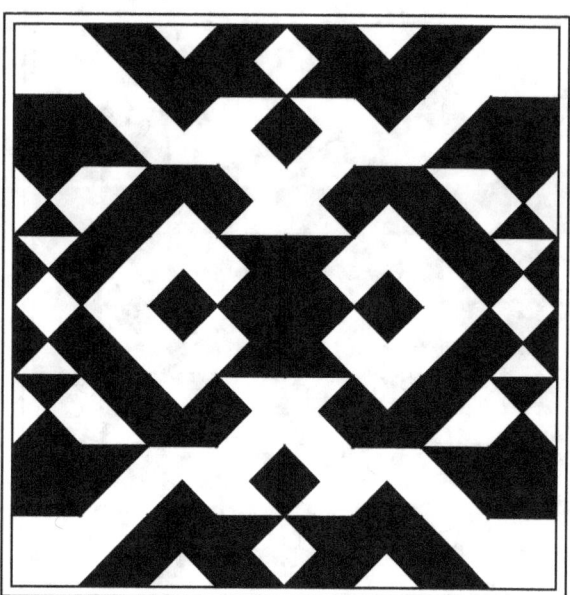

1	13	8	12
16	4	9	5
11	7	14	2
6	10	3	15

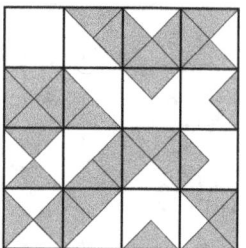

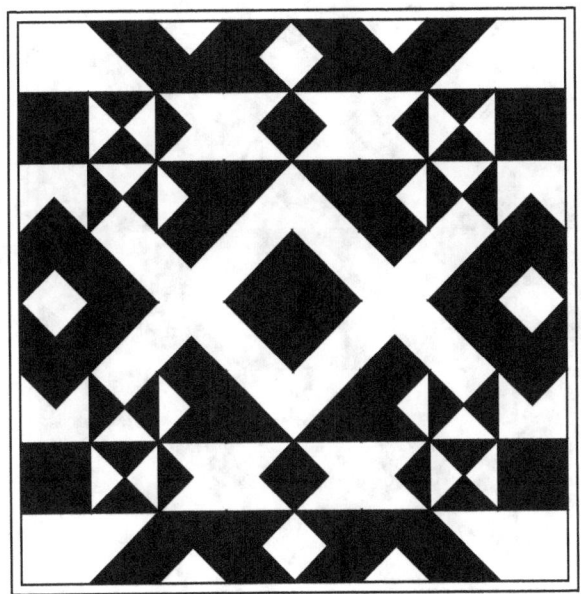

1	13	8	12
16	11	2	5
3	6	15	10
14	4	9	7

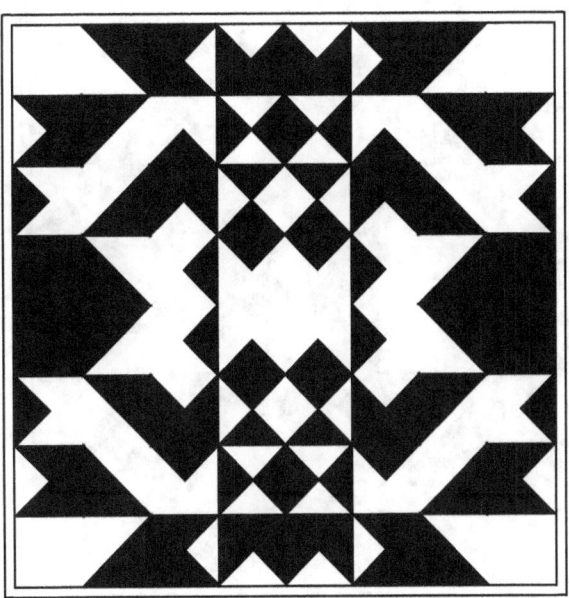

1	13	12	8
15	10	3	6
2	7	14	11
16	4	5	9

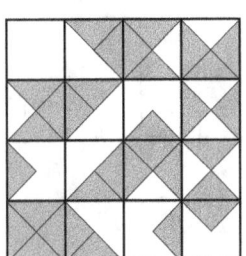

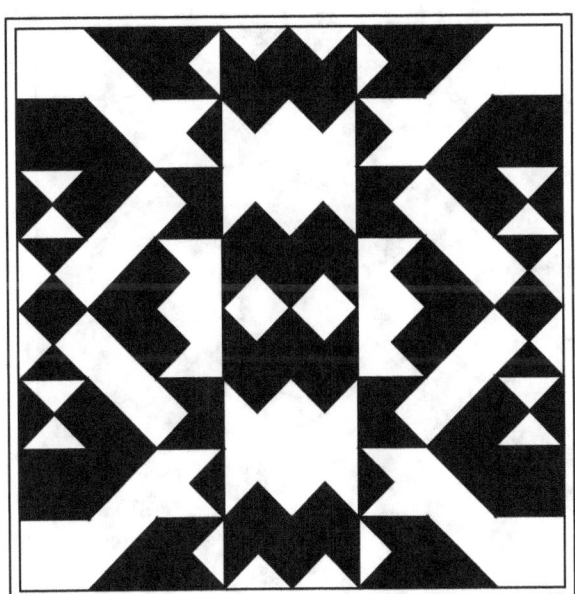

1	13	12	8
16	4	5	9
6	10	15	3
11	7	2	14

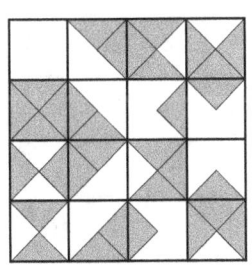

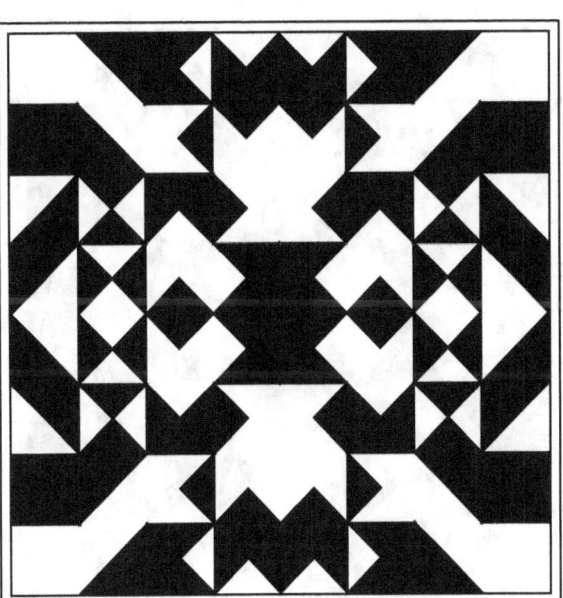

1	13	12	8
16	4	5	9
7	11	14	2
10	6	3	15

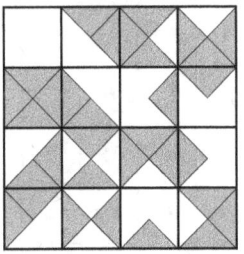

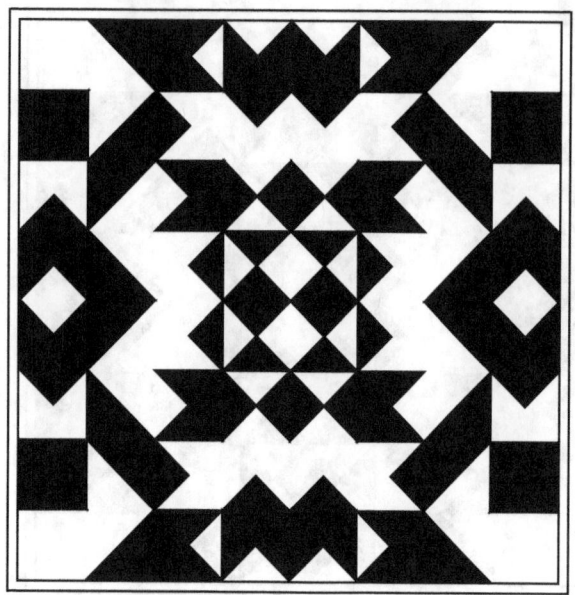

1	13	12	8
16	7	2	9
3	10	15	6
14	4	5	11

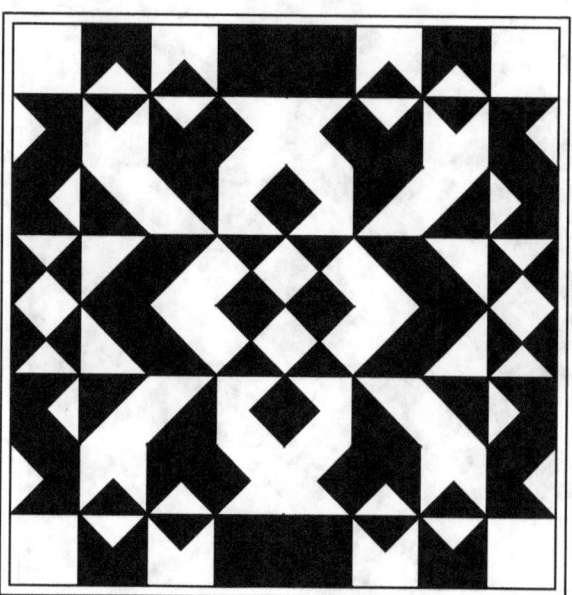

1	14	3	16
15	9	8	2
12	4	13	5
6	7	10	11

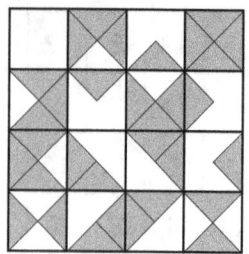

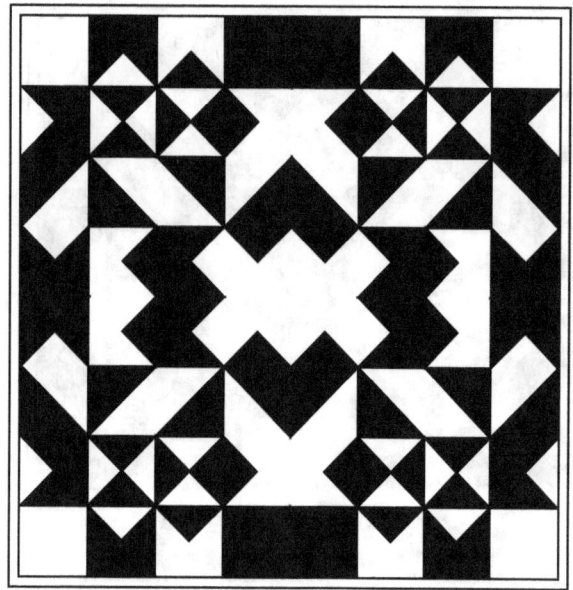

1	14	3	16
15	11	6	2
10	4	13	7
8	5	12	9

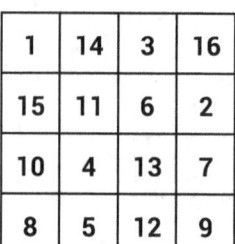

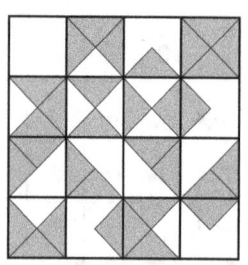

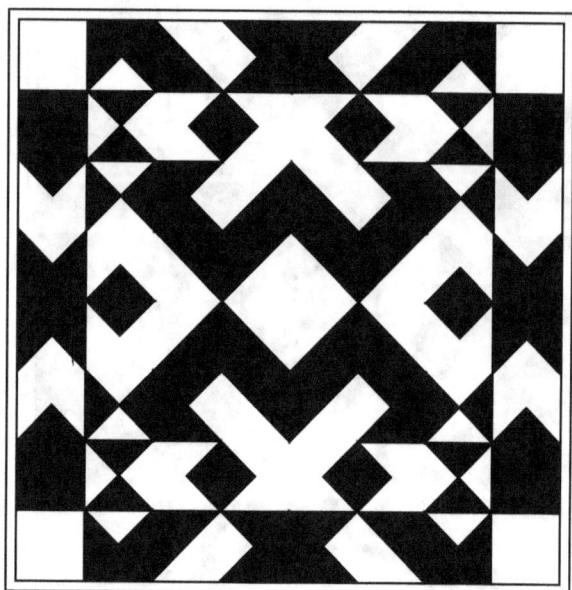

1	14	4	15
16	11	5	2
9	6	12	7
8	3	13	10

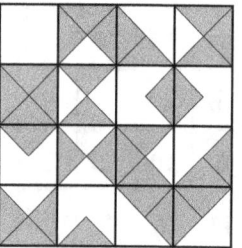

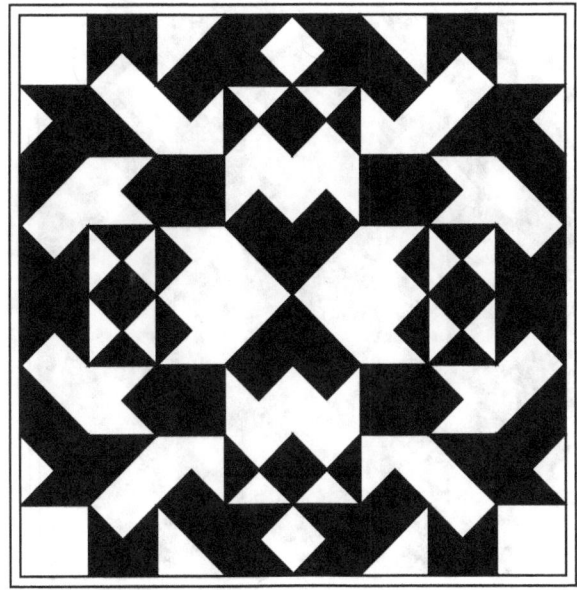

1	14	7	12
15	4	9	6
10	5	16	3
8	11	2	13

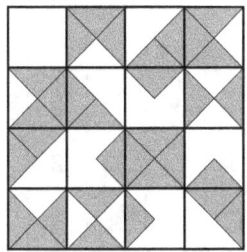

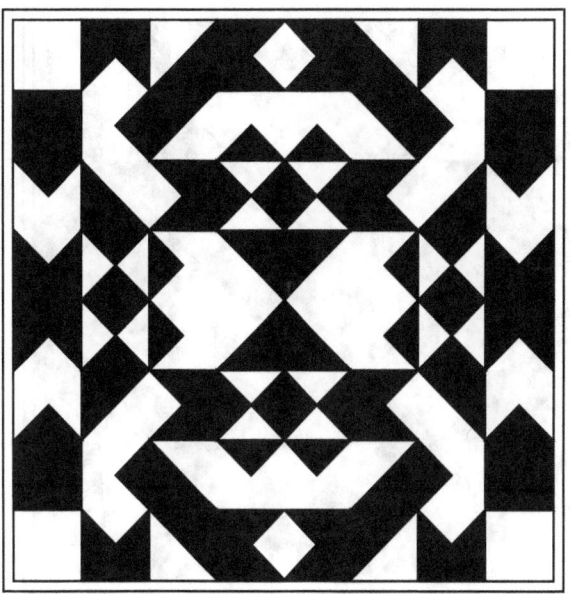

1	14	7	12
16	5	10	3
9	4	15	6
8	11	2	13

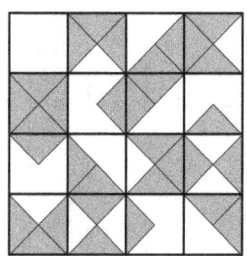

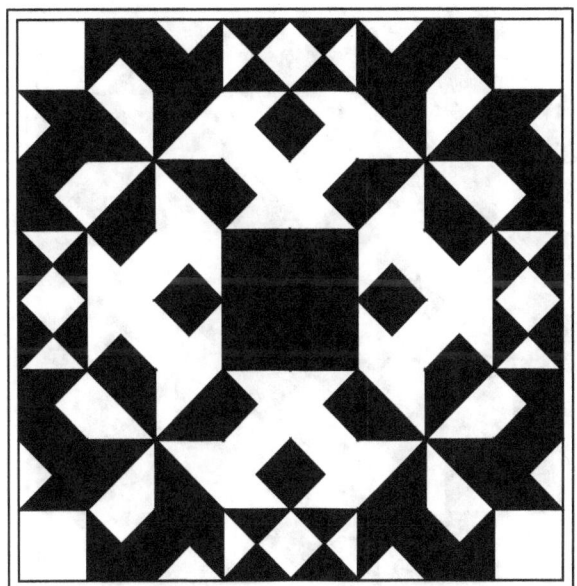

1	14	8	11
15	4	10	5
12	7	13	2
6	9	3	16

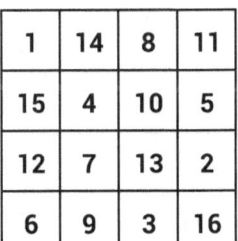
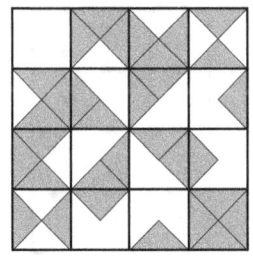

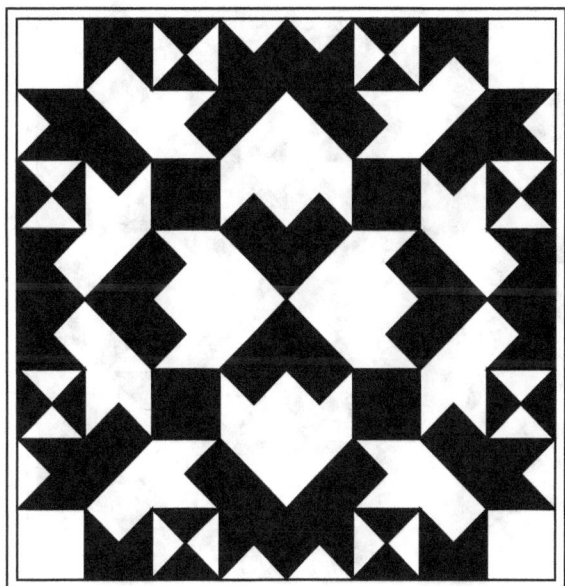

1	14	11	8
15	4	5	10
6	9	16	3
12	7	2	13

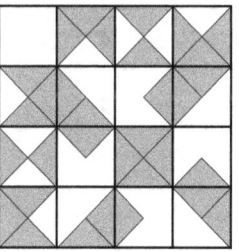

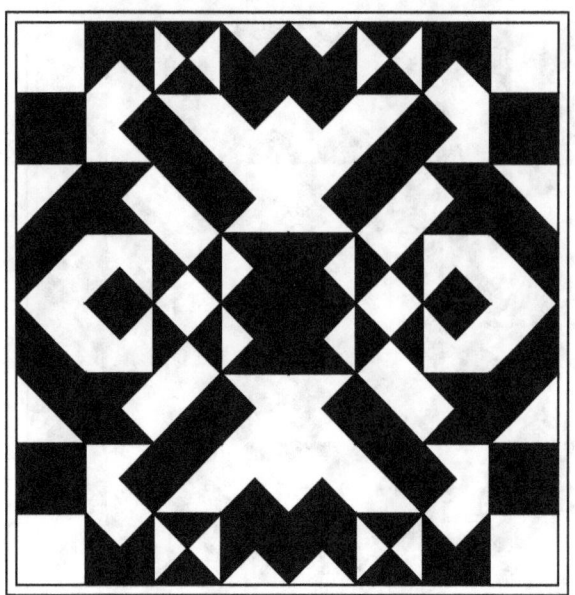

1	14	11	8
16	5	4	9
7	12	13	2
10	3	6	15

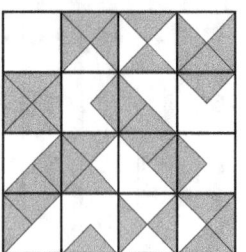

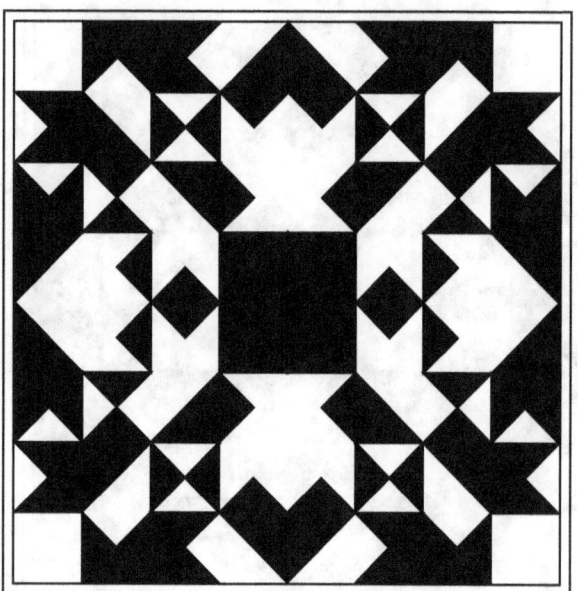

1	14	12	7
15	4	6	9
8	11	13	2
10	5	3	16

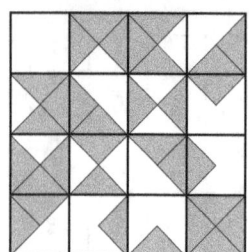

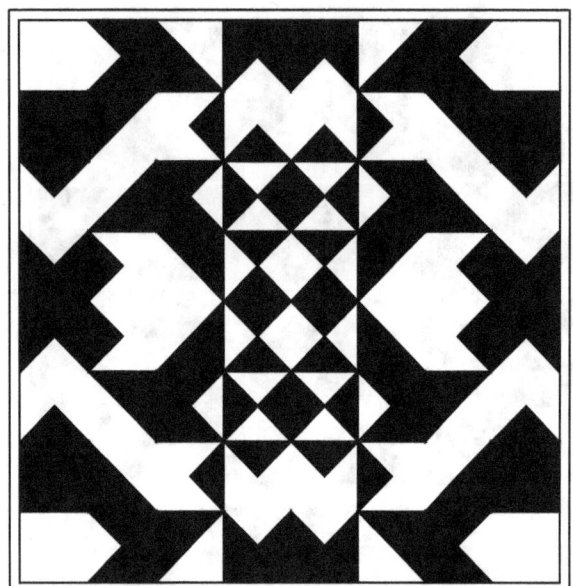

1	15	4	14
16	10	5	3
9	7	12	6
8	2	13	11

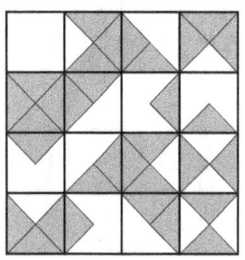

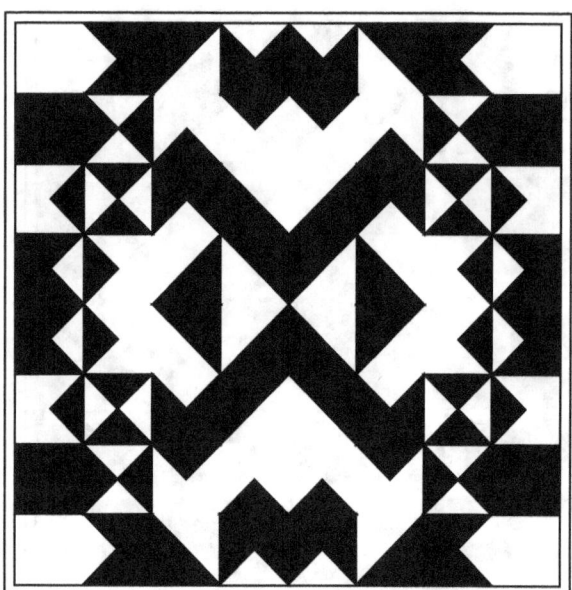

1	15	10	8
16	6	3	9
5	11	14	4
12	2	7	13

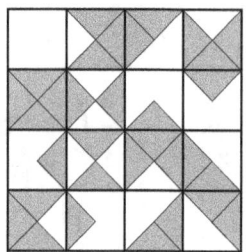

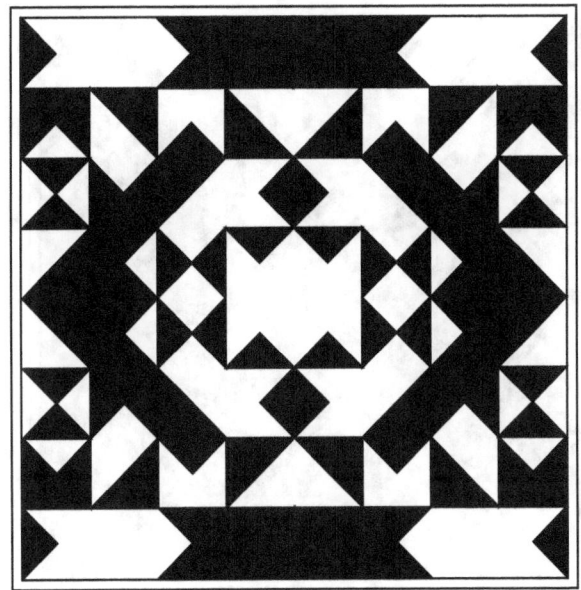

2	1	15	16
14	13	3	4
11	8	10	5
7	12	6	9

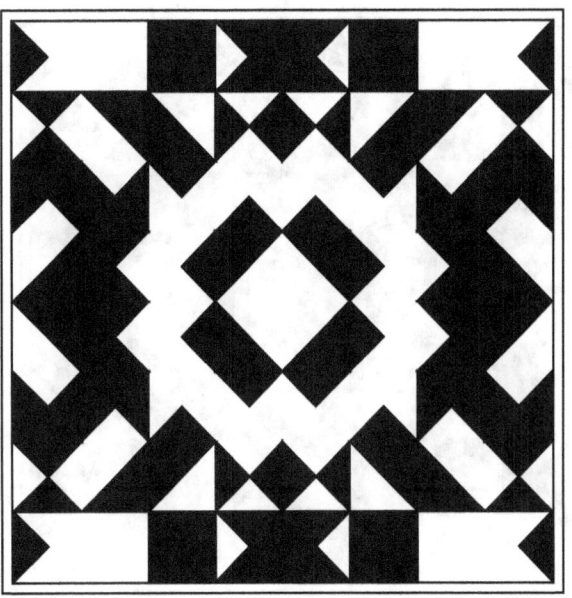

2	1	16	15
11	13	4	6
14	8	9	3
7	12	5	10

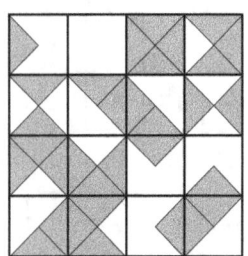

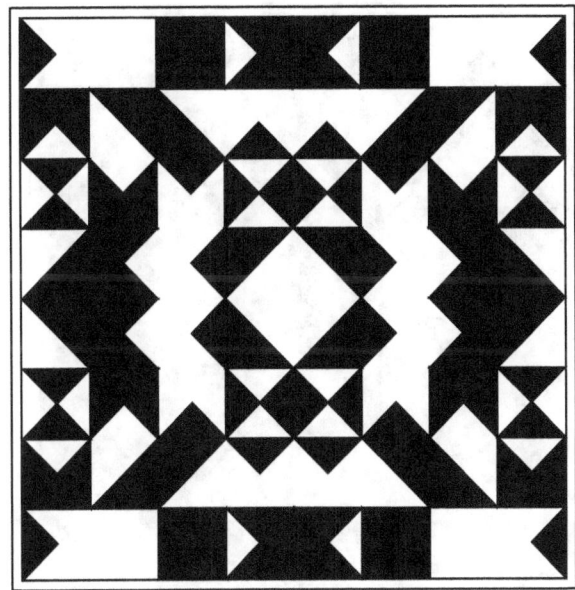

2	1	16	15
14	13	4	3
11	8	9	6
7	12	5	10

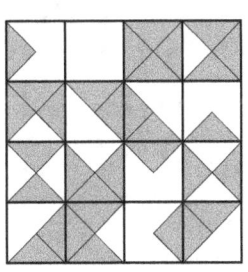

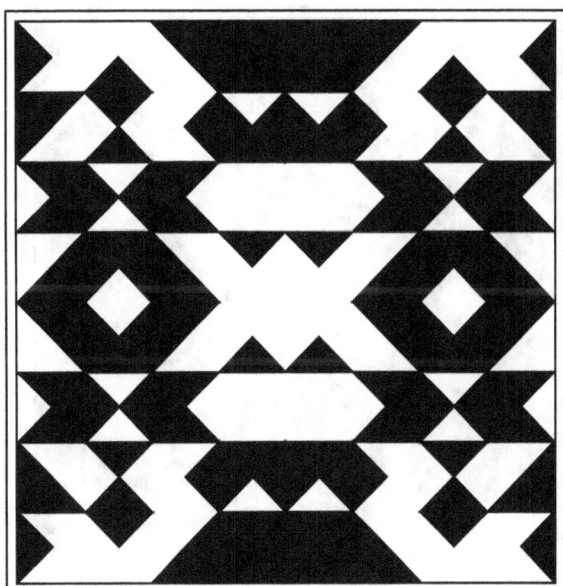

2	3	13	16
10	11	5	8
15	6	12	1
7	14	4	9

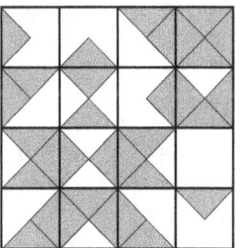

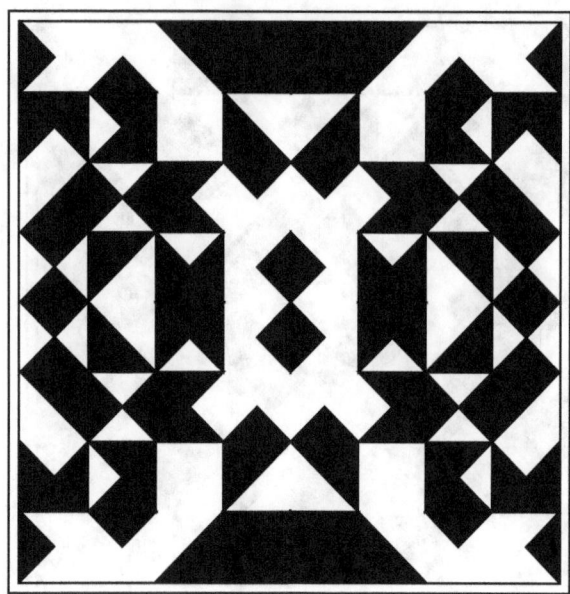

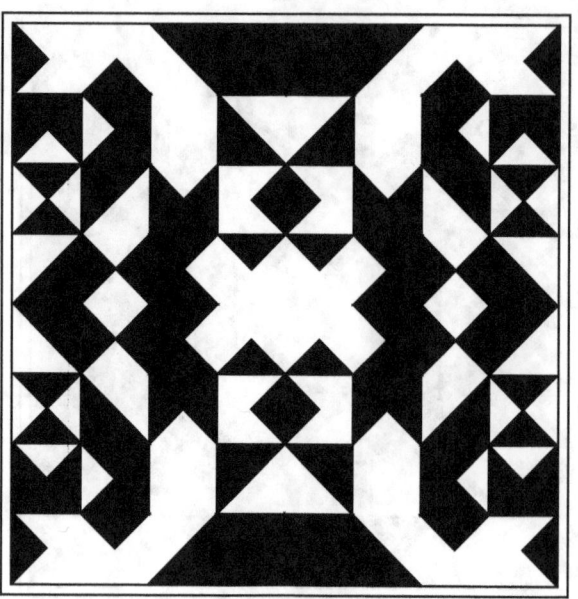

2	3	13	16
14	15	1	4
7	6	12	9
11	10	8	5

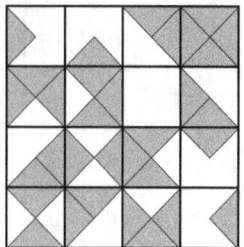

2	3	13	16
14	15	1	4
11	10	8	5
7	6	12	9

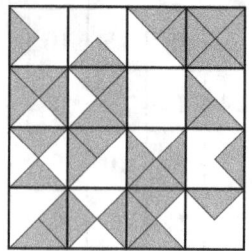

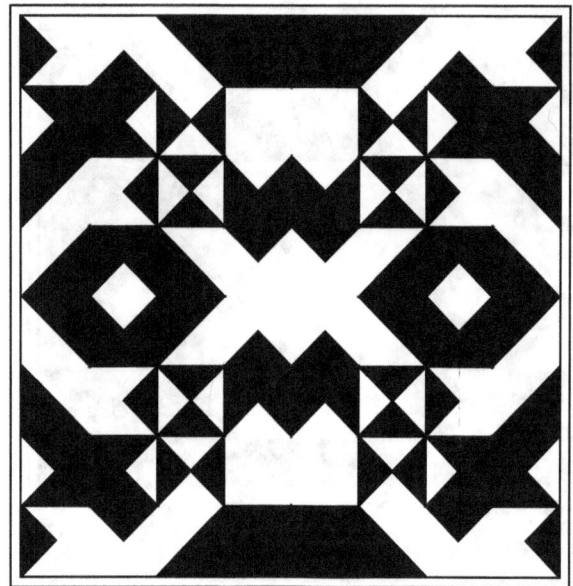

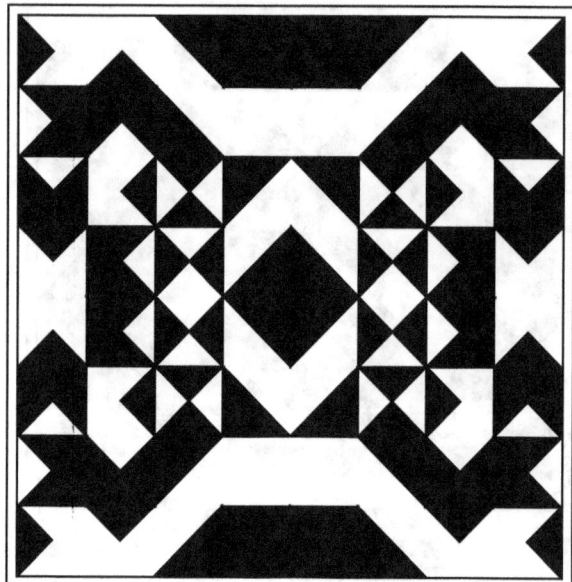

2	3	13	16
15	12	6	1
10	5	11	8
7	14	4	9

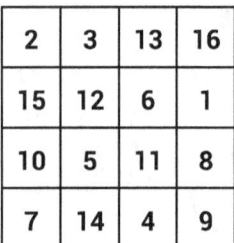

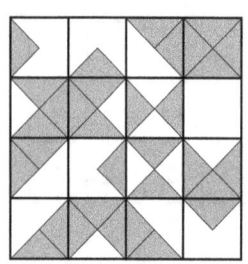

2	3	13	16
15	14	4	1
8	5	11	10
9	12	6	7

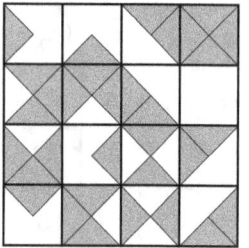

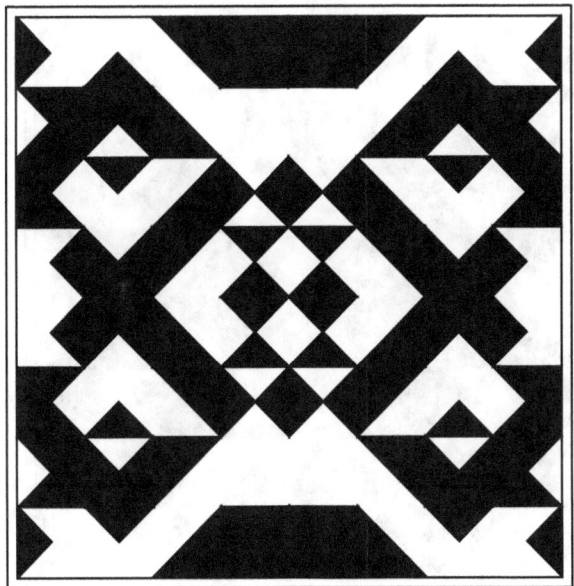

2	3	13	16
15	14	4	1
12	9	7	6
5	8	10	11

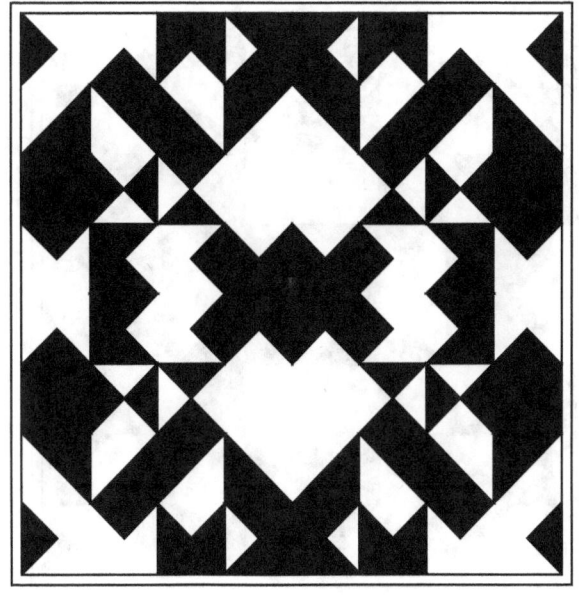

2	3	14	15
7	13	4	10
16	6	11	1
9	12	5	8

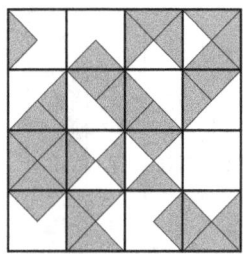

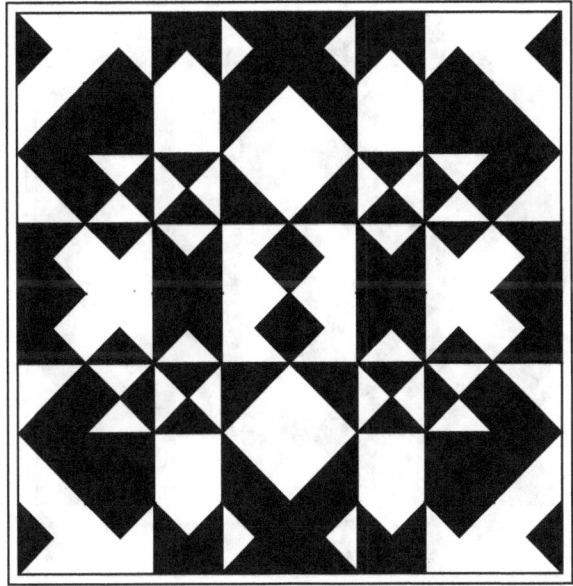

2	3	14	15
7	16	1	10
13	6	11	4
12	9	8	5

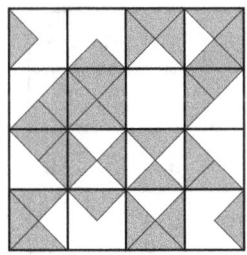

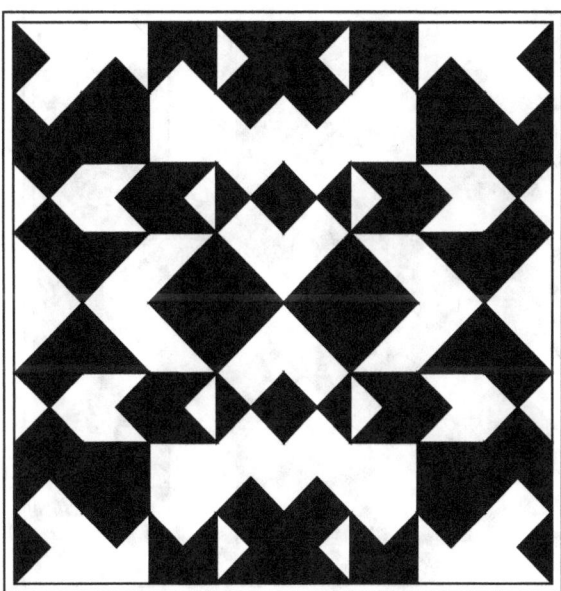

2	3	14	15
8	16	1	9
11	5	12	6
13	10	7	4

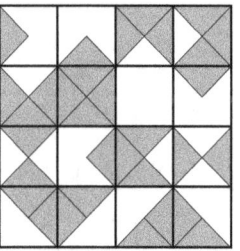

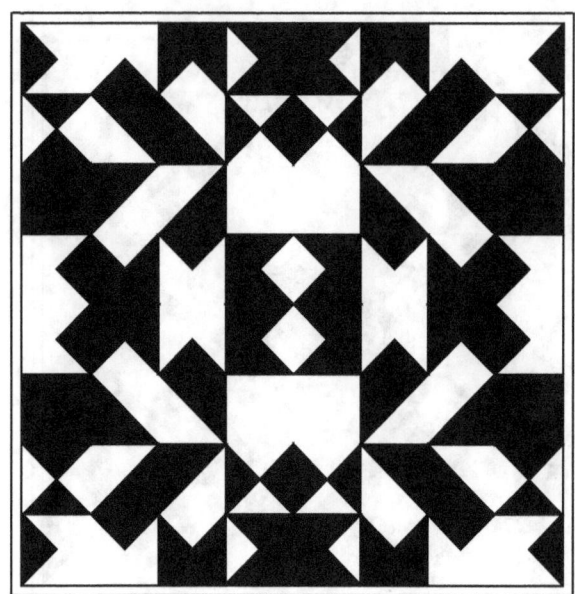

2	3	14	15
11	13	4	6
16	10	7	1
5	8	9	12

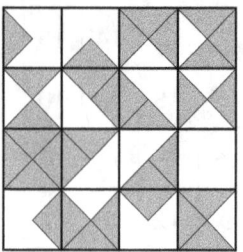

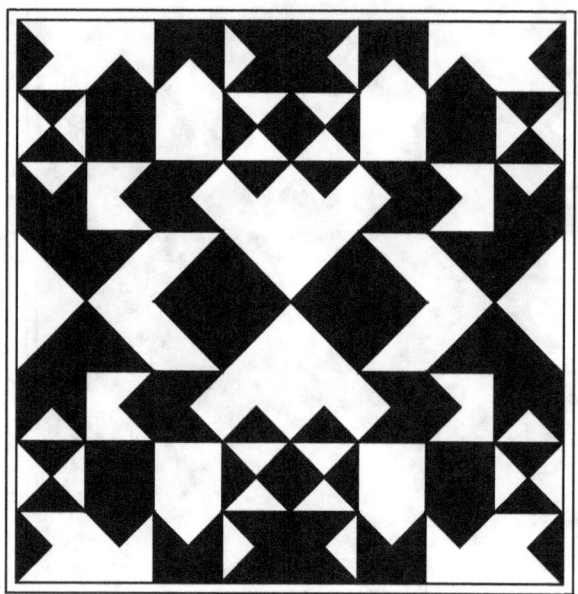

2	3	14	15
11	16	1	6
8	5	12	9
13	10	7	4

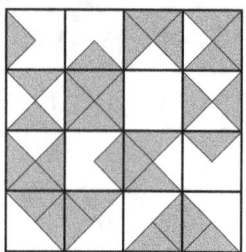

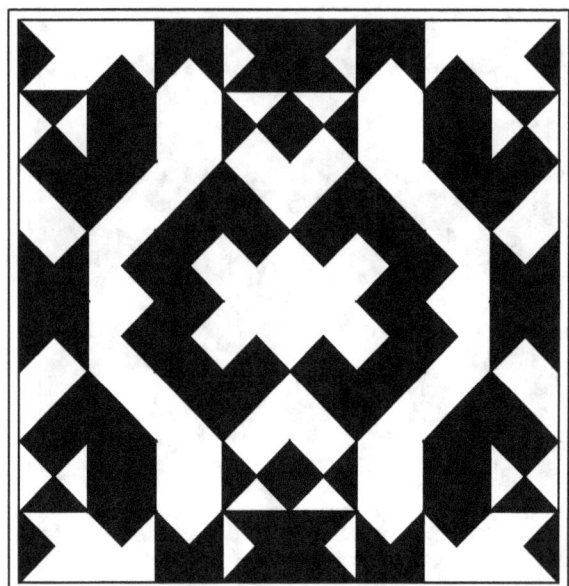

2	3	14	15
11	16	1	6
13	10	7	4
8	5	12	9

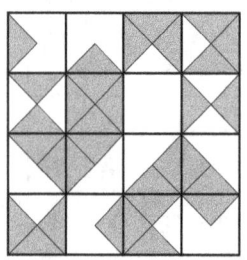

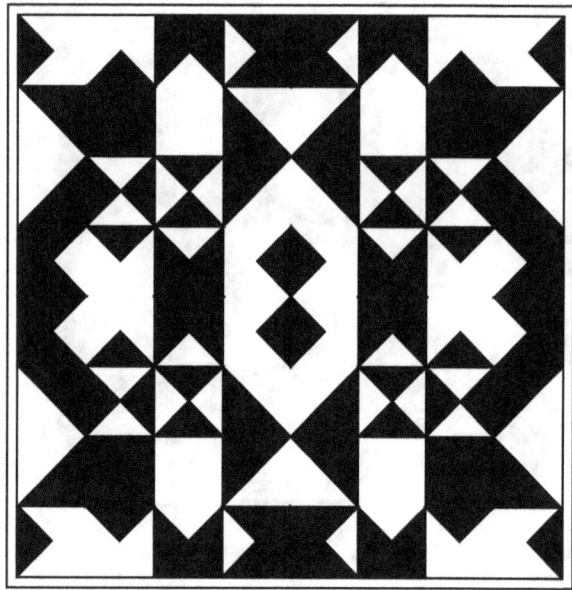

2	3	14	15
13	16	1	4
7	6	11	10
12	9	8	5

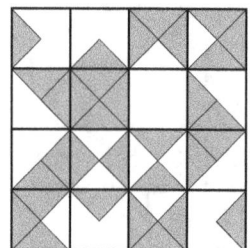

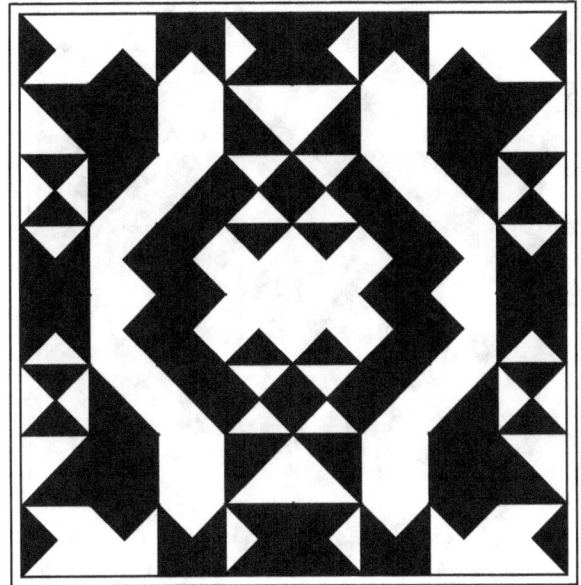

2	3	14	15
13	16	1	4
11	10	7	6
8	5	12	9

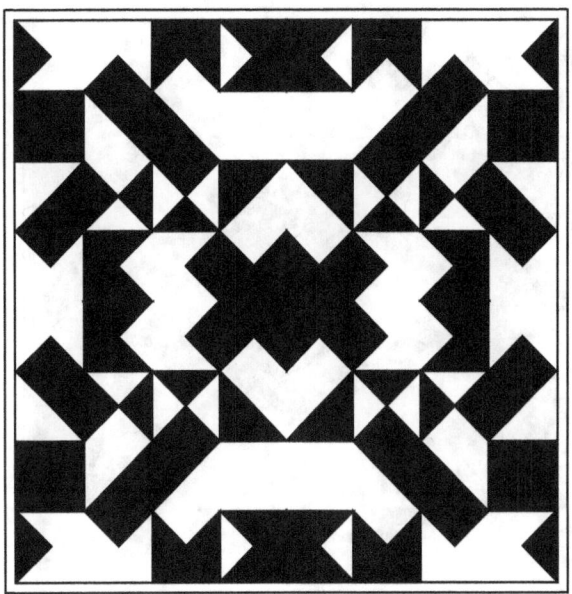

2	3	14	15
16	13	4	1
7	6	11	10
9	12	5	8

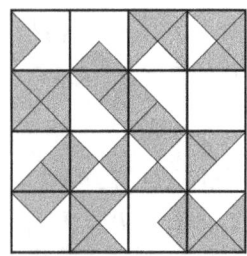

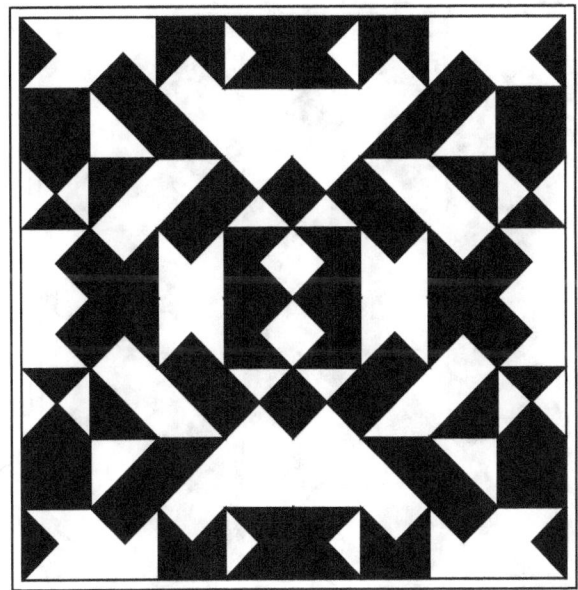

2	3	14	15
16	13	4	1
11	10	7	6
5	8	9	12

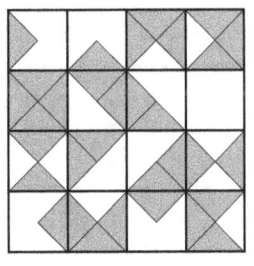

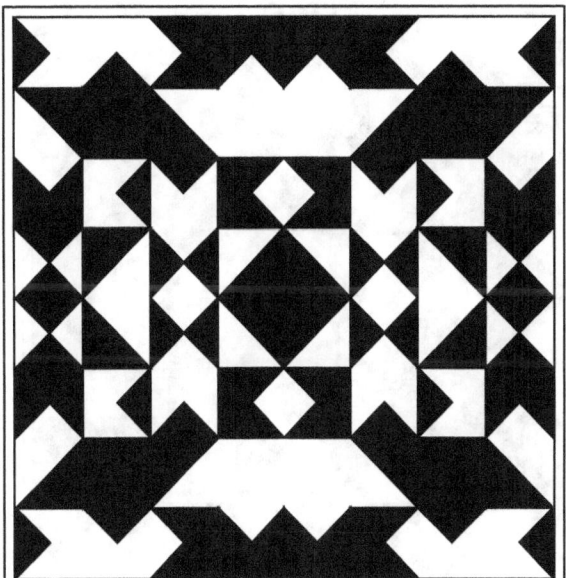

2	3	15	14
13	16	4	1
8	5	9	12
11	10	6	7

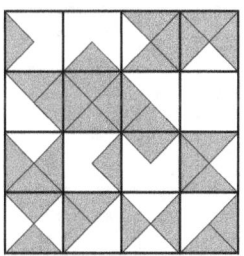

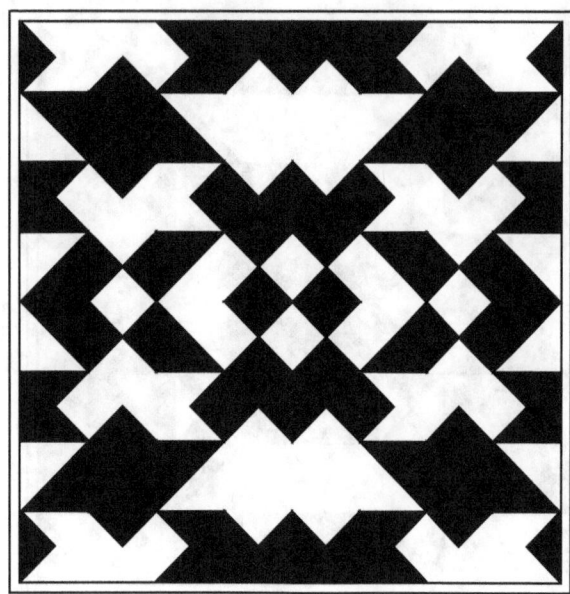

2	3	15	14
13	16	4	1
12	9	5	8
7	6	10	11

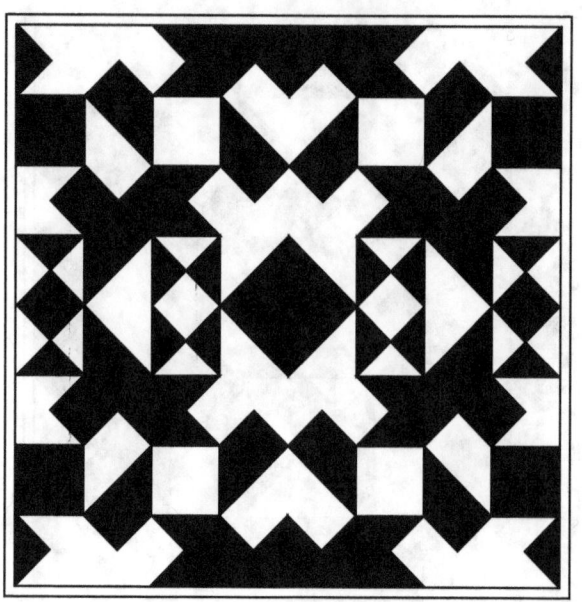

2	3	15	14
16	13	1	4
5	8	12	9
11	10	6	7

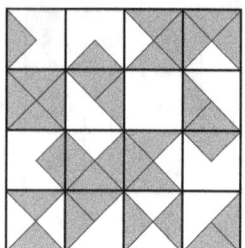

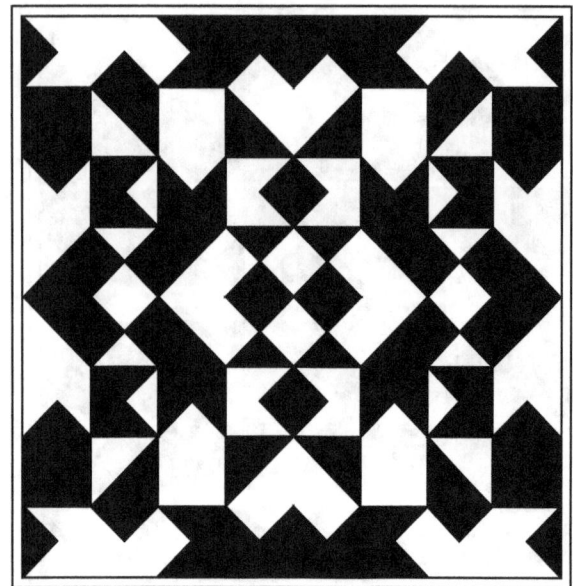

2	3	15	14
16	13	1	4
9	12	8	5
7	6	10	11

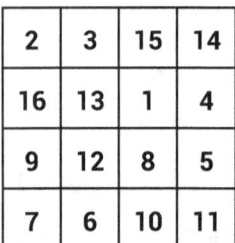

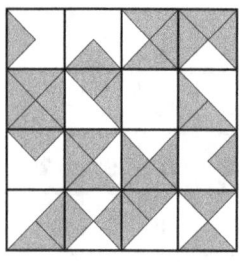

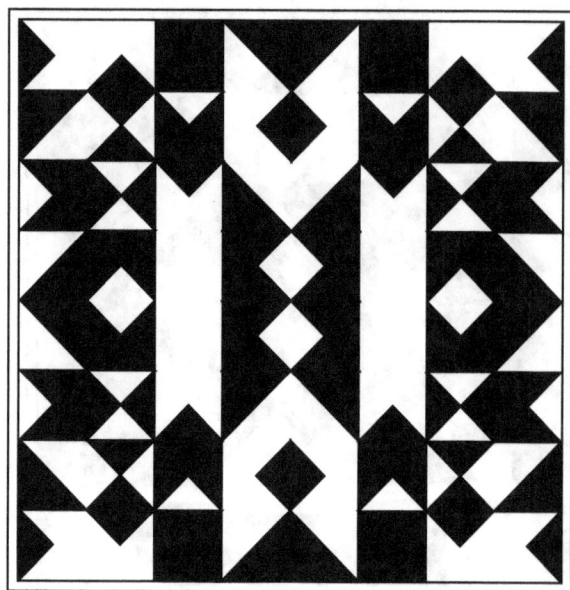

2	3	16	13
10	11	8	5
15	6	9	4
7	14	1	12

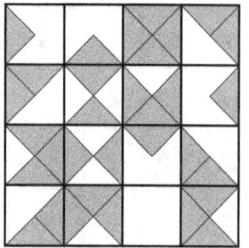

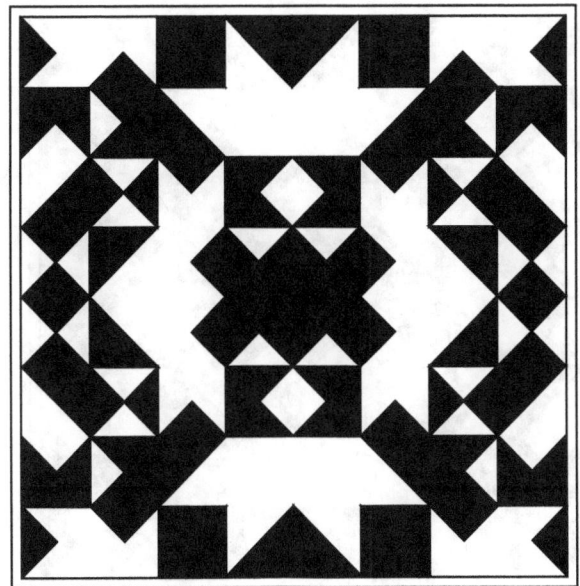

2	3	16	13
14	15	4	1
7	6	9	12
11	10	5	8

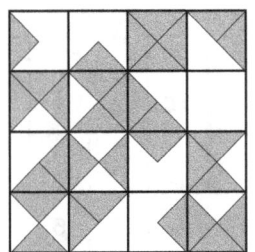

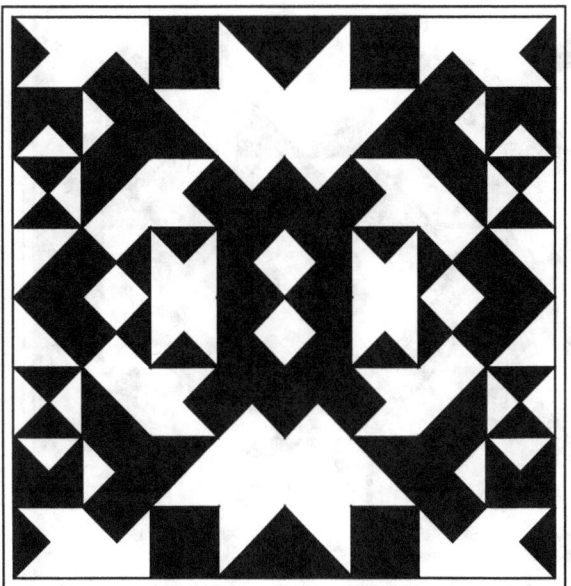

2	3	16	13
14	15	4	1
11	10	5	8
7	6	9	12

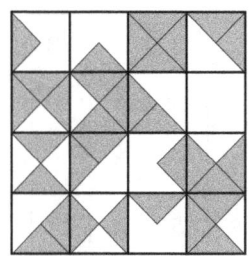

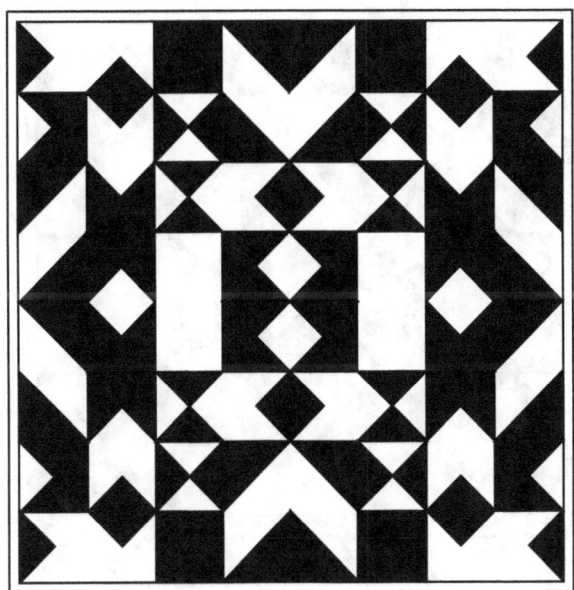

2	3	16	13
15	9	6	4
10	8	11	5
7	14	1	12

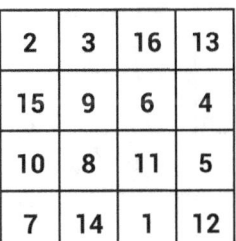
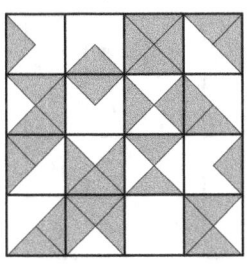

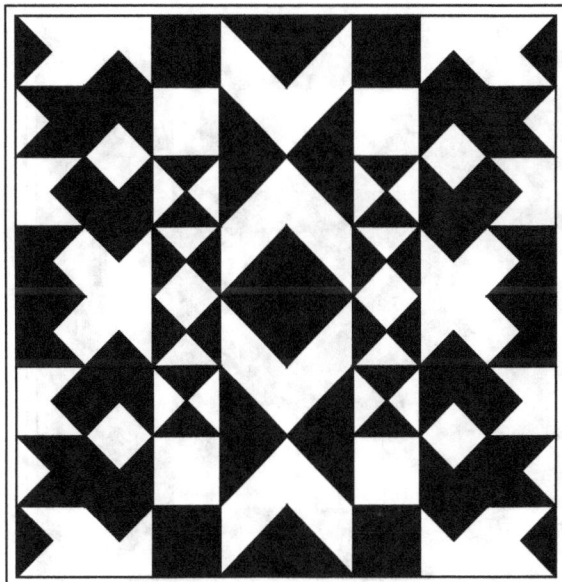

2	3	16	13
15	14	1	4
5	8	11	10
12	9	6	7

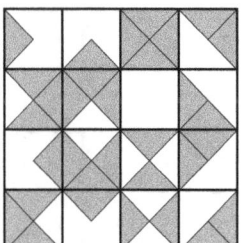

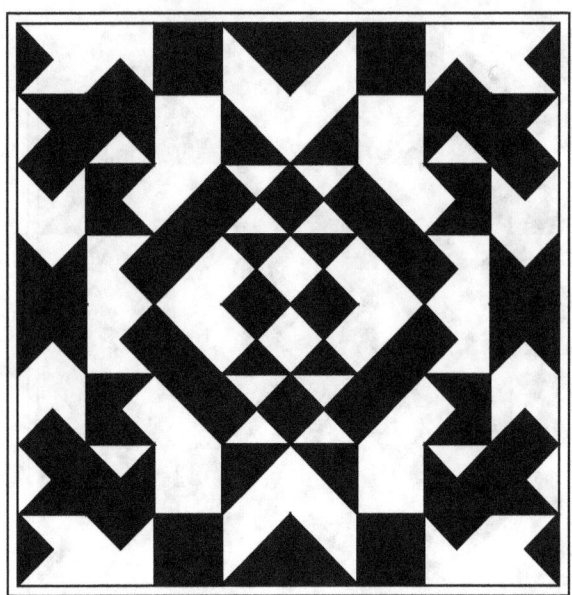

2	3	16	13
15	14	1	4
9	12	7	6
8	5	10	11

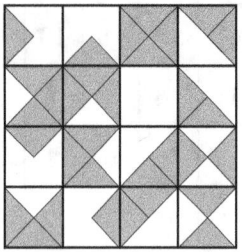

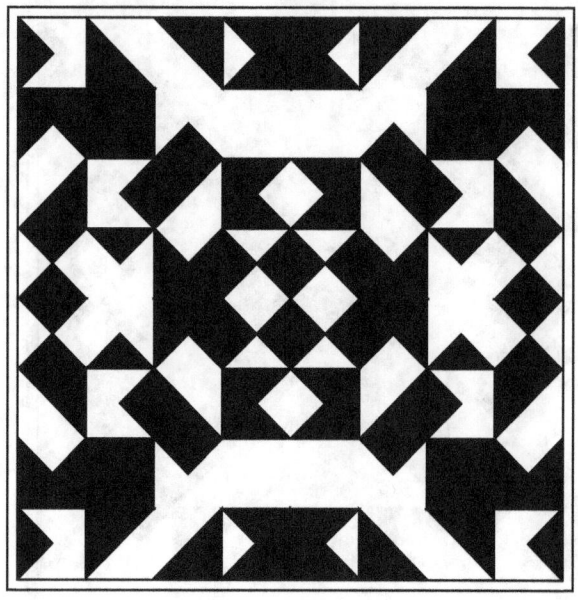

2	4	13	15
14	16	3	1
7	5	10	12
11	9	8	6

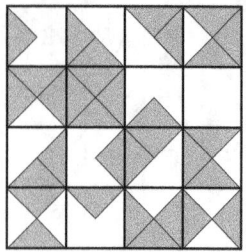

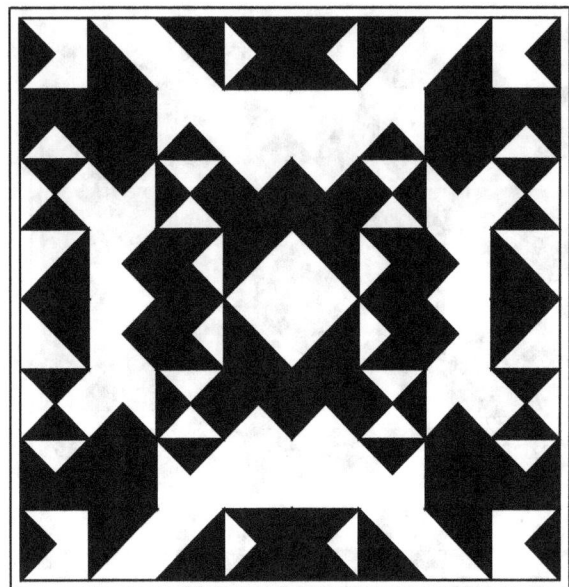

2	4	13	15
14	16	3	1
11	9	6	8
7	5	12	10

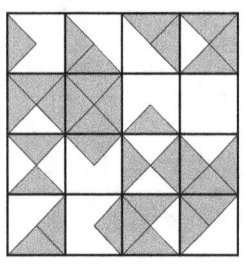

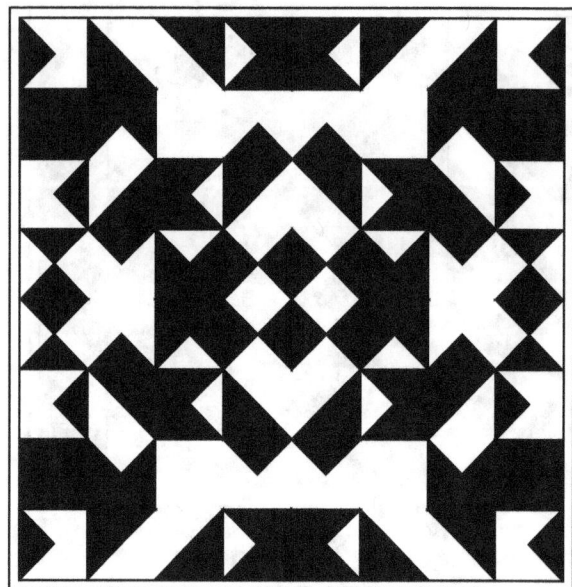

2	4	13	15
16	14	1	3
5	7	12	10
11	9	8	6

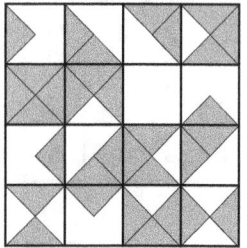

74

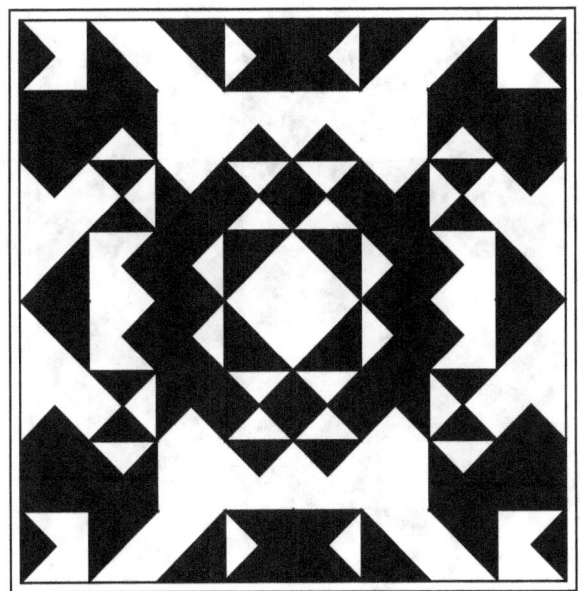

2	4	13	15
16	14	1	3
9	11	8	6
7	5	12	10

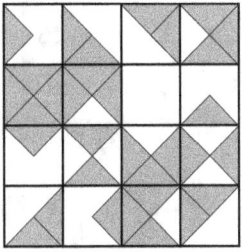

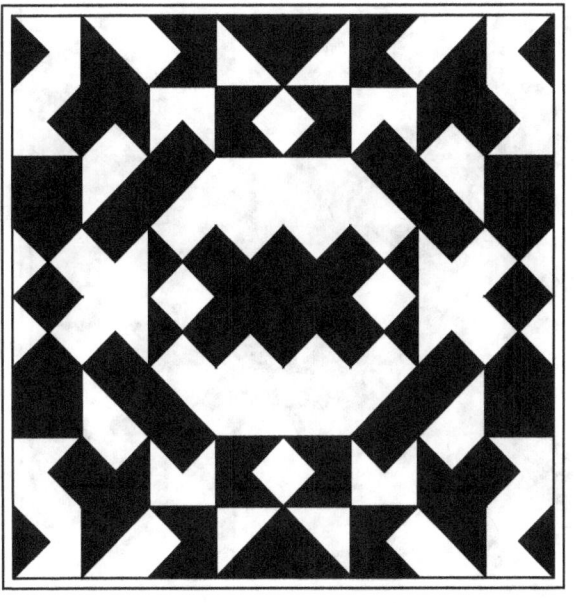

2	4	15	13
5	14	3	12
16	7	10	1
11	9	6	8

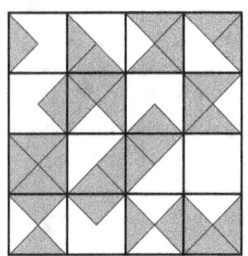

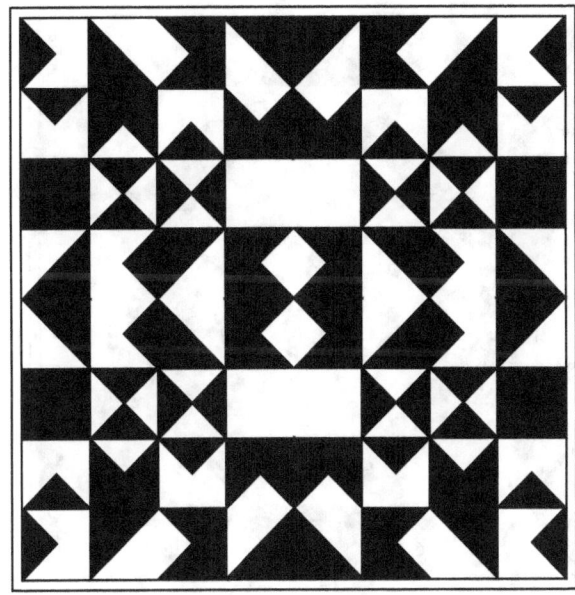

2	4	15	13
9	14	3	8
16	11	6	1
7	5	10	12

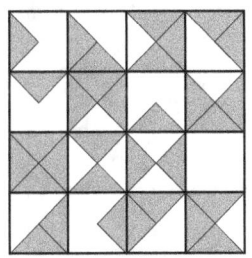

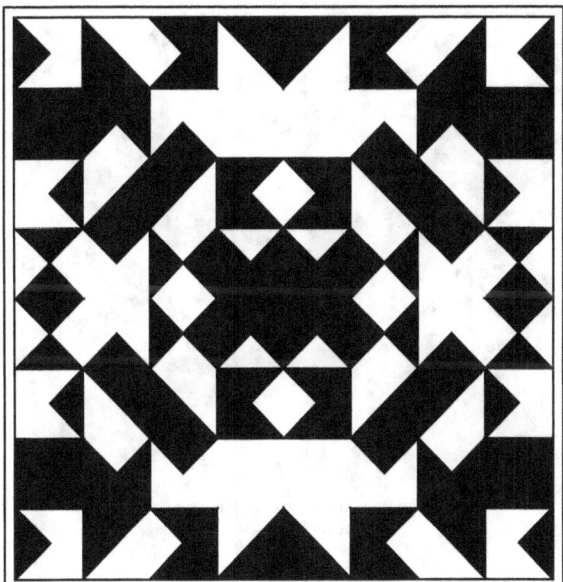

2	4	15	13
16	14	3	1
5	7	10	12
11	9	6	8

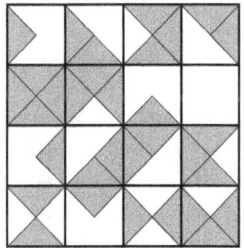

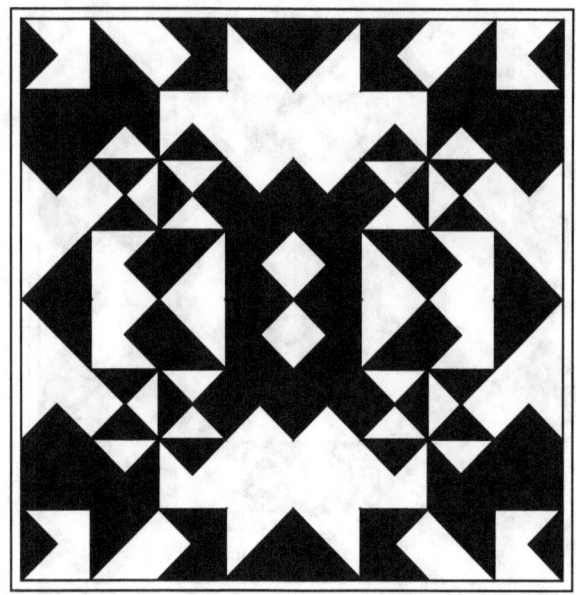

2	4	15	13
16	14	3	1
9	11	6	8
7	5	10	12

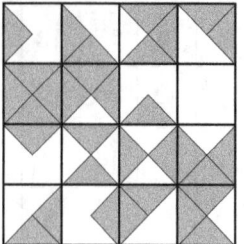

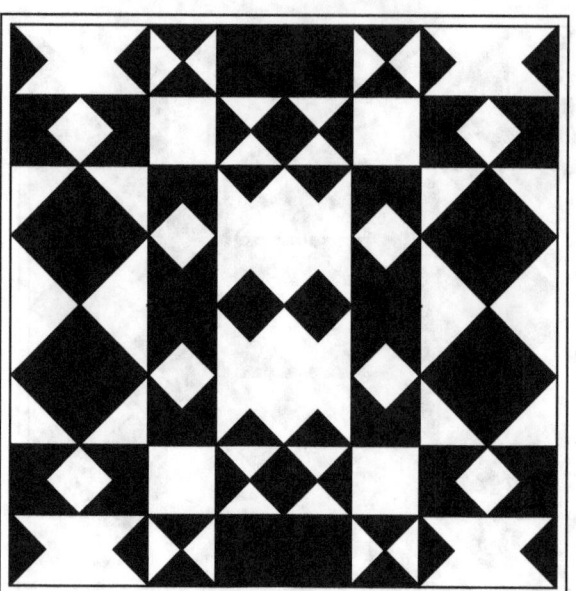

2	5	11	16
12	15	1	6
7	4	14	9
13	10	8	3

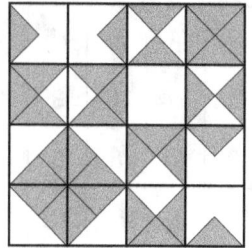

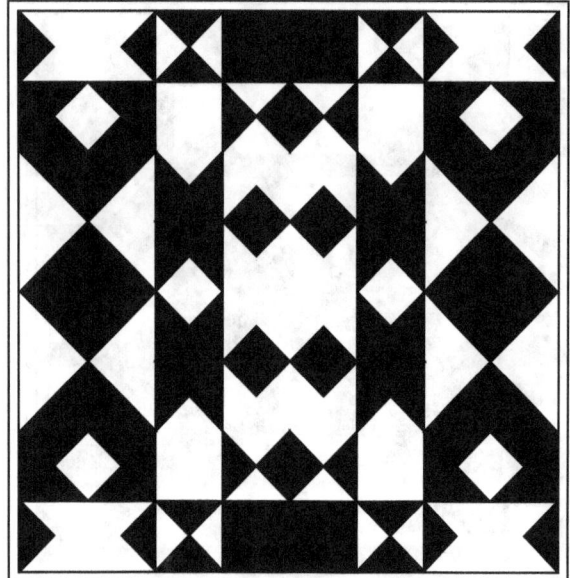

2	5	11	16
12	15	1	6
13	10	8	3
7	4	14	9

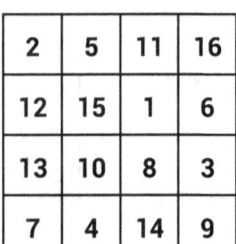
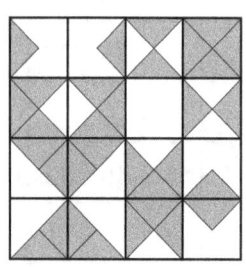

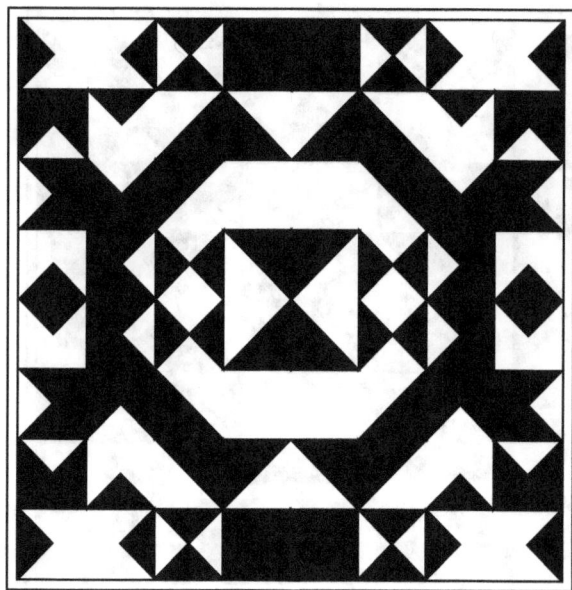

2	5	11	16
14	9	7	4
15	8	10	1
3	12	6	13

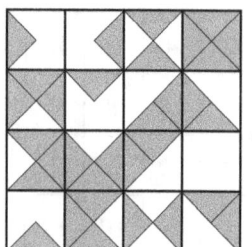

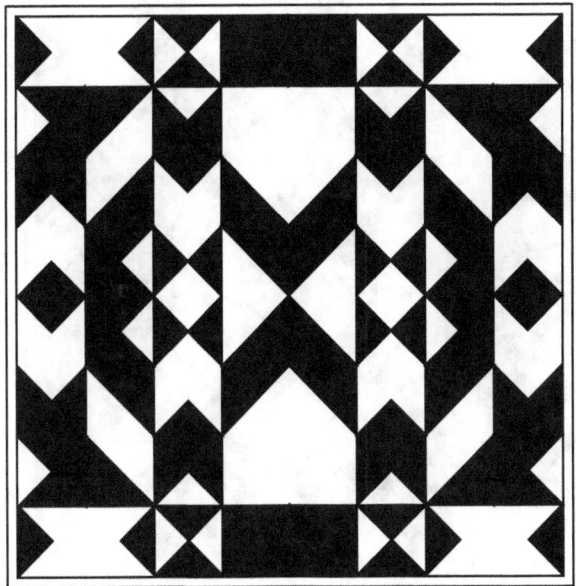

2	5	11	16
15	10	8	1
14	7	9	4
3	12	6	13

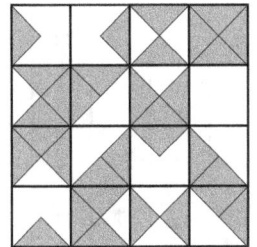

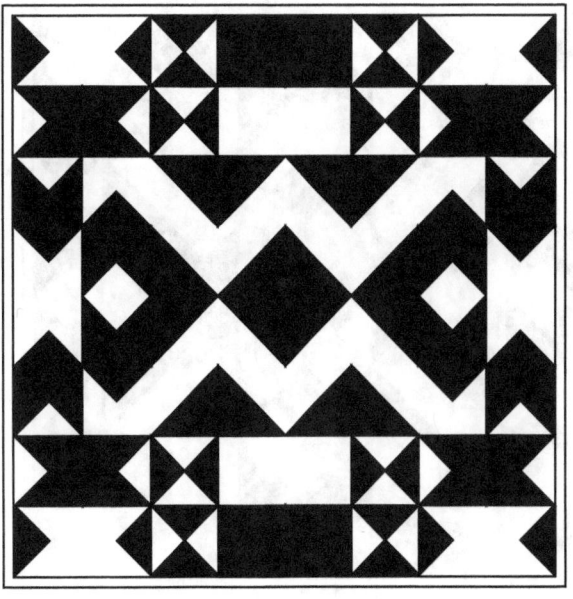

2	5	11	16
15	12	6	1
8	3	13	10
9	14	4	7

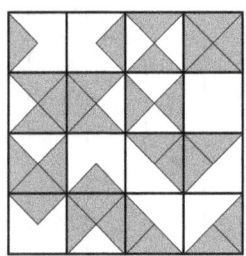

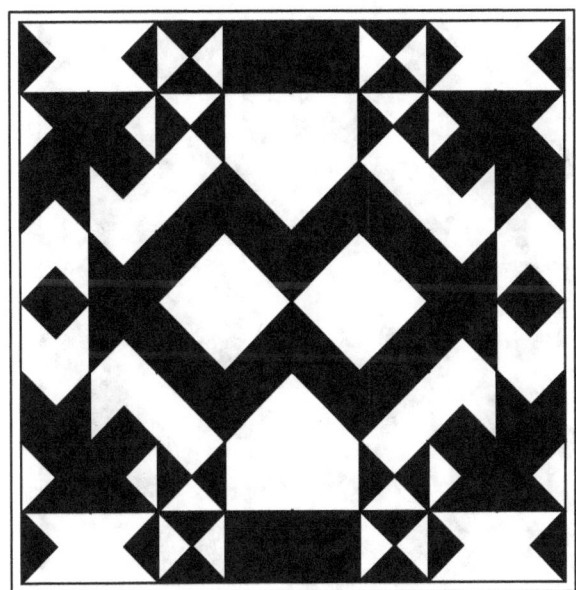

2	5	11	16
15	12	6	1
14	9	7	4
3	8	10	13

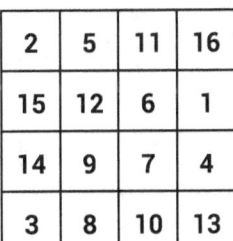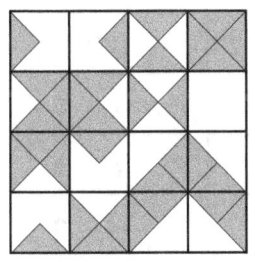

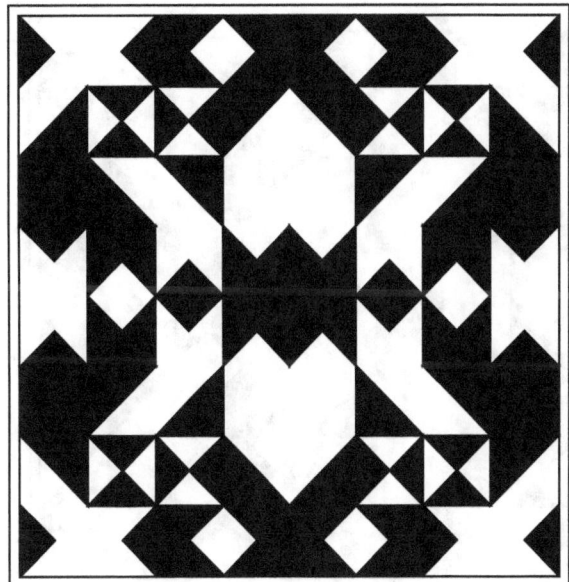

2	5	12	15
7	11	6	10
16	4	13	1
9	14	3	8

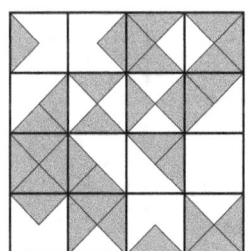

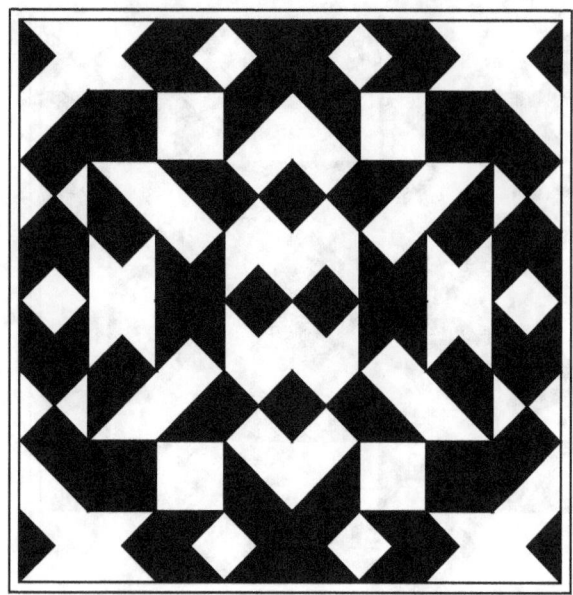

2	5	12	15
7	16	1	10
11	4	13	6
14	9	8	3

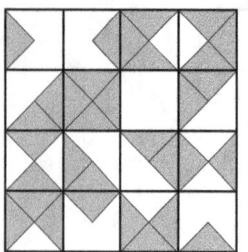

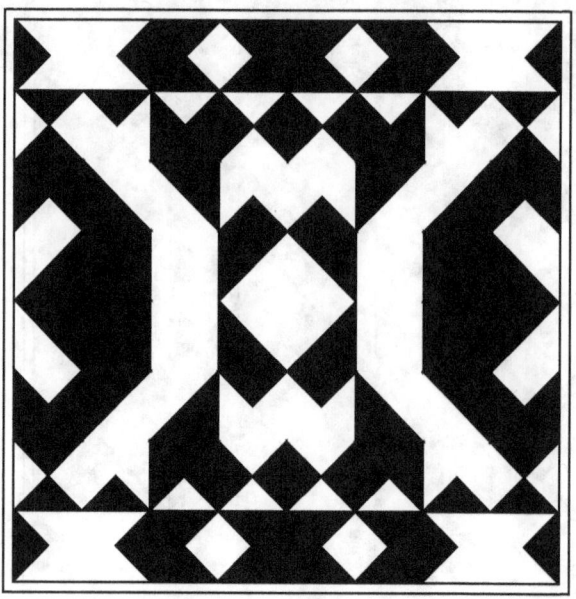

2	5	12	15
11	9	8	6
14	4	13	3
7	16	1	10

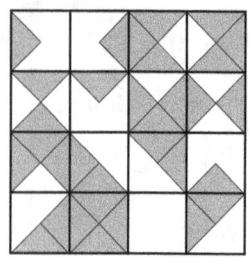

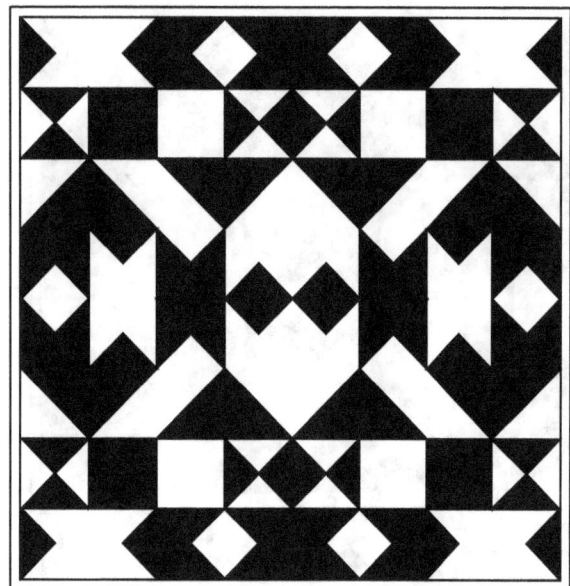

2	5	12	15
11	16	1	6
7	4	13	10
14	9	8	3

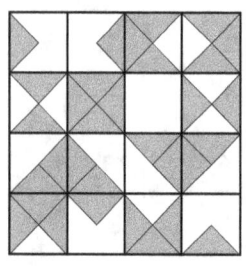

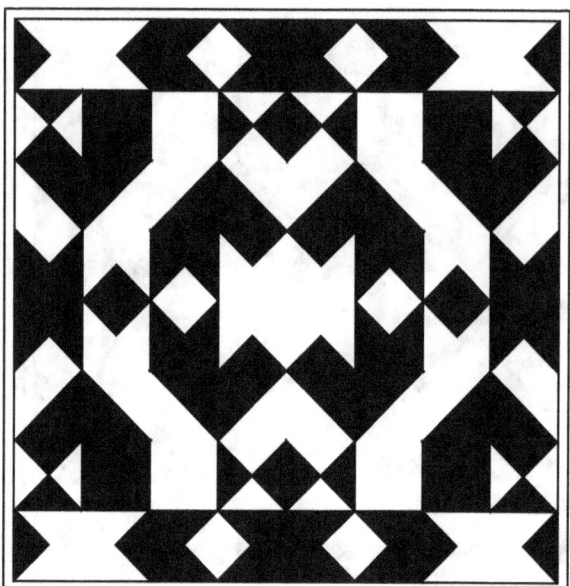

2	5	12	15
11	16	1	6
13	10	7	4
8	3	14	9

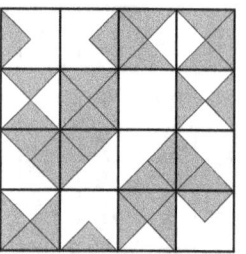

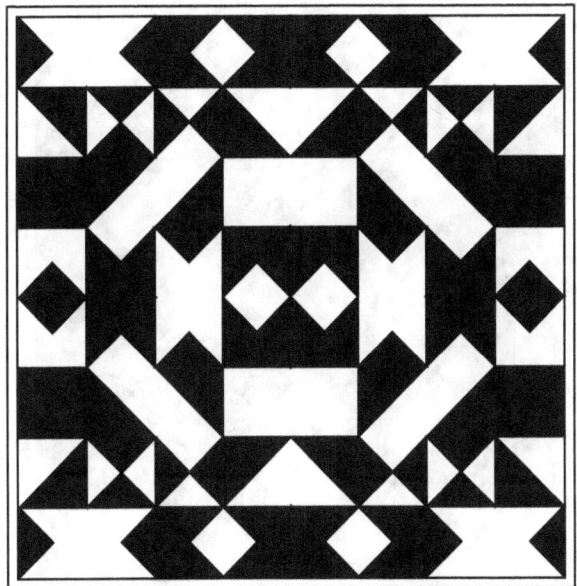

2	5	12	15
13	11	6	4
16	10	7	1
3	8	9	14

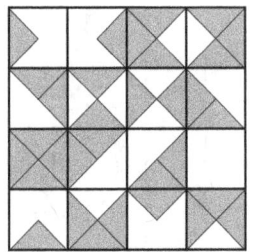

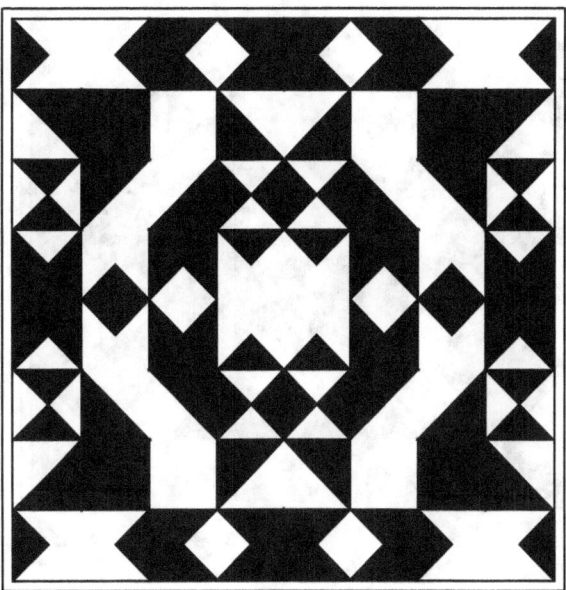

2	5	12	15
13	16	1	4
11	10	7	6
8	3	14	9

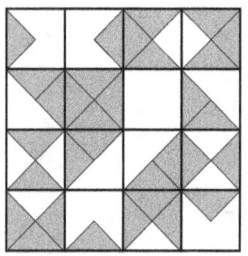

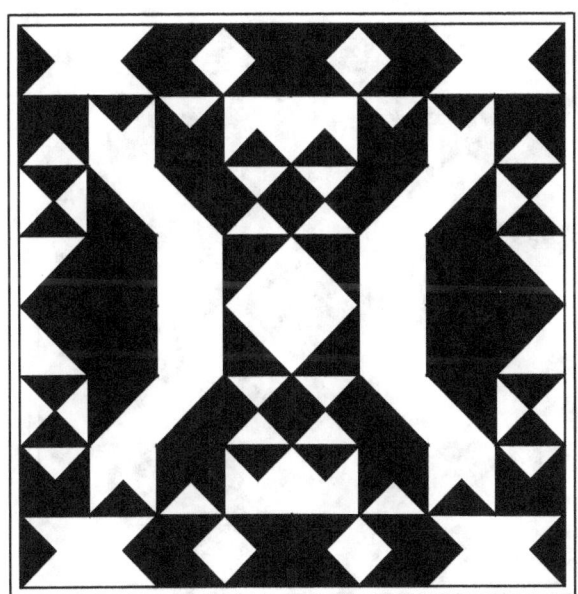

2	5	12	15
14	9	8	3
11	4	13	6
7	16	1	10

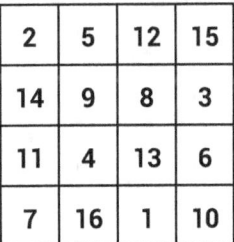
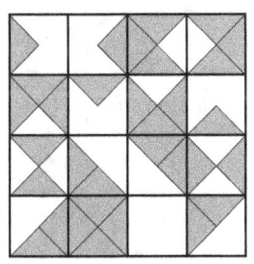

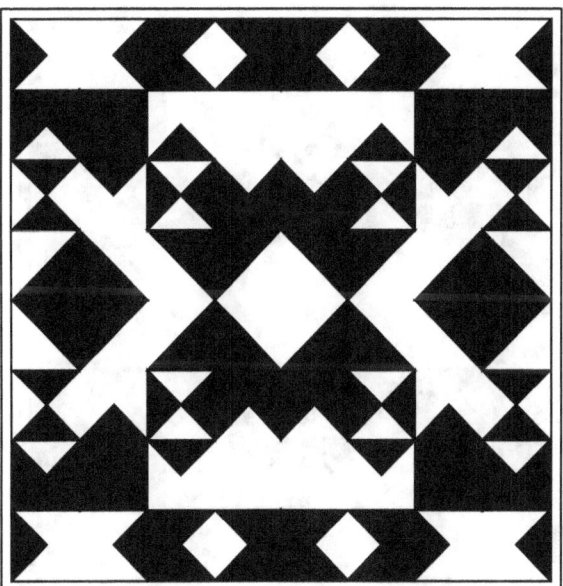

2	5	12	15
14	16	3	1
11	9	6	8
7	4	13	10

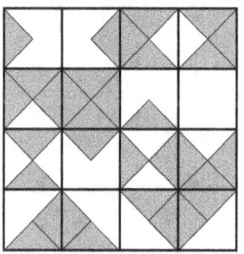

79

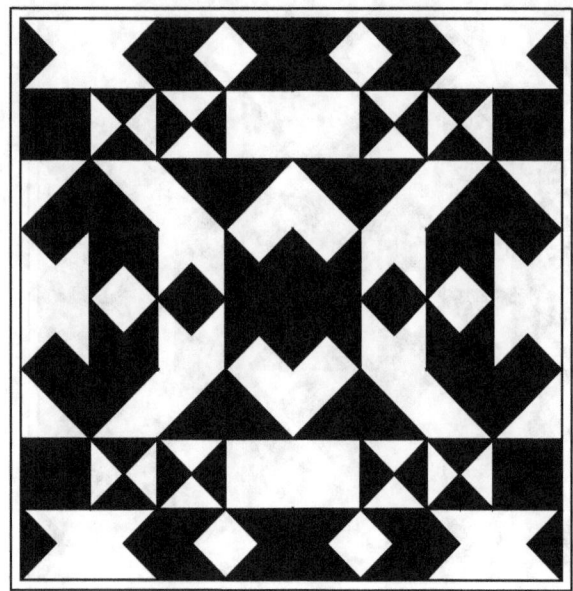

2	5	12	15
16	11	6	1
7	4	13	10
9	14	3	8

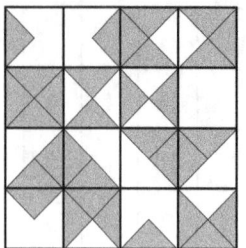

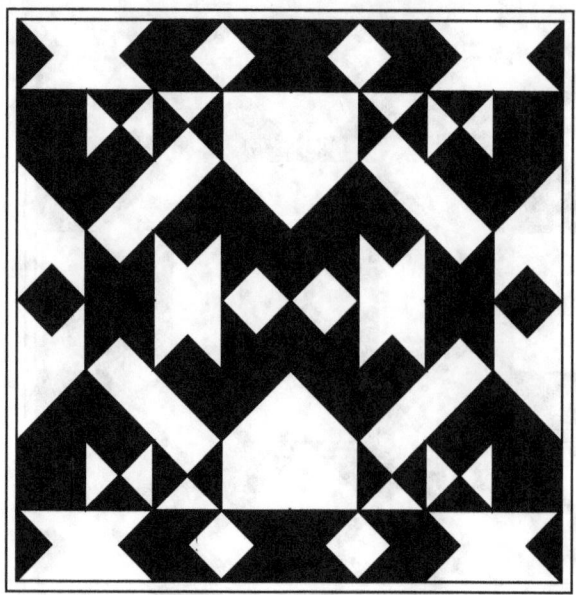

2	5	12	15
16	11	6	1
13	10	7	4
3	8	9	14

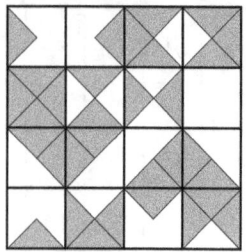

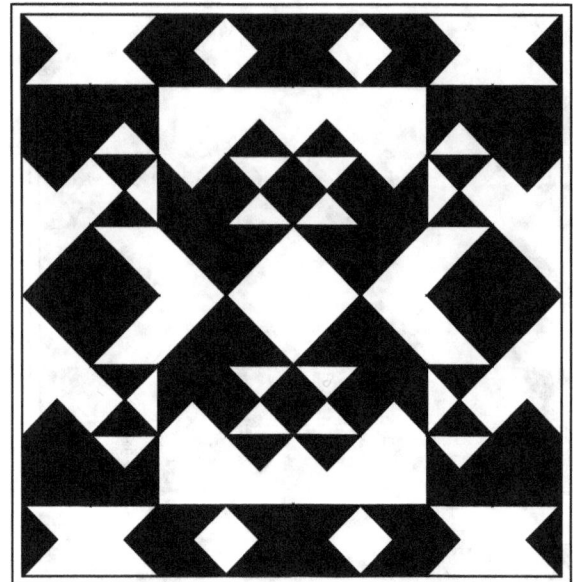

2	5	12	15
16	14	1	3
9	11	8	6
7	4	13	10

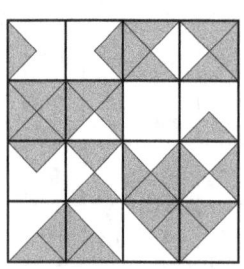

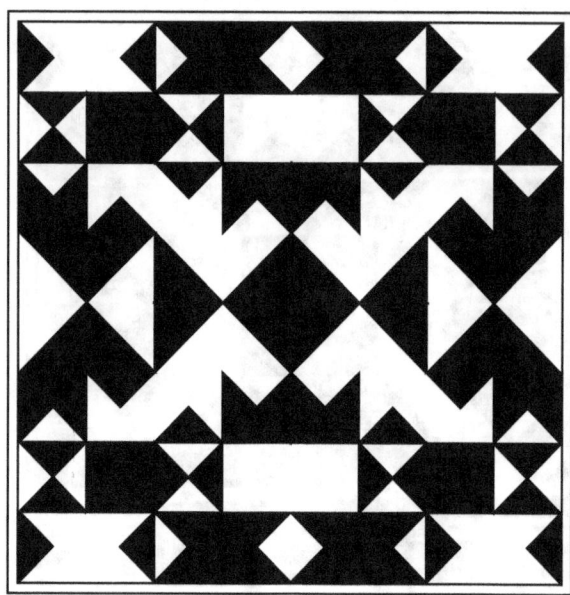

2	5	15	12
11	16	6	1
8	3	9	14
13	10	4	7

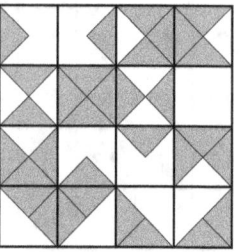

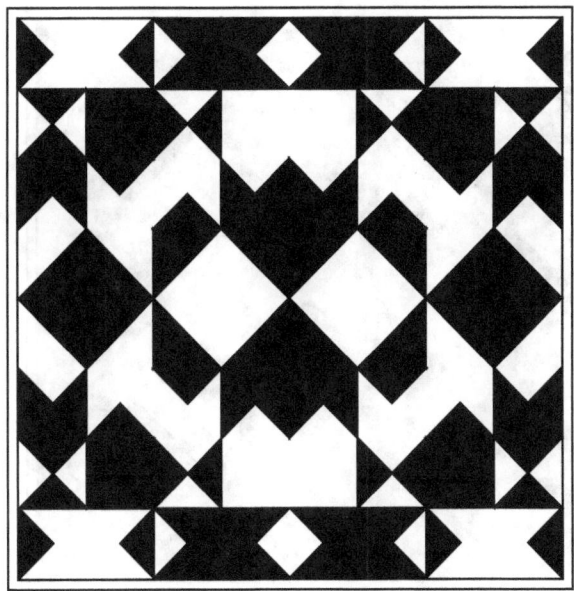

2	5	15	12
11	16	6	1
14	9	3	8
7	4	10	13

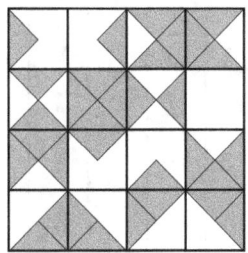

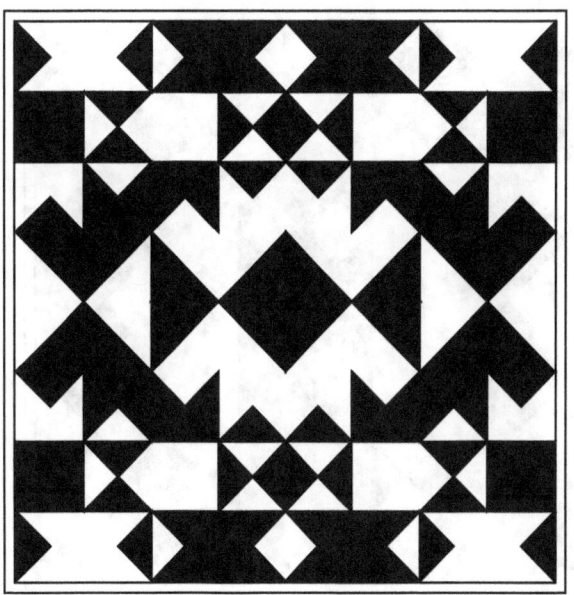

2	5	15	12
16	11	1	6
3	8	14	9
13	10	4	7

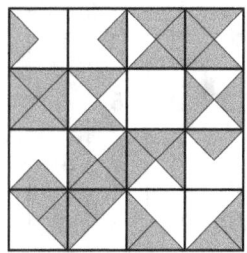

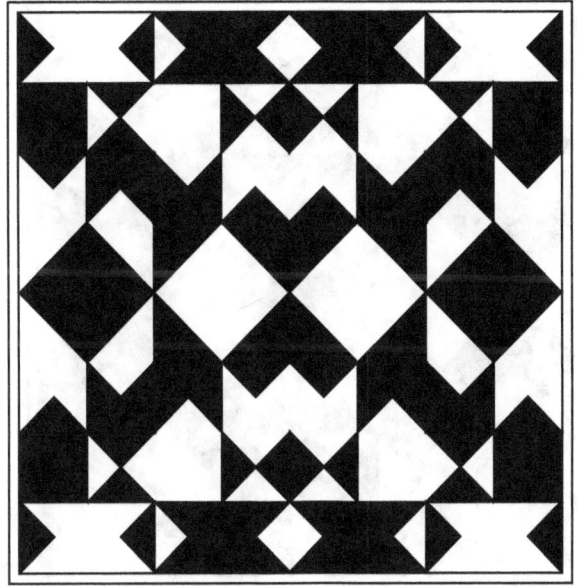

2	5	15	12
16	11	1	6
9	14	8	3
7	4	10	13

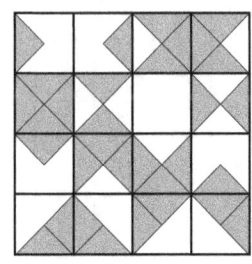

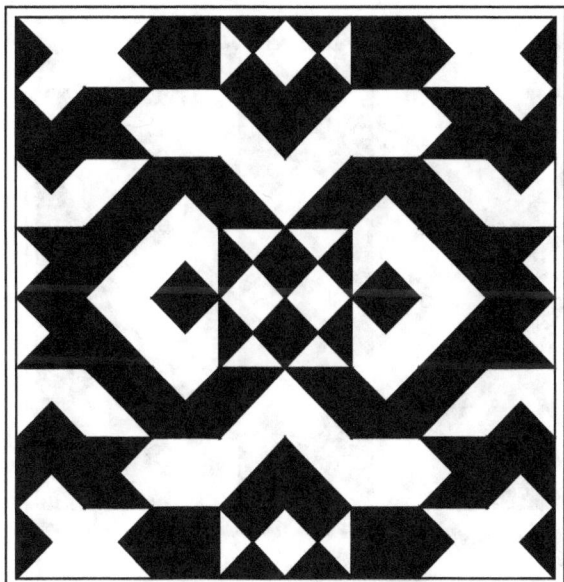

2	5	16	11
8	12	1	13
9	7	14	4
15	10	3	6

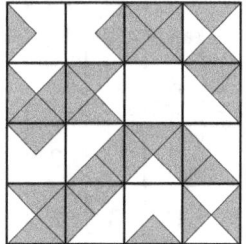

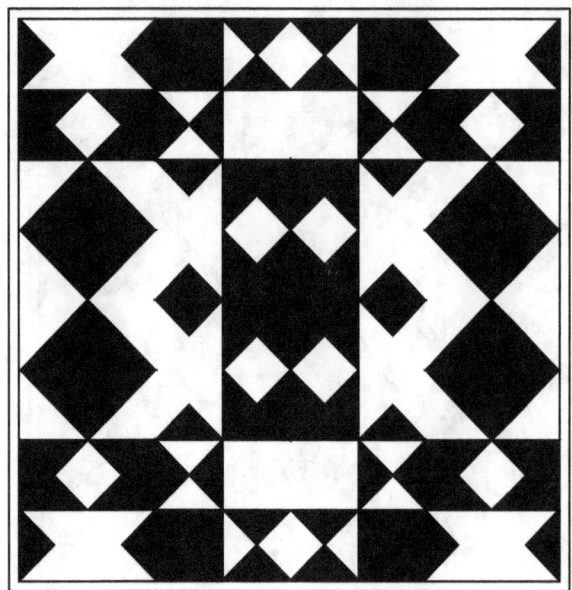

2	5	16	11
12	15	6	1
7	4	9	14
13	10	3	8

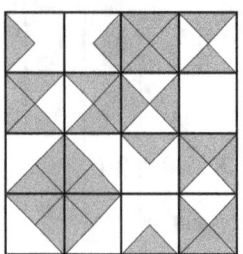

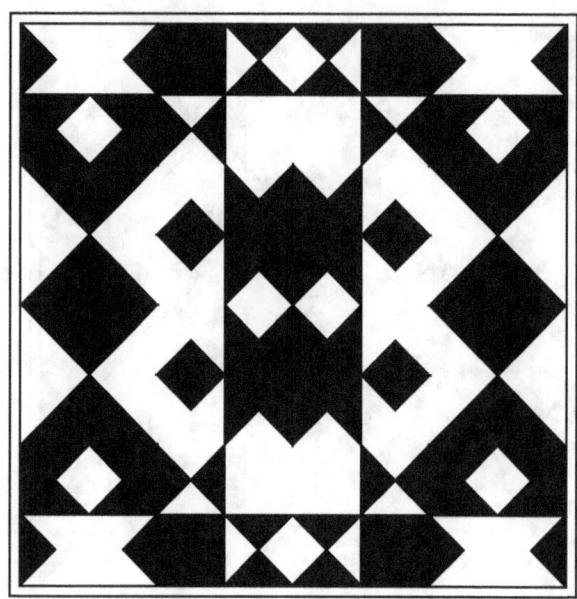

2	5	16	11
12	15	6	1
13	10	3	8
7	4	9	14

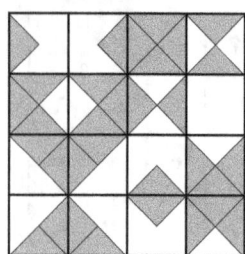

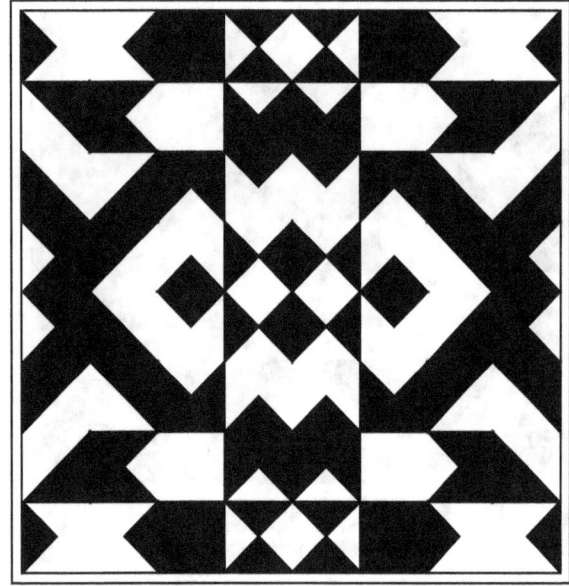

2	5	16	11
13	12	1	8
4	7	14	9
15	10	3	6

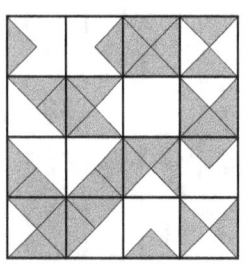

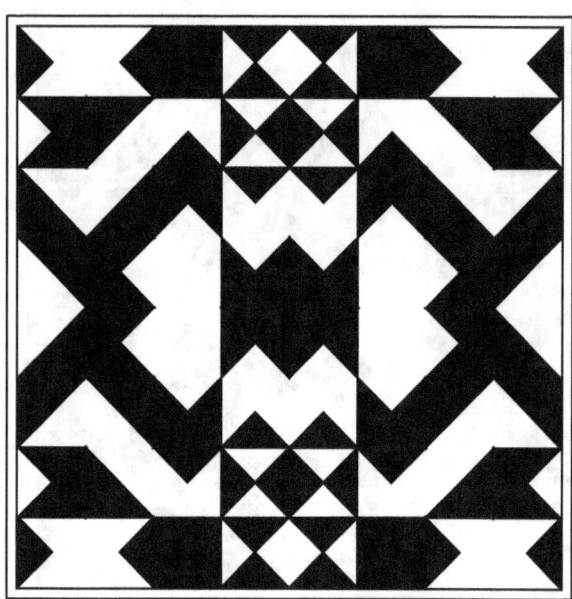

2	5	16	11
15	10	3	6
4	7	14	9
13	12	1	8

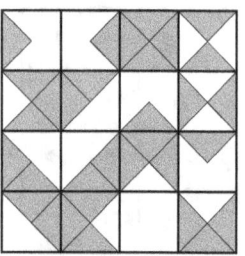

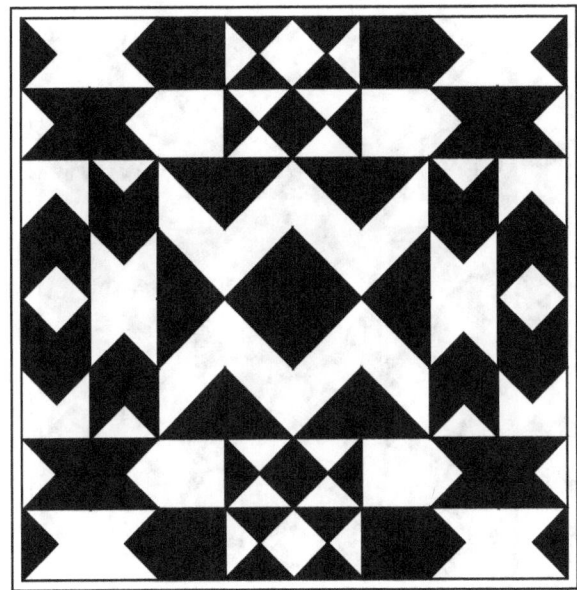

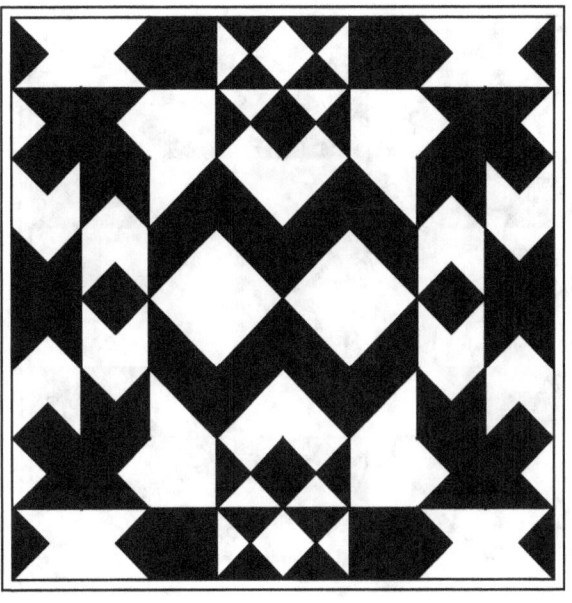

2	5	16	11
15	12	1	6
3	8	13	10
14	9	4	7

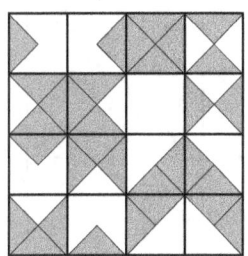

2	5	16	11
15	12	1	6
9	14	7	4
8	3	10	13

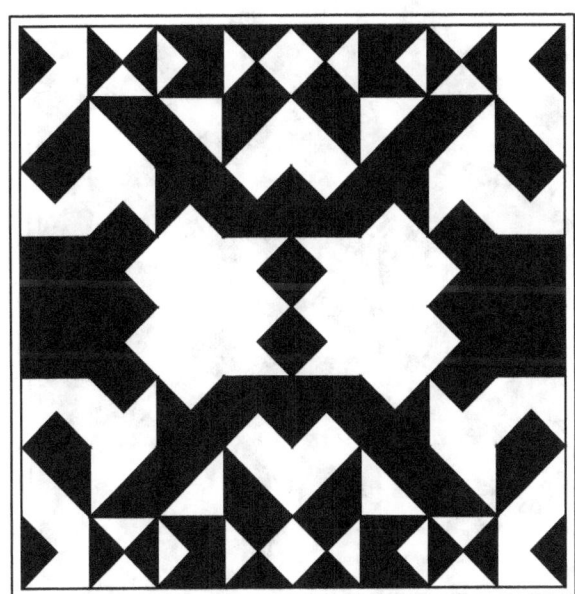

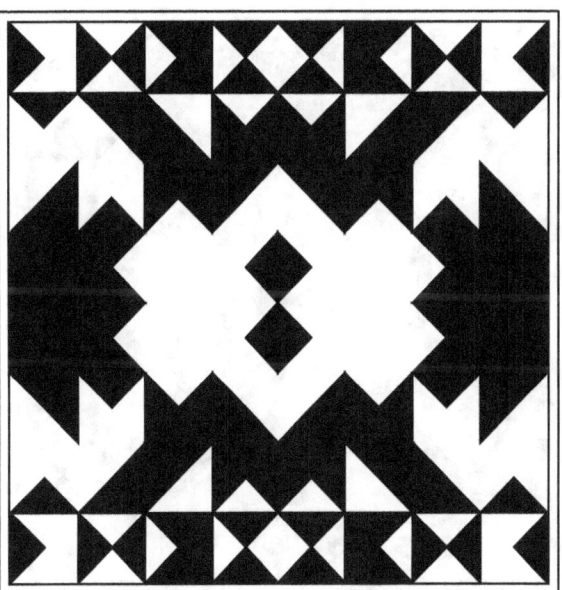

2	6	15	11
7	13	4	10
9	3	14	8
16	12	1	5

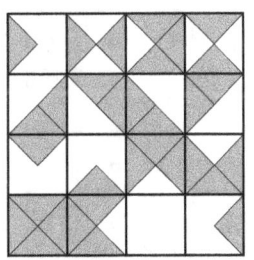

2	6	15	11
9	13	4	8
7	3	14	10
16	12	1	5

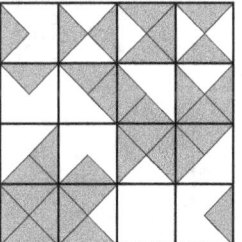

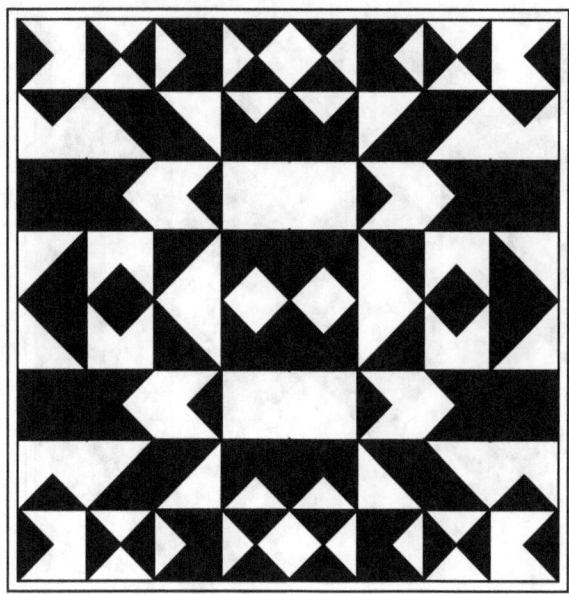

2	6	15	11
9	13	4	8
16	12	5	1
7	3	10	14

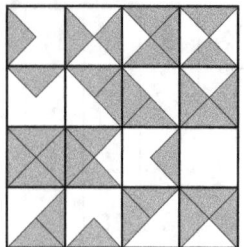

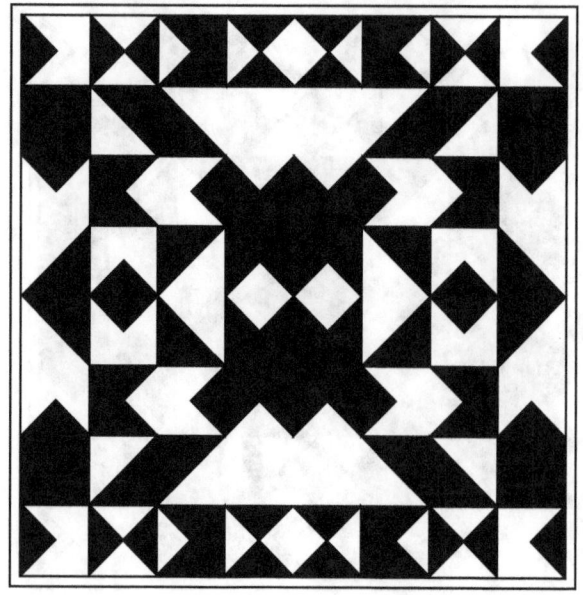

2	6	15	11
16	13	4	1
9	12	5	8
7	3	10	14

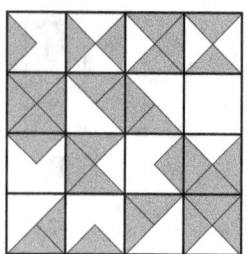

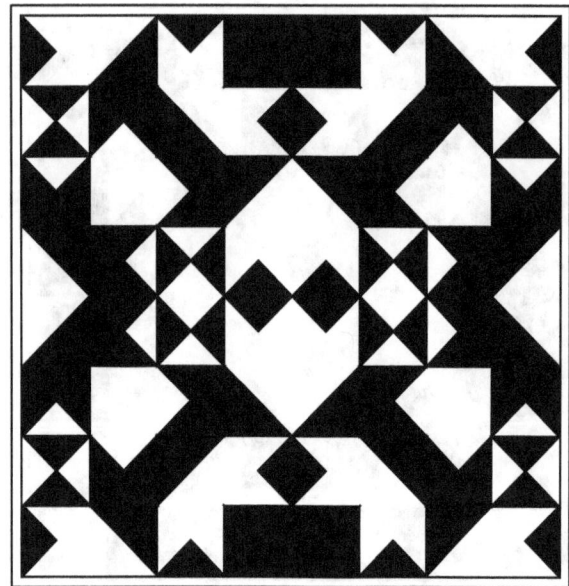

2	7	9	16
11	14	4	5
8	1	15	10
13	12	6	3

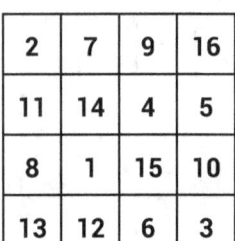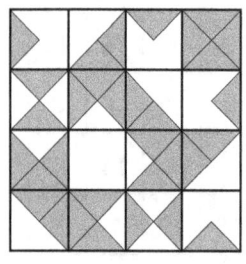

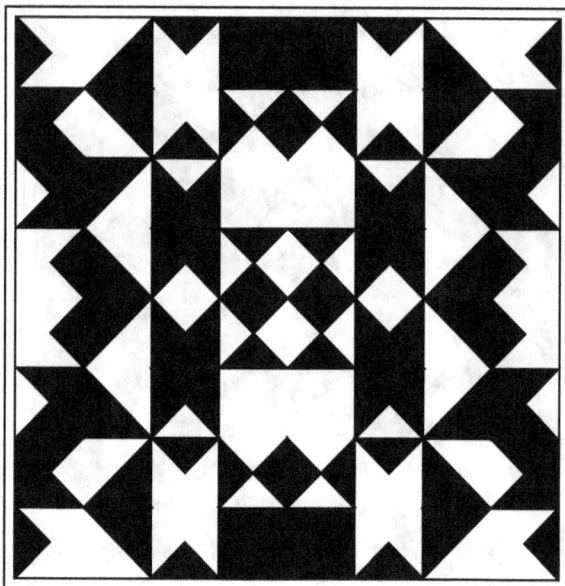

2	7	9	16
12	13	3	6
15	10	8	1
5	4	14	11

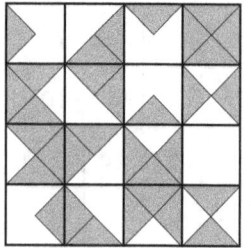

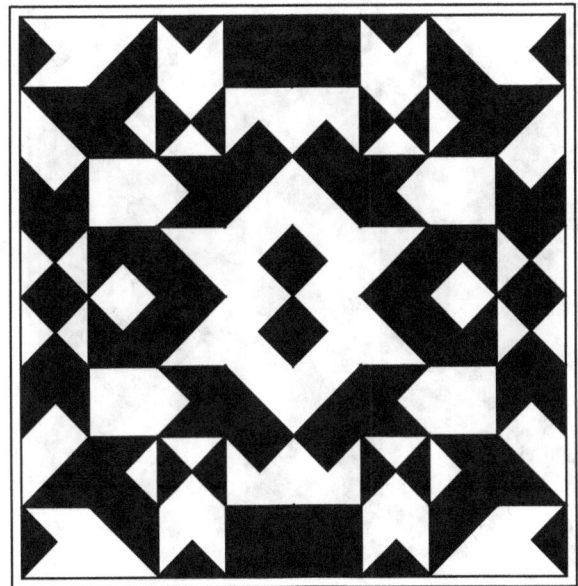

2	7	9	16
13	12	6	3
8	1	15	10
11	14	4	5

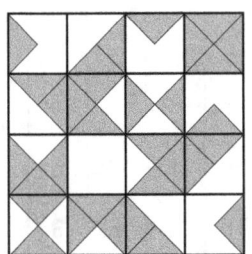

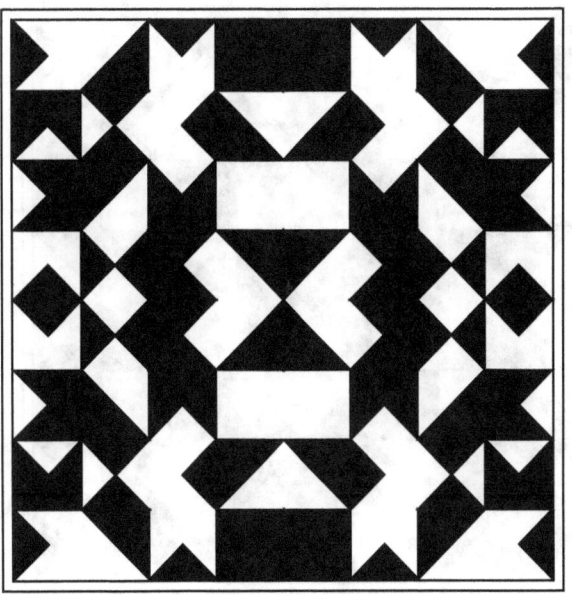

2	7	9	16
14	11	5	4
15	10	8	1
3	6	12	13

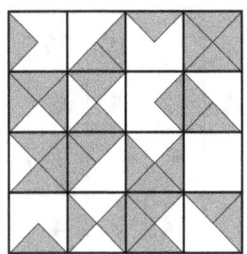

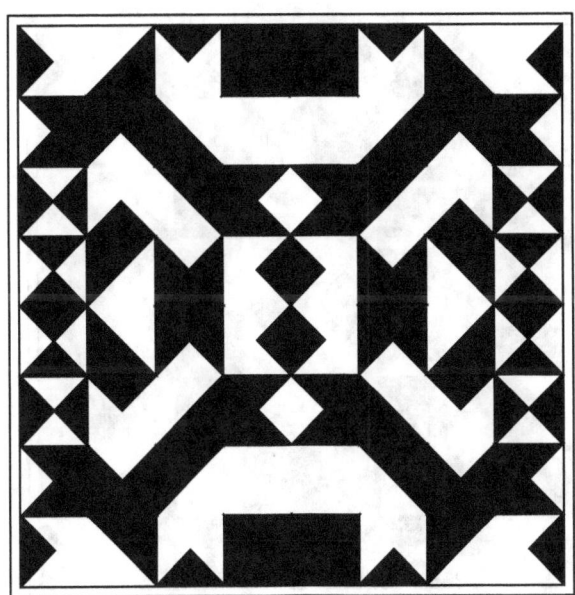

2	7	9	16
15	14	4	1
6	3	13	12
11	10	8	5

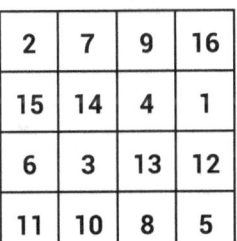
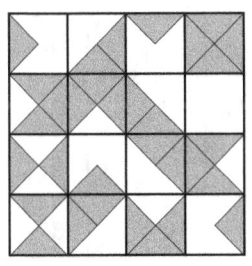

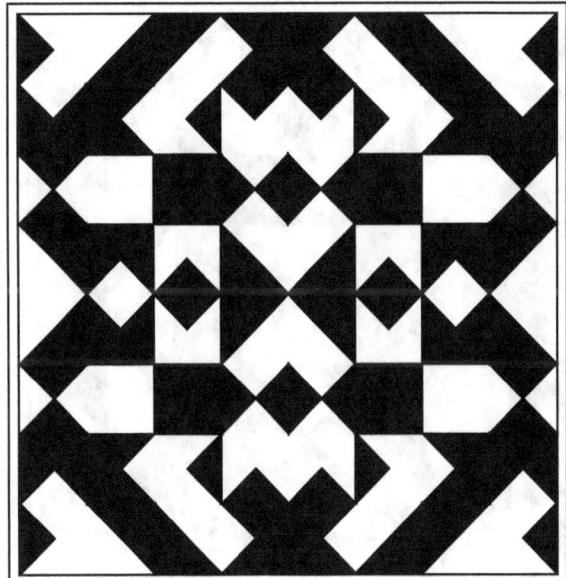

2	7	10	15
8	12	5	9
11	1	16	6
13	14	3	4

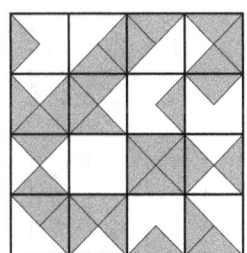

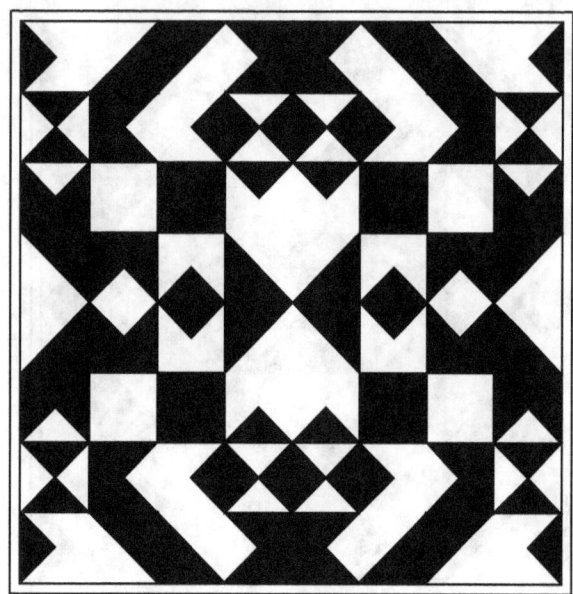

2	7	10	15
11	12	5	6
8	1	16	9
13	14	3	4

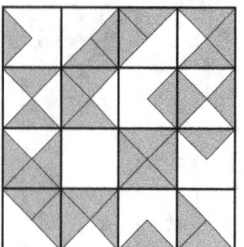

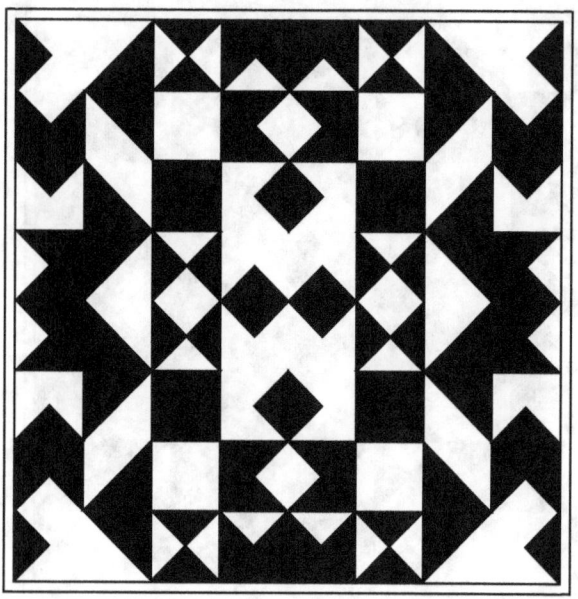

2	7	11	14
8	13	1	12
9	4	16	5
15	10	6	3

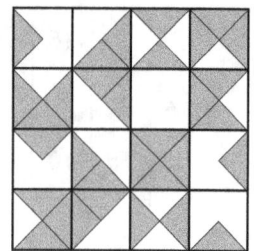

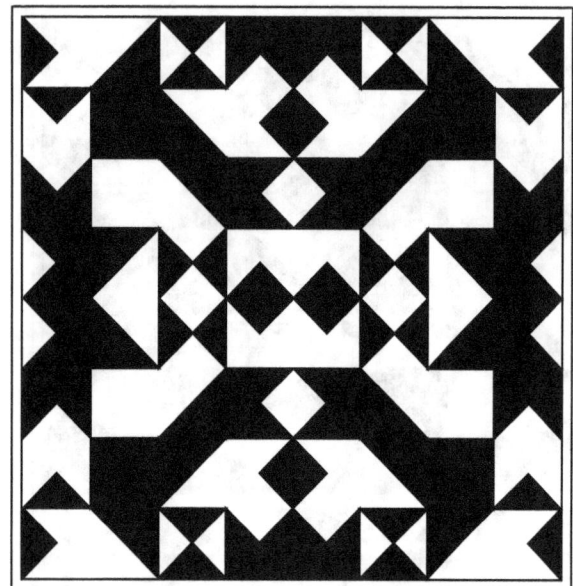

2	7	11	14
9	16	4	5
8	1	13	12
15	10	6	3

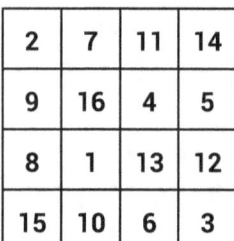
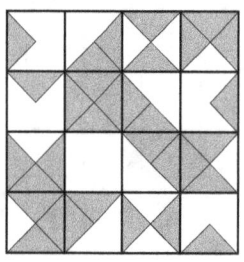

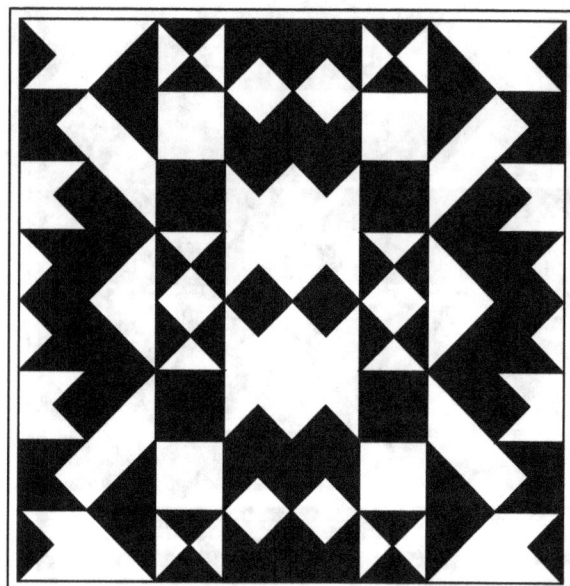

2	7	11	14
12	13	1	8
5	4	16	9
15	10	6	3

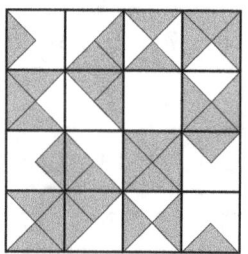

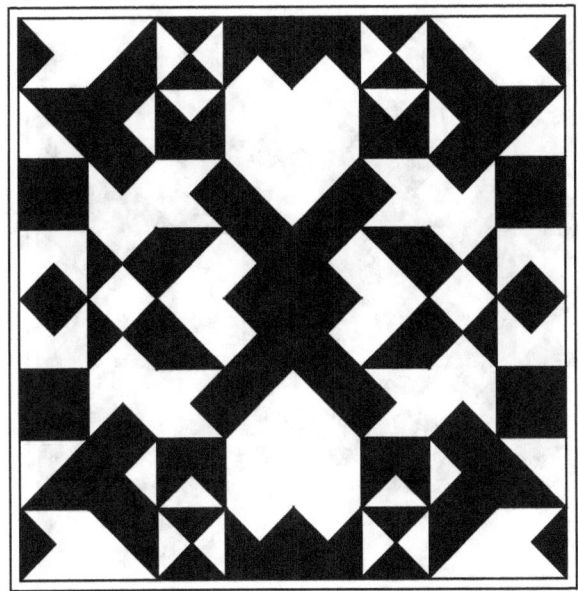

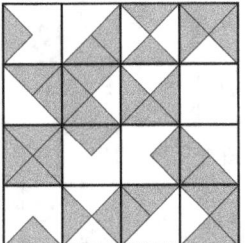

2	7	11	14
13	12	8	1
16	9	5	4
3	6	10	15

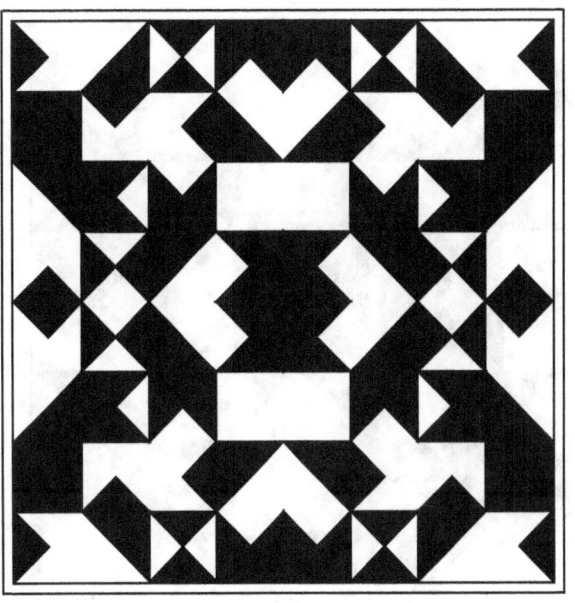

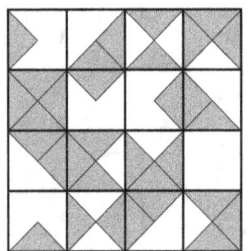

2	7	11	14
16	9	5	4
13	12	8	1
3	6	10	15

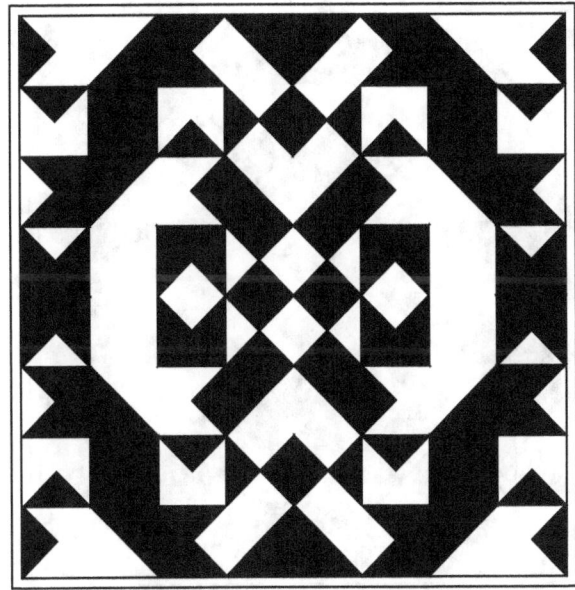

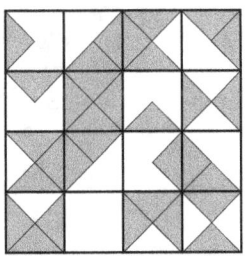

2	7	12	13
9	16	3	6
15	10	5	4
8	1	14	11

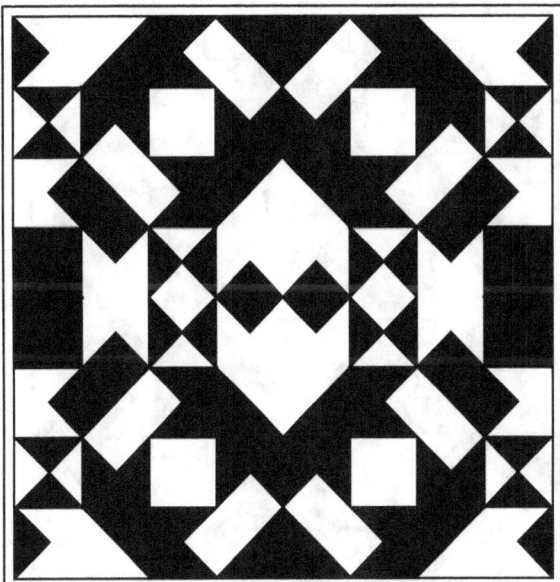

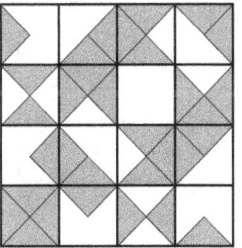

2	7	12	13
11	14	1	8
5	4	15	10
16	9	6	3

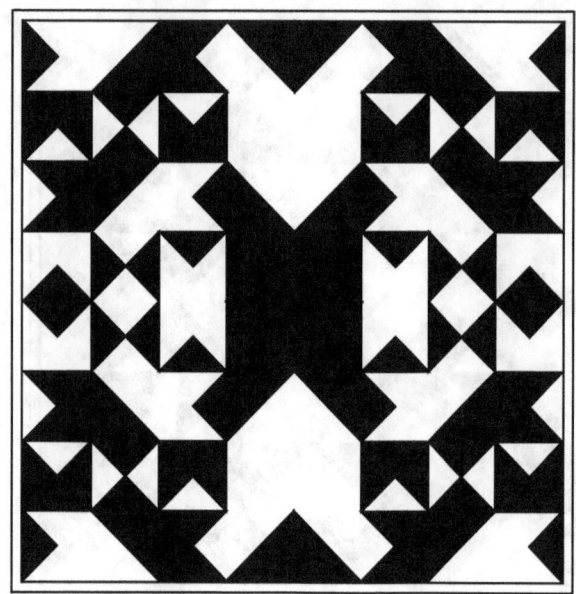

2	7	12	13
14	11	8	1
15	10	5	4
3	6	9	16

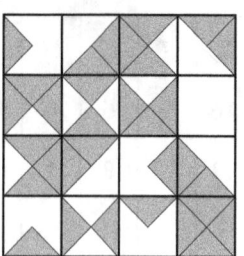

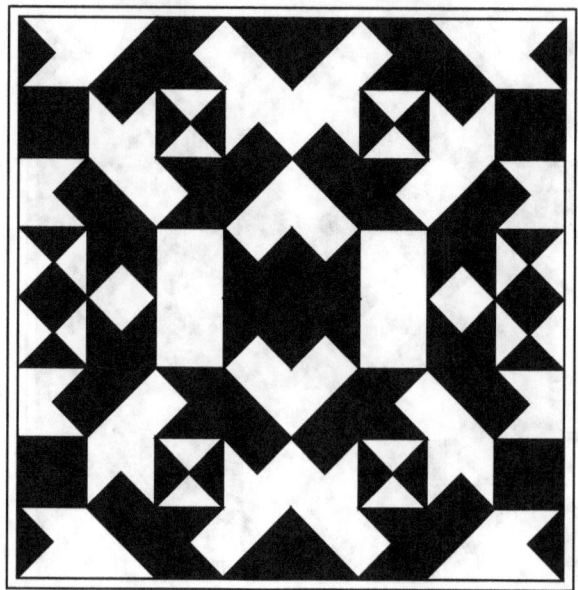

2	7	12	13
16	9	6	3
5	4	15	10
11	14	1	8

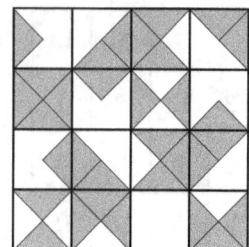

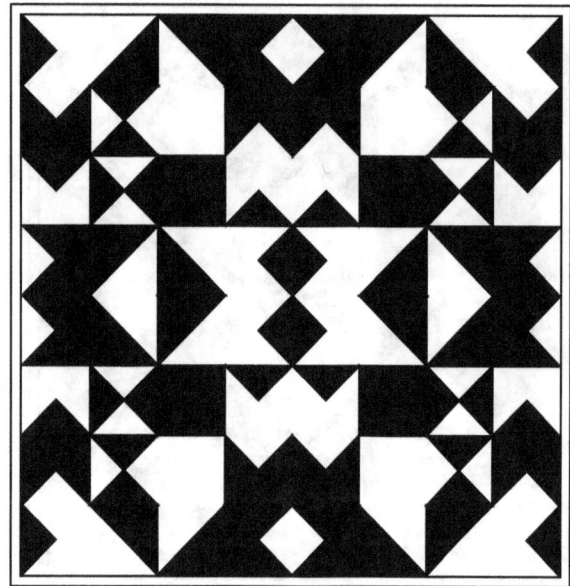

2	7	13	12
8	11	1	14
9	6	16	3
15	10	4	5

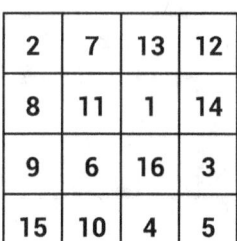

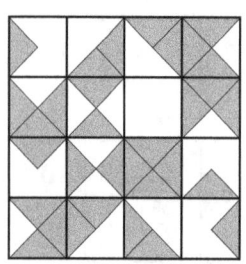

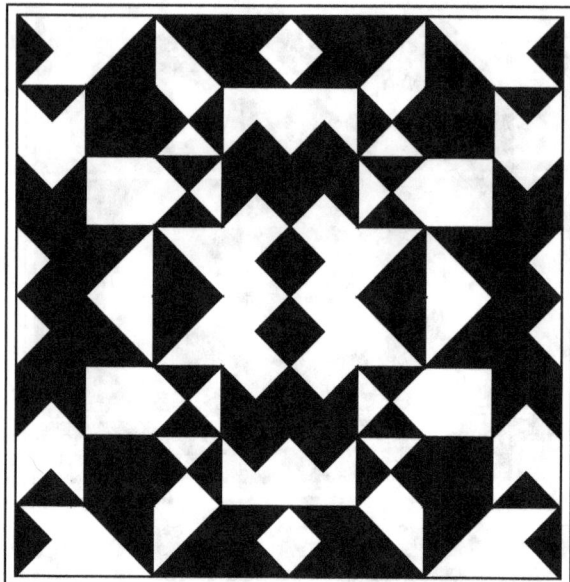

2	7	13	12
9	16	6	3
8	1	11	14
15	10	4	5

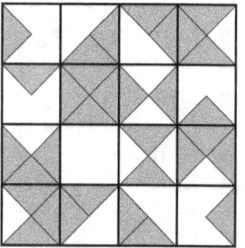

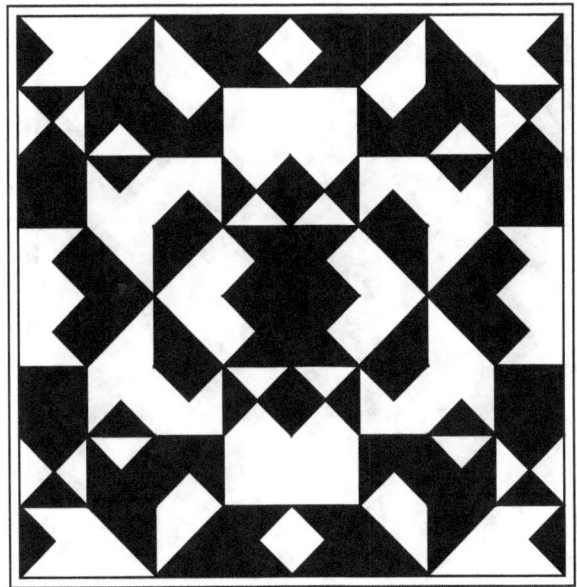

2	7	13	12
11	14	8	1
16	9	3	6
5	4	10	15

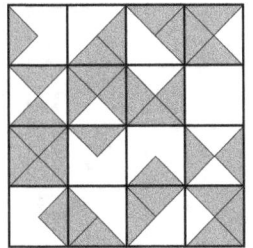

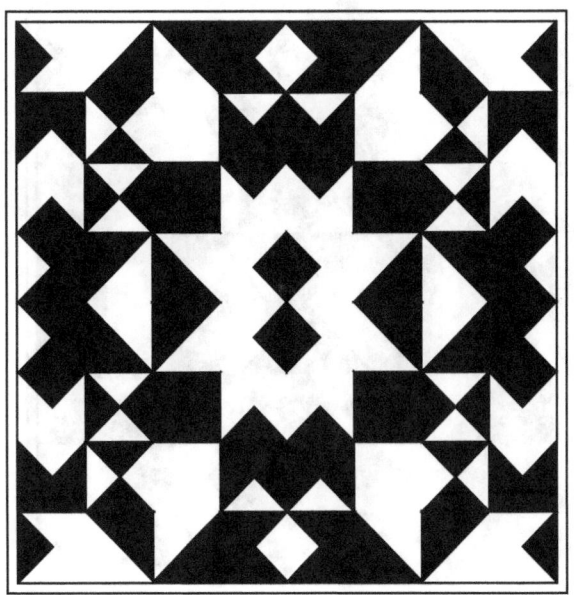

2	7	13	12
14	11	1	8
3	6	16	9
15	10	4	5

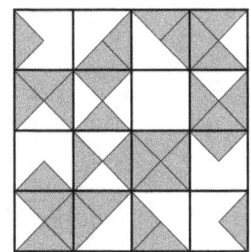

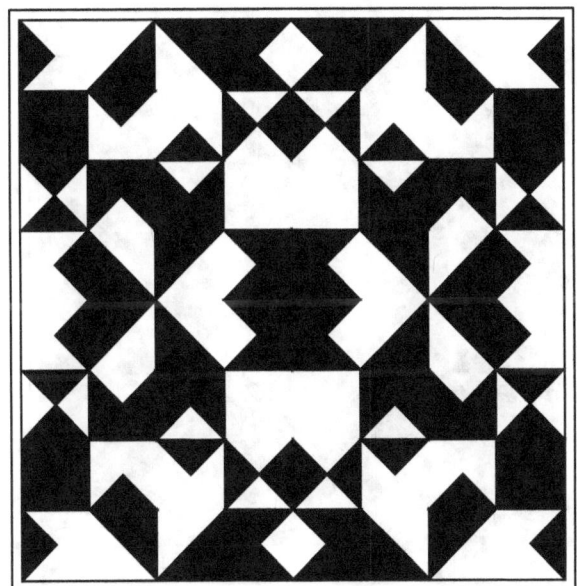

2	7	13	12
16	9	3	6
11	14	8	1
5	4	10	15

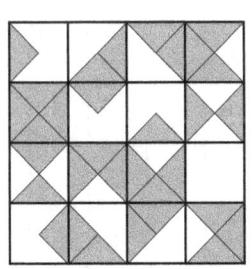

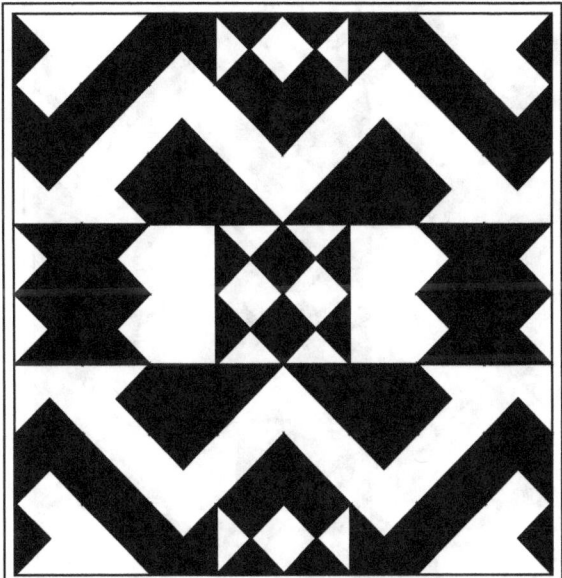

2	7	14	11
8	10	3	13
9	5	16	4
15	12	1	6

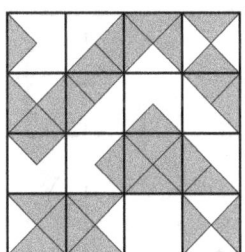

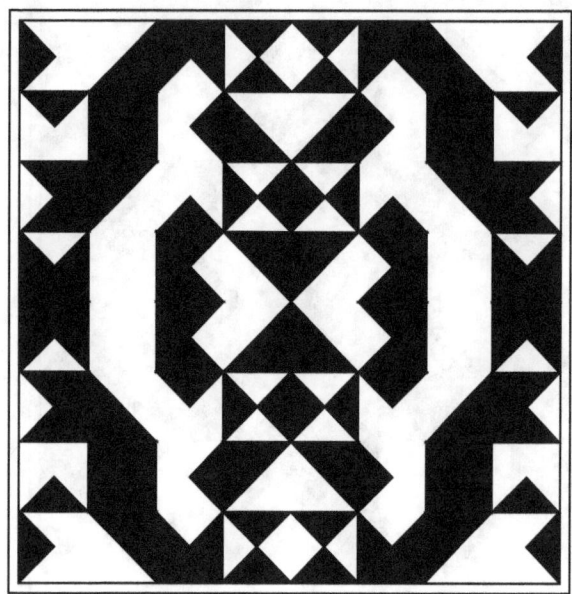

2	7	14	11
9	16	5	4
15	10	3	6
8	1	12	13

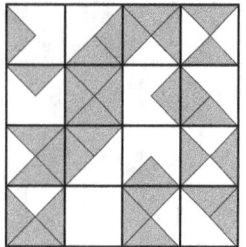

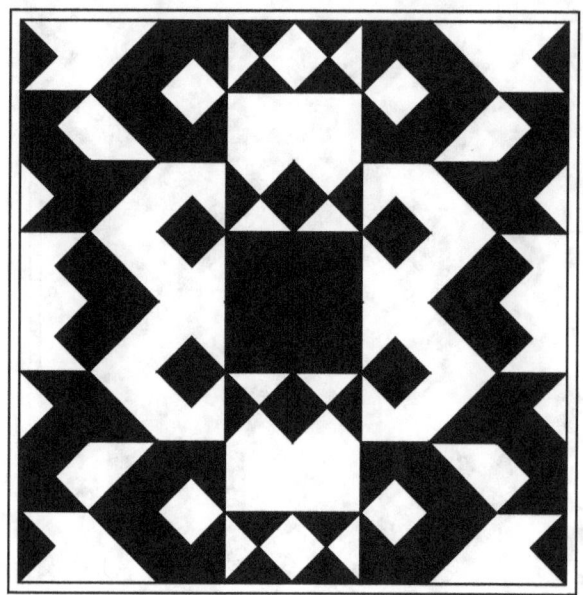

2	7	14	11
12	13	8	1
15	10	3	6
5	4	9	16

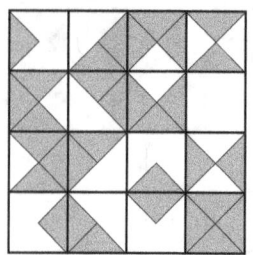

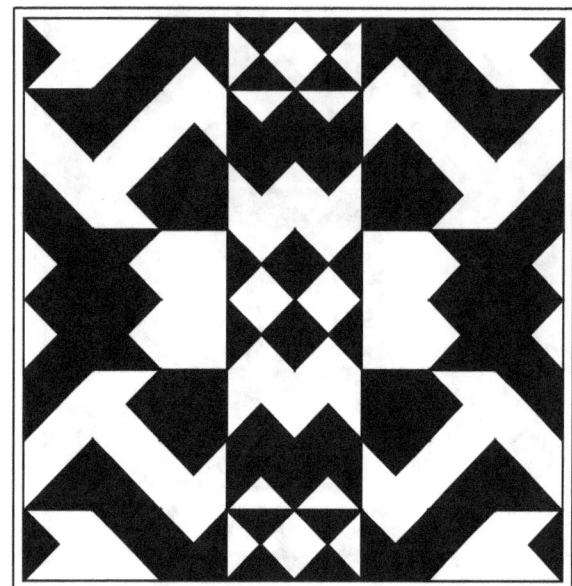

2	7	14	11
13	10	3	8
4	5	16	9
15	12	1	6

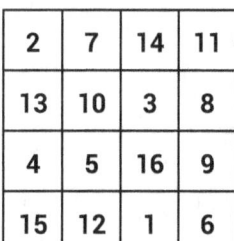

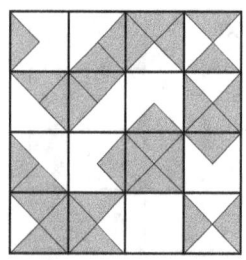

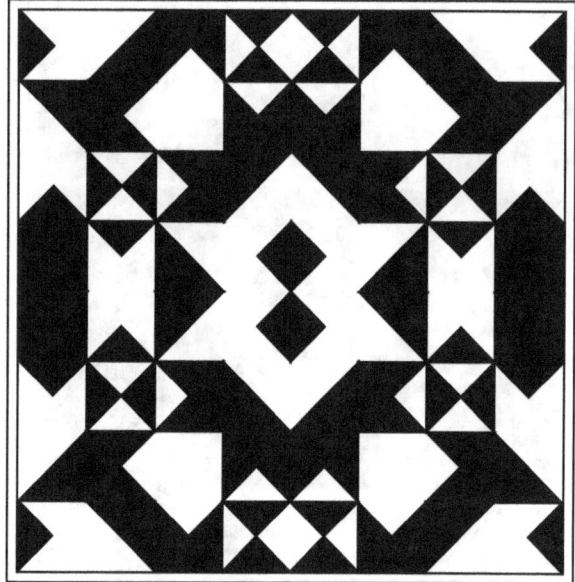

2	7	14	11
13	12	1	8
3	6	15	10
16	9	4	5

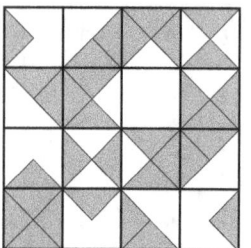

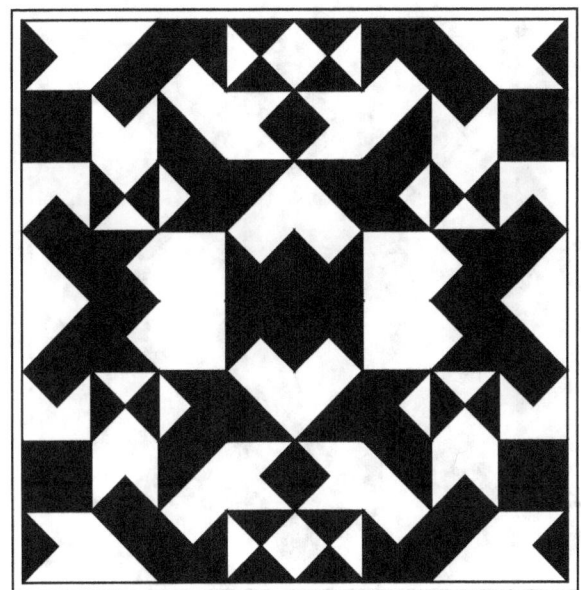

2	7	14	11
16	9	4	5
3	6	15	10
13	12	1	8

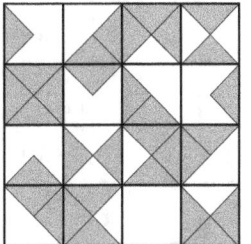

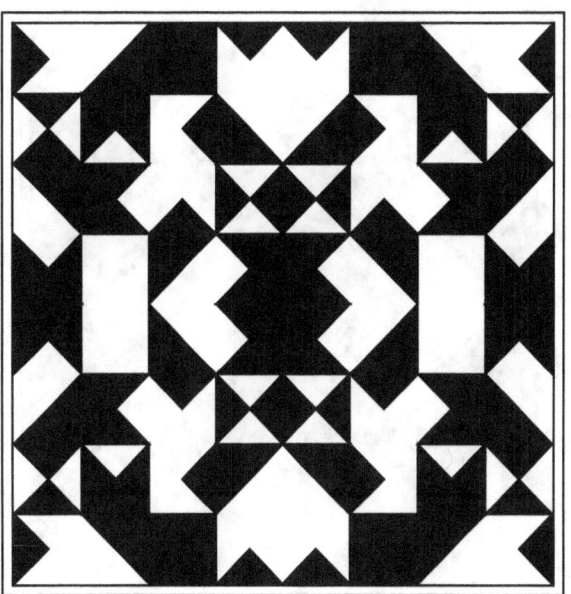

2	7	16	9
11	14	5	4
13	12	3	6
8	1	10	15

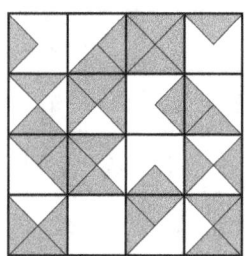

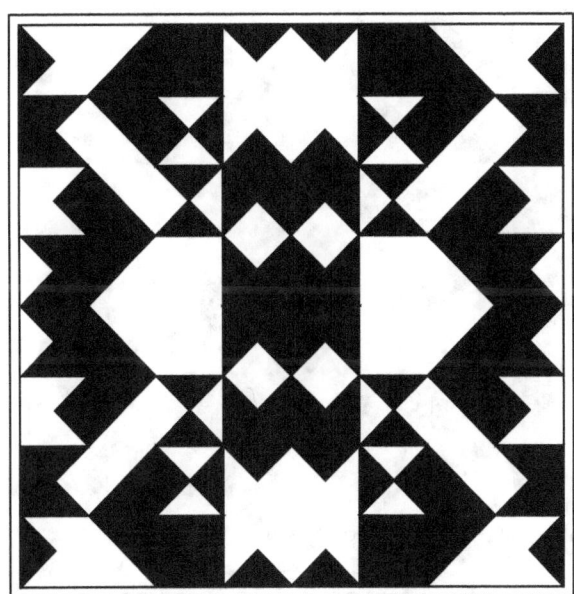

2	7	16	9
12	13	6	3
5	4	11	14
15	10	1	8

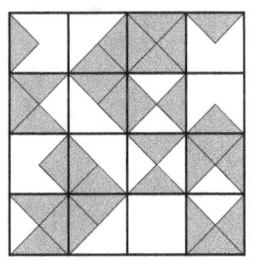

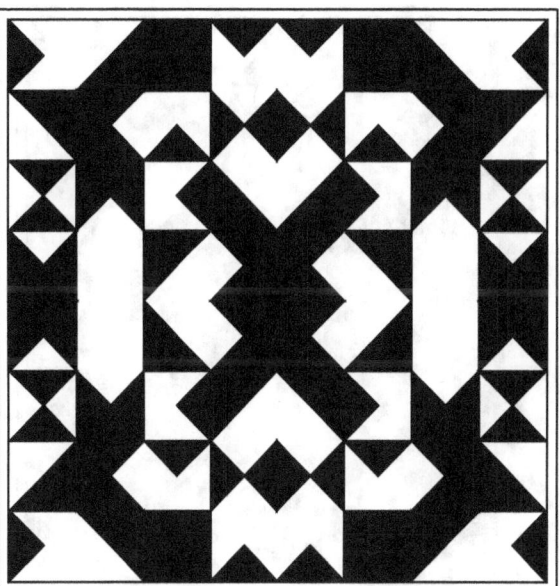

2	7	16	9
13	12	3	6
11	14	5	4
8	1	10	15

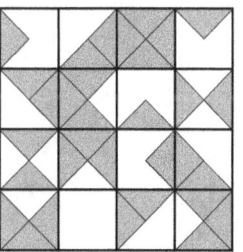

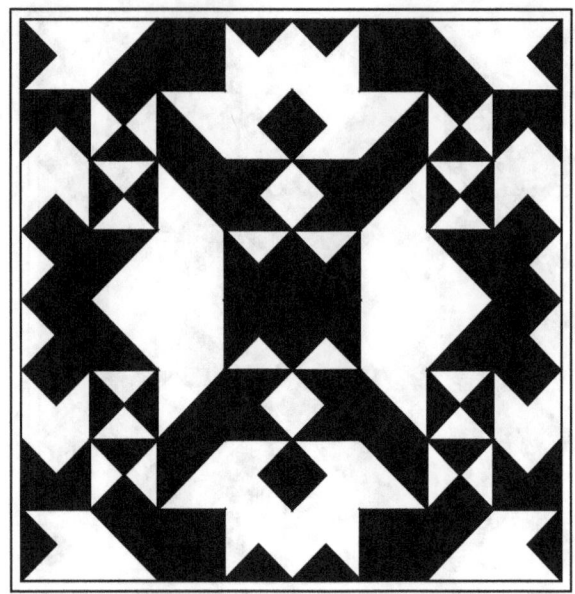

2	7	16	9
14	11	4	5
3	6	13	12
15	10	1	8

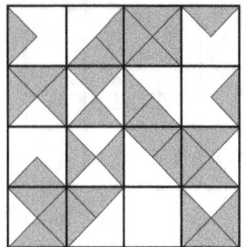

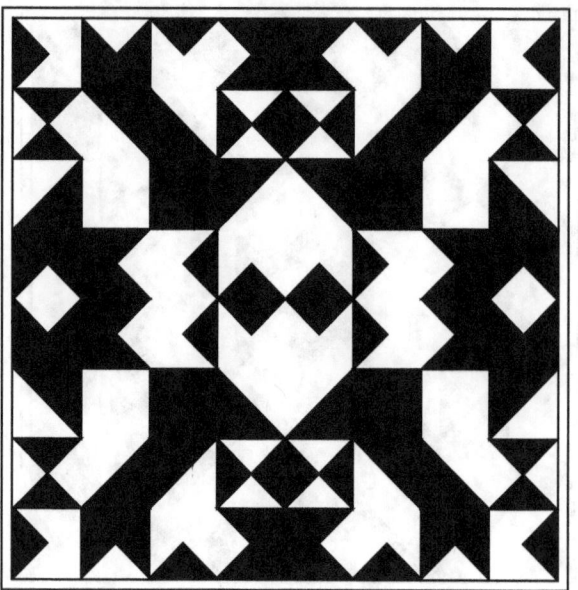

2	8	9	15
11	13	4	6
7	1	16	10
14	12	5	3

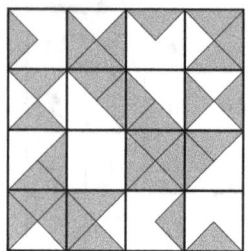

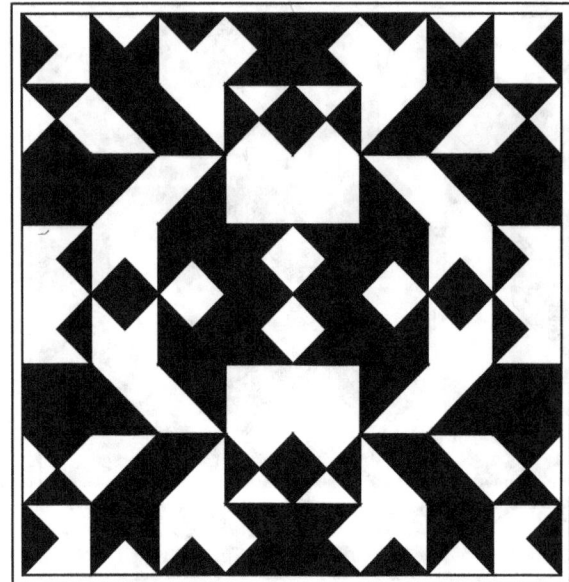

2	8	9	15
11	13	4	6
16	10	7	1
5	3	14	12

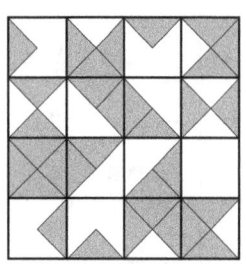

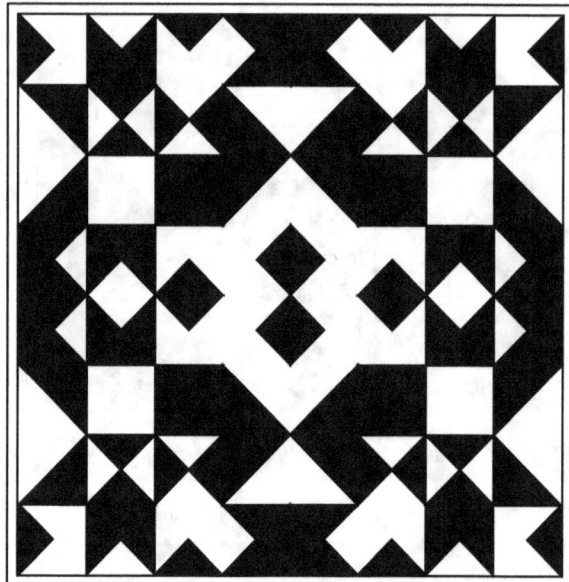

2	8	9	15
13	11	6	4
7	1	16	10
12	14	3	5

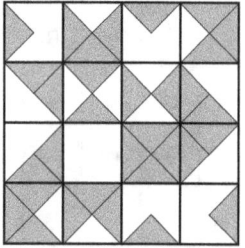

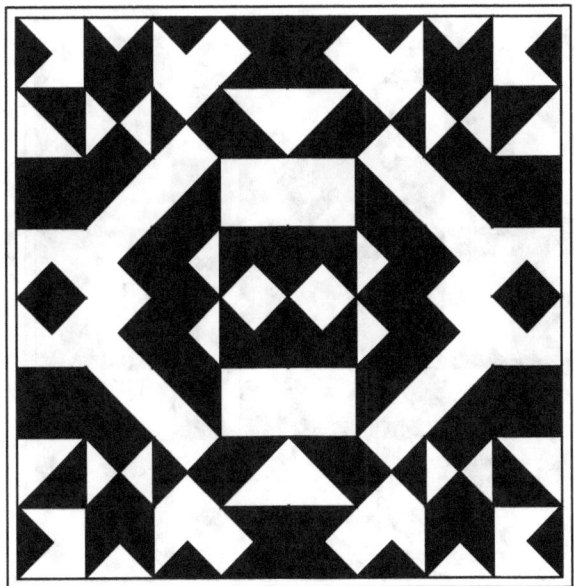

2	8	9	15
13	11	6	4
16	10	7	1
3	5	12	14

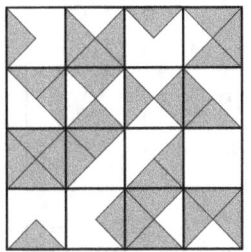

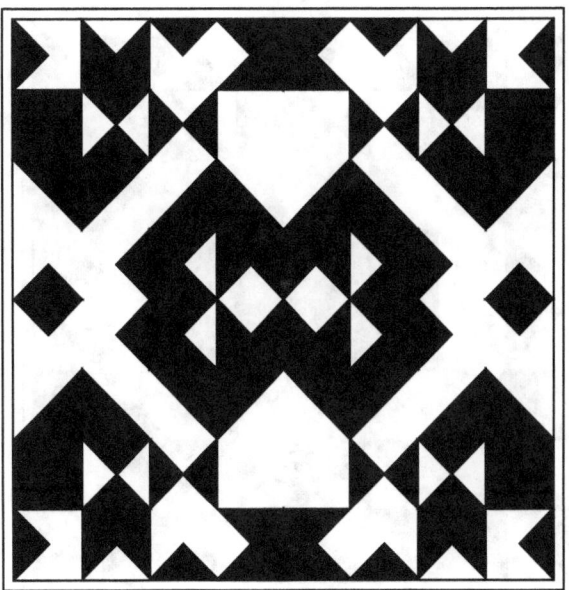

2	8	9	15
16	11	6	1
13	10	7	4
3	5	12	14

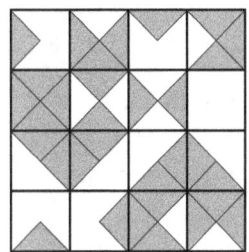

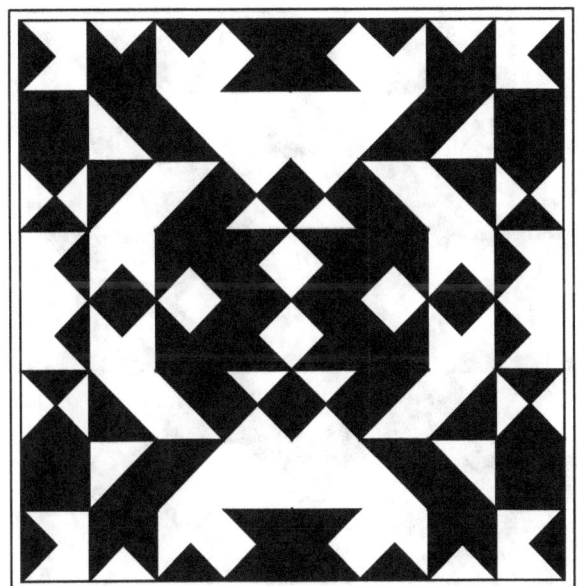

2	8	9	15
16	13	4	1
11	10	7	6
5	3	14	12

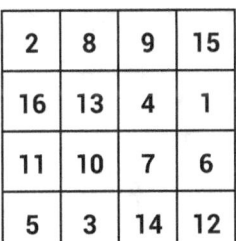
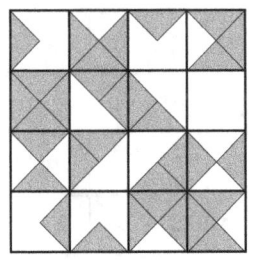

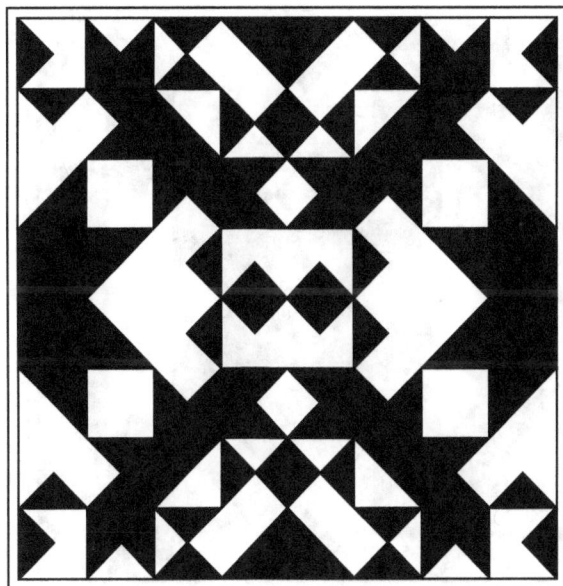

2	8	11	13
9	15	4	6
7	1	14	12
16	10	5	3

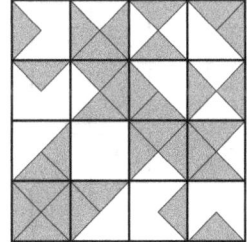

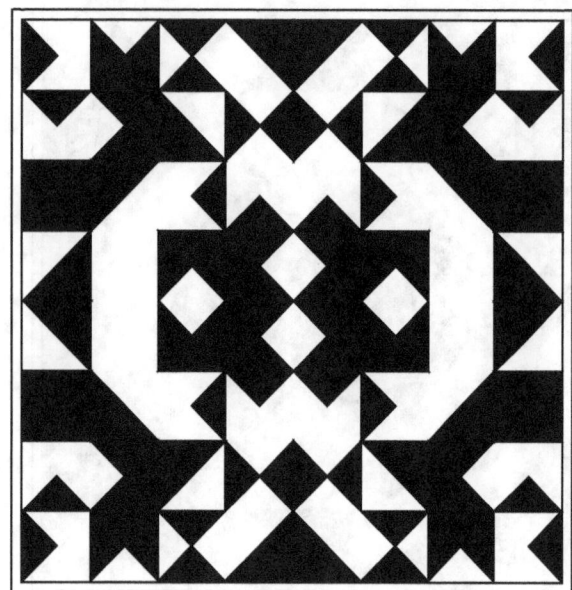

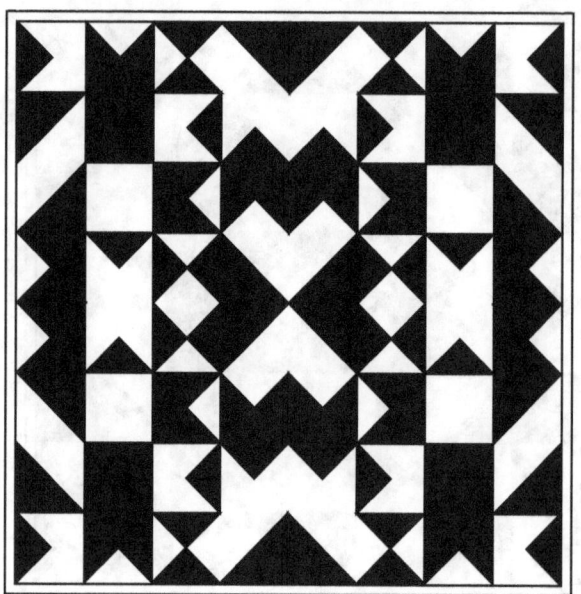

2	8	11	13
9	15	4	6
16	10	5	3
7	1	14	12

2	8	11	13
10	16	5	3
7	1	12	14
15	9	6	4

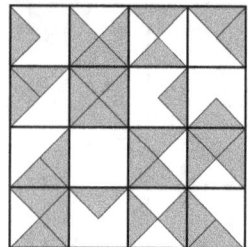

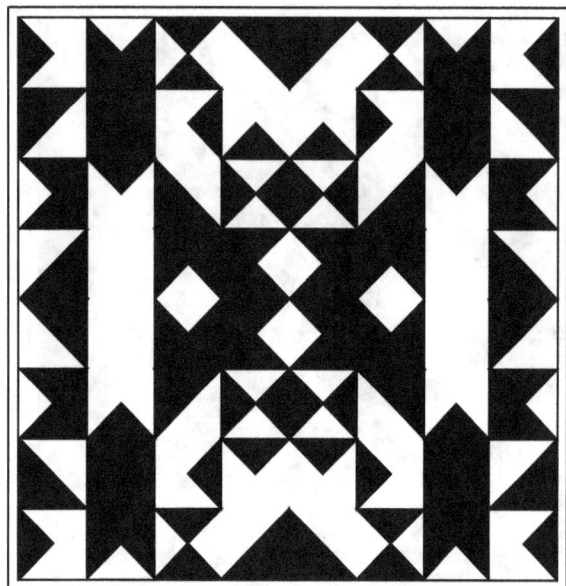

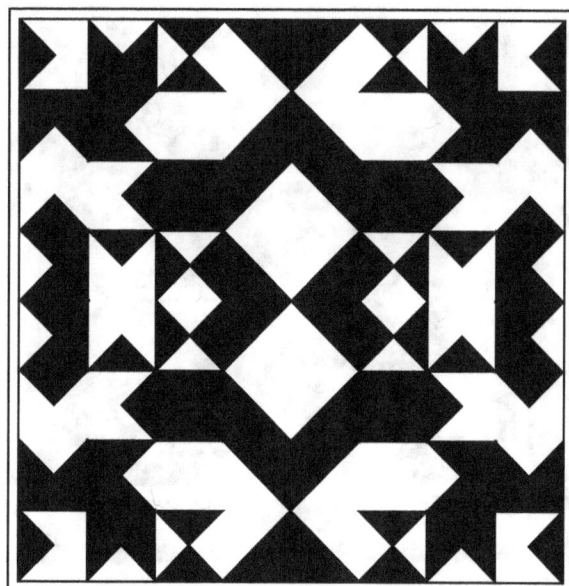

2	8	11	13
10	16	5	3
15	9	4	6
7	1	14	12

2	8	11	13
14	12	1	7
3	5	16	10
15	9	6	4

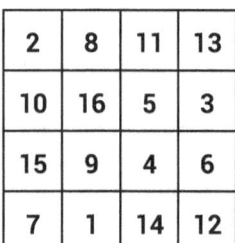
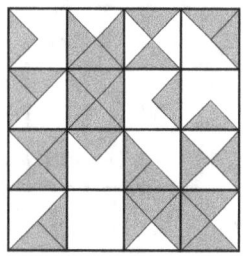

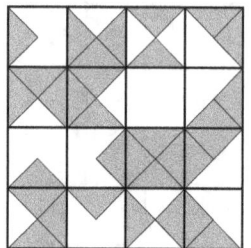

94

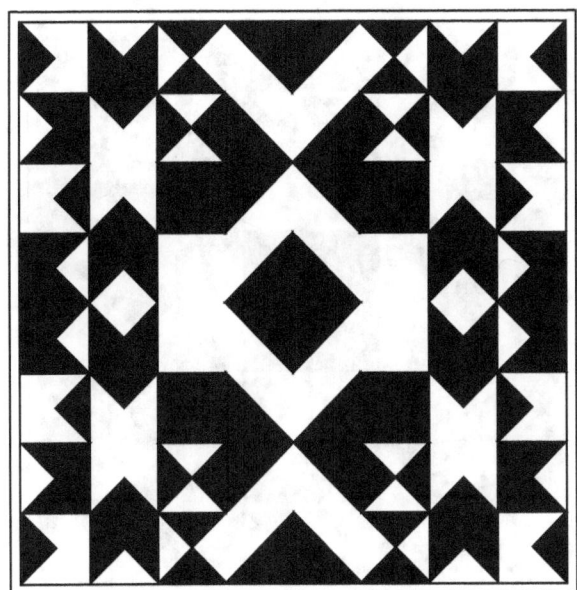

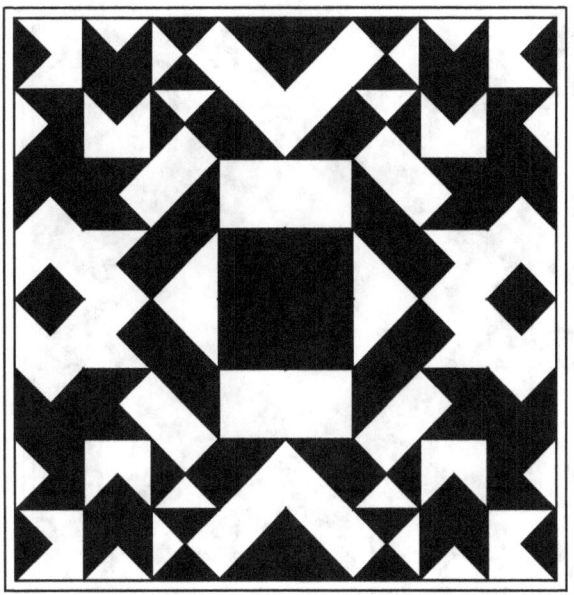

2	8	11	13
15	9	6	4
5	3	16	10
12	14	1	7

2	8	11	13
15	9	6	4
14	12	7	1
3	5	10	16

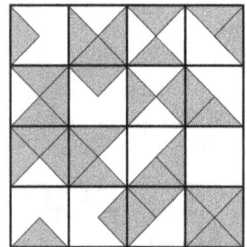

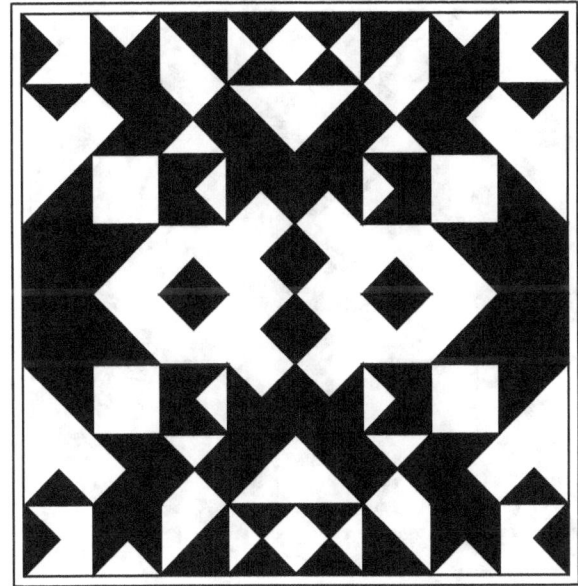

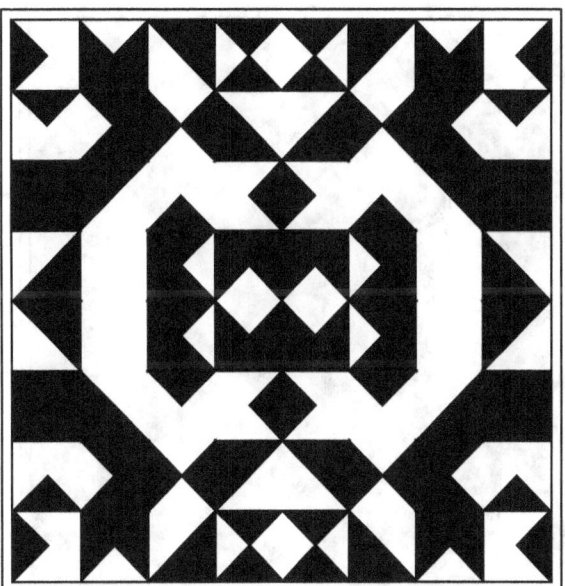

2	8	13	11
9	15	6	4
7	1	12	14
16	10	3	5

2	8	13	11
9	15	6	4
16	10	3	5
7	1	12	14

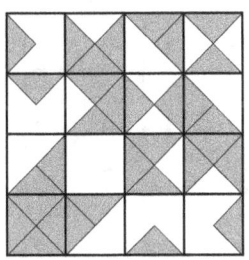

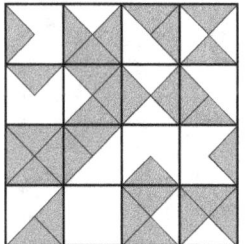

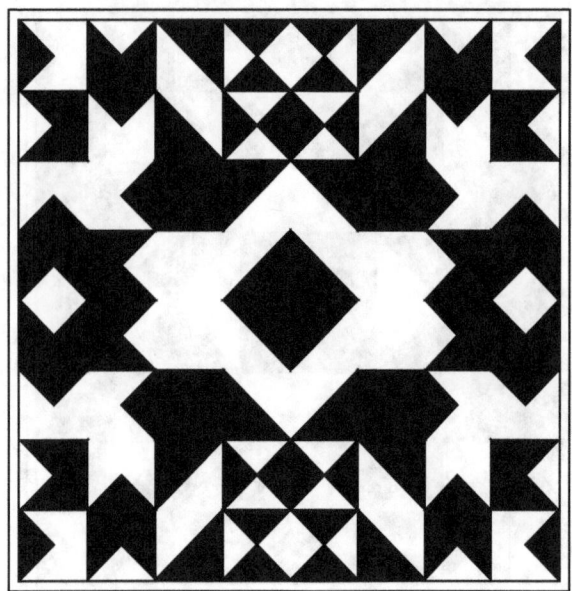

2	8	13	11
15	9	4	6
3	5	16	10
14	12	1	7

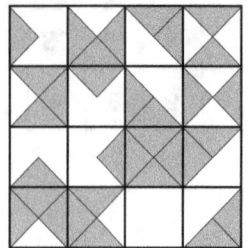

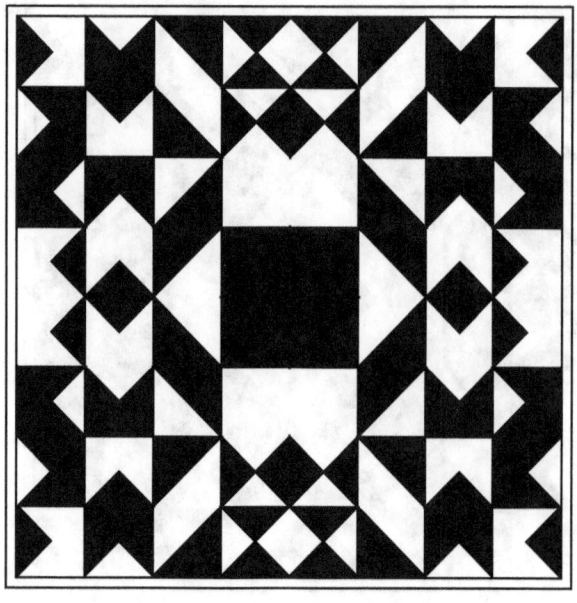

2	8	13	11
15	9	4	6
12	14	7	1
5	3	10	16

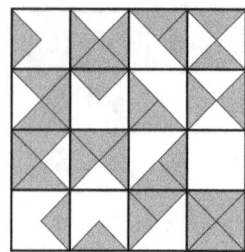

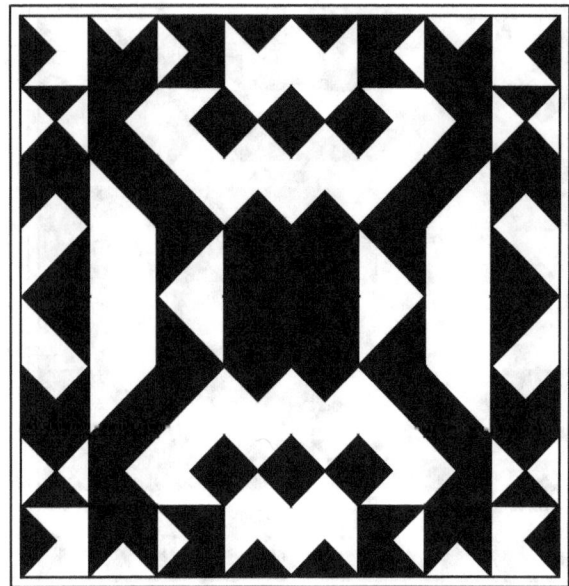

2	8	15	9
11	12	5	6
14	13	4	3
7	1	10	16

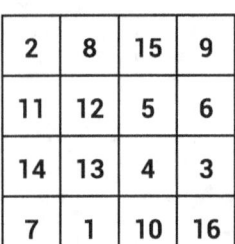
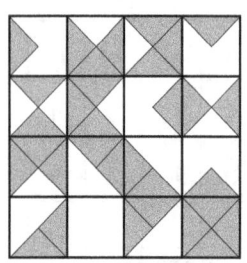

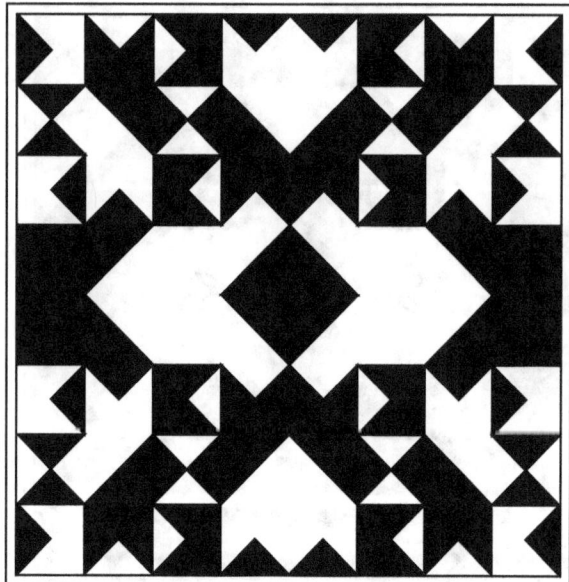

2	8	15	9
11	13	6	4
5	3	12	14
16	10	1	7

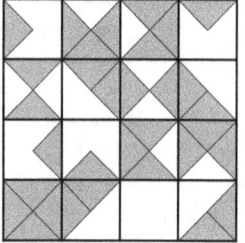

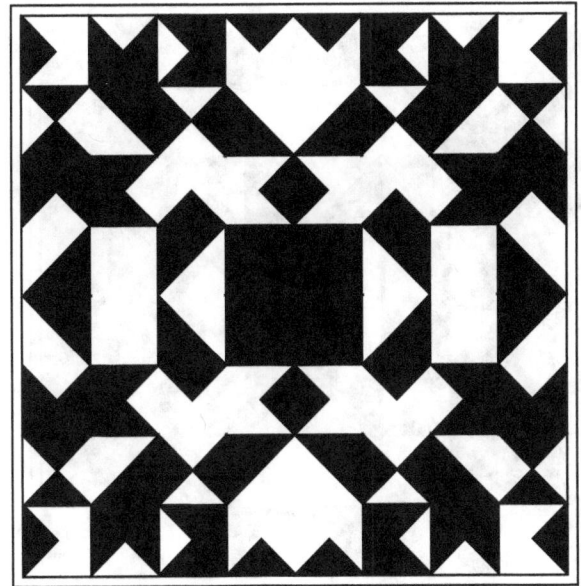

2	8	15	9
11	13	6	4
14	12	3	5
7	1	10	16

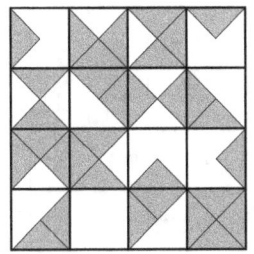

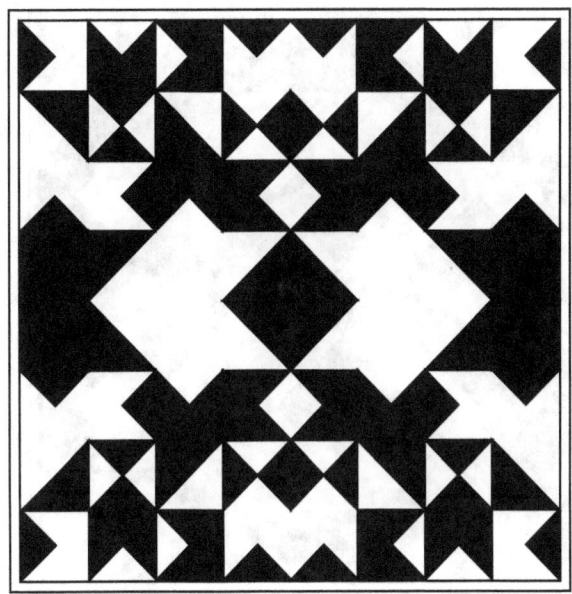

2	8	15	9
13	11	4	6
3	5	14	12
16	10	1	7

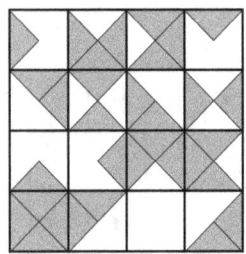

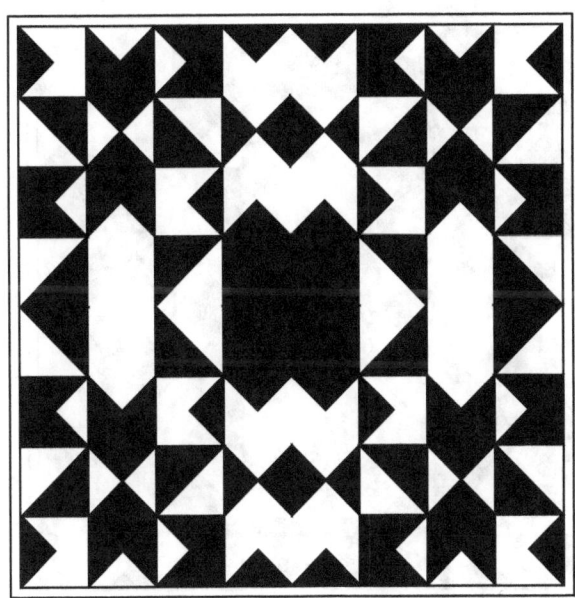

2	8	15	9
13	11	4	6
12	14	5	3
7	1	10	16

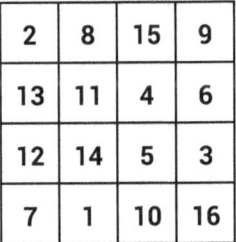
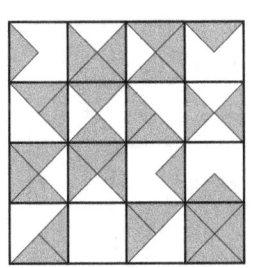

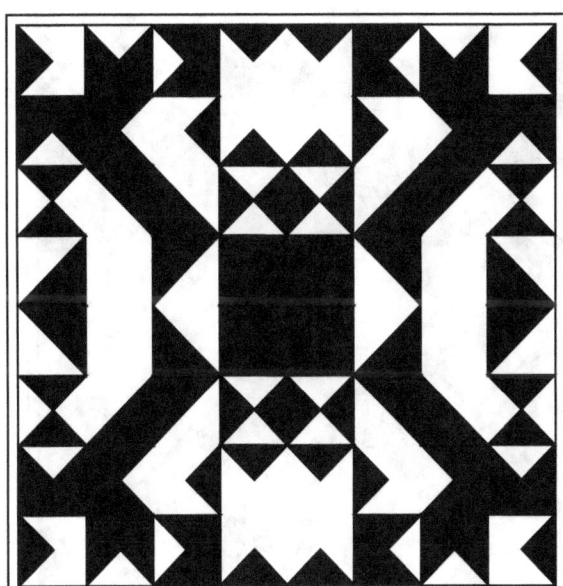

2	8	15	9
14	12	5	3
11	13	4	6
7	1	10	16

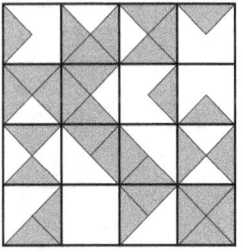

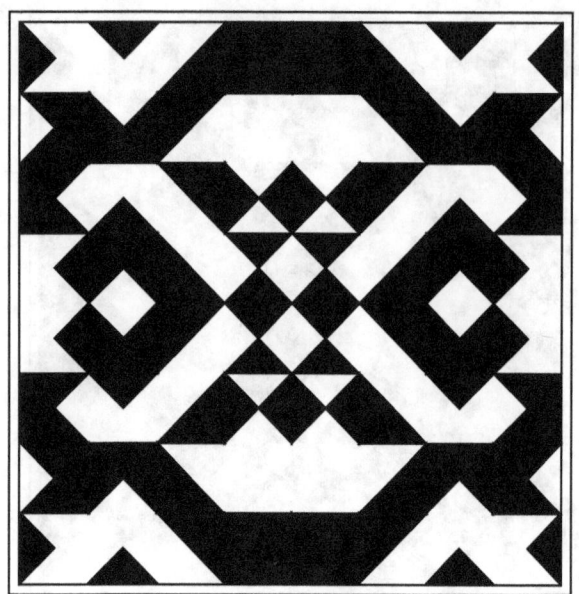

2	9	7	16
15	8	10	1
12	3	13	6
5	14	4	11

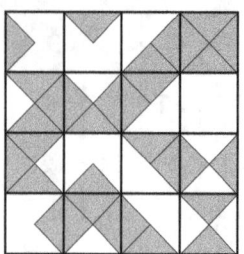

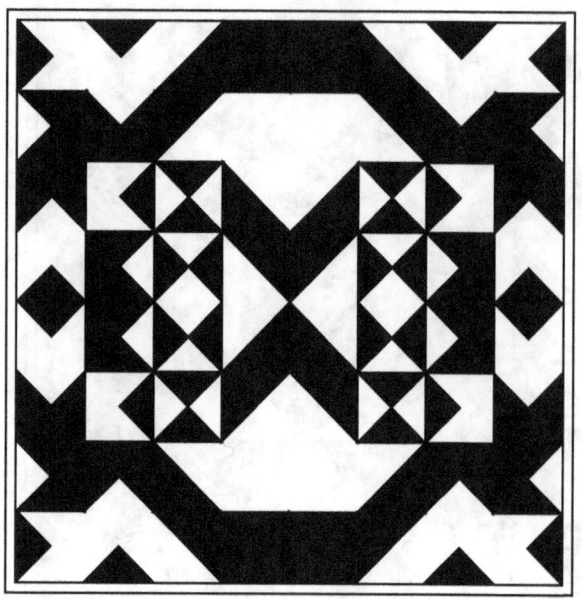

2	9	7	16
15	8	10	1
14	5	11	4
3	12	6	13

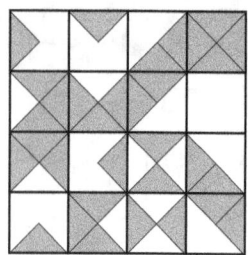

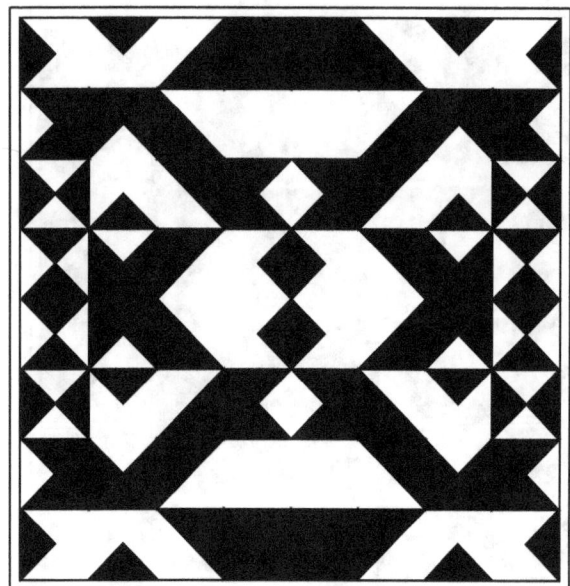

2	9	7	16
15	14	4	1
6	3	13	12
11	8	10	5

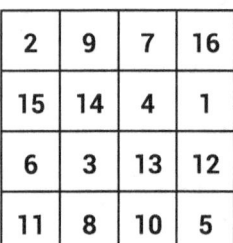
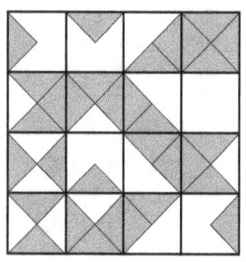

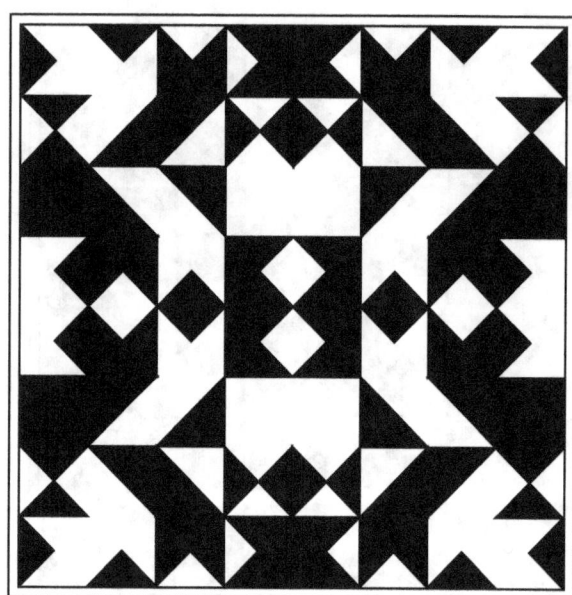

2	9	8	15
11	7	10	6
16	4	13	1
5	14	3	12

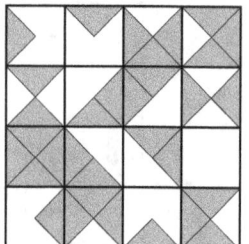

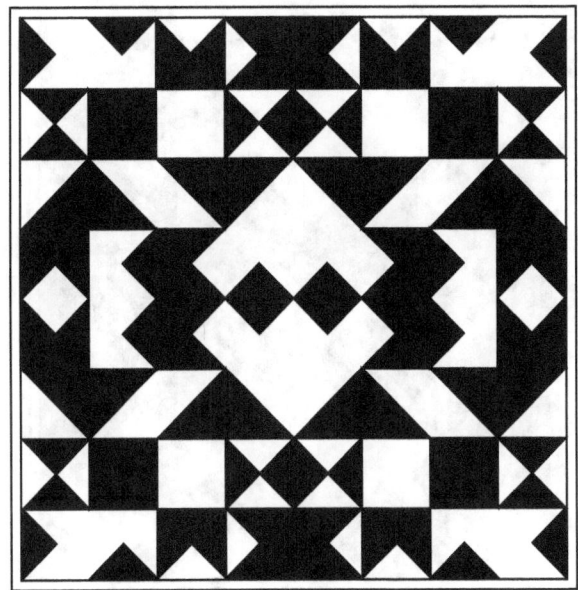

2	9	8	15
11	16	1	6
7	4	13	10
14	5	12	3

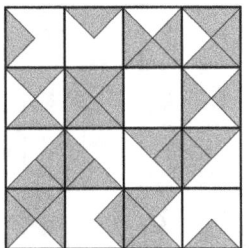

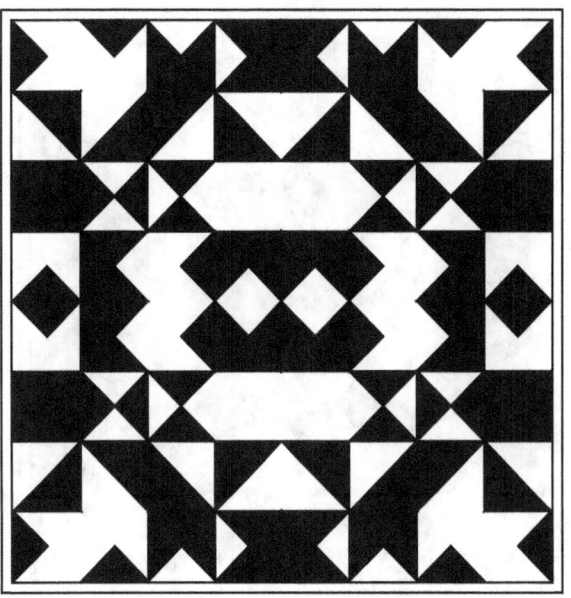

2	9	8	15
13	7	10	4
16	6	11	1
3	12	5	14

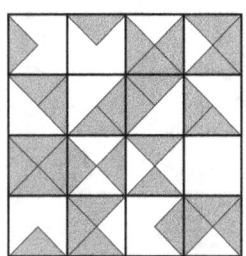

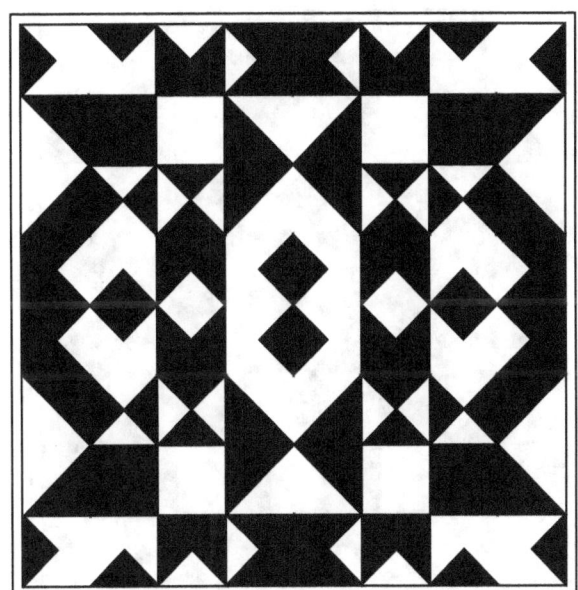

2	9	8	15
13	16	1	4
7	6	11	10
12	3	14	5

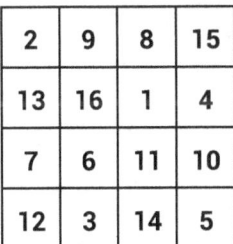
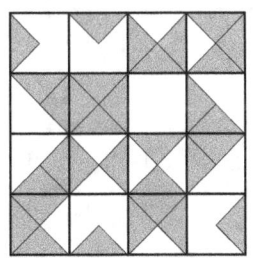

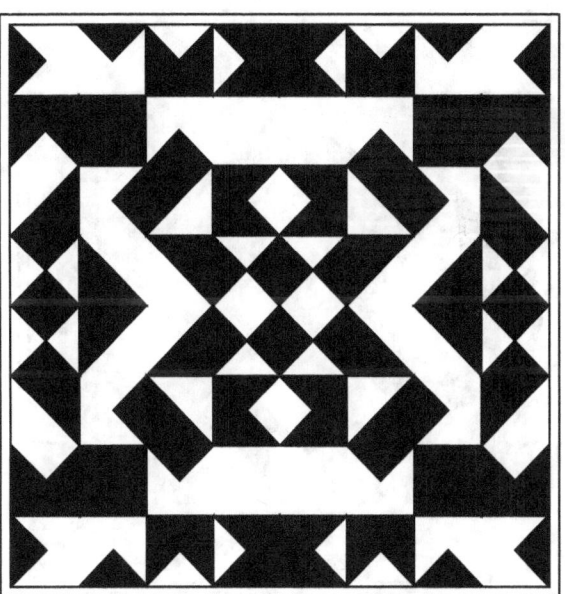

2	9	8	15
14	16	3	1
7	5	10	12
11	4	13	6

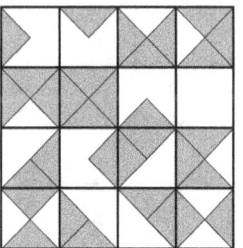

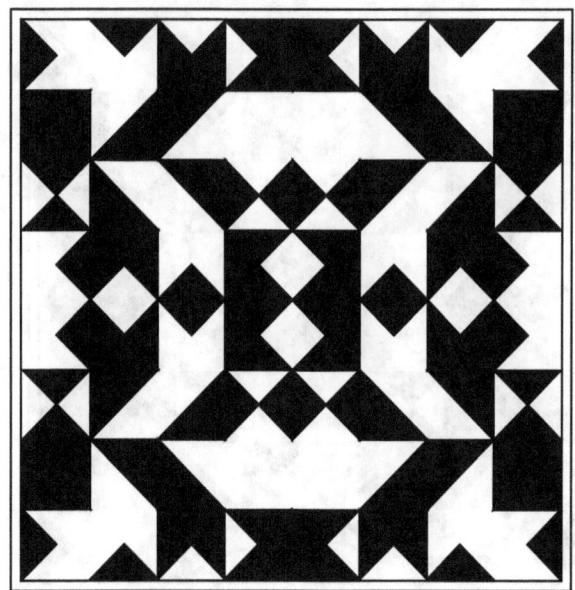

2	9	8	15
16	7	10	1
11	4	13	6
5	14	3	12

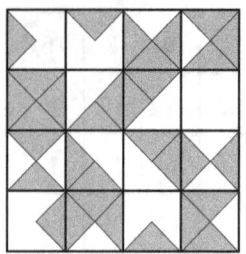

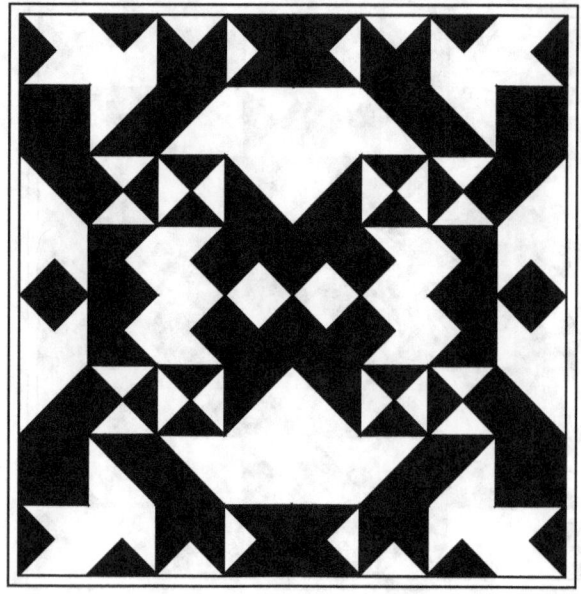

2	9	8	15
16	7	10	1
13	6	11	4
3	12	5	14

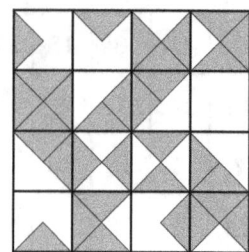

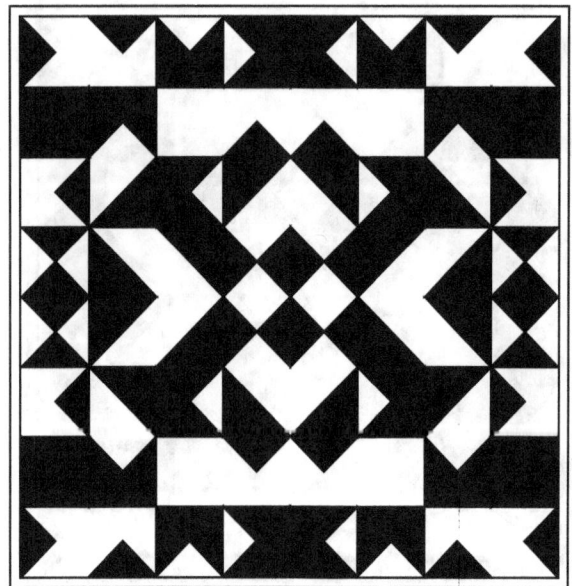

2	9	8	15
16	14	1	3
5	7	12	10
11	4	13	6

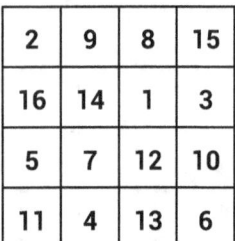
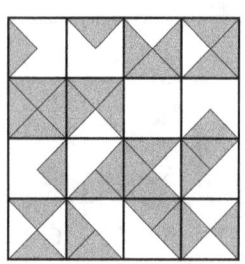

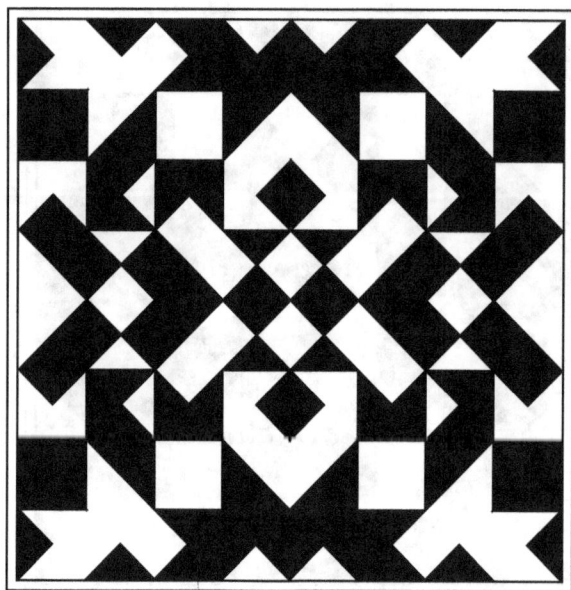

2	9	15	8
16	7	1	10
3	12	14	5
13	6	4	11

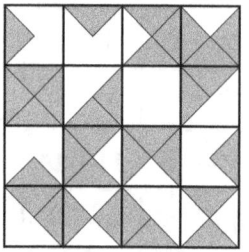

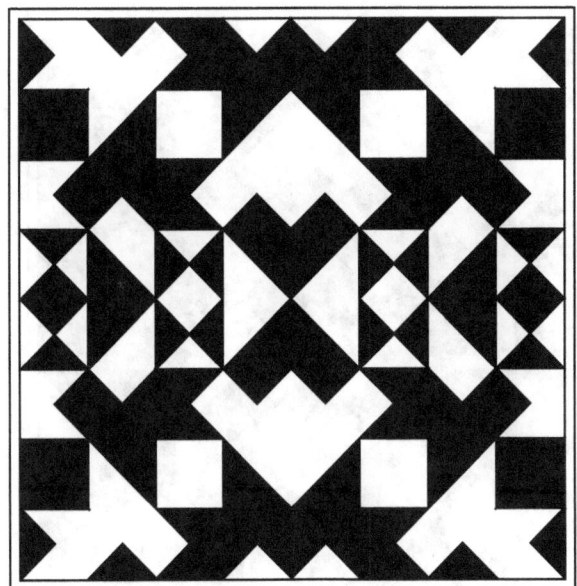

2	9	15	8
16	7	1	10
5	14	12	3
11	4	6	13

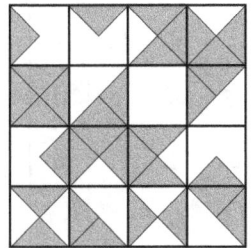

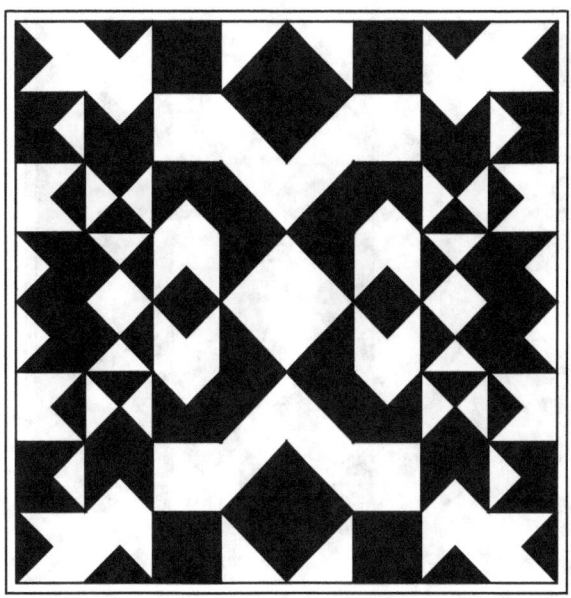

2	9	16	7
12	8	1	13
5	11	14	4
15	6	3	10

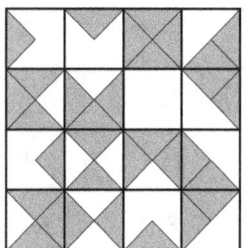

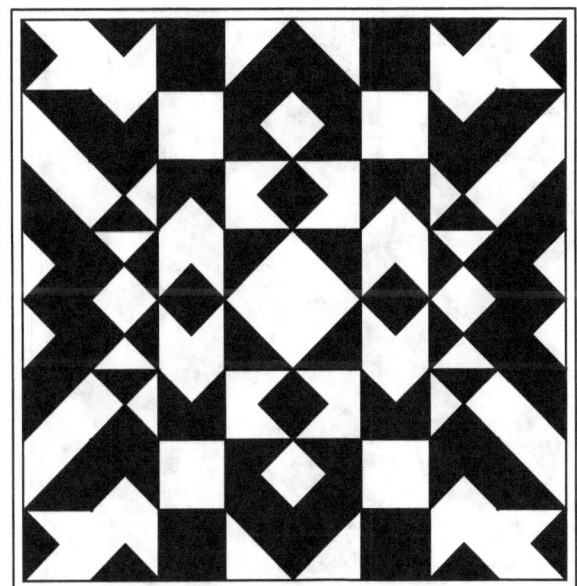

2	9	16	7
13	8	1	12
4	11	14	5
15	6	3	10

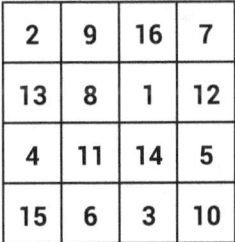

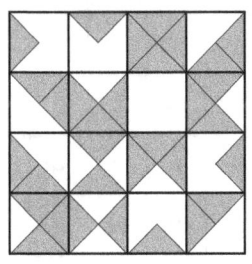

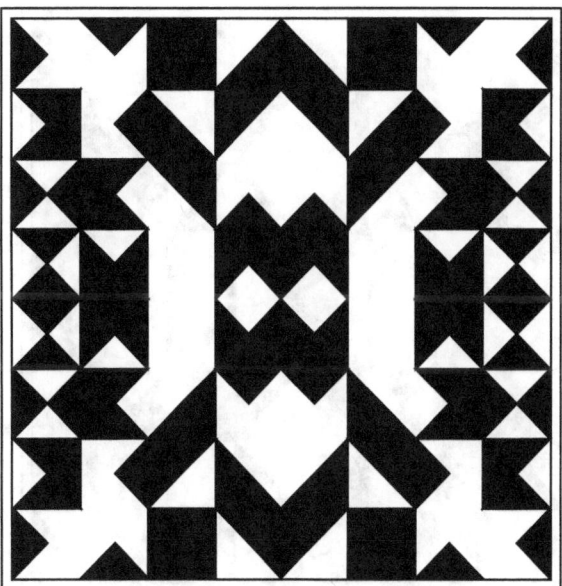

2	9	16	7
15	5	4	10
6	12	13	3
11	8	1	14

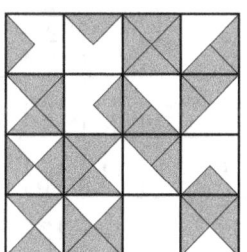

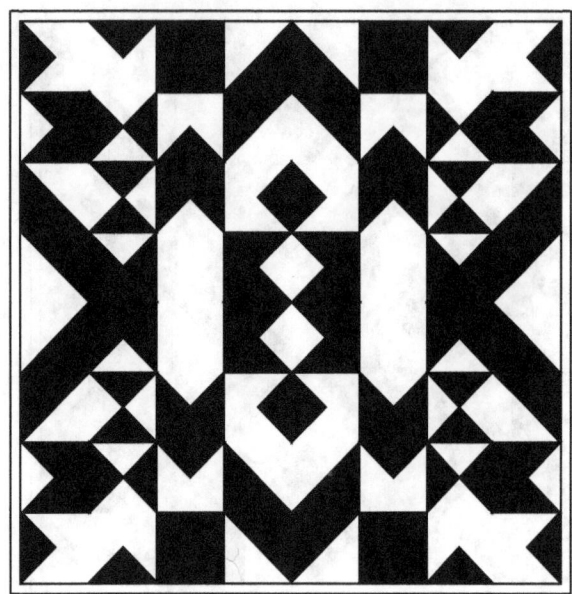

2	9	16	7
15	6	3	10
4	11	14	5
13	8	1	12

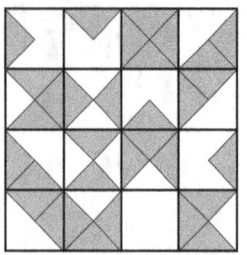

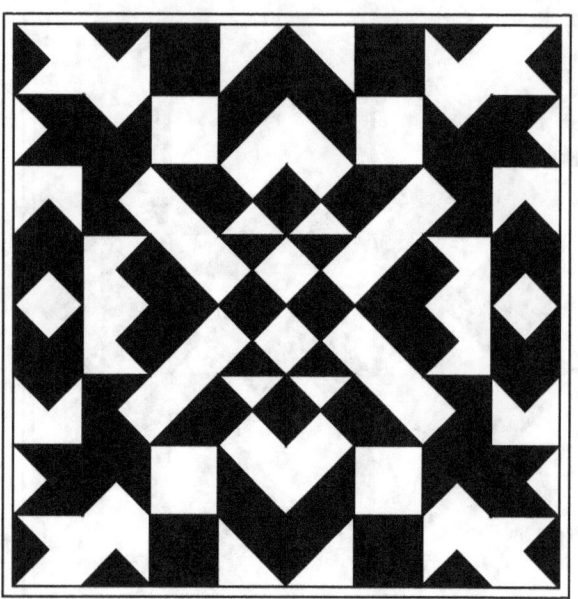

2	9	16	7
15	8	1	10
3	12	13	6
14	5	4	11

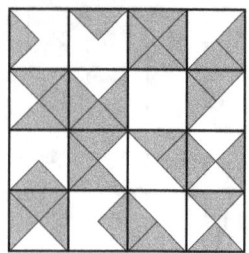

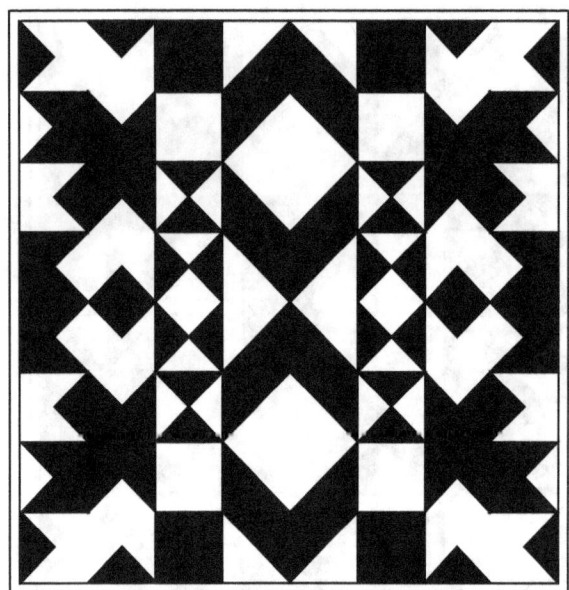

2	9	16	7
15	8	1	10
5	14	11	4
12	3	6	13

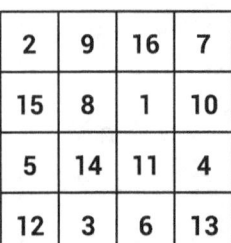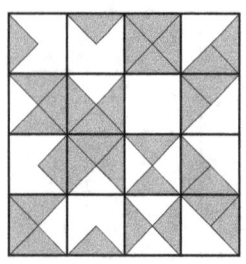

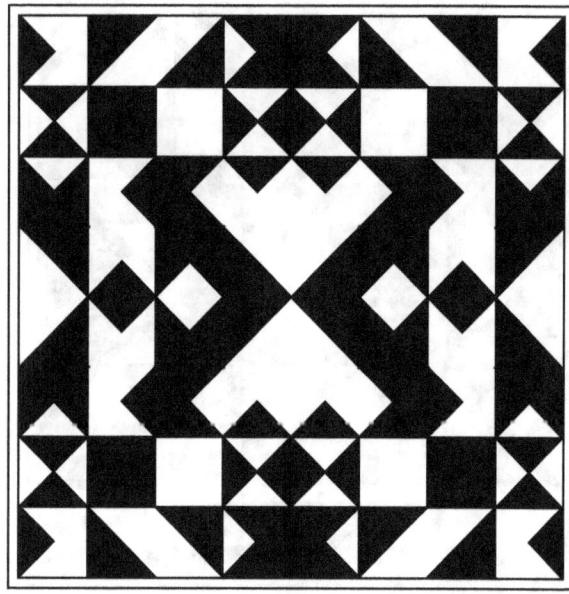

2	10	7	15
11	16	1	6
8	5	12	9
13	3	14	4

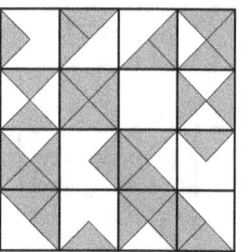

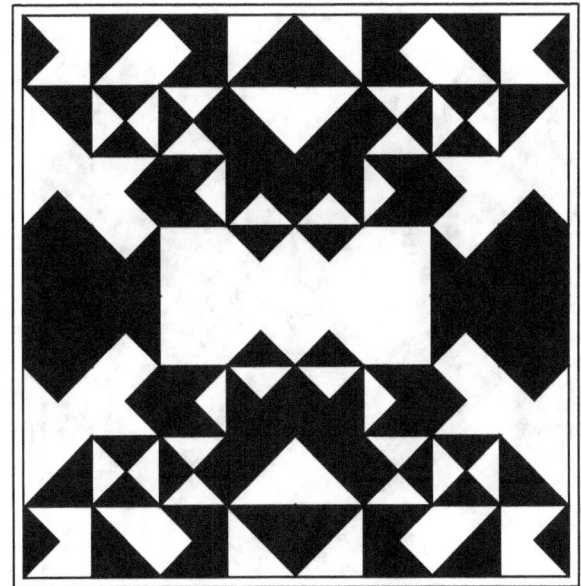

2	10	15	7
13	11	6	4
3	5	12	14
16	8	1	9

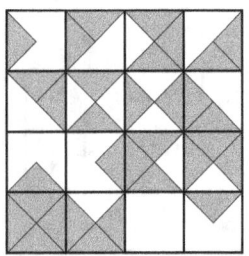

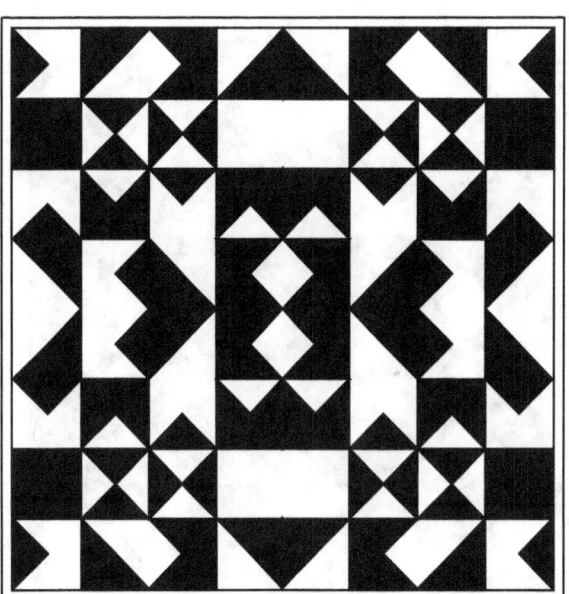

2	10	15	7
16	11	6	1
3	8	9	14
13	5	4	12

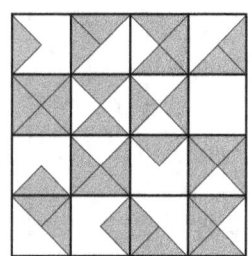

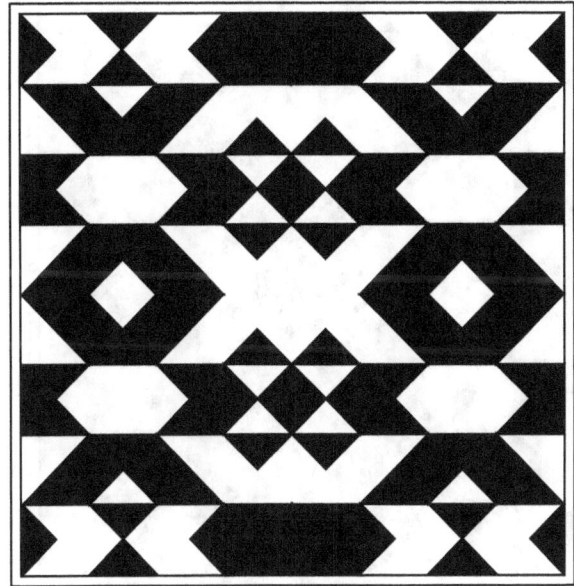

2	11	5	16
13	8	10	3
12	1	15	6
7	14	4	9

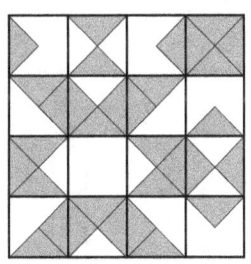

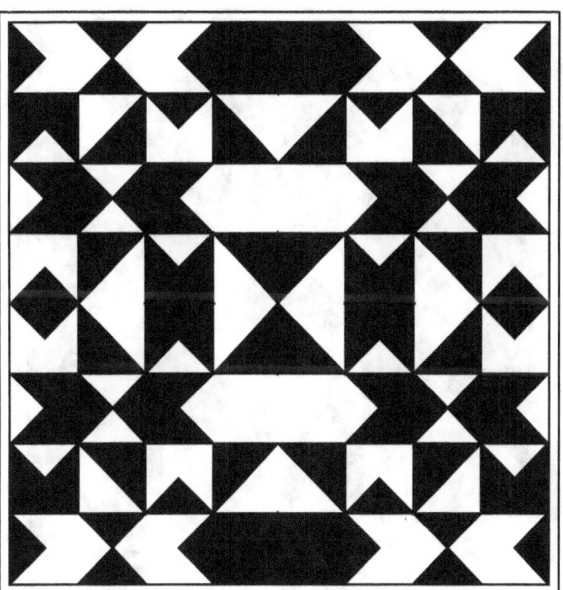

2	11	5	16
14	7	9	4
15	6	12	1
3	10	8	13

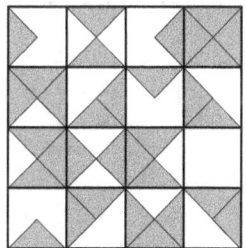

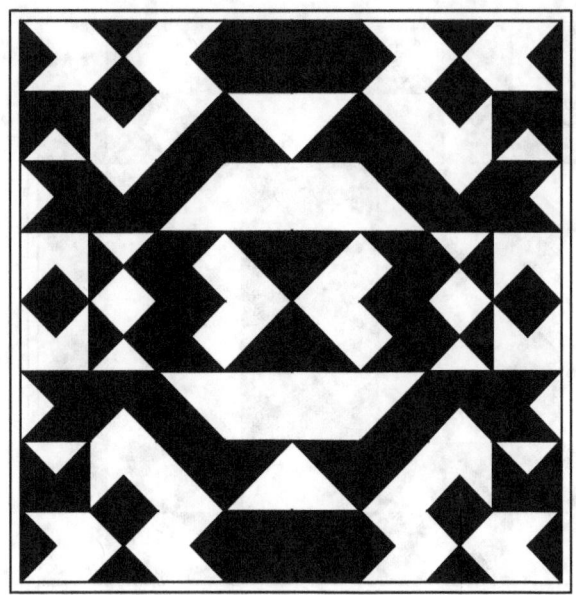

2	11	5	16
14	9	7	4
15	8	10	1
3	6	12	13

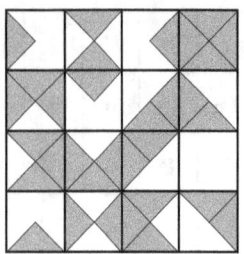

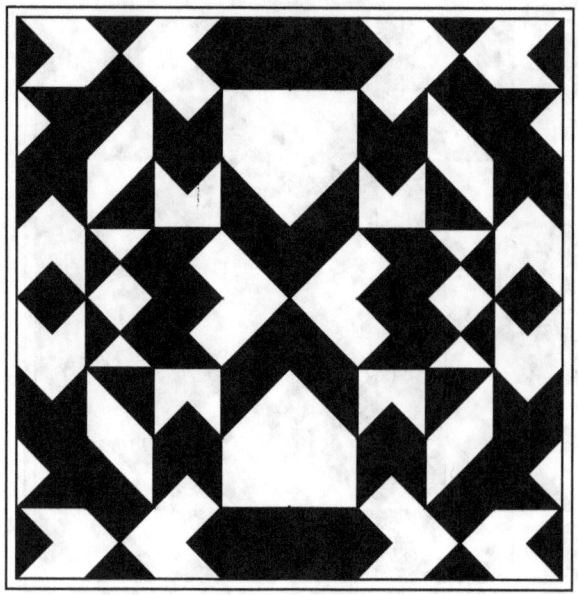

2	11	5	16
15	10	8	1
14	7	9	4
3	6	12	13

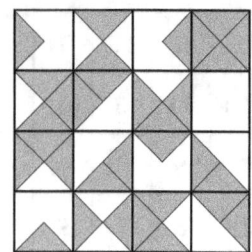

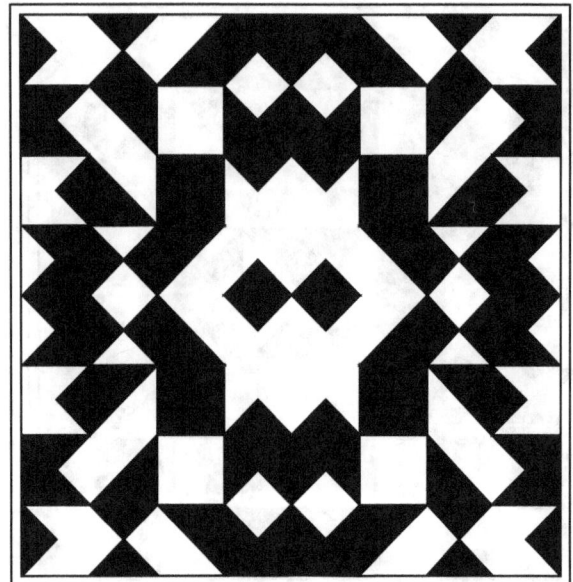

2	11	7	14
12	13	1	8
5	4	16	9
15	6	10	3

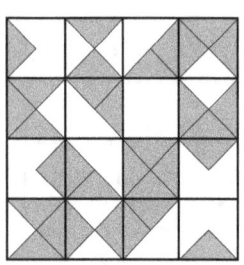

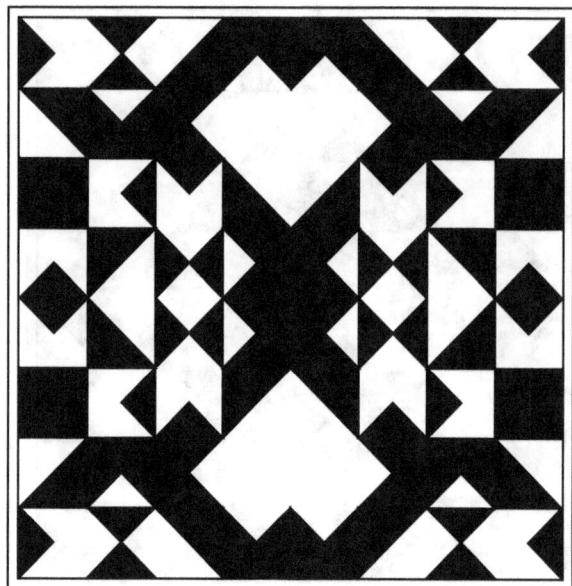

2	11	7	14
13	8	12	1
16	5	9	4
3	10	6	15

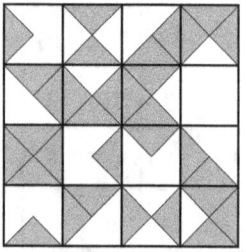

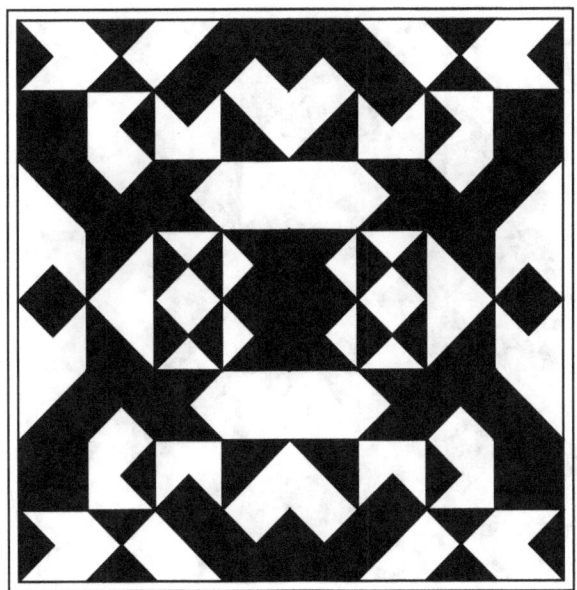

2	11	7	14
16	5	9	4
13	8	12	1
3	10	6	15

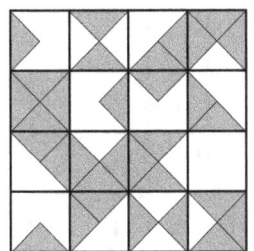

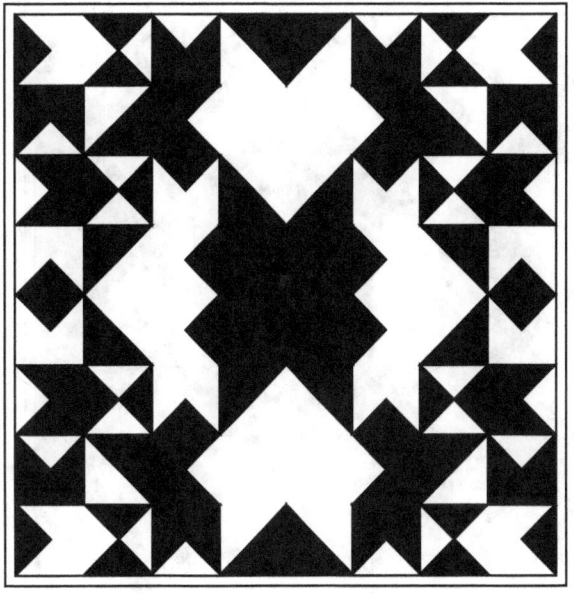

2	11	8	13
14	7	12	1
15	6	9	4
3	10	5	16

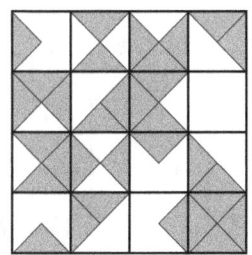

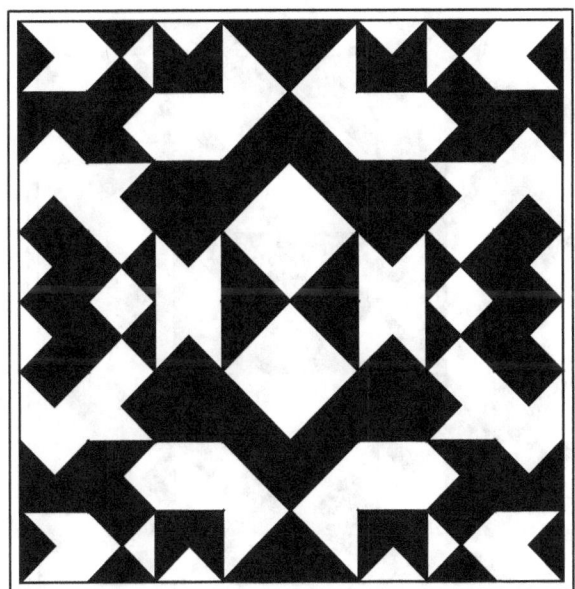

2	11	8	13
14	12	1	7
3	5	16	10
15	6	9	4

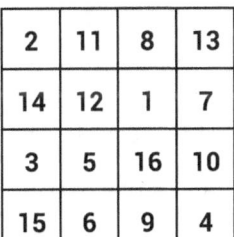
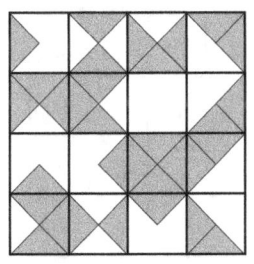

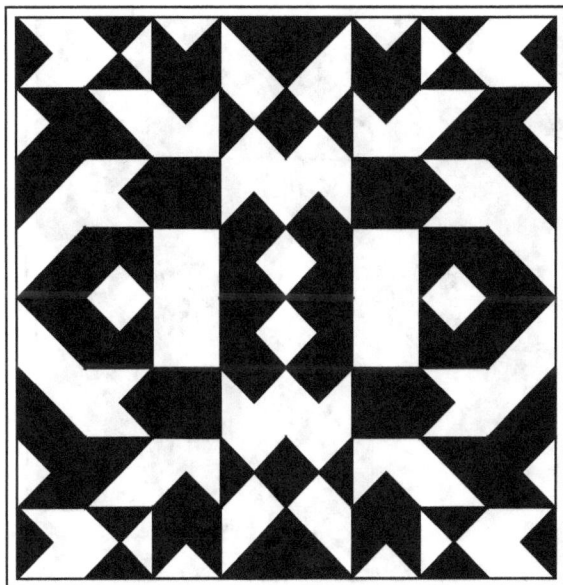

2	11	8	13
15	4	9	6
10	5	16	3
7	14	1	12

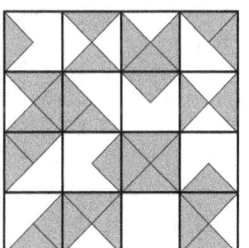

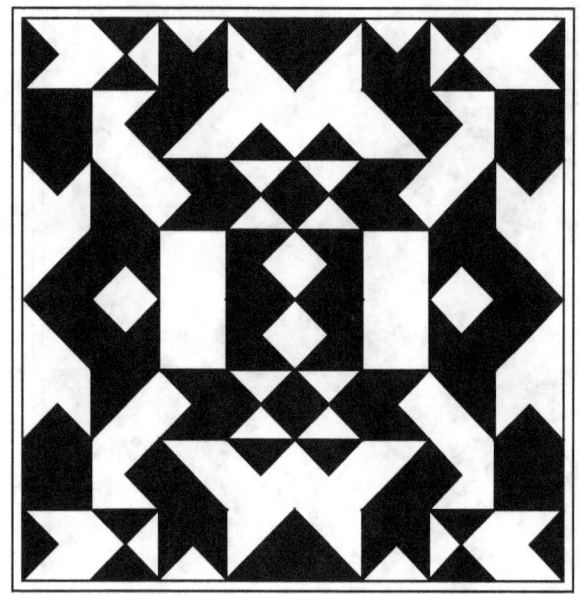

2	11	8	13
16	5	10	3
9	4	15	6
7	14	1	12

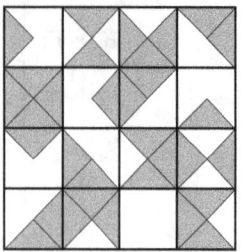

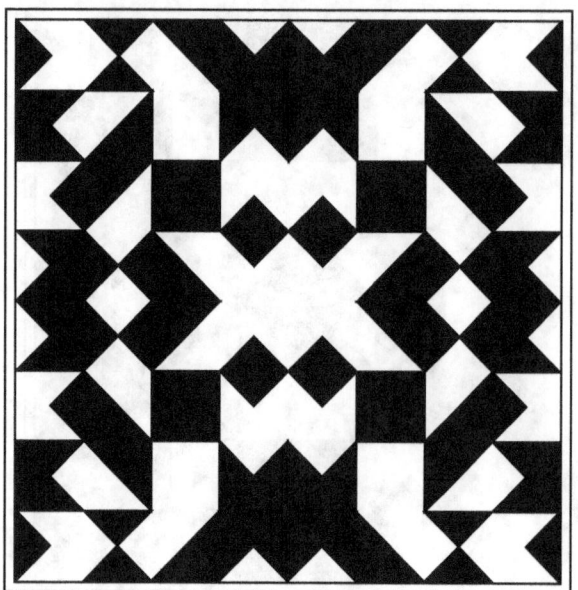

2	11	13	8
12	7	1	14
5	10	16	3
15	6	4	9

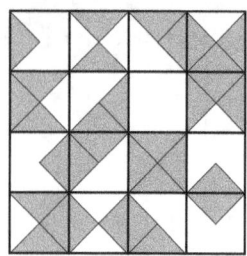

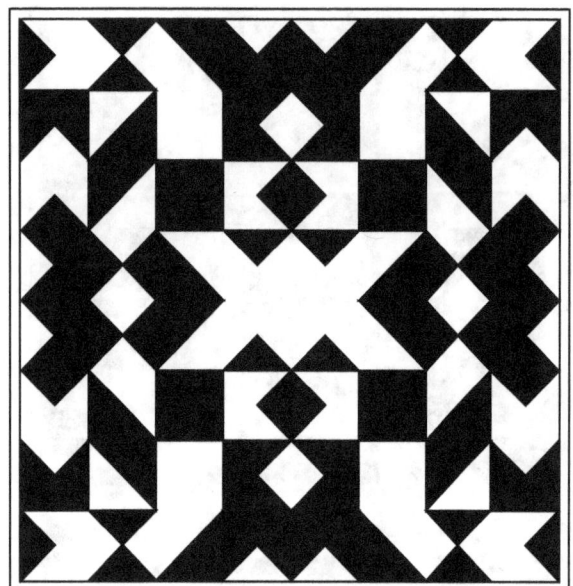

2	11	13	8
14	7	1	12
3	10	16	5
15	6	4	9

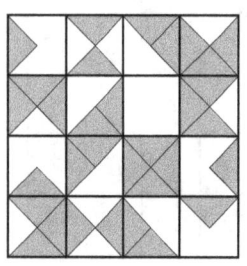

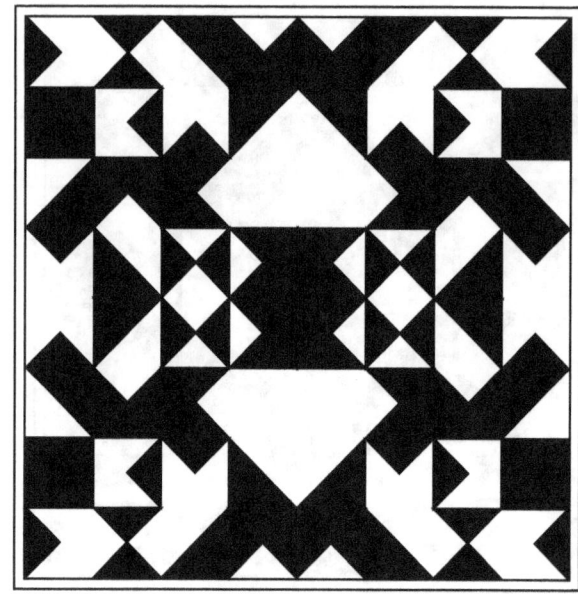

2	11	13	8
16	5	3	10
7	14	12	1
9	4	6	15

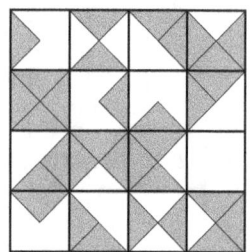

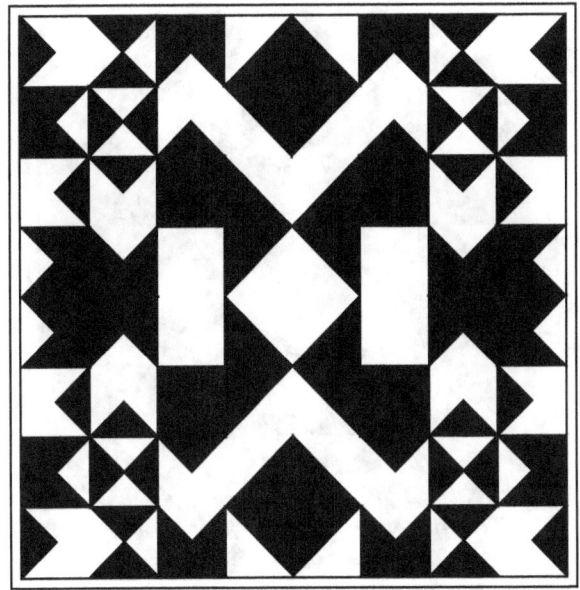

2	11	14	7
12	6	3	13
5	9	16	4
15	8	1	10

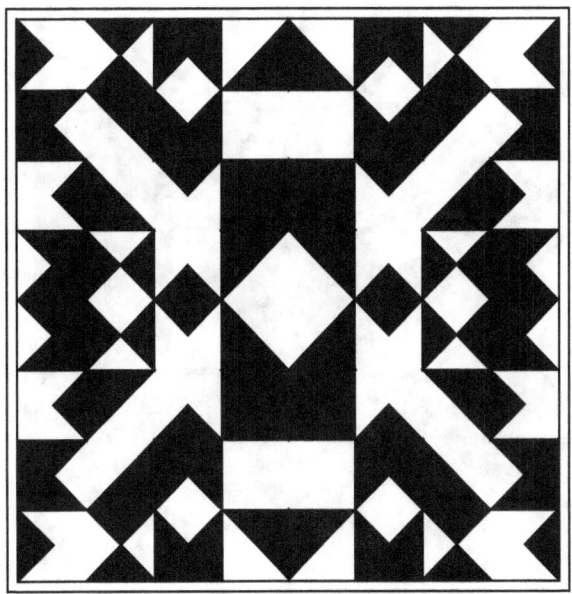

2	11	14	7
12	13	8	1
5	4	9	16
15	6	3	10

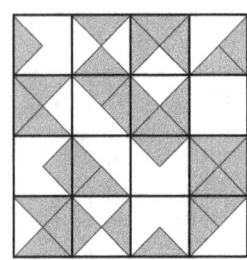

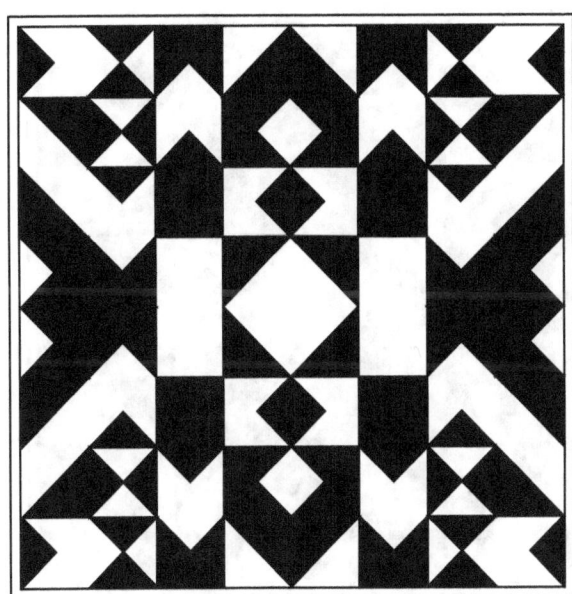

2	11	14	7
13	6	3	12
4	9	16	5
15	8	1	10

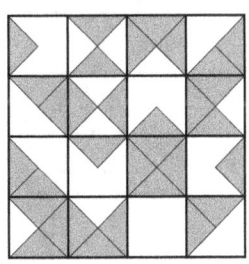

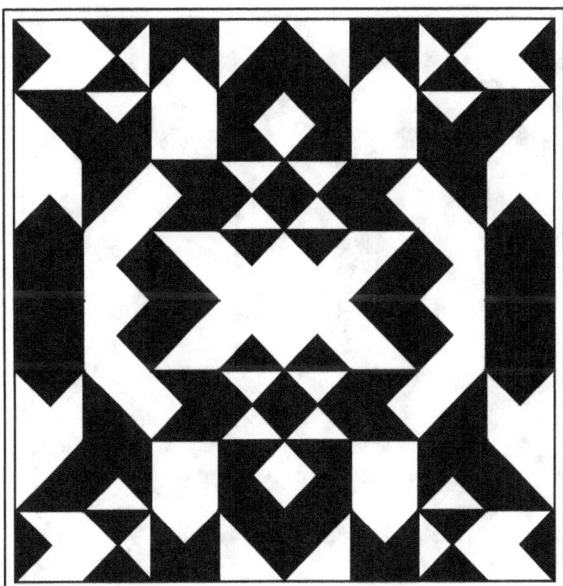

2	11	14	7
13	8	1	12
3	10	15	6
16	5	4	9

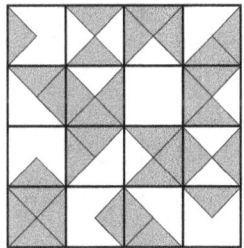

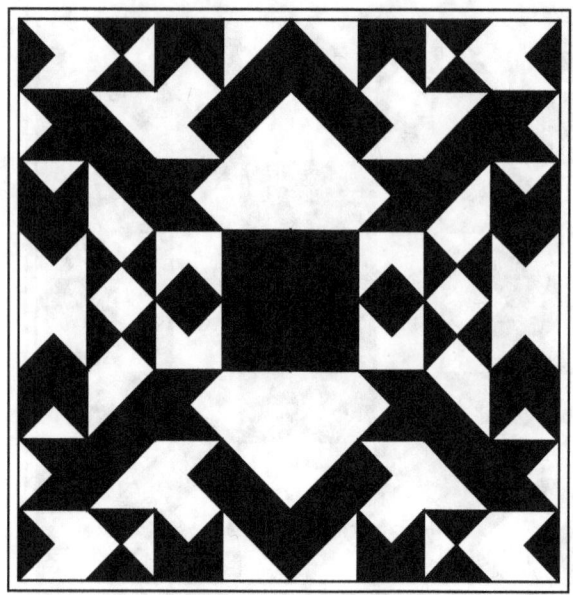

2	11	14	7
15	4	5	10
8	13	12	1
9	6	3	16

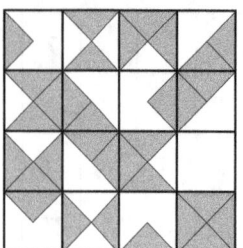

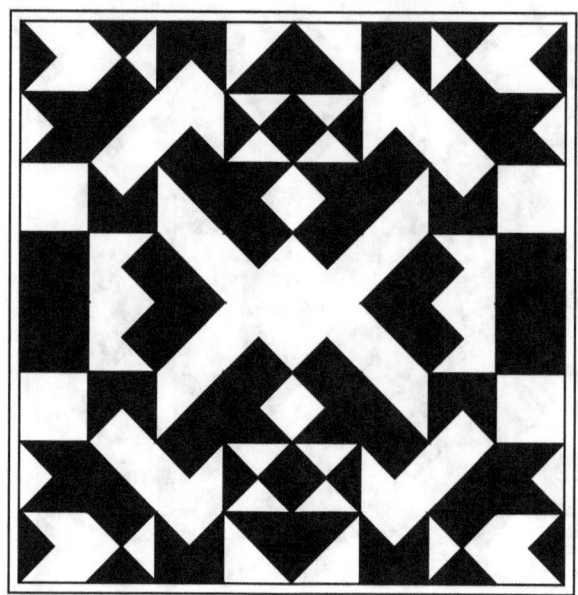

2	11	14	7
15	10	3	6
1	8	13	12
16	5	4	9

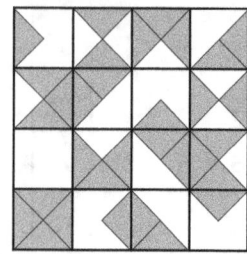

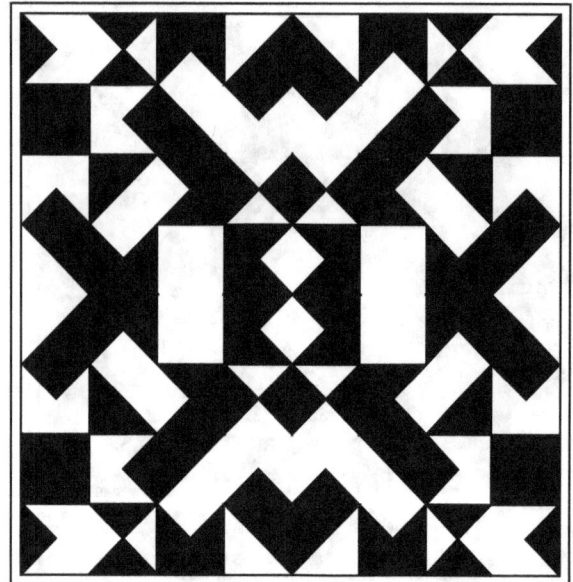

2	11	14	7
16	5	4	9
3	10	15	6
13	8	1	12

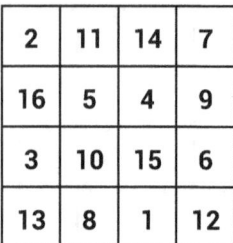
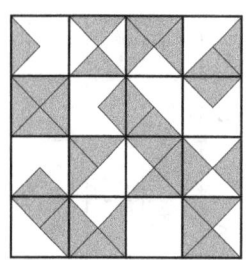

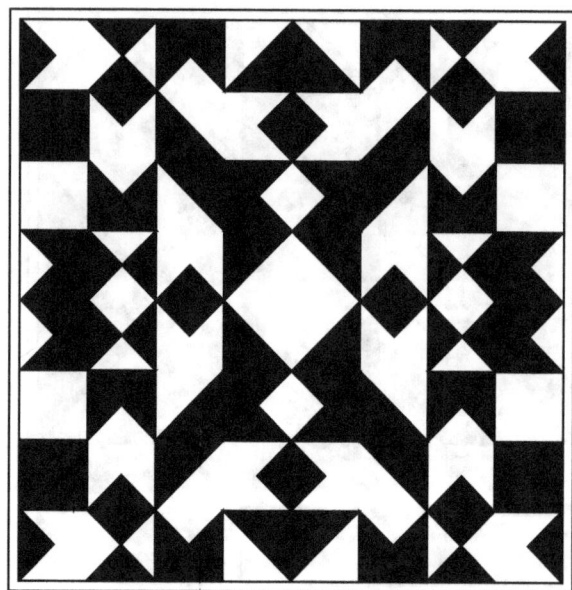

2	11	14	7
16	9	4	5
1	8	13	12
15	6	3	10

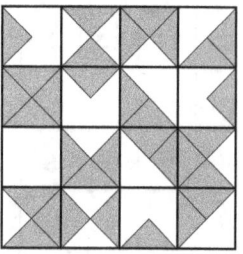

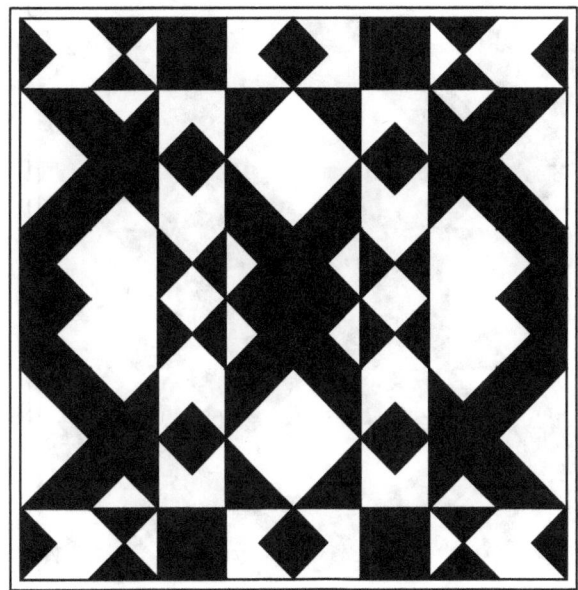

2	11	16	5
13	8	3	10
7	14	9	4
12	1	6	15

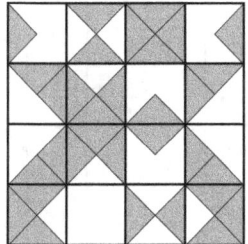

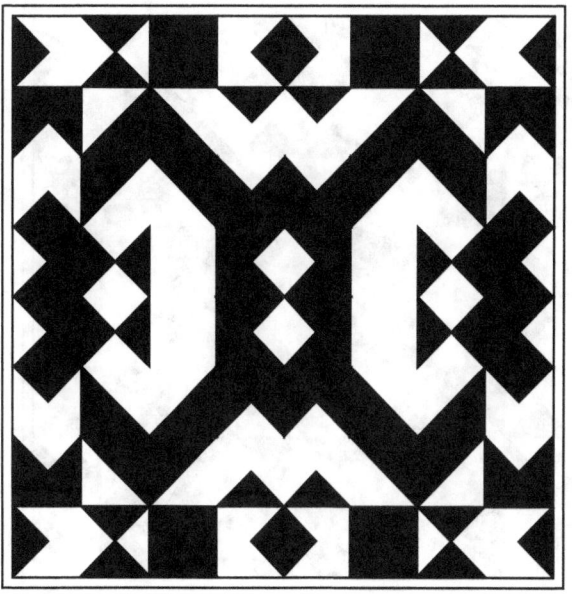

2	11	16	5
14	7	4	9
3	10	13	8
15	6	1	12

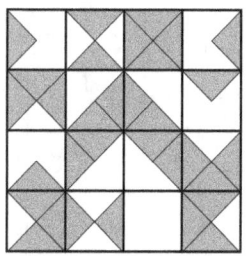

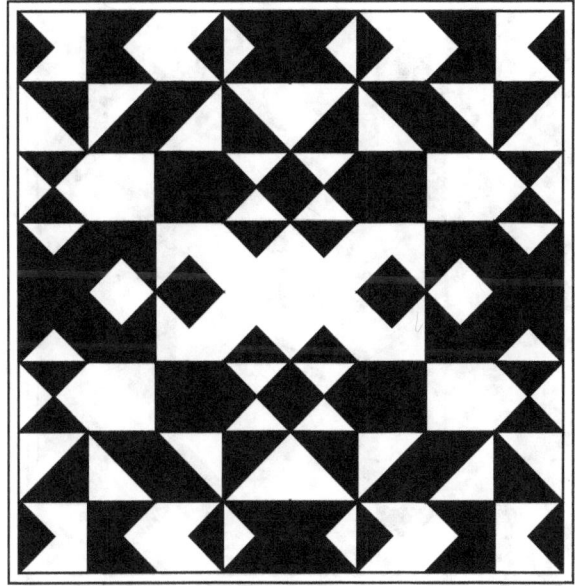

2	12	5	15
13	7	10	4
11	1	16	6
8	14	3	9

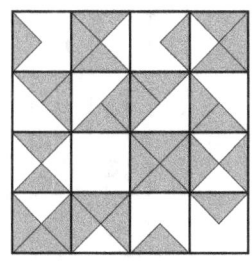

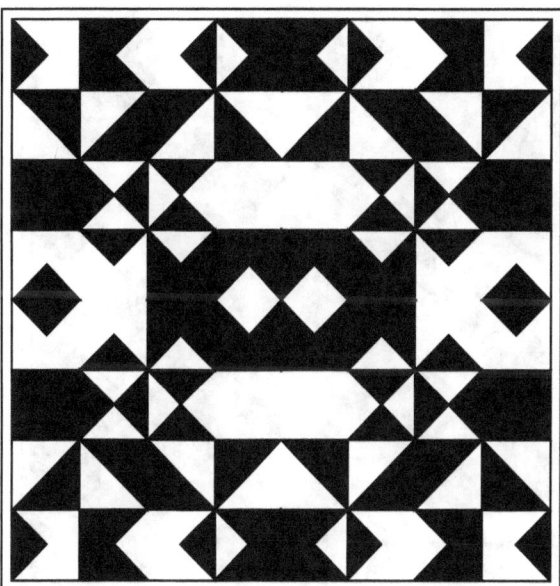

2	12	5	15
13	7	10	4
16	6	11	1
3	9	8	14

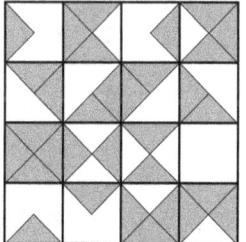

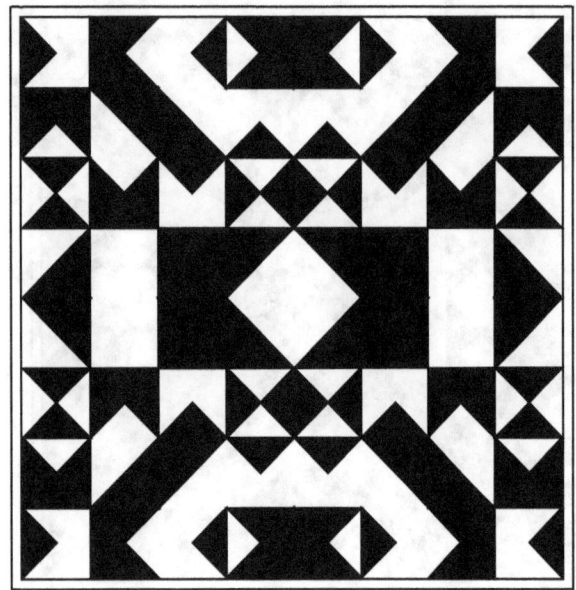

2	12	5	15
14	13	4	3
11	8	9	6
7	1	16	10

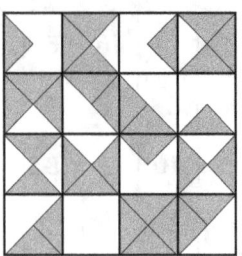

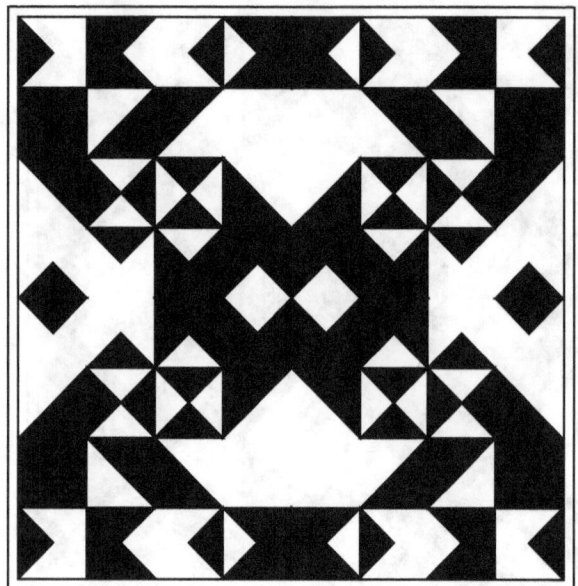

2	12	5	15
16	7	10	1
13	6	11	4
3	9	8	14

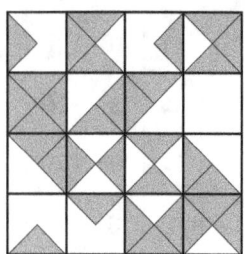

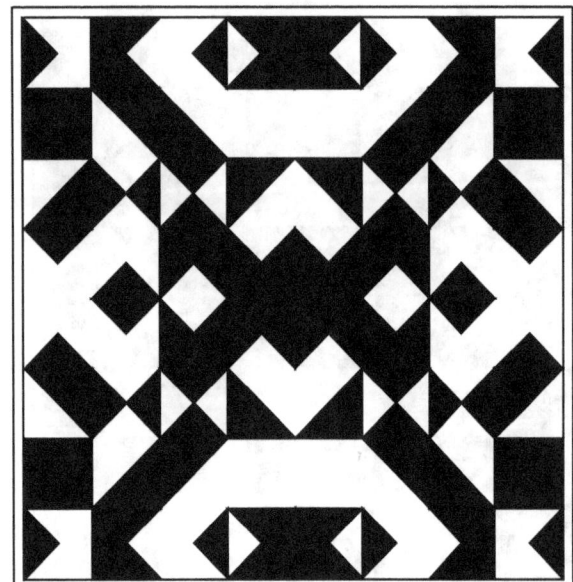

2	12	5	15
16	13	4	1
7	6	11	10
9	3	14	8

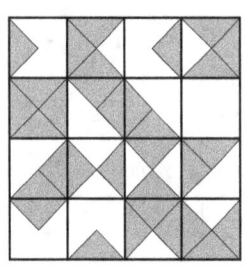

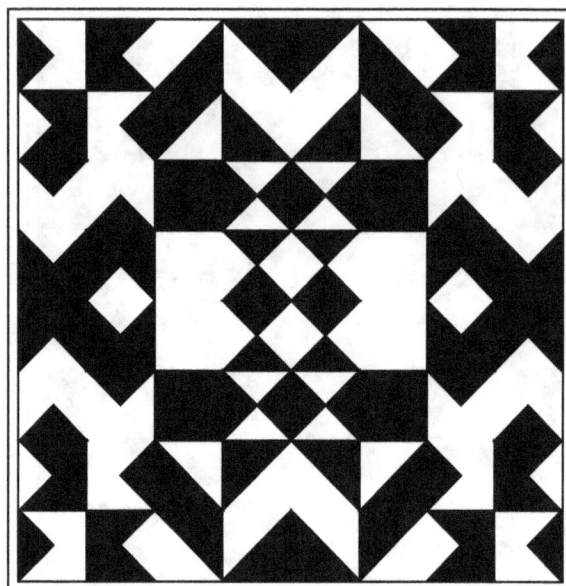

2	12	7	13
15	5	10	4
9	3	16	6
8	14	1	11

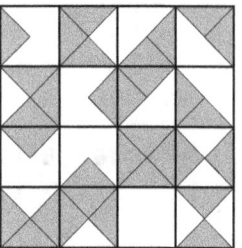

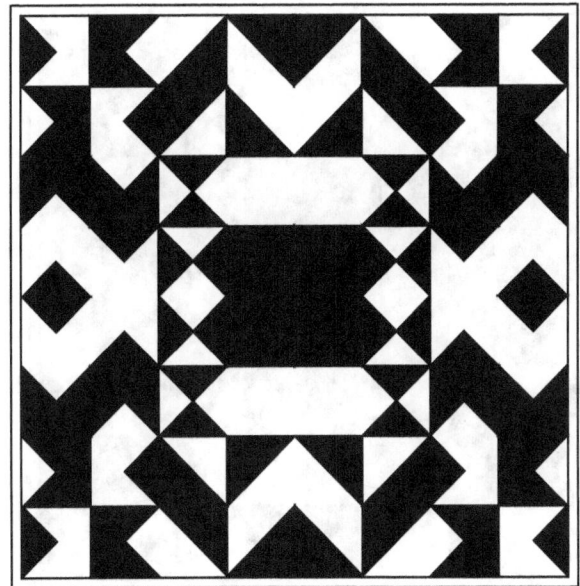

2	12	7	13
15	5	10	4
14	8	11	1
3	9	6	16

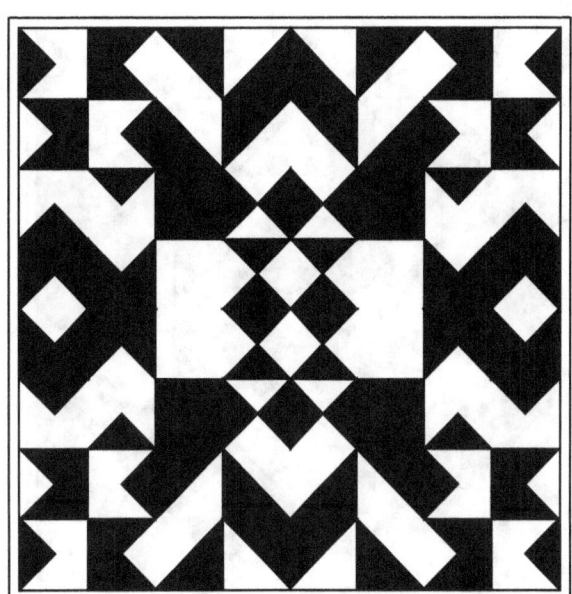

2	12	13	7
15	5	4	10
3	9	16	6
14	8	1	11

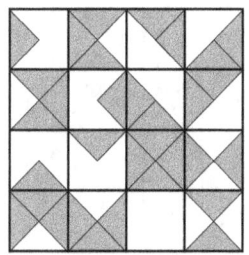

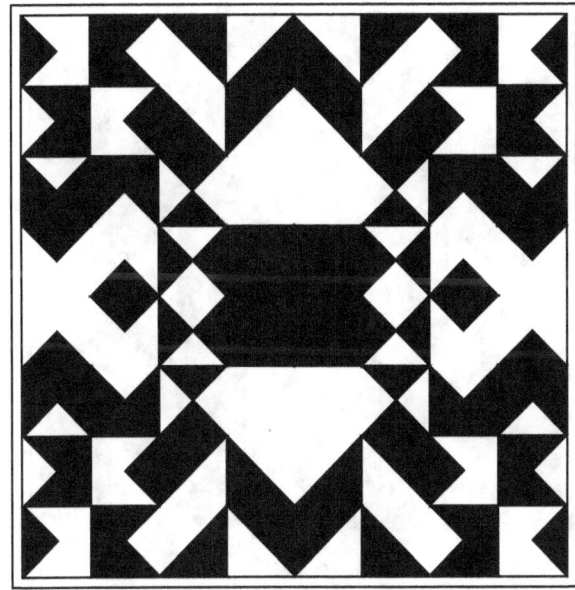

2	12	13	7
15	5	4	10
8	14	11	1
9	3	6	16

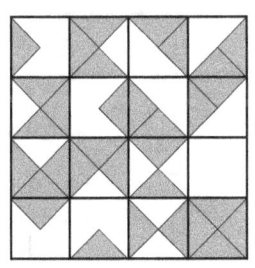

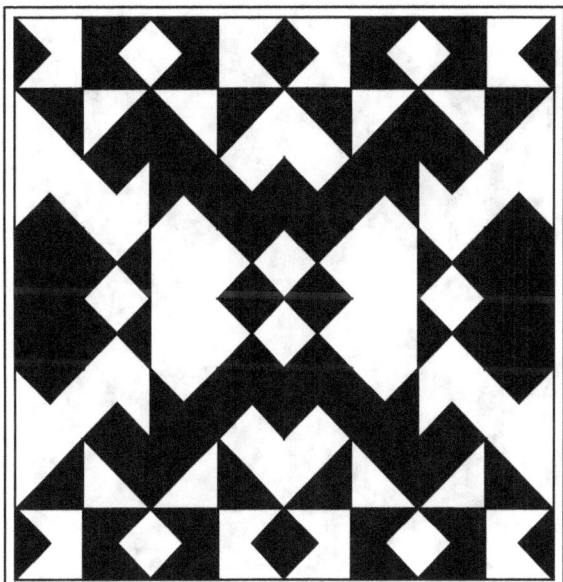

2	12	15	5
13	7	4	10
3	9	14	8
16	6	1	11

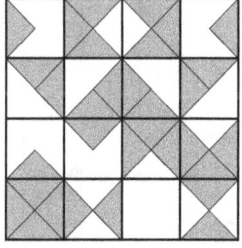

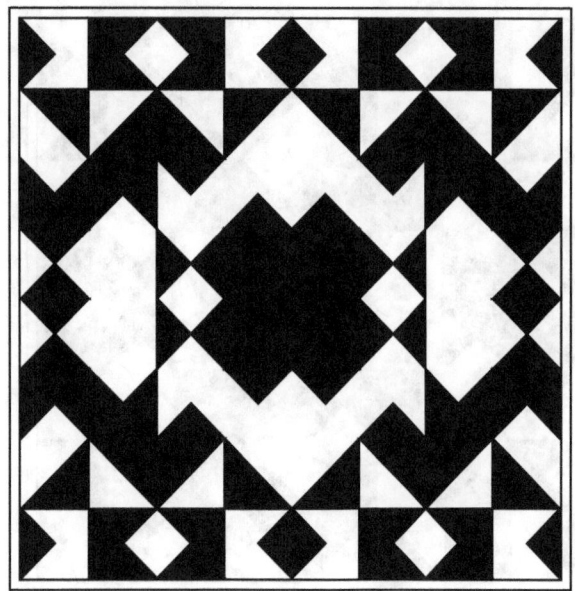

2	12	15	5
13	7	4	10
8	14	9	3
11	1	6	16

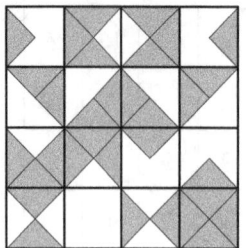

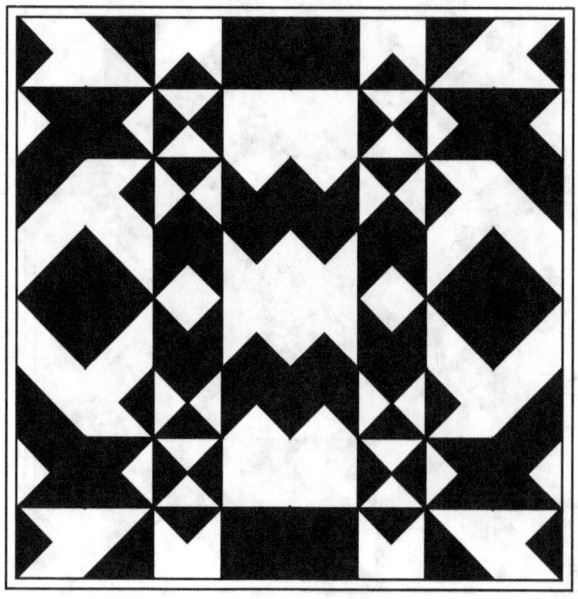

2	13	3	16
15	12	6	1
10	5	11	8
7	4	14	9

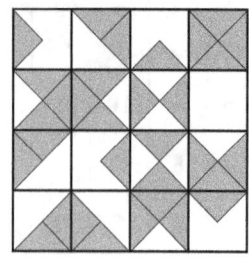

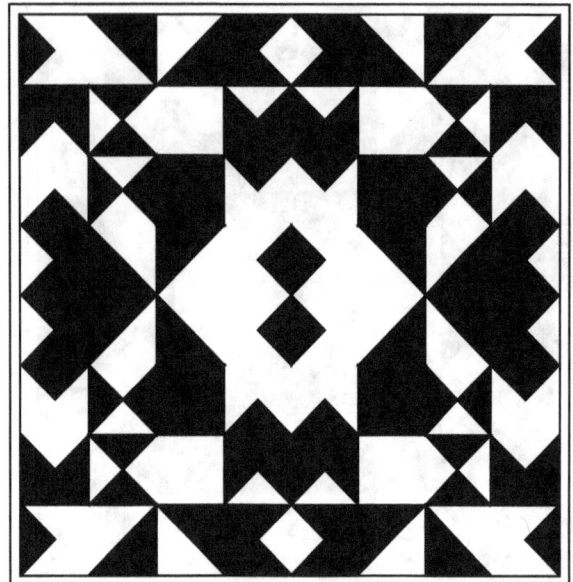

2	13	7	12
14	11	1	8
3	6	16	9
15	4	10	5

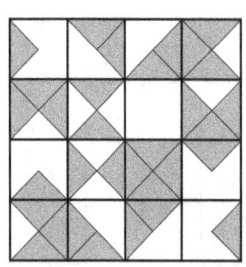

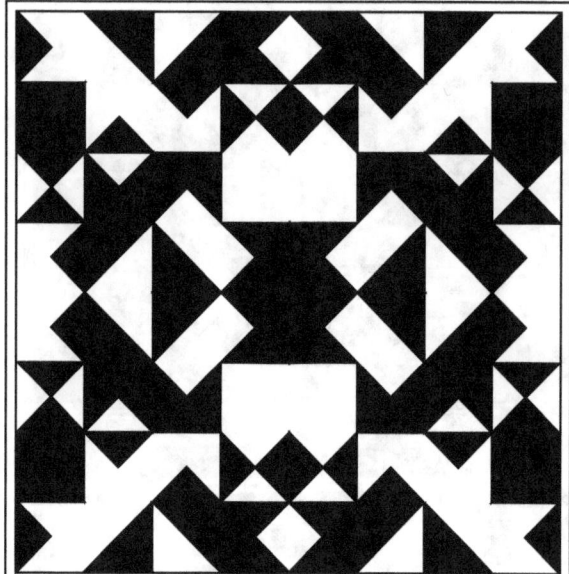

2	13	7	12
16	3	9	6
11	8	14	1
5	10	4	15

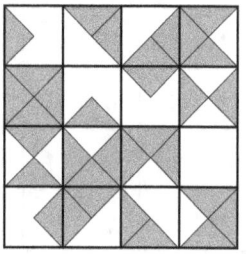

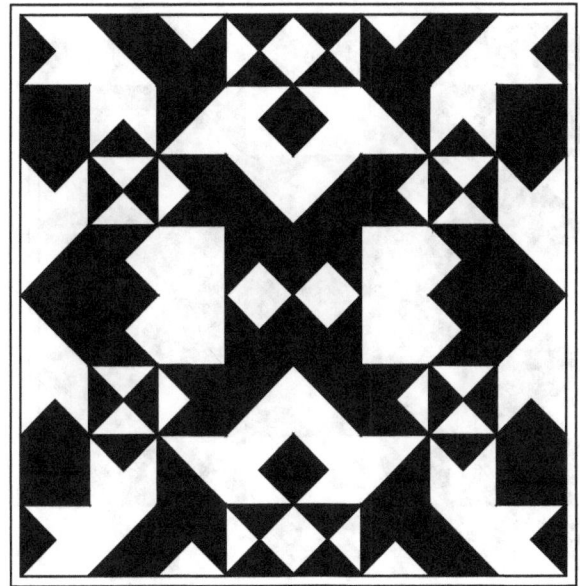

2	13	8	11
16	3	10	5
9	6	15	4
7	12	1	14

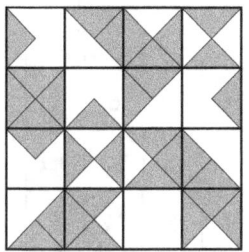

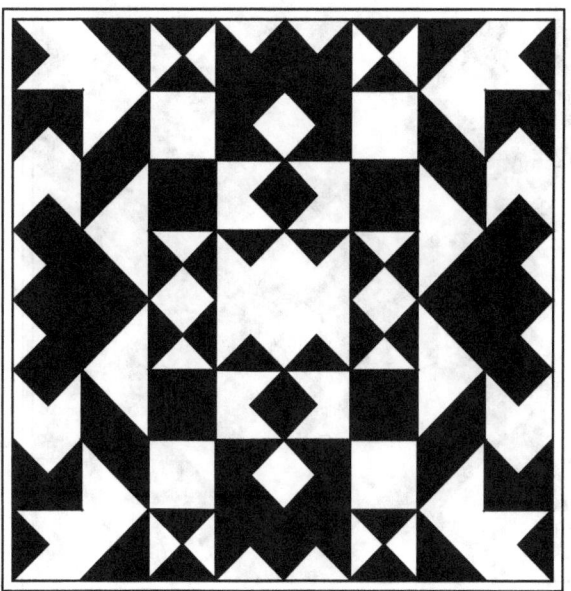

2	13	11	8
14	7	1	12
3	10	16	5
15	4	6	9

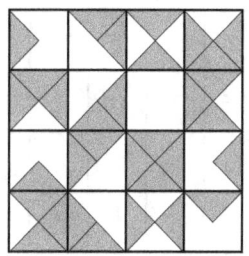

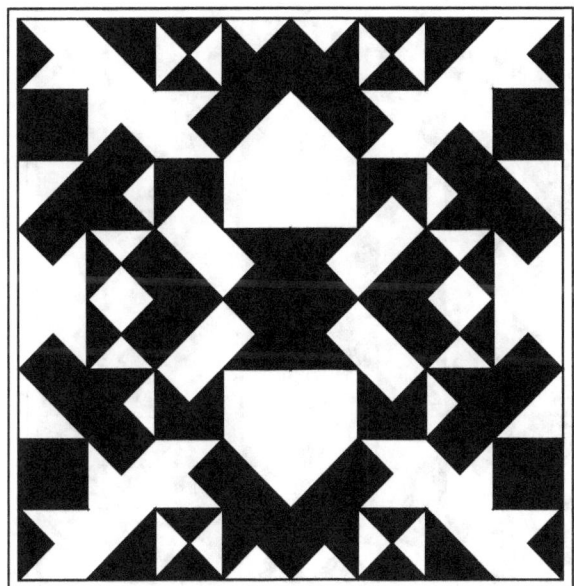

2	13	11	8
16	3	5	10
7	12	14	1
9	6	4	15

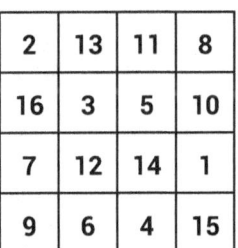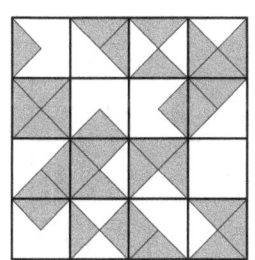

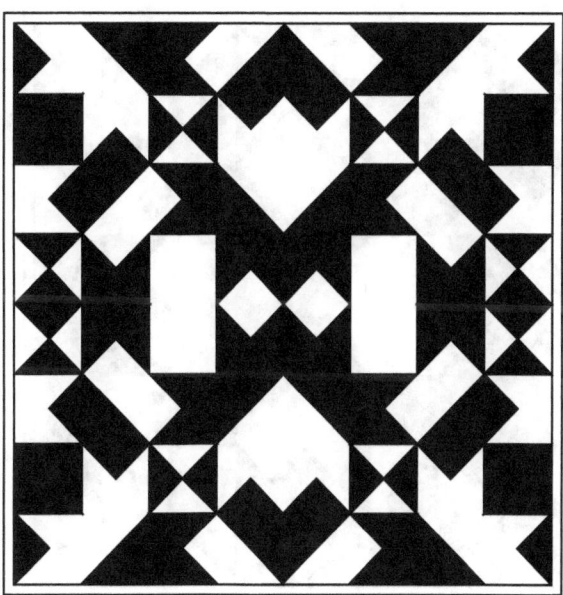

2	13	12	7
16	3	6	9
5	10	15	4
11	8	1	14

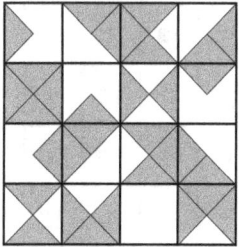

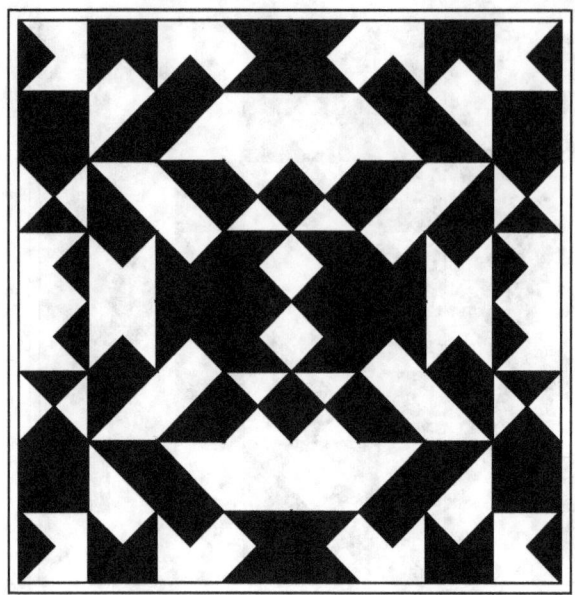

2	14	3	15
16	7	10	1
11	4	13	6
5	9	8	12

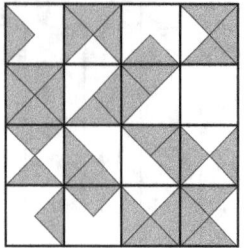

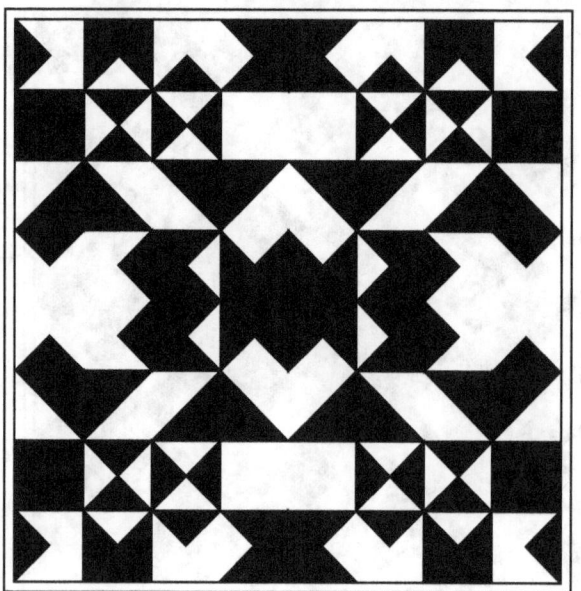

2	14	3	15
16	11	6	1
7	4	13	10
9	5	12	8

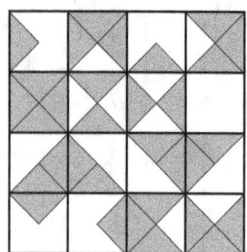

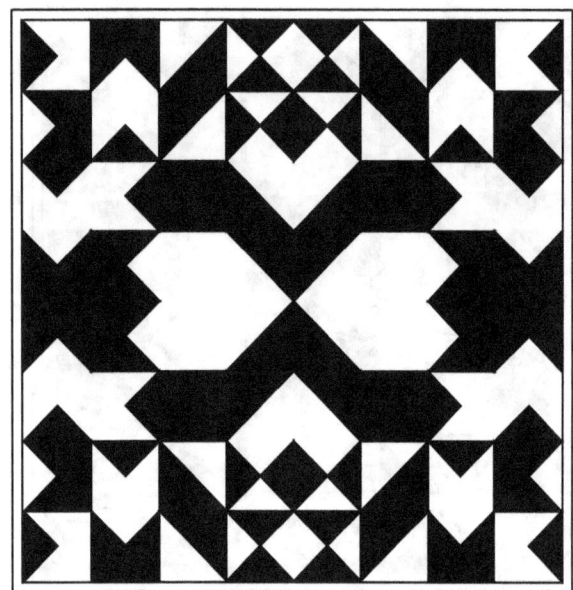

2	14	7	11
15	3	10	6
9	5	16	4
8	12	1	13

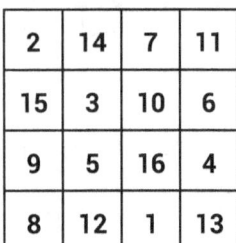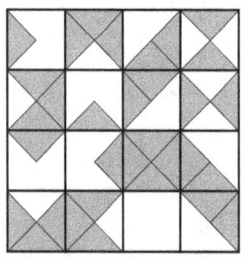

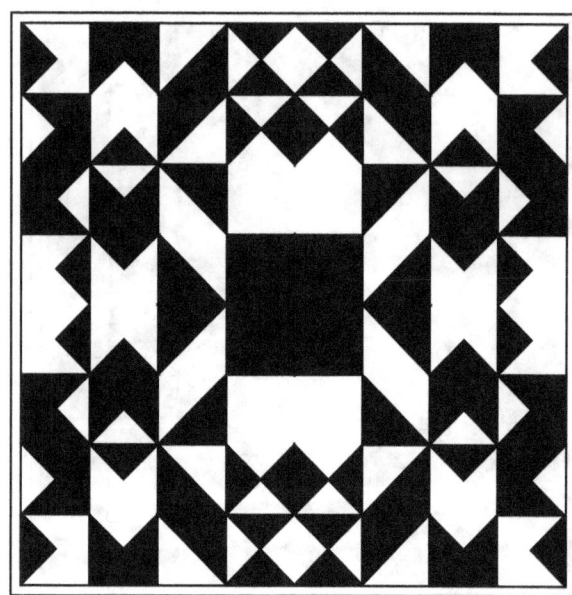

2	14	7	11
15	3	10	6
12	8	13	1
5	9	4	16

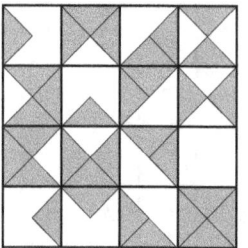

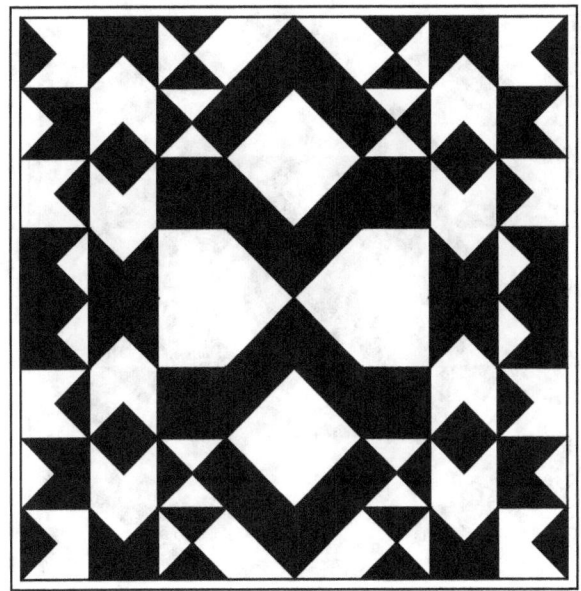

2	14	11	7
15	3	6	10
5	9	16	4
12	8	1	13

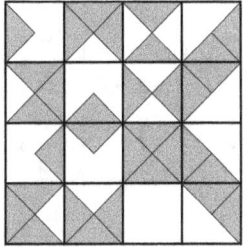

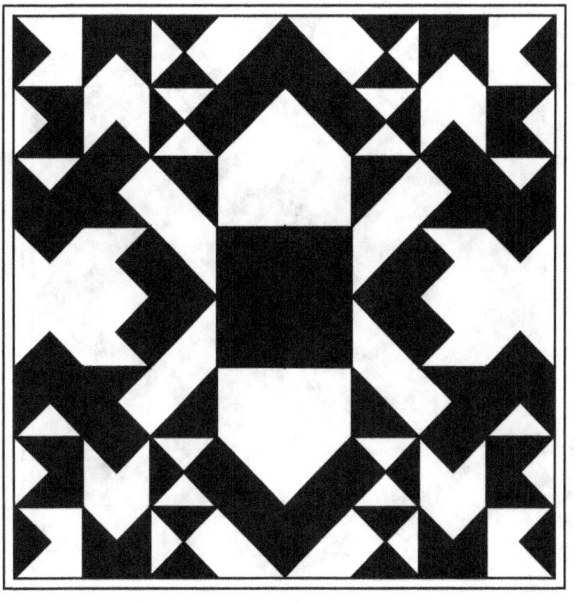

2	14	11	7
15	3	6	10
8	12	13	1
9	5	4	16

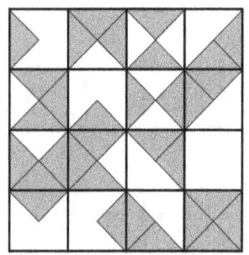

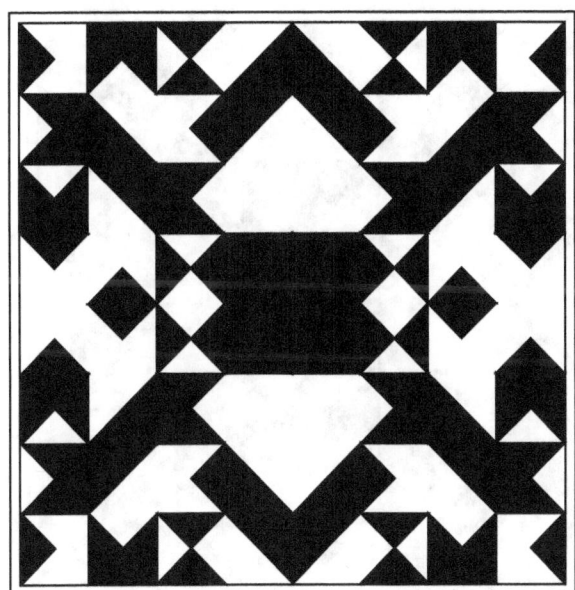

2	14	11	7
15	4	5	10
8	13	12	1
9	3	6	16

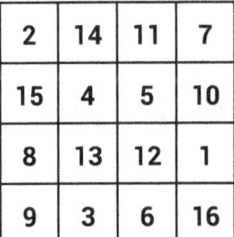
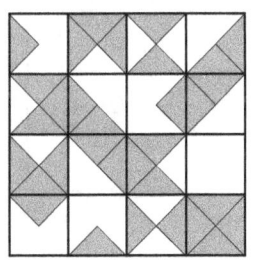

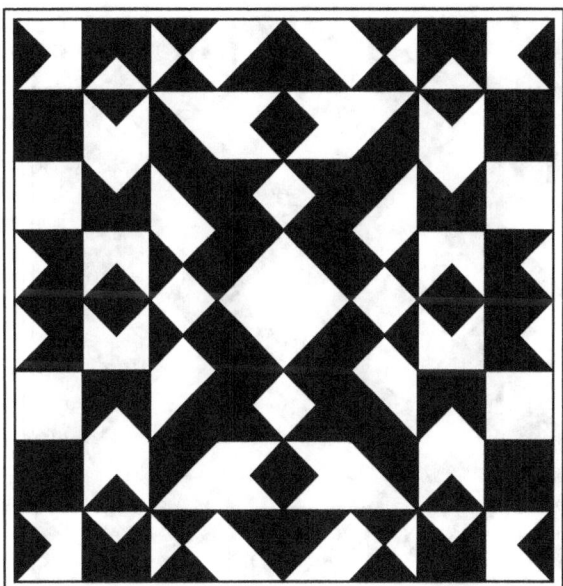

2	14	11	7
16	9	4	5
1	8	13	12
15	3	6	10

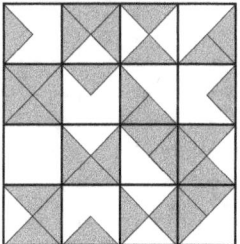

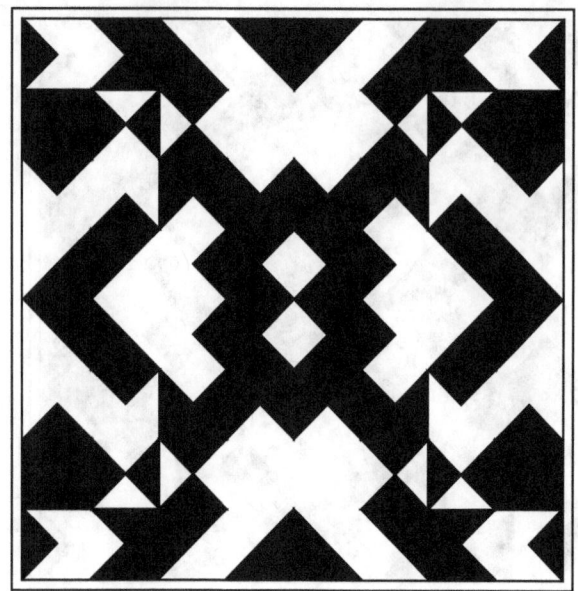

2	15	4	13
16	6	11	1
9	3	14	8
7	10	5	12

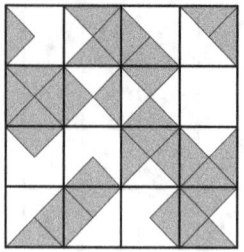

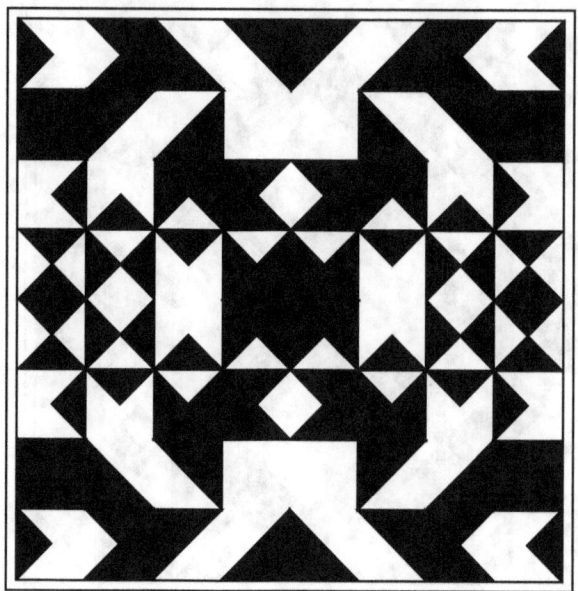

2	15	4	13
16	10	7	1
5	3	14	12
11	6	9	8

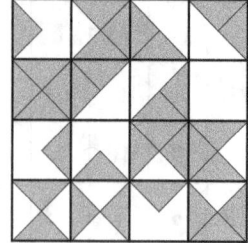

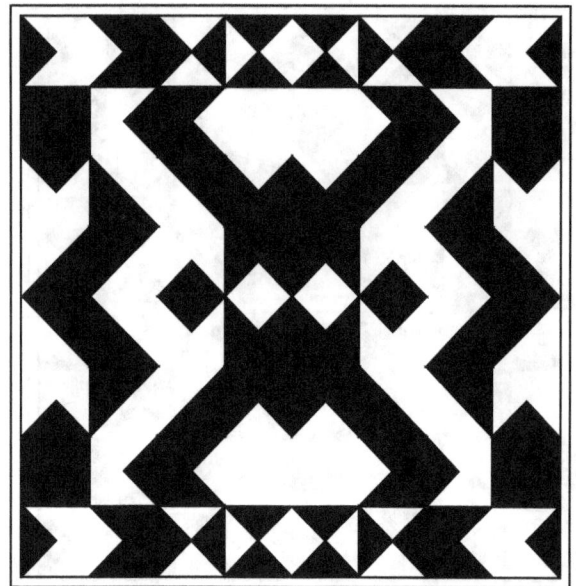

2	15	6	11
16	5	12	1
9	4	13	8
7	10	3	14

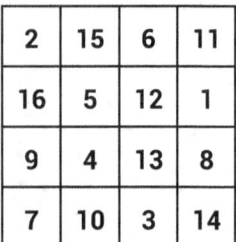
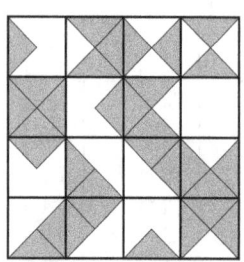

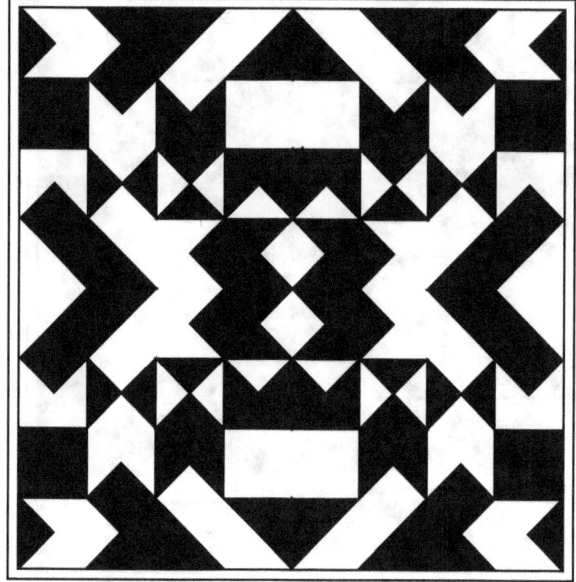

2	15	10	7
16	9	8	1
3	6	11	14
13	4	5	12

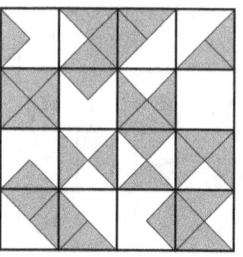

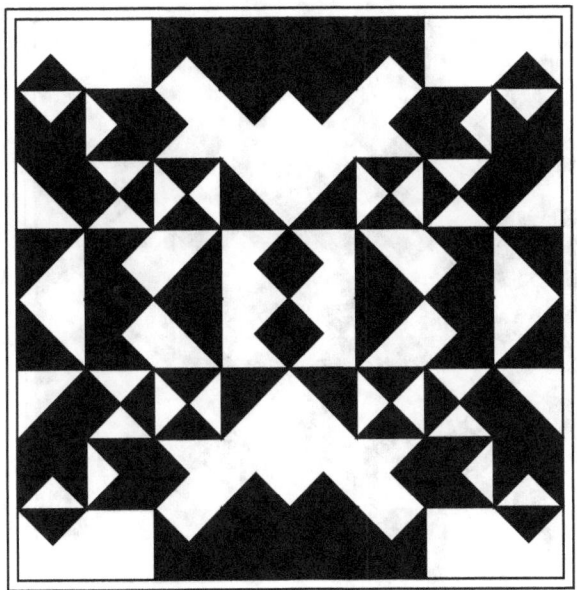

3	1	14	16
8	15	2	9
13	6	11	4
10	12	7	5

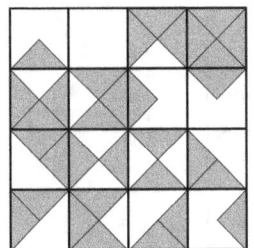

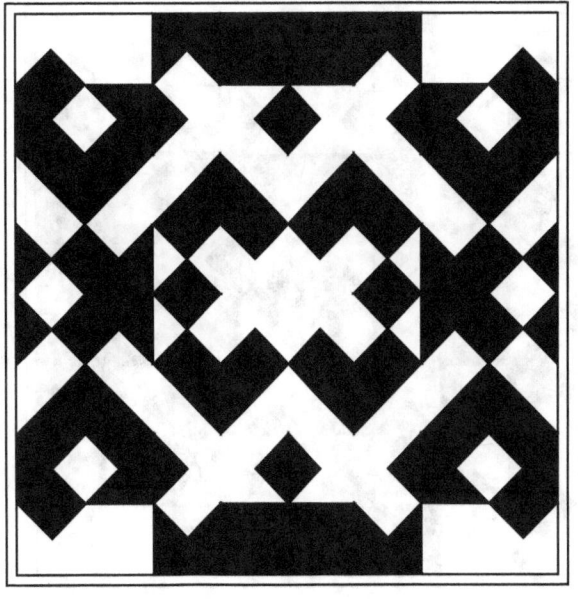

3	1	14	16
12	15	2	5
13	10	7	4
6	8	11	9

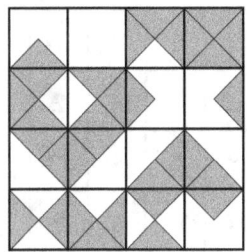

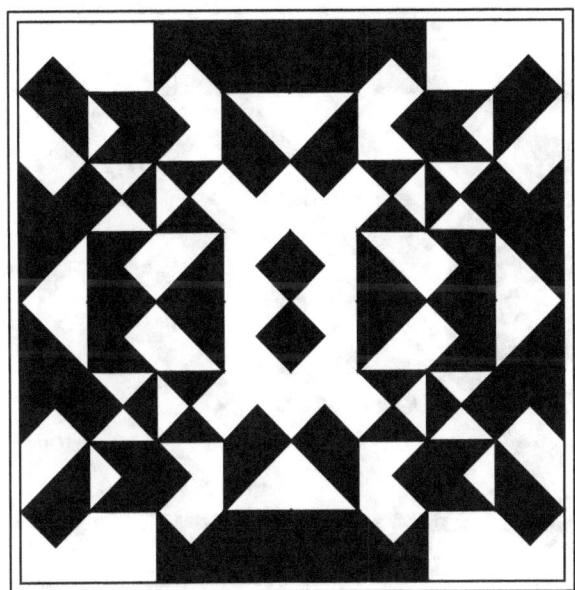

3	1	14	16
13	15	2	4
8	6	11	9
10	12	7	5

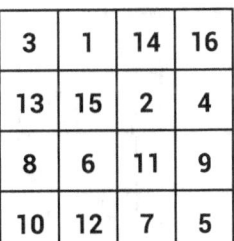
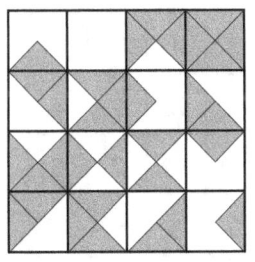

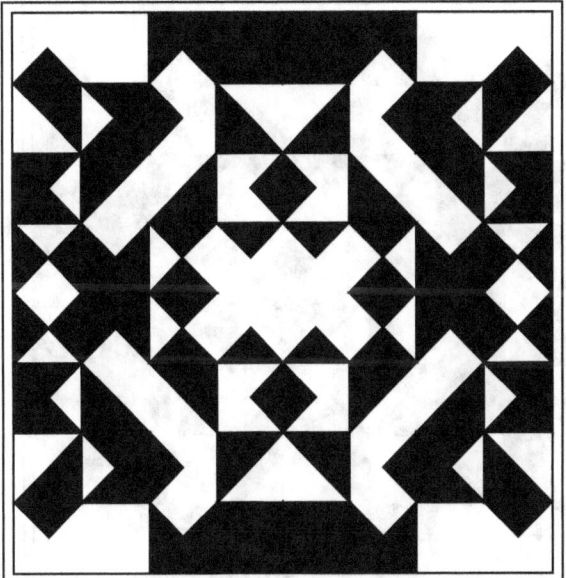

3	1	14	16
13	15	2	4
12	10	7	5
6	8	11	9

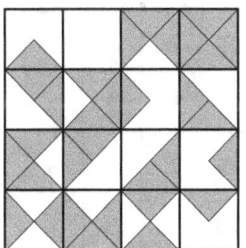

117

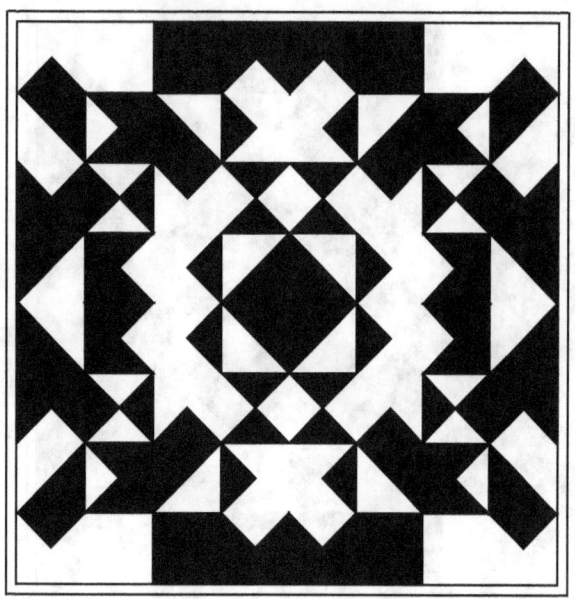

3	1	16	14
13	15	4	2
8	6	9	11
10	12	5	7

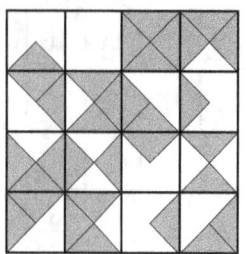

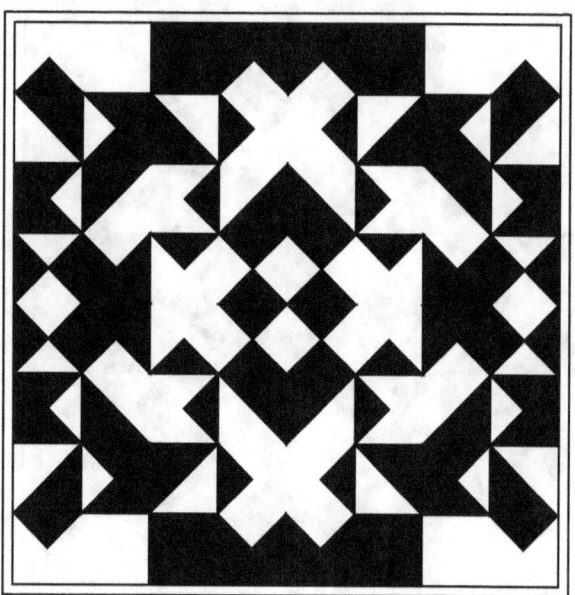

3	1	16	14
13	15	4	2
12	10	5	7
6	8	9	11

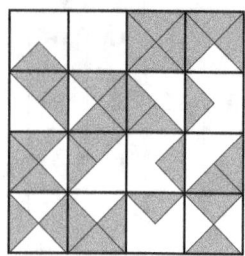

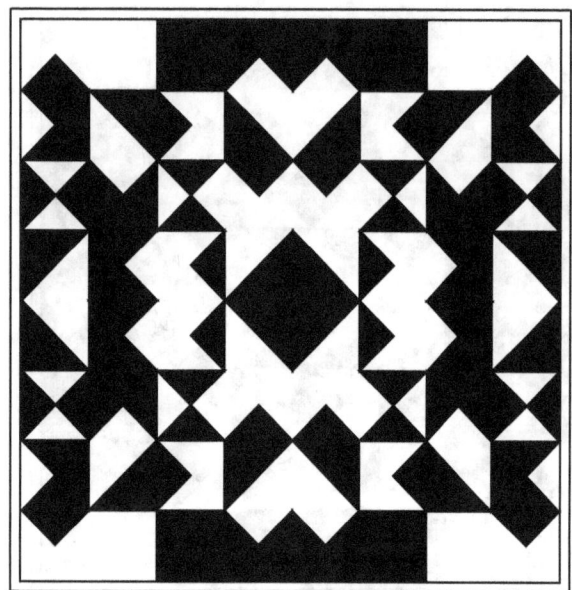

3	1	16	14
15	13	2	4
6	8	11	9
10	12	5	7

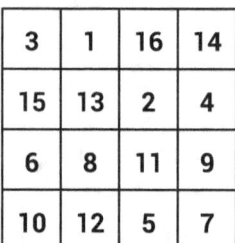

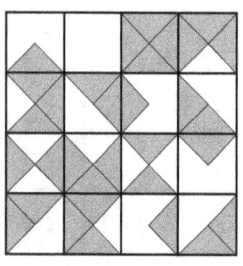

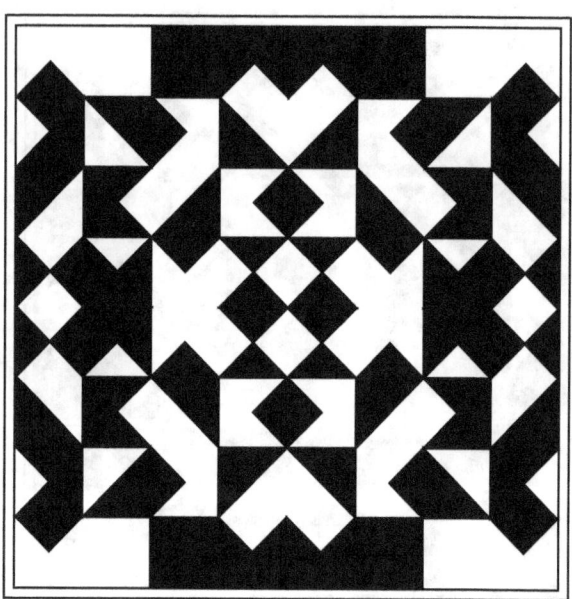

3	1	16	14
15	13	2	4
10	12	7	5
6	8	9	11

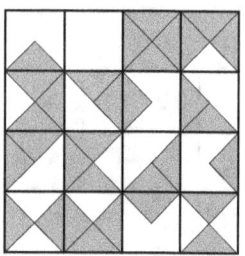

118

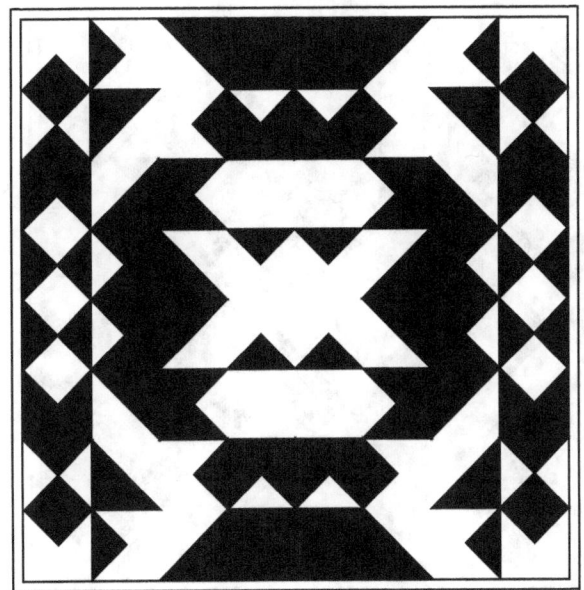

3	2	13	16
11	10	5	8
14	7	12	1
6	15	4	9

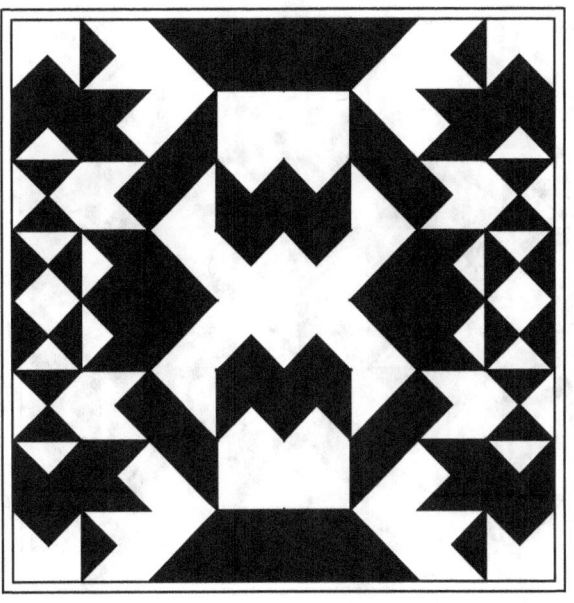

3	2	13	16
14	12	7	1
11	5	10	8
6	15	4	9

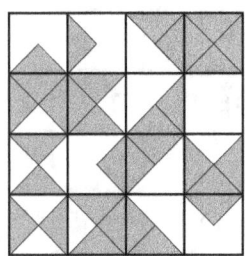

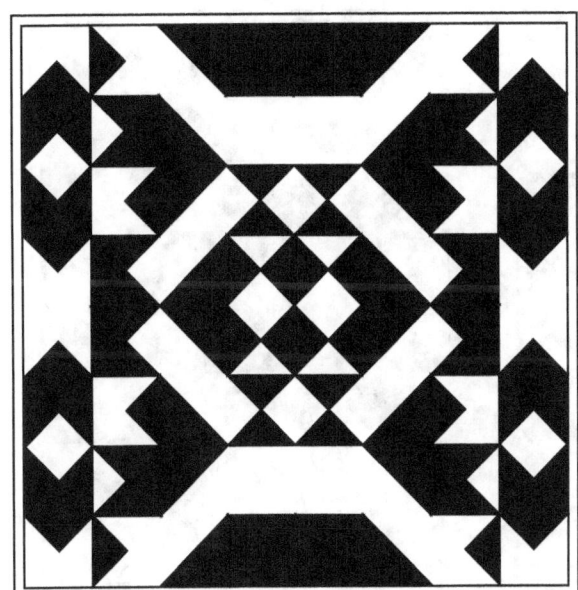

3	2	13	16
14	15	4	1
8	5	10	11
9	12	7	6

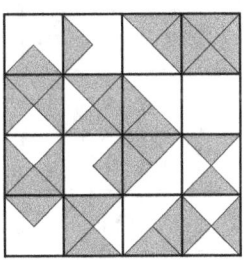

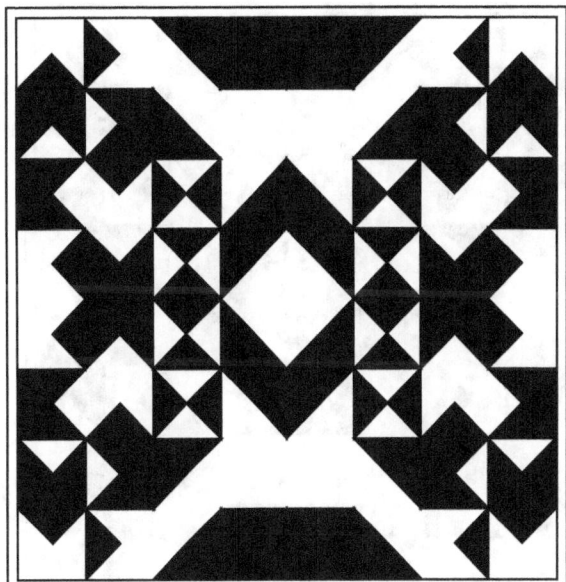

3	2	13	16
14	15	4	1
12	9	6	7
5	8	11	10

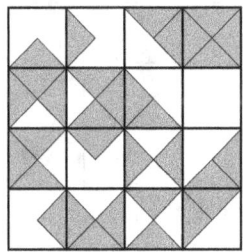

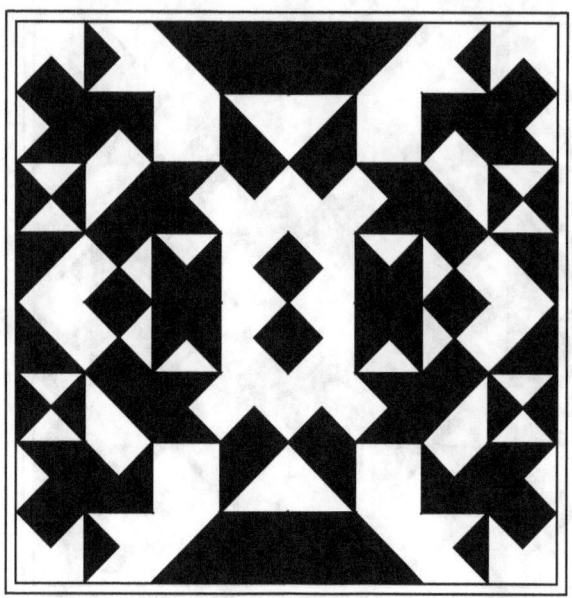

3	2	13	16
15	14	1	4
6	7	12	9
10	11	8	5

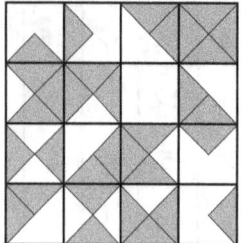

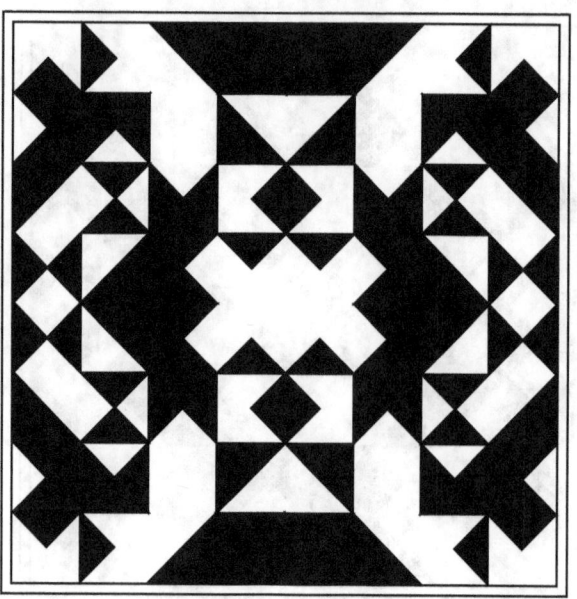

3	2	13	16
15	14	1	4
10	11	8	5
6	7	12	9

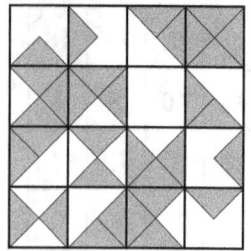

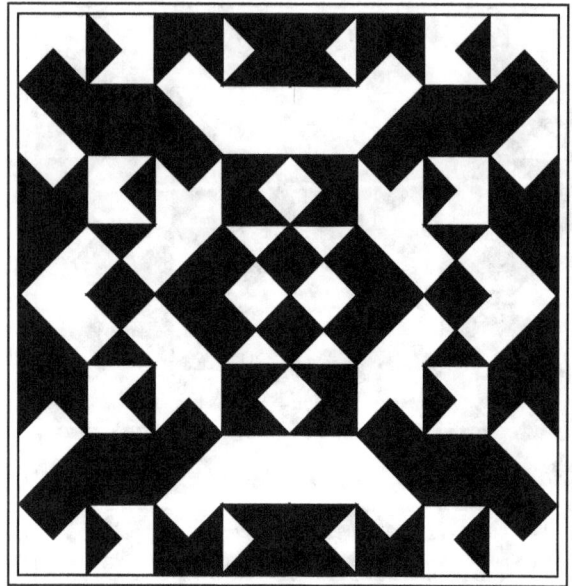

3	2	14	15
13	16	4	1
8	5	9	12
10	11	7	6

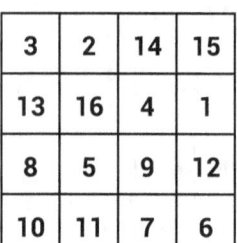
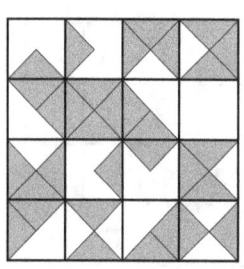

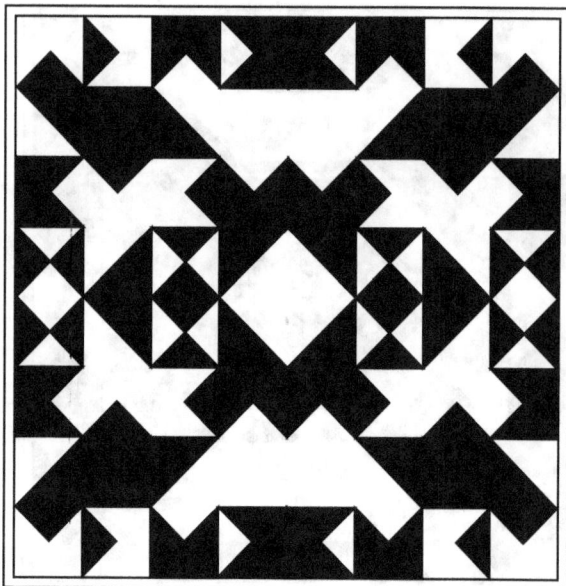

3	2	14	15
13	16	4	1
12	9	5	8
6	7	11	10

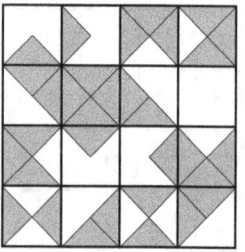

120

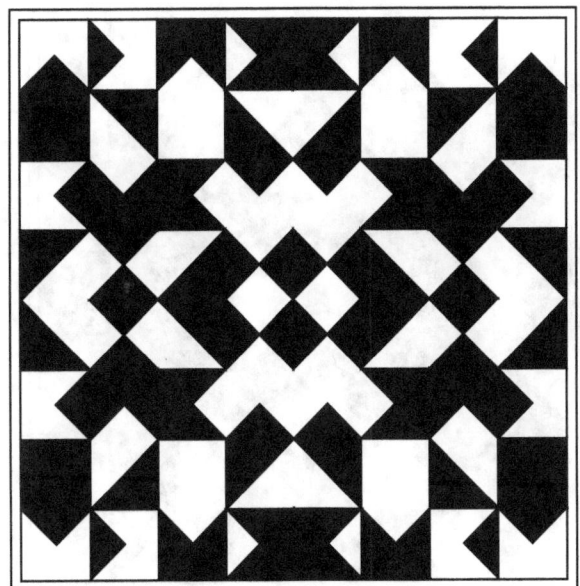

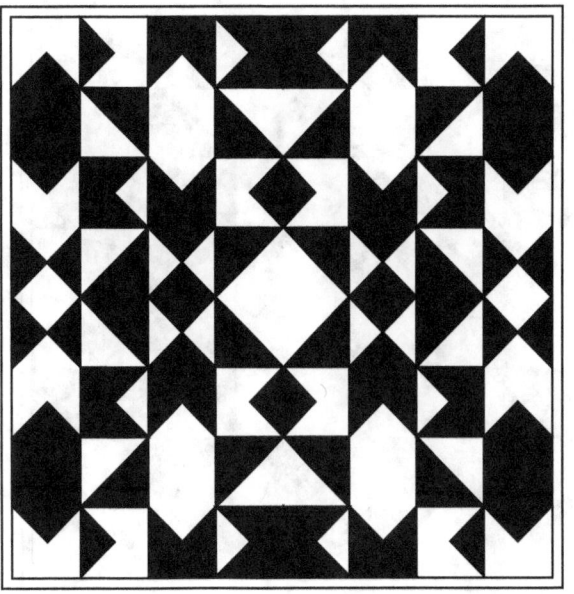

3	2	14	15
16	13	1	4
5	8	12	9
10	11	7	6

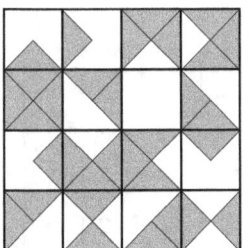

3	2	14	15
16	13	1	4
9	12	8	5
6	7	11	10

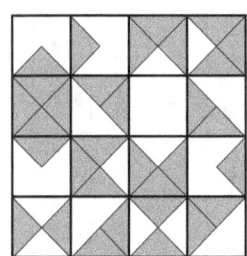

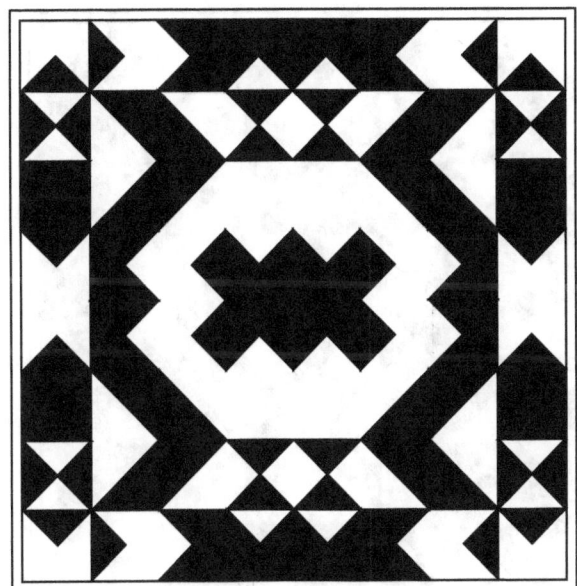

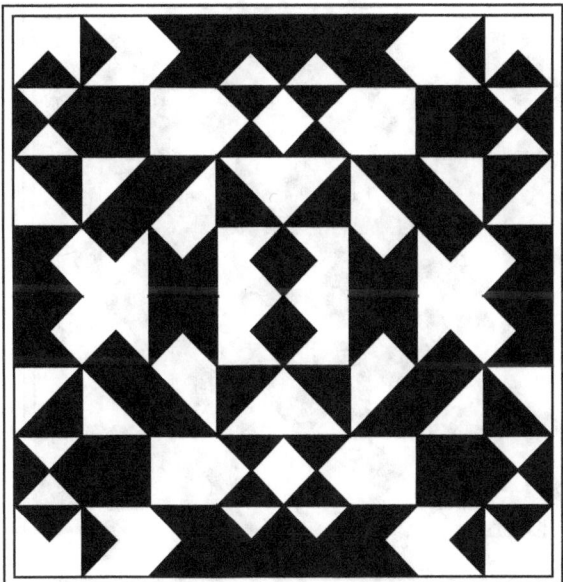

3	2	15	14
6	13	4	11
16	7	10	1
9	12	5	8

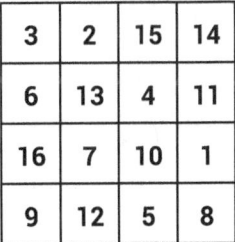

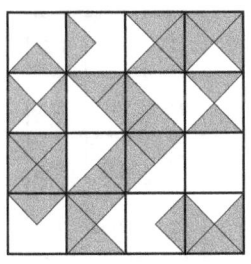

3	2	15	14
6	16	1	11
13	7	10	4
12	9	8	5

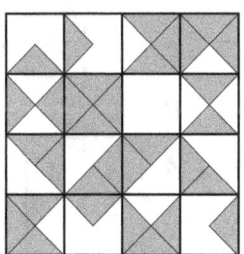

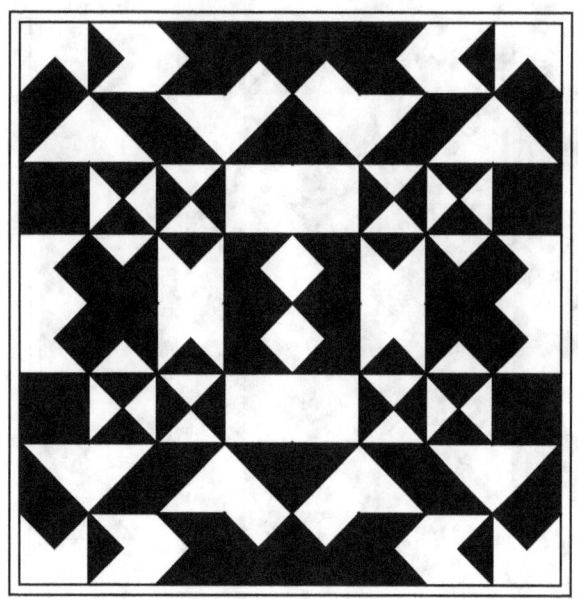

3	2	15	14
10	13	4	7
16	11	6	1
5	8	9	12

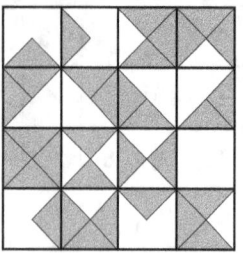

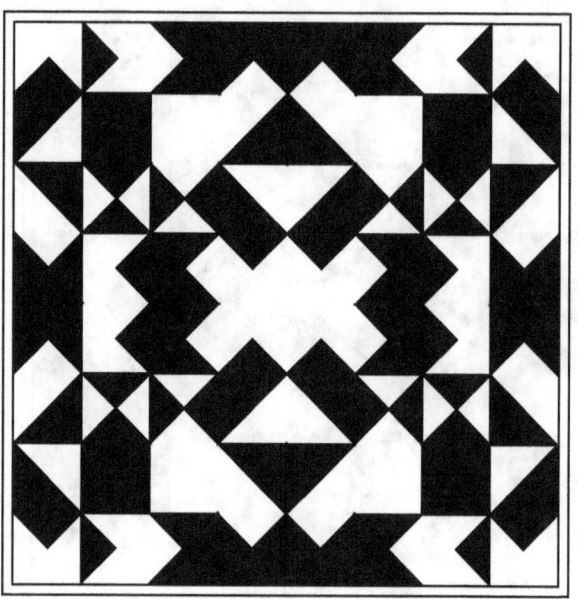

3	2	15	14
10	16	1	7
13	11	6	4
8	5	12	9

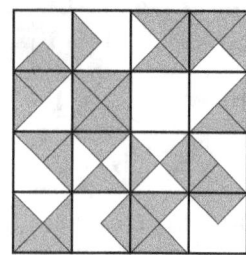

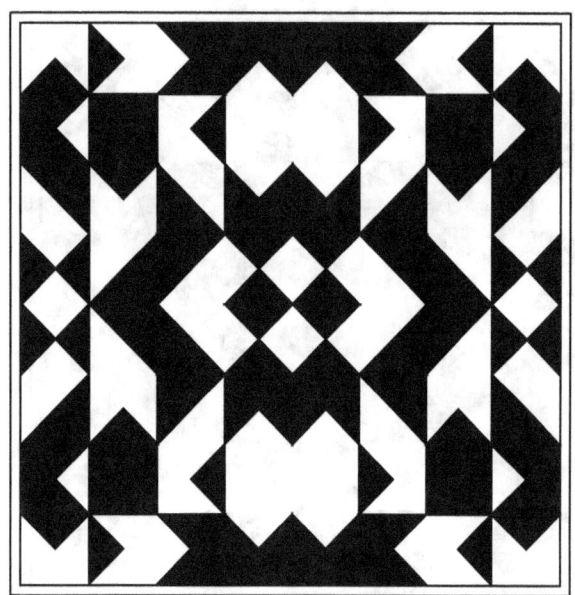

3	2	15	14
12	16	5	1
13	9	4	8
6	7	10	11

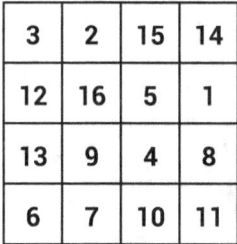
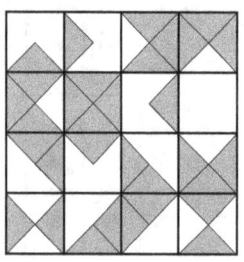

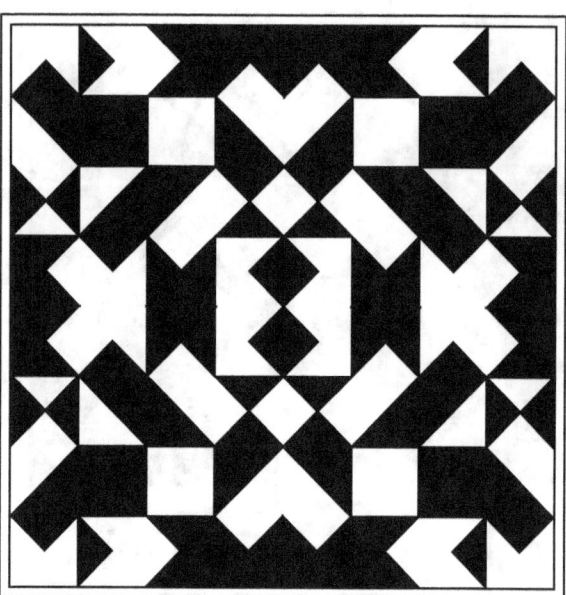

3	2	15	14
13	16	1	4
6	7	10	11
12	9	8	5

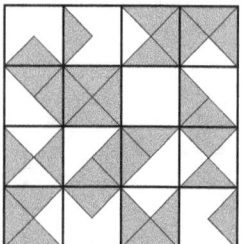

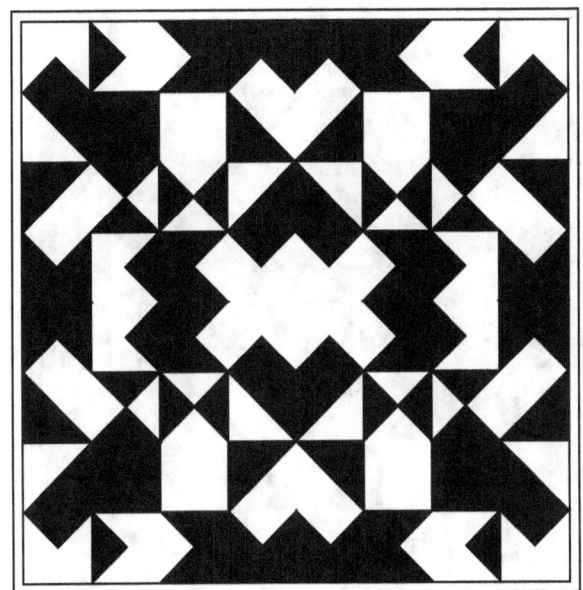

3	2	15	14
13	16	1	4
10	11	6	7
8	5	12	9

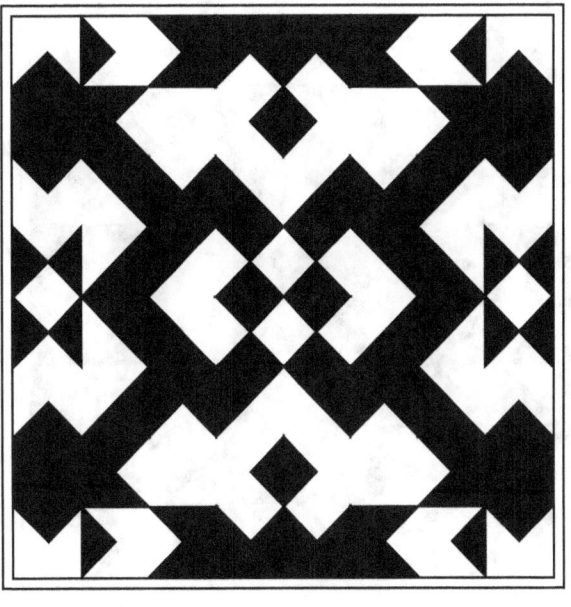

3	2	15	14
16	12	1	5
9	13	8	4
6	7	10	11

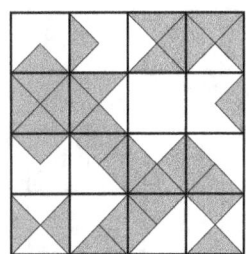

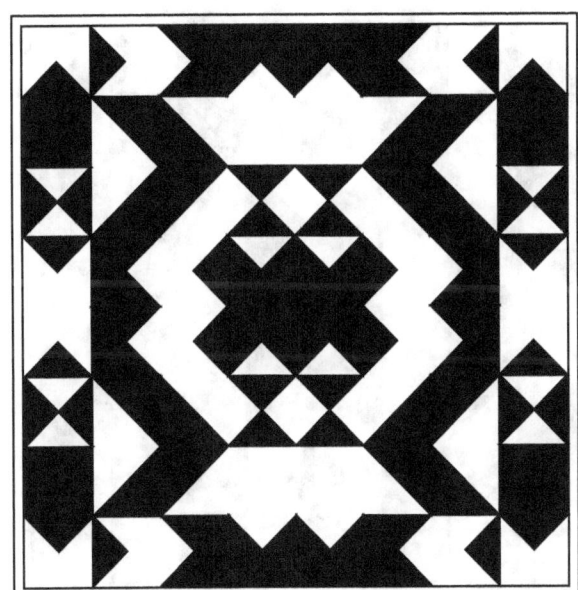

3	2	15	14
16	13	4	1
6	7	10	11
9	12	5	8

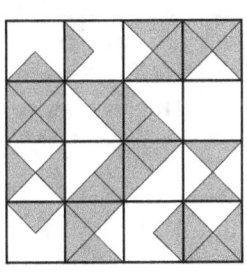

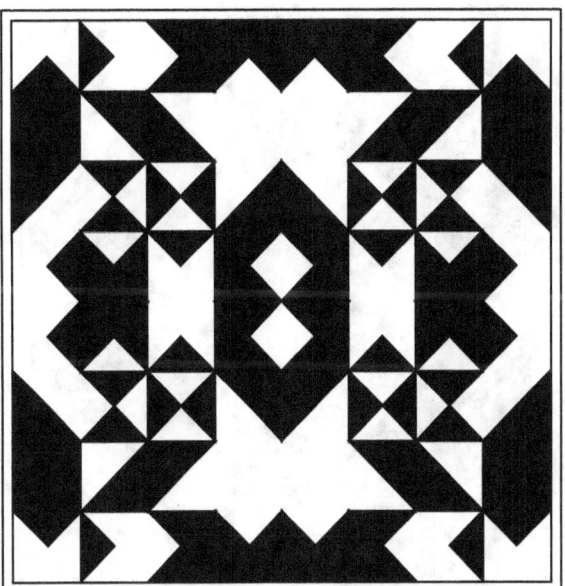

3	2	15	14
16	13	4	1
10	11	6	7
5	8	9	12

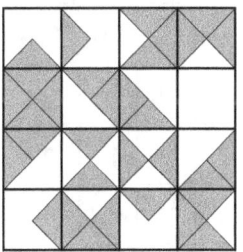

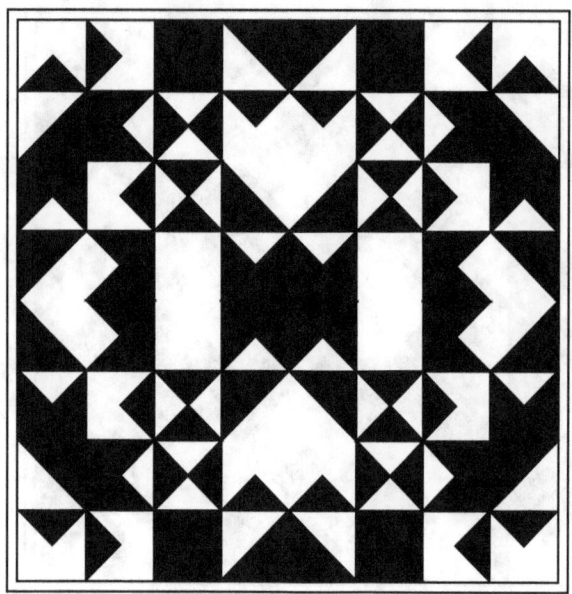

3	2	16	13
7	12	6	9
14	5	11	4
10	15	1	8

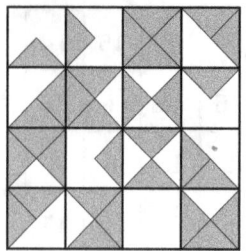

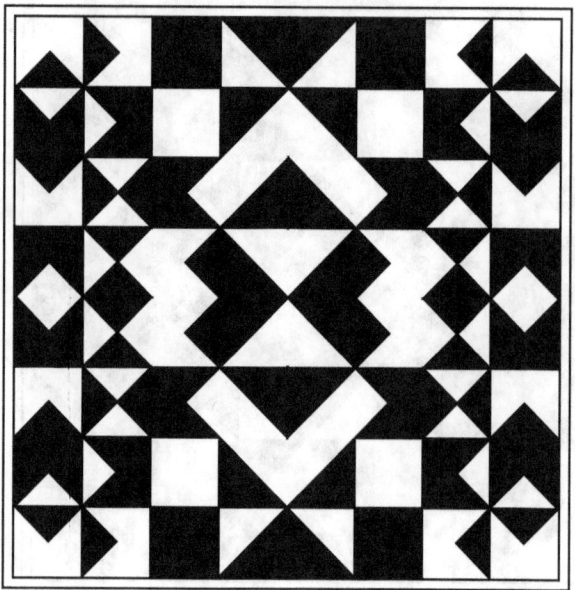

3	2	16	13
8	15	1	10
9	6	12	7
14	11	5	4

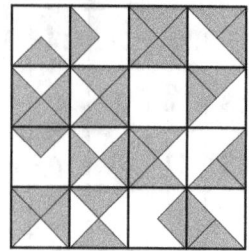

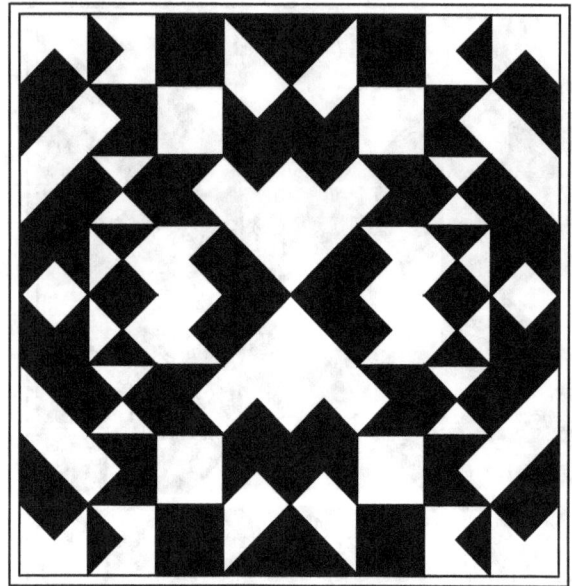

3	2	16	13
10	15	1	8
7	6	12	9
14	11	5	4

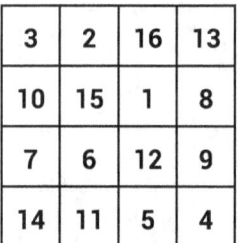

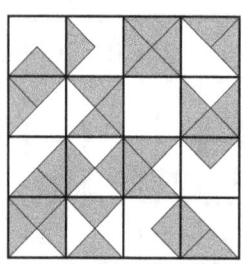

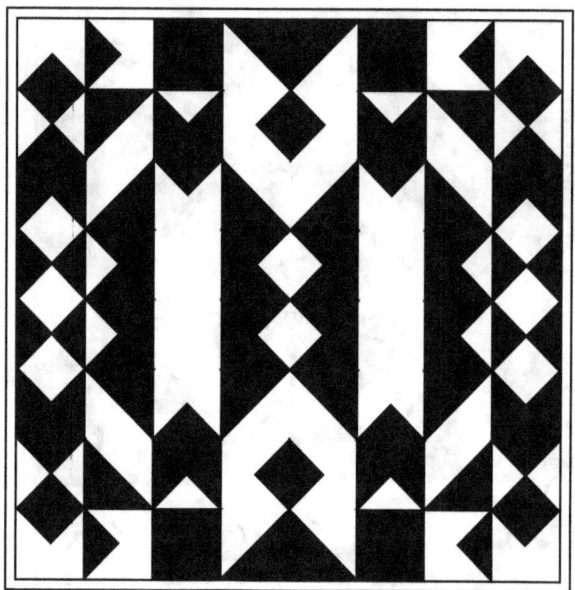

3	2	16	13
11	10	8	5
14	7	9	4
6	15	1	12

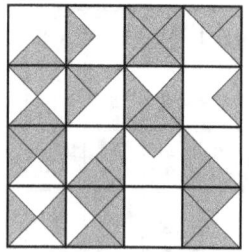

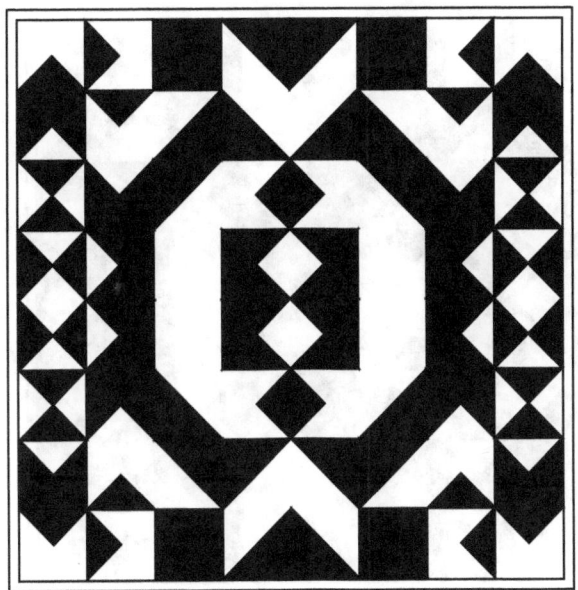

3	2	16	13
14	9	7	4
11	8	10	5
6	15	1	12

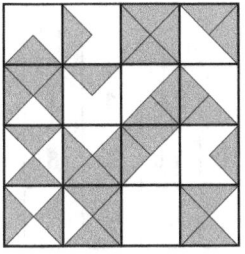

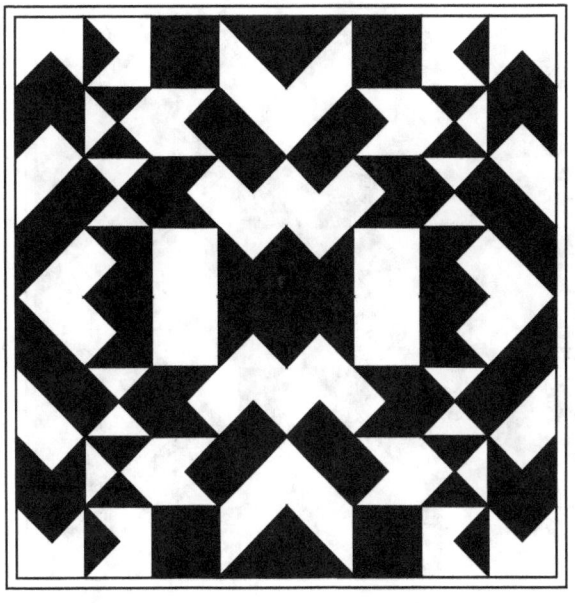

3	2	16	13
14	11	5	4
7	6	12	9
10	15	1	8

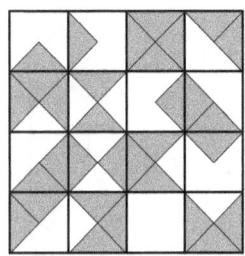

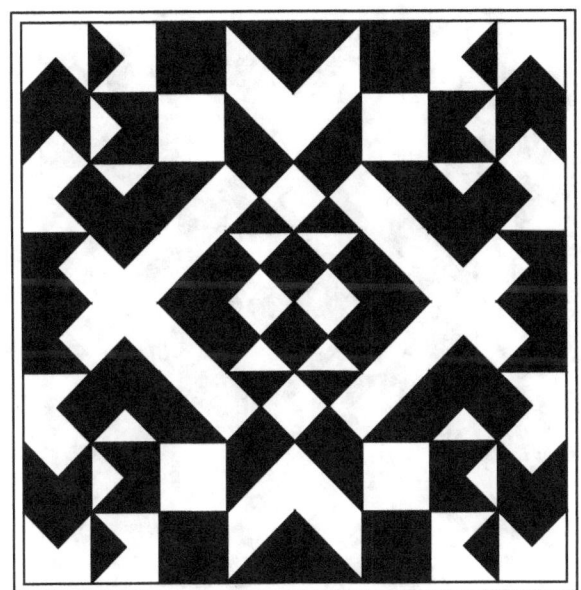

3	2	16	13
14	15	1	4
5	8	10	11
12	9	7	6

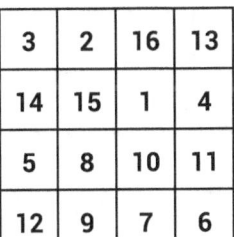

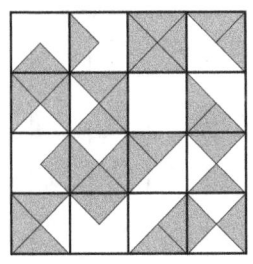

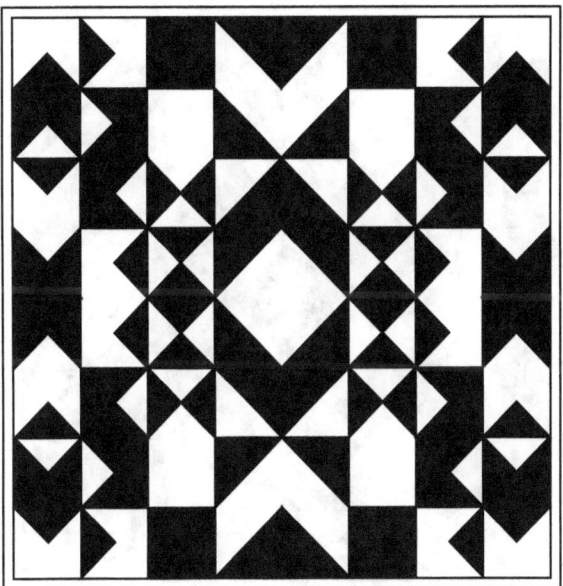

3	2	16	13
14	15	1	4
9	12	6	7
8	5	11	10

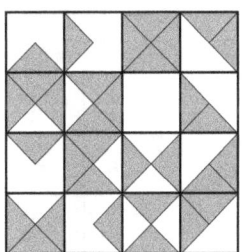

125

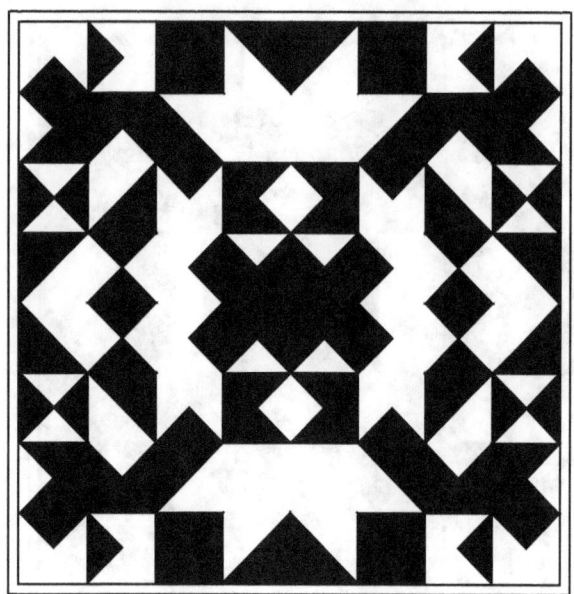

3	2	16	13
15	14	4	1
6	7	9	12
10	11	5	8

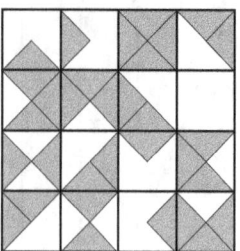

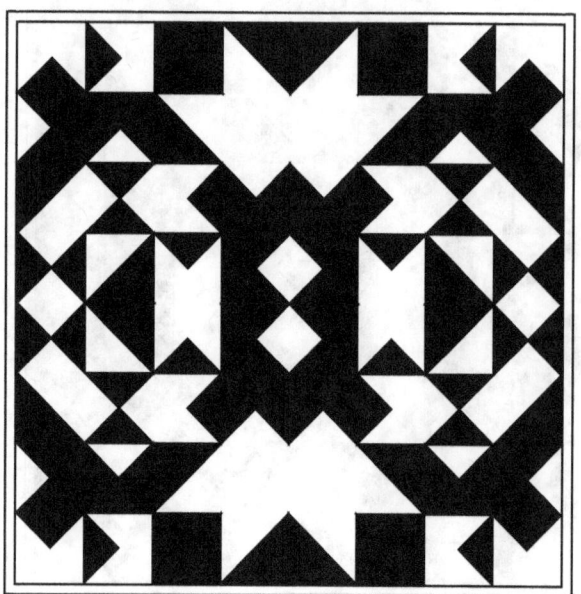

3	2	16	13
15	14	4	1
10	11	5	8
6	7	9	12

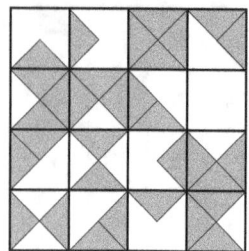

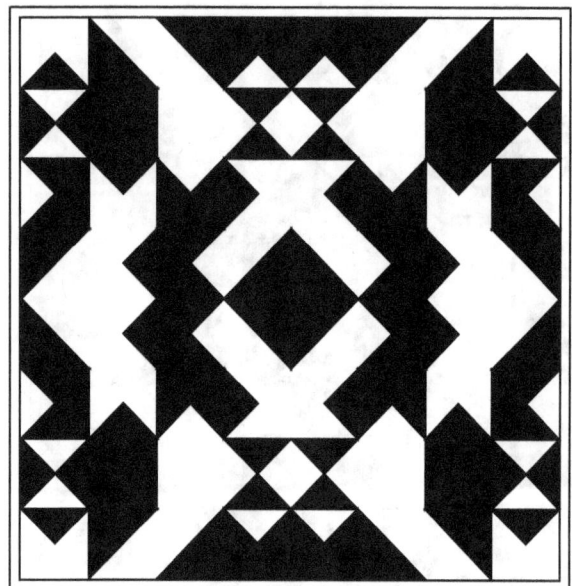

3	4	13	14
6	16	1	11
15	9	8	2
10	5	12	7

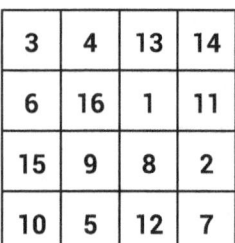
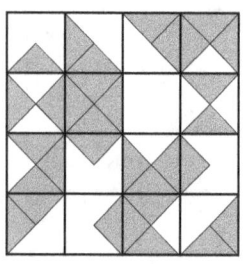

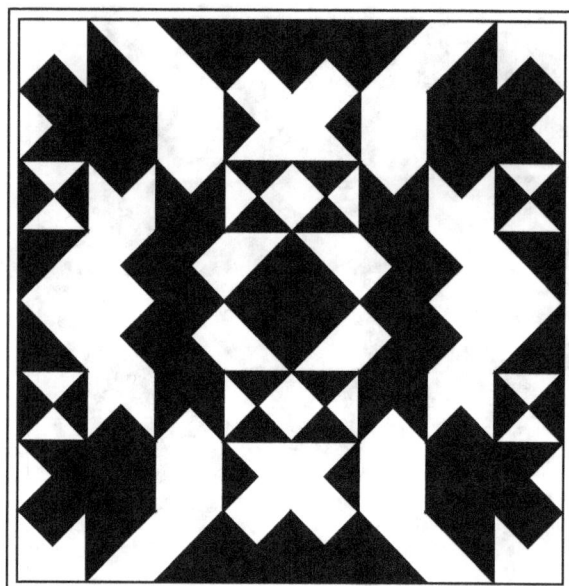

3	4	13	14
15	16	1	2
6	9	8	11
10	5	12	7

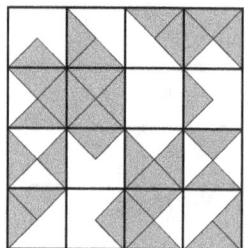

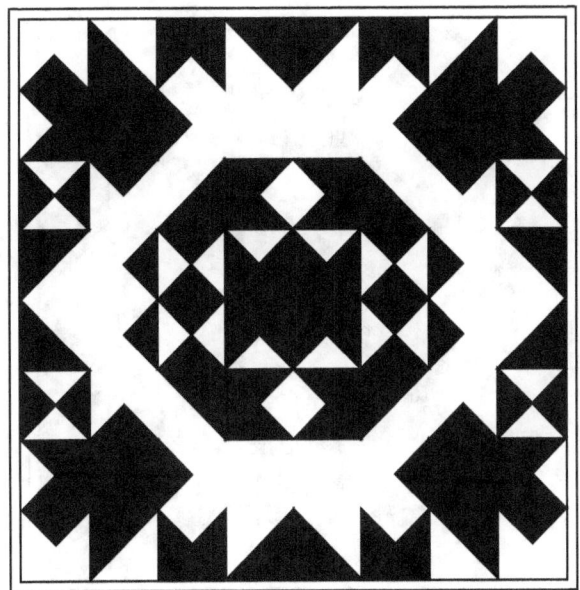

3	4	14	13
15	16	2	1
6	9	7	12
10	5	11	8

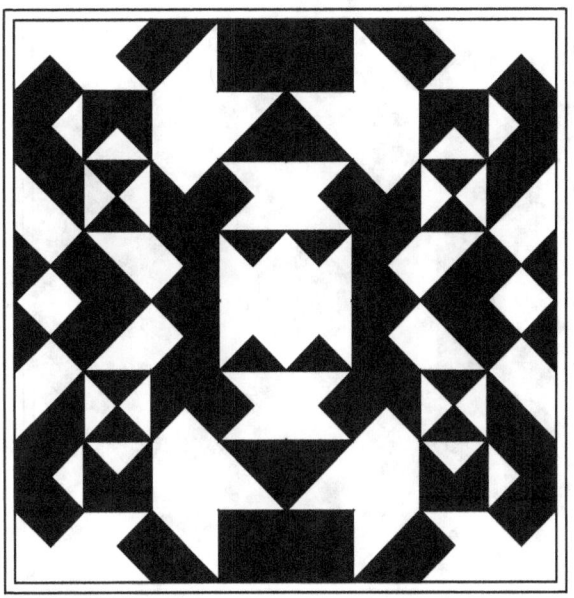

3	5	10	16
12	14	1	7
13	11	8	2
6	4	15	9

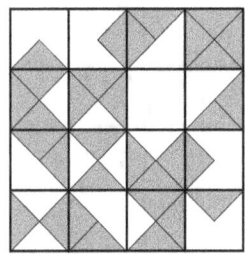

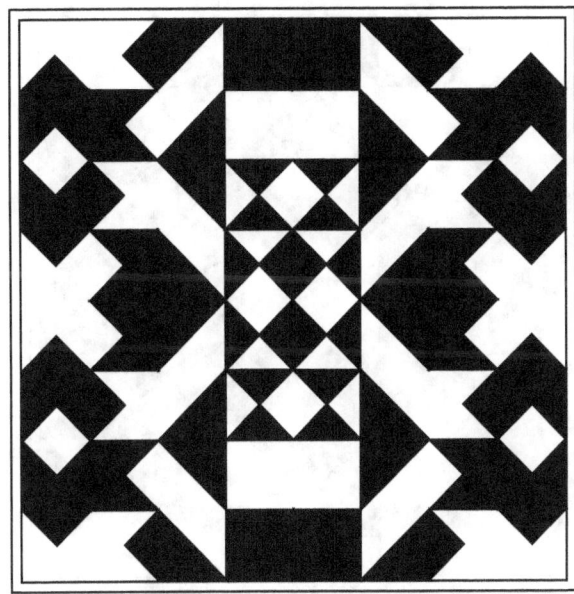

3	5	10	16
14	12	7	1
8	2	13	11
9	15	4	6

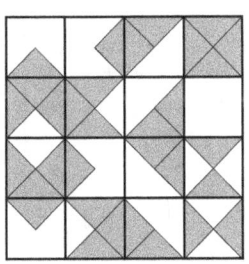

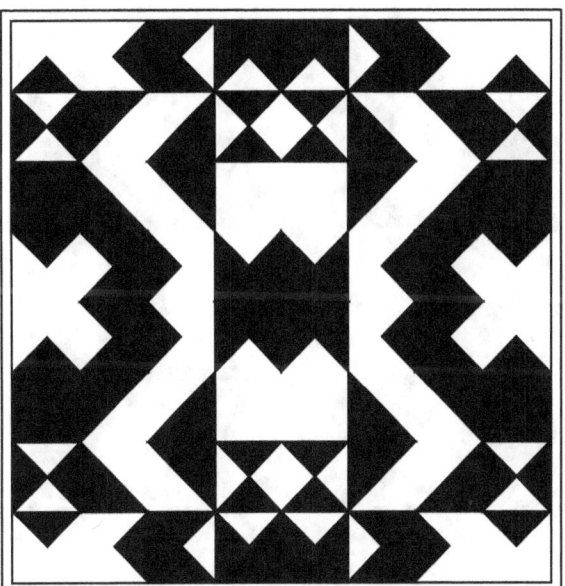

3	5	12	14
6	10	7	11
16	4	13	1
9	15	2	8

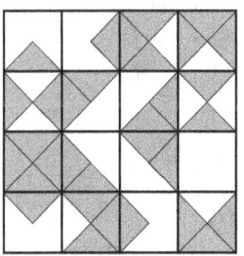

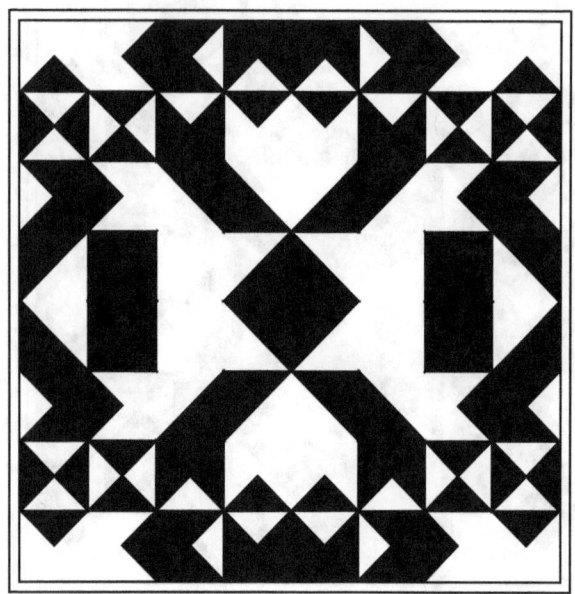

3	5	12	14
6	11	8	9
15	2	13	4
10	16	1	7

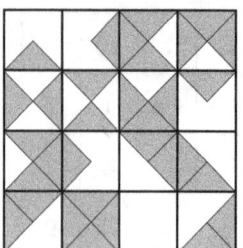

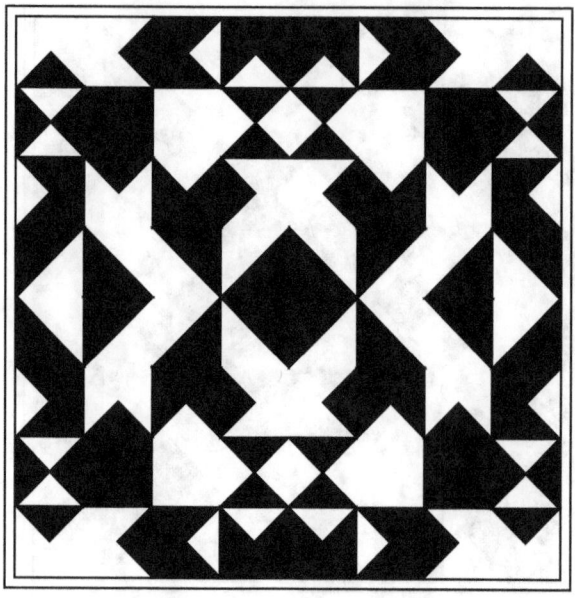

3	5	12	14
6	16	1	11
15	9	8	2
10	4	13	7

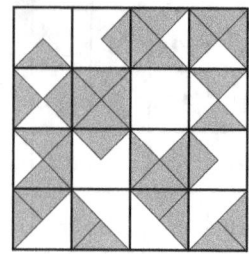

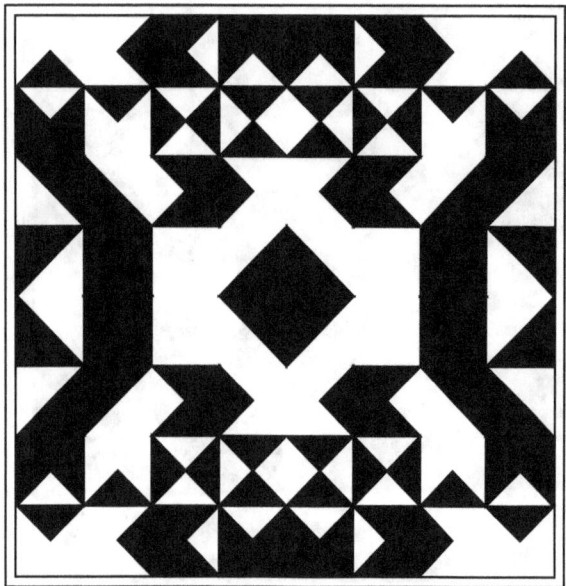

3	5	12	14
8	9	6	11
13	4	15	2
10	16	1	7

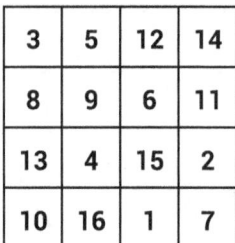

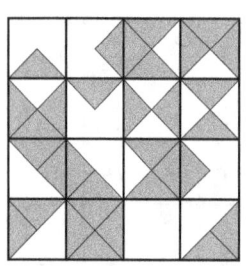

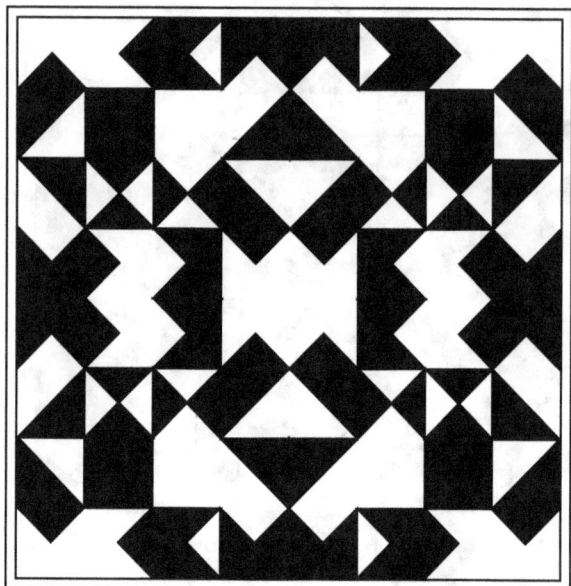

3	5	12	14
10	16	1	7
13	11	6	4
8	2	15	9

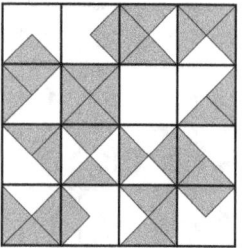

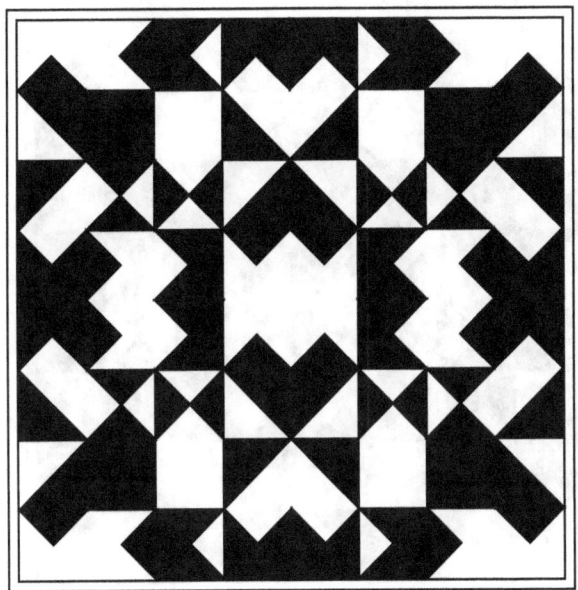

3	5	12	14
13	16	1	4
10	11	6	7
8	2	15	9

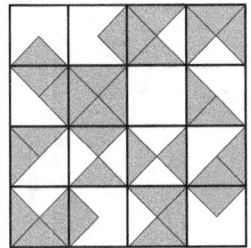

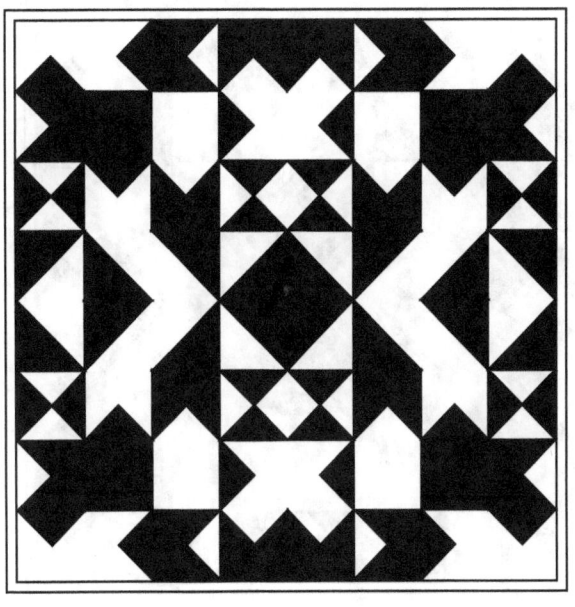

3	5	12	14
15	16	1	2
6	9	8	11
10	4	13	7

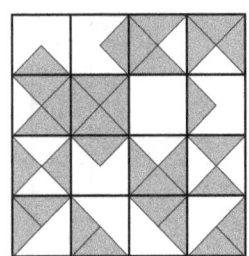

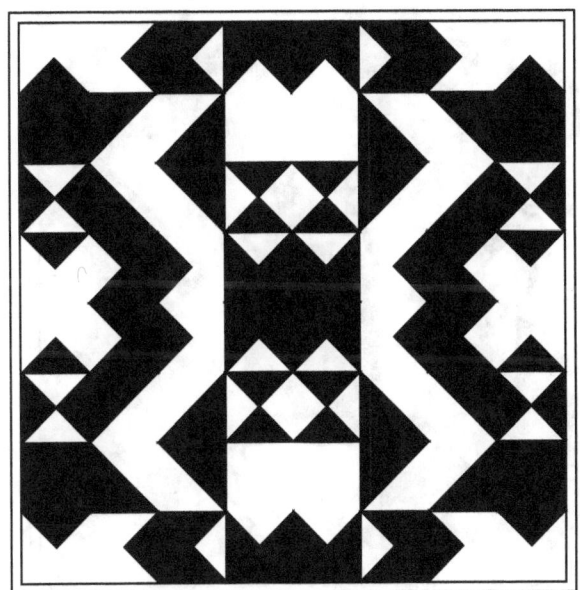

3	5	12	14
16	10	7	1
6	4	13	11
9	15	2	8

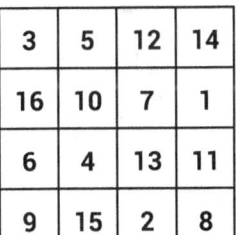
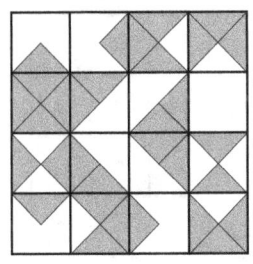

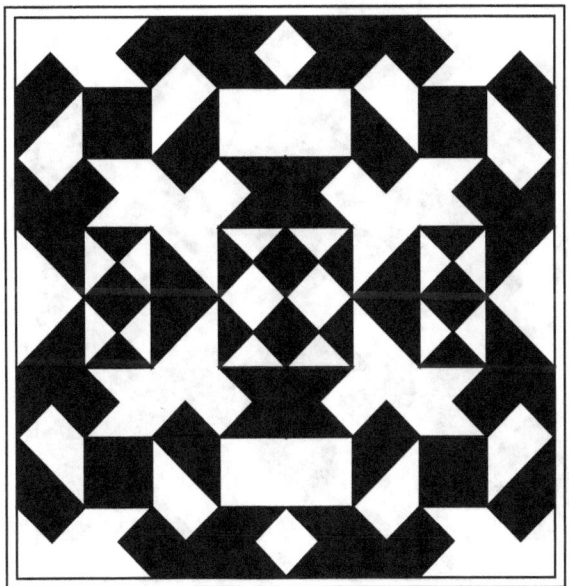

3	5	14	12
10	16	7	1
8	2	9	15
13	11	4	6

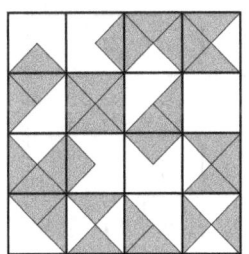

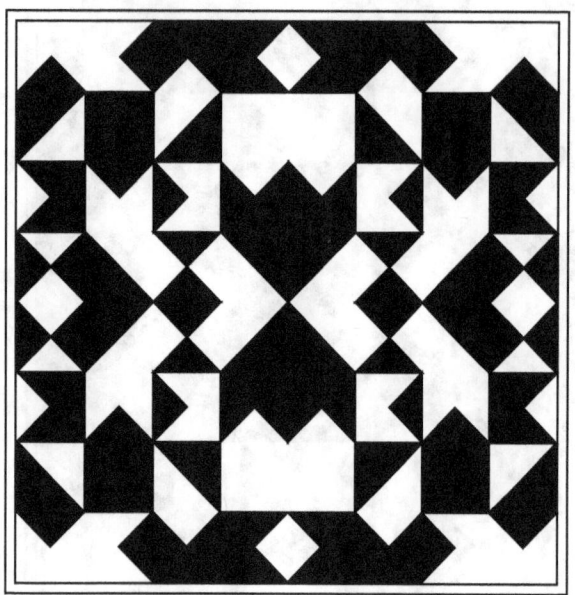

3	5	14	12
10	16	7	1
15	9	2	8
6	4	11	13

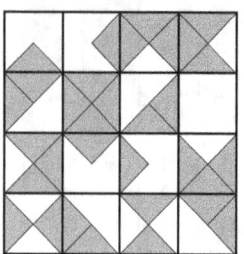

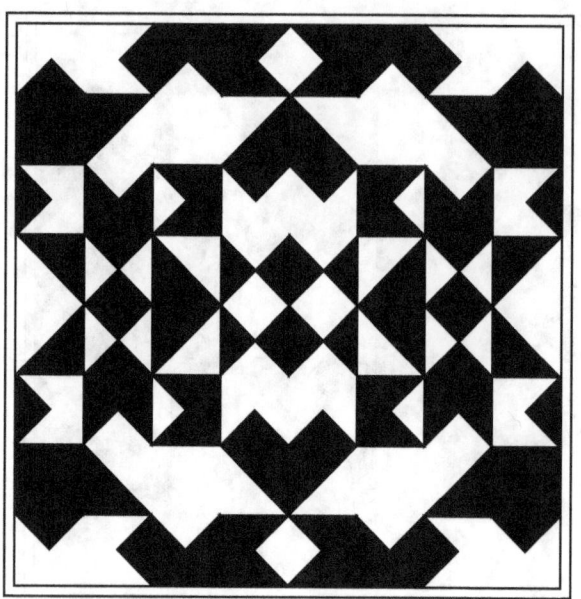

3	5	14	12
16	10	1	7
2	8	15	9
13	11	4	6

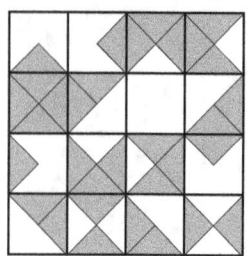

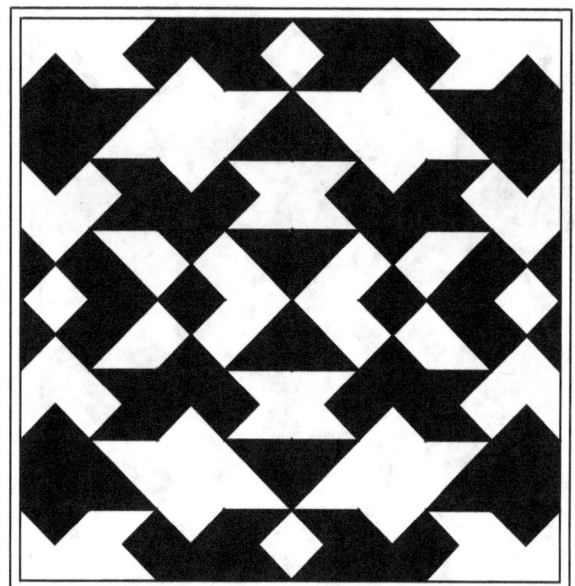

3	5	14	12
16	10	1	7
9	15	8	2
6	4	11	13

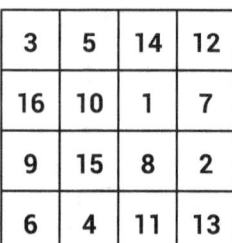
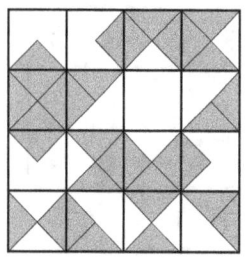

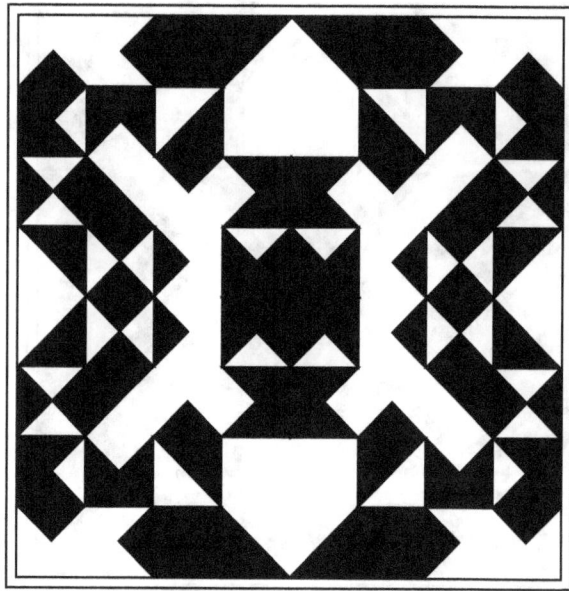

3	5	16	10
12	14	7	1
6	4	9	15
13	11	2	8

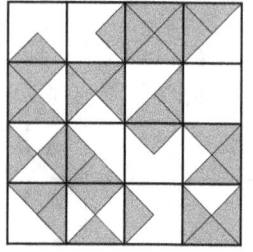

130

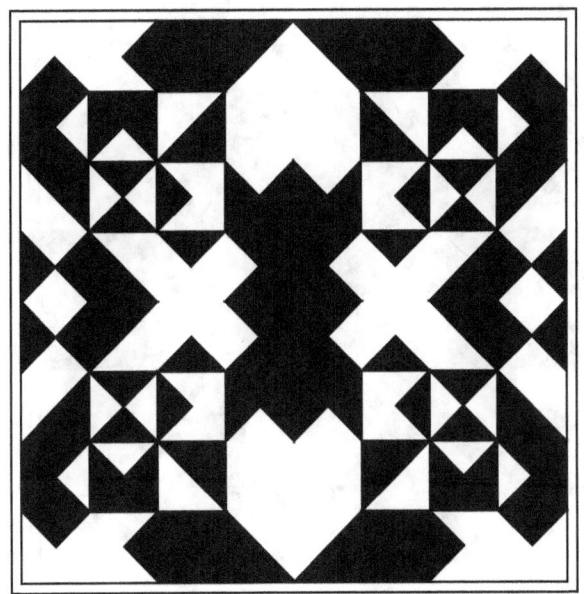

3	5	16	10
12	14	7	1
13	11	2	8
6	4	9	15

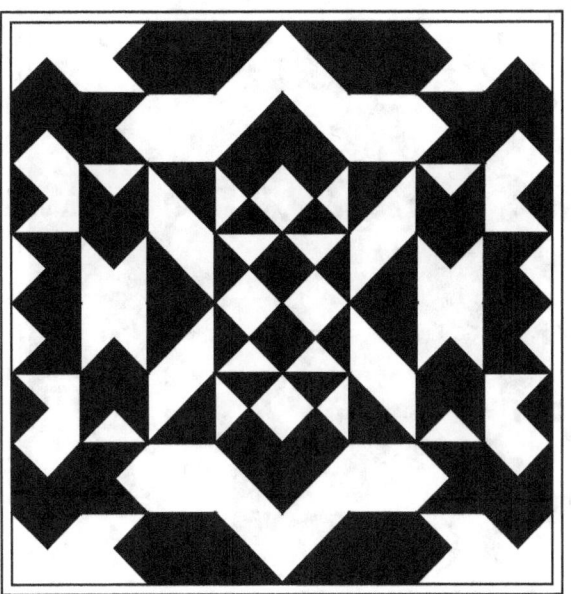

3	5	16	10
14	12	1	7
2	8	13	11
15	9	4	6

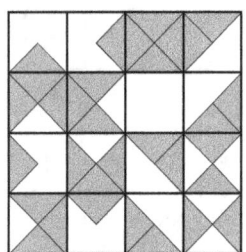

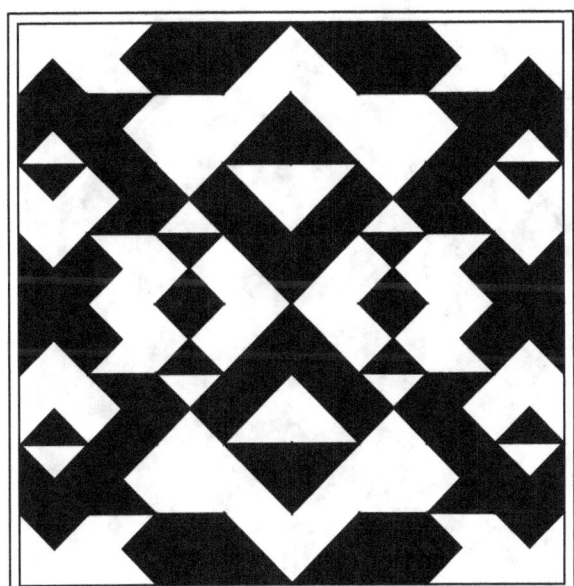

3	5	16	10
14	12	1	7
9	15	6	4
8	2	11	13

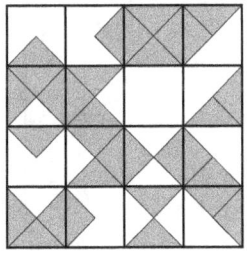

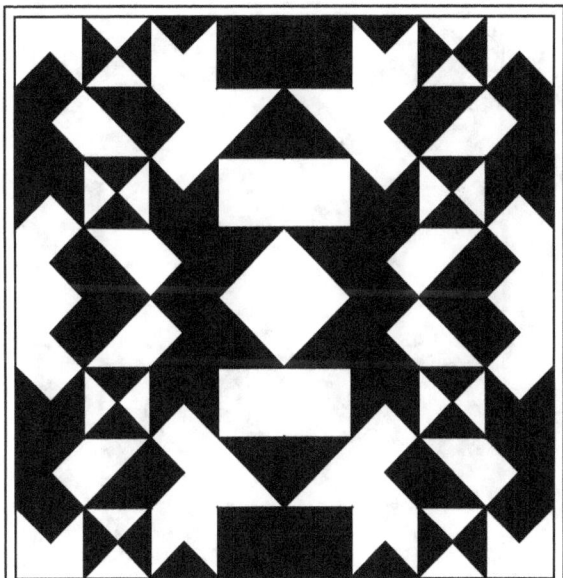

3	6	9	16
12	13	2	7
14	11	8	1
5	4	15	10

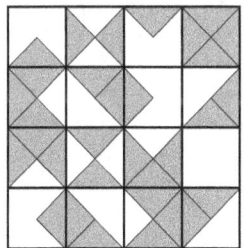

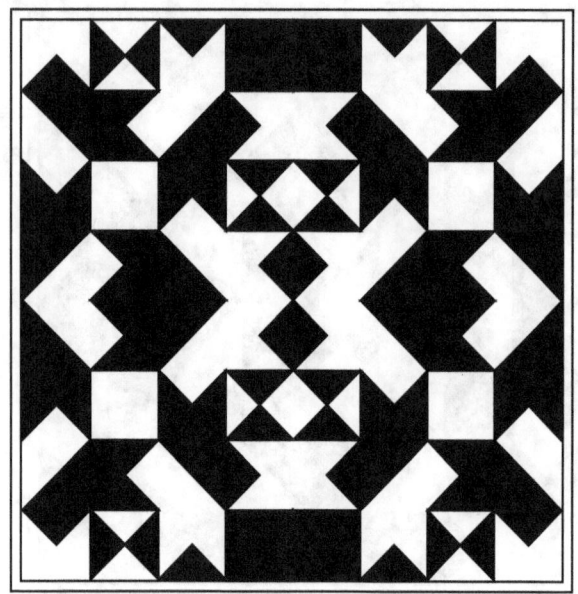

3	6	9	16
13	12	7	2
8	1	14	11
10	15	4	5

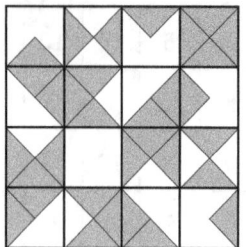

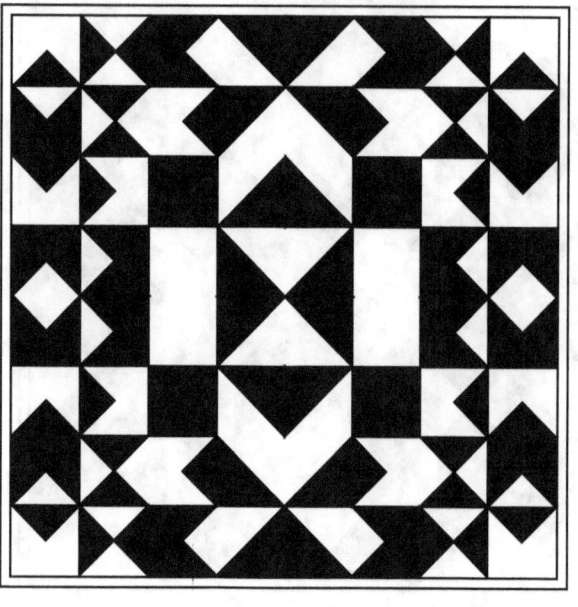

3	6	12	13
8	11	5	10
9	2	16	7
14	15	1	4

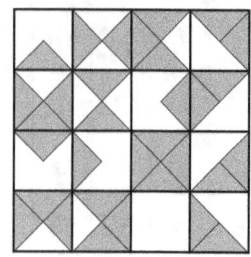

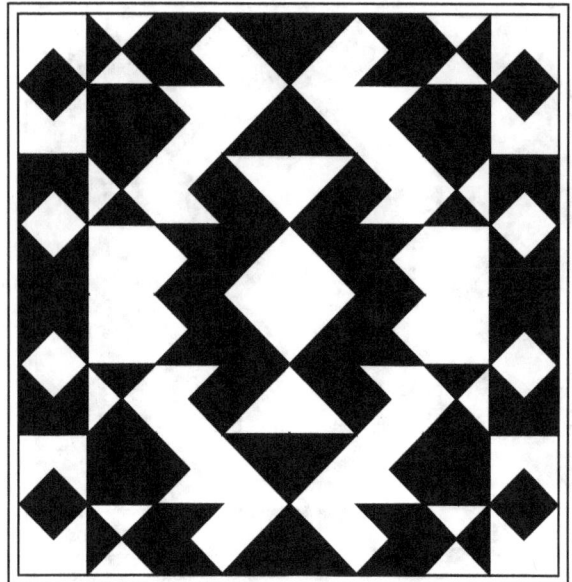

3	6	12	13
9	16	2	7
14	11	5	4
8	1	15	10

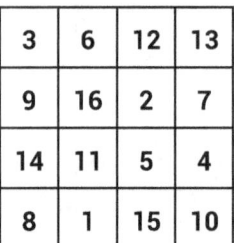
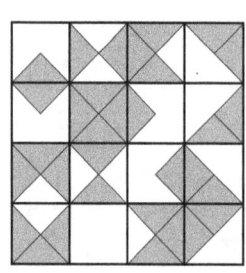

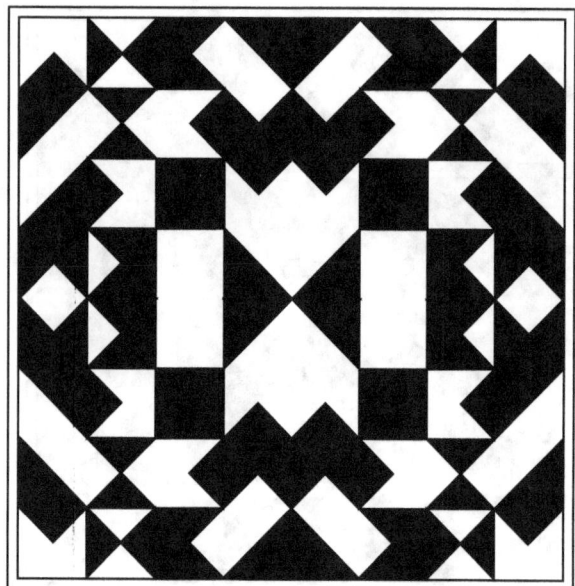

3	6	12	13
10	11	5	8
7	2	16	9
14	15	1	4

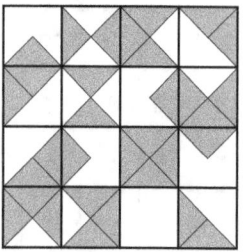

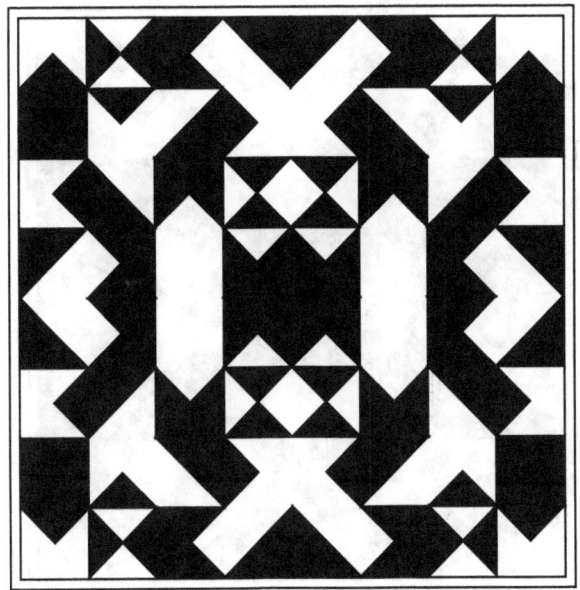

3	6	12	13
16	9	7	2
5	4	14	11
10	15	1	8

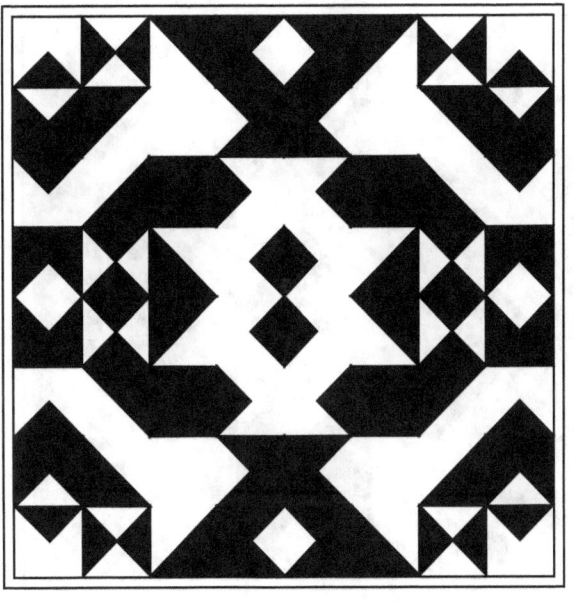

3	6	13	12
8	10	1	15
9	7	16	2
14	11	4	5

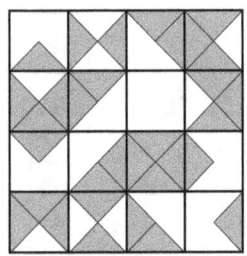

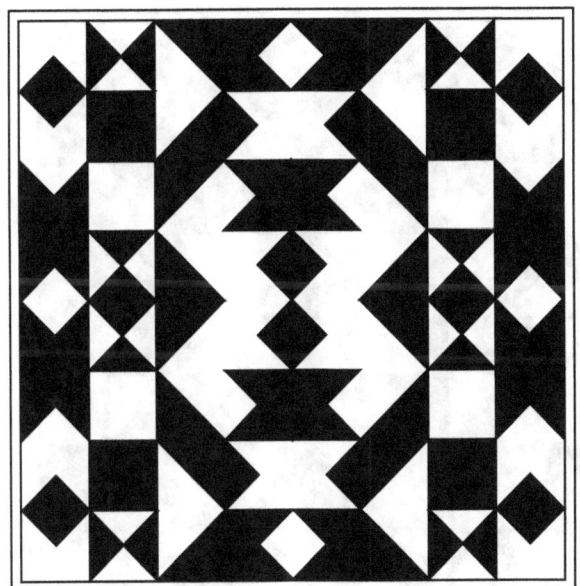

3	6	13	12
9	16	7	2
8	1	10	15
14	11	4	5

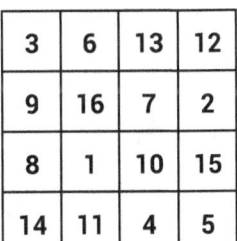

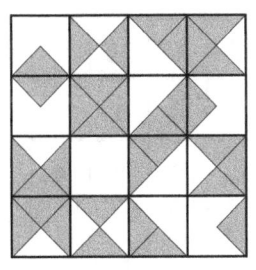

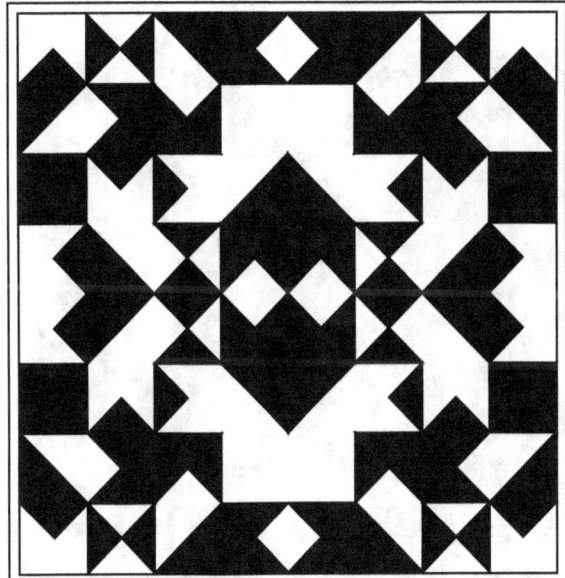

3	6	13	12
10	15	8	1
16	9	2	7
5	4	11	14

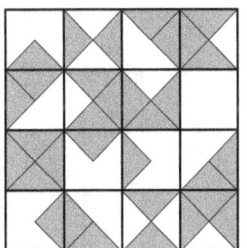

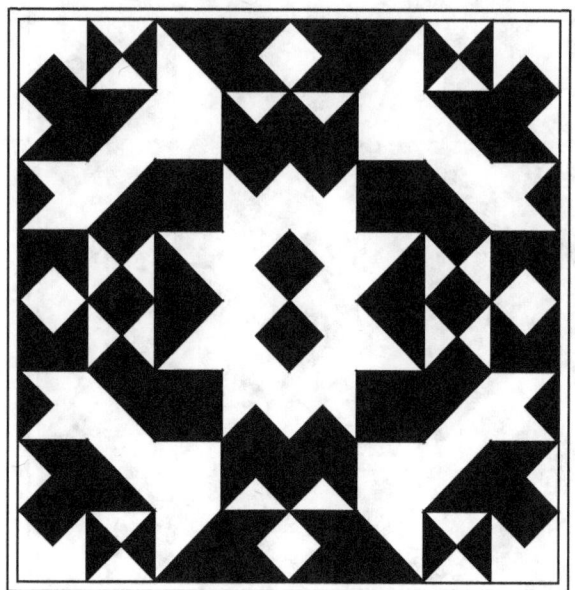

3	6	13	12
15	10	1	8
2	7	16	9
14	11	4	5

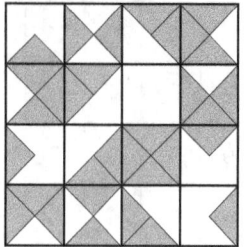

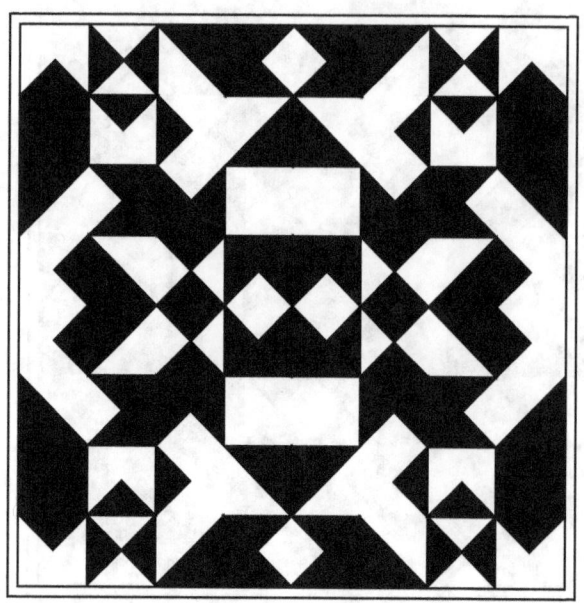

3	6	13	12
16	9	2	7
10	15	8	1
5	4	11	14

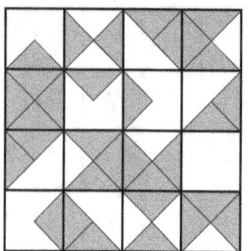

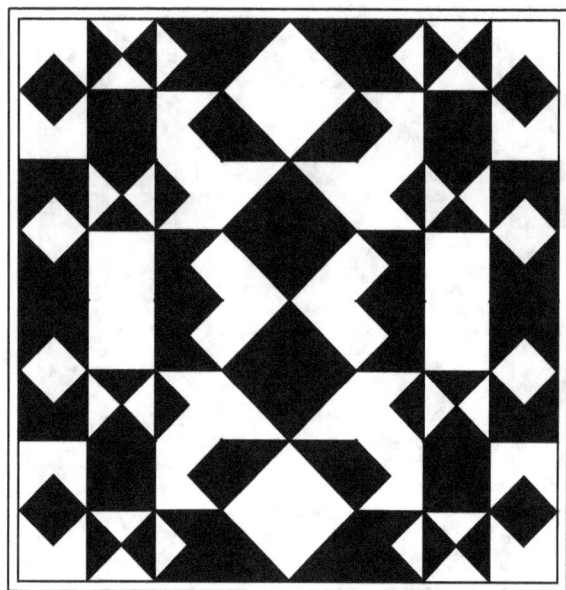

3	6	15	10
9	16	5	4
14	11	2	7
8	1	12	13

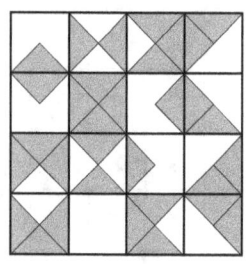

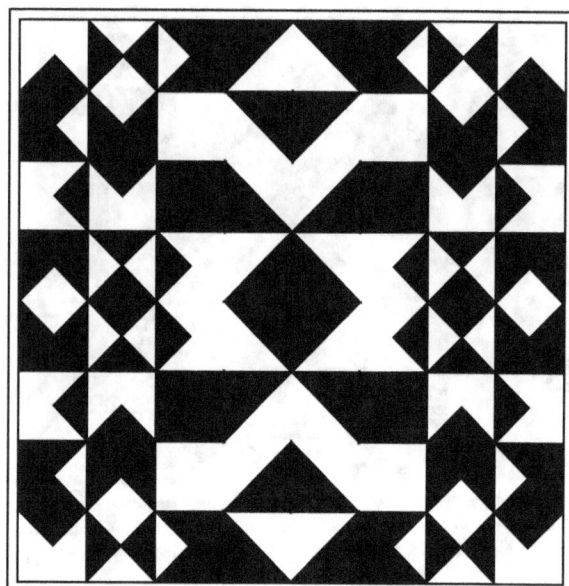

3	6	15	10
12	8	1	13
5	9	16	4
14	11	2	7

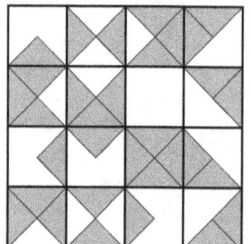

134

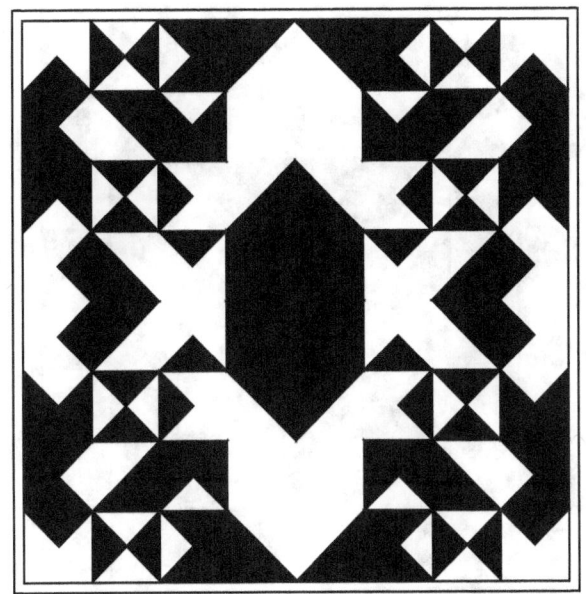

3	6	15	10
12	13	8	1
14	11	2	7
5	4	9	16

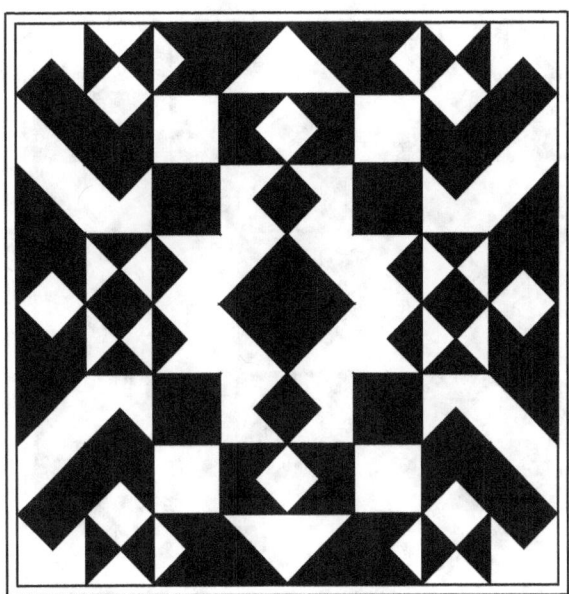

3	6	15	10
13	8	1	12
4	9	16	5
14	11	2	7

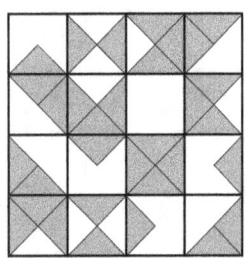

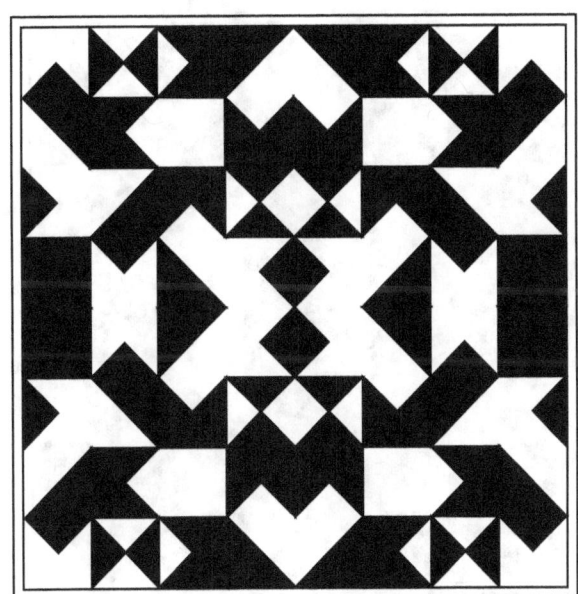

3	6	15	10
13	12	1	8
2	7	14	11
16	9	4	5

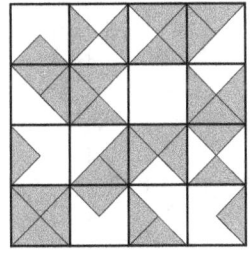

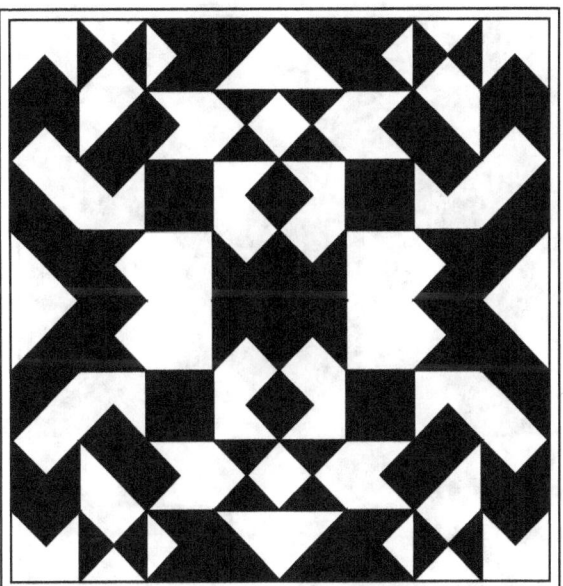

3	6	15	10
14	7	2	11
4	9	16	5
13	12	1	8

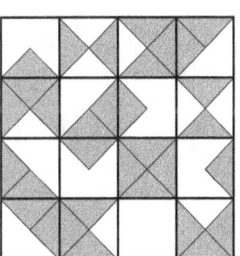

135

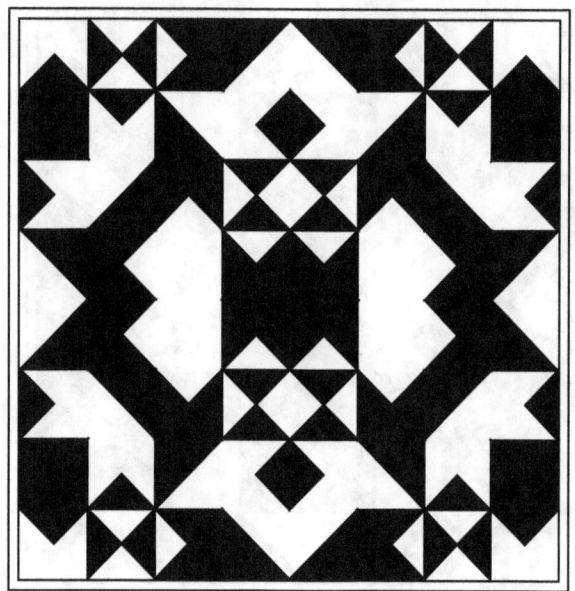

3	6	15	10
16	9	4	5
2	7	14	11
13	12	1	8

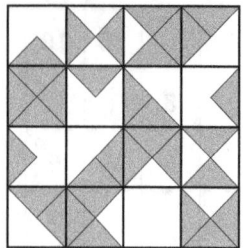

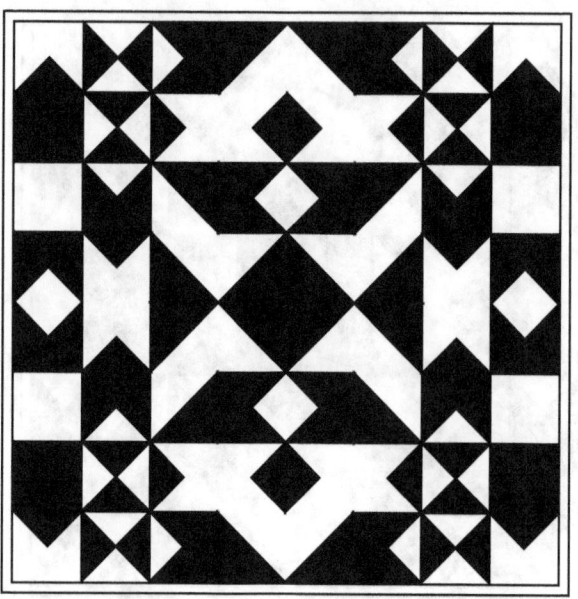

3	6	15	10
16	11	2	5
1	8	13	12
14	9	4	7

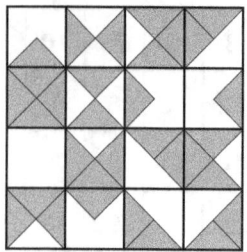

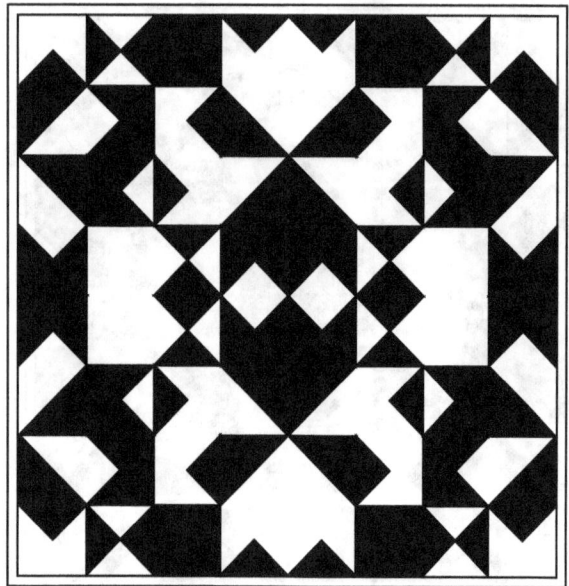

3	6	16	9
10	15	5	4
13	12	2	7
8	1	11	14

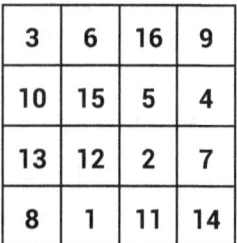

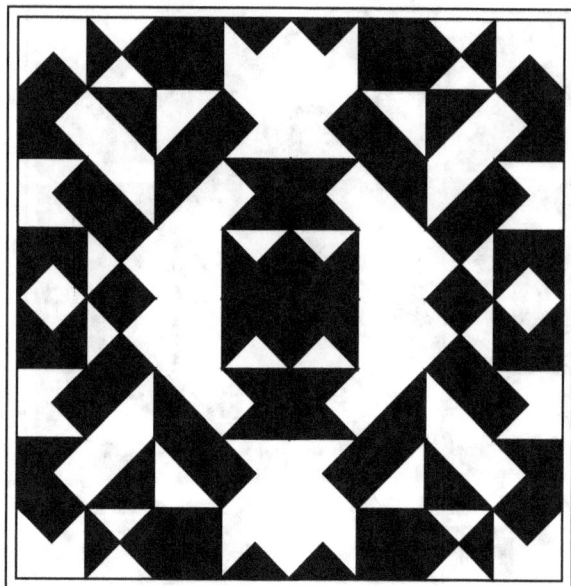

3	6	16	9
12	13	7	2
5	4	10	15
14	11	1	8

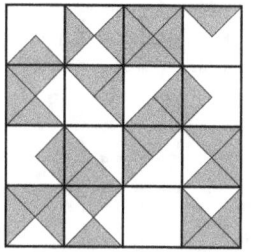

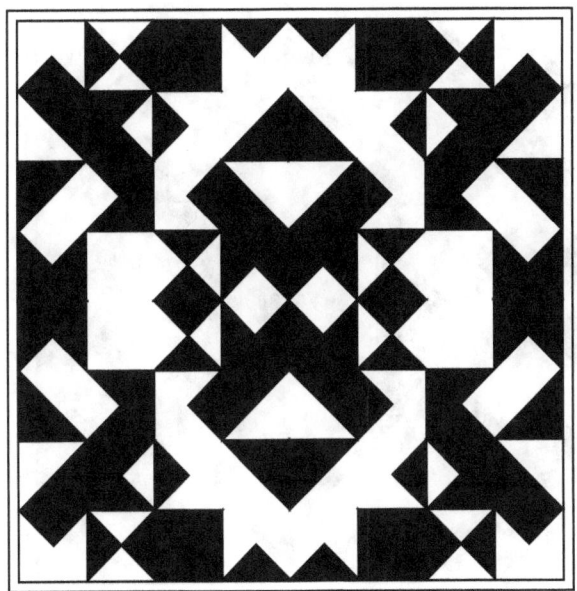

3	6	16	9
13	12	2	7
10	15	5	4
8	1	11	14

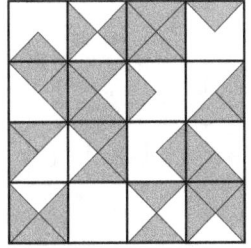

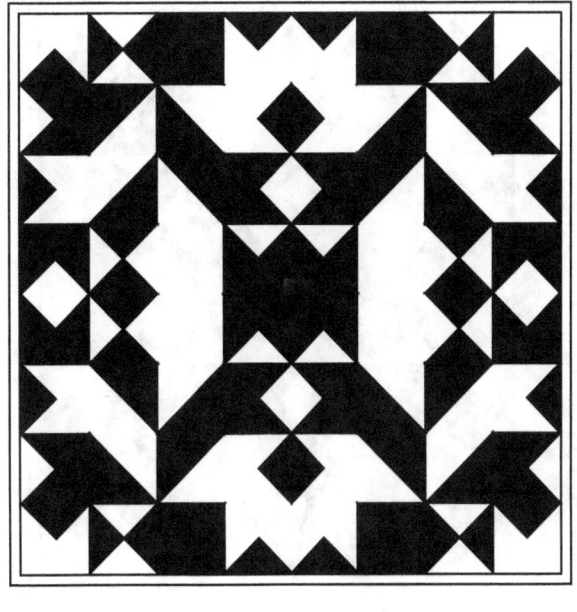

3	6	16	9
15	10	4	5
2	7	13	12
14	11	1	8

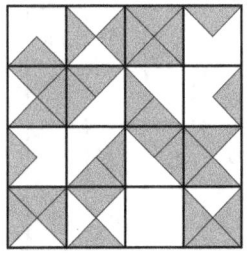

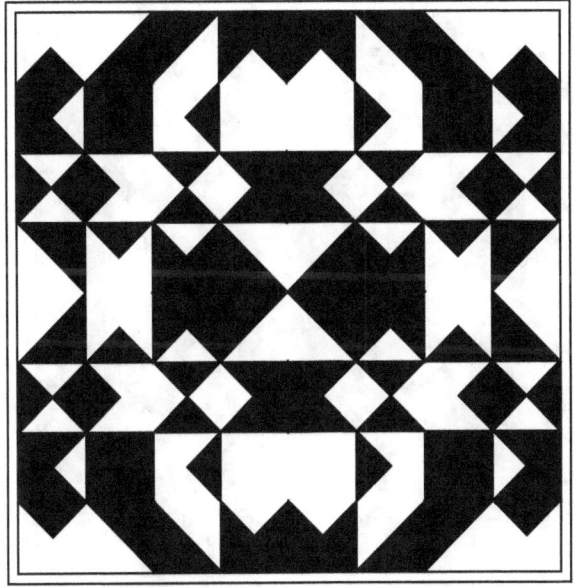

3	7	10	14
12	16	5	1
6	2	11	15
13	9	8	4

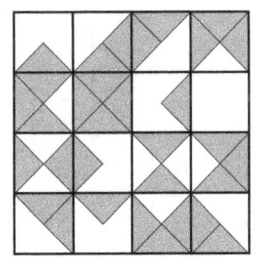

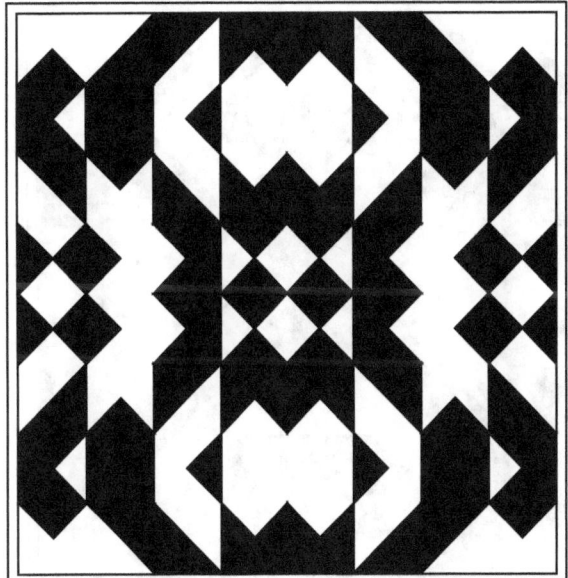

3	7	10	14
12	16	5	1
13	9	4	8
6	2	15	11

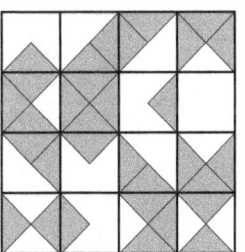

137

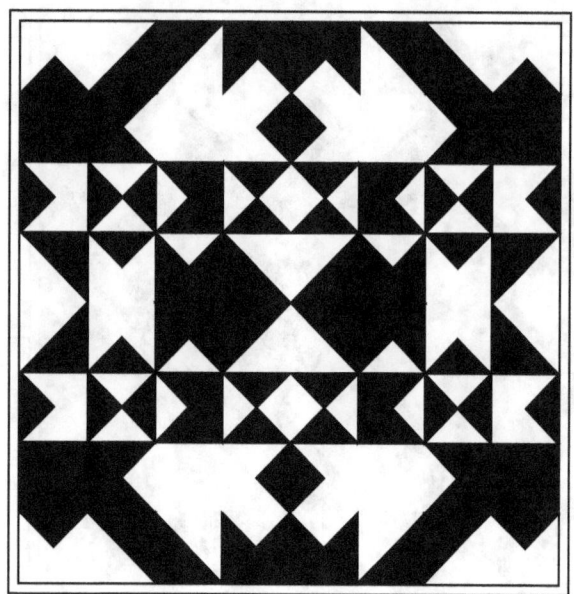

3	7	10	14
16	12	1	5
2	6	15	11
13	9	8	4

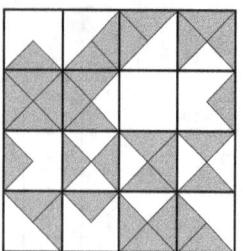

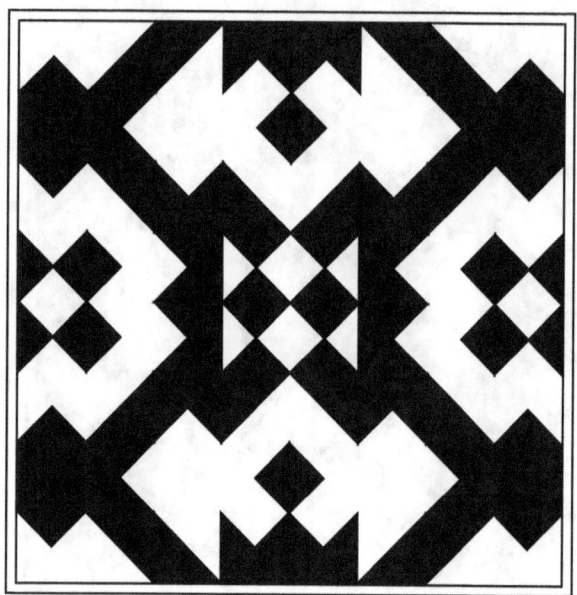

3	7	10	14
16	12	1	5
9	13	8	4
6	2	15	11

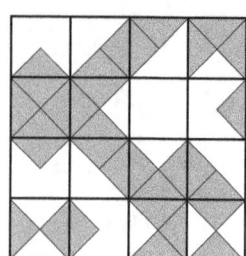

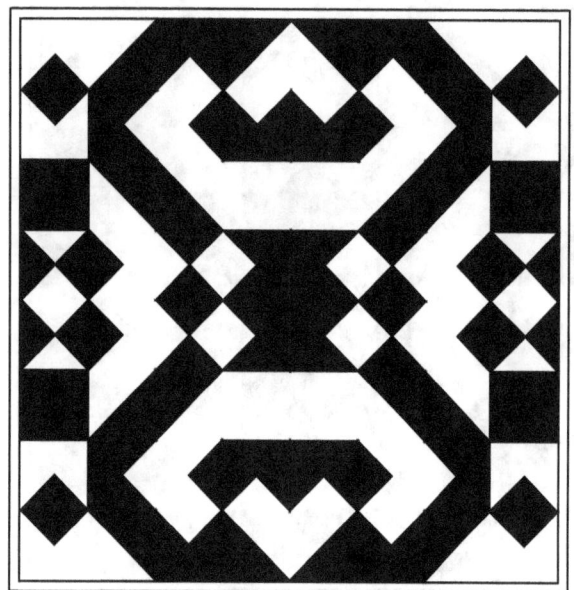

3	7	14	10
9	12	5	8
16	13	4	1
6	2	11	15

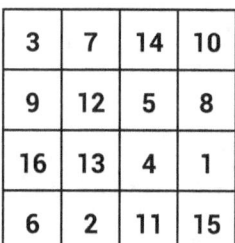
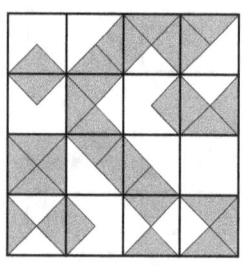

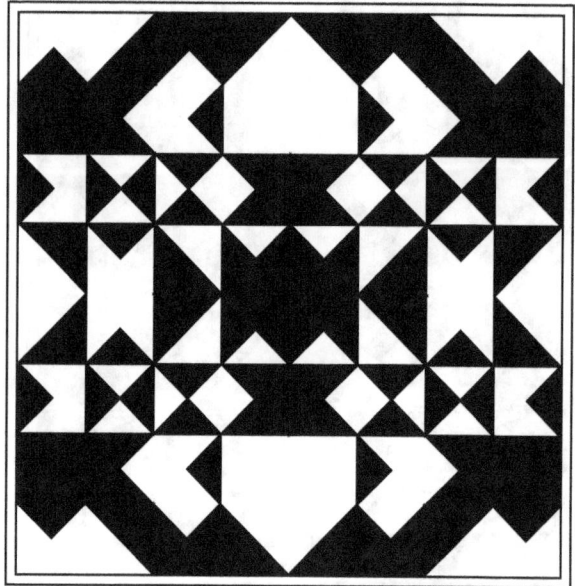

3	7	14	10
16	12	5	1
2	6	11	15
13	9	4	8

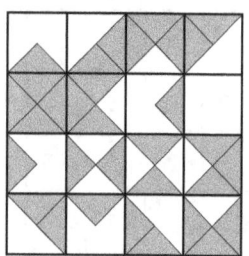

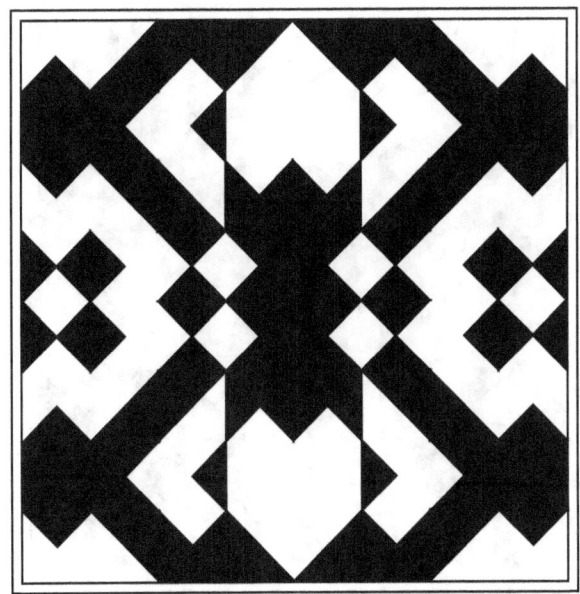

3	7	14	10
16	12	5	1
9	13	4	8
6	2	11	15

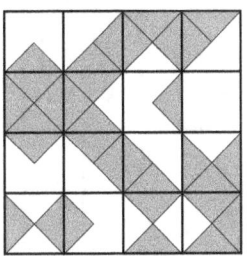

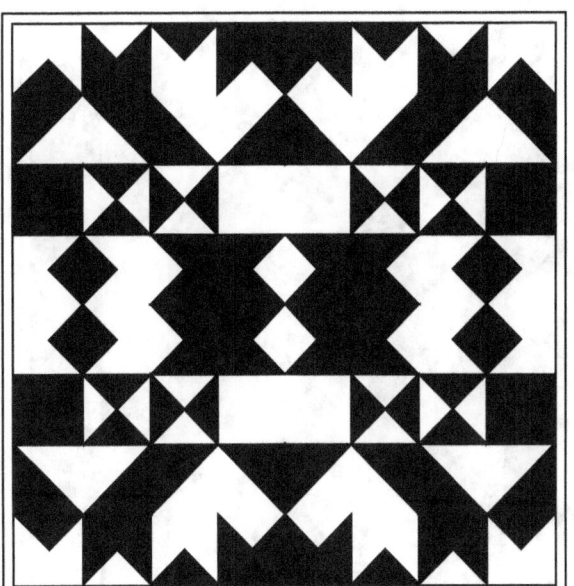

3	8	9	14
10	13	4	7
16	11	6	1
5	2	15	12

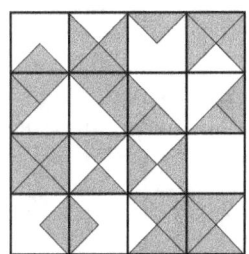

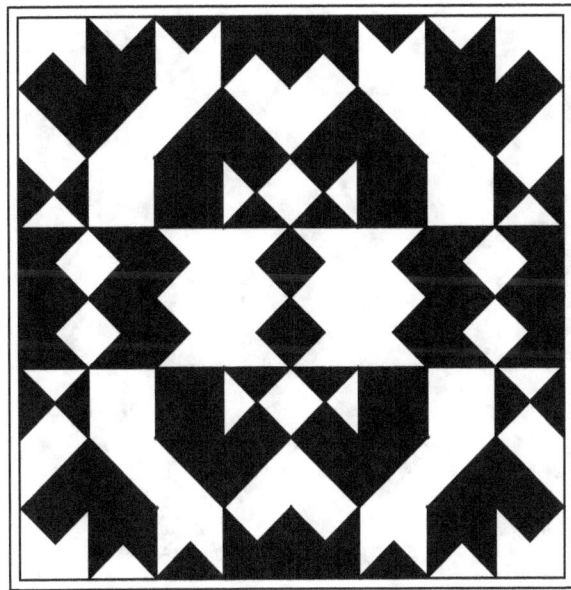

3	8	9	14
13	10	7	4
6	1	16	11
12	15	2	5

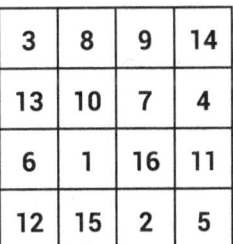
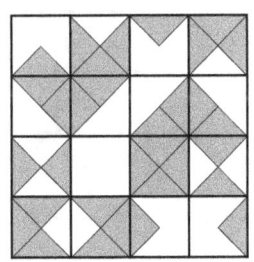

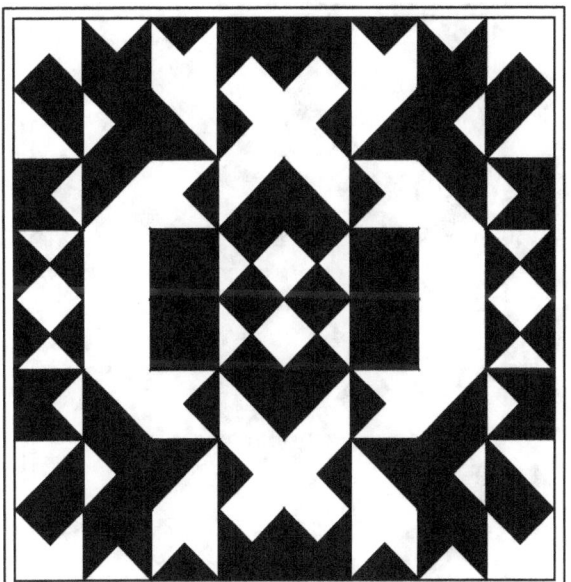

3	8	9	14
13	15	4	2
12	10	5	7
6	1	16	11

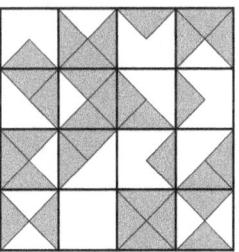

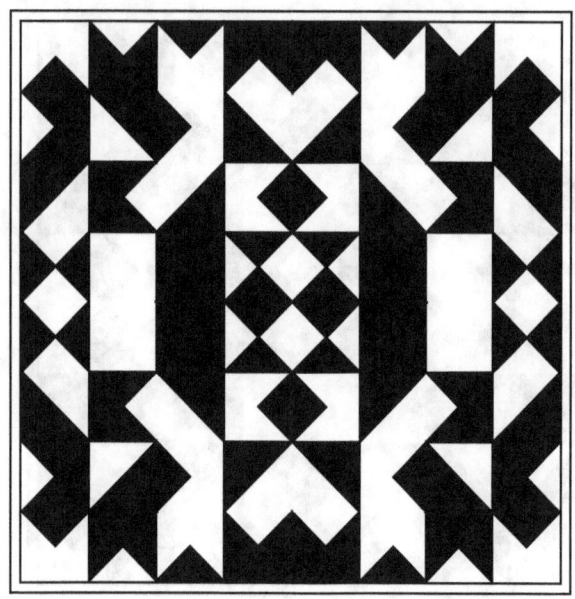

3	8	9	14
15	13	2	4
10	12	7	5
6	1	16	11

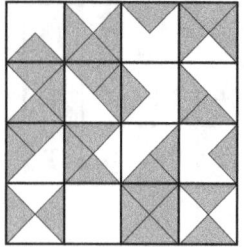

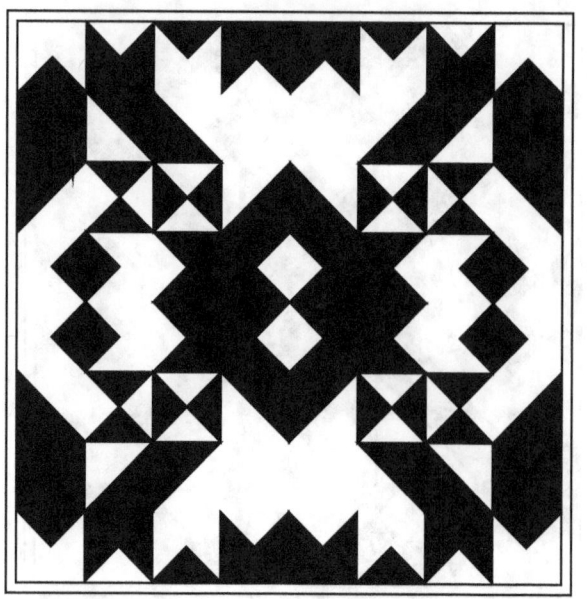

3	8	9	14
16	13	4	1
10	11	6	7
5	2	15	12

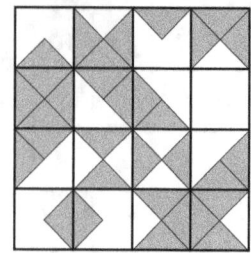

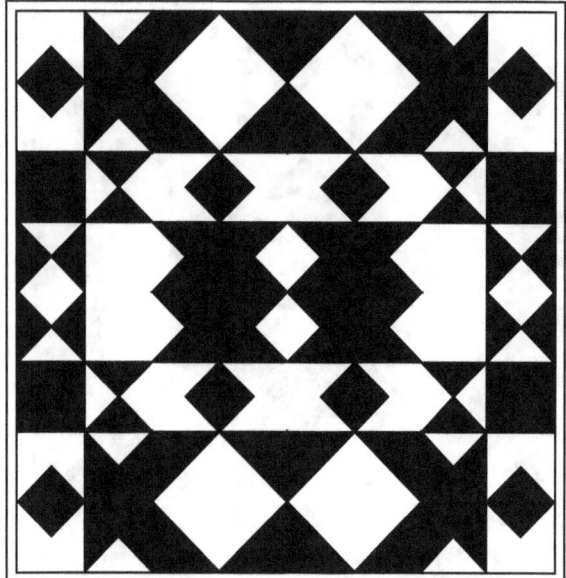

3	8	10	13
9	14	4	7
16	11	5	2
6	1	15	12

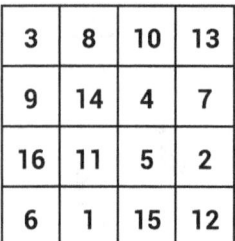
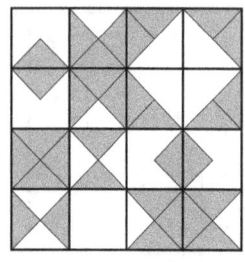

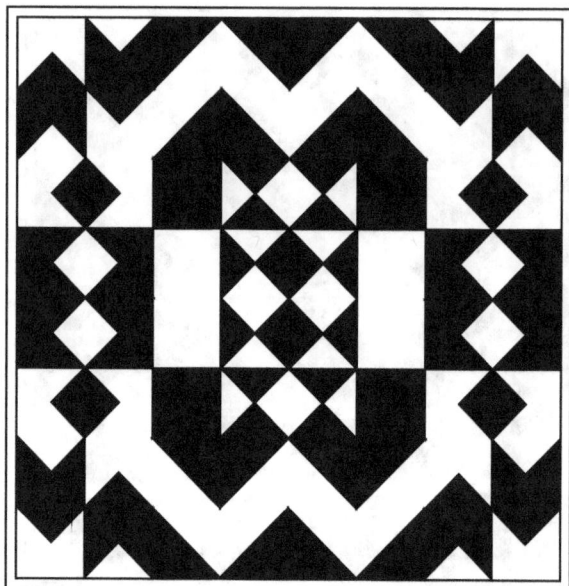

3	8	10	13
14	9	7	4
5	2	16	11
12	15	1	6

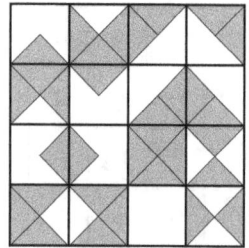

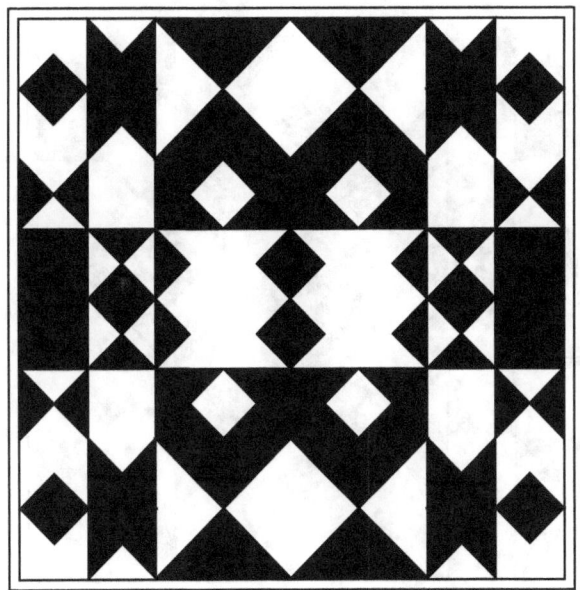

3	8	13	10
9	14	7	4
6	1	12	15
16	11	2	5

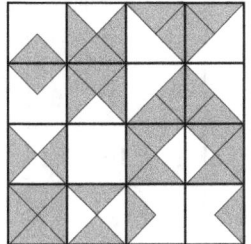

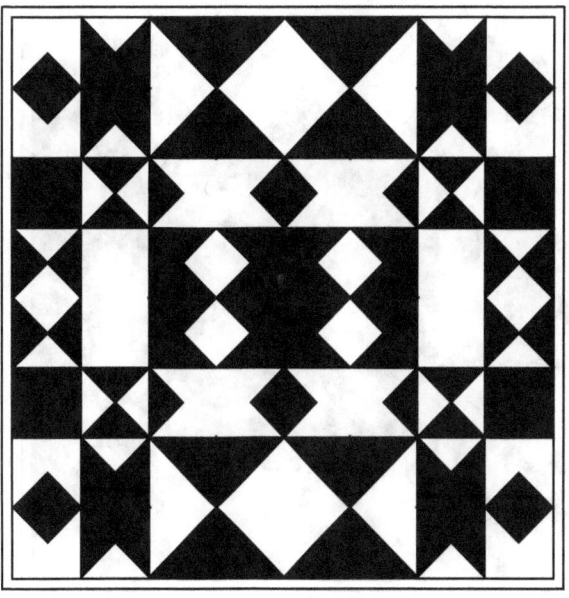

3	8	13	10
9	14	7	4
16	11	2	5
6	1	12	15

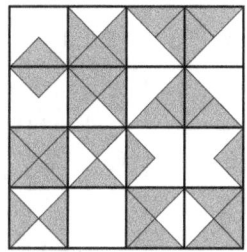

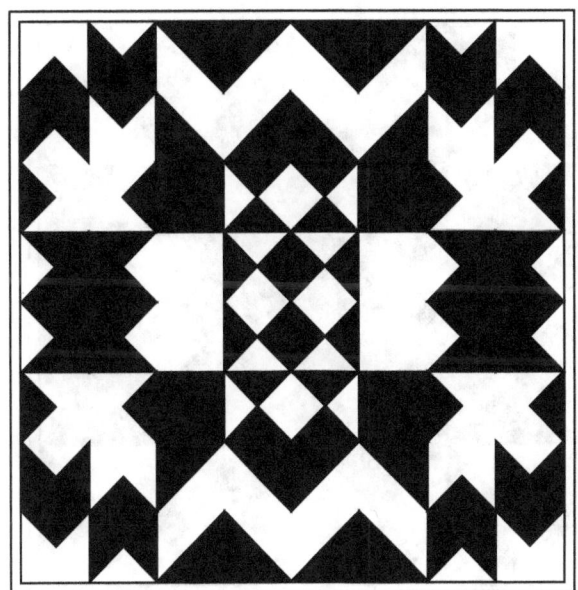

3	8	13	10
14	9	4	7
2	5	16	11
15	12	1	6

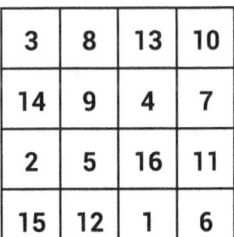
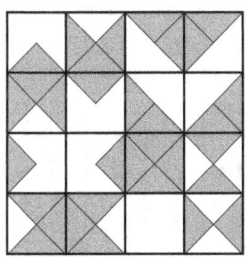

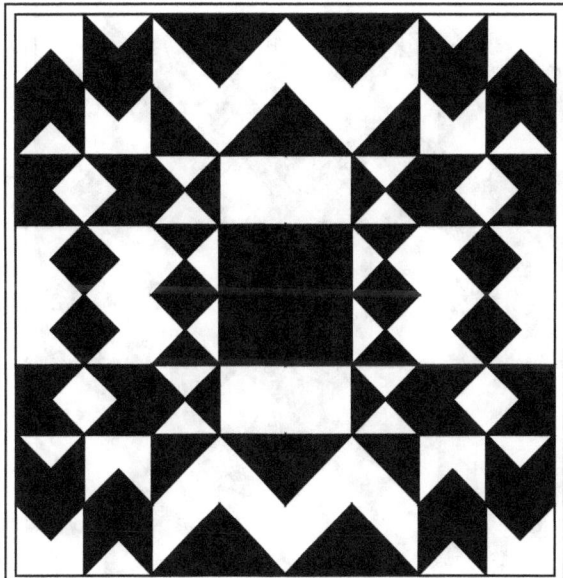

3	8	13	10
14	9	4	7
12	15	6	1
5	2	11	16

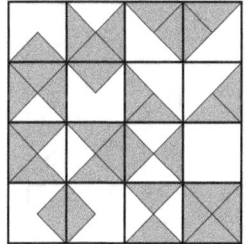

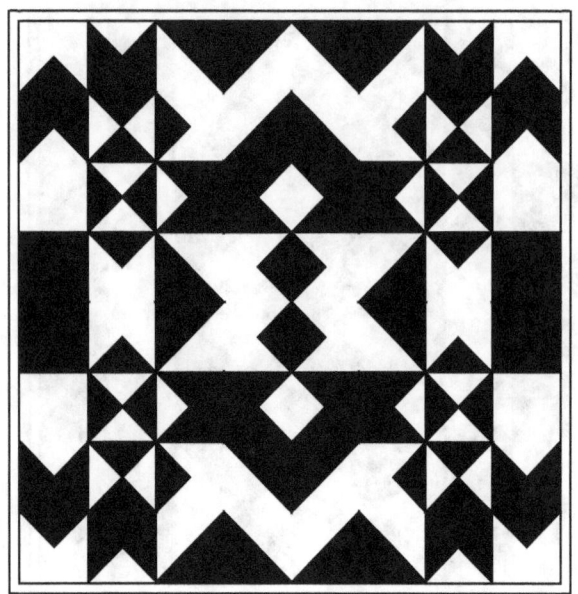

3	8	13	10
14	11	2	7
1	6	15	12
16	9	4	5

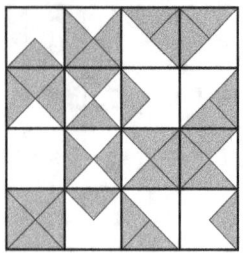

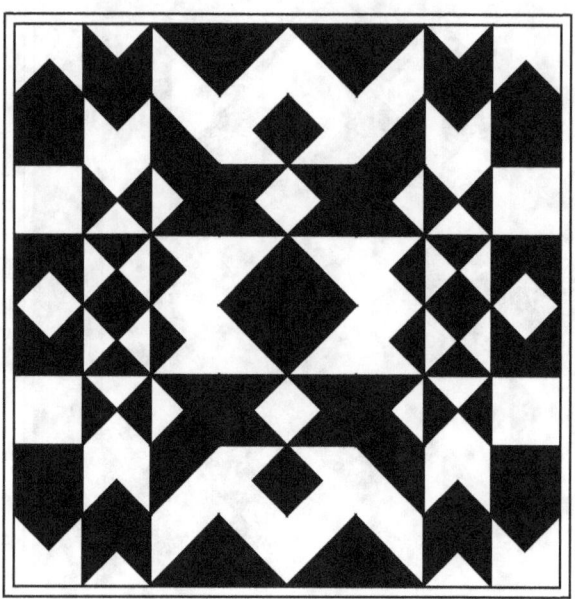

3	8	13	10
16	9	4	5
1	6	15	12
14	11	2	7

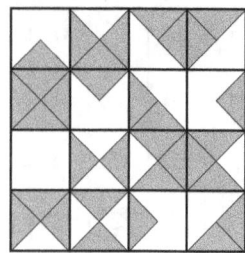

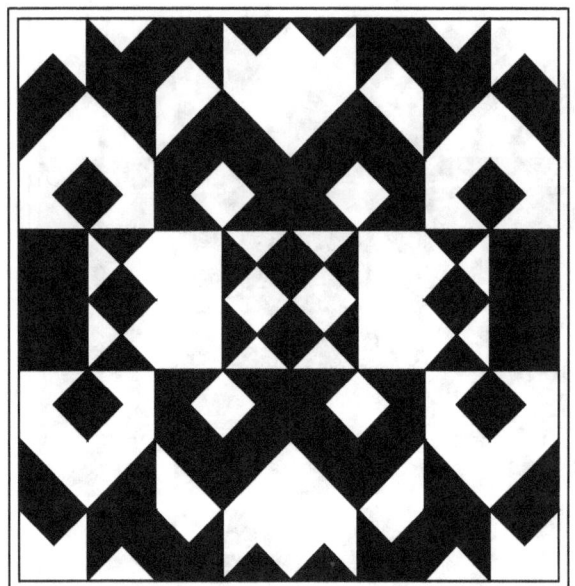

3	8	14	9
10	13	7	4
5	2	12	15
16	11	1	6

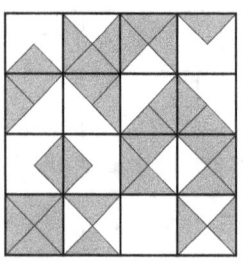

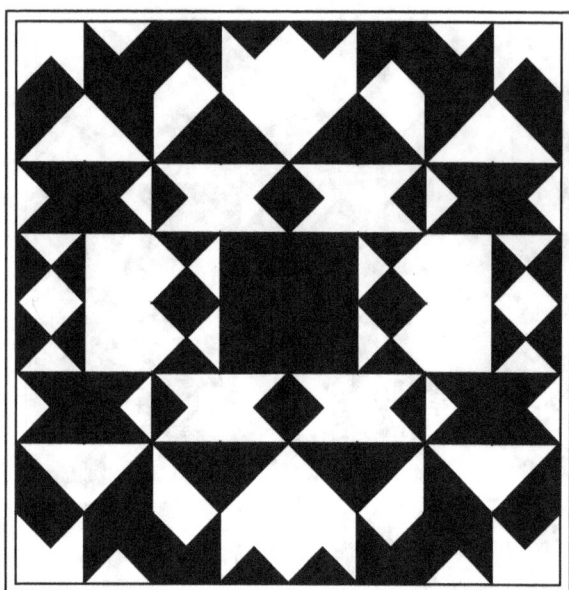

3	8	14	9
10	13	7	4
15	12	2	5
6	1	11	16

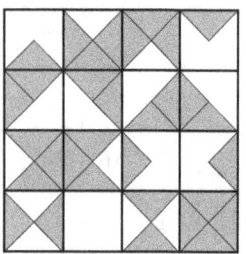

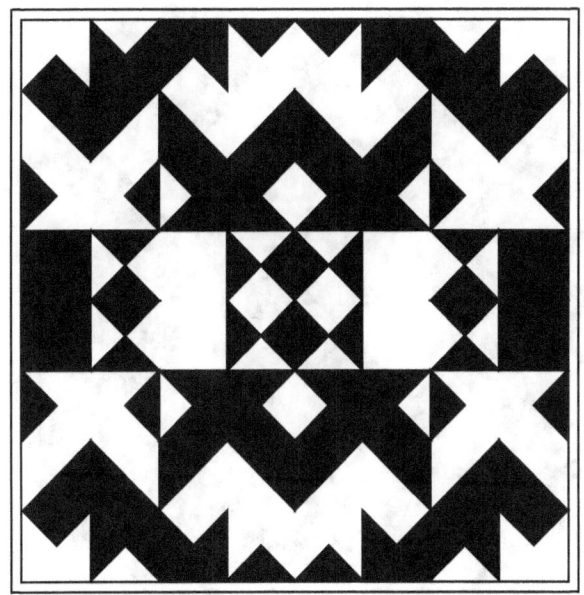

3	8	14	9
13	10	4	7
2	5	15	12
16	11	1	6

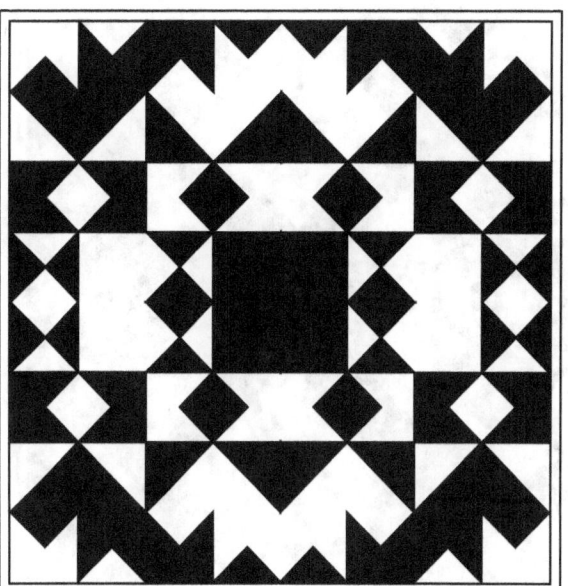

3	8	14	9
13	10	4	7
12	15	5	2
6	1	11	16

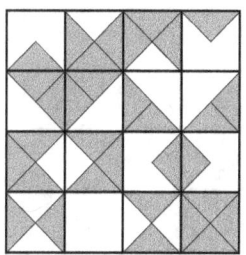

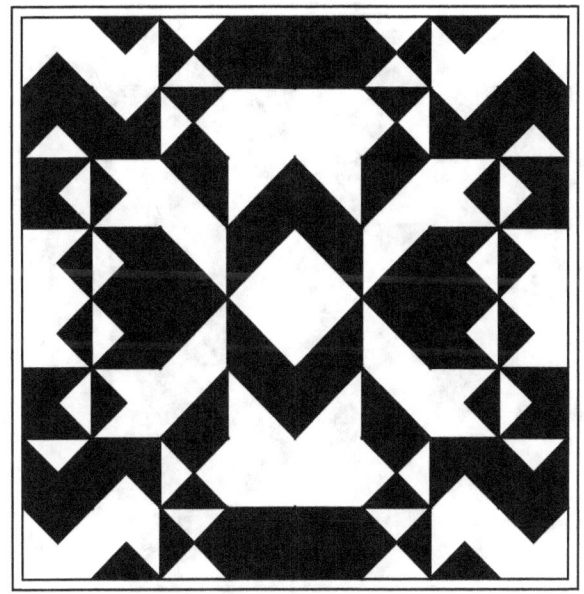

3	9	6	16
14	8	11	1
12	2	13	7
5	15	4	10

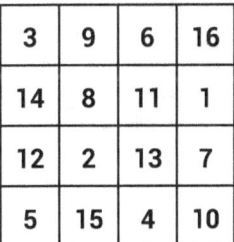

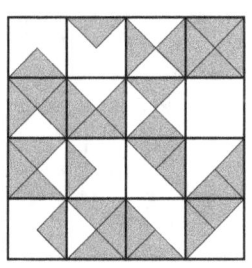

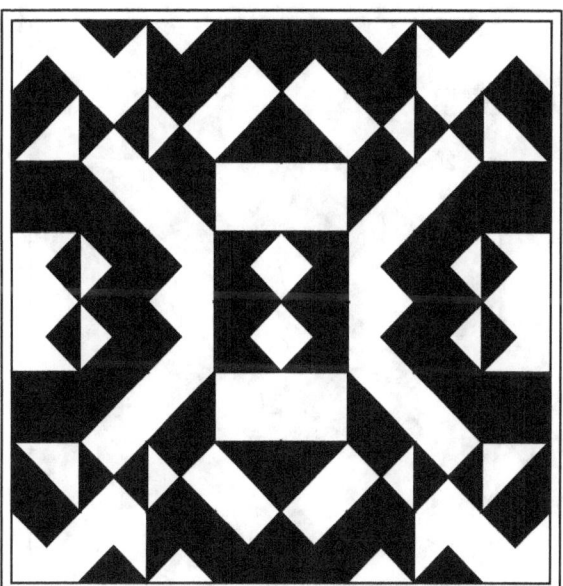

3	9	8	14
10	6	11	7
16	4	13	1
5	15	2	12

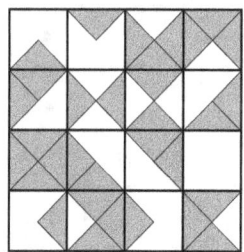

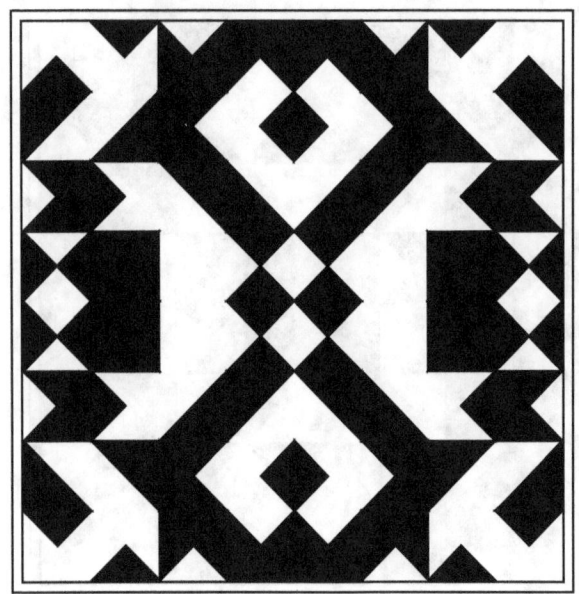

3	9	8	14
10	7	12	5
15	2	13	4
6	16	1	11

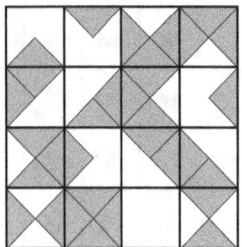

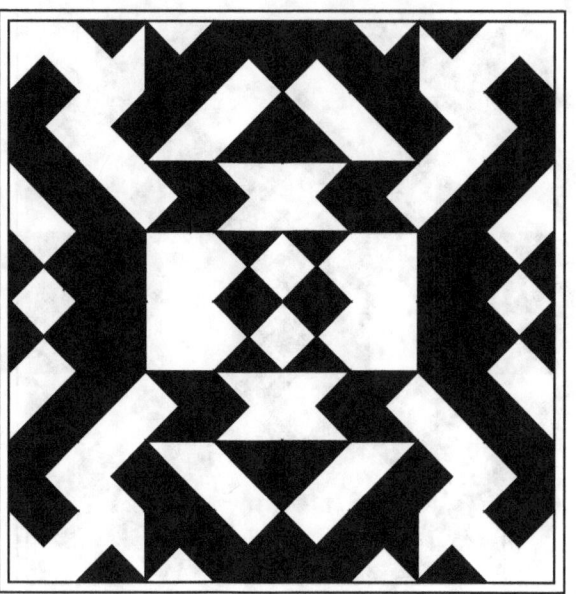

3	9	8	14
12	5	10	7
13	4	15	2
6	16	1	11

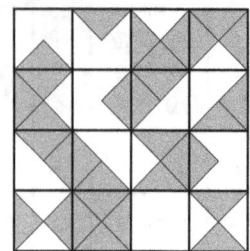

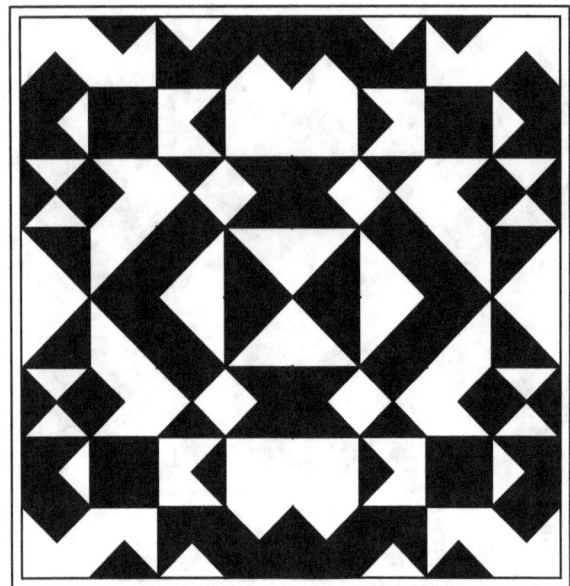

3	9	8	14
12	16	5	1
6	2	11	15
13	7	10	4

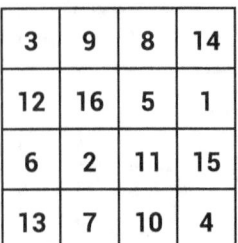
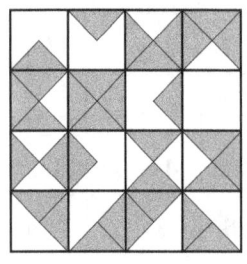

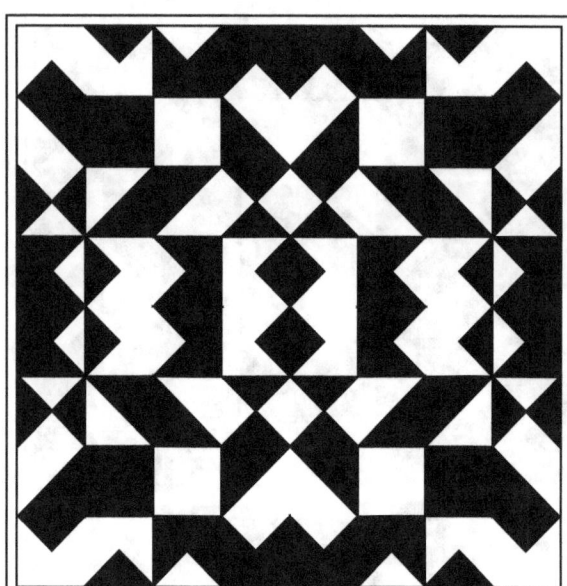

3	9	8	14
13	16	1	4
6	7	10	11
12	2	15	5

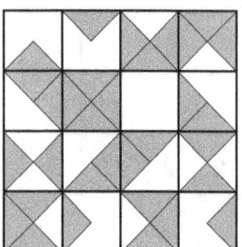

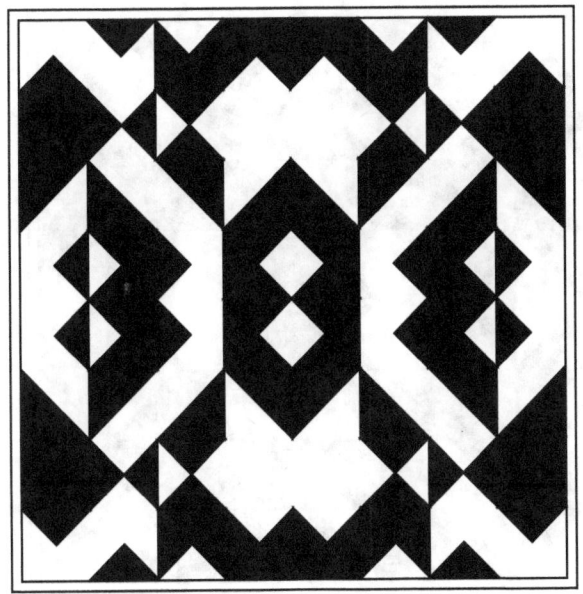

3	9	8	14
16	6	11	1
10	4	13	7
5	15	2	12

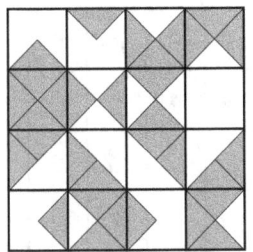

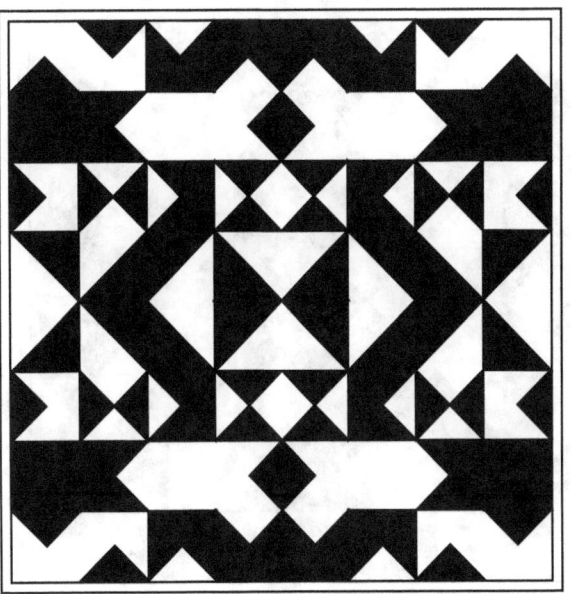

3	9	8	14
16	12	1	5
2	6	15	11
13	7	10	4

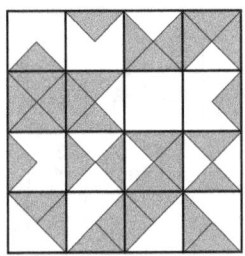

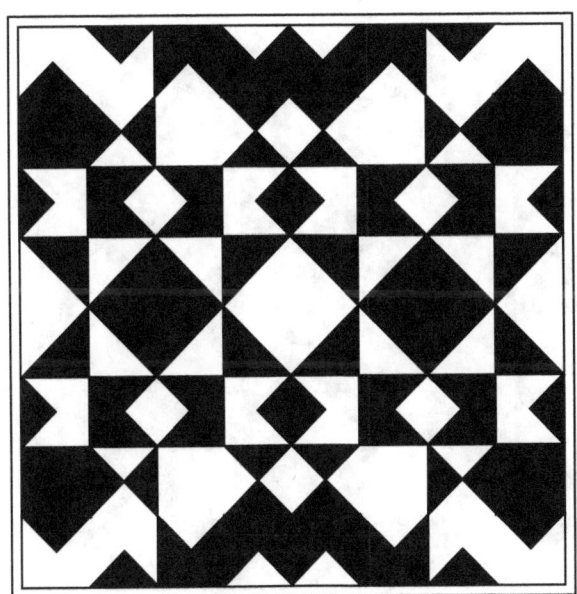

3	9	14	8
16	6	1	11
2	12	15	5
13	7	4	10

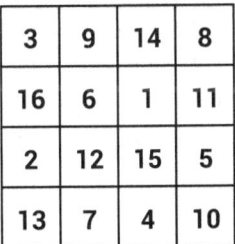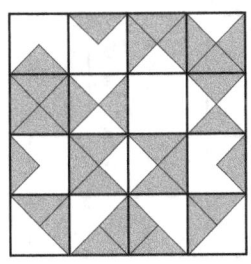

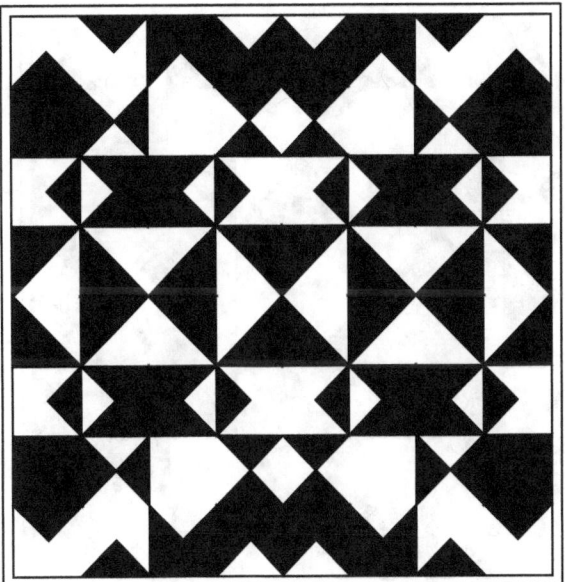

3	9	14	8
16	6	1	11
5	15	12	2
10	4	7	13

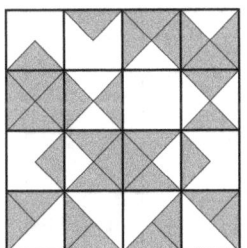

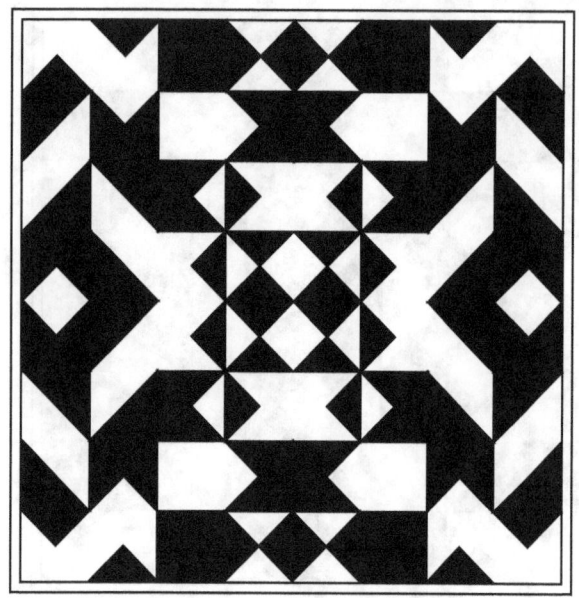

3	9	16	6
10	8	1	15
7	13	12	2
14	4	5	11

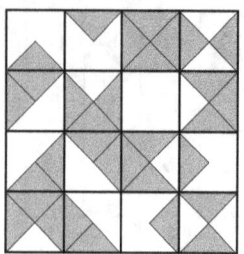

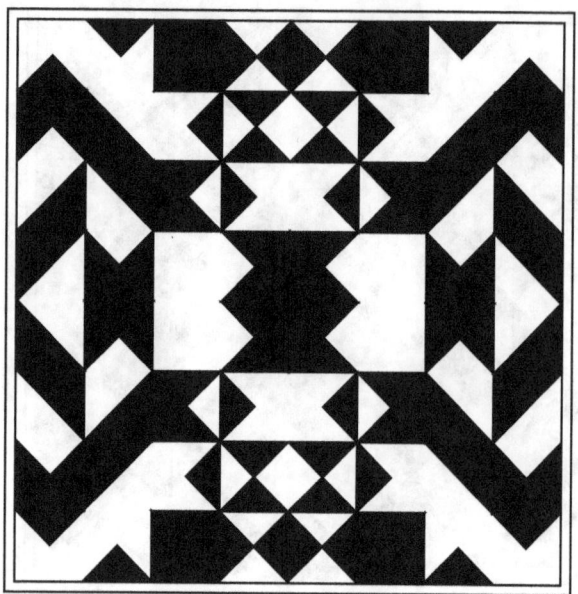

3	9	16	6
14	4	5	11
7	13	12	2
10	8	1	15

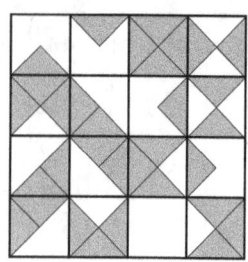

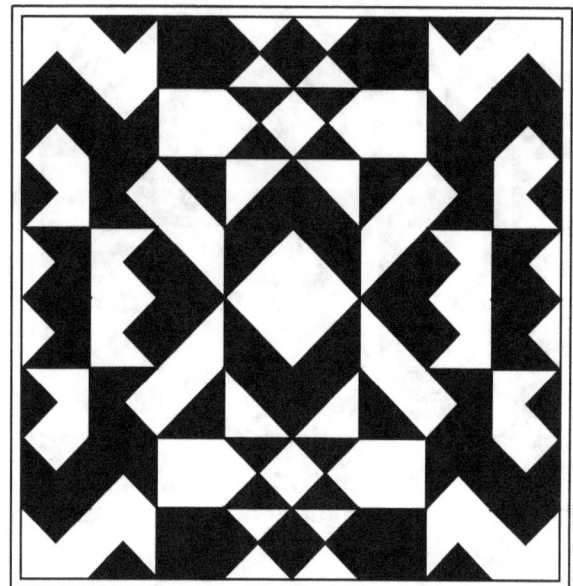

3	9	16	6
14	8	1	11
2	12	13	7
15	5	4	10

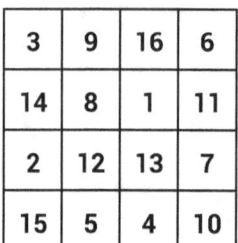

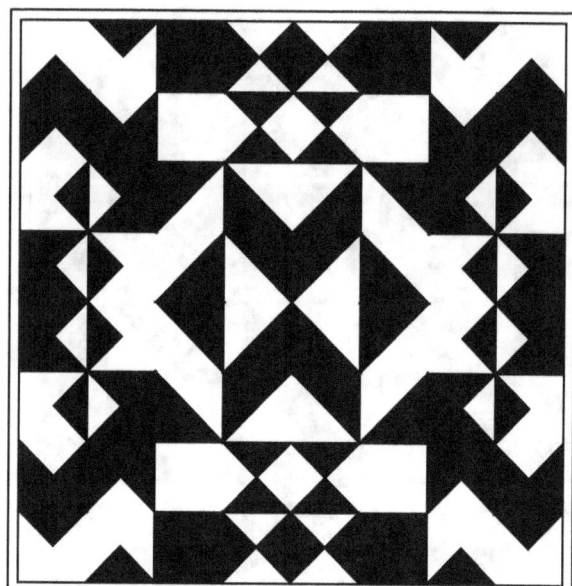

3	9	16	6
14	8	1	11
5	15	10	4
12	2	7	13

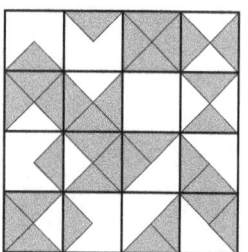

146

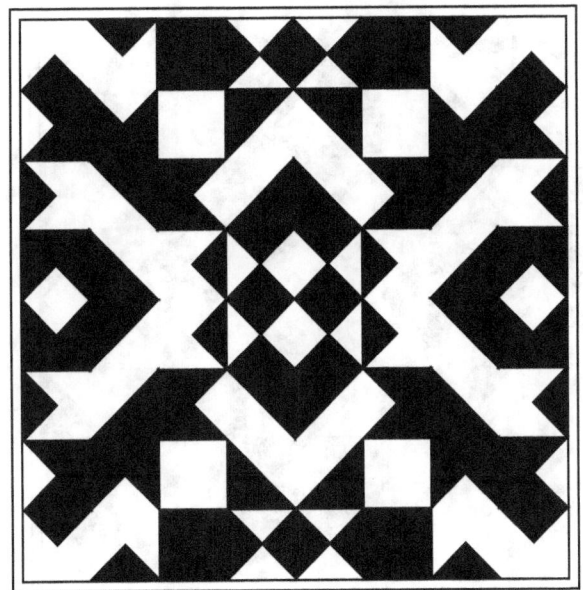

3	9	16	6
15	8	1	10
2	13	12	7
14	4	5	11

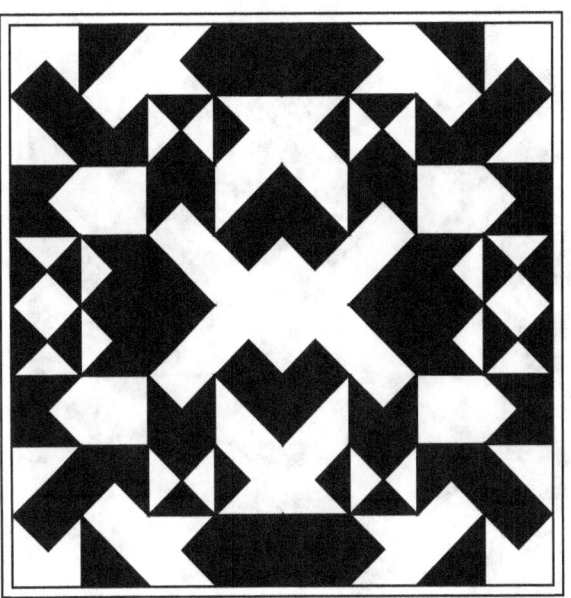

3	10	5	16
13	8	11	2
12	1	14	7
6	15	4	9

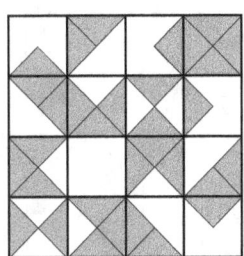

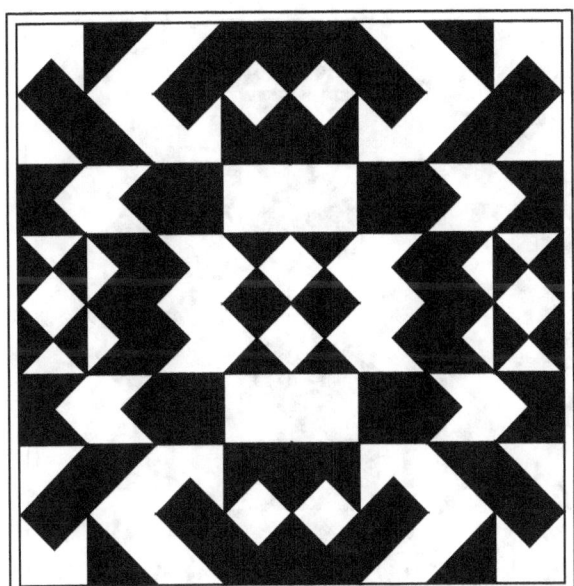

3	10	7	14
13	4	9	8
12	5	16	1
6	15	2	11

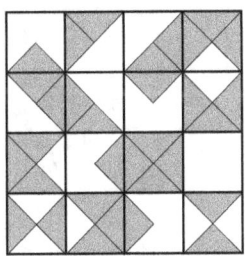

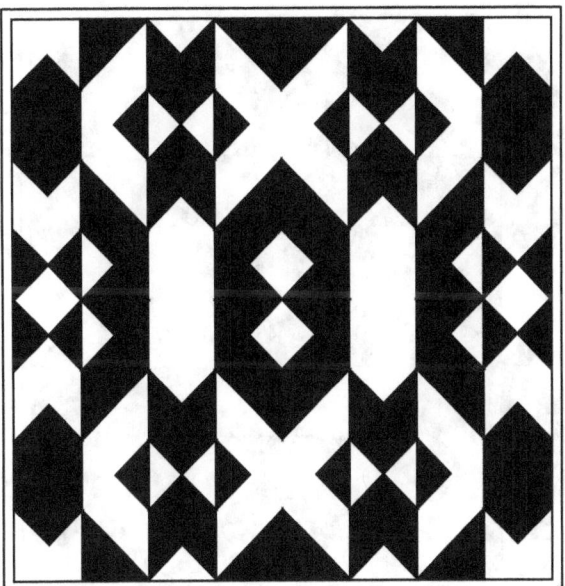

3	10	8	13
16	5	11	2
9	4	14	7
6	15	1	12

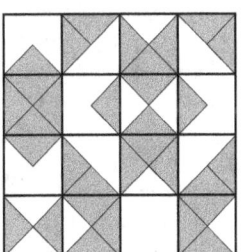

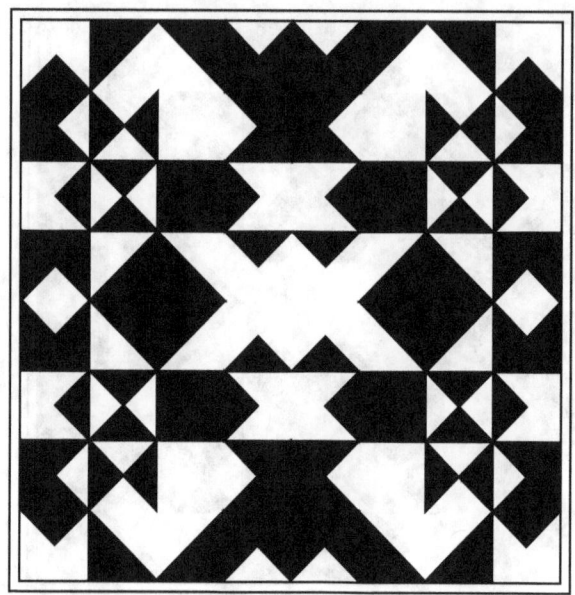

3	10	13	8
12	6	1	15
5	11	16	2
14	7	4	9

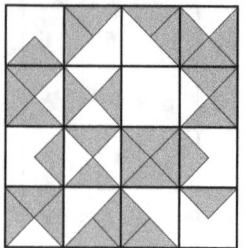

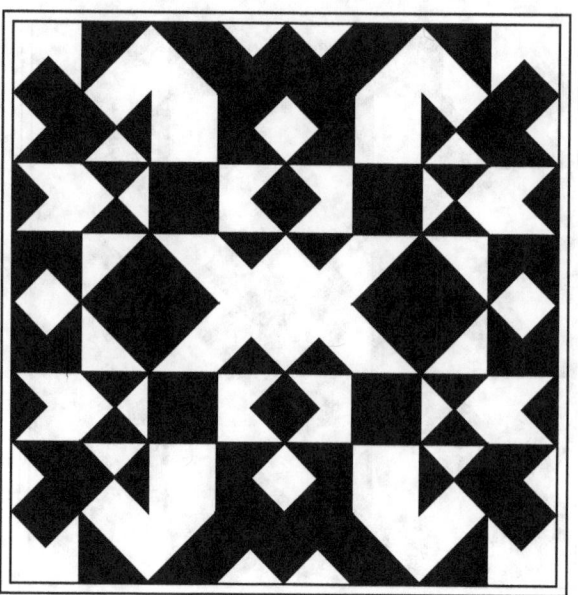

3	10	13	8
15	6	1	12
2	11	16	5
14	7	4	9

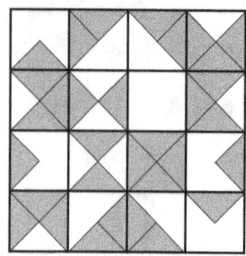

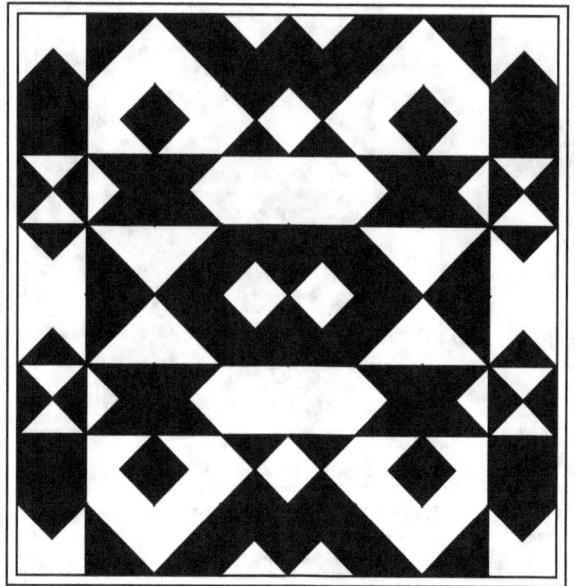

3	10	13	8
16	5	2	11
6	15	12	1
9	4	7	14

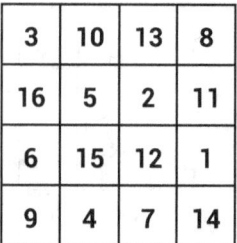

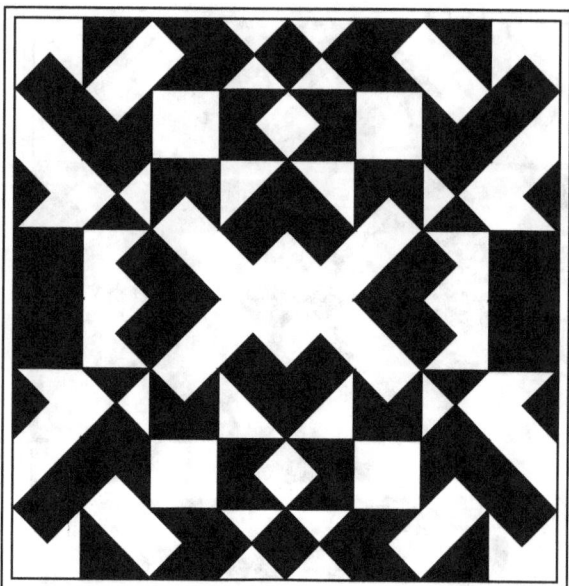

3	10	15	6
13	8	1	12
2	11	14	7
16	5	4	9

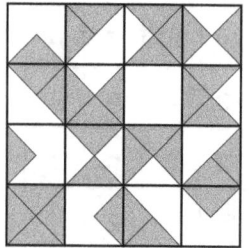

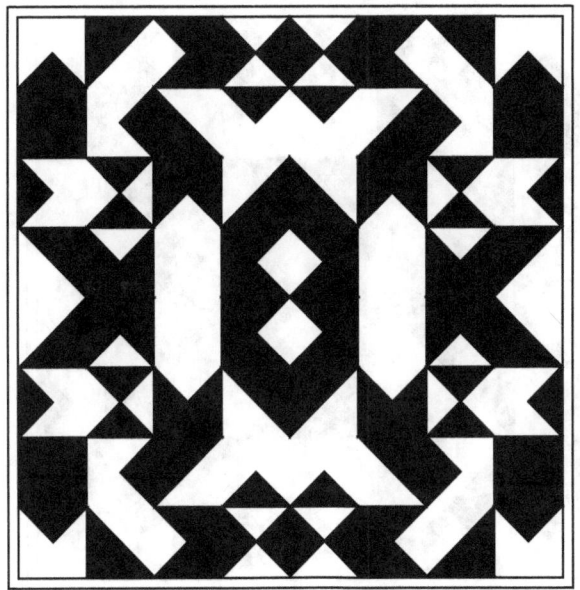

3	10	15	6
16	5	4	9
2	11	14	7
13	8	1	12

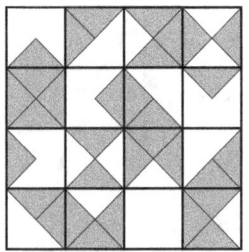

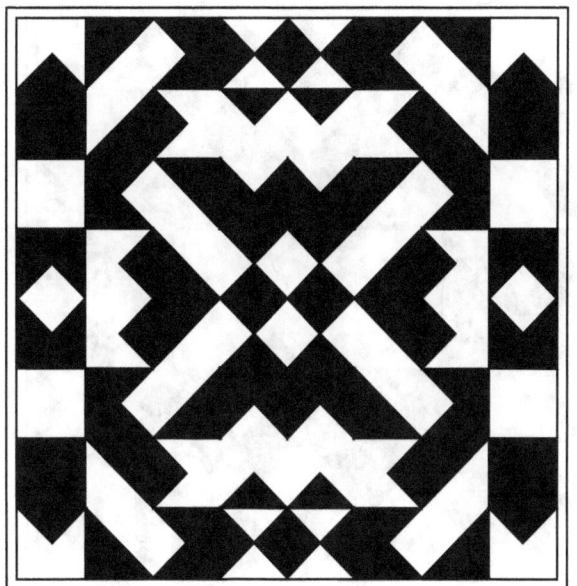

3	10	15	6
16	7	2	9
1	12	13	8
14	5	4	11

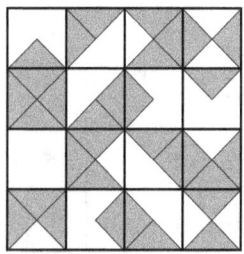

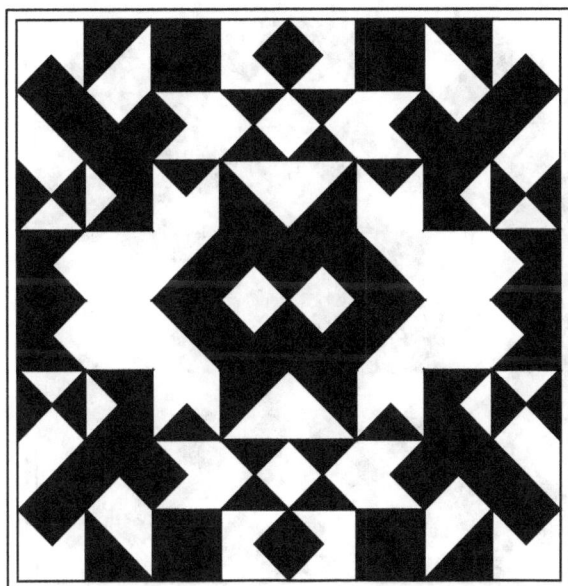

3	10	16	5
13	8	2	11
6	15	9	4
12	1	7	14

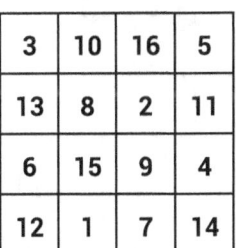
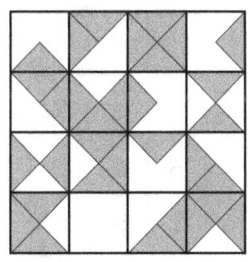

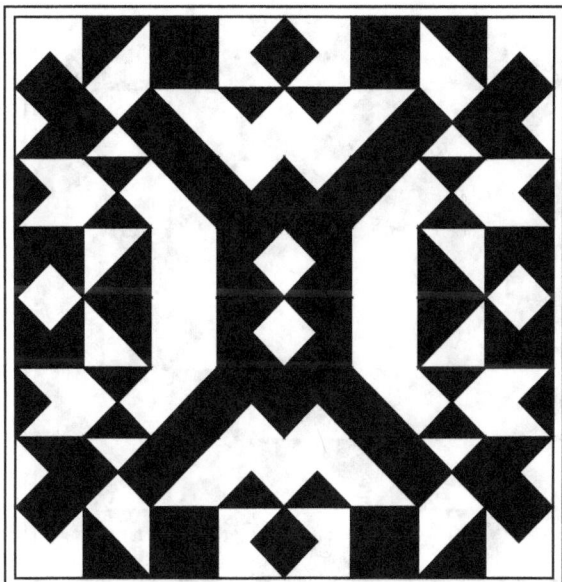

3	10	16	5
15	6	4	9
2	11	13	8
14	7	1	12

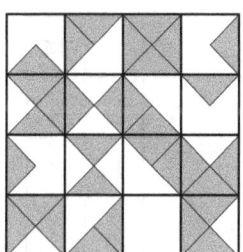

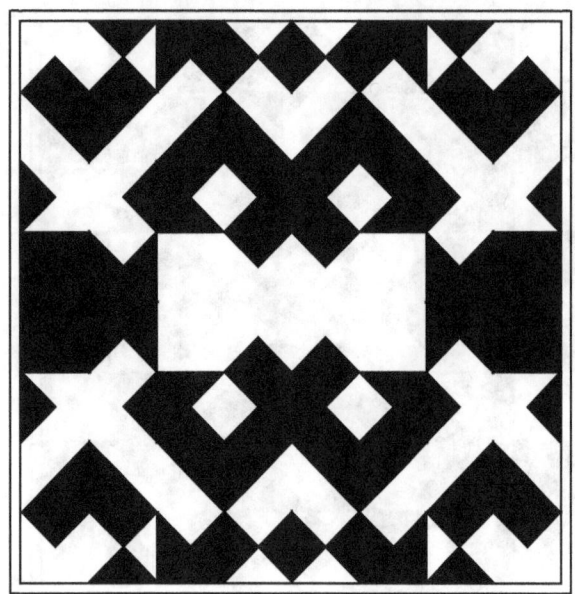

3	11	14	6
13	10	7	4
2	5	12	15
16	8	1	9

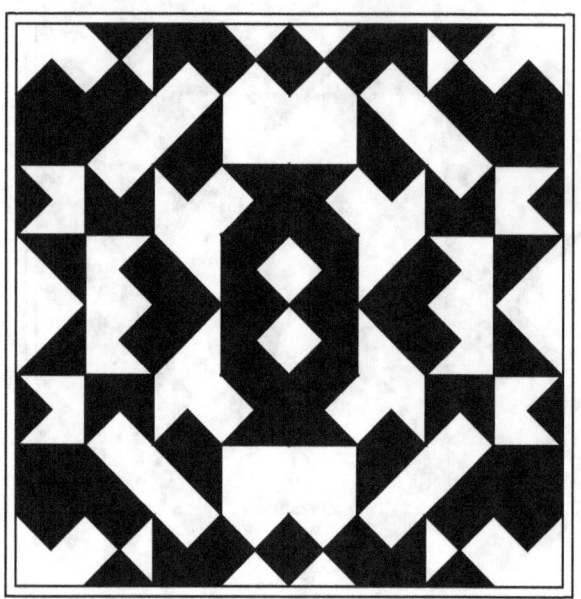

3	11	14	6
16	10	7	1
2	8	9	15
13	5	4	12

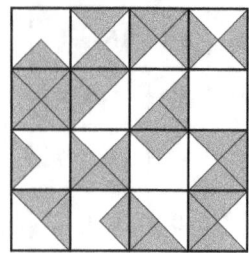

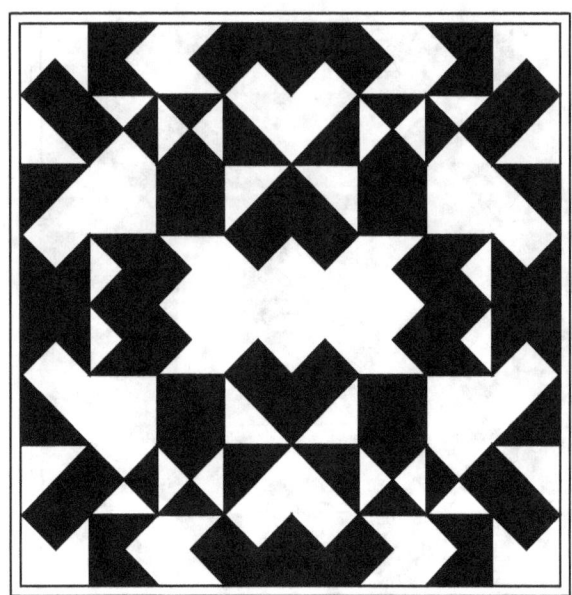

3	12	5	14
13	6	11	4
10	1	16	7
8	15	2	9

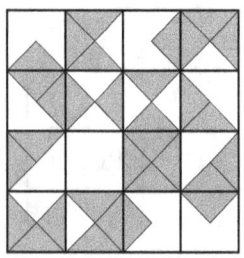

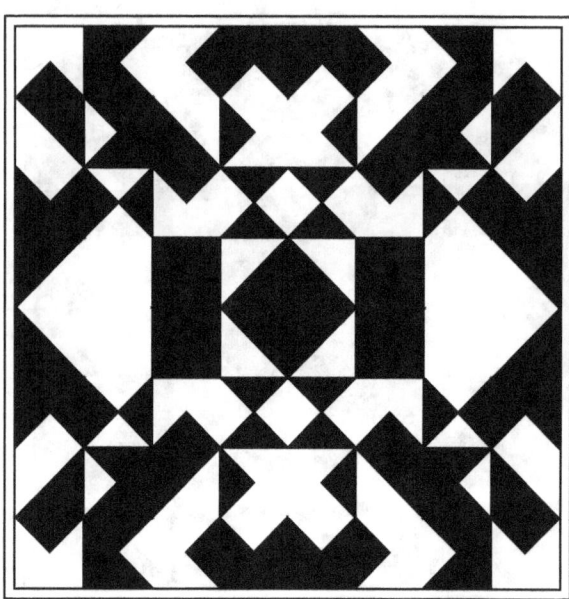

3	12	5	14
13	15	4	2
8	6	9	11
10	1	16	7

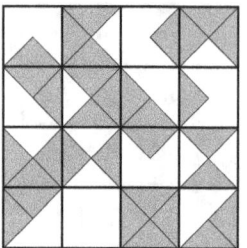

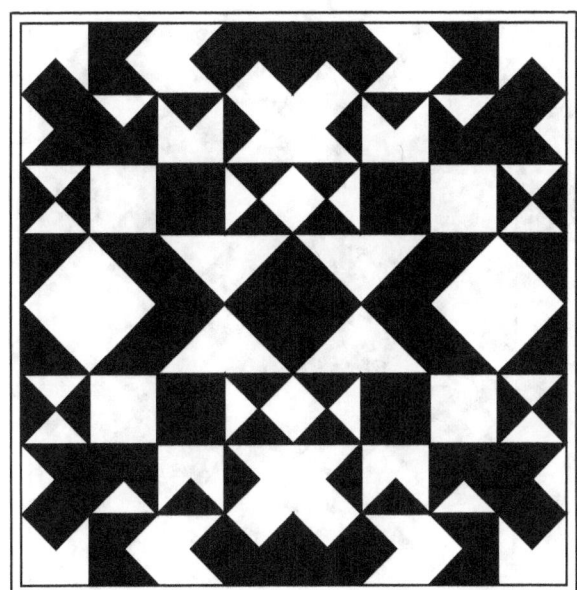

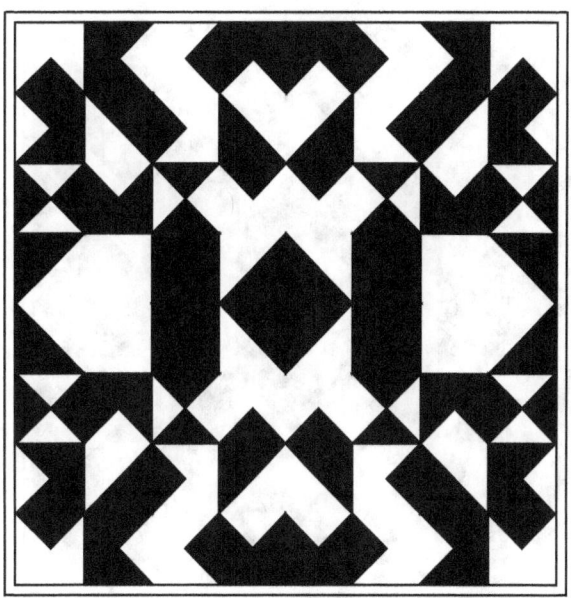

3	12	5	14
15	8	9	2
6	1	16	11
10	13	4	7

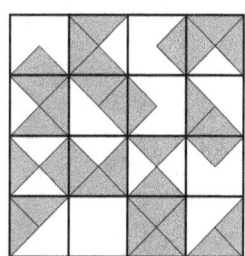

3	12	5	14
15	13	2	4
6	8	11	9
10	1	16	7

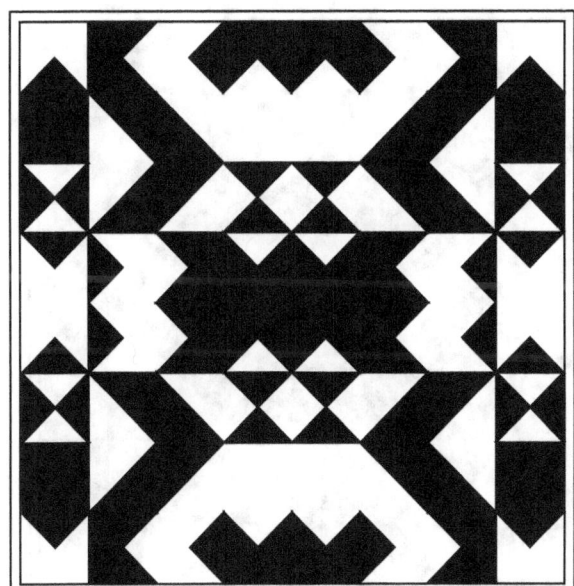

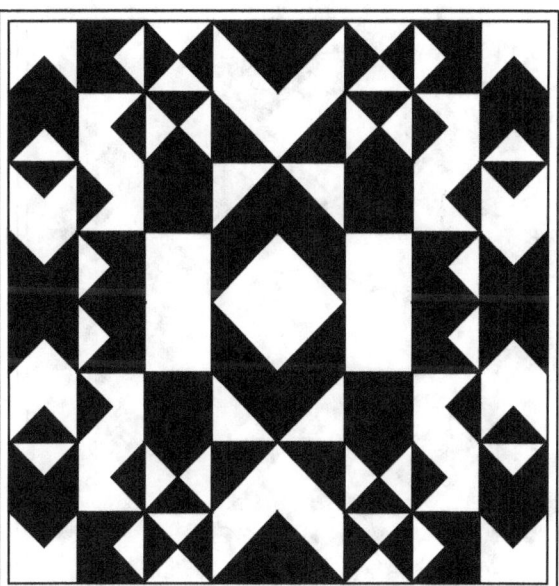

3	12	5	14
16	13	4	1
6	7	10	11
9	2	15	8

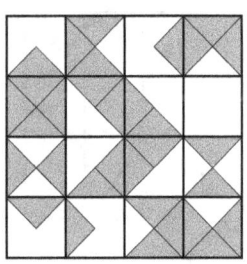

3	12	6	13
14	5	11	4
9	2	16	7
8	15	1	10

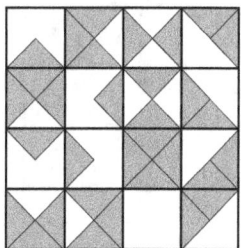

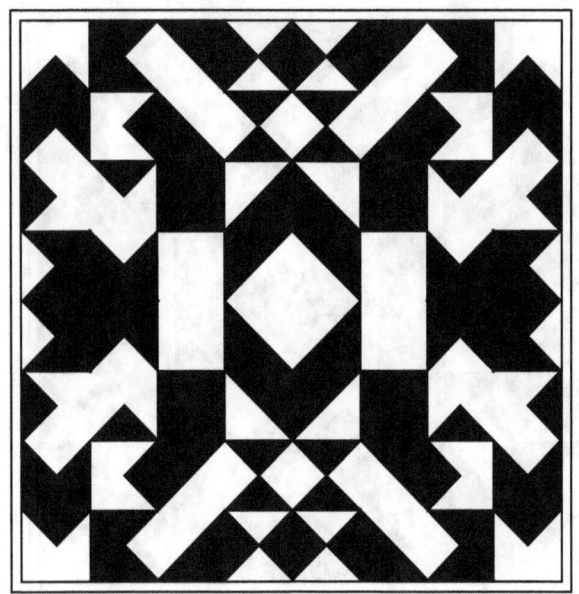

3	12	13	6
14	5	4	11
2	9	16	7
15	8	1	10

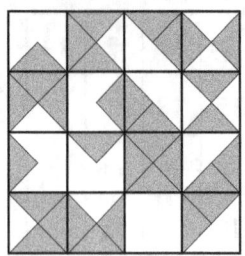

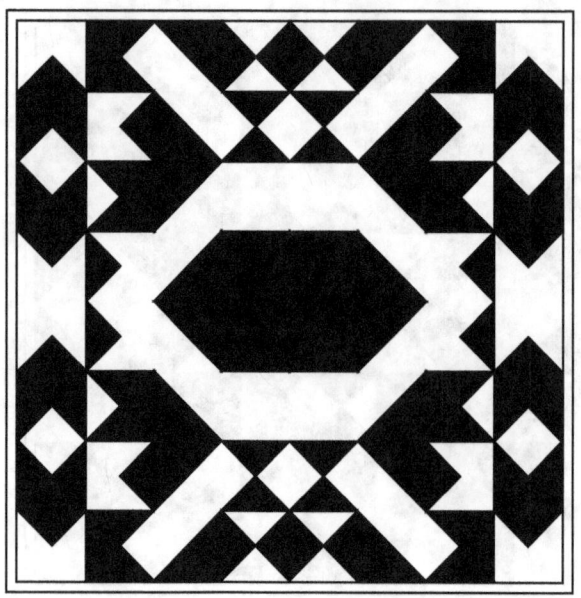

3	12	13	6
14	5	4	11
8	15	10	1
9	2	7	16

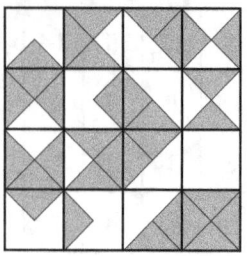

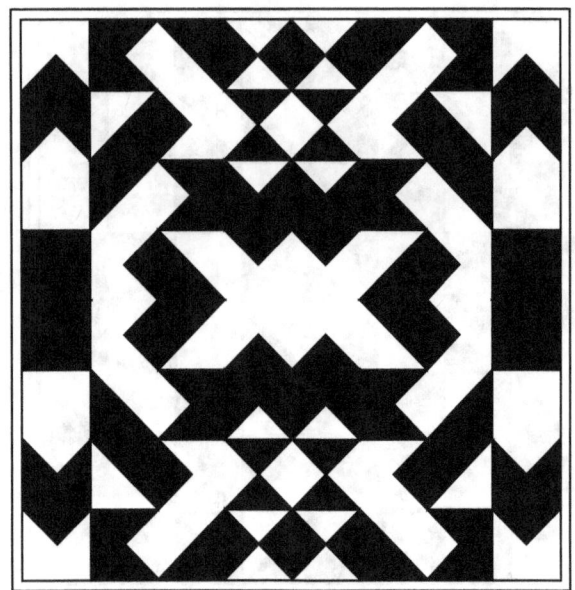

3	12	13	6
14	7	2	11
1	10	15	8
16	5	4	9

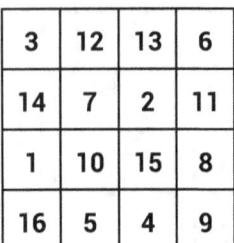
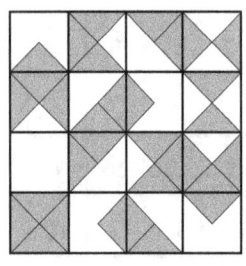

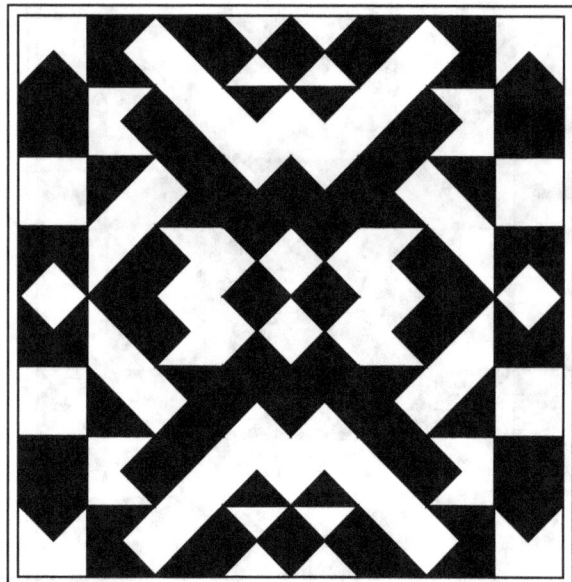

3	12	13	6
16	5	4	9
1	10	15	8
14	7	2	11

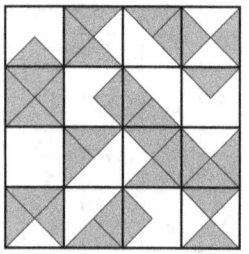

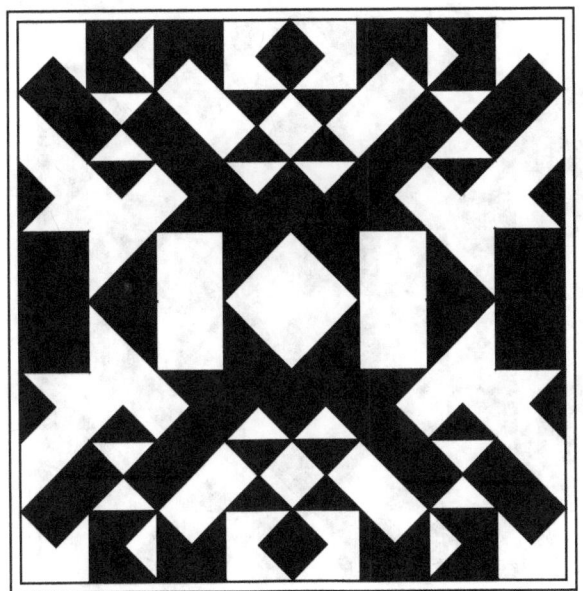

3	12	14	5
13	6	4	11
2	9	15	8
16	7	1	10

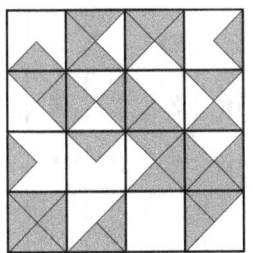

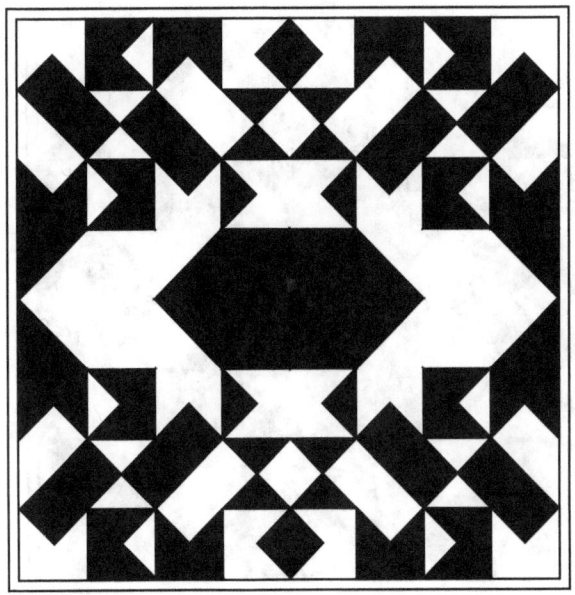

3	12	14	5
13	6	4	11
8	15	9	2
10	1	7	16

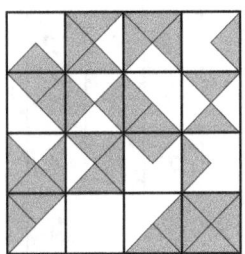

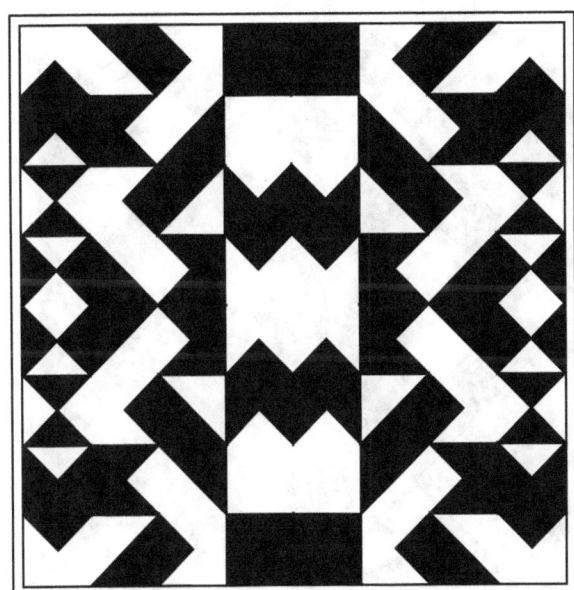

3	13	2	16
14	12	7	1
11	5	10	8
6	4	15	9

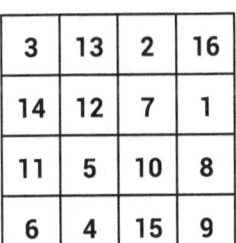
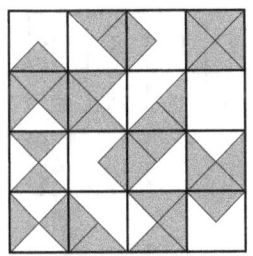

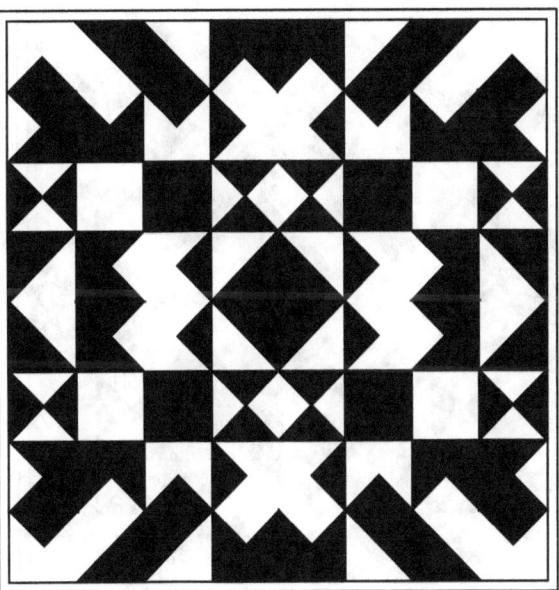

3	13	4	14
15	8	9	2
6	1	16	11
10	12	5	7

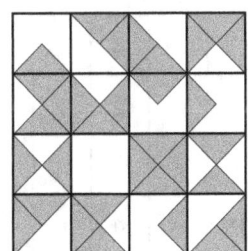

153

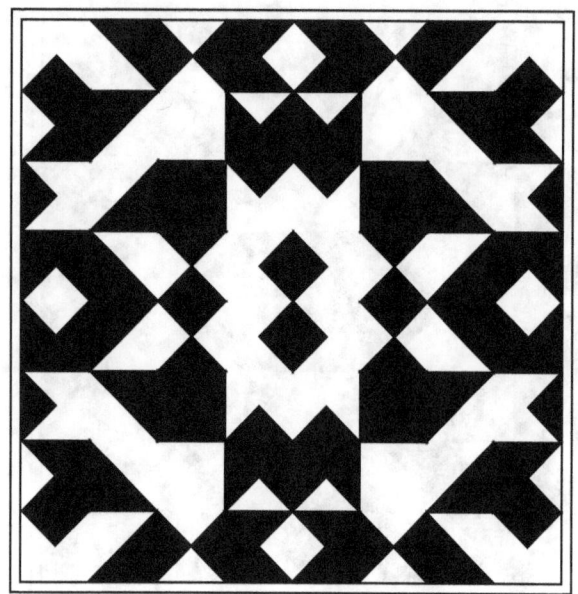

3	13	6	12
15	10	1	8
2	7	16	9
14	4	11	5

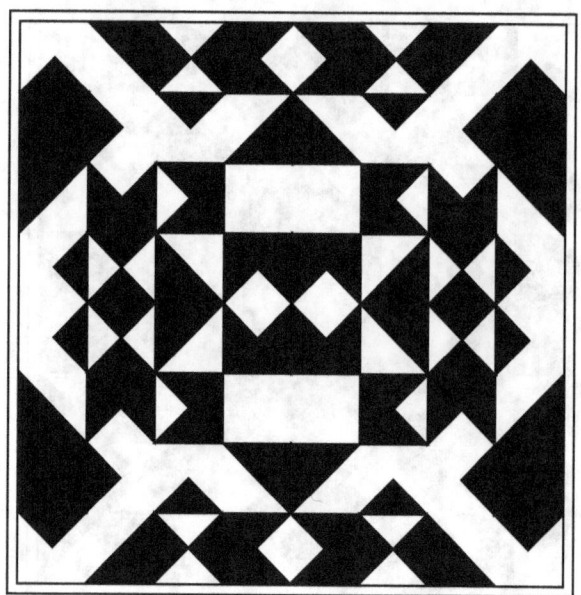

3	13	6	12
16	2	9	7
10	8	15	1
5	11	4	14

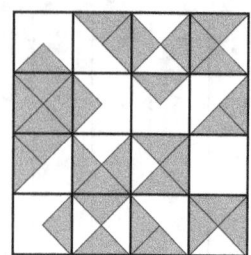

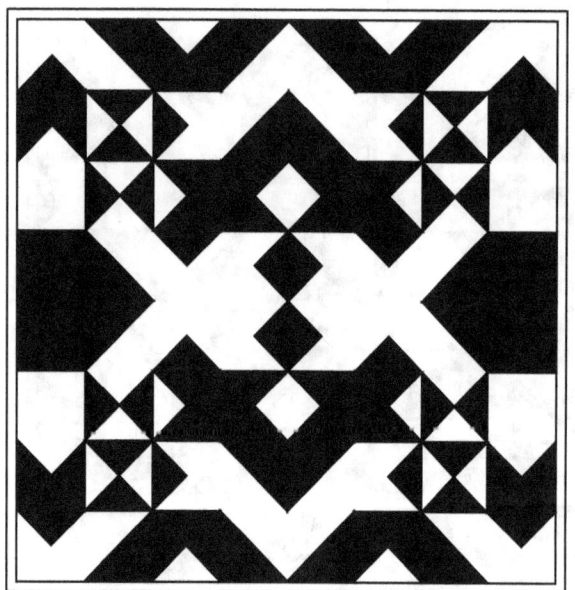

3	13	8	10
14	11	2	7
1	6	15	12
16	4	9	5

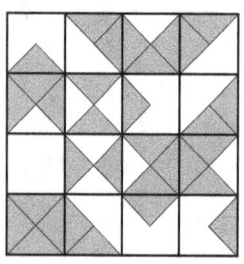

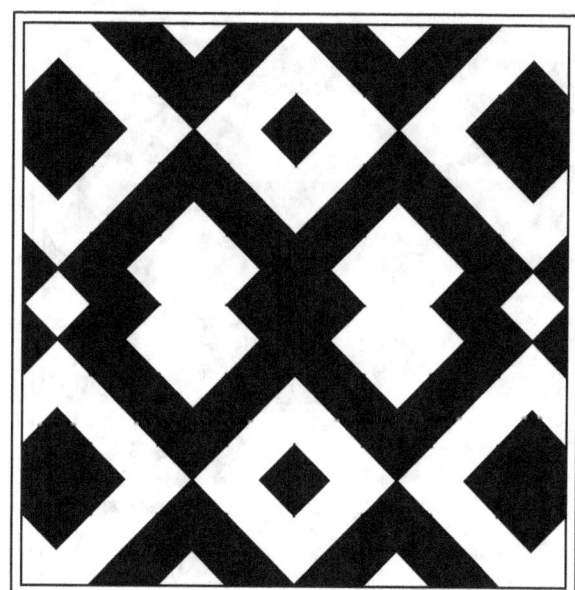

3	13	8	10
16	2	11	5
9	7	14	4
6	12	1	15

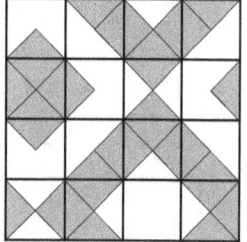

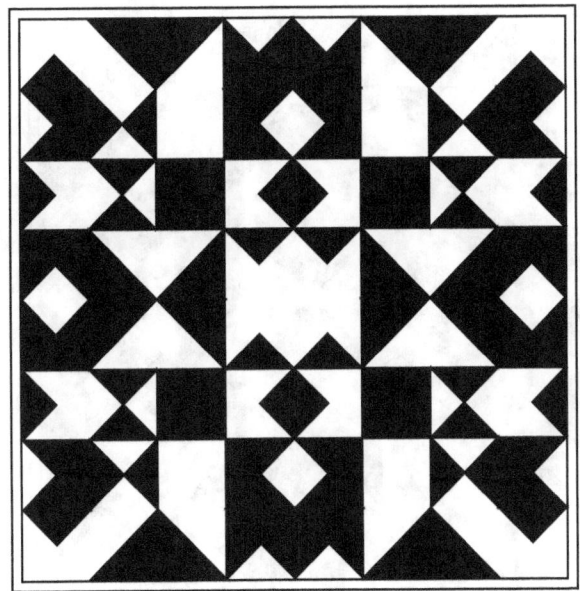

3	13	10	8
15	6	1	12
2	11	16	5
14	4	7	9

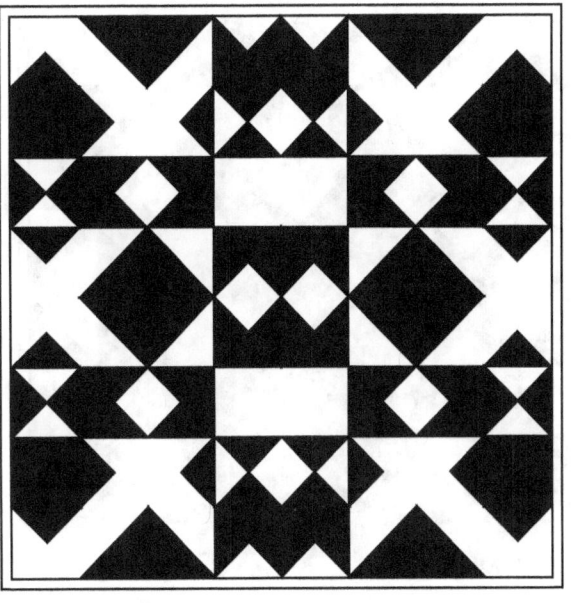

3	13	10	8
16	2	5	11
6	12	15	1
9	7	4	14

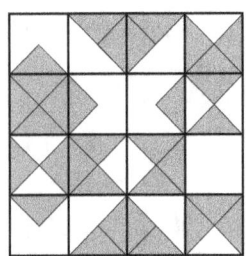

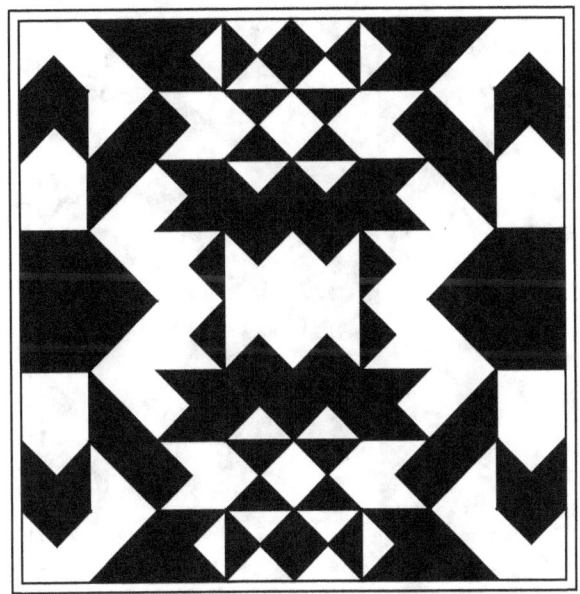

3	13	12	6
14	7	2	11
1	10	15	8
16	4	5	9

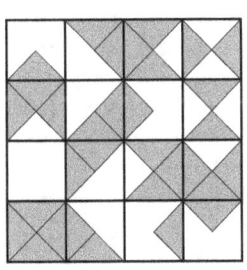

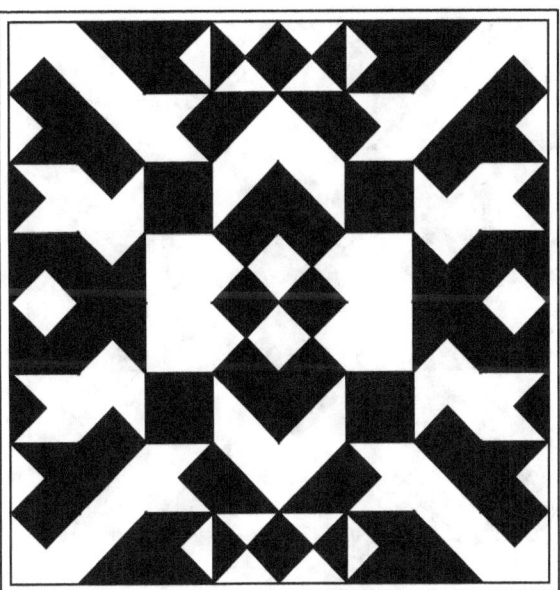

3	13	12	6
15	4	5	10
2	9	16	7
14	8	1	11

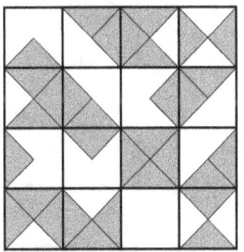

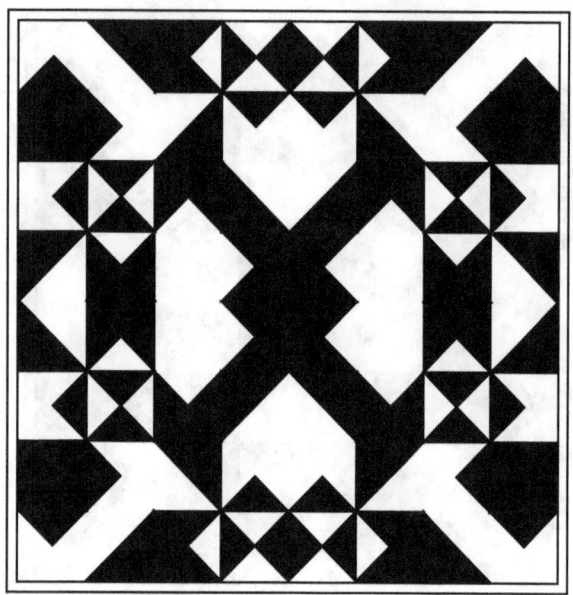

3	13	12	6
16	2	7	9
5	11	14	4
10	8	1	15

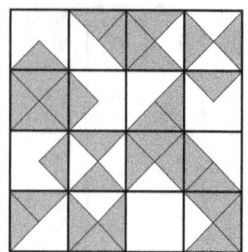

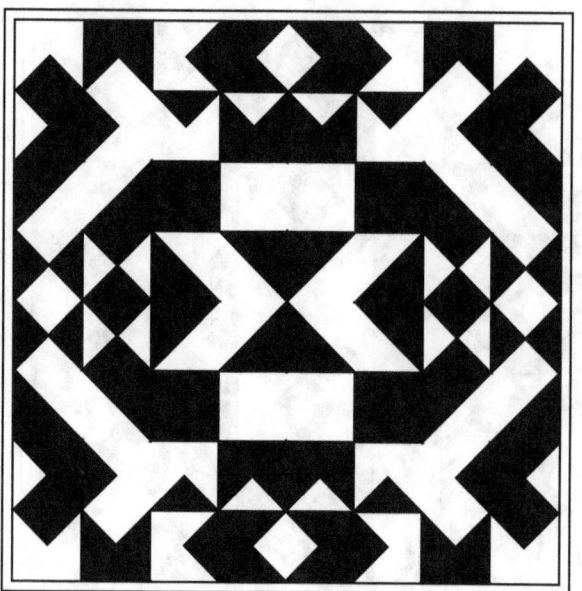

3	14	5	12
15	2	9	8
10	7	16	1
6	11	4	13

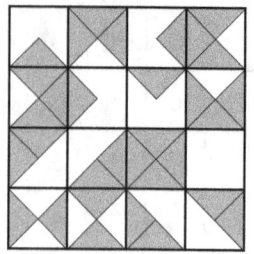

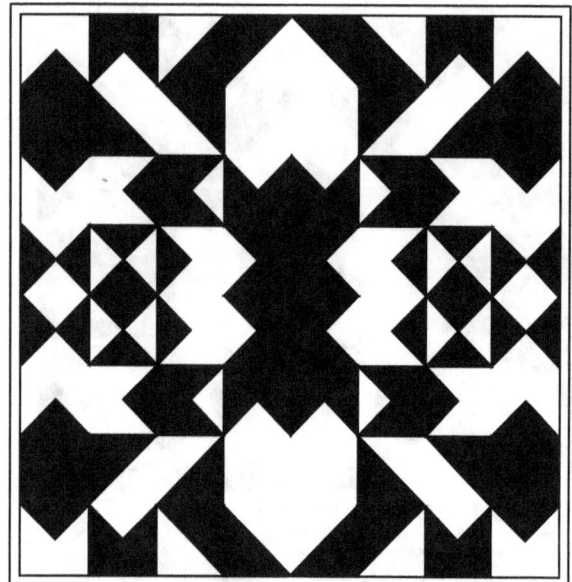

3	14	7	10
16	4	13	1
9	5	12	8
6	11	2	15

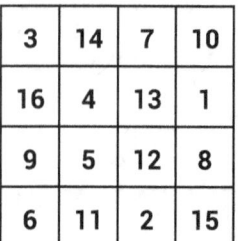

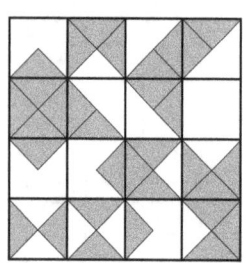

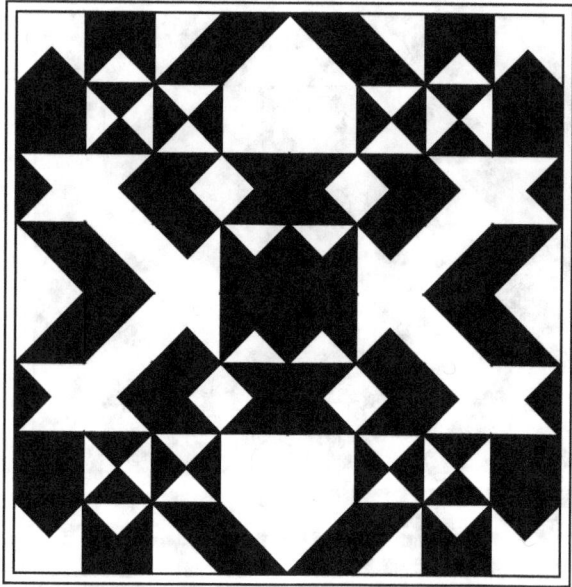

3	14	7	10
16	11	6	1
2	5	12	15
13	4	9	8

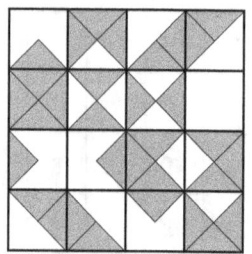

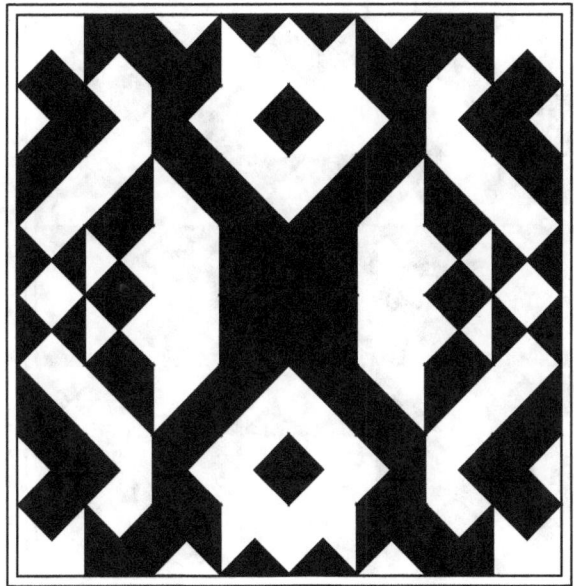

3	14	8	9
15	2	12	5
10	7	13	4
6	11	1	16

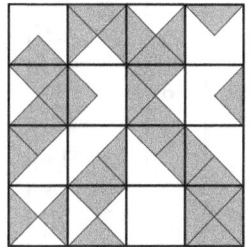

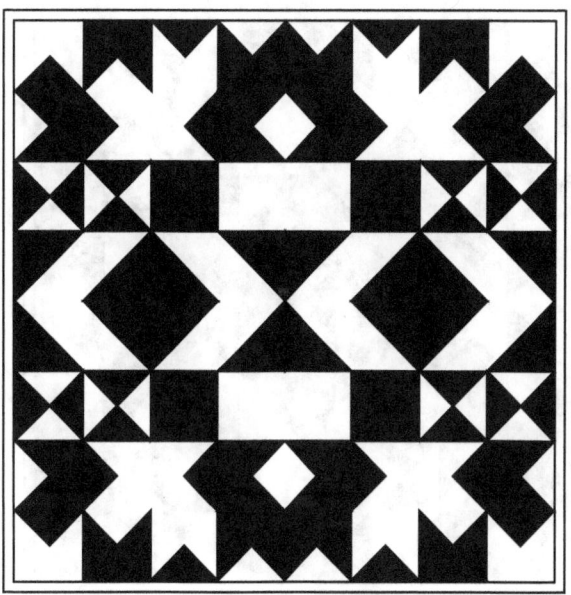

3	14	9	8
15	2	5	12
6	11	16	1
10	7	4	13

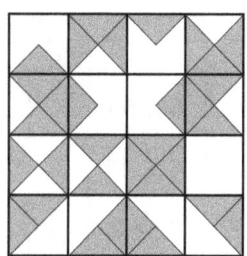

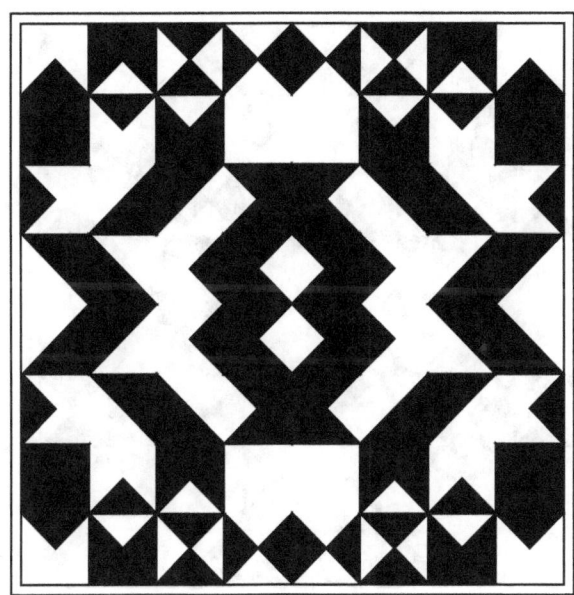

3	14	11	6
16	9	8	1
2	7	10	15
13	4	5	12

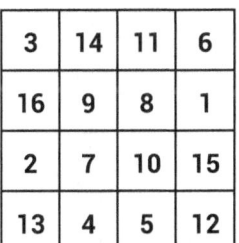
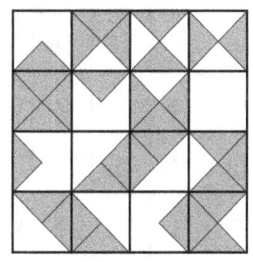

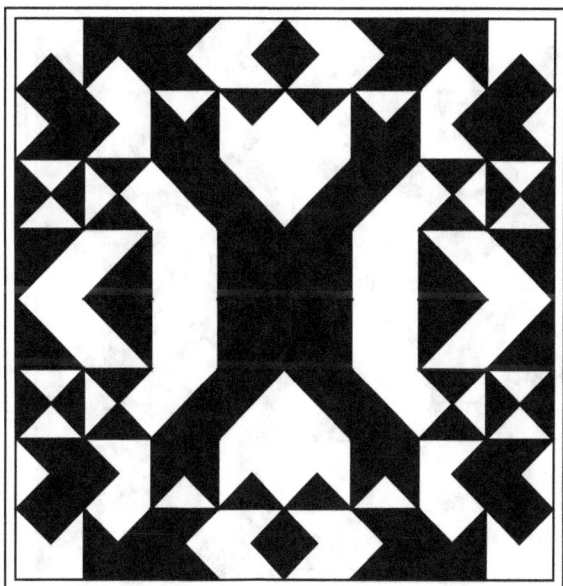

3	14	12	5
15	2	8	9
6	11	13	4
10	7	1	16

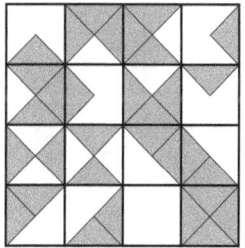

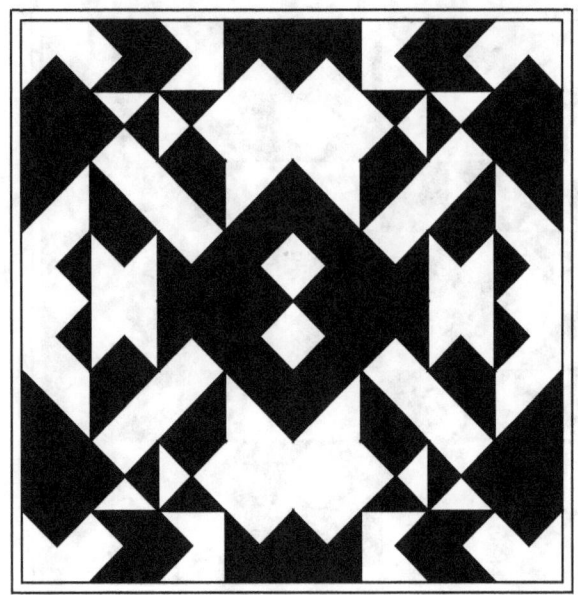

3	15	2	14
16	6	11	1
10	4	13	7
5	9	8	12

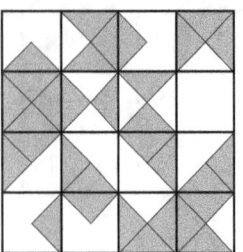

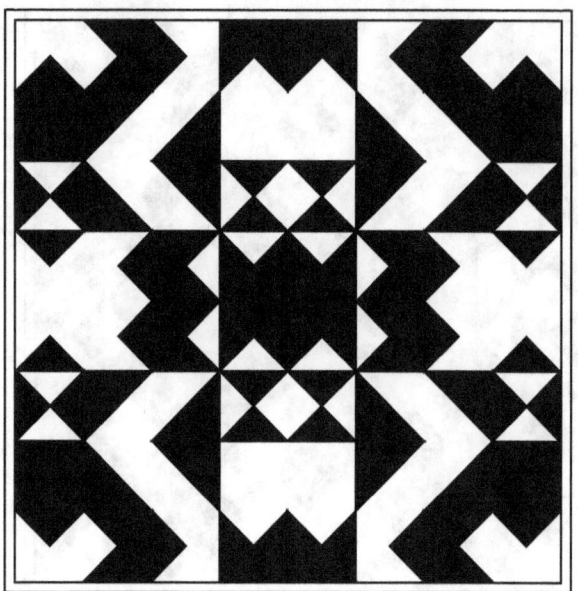

3	15	2	14
16	10	7	1
6	4	13	11
9	5	12	8

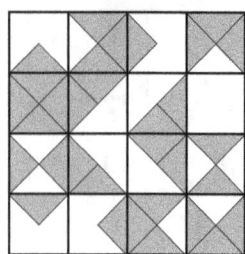

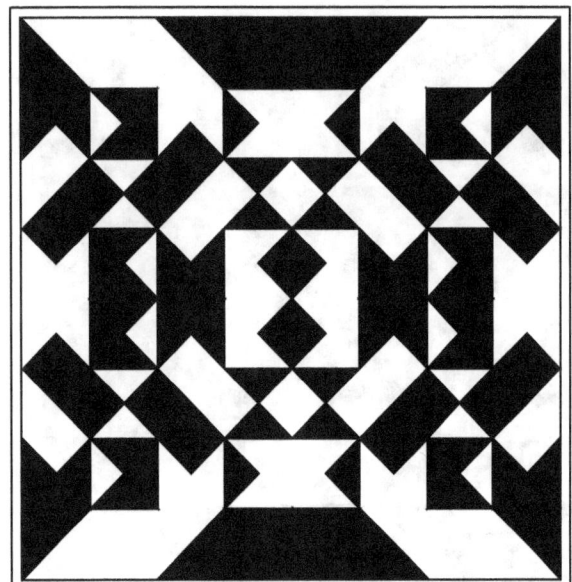

4	1	13	16
14	15	3	2
7	6	10	11
9	12	8	5

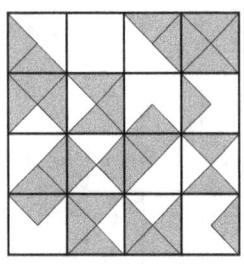

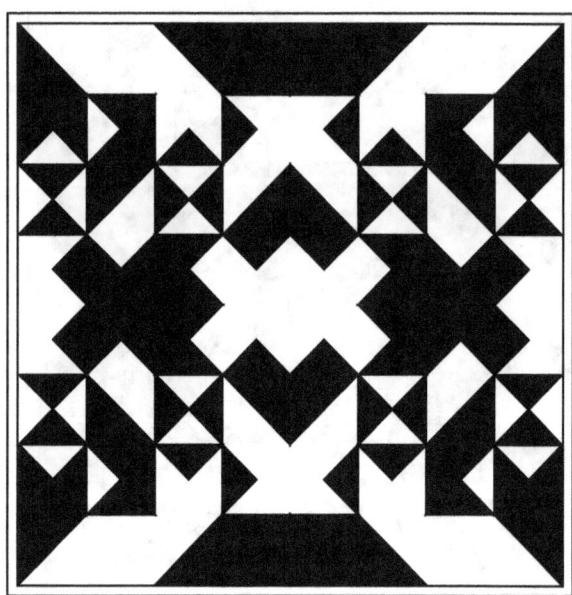

4	1	13	16
14	15	3	2
11	10	6	7
5	8	12	9

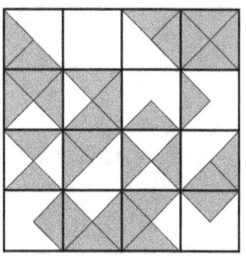

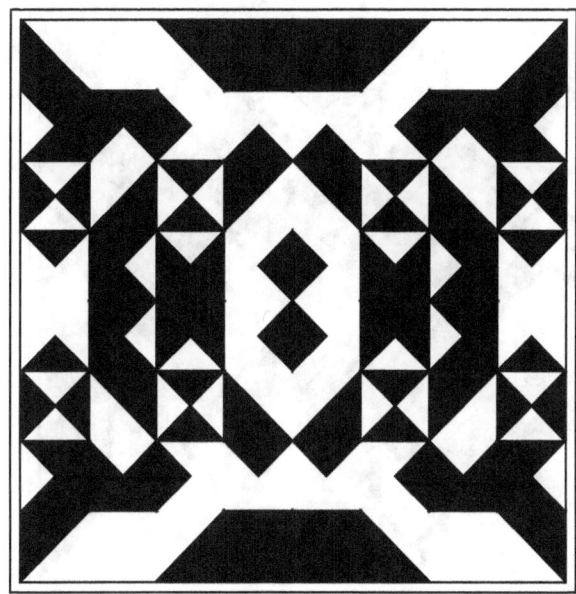

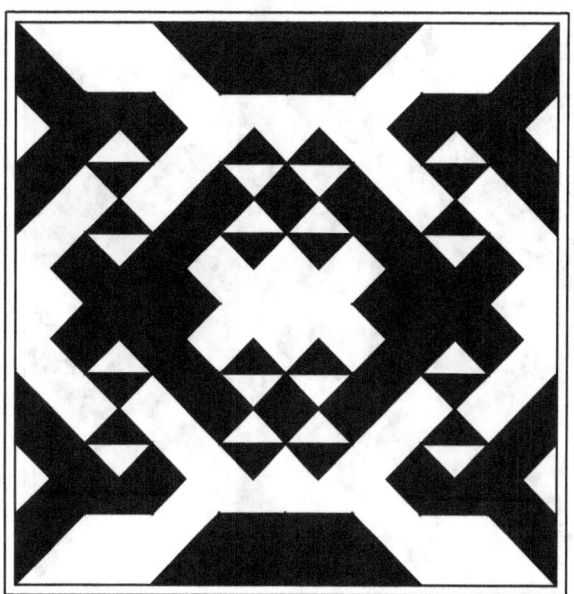

4	1	13	16
15	14	2	3
6	7	11	10
9	12	8	5

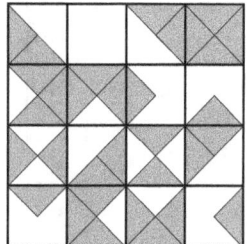

4	1	13	16
15	14	2	3
10	11	7	6
5	8	12	9

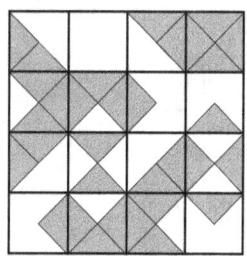

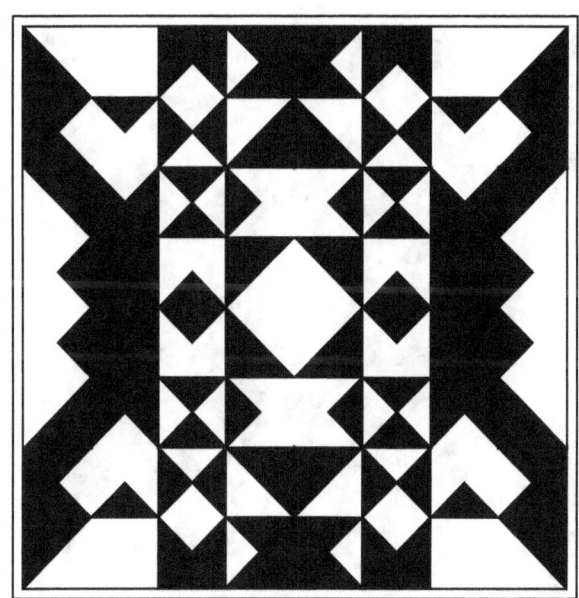

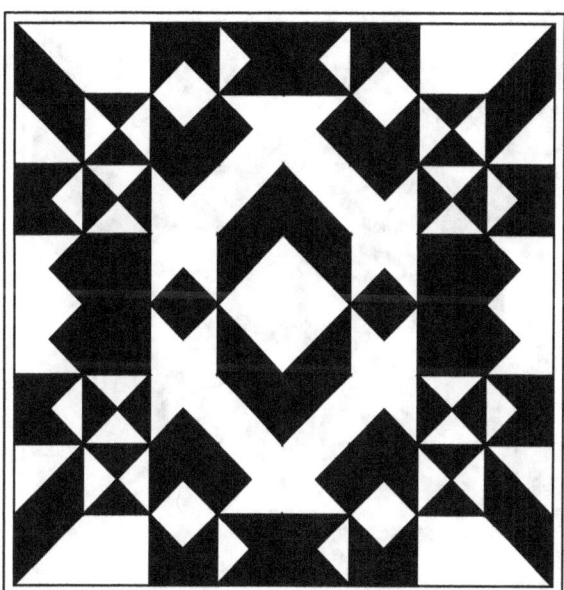

4	1	14	15
12	9	6	7
13	8	11	2
5	16	3	10

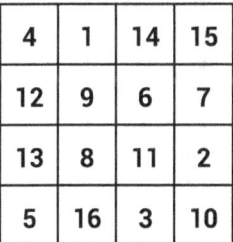

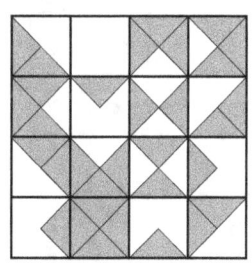

4	1	14	15
13	11	8	2
12	6	9	7
5	16	3	10

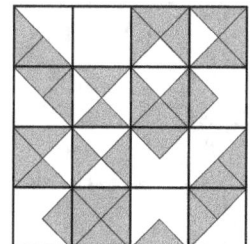

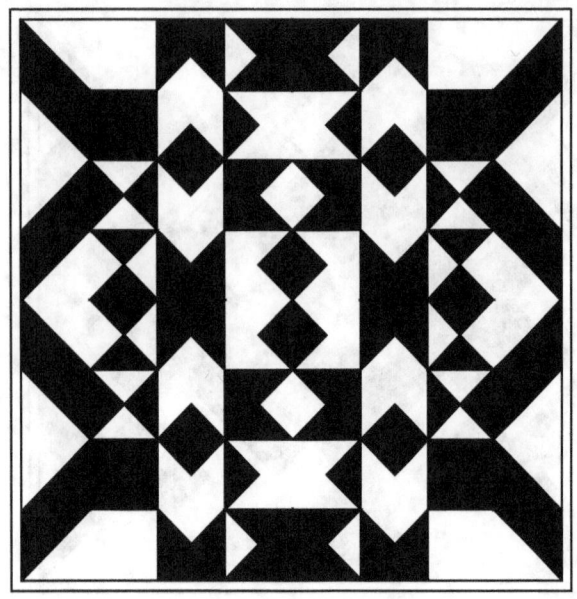

4	1	14	15
13	16	3	2
7	6	9	12
10	11	8	5

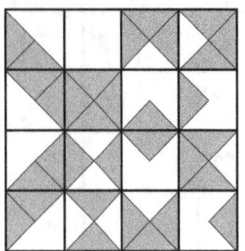

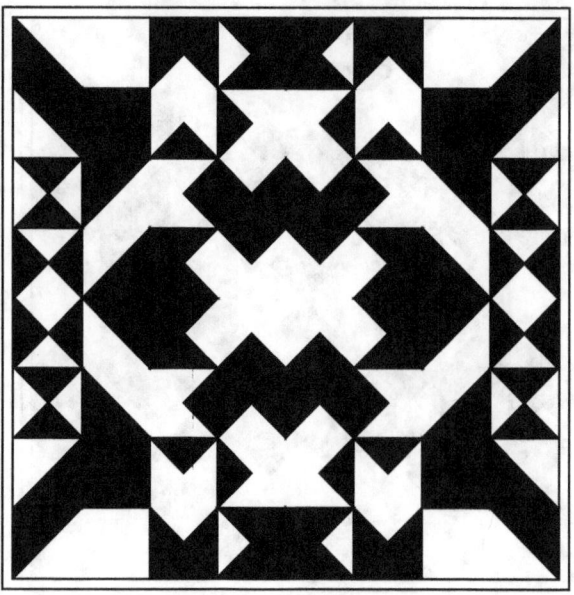

4	1	14	15
13	16	3	2
11	10	5	8
6	7	12	9

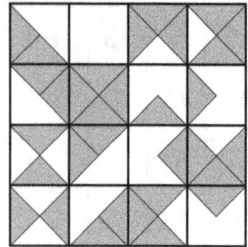

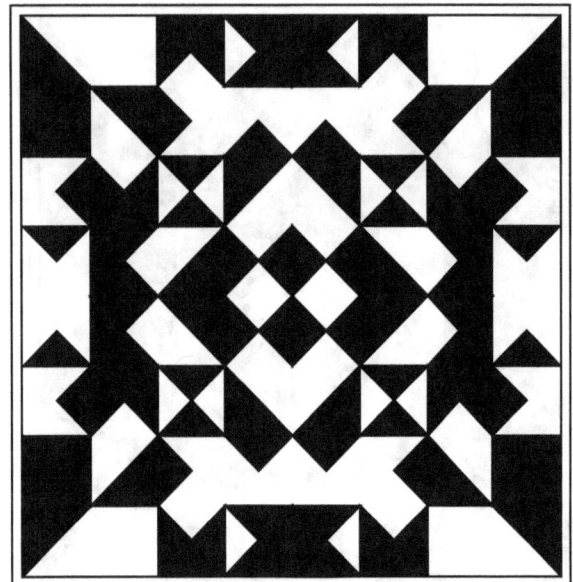

4	1	14	15
16	13	2	3
5	8	11	10
9	12	7	6

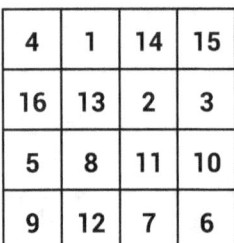
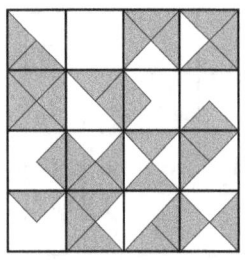

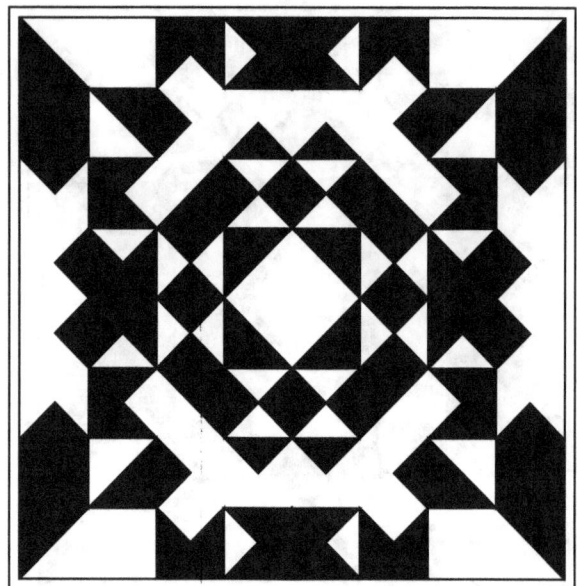

4	1	14	15
16	13	2	3
9	12	7	6
5	8	11	10

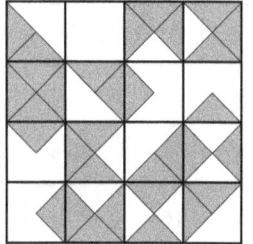

160

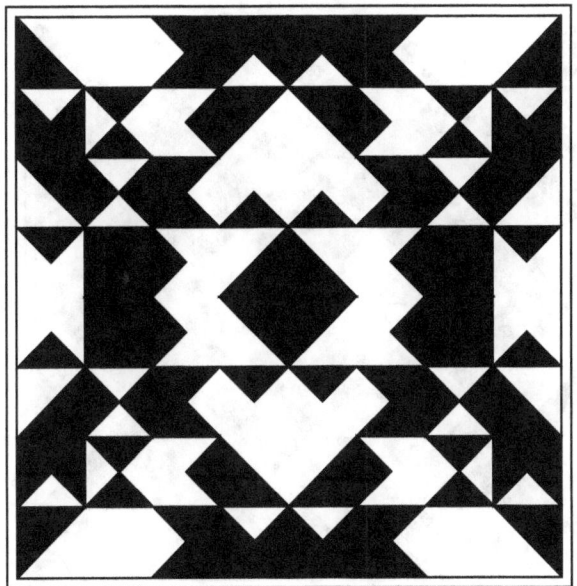

4	1	15	14
8	11	5	10
13	6	12	3
9	16	2	7

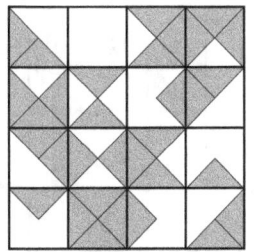

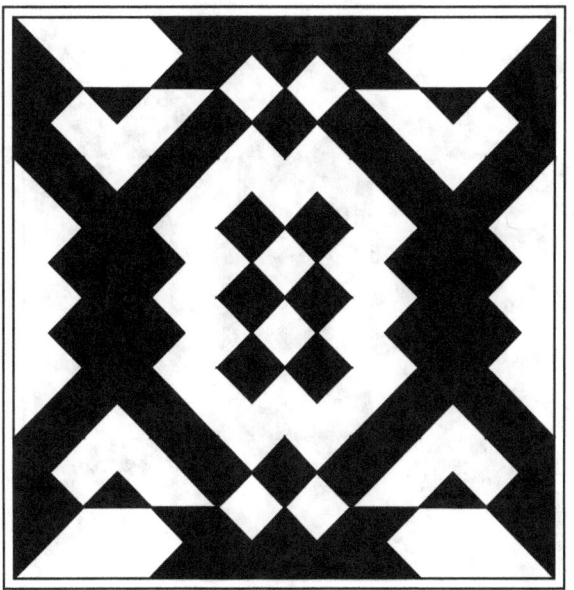

4	1	15	14
12	9	7	6
13	8	10	3
5	16	2	11

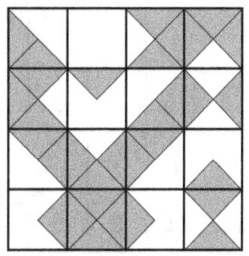

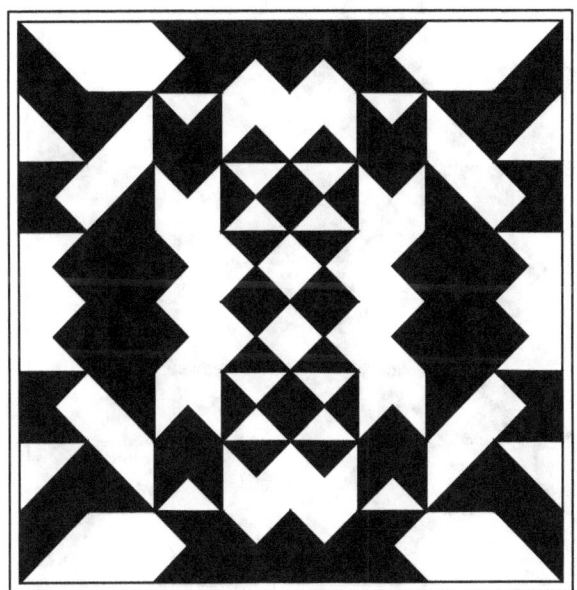

4	1	15	14
13	10	8	3
12	7	9	6
5	16	2	11

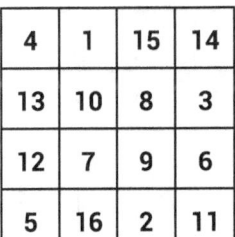
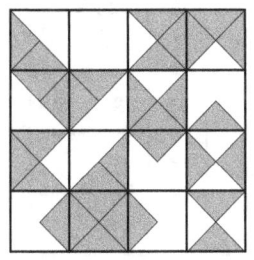

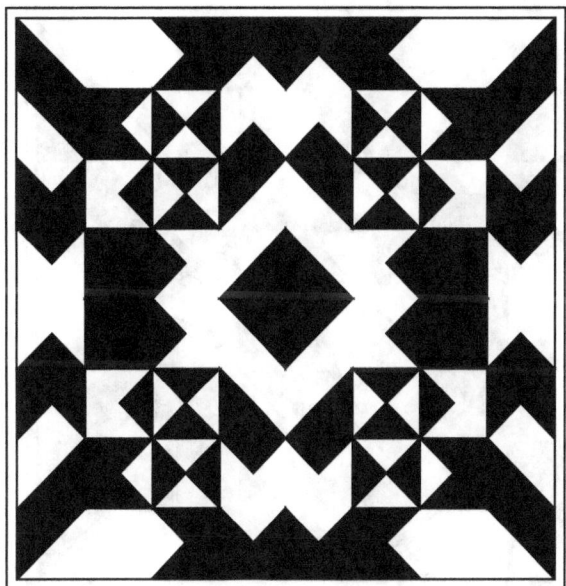

4	1	15	14
13	12	6	3
8	5	11	10
9	16	2	7

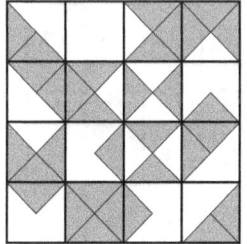

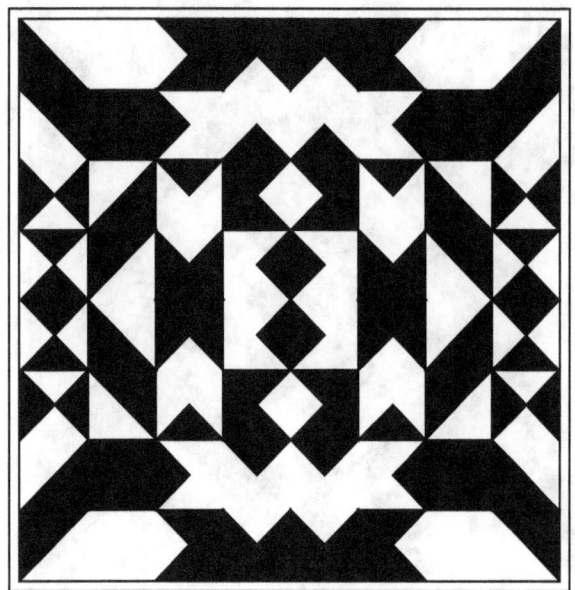

4	1	15	14
13	16	2	3
6	7	9	12
11	10	8	5

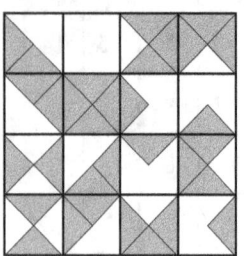

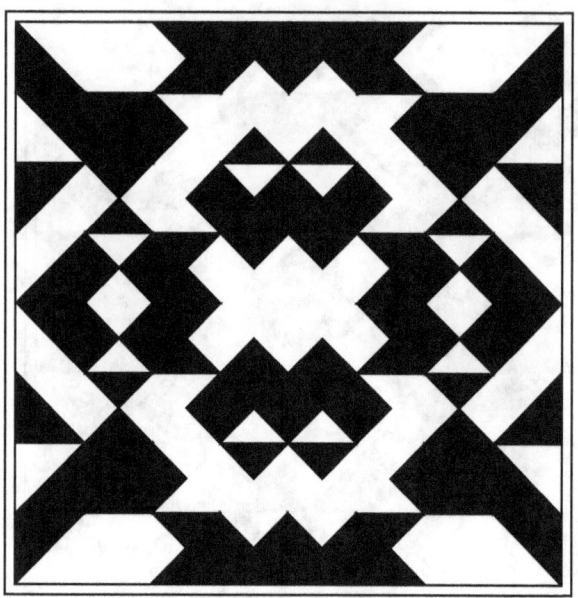

4	1	15	14
13	16	2	3
10	11	5	8
7	6	12	9

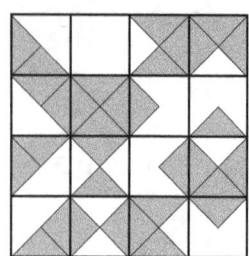

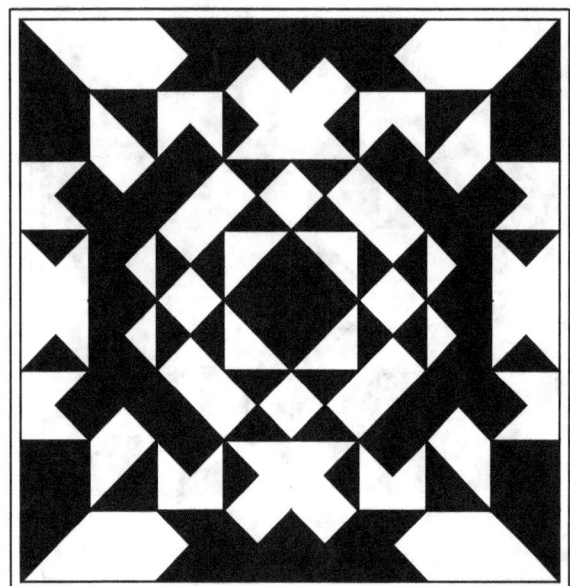

4	1	15	14
16	13	3	2
5	8	10	11
9	12	6	7

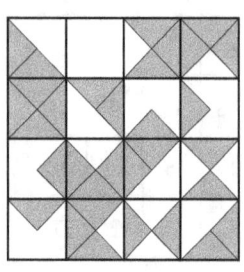

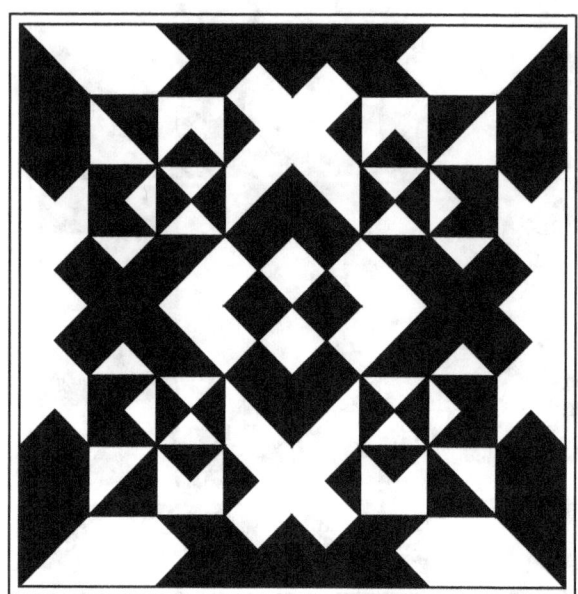

4	1	15	14
16	13	3	2
9	12	6	7
5	8	10	11

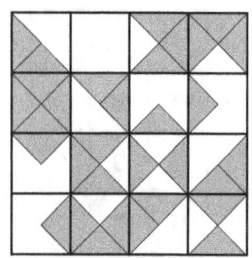

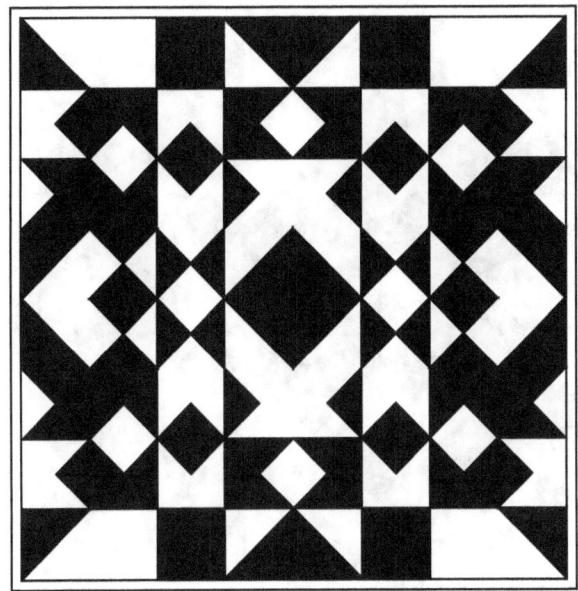

4	1	16	13
5	14	3	12
15	8	9	2
10	11	6	7

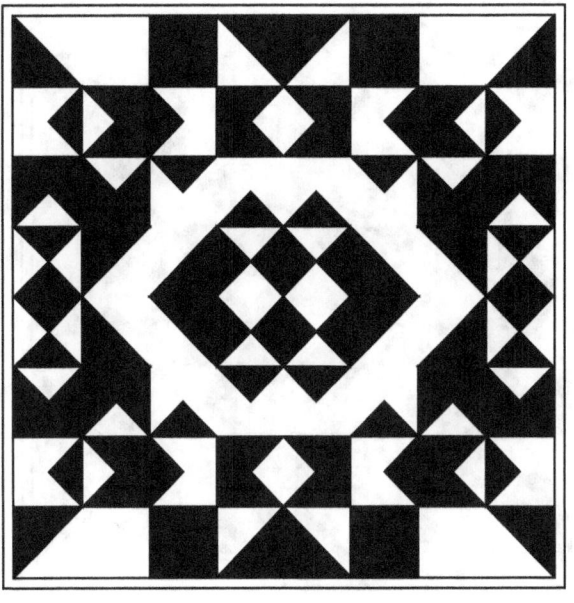

4	1	16	13
5	15	2	12
14	8	9	3
11	10	7	6

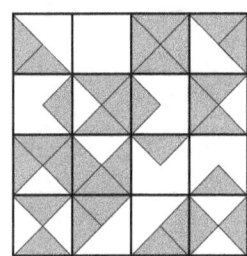

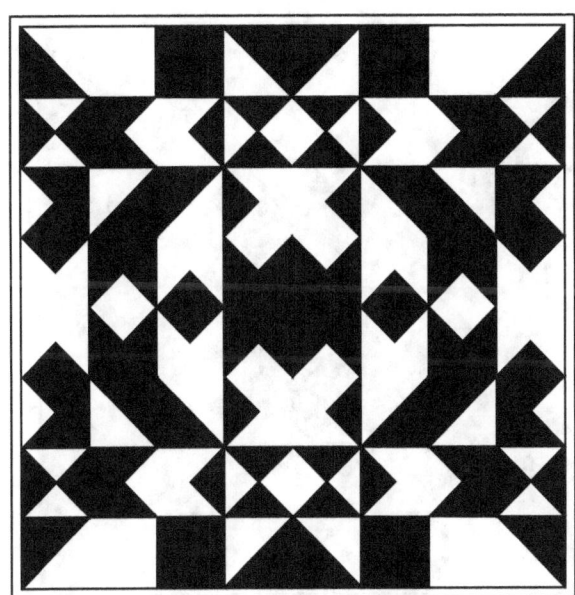

4	1	16	13
6	12	5	11
15	7	10	2
9	14	3	8

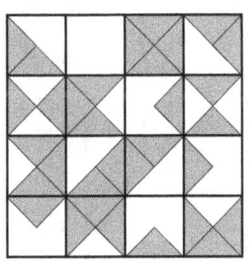

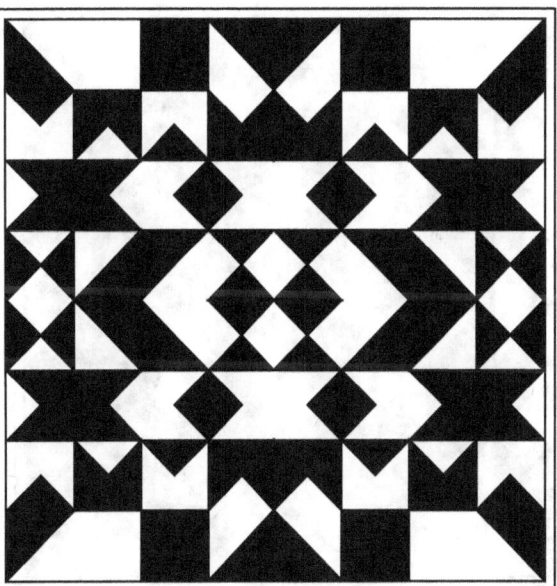

4	1	16	13
9	14	3	8
15	12	5	2
6	7	10	11

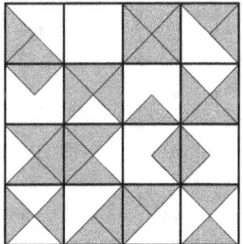

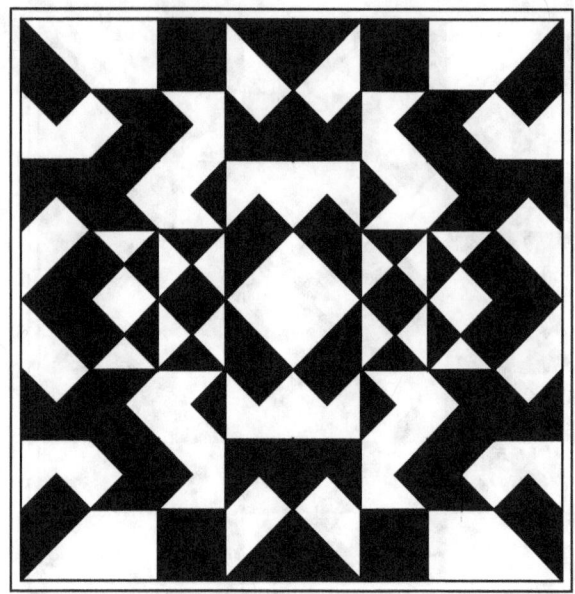

4	1	16	13
9	15	2	8
14	12	5	3
7	6	11	10

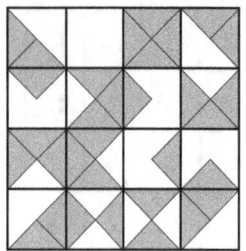

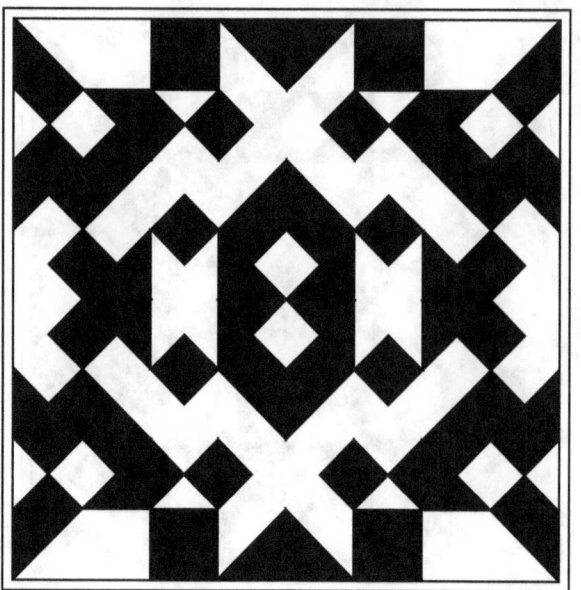

4	1	16	13
11	15	6	2
14	10	3	7
5	8	9	12

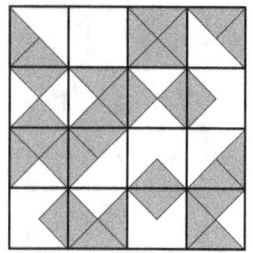

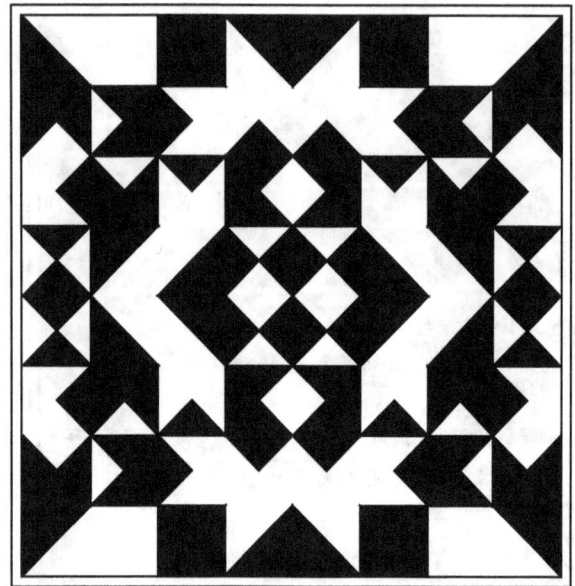

4	1	16	13
14	15	2	3
5	8	9	12
11	10	7	6

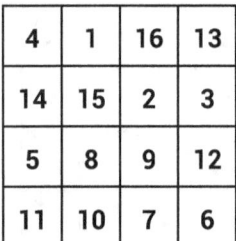

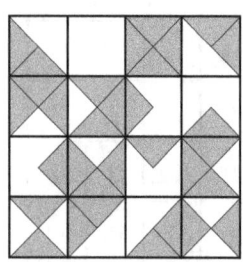

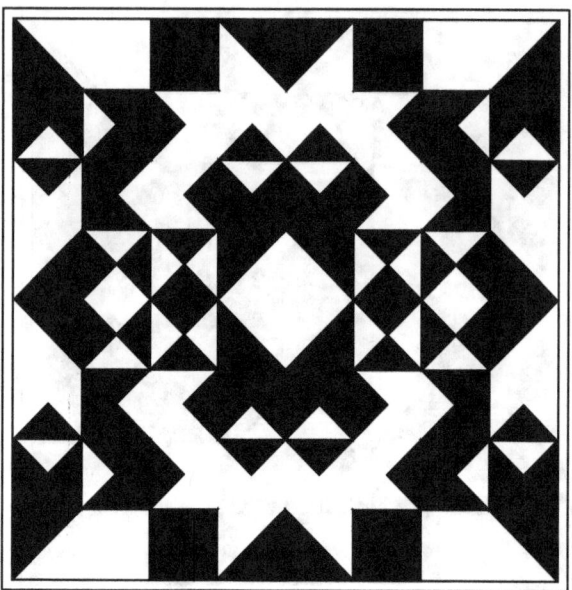

4	1	16	13
14	15	2	3
9	12	5	8
7	6	11	10

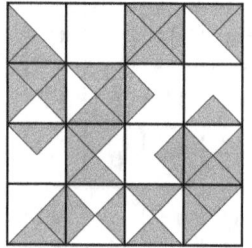

164

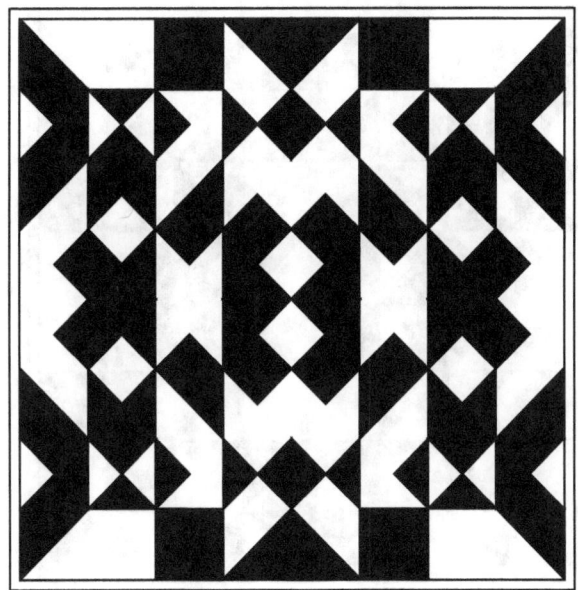

4	1	16	13
15	11	2	6
10	14	7	3
5	8	9	12

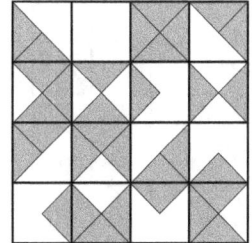

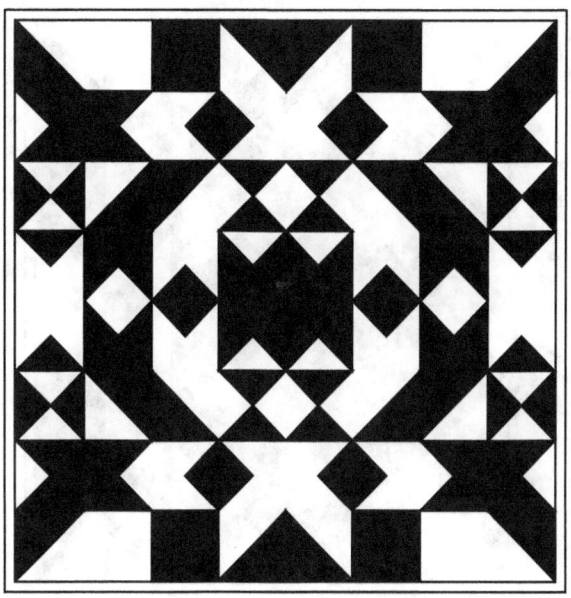

4	1	16	13
15	12	5	2
6	7	10	11
9	14	3	8

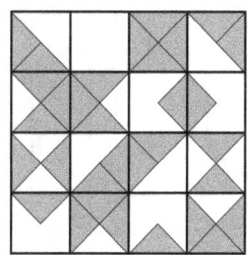

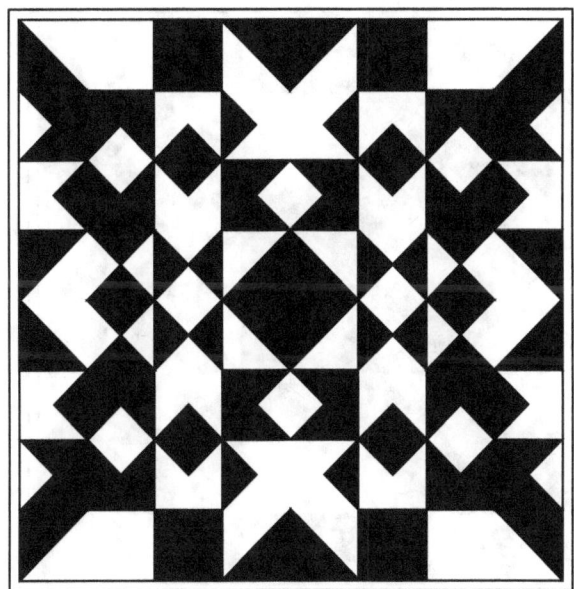

4	1	16	13
15	14	3	2
5	8	9	12
10	11	6	7

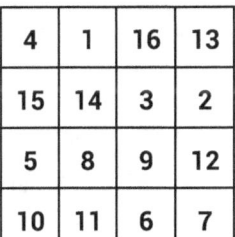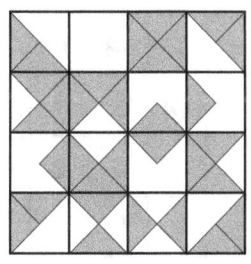

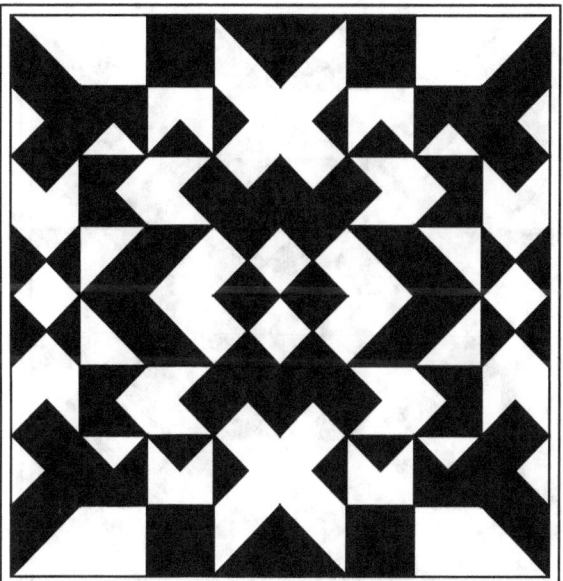

4	1	16	13
15	14	3	2
9	12	5	8
6	7	10	11

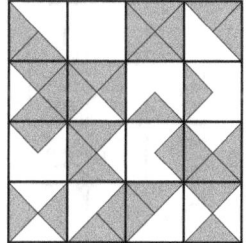

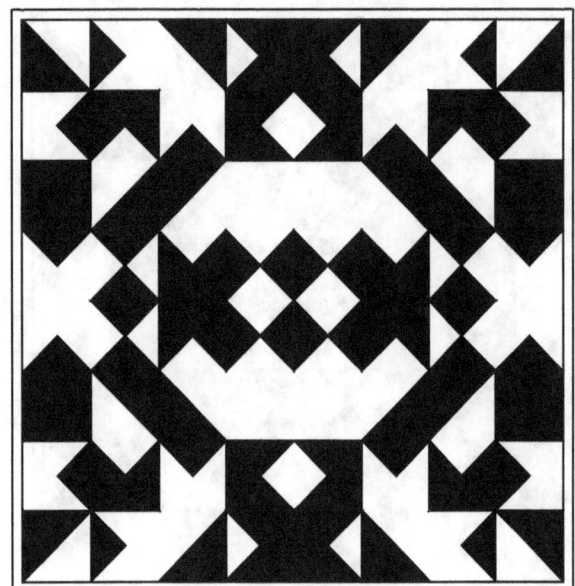

4	2	13	15
5	14	3	12
16	7	10	1
9	11	8	6

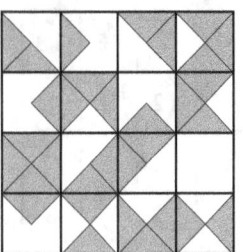

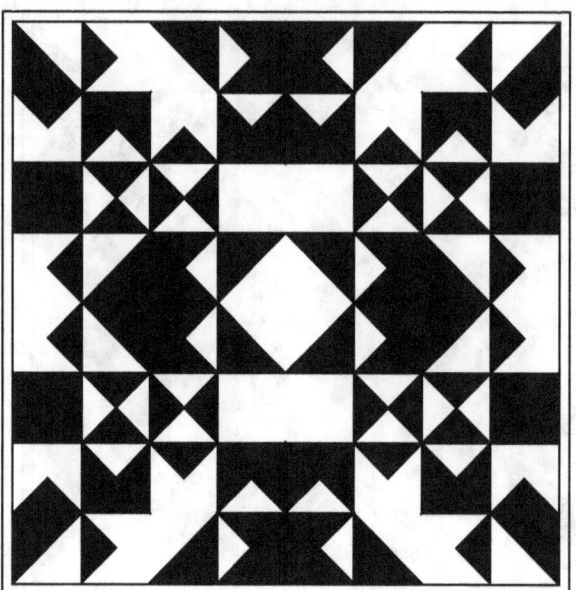

4	2	13	15
9	14	3	8
16	11	6	1
5	7	12	10

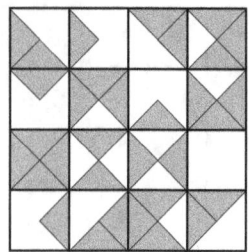

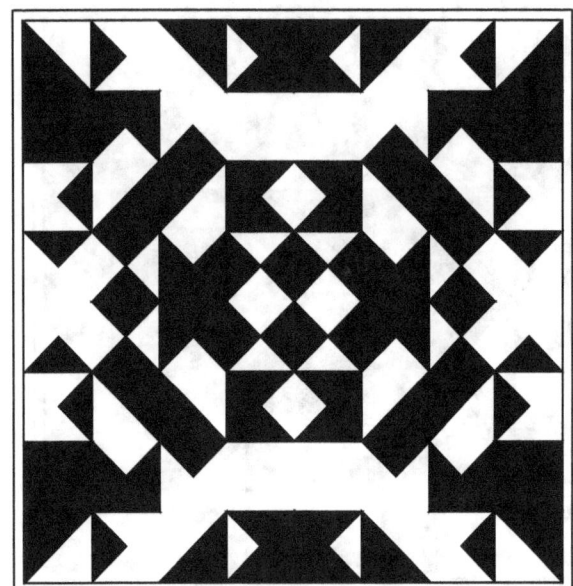

4	2	13	15
16	14	3	1
5	7	10	12
9	11	8	6

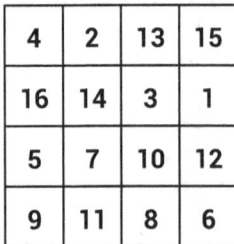 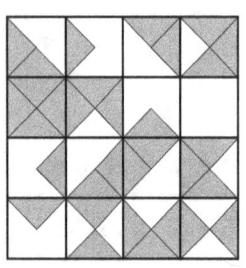

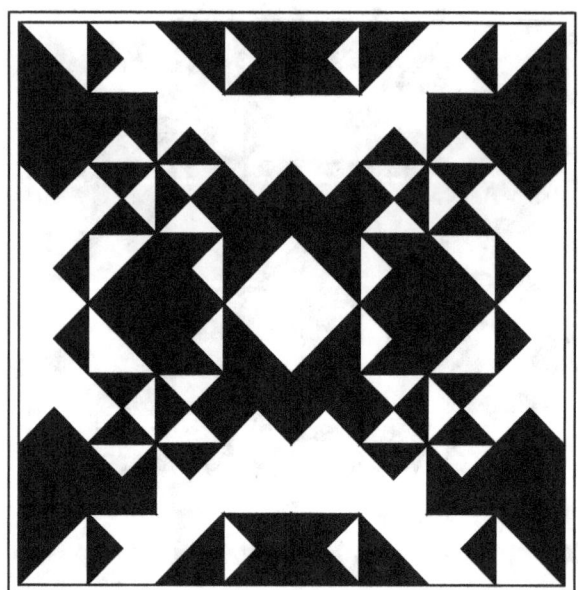

4	2	13	15
16	14	3	1
9	11	6	8
5	7	12	10

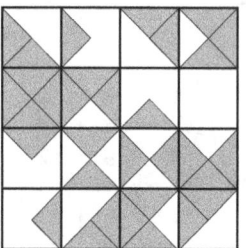

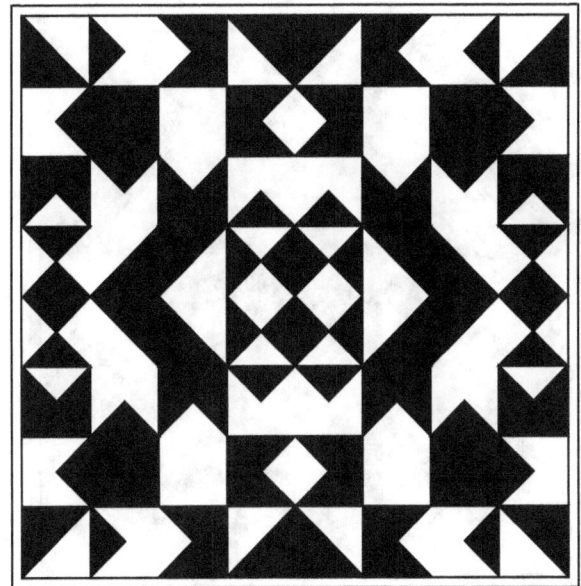

4	2	15	13
5	16	1	12
14	9	8	3
11	7	10	6

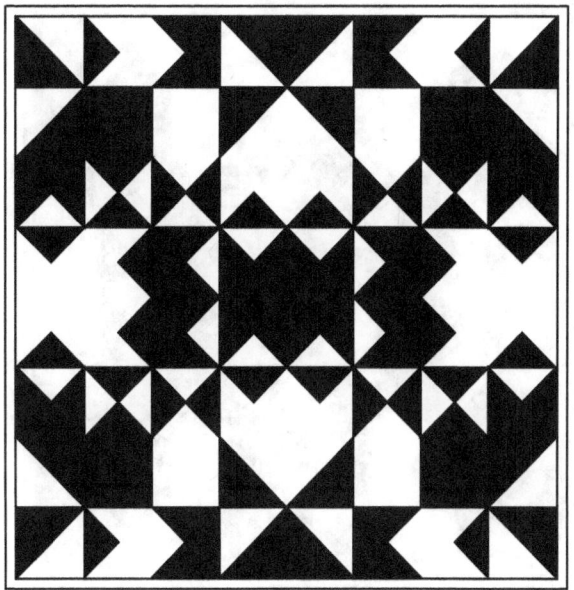

4	2	15	13
7	16	1	10
14	11	6	3
9	5	12	8

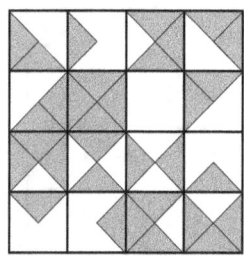

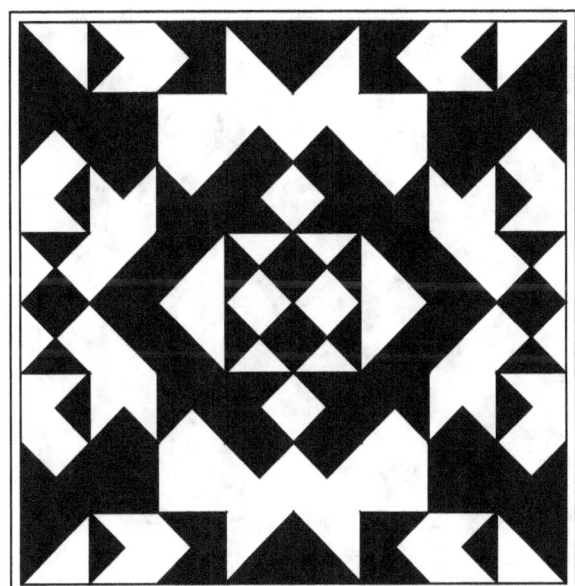

4	2	15	13
14	16	1	3
5	9	8	12
11	7	10	6

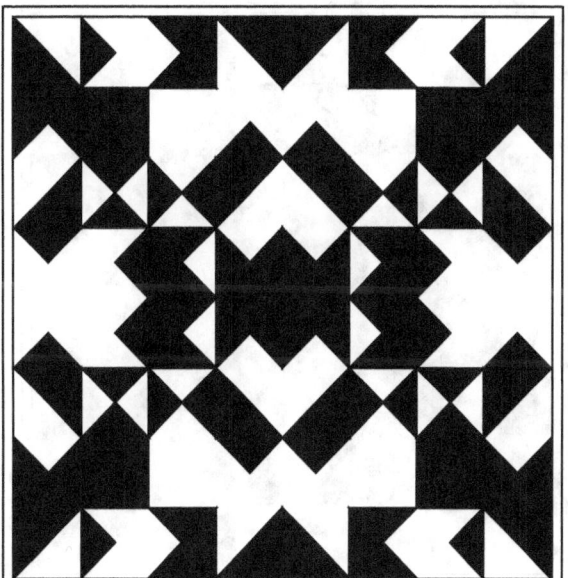

4	2	15	13
14	16	1	3
7	11	6	10
9	5	12	8

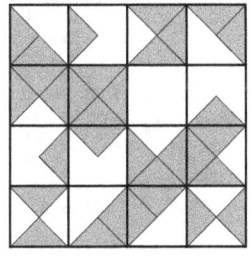

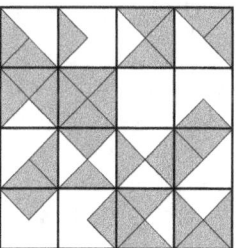

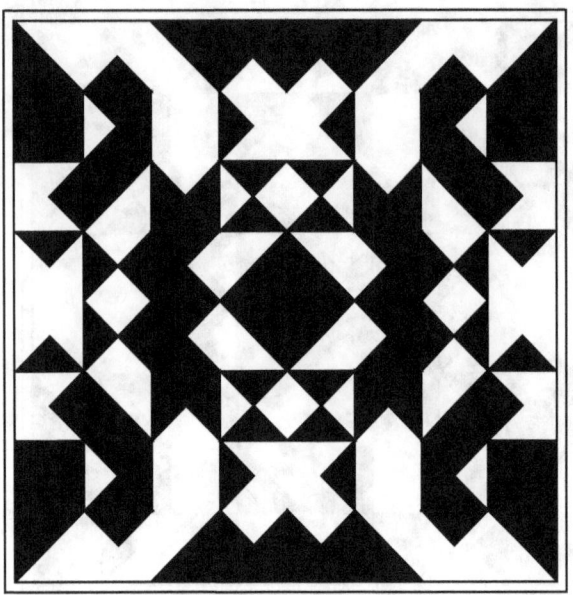

4	3	13	14
16	15	1	2
5	10	8	11
9	6	12	7

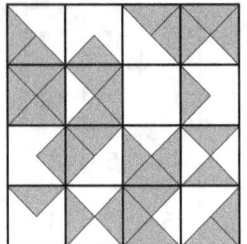

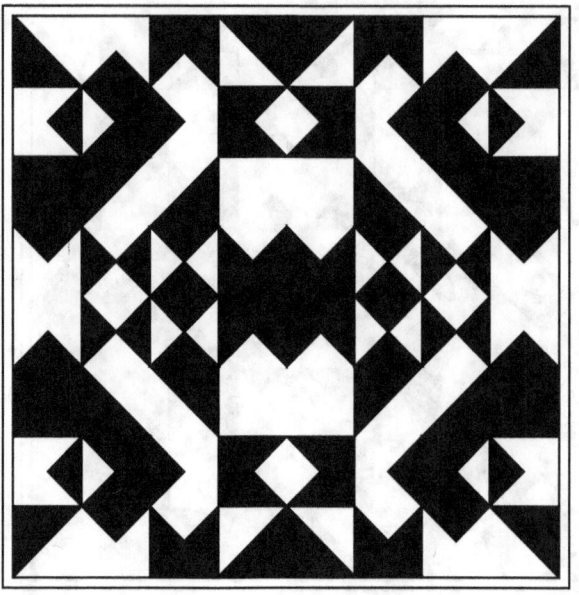

4	3	14	13
5	15	2	12
16	10	7	1
9	6	11	8

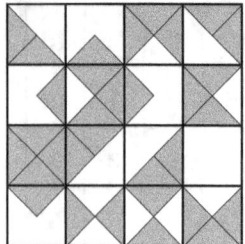

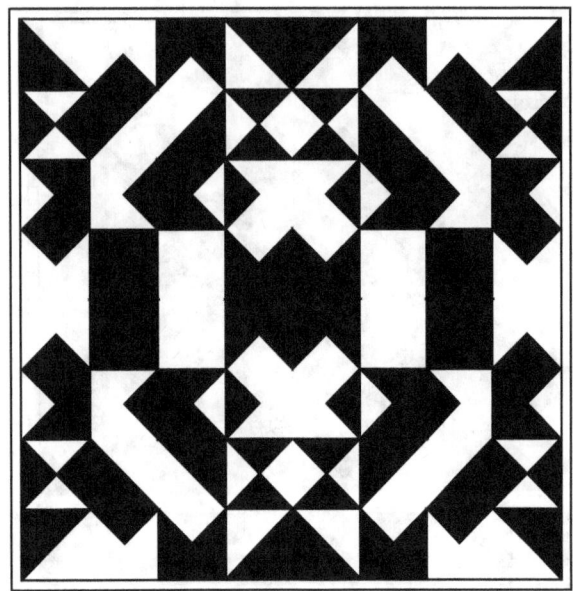

4	3	14	13
6	10	7	11
15	5	12	2
9	16	1	8

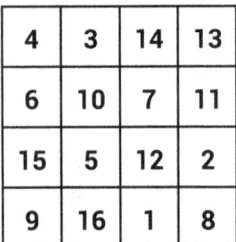
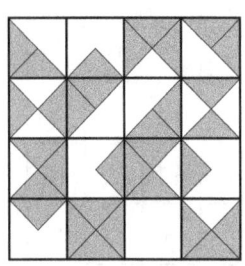

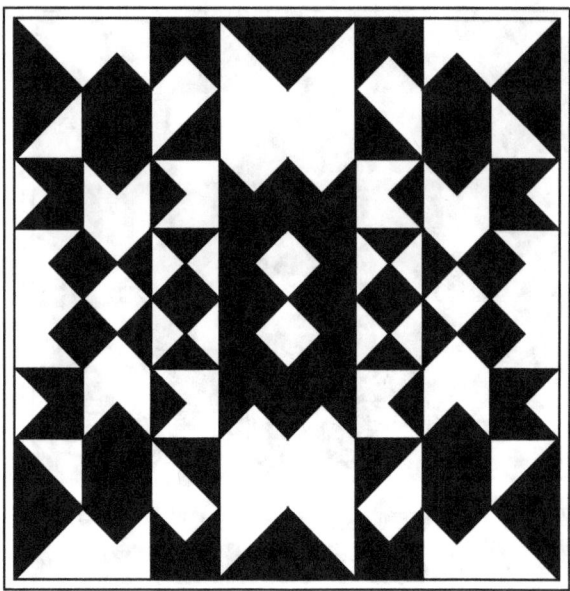

4	3	14	13
10	16	7	1
15	9	2	8
5	6	11	12

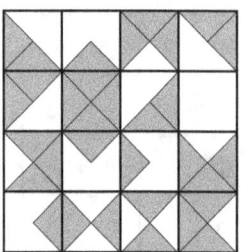

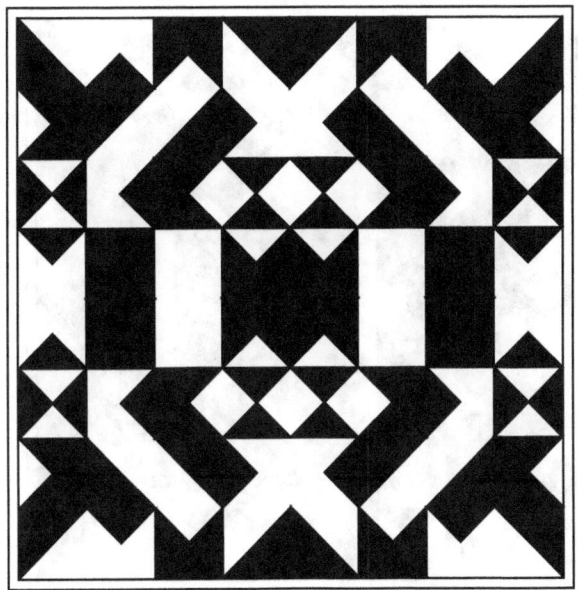

4	3	14	13
15	10	7	2
6	5	12	11
9	16	1	8

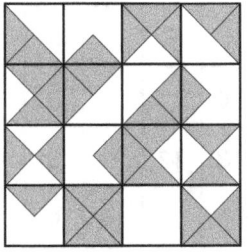

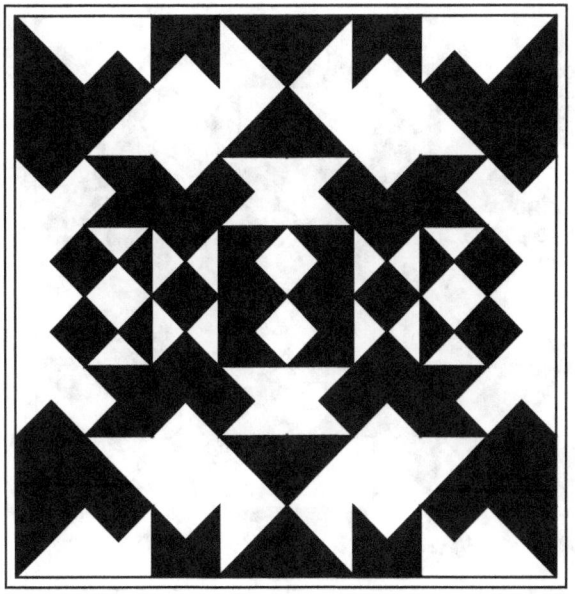

4	3	14	13
16	10	1	7
9	15	8	2
5	6	11	12

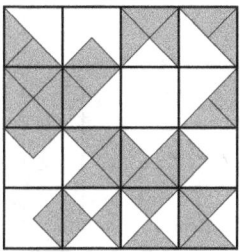

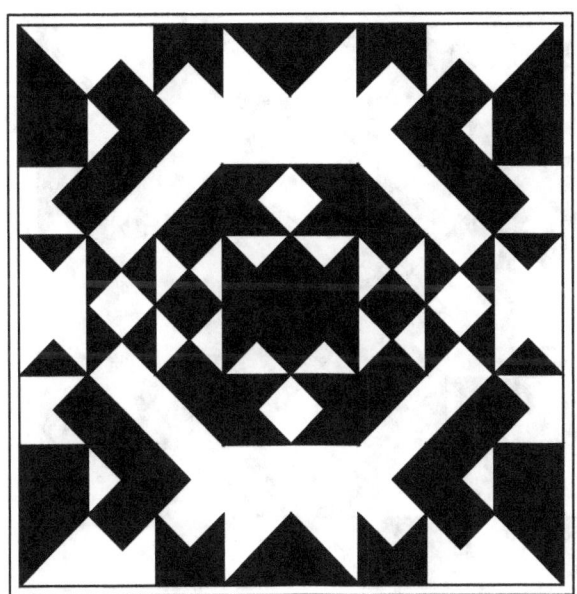

4	3	14	13
16	15	2	1
5	10	7	12
9	6	11	8

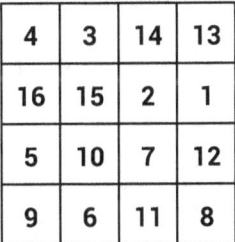
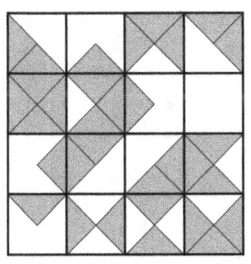

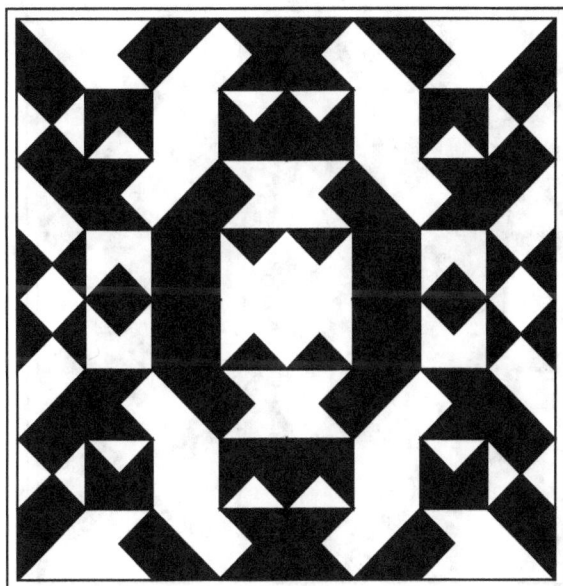

4	5	10	15
11	14	1	8
13	12	7	2
6	3	16	9

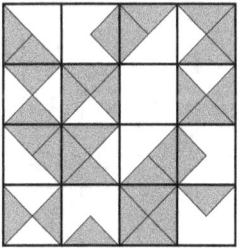

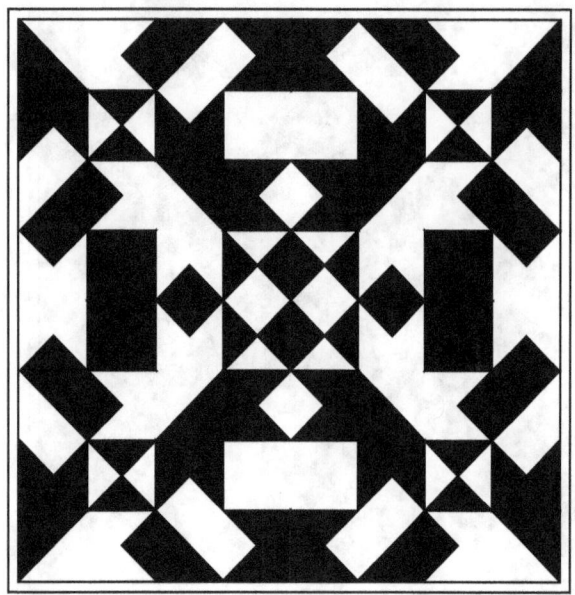

4	5	10	15
14	11	8	1
7	2	13	12
9	16	3	6

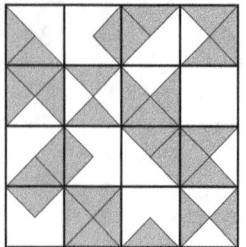

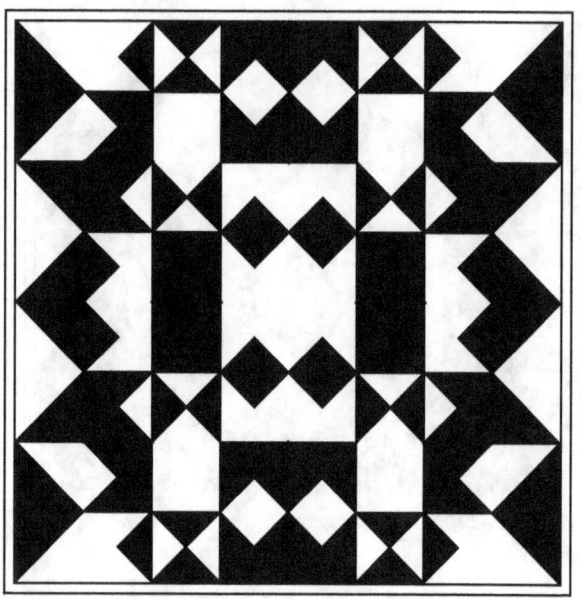

4	5	11	14
10	15	1	8
13	12	6	3
7	2	16	9

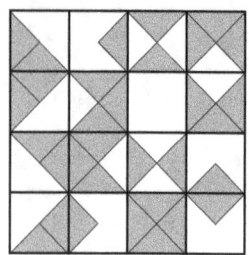

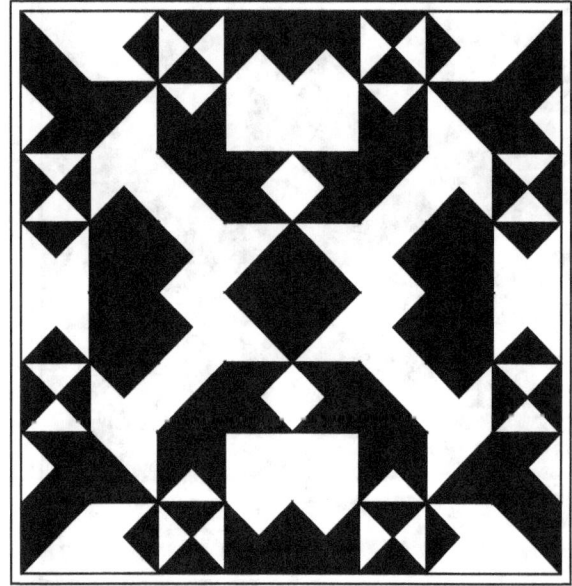

4	5	11	14
15	10	8	1
6	3	13	12
9	16	2	7

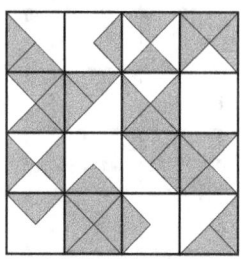

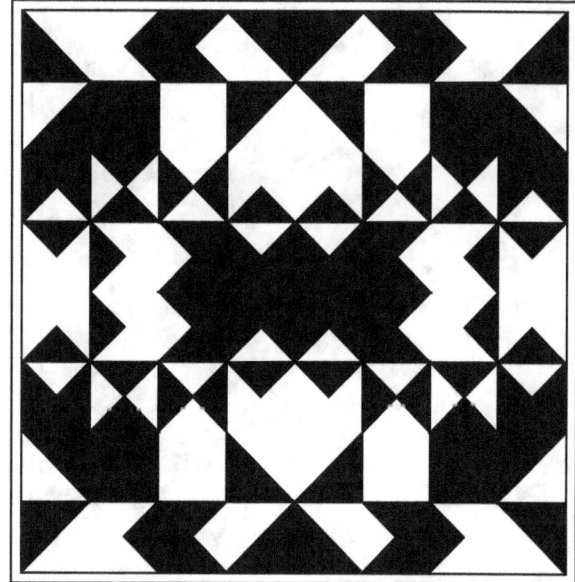

4	5	12	13
7	16	1	10
14	11	6	3
9	2	15	8

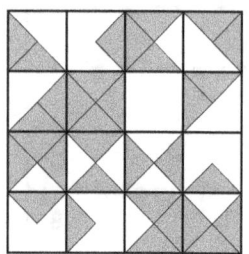

170

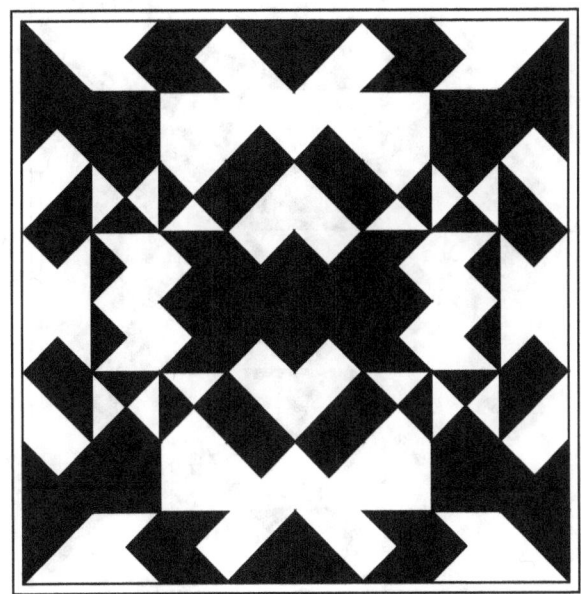

4	5	12	13
14	16	1	3
7	11	6	10
9	2	15	8

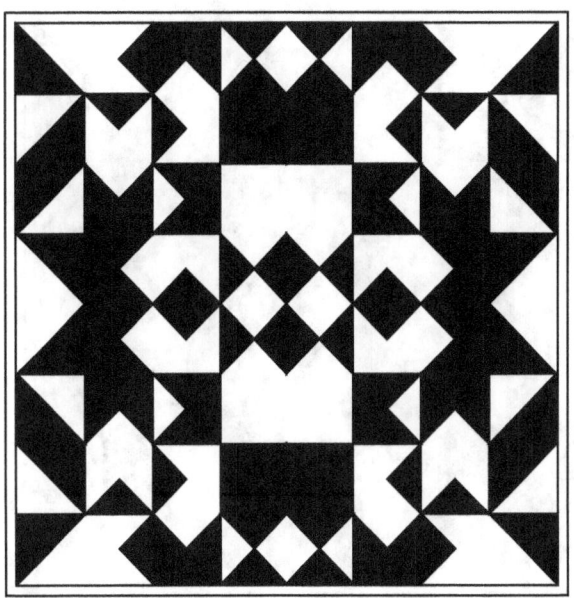

4	5	14	11
7	9	2	16
10	8	15	1
13	12	3	6

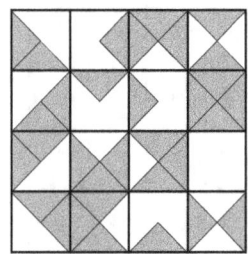

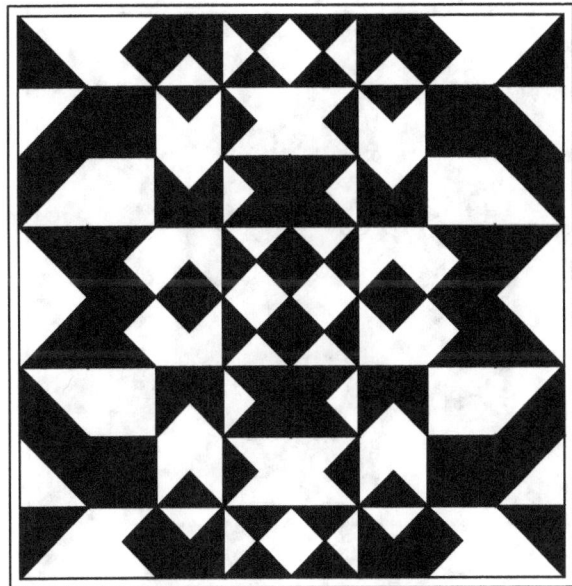

4	5	14	11
7	16	9	2
10	1	8	15
13	12	3	6

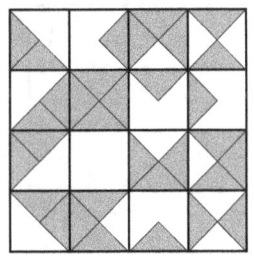

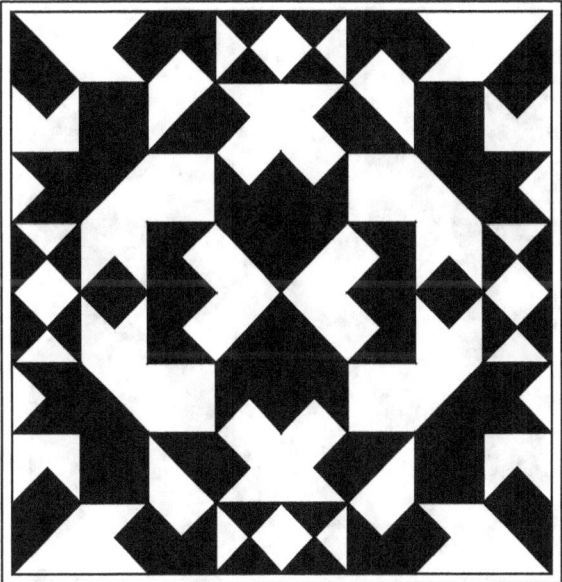

4	5	14	11
9	16	7	2
15	10	1	8
6	3	12	13

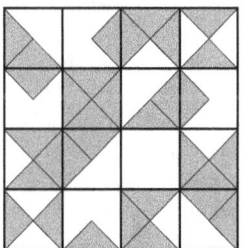

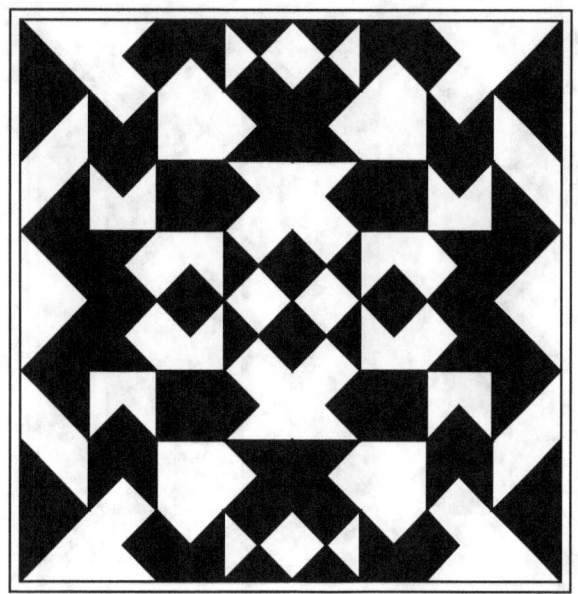

4	5	14	11
10	8	1	15
7	9	16	2
13	12	3	6

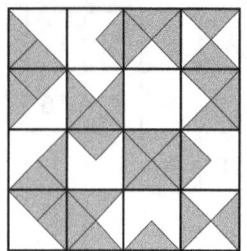

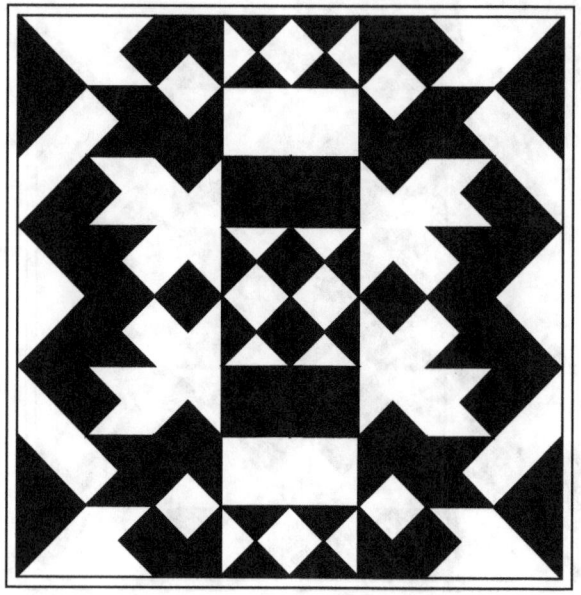

4	5	14	11
10	15	8	1
7	2	9	16
13	12	3	6

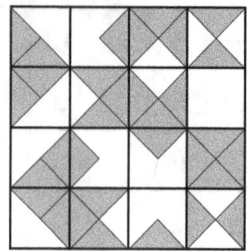

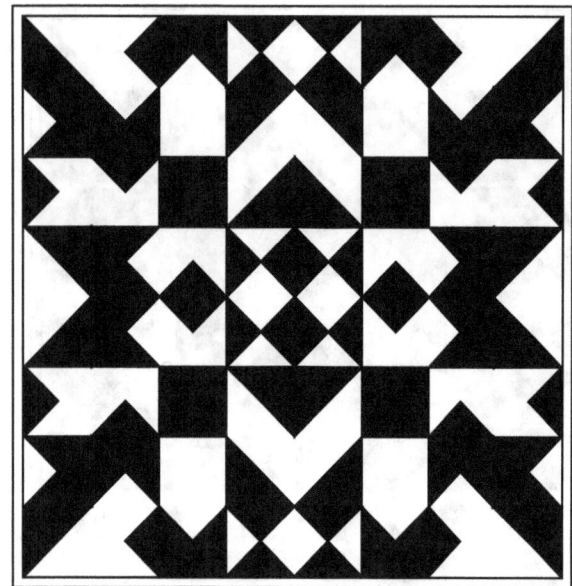

4	5	14	11
15	8	1	10
2	9	16	7
13	12	3	6

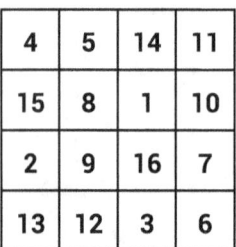
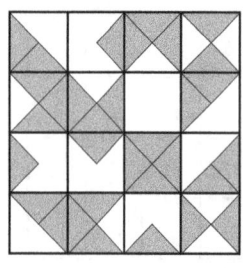

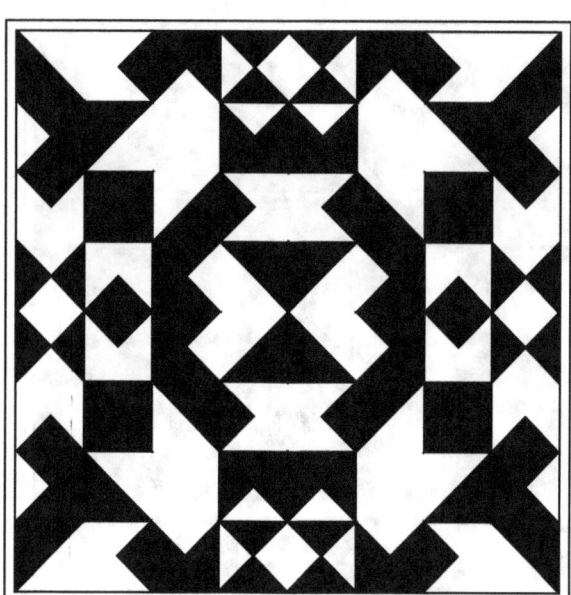

4	5	14	11
15	10	1	8
9	16	7	2
6	3	12	13

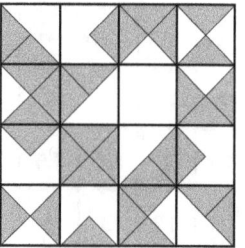

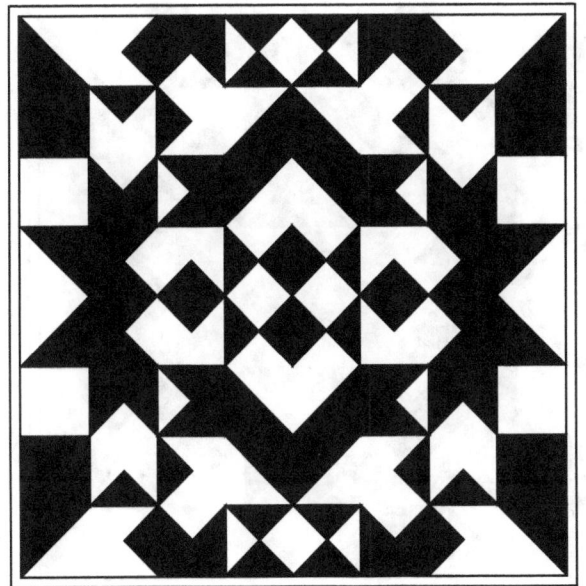

4	5	14	11
16	9	2	7
1	8	15	10
13	12	3	6

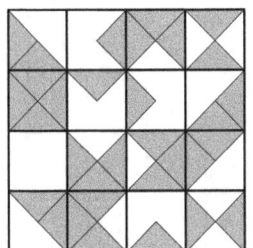

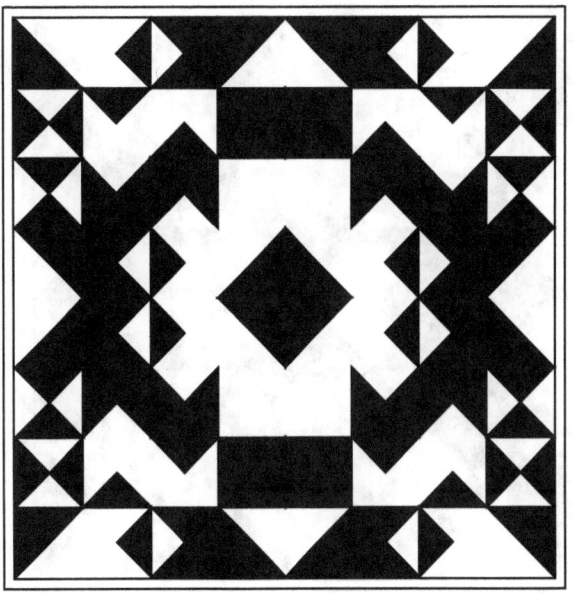

4	5	15	10
6	9	3	16
11	8	14	1
13	12	2	7

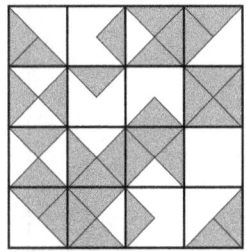

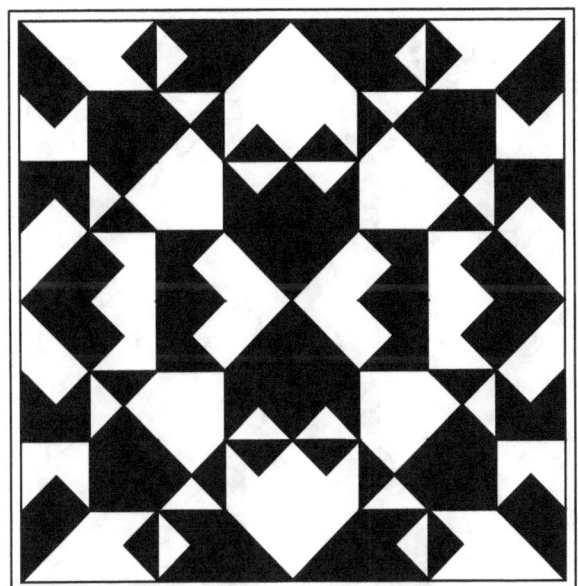

4	5	15	10
9	16	6	3
14	11	1	8
7	2	12	13

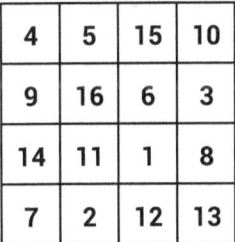
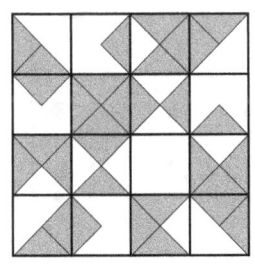

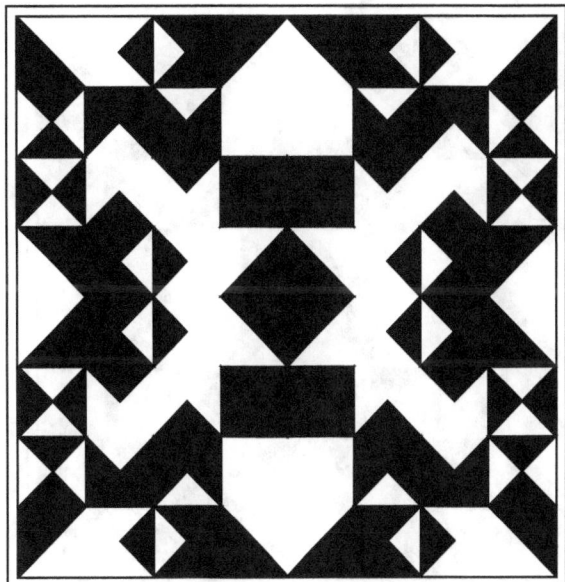

4	5	15	10
11	14	8	1
6	3	9	16
13	12	2	7

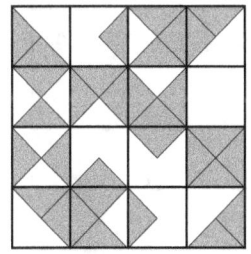

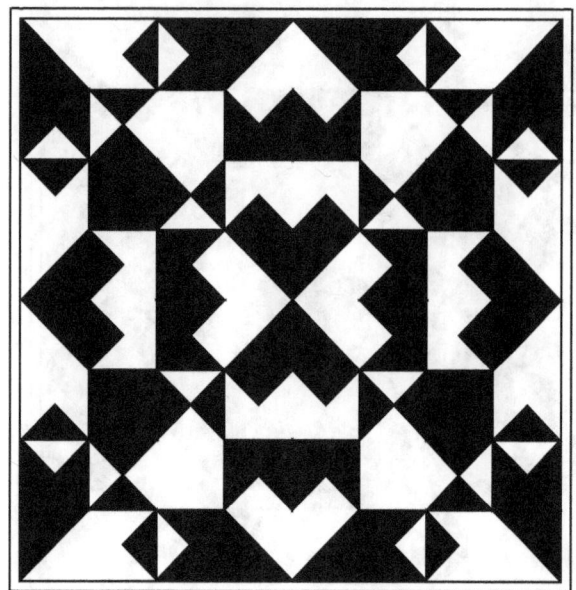

4	5	15	10
14	11	1	8
9	16	6	3
7	2	12	13

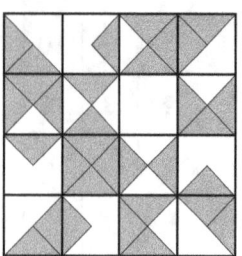

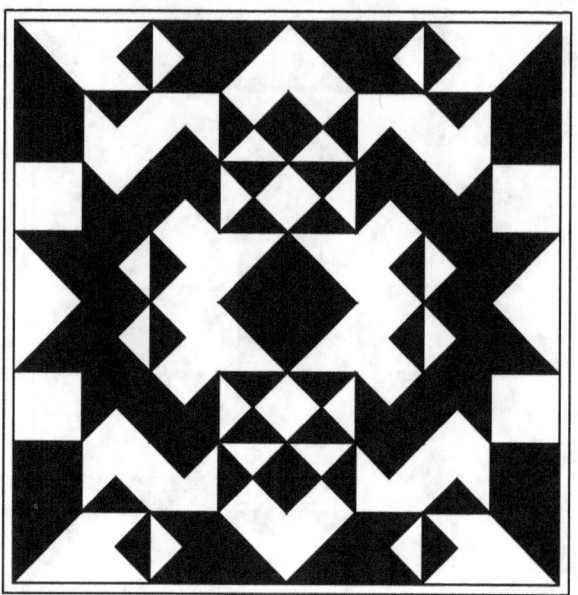

4	5	15	10
16	9	3	6
1	8	14	11
13	12	2	7

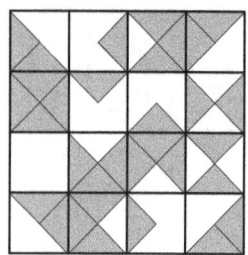

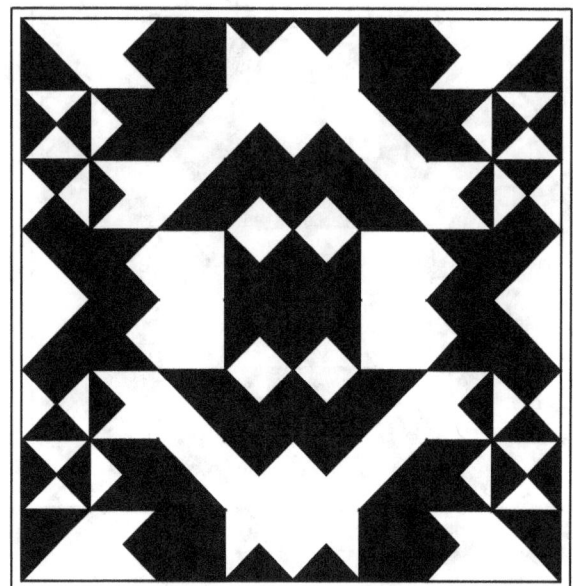

4	5	16	9
6	15	10	3
11	2	7	14
13	12	1	8

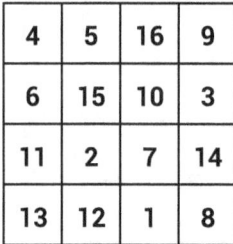
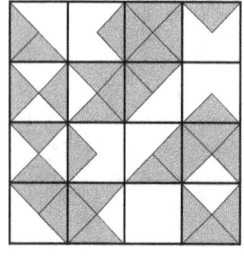

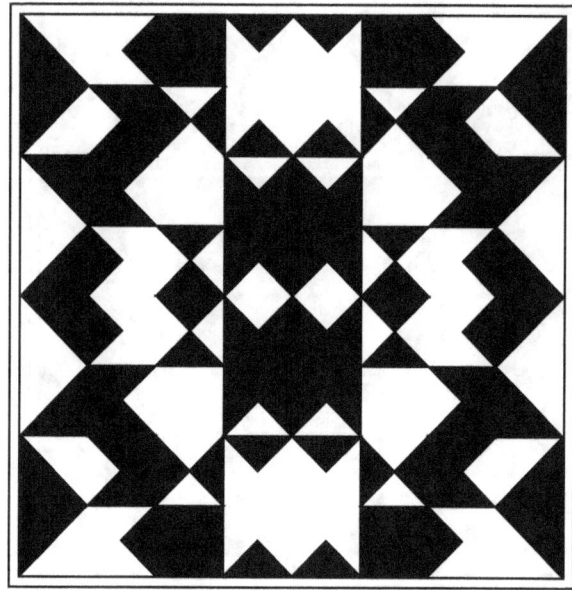

4	5	16	9
10	15	6	3
13	12	1	8
7	2	11	14

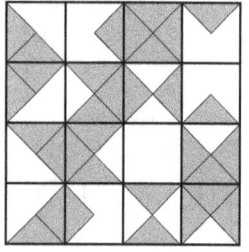

174

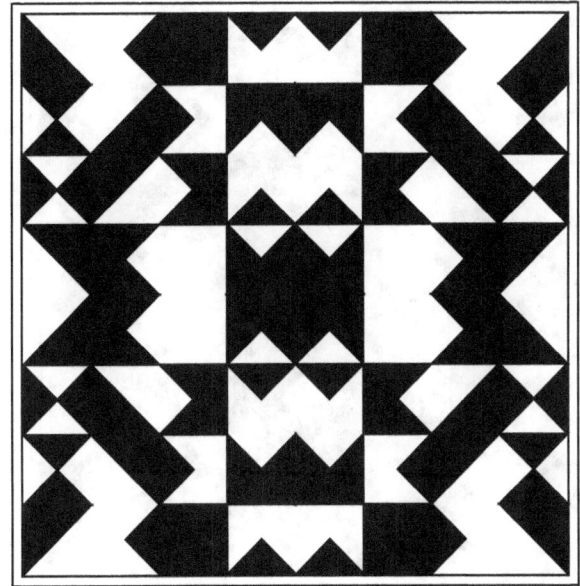

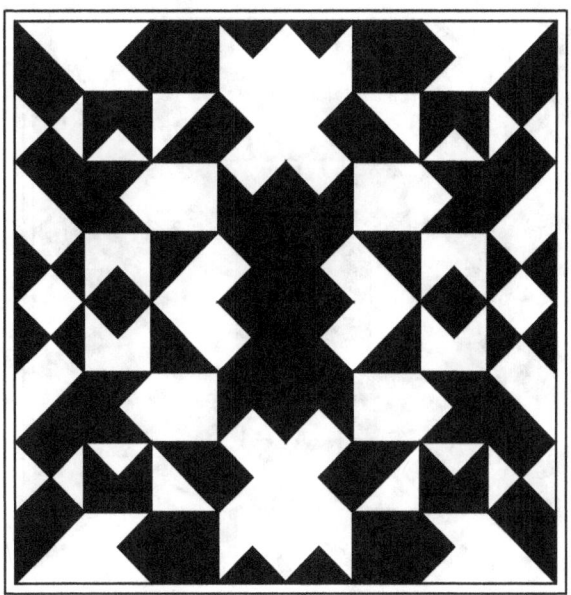

4	5	16	9
11	7	2	14
6	10	15	3
13	12	1	8

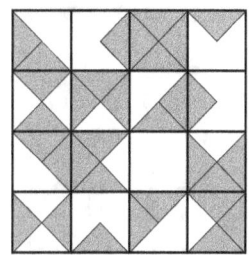

4	5	16	9
11	14	7	2
13	12	1	8
6	3	10	15

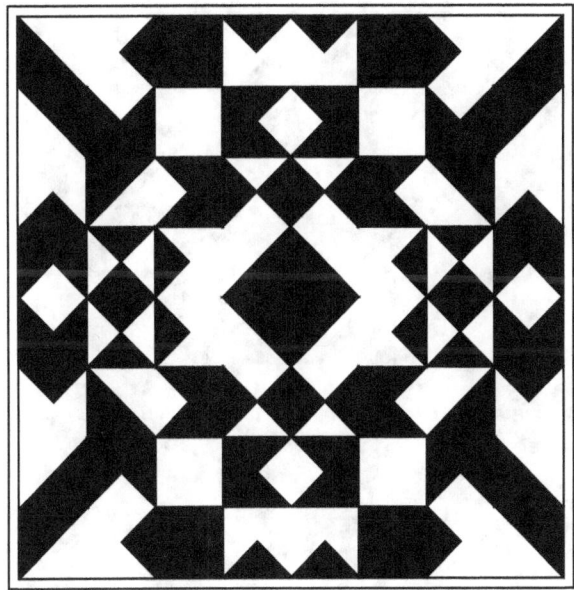

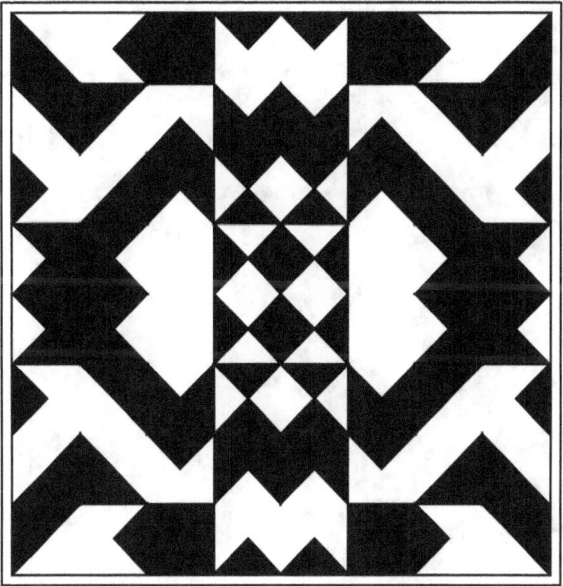

4	5	16	9
13	8	1	12
3	10	15	6
14	11	2	7

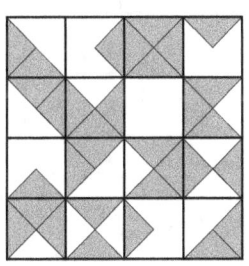

4	5	16	9
13	10	3	8
2	7	14	11
15	12	1	6

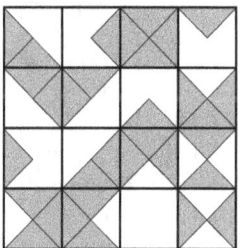

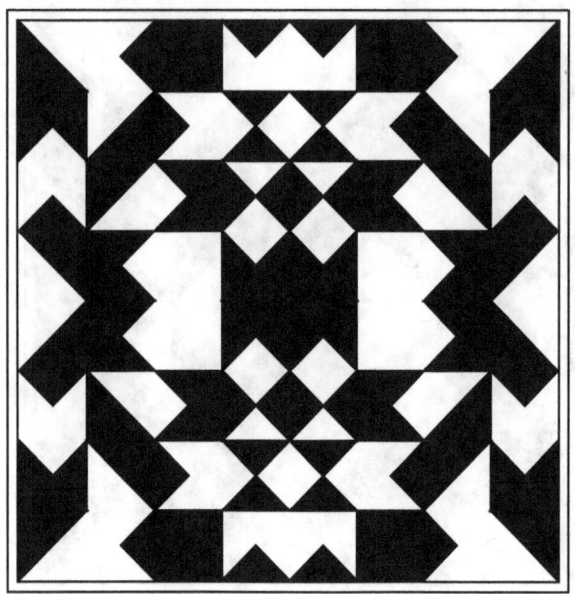

4	5	16	9
14	7	2	11
3	10	15	6
13	12	1	8

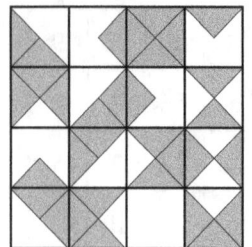

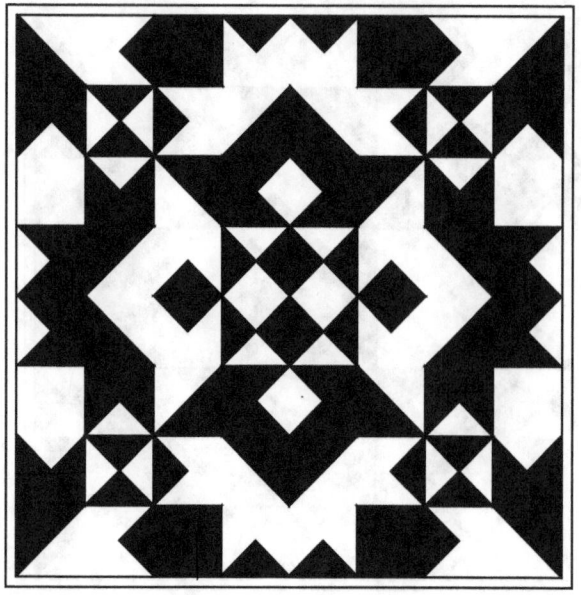

4	5	16	9
14	11	2	7
1	8	13	12
15	10	3	6

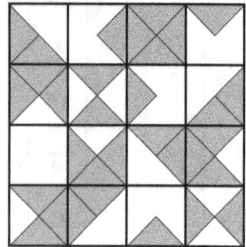

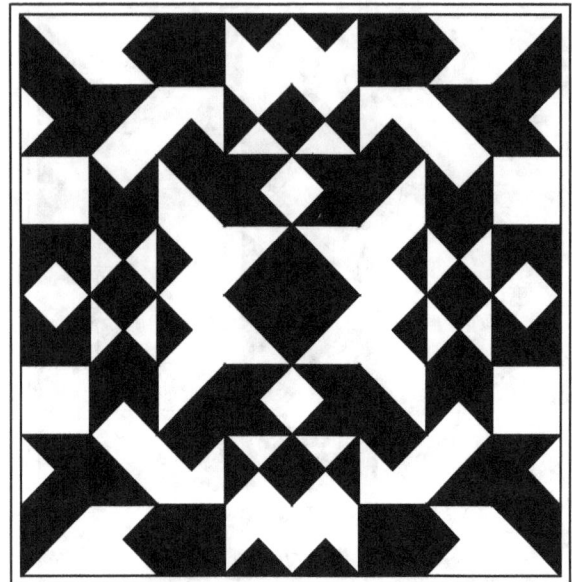

4	5	16	9
15	10	3	6
1	8	13	12
14	11	2	7

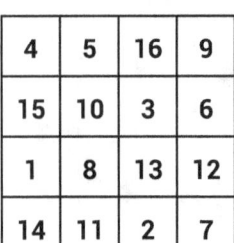
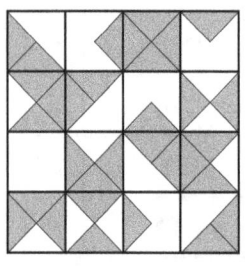

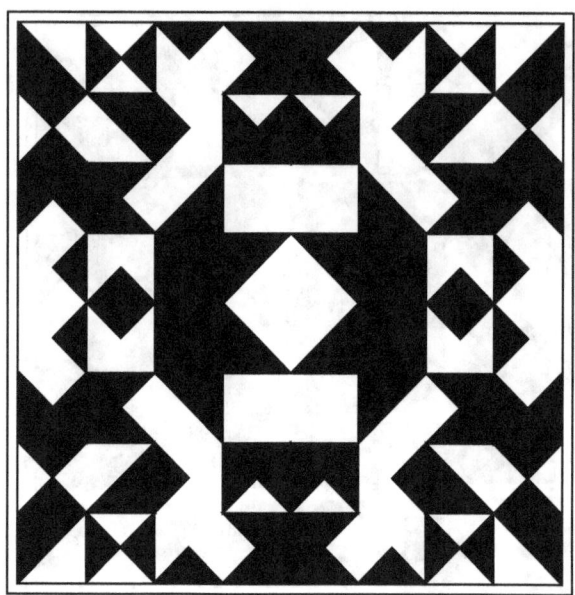

4	6	9	15
11	13	2	8
14	12	7	1
5	3	16	10

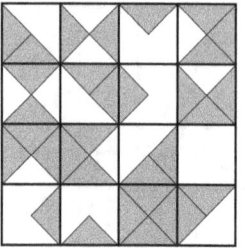

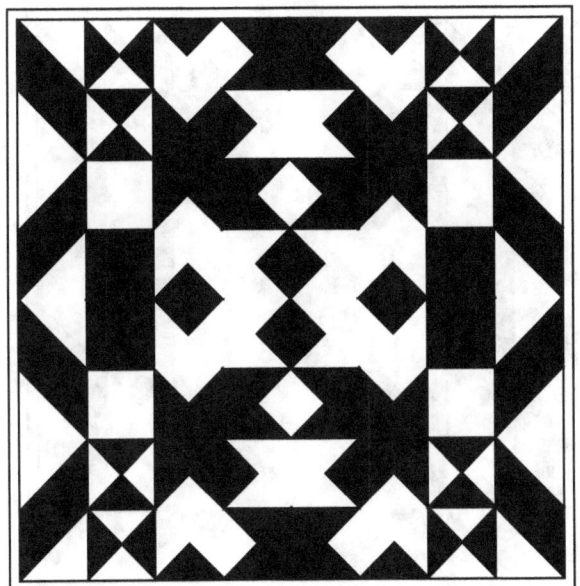

4	6	9	15
13	11	8	2
7	1	14	12
10	16	3	5

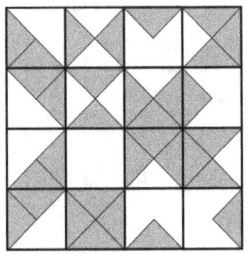

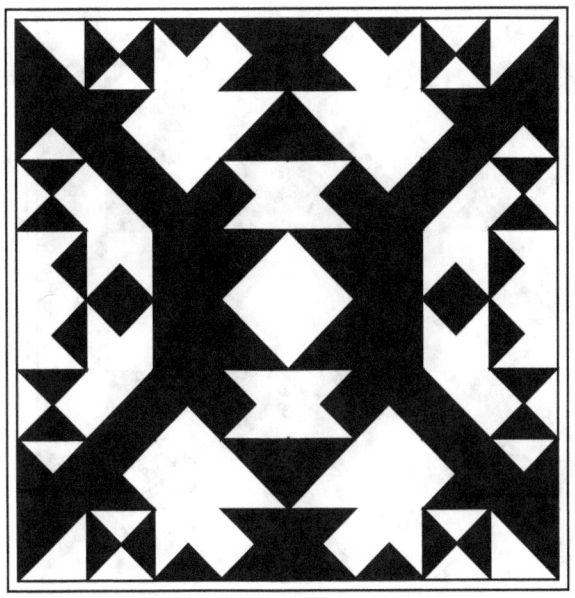

4	6	9	15
14	12	1	7
11	13	8	2
5	3	16	10

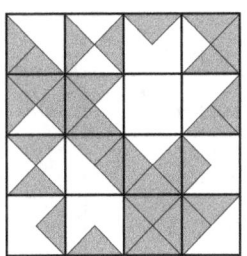

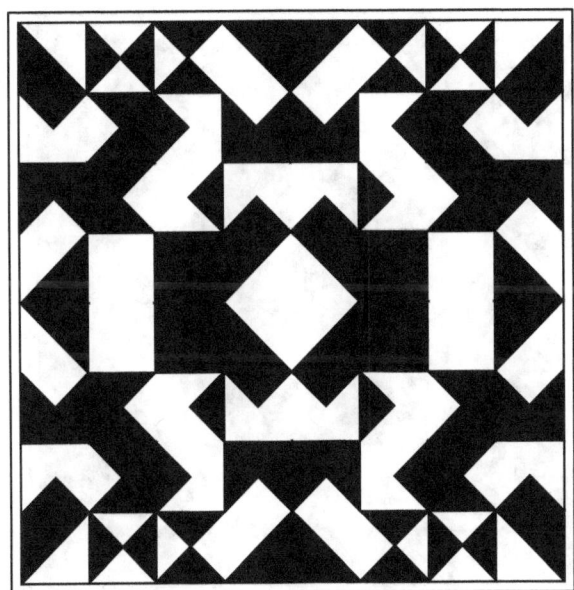

4	6	11	13
9	15	2	8
14	12	5	3
7	1	16	10

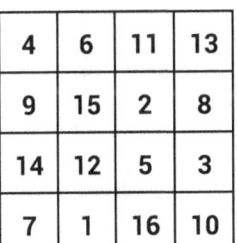
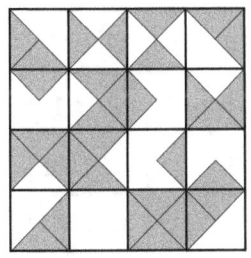

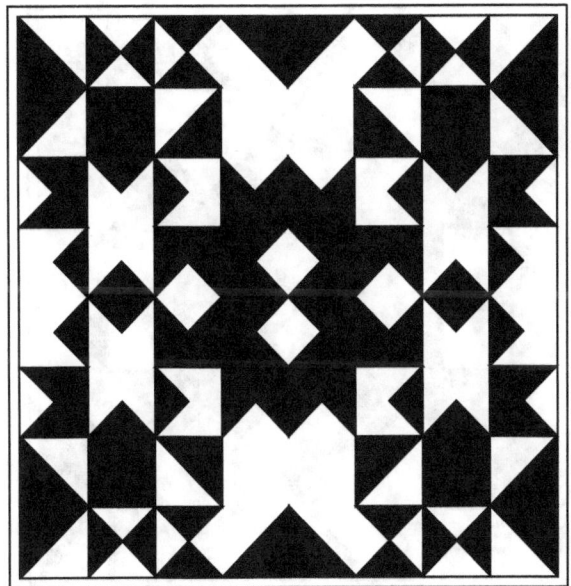

4	6	11	13
10	16	7	1
15	9	2	8
5	3	14	12

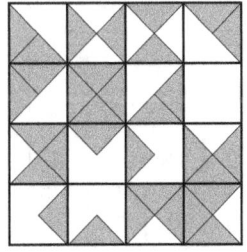

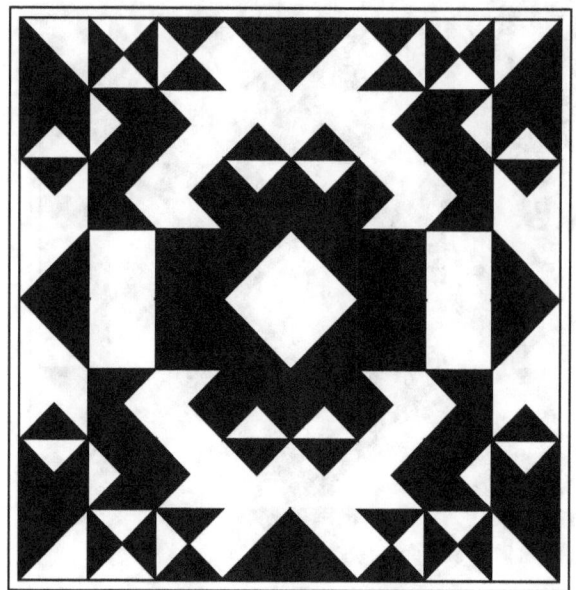

4	6	11	13
14	15	2	3
9	12	5	8
7	1	16	10

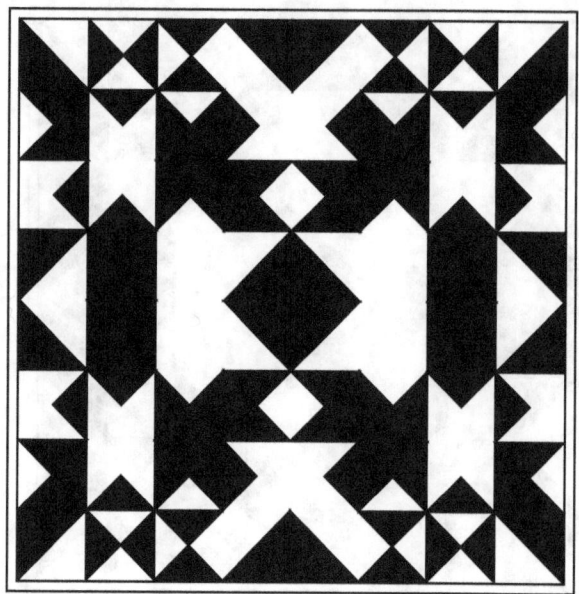

4	6	11	13
15	9	8	2
5	3	14	12
10	16	1	7

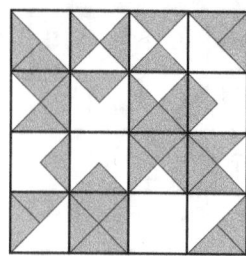

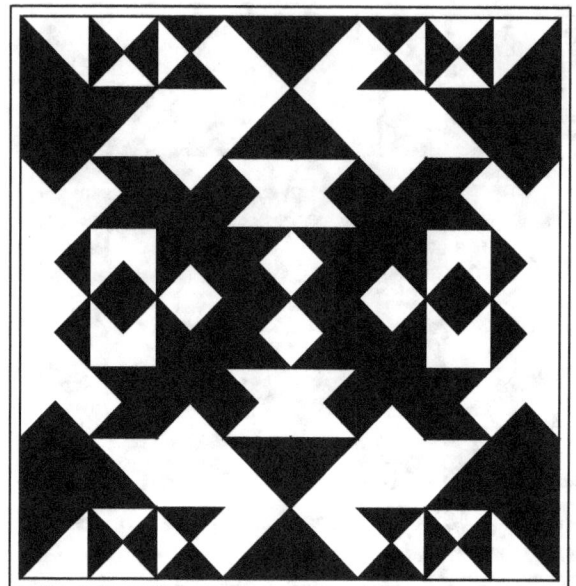

4	6	11	13
16	10	1	7
9	15	8	2
5	3	14	12

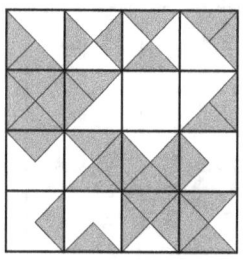

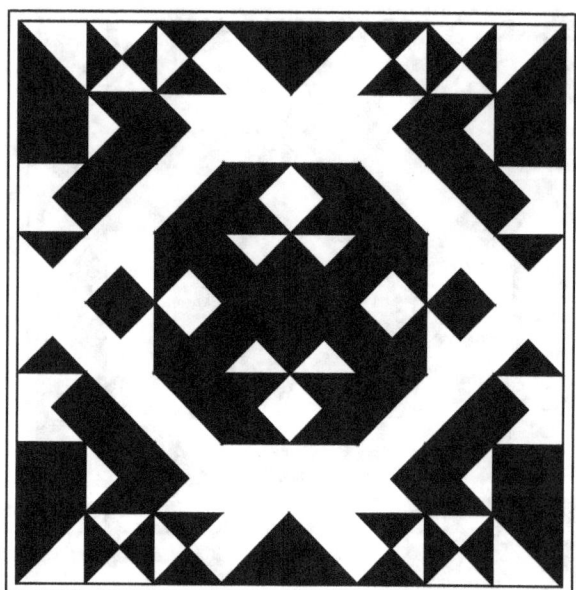

4	6	11	13
16	15	2	1
5	10	7	12
9	3	14	8

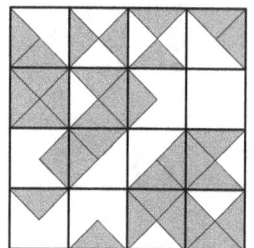

178

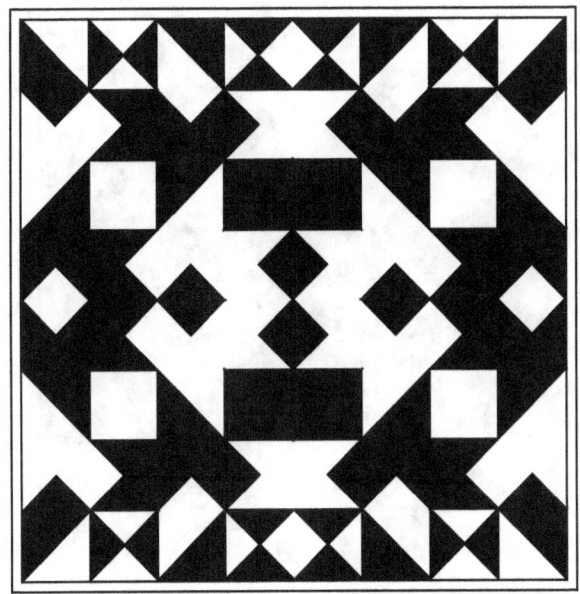

4	6	13	11
9	15	8	2
7	1	10	16
14	12	3	5

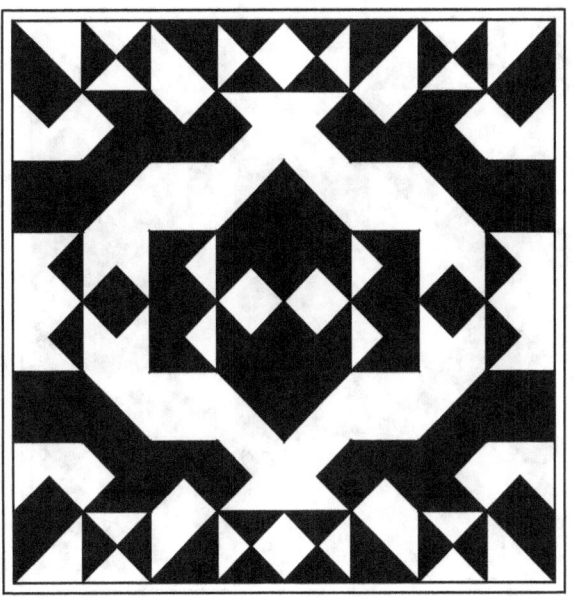

4	6	13	11
9	15	8	2
16	10	1	7
5	3	12	14

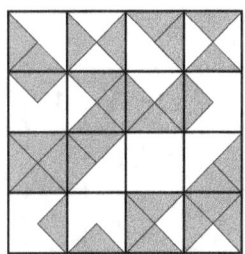

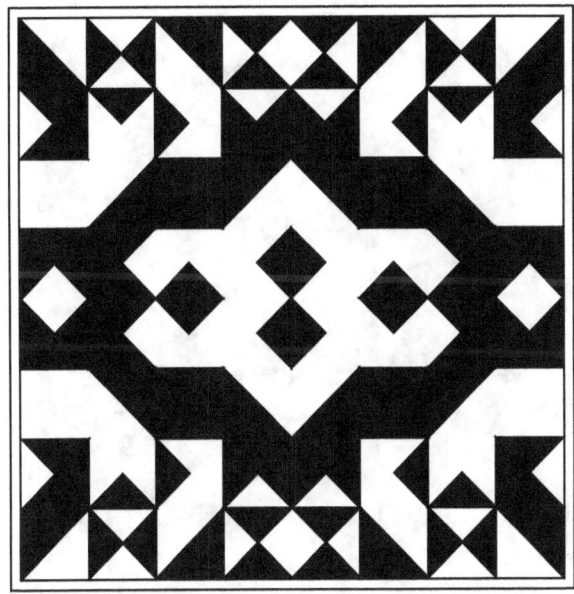

4	6	13	11
15	9	2	8
1	7	16	10
14	12	3	5

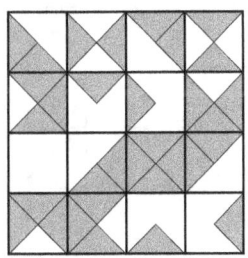

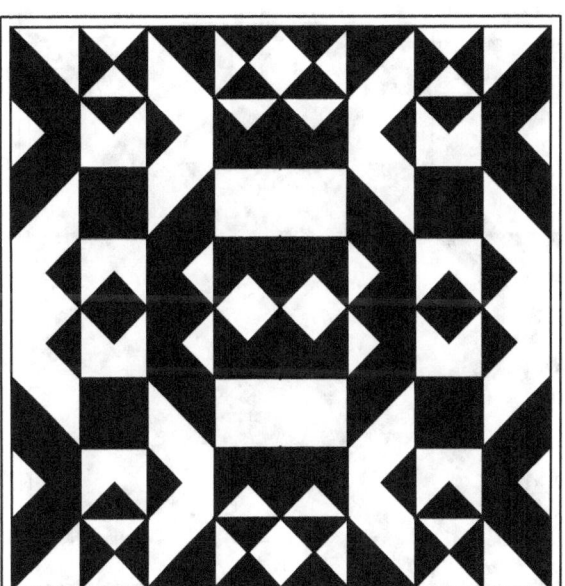

4	6	13	11
15	9	2	8
10	16	7	1
5	3	12	14

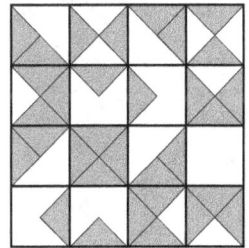

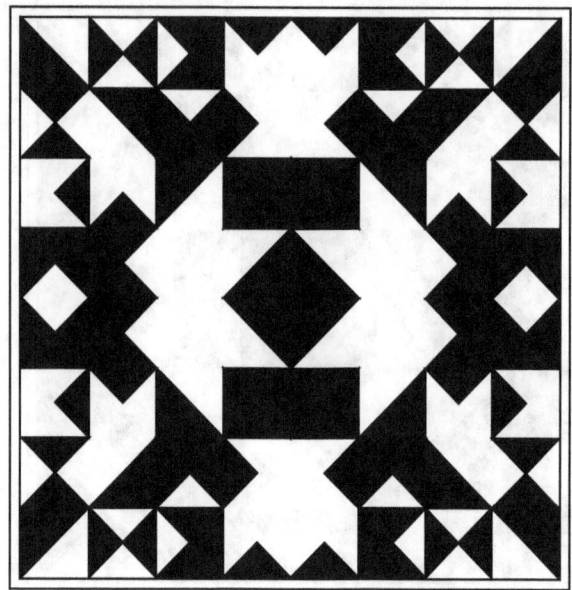

4	6	15	9
11	13	8	2
5	3	10	16
14	12	1	7

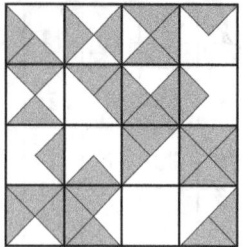

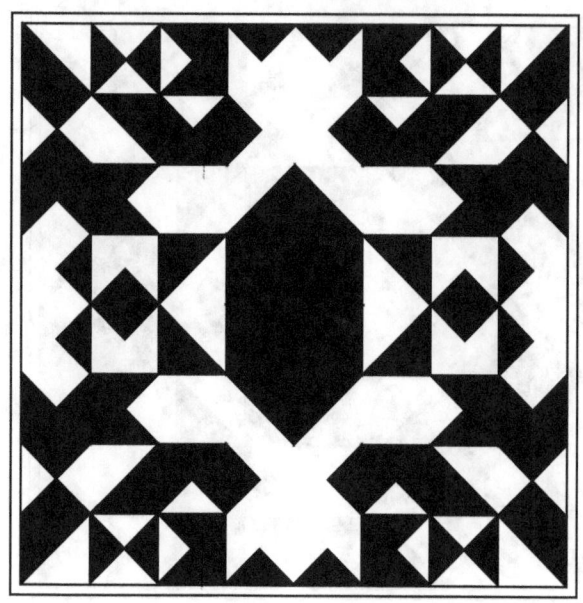

4	6	15	9
11	13	8	2
14	12	1	7
5	3	10	16

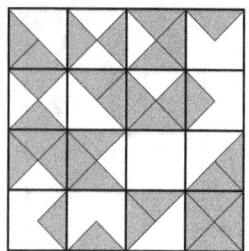

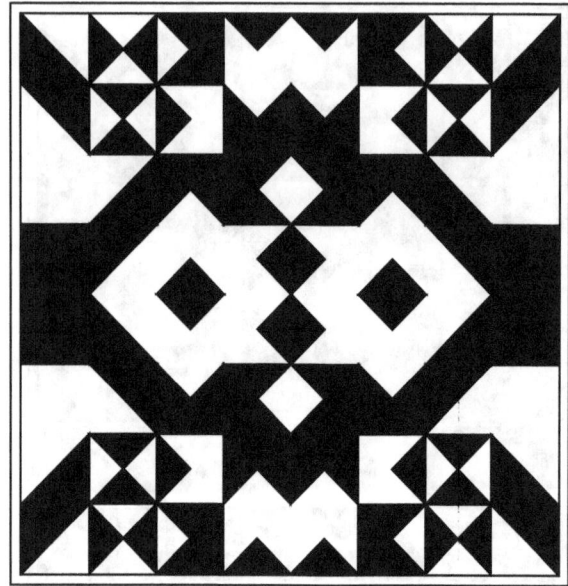

4	6	15	9
13	11	2	8
1	7	14	12
16	10	3	5

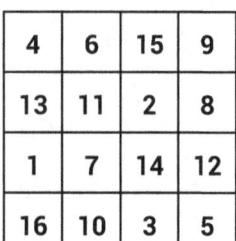
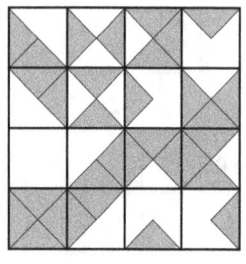

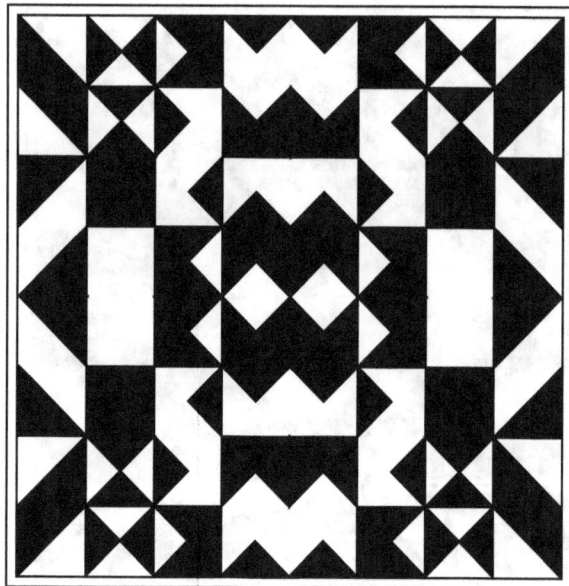

4	6	15	9
13	11	2	8
10	16	5	3
7	1	12	14

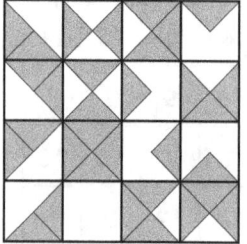

180

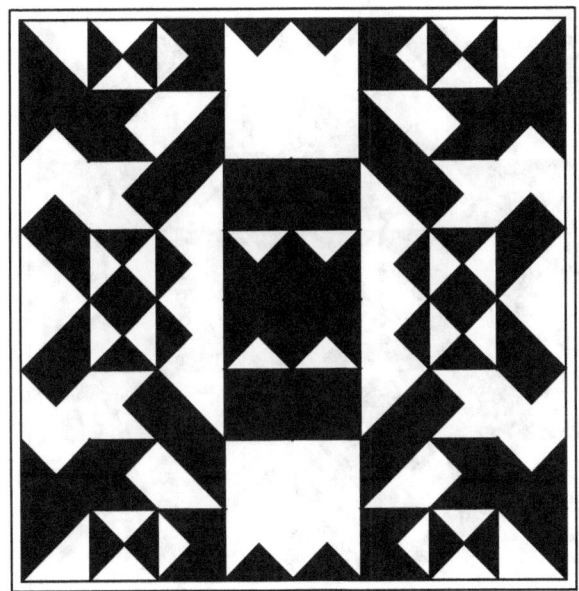

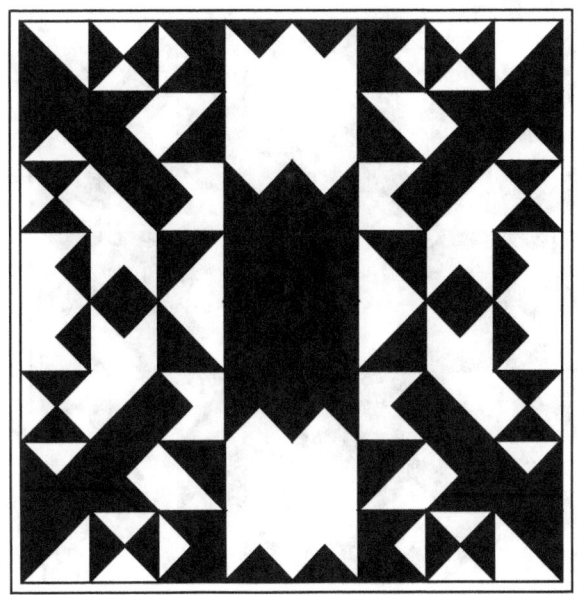

4	6	15	9
14	12	7	1
3	5	10	16
13	11	2	8

4	6	15	9
14	12	7	1
11	13	2	8
5	3	10	16

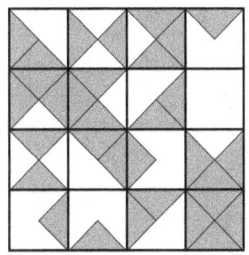

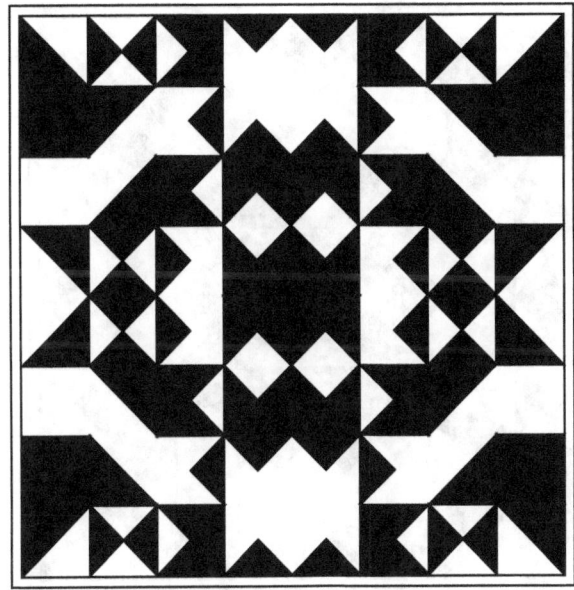

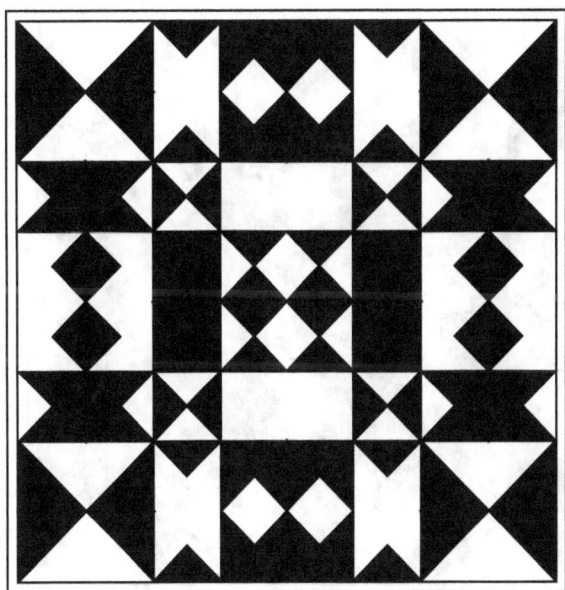

4	6	15	9
16	10	5	3
1	7	12	14
13	11	2	8

4	7	9	14
10	13	3	8
15	12	6	1
5	2	16	11

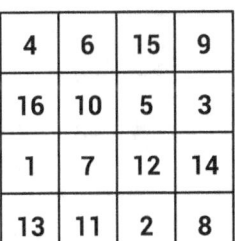
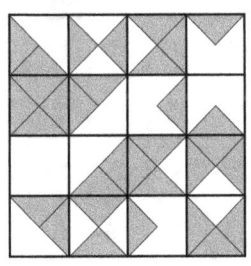
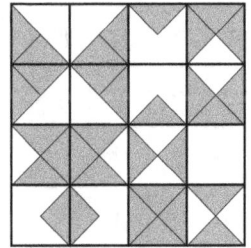

181

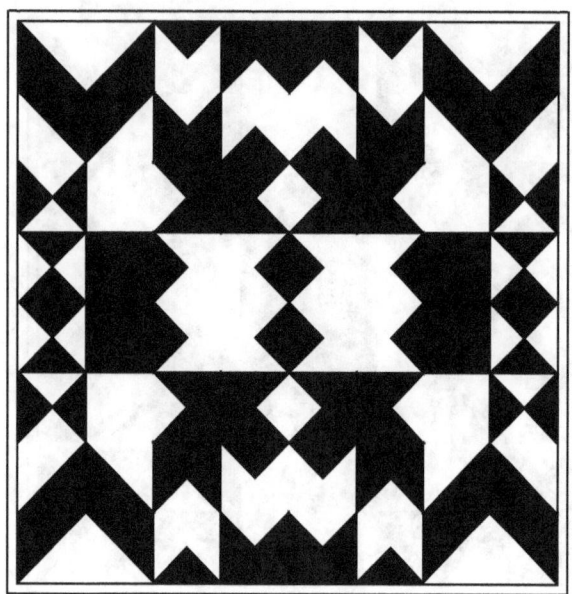

4	7	9	14
13	10	8	3
6	1	15	12
11	16	2	5

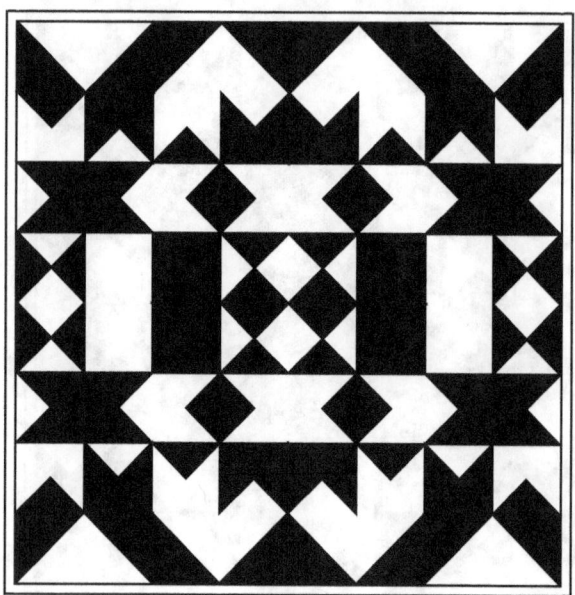

4	7	10	13
9	14	3	8
15	12	5	2
6	1	16	11

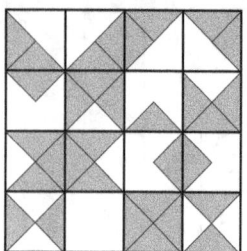

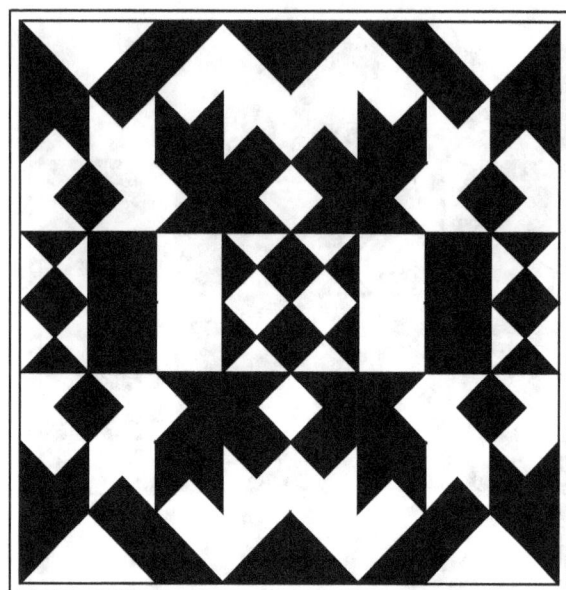

4	7	10	13
14	9	8	3
5	2	15	12
11	16	1	6

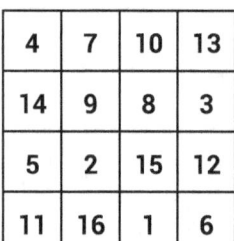
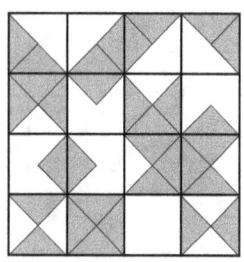

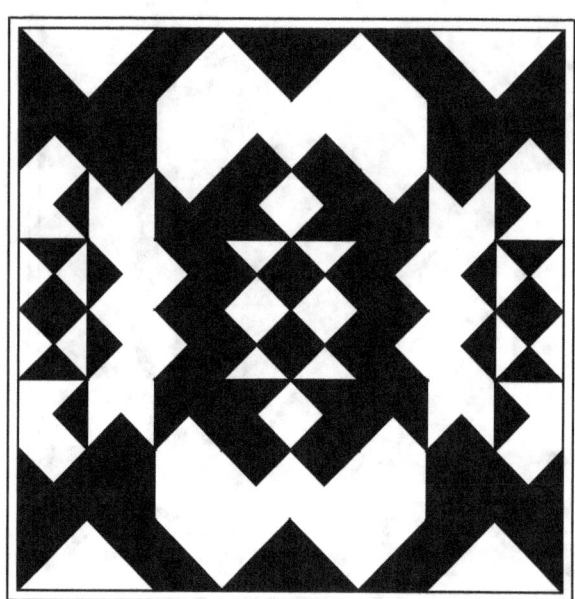

4	7	10	13
14	16	1	3
5	9	8	12
11	2	15	6

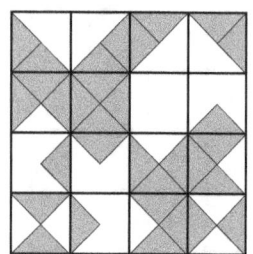

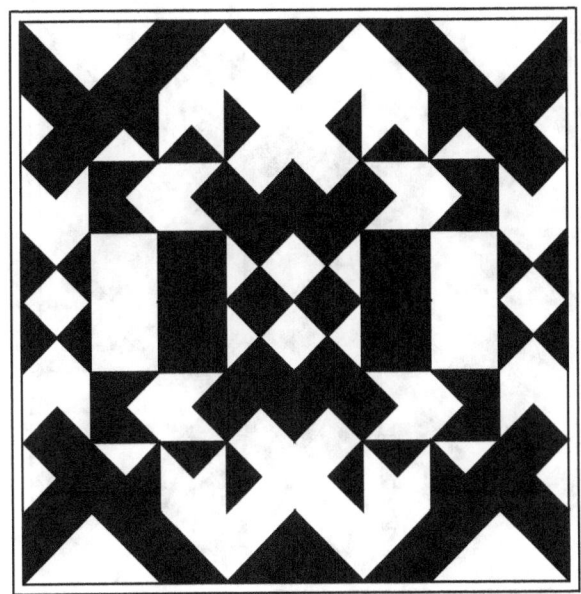

4	7	10	13
15	14	3	2
9	12	5	8
6	1	16	11

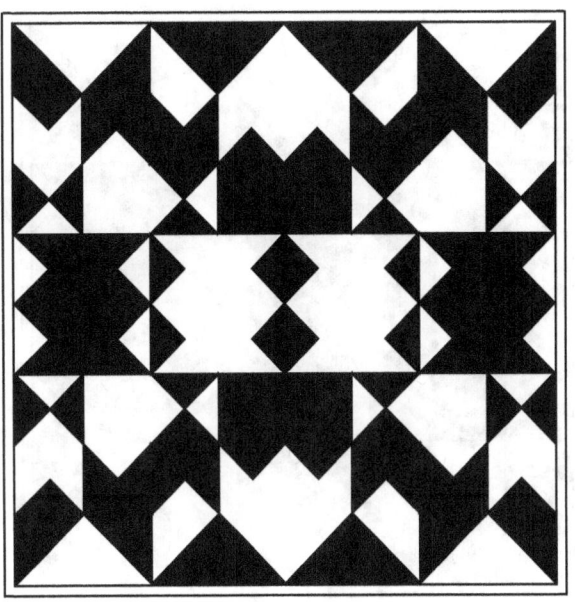

4	7	13	10
9	14	8	3
6	1	11	16
15	12	2	5

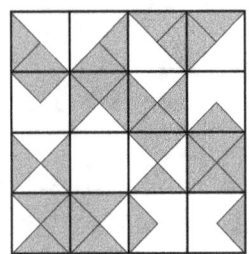

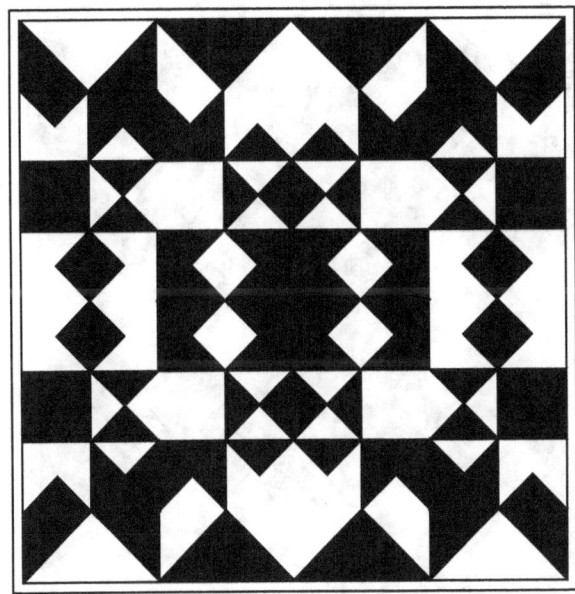

4	7	13	10
9	14	8	3
16	11	1	6
5	2	12	15

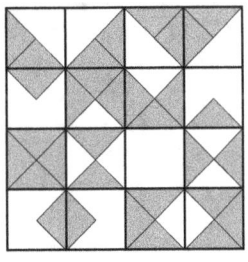

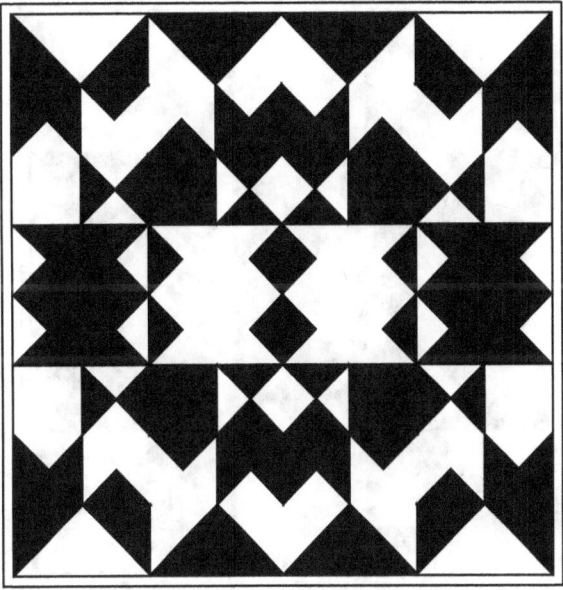

4	7	13	10
14	9	3	8
1	6	16	11
15	12	2	5

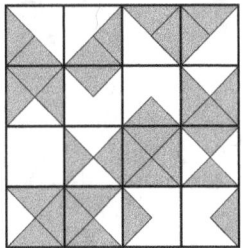

183

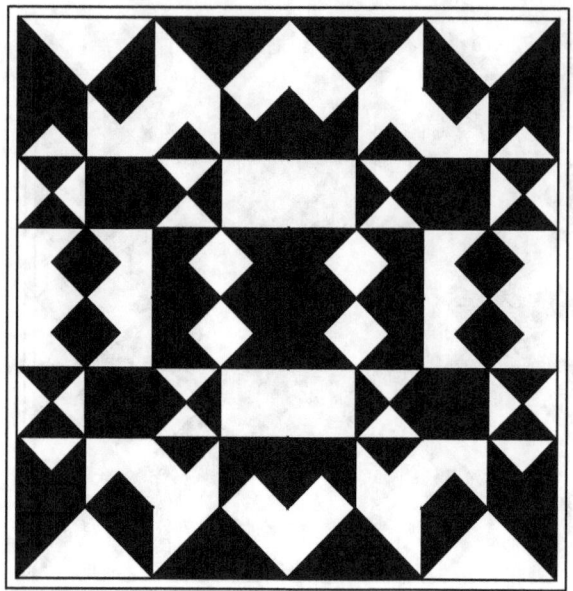

4	7	13	10
14	9	3	8
11	16	6	1
5	2	12	15

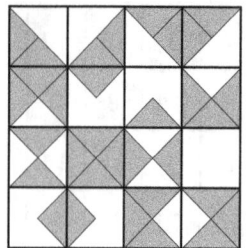

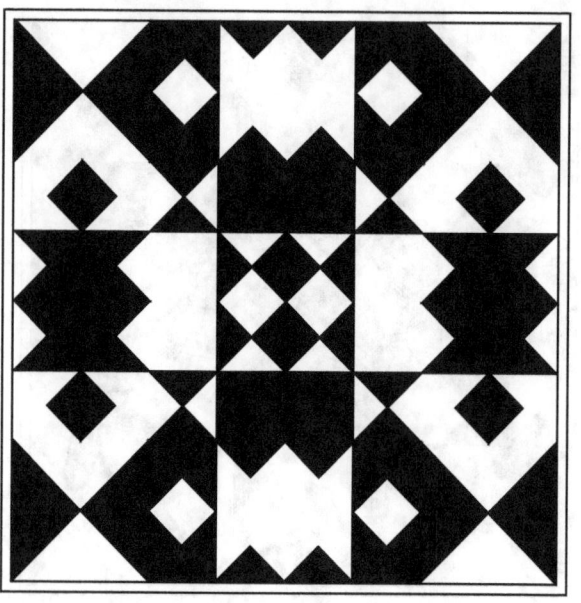

4	7	14	9
10	13	8	3
5	2	11	16
15	12	1	6

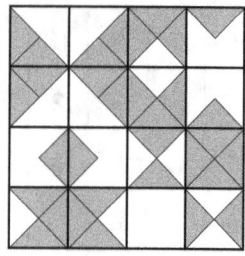

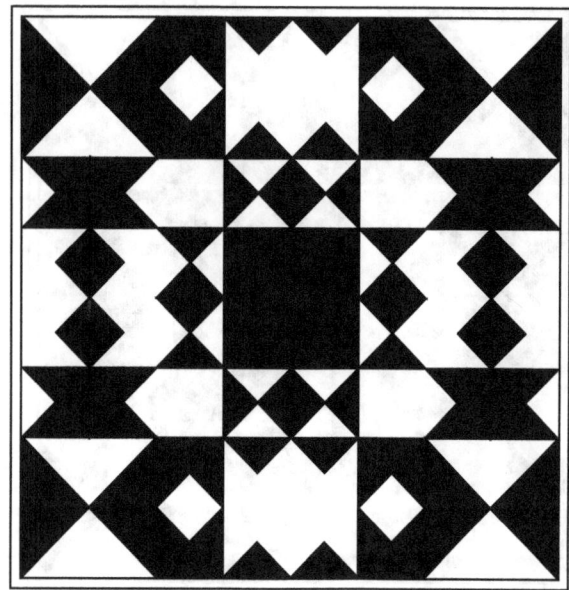

4	7	14	9
10	13	8	3
15	12	1	6
5	2	11	16

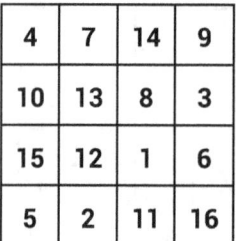

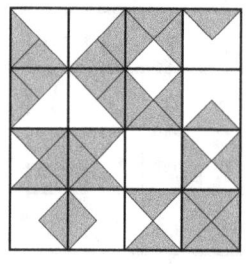

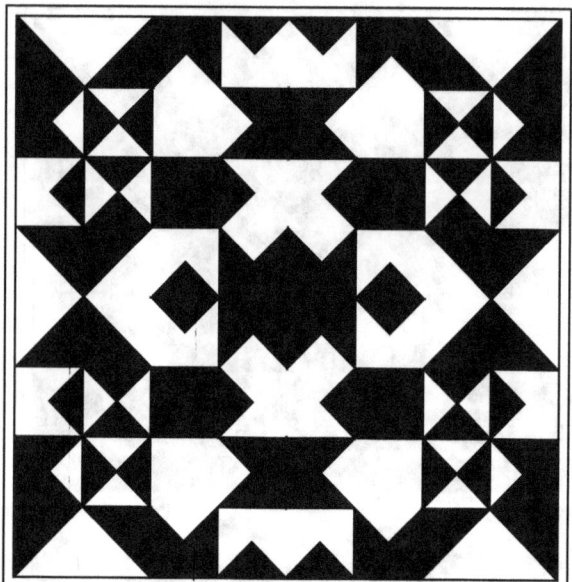

4	7	14	9
12	6	1	15
5	11	16	2
13	10	3	8

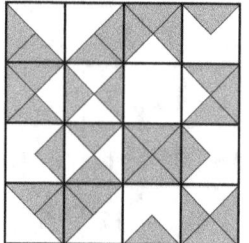

184

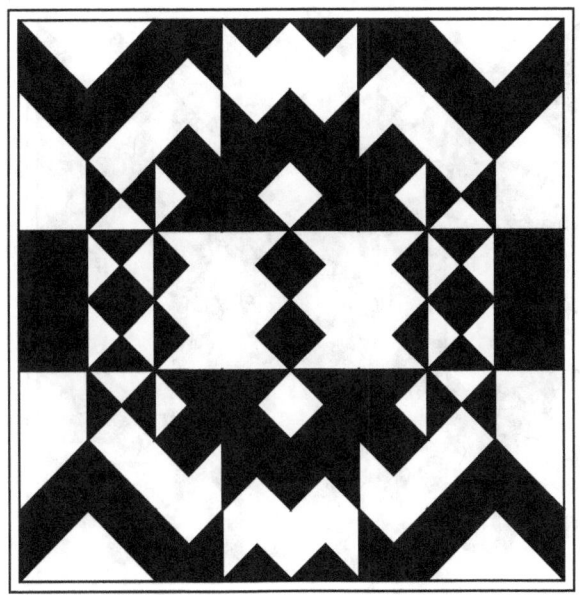

4	7	14	9
13	10	3	8
1	6	15	12
16	11	2	5

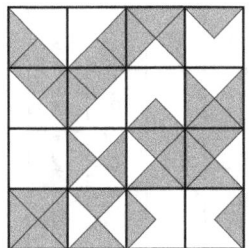

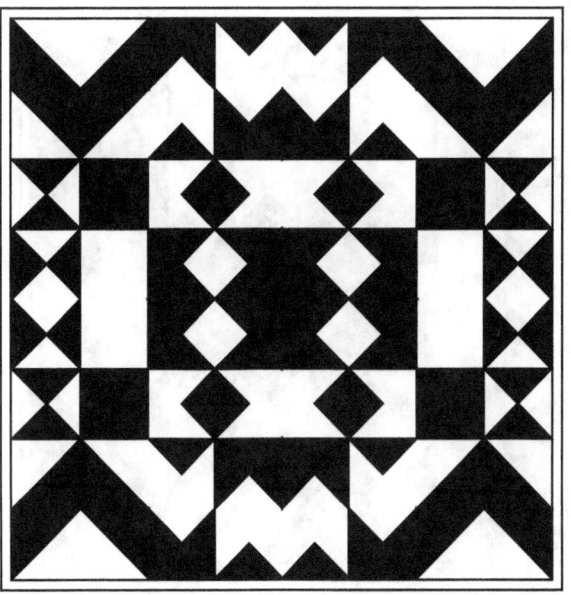

4	7	14	9
13	10	3	8
11	16	5	2
6	1	12	15

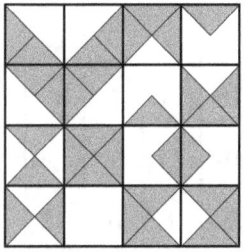

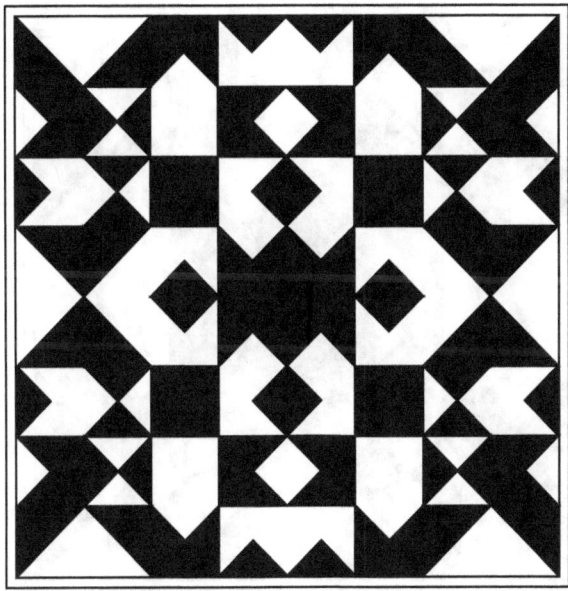

4	7	14	9
15	6	1	12
2	11	16	5
13	10	3	8

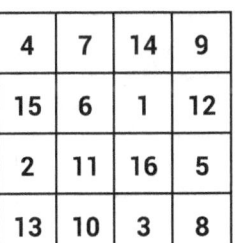 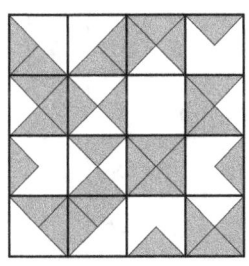

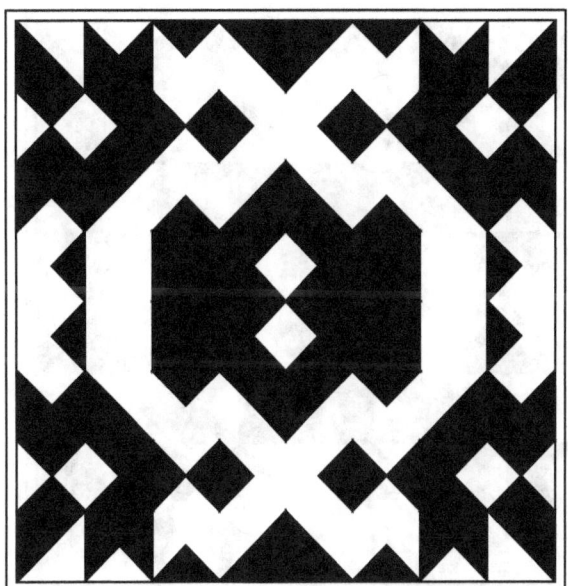

4	8	9	13
11	15	6	2
14	10	3	7
5	1	16	12

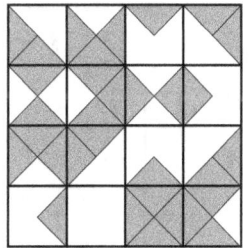

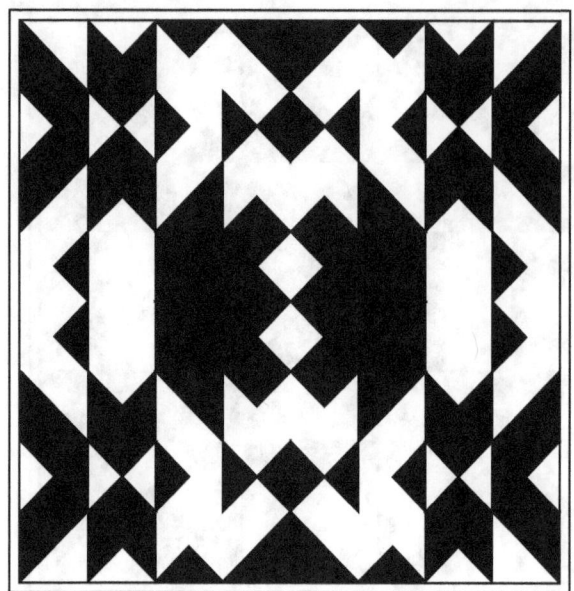

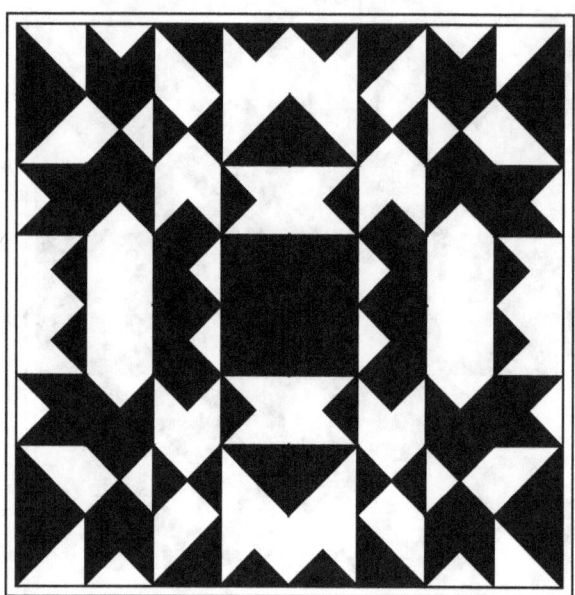

4	8	9	13
15	11	2	6
10	14	7	3
5	1	16	12

4	8	13	9
10	11	6	7
15	14	3	2
5	1	12	16

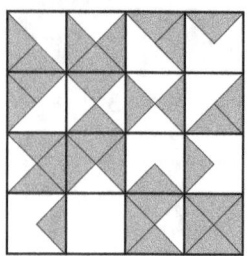

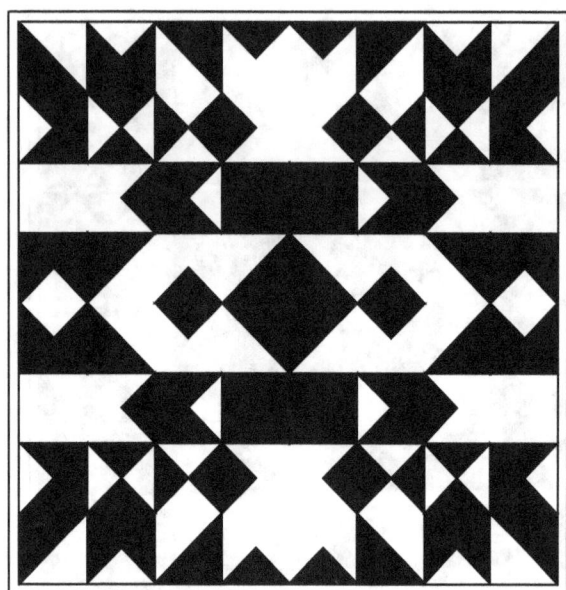

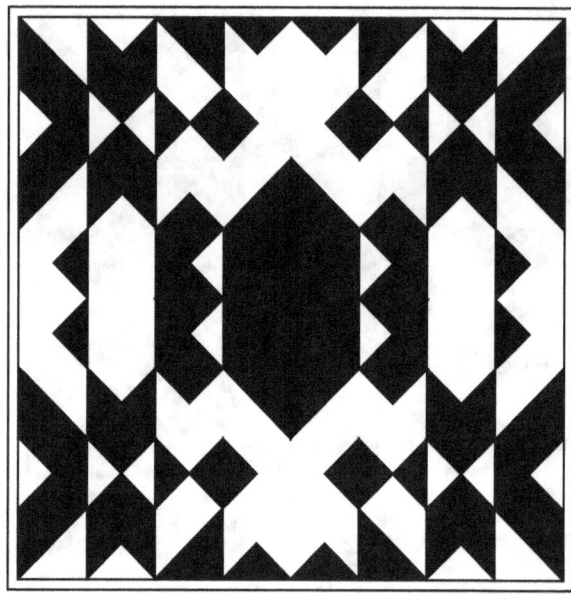

4	8	13	9
15	11	6	2
1	5	12	16
14	10	3	7

4	8	13	9
15	11	6	2
10	14	3	7
5	1	12	16

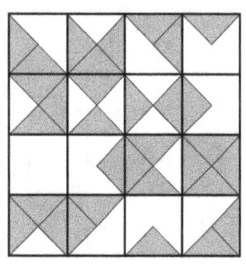

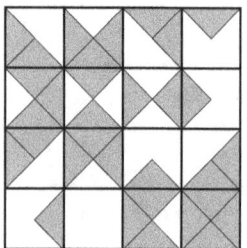

186

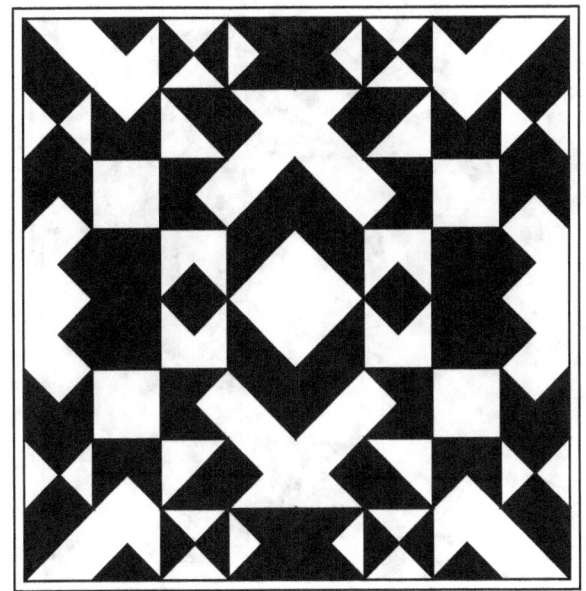

4	9	6	15
11	8	13	2
14	1	12	7
5	16	3	10

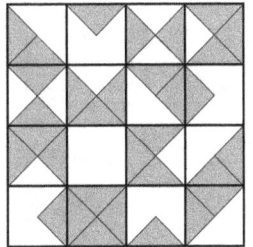

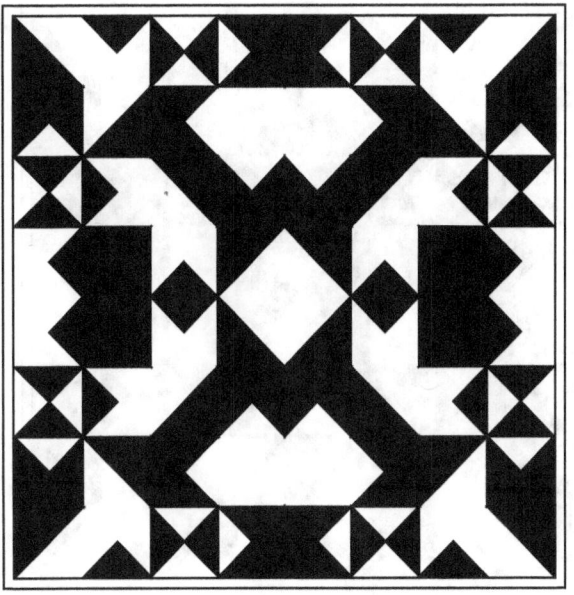

4	9	6	15
14	7	12	1
11	2	13	8
5	16	3	10

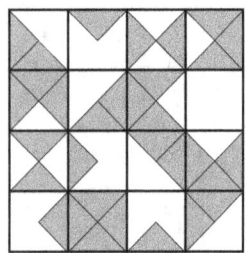

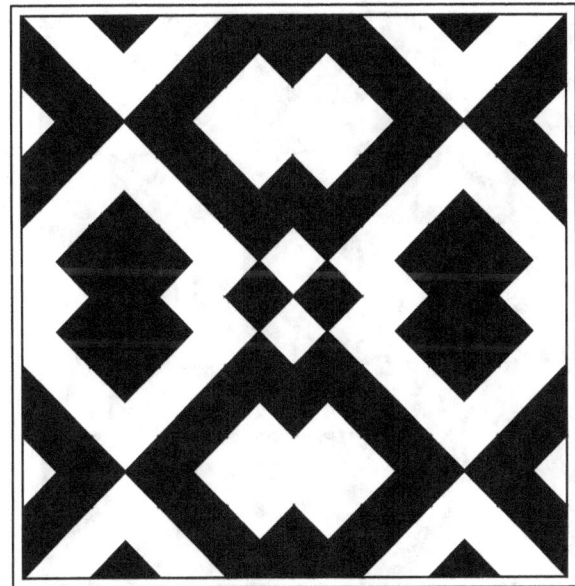

4	9	7	14
15	6	12	1
10	3	13	8
5	16	2	11

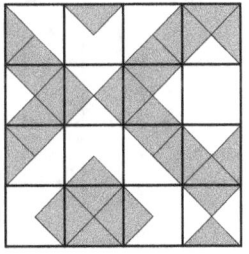

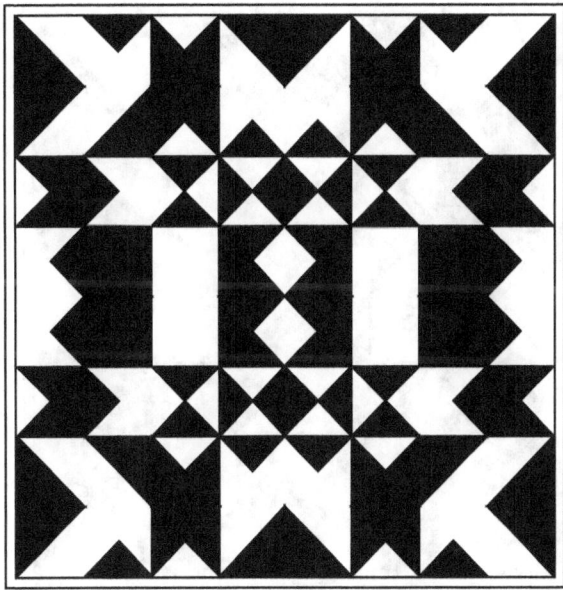

4	9	8	13
10	7	14	3
15	2	11	6
5	16	1	12

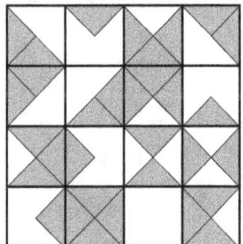

187

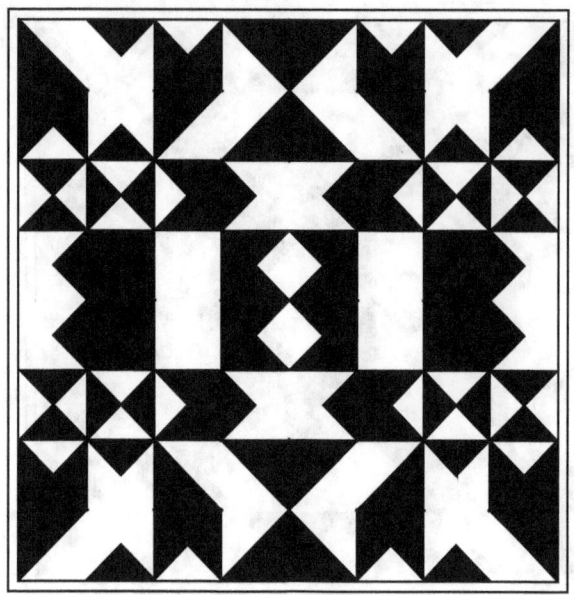

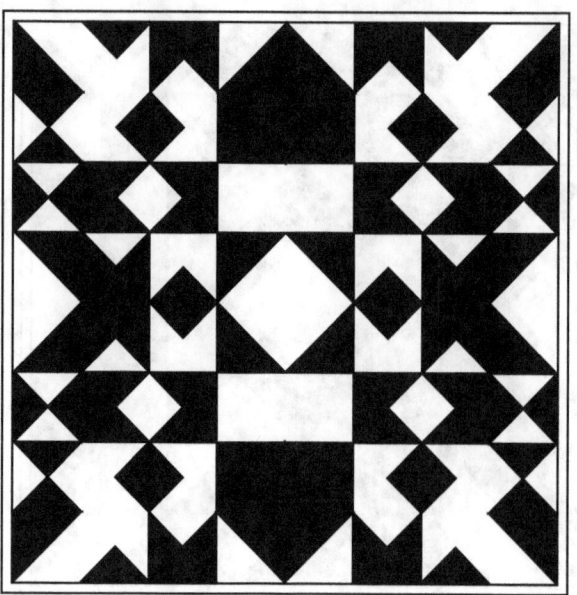

4	9	8	13
14	3	10	7
11	6	15	2
5	16	1	12

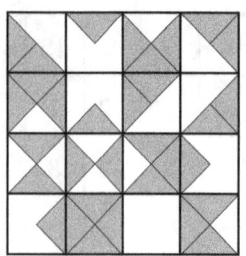

4	9	14	7
11	5	2	16
6	12	15	1
13	8	3	10

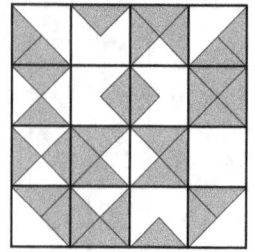

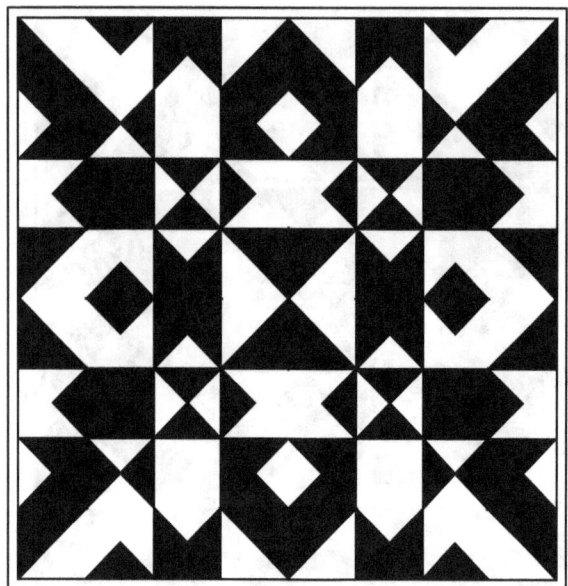

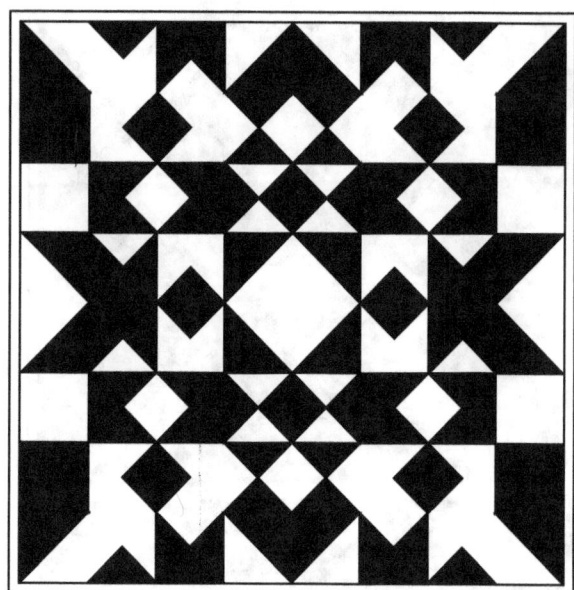

4	9	14	7
15	6	1	12
5	16	11	2
10	3	8	13

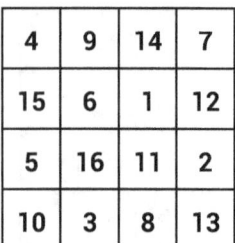

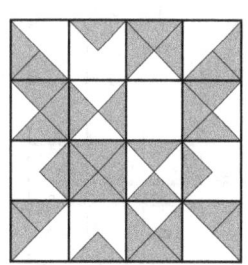

4	9	14	7
16	5	2	11
1	12	15	6
13	8	3	10

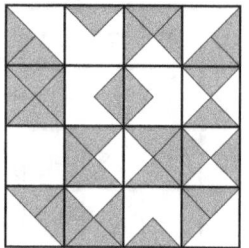

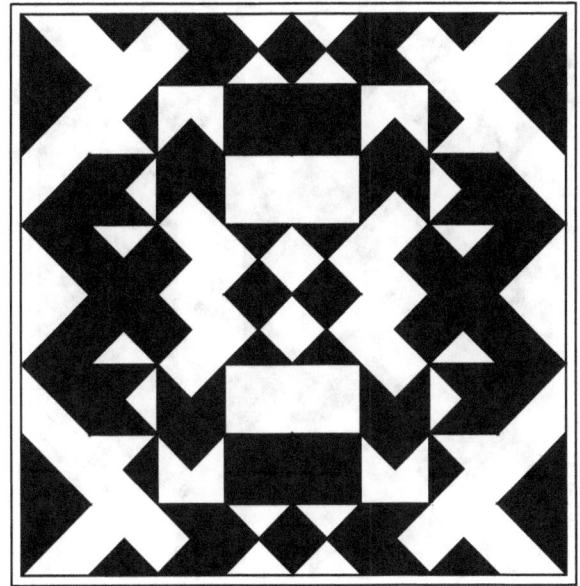

4	9	15	6
10	5	3	16
7	12	14	1
13	8	2	11

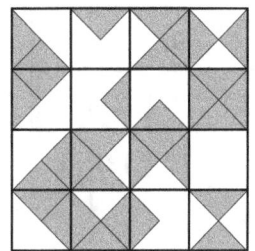

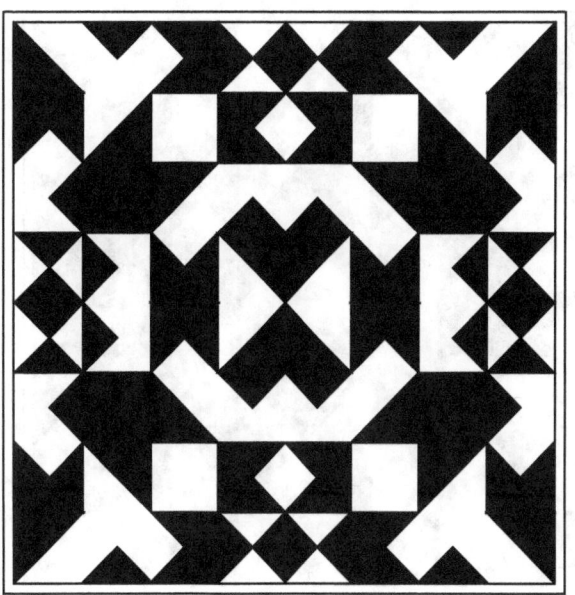

4	9	15	6
14	7	1	12
5	16	10	3
11	2	8	13

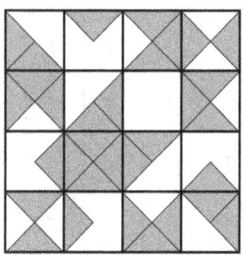

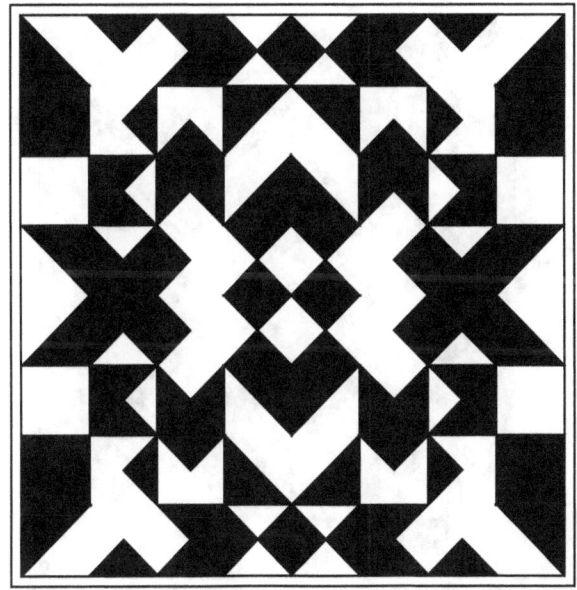

4	9	15	6
16	5	3	10
1	12	14	7
13	8	2	11

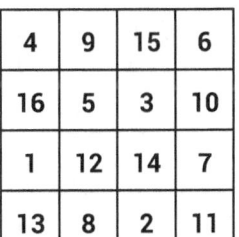
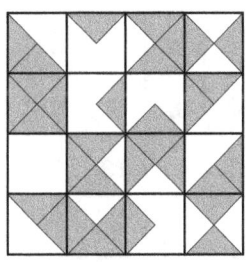

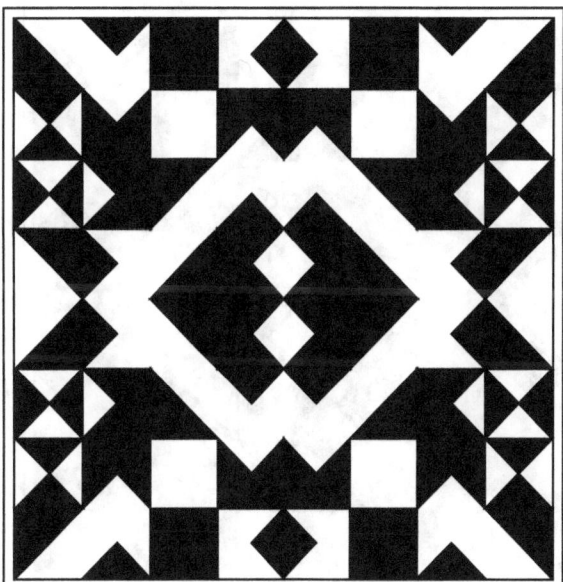

4	9	16	5
11	8	1	14
6	15	10	3
13	2	7	12

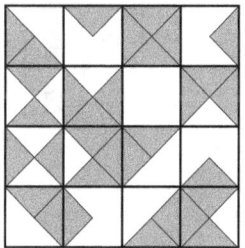

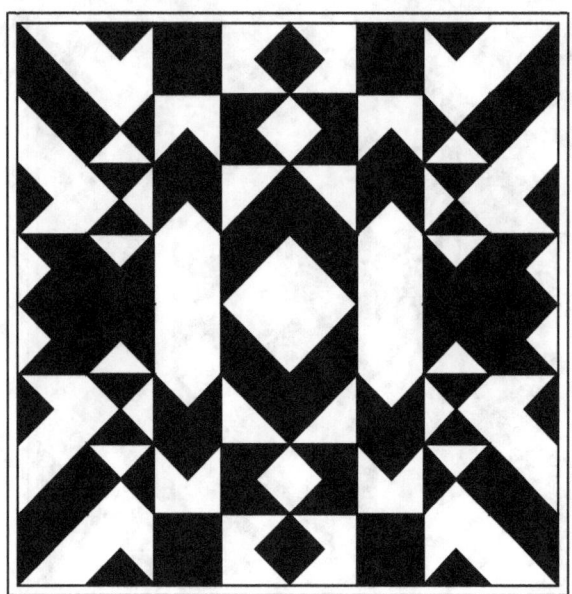

4	9	16	5
13	6	3	12
2	11	14	7
15	8	1	10

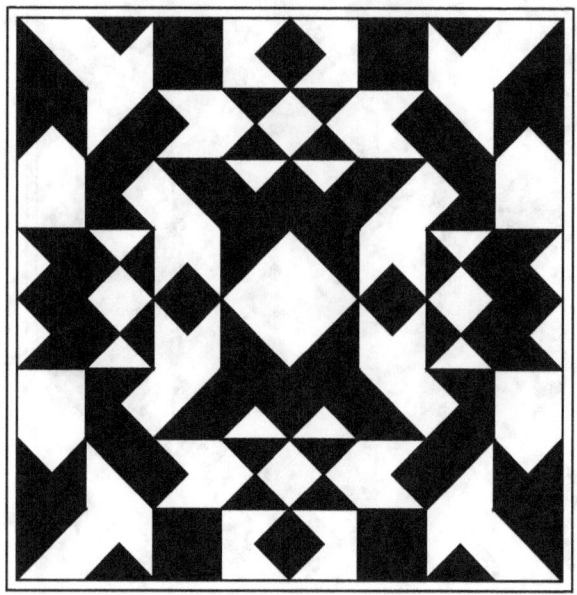

4	9	16	5
14	7	2	11
1	12	13	8
15	6	3	10

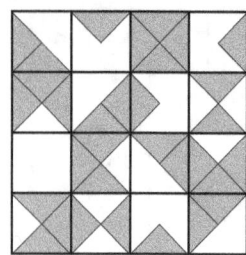

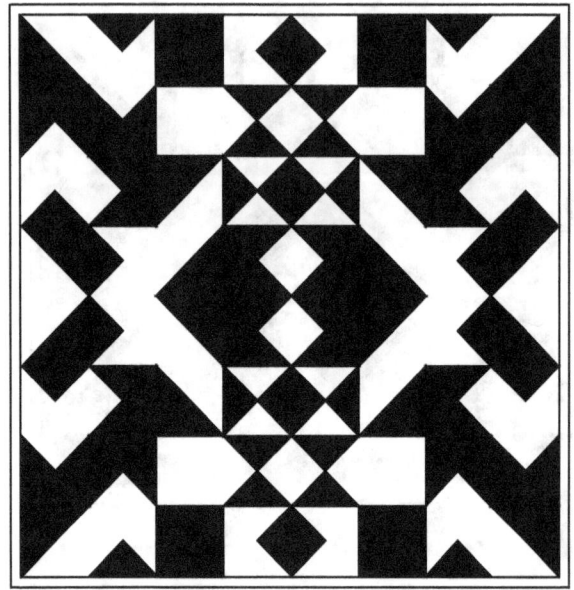

4	9	16	5
14	8	1	11
3	15	10	6
13	2	7	12

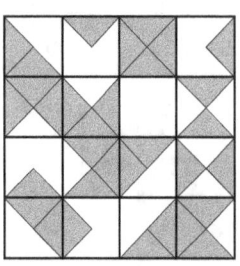

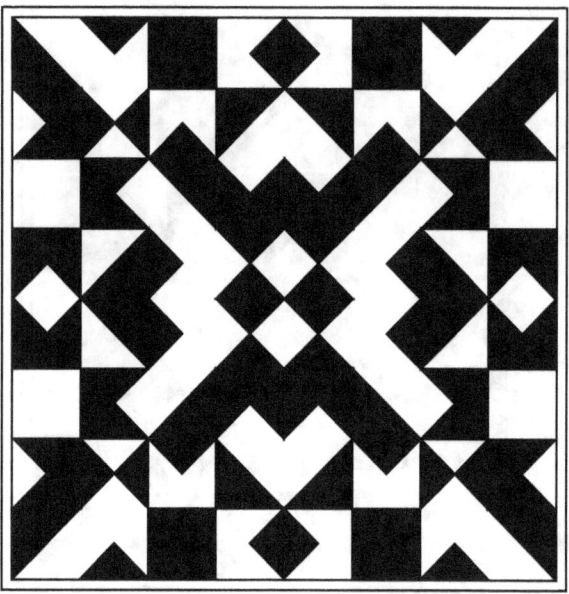

4	9	16	5
15	6	3	10
1	12	13	8
14	7	2	11

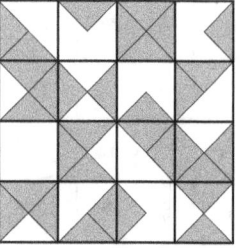

190

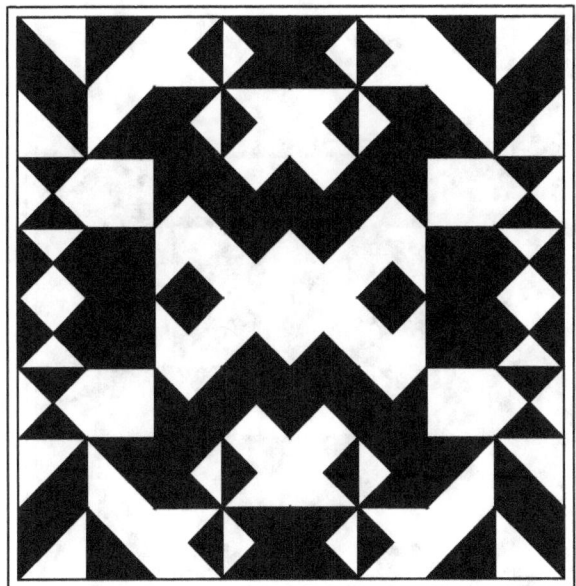

4	10	5	15
13	7	12	2
11	1	14	8
6	16	3	9

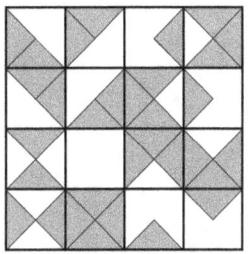

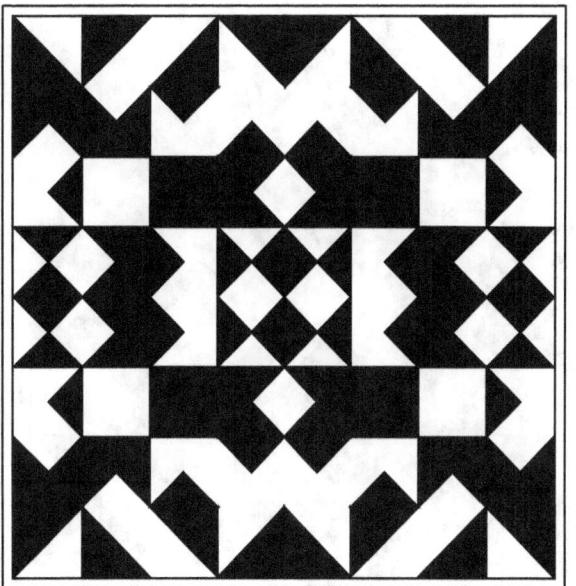

4	10	7	13
14	8	9	3
5	1	16	12
11	15	2	6

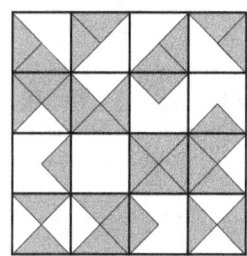

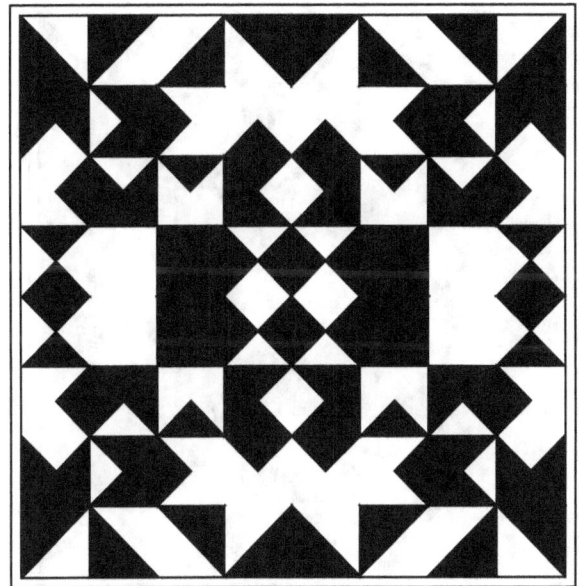

4	10	7	13
14	15	2	3
5	8	9	12
11	1	16	6

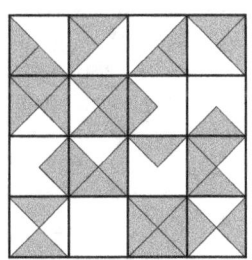

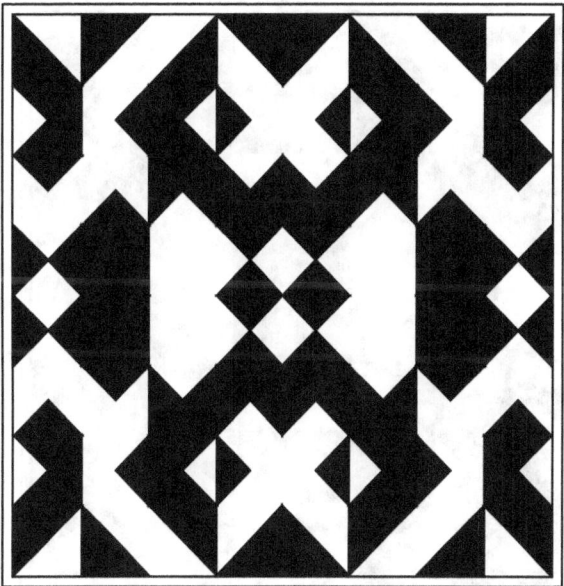

4	10	7	13
15	5	12	2
9	3	14	8
6	16	1	11

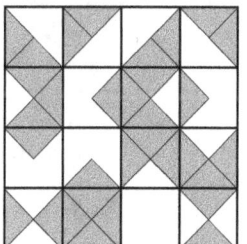

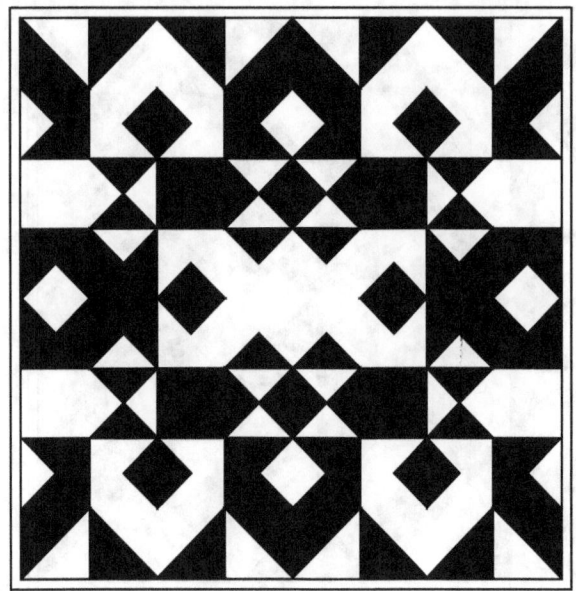

4	10	13	7
15	5	2	12
1	11	16	6
14	8	3	9

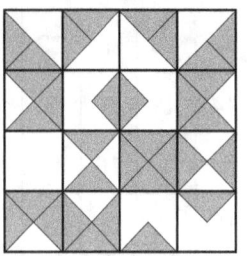

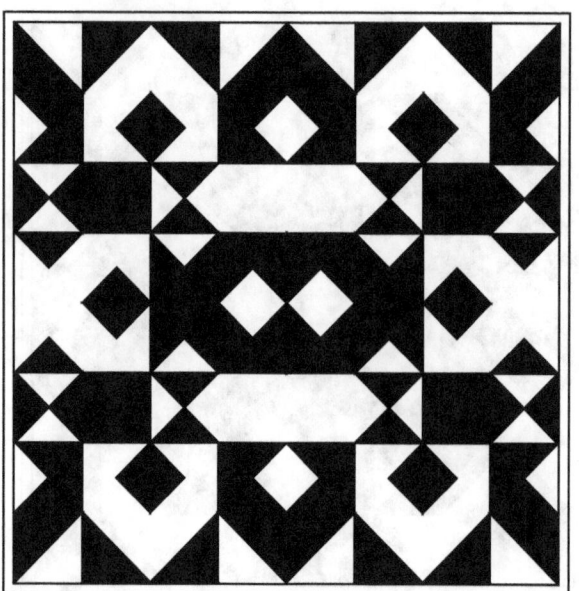

4	10	13	7
15	5	2	12
6	16	11	1
9	3	8	14

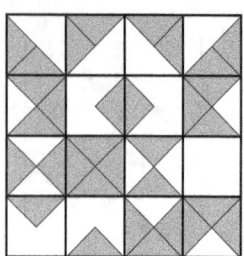

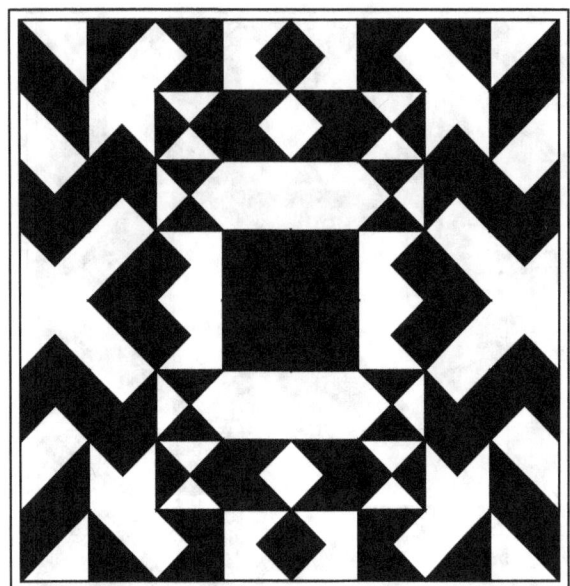

4	10	15	5
13	3	6	12
8	14	11	1
9	7	2	16

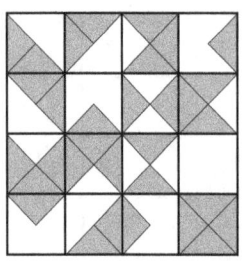

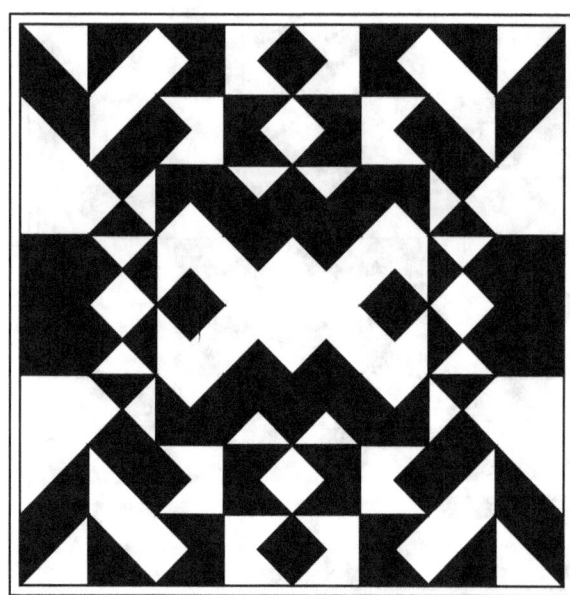

4	10	15	5
13	7	2	12
1	11	14	8
16	6	3	9

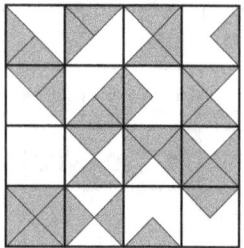

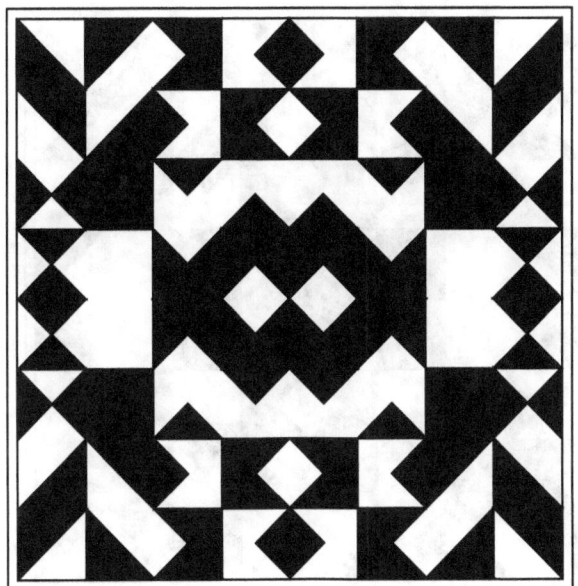

4	10	15	5
13	7	2	12
6	16	9	3
11	1	8	14

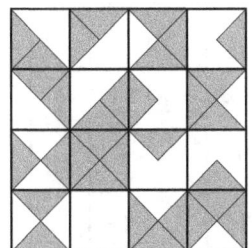

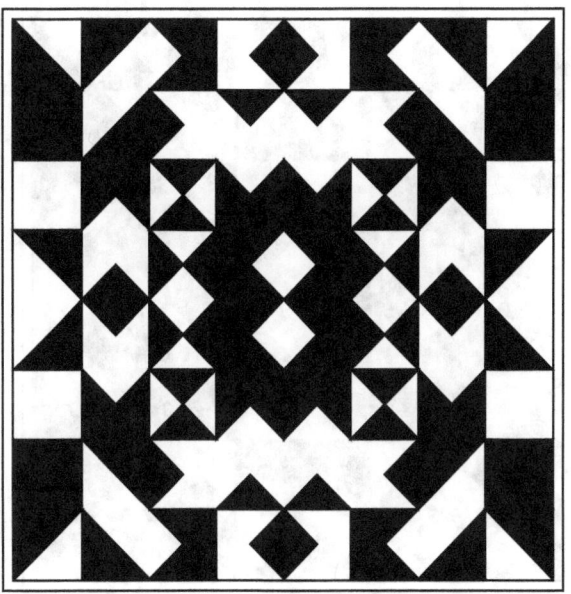

4	10	15	5
16	7	2	9
1	14	11	8
13	3	6	12

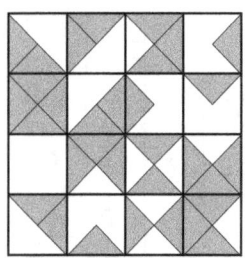

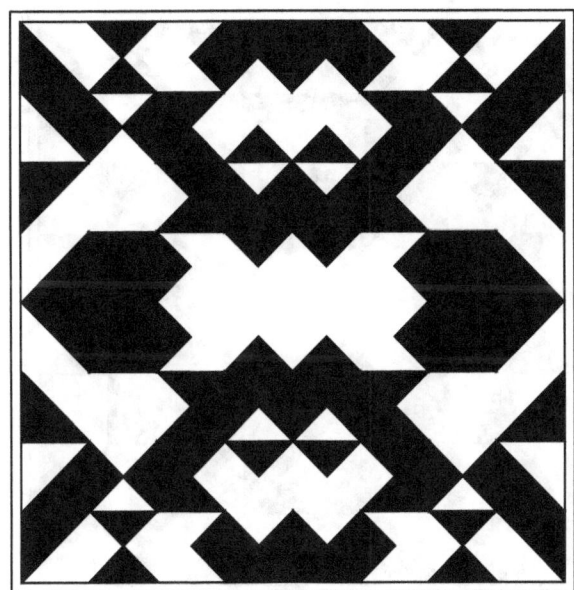

4	11	5	14
13	6	12	3
10	1	15	8
7	16	2	9

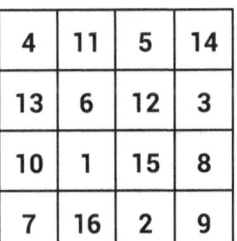 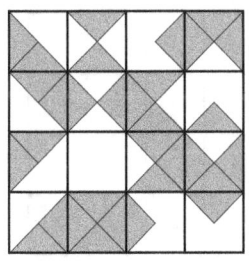

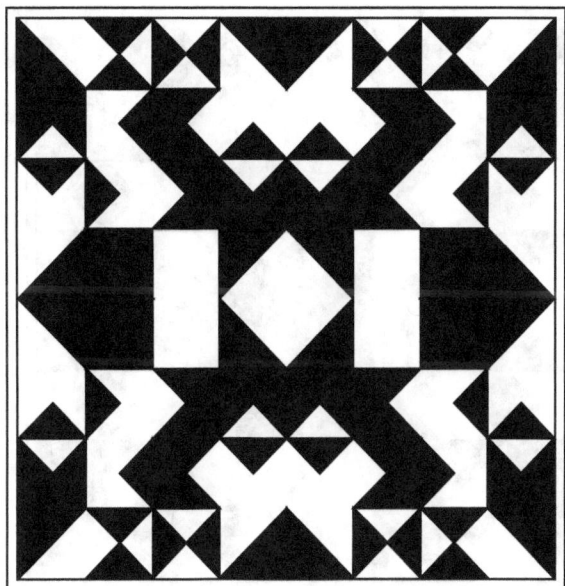

4	11	6	13
14	5	12	3
9	2	15	8
7	16	1	10

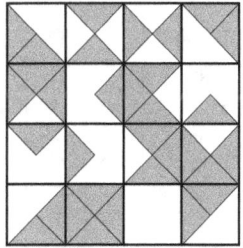

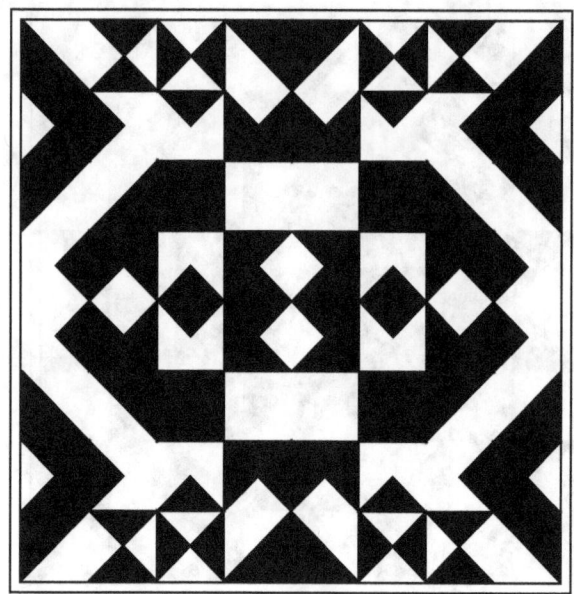

4	11	6	13
15	2	9	8
10	7	16	1
5	14	3	12

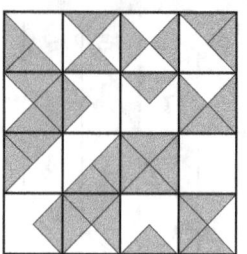

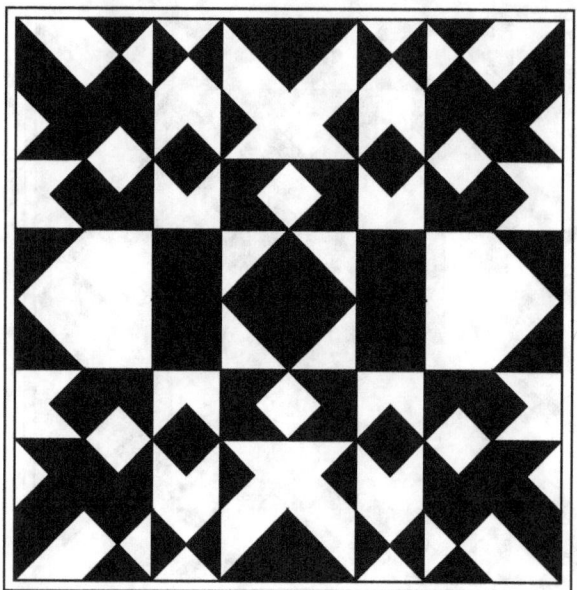

4	11	6	13
15	14	3	2
5	8	9	12
10	1	16	7

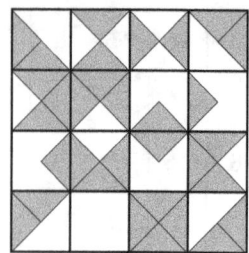

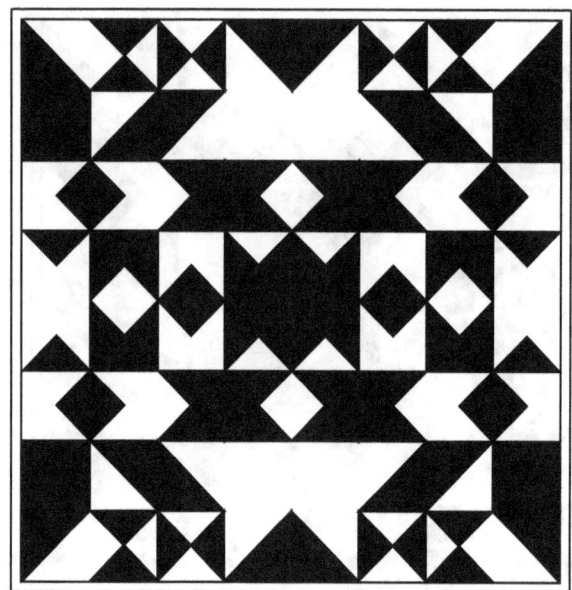

4	11	6	13
16	7	10	1
5	2	15	12
9	14	3	8

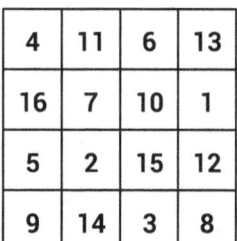
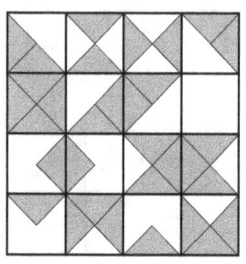

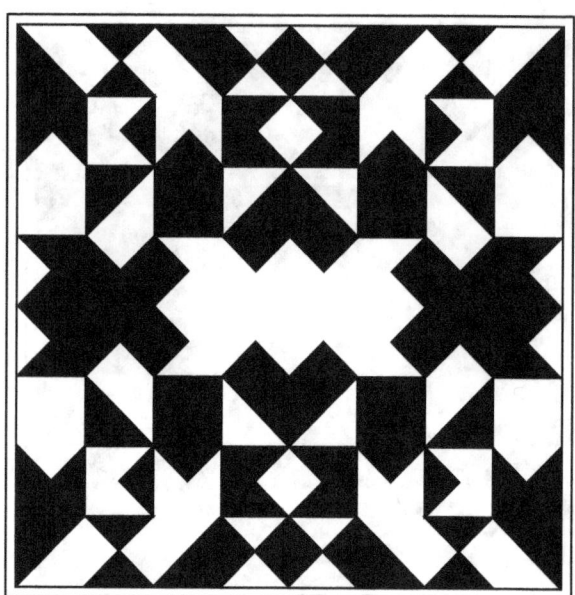

4	11	13	6
14	5	3	12
1	10	16	7
15	8	2	9

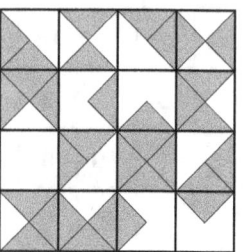

194

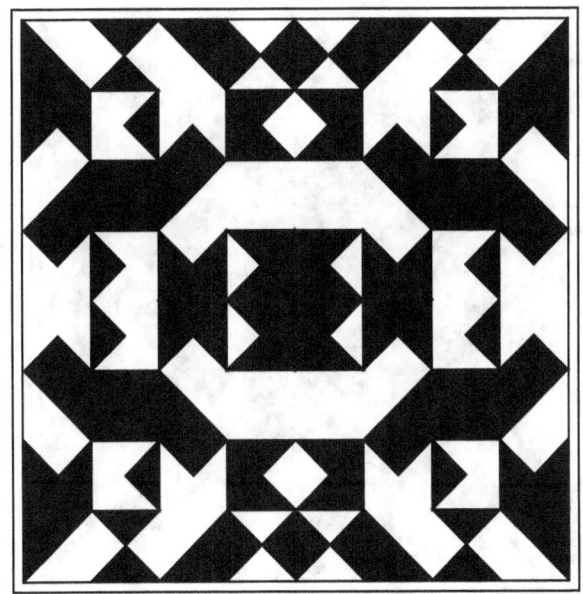

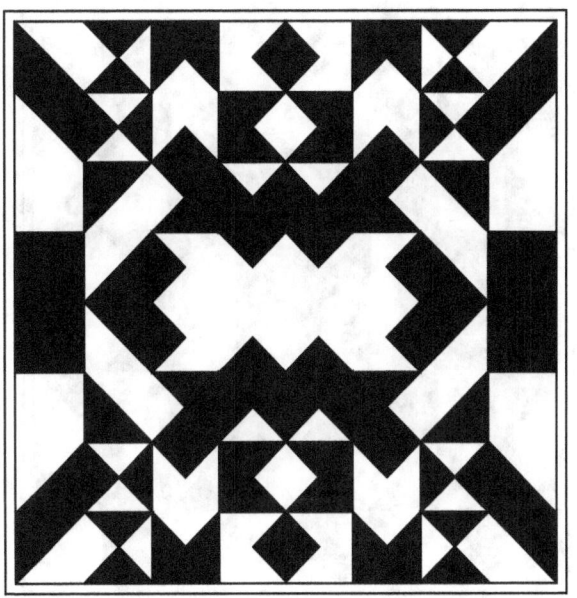

4	11	13	6
14	5	3	12
7	16	10	1
9	2	8	15

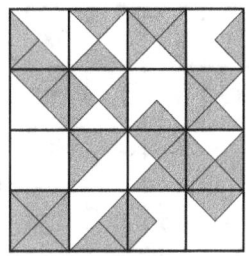

4	11	14	5
13	6	3	12
1	10	15	8
16	7	2	9

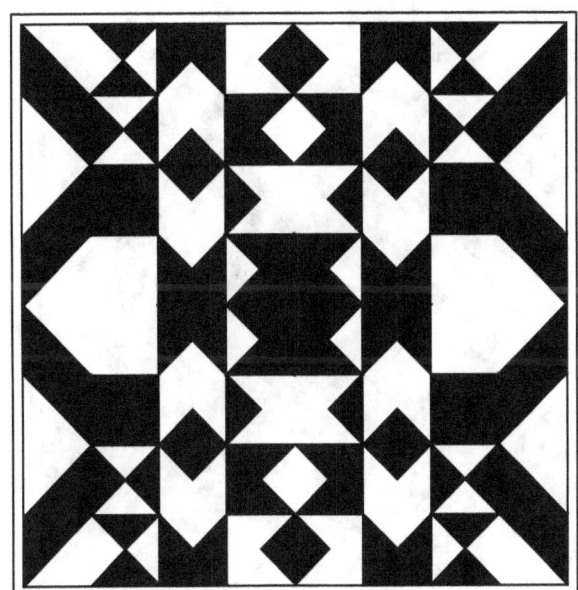

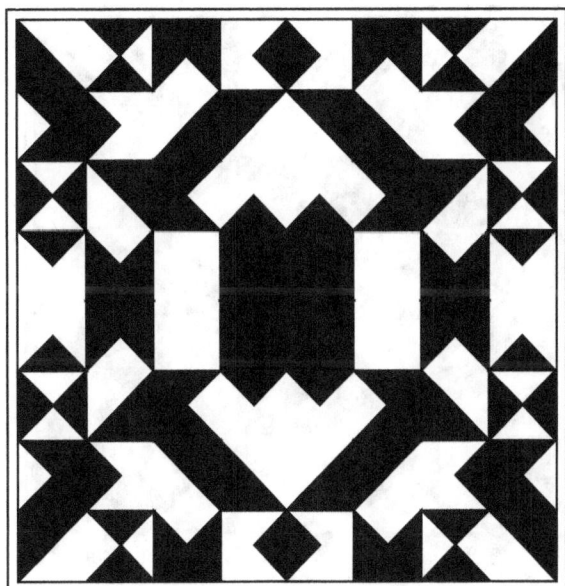

4	11	14	5
13	6	3	12
7	16	9	2
10	1	8	15

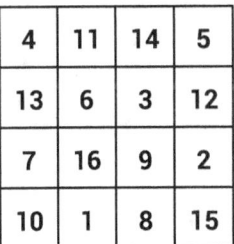 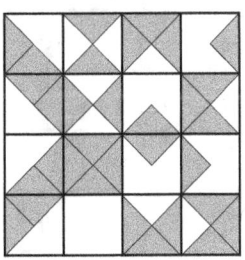

4	11	14	5
15	2	7	10
6	13	12	3
9	8	1	16

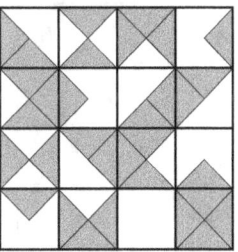

195

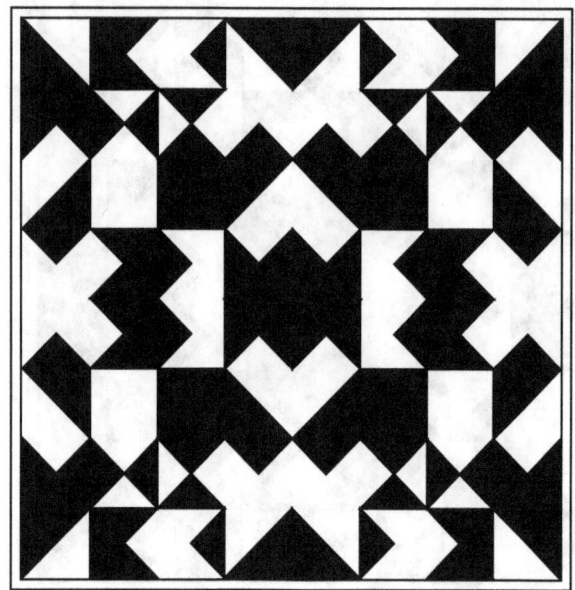

4	12	5	13
14	6	11	3
7	1	16	10
9	15	2	8

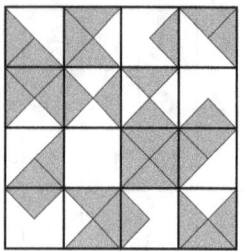

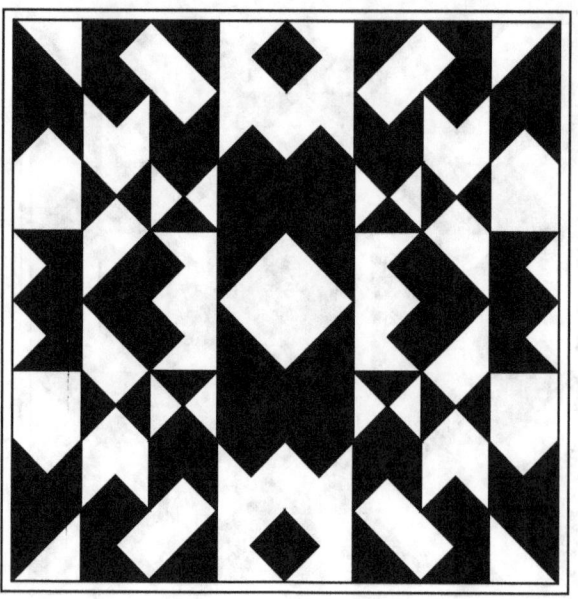

4	12	13	5
14	9	8	3
1	6	11	16
15	7	2	10

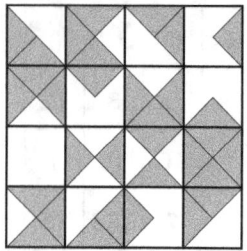

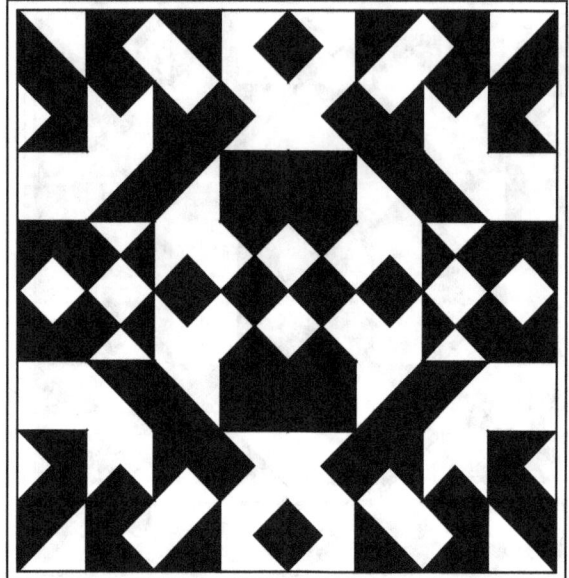

4	12	13	5
15	9	8	2
1	7	10	16
14	6	3	11

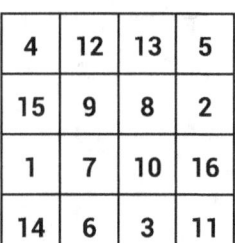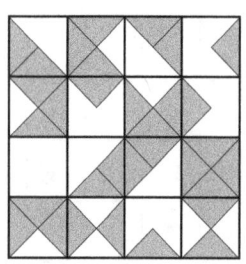

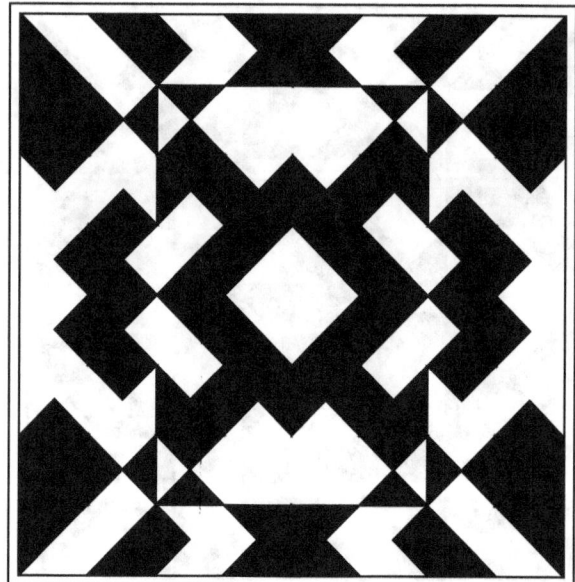

4	13	2	15
16	6	11	1
9	3	14	8
5	12	7	10

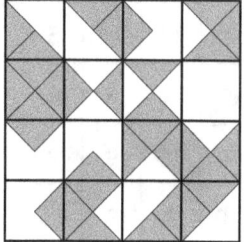

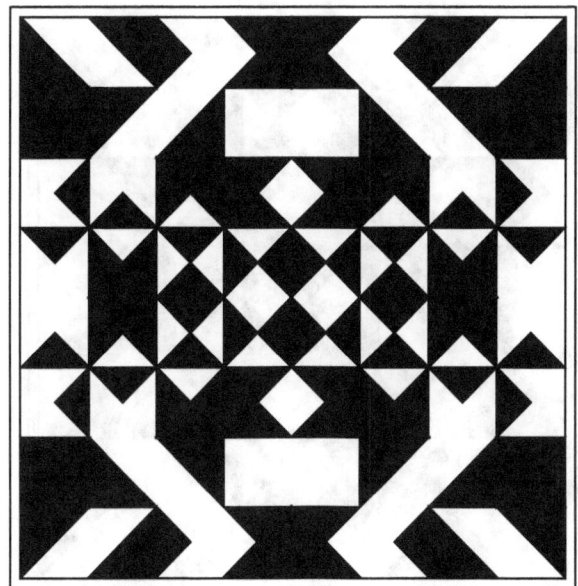

4	13	2	15
16	10	7	1
5	3	14	12
9	8	11	6

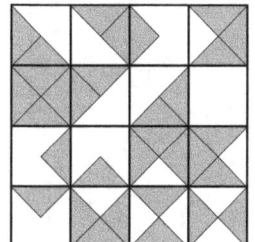

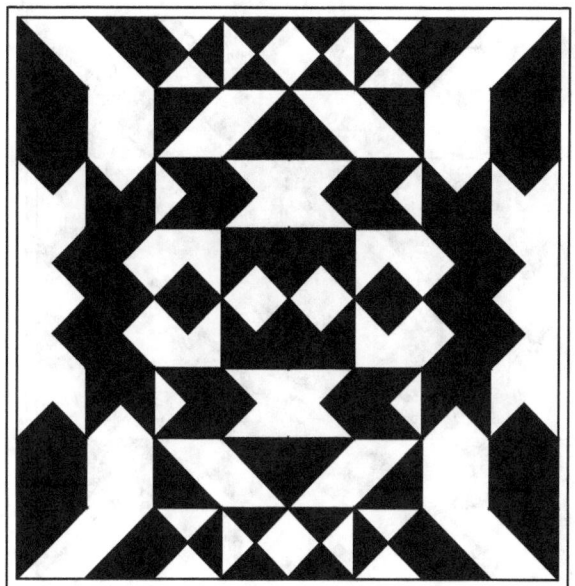

4	13	6	11
16	1	10	7
9	8	15	2
5	12	3	14

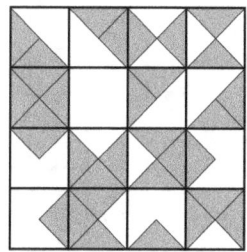

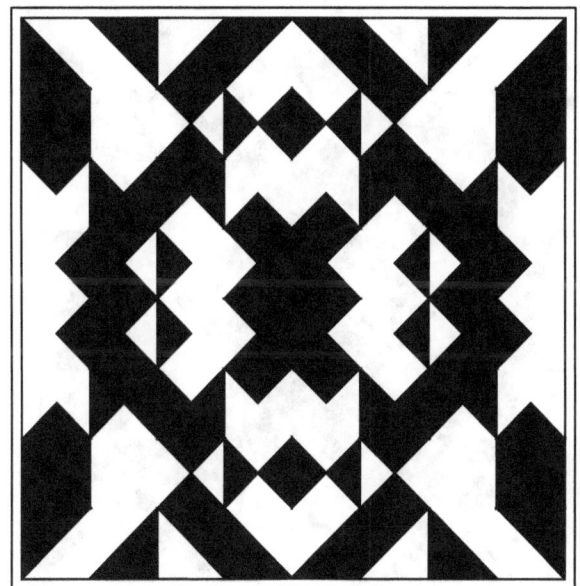

4	13	7	10
16	1	11	6
9	8	14	3
5	12	2	15

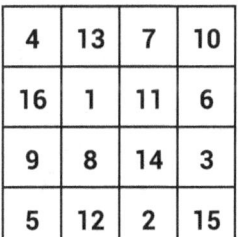
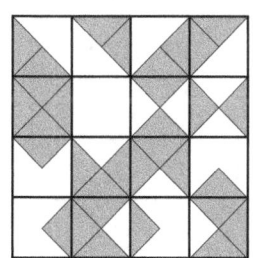

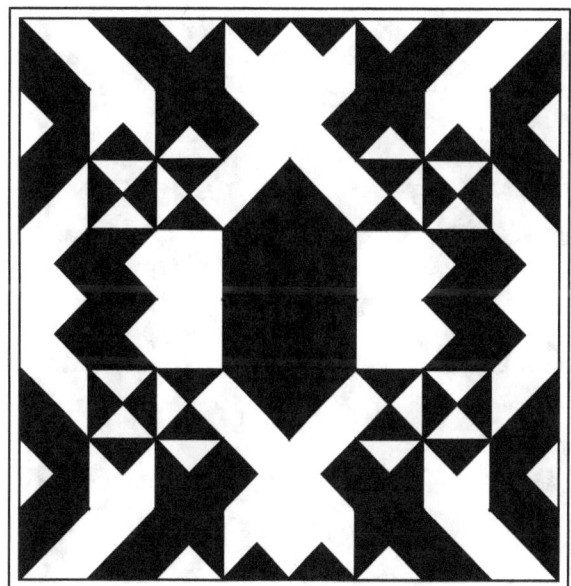

4	13	8	9
15	3	14	2
10	6	11	7
5	12	1	16

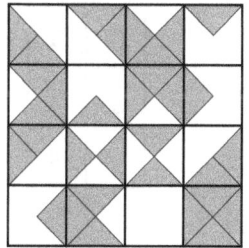

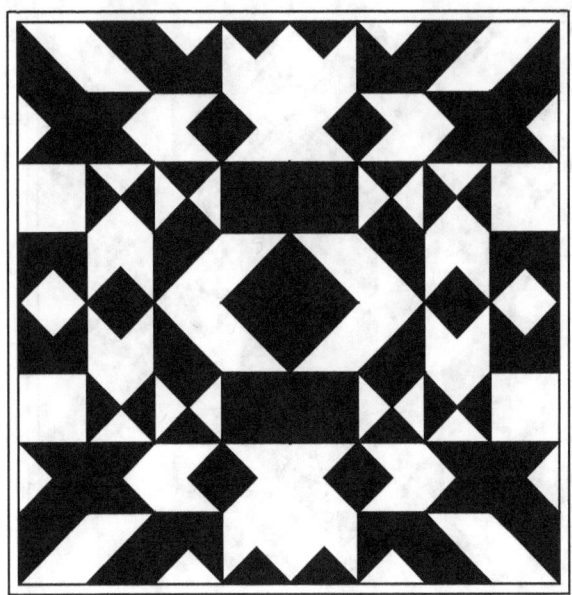

4	13	8	9
15	12	5	2
1	6	11	16
14	3	10	7

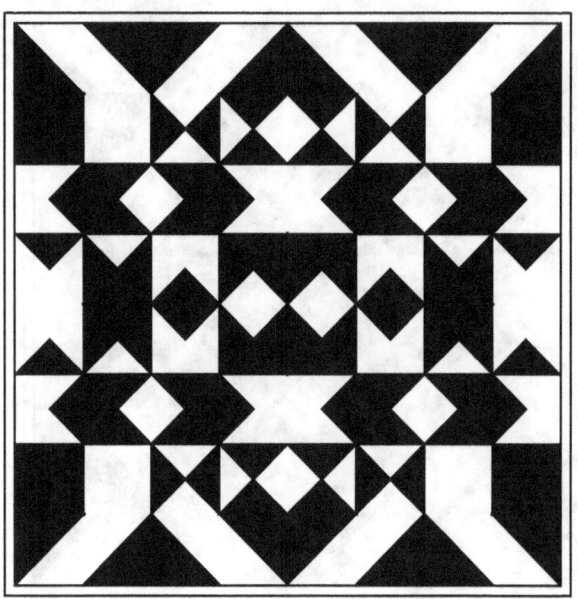

4	13	10	7
16	1	6	11
5	12	15	2
9	8	3	14

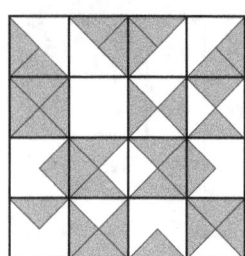

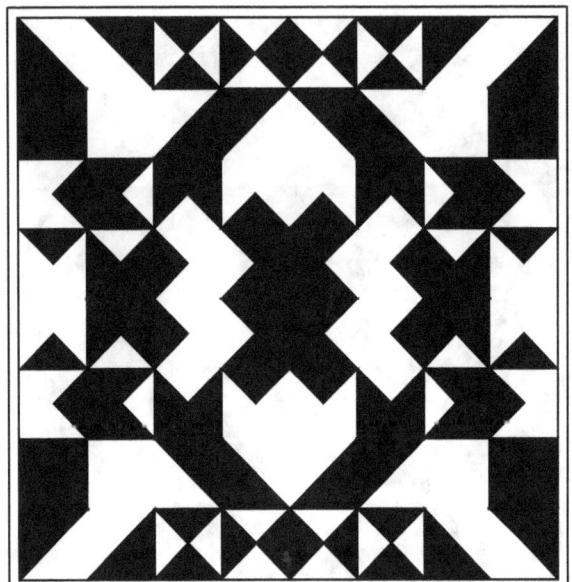

4	13	11	6
16	1	7	10
5	12	14	3
9	8	2	15

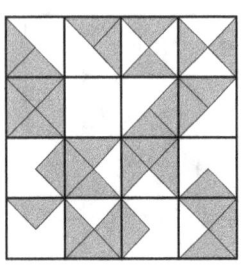

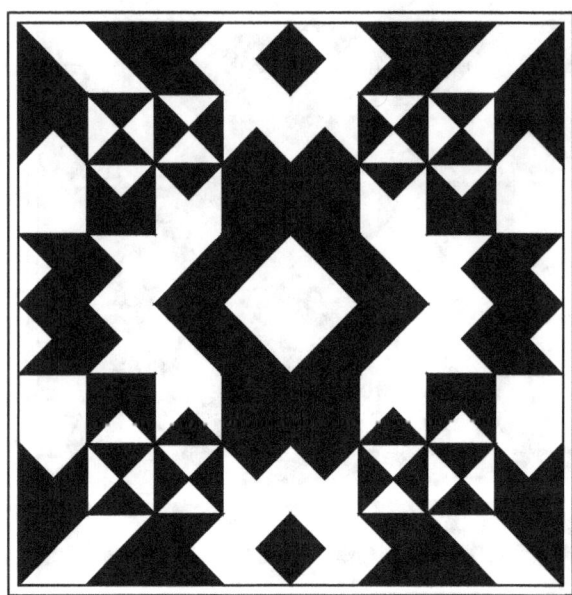

4	13	12	5
14	11	6	3
1	8	9	16
15	2	7	10

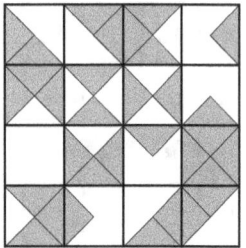

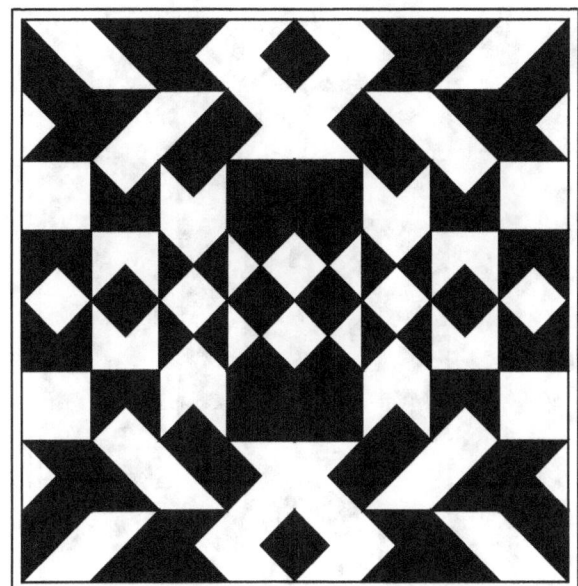

4	13	12	5
15	10	7	2
1	8	9	16
14	3	6	11

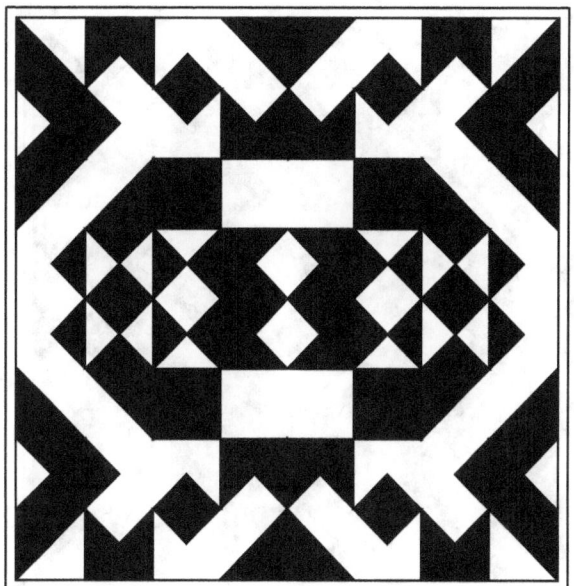

4	14	3	13
15	2	9	8
10	7	16	1
5	11	6	12

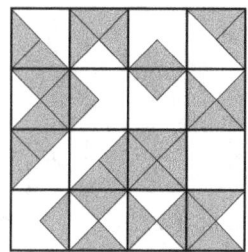

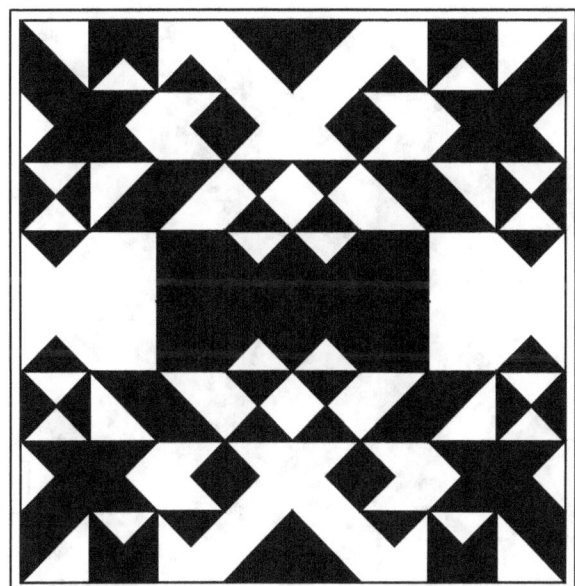

4	14	3	13
15	12	5	2
6	7	10	11
9	1	16	8

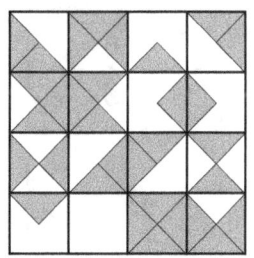

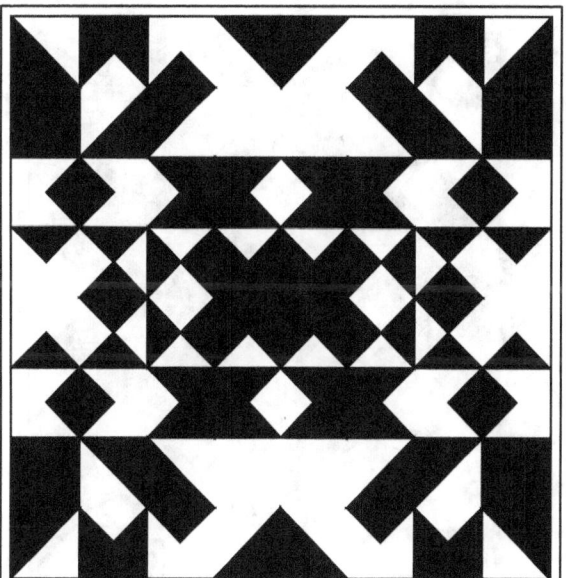

4	14	3	13
16	7	10	1
5	2	15	12
9	11	6	8

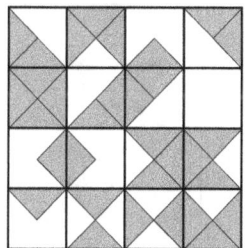

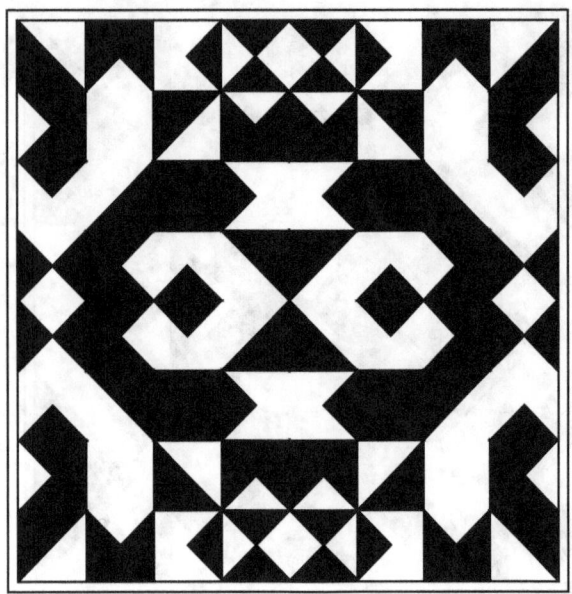

4	14	5	11
15	1	10	8
9	7	16	2
6	12	3	13

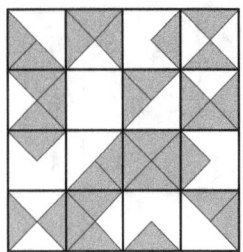

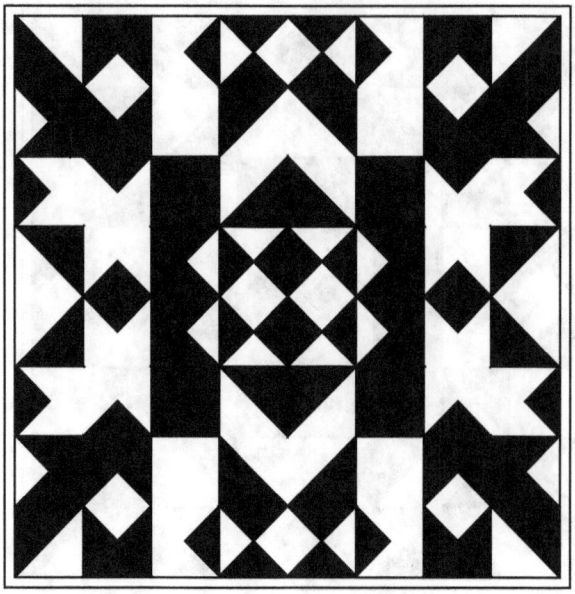

4	14	5	11
15	8	1	10
2	9	16	7
13	3	12	6

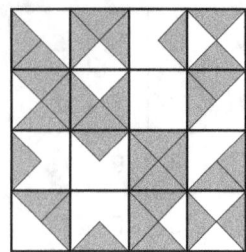

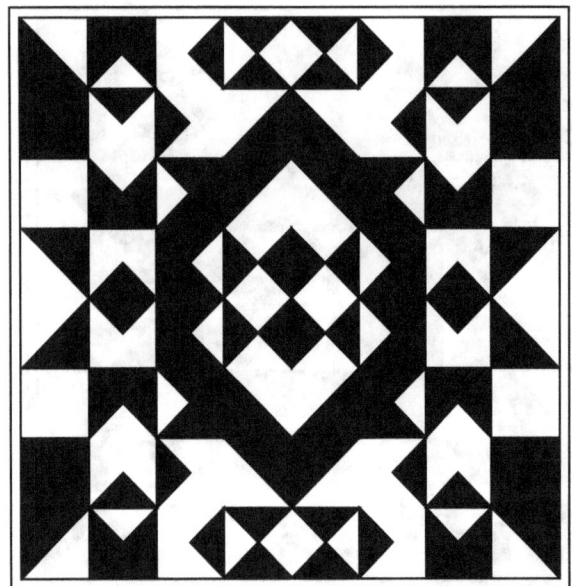

4	14	5	11
16	9	2	7
1	8	15	10
13	3	12	6

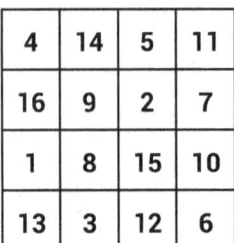
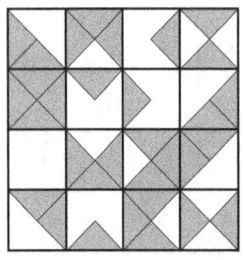

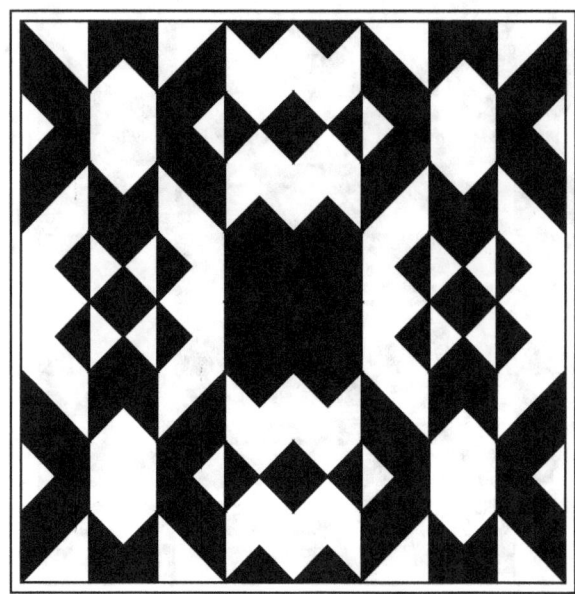

4	14	7	9
15	1	12	6
10	8	13	3
5	11	2	16

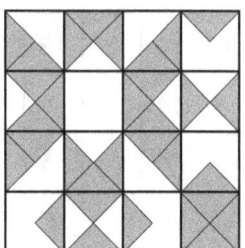

200

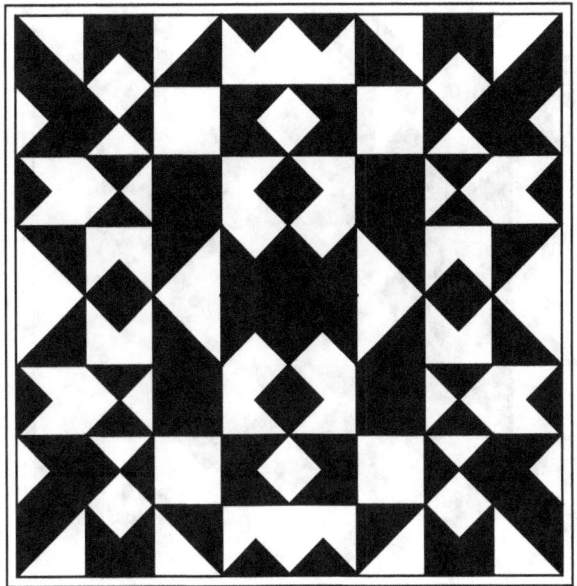

4	14	7	9
15	6	1	12
2	11	16	5
13	3	10	8

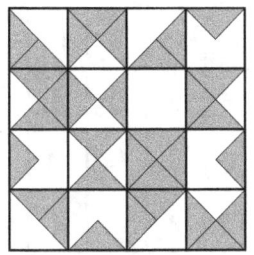

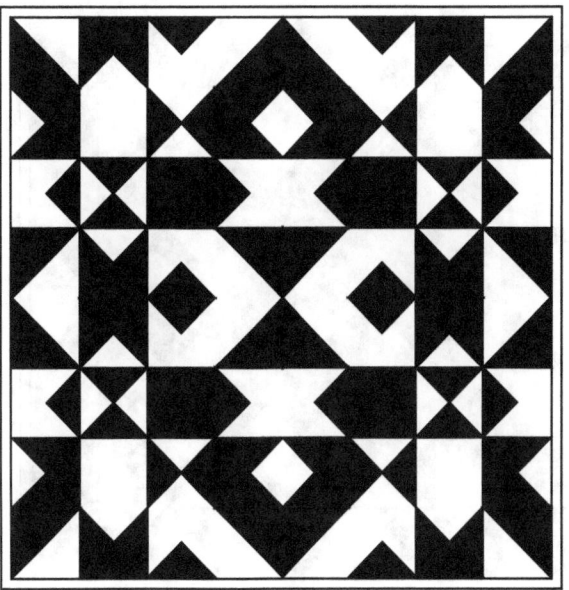

4	14	9	7
15	1	6	12
5	11	16	2
10	8	3	13

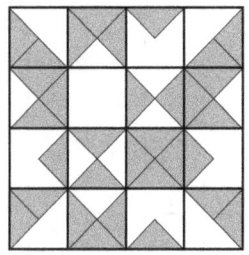

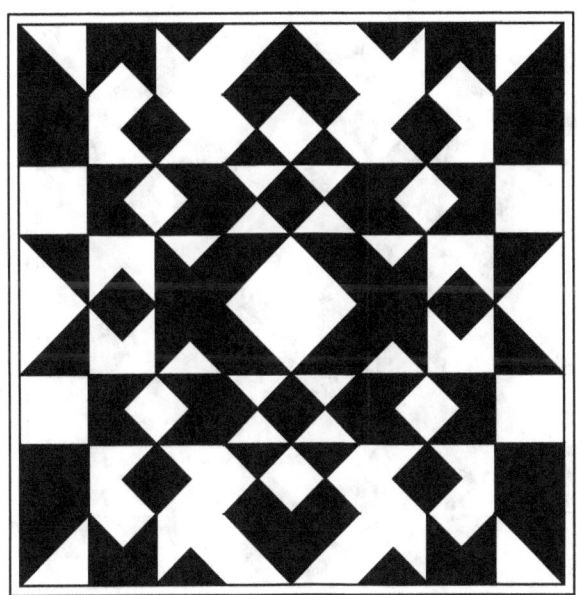

4	14	9	7
16	5	2	11
1	12	15	6
13	3	8	10

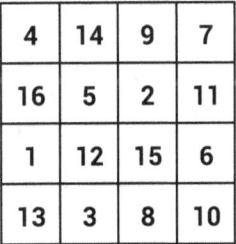
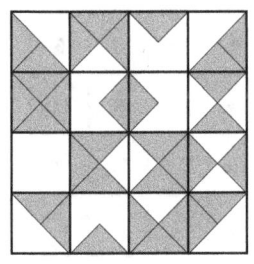

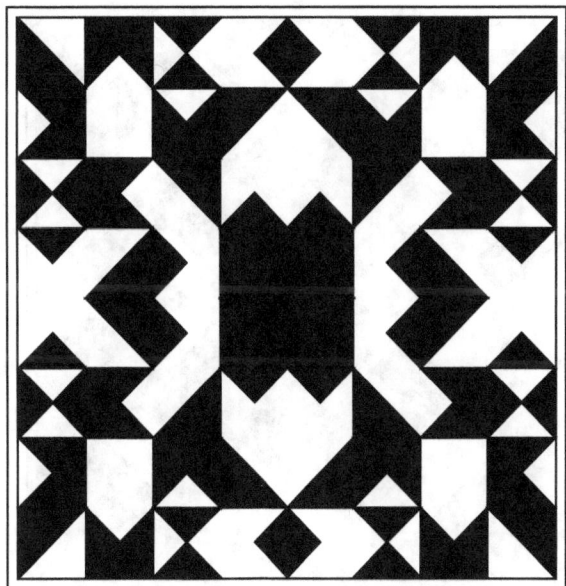

4	14	11	5
15	1	8	10
6	12	13	3
9	7	2	16

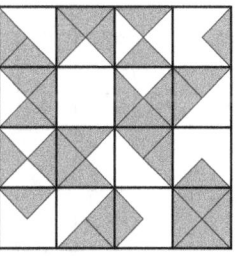

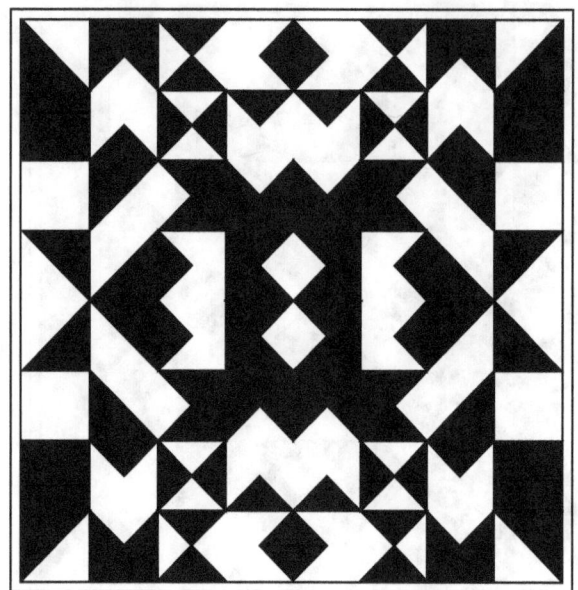

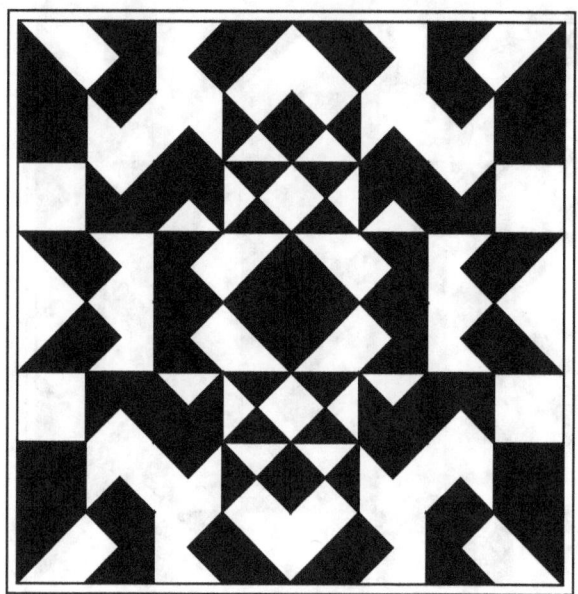

4	14	11	5
16	3	6	9
1	10	15	8
13	7	2	12

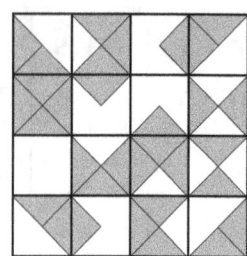

4	15	5	10
16	9	3	6
1	8	14	11
13	2	12	7

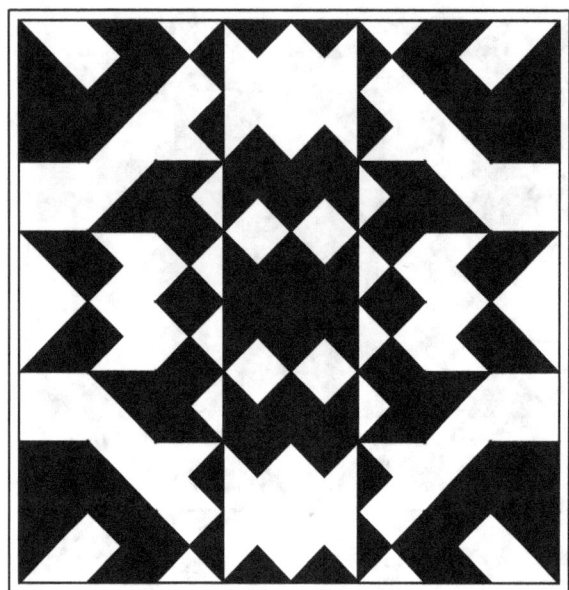

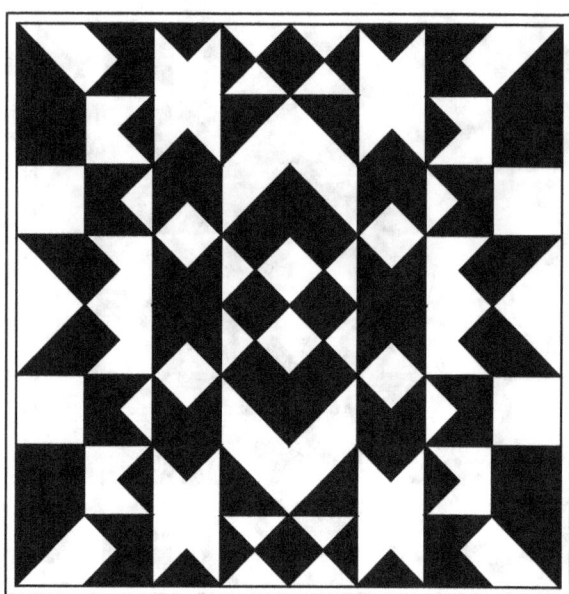

4	15	6	9
16	10	5	3
1	7	12	14
13	2	11	8

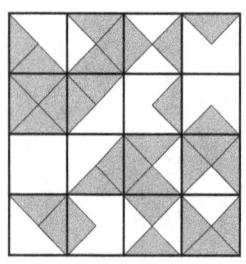

4	15	9	6
16	5	3	10
1	12	14	7
13	2	8	11

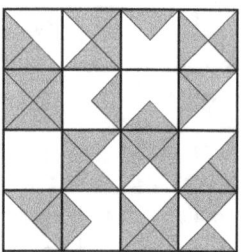

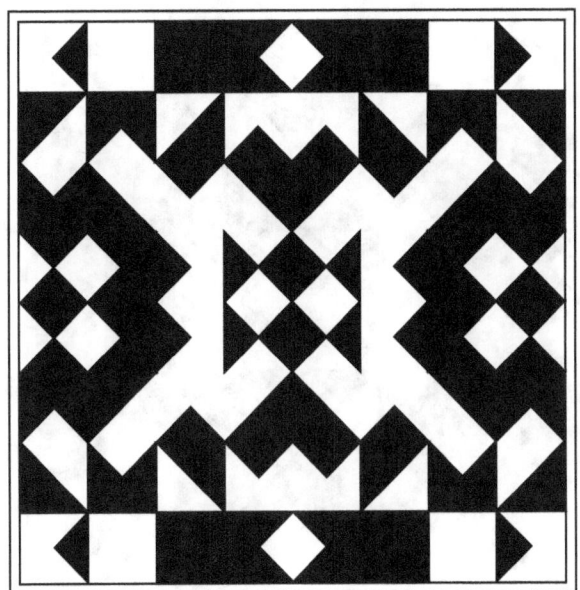

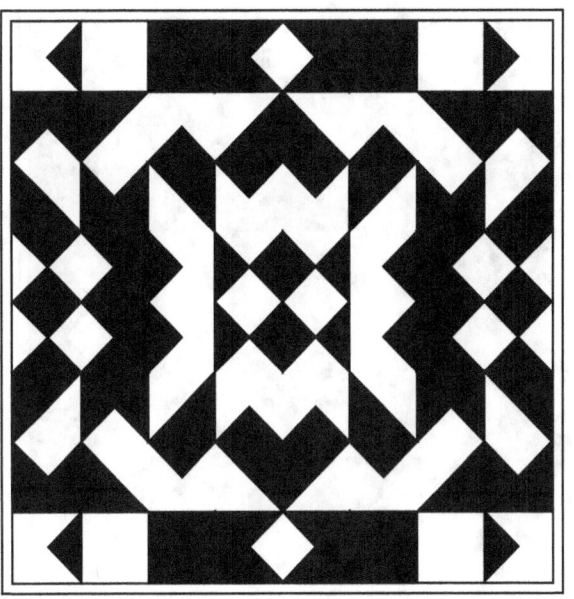

5	1	16	12
10	14	7	3
8	4	9	13
11	15	2	6

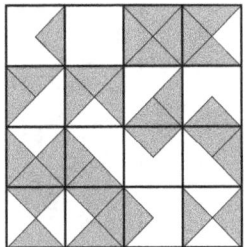

5	1	16	12
14	10	3	7
4	8	13	9
11	15	2	6

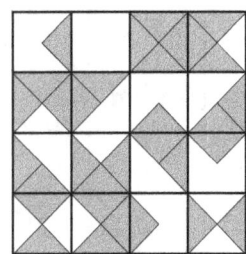

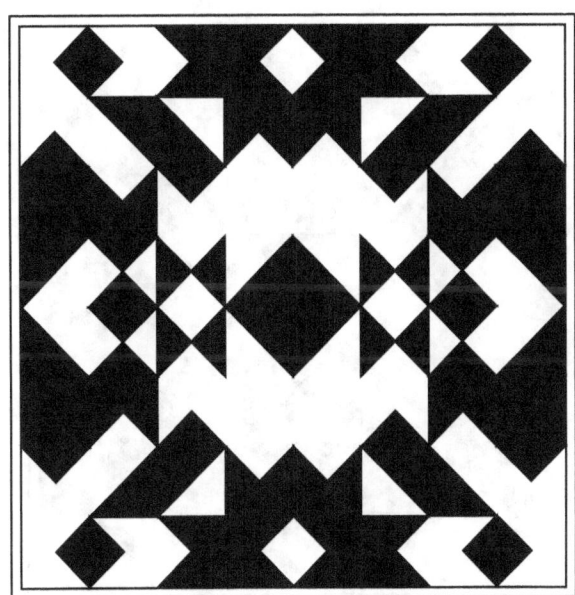

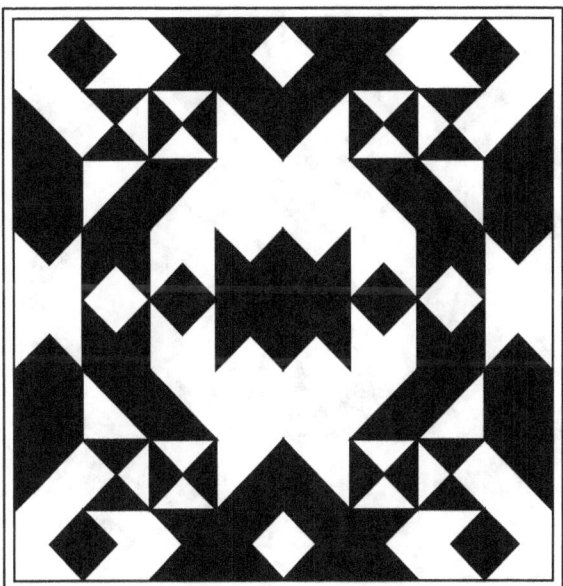

5	2	15	12
3	13	4	14
16	8	9	1
10	11	6	7

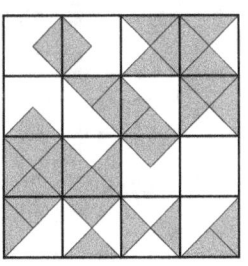

5	2	15	12
4	11	6	13
16	7	10	1
9	14	3	8

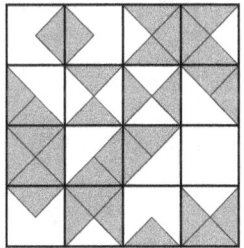

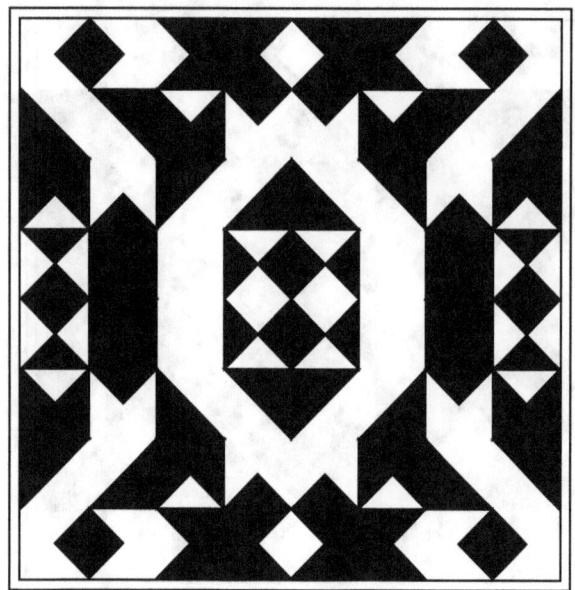

5	2	15	12
4	13	8	9
14	3	10	7
11	16	1	6

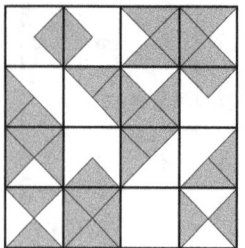

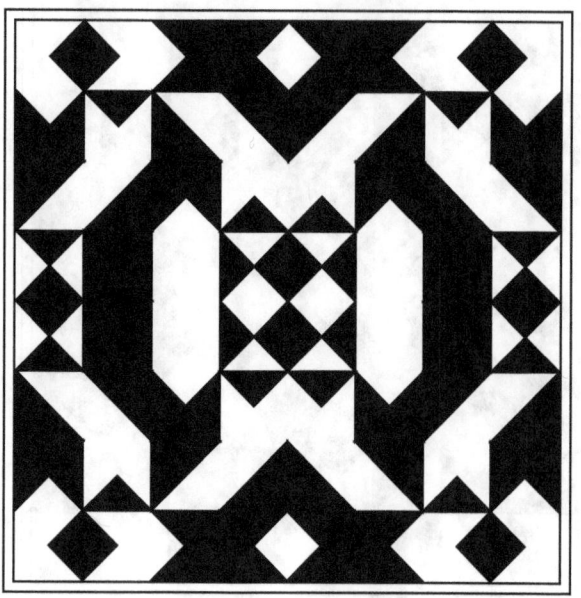

5	2	15	12
8	9	4	13
10	7	14	3
11	16	1	6

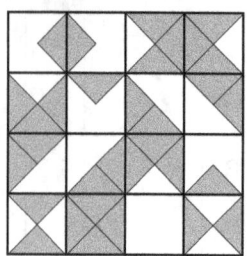

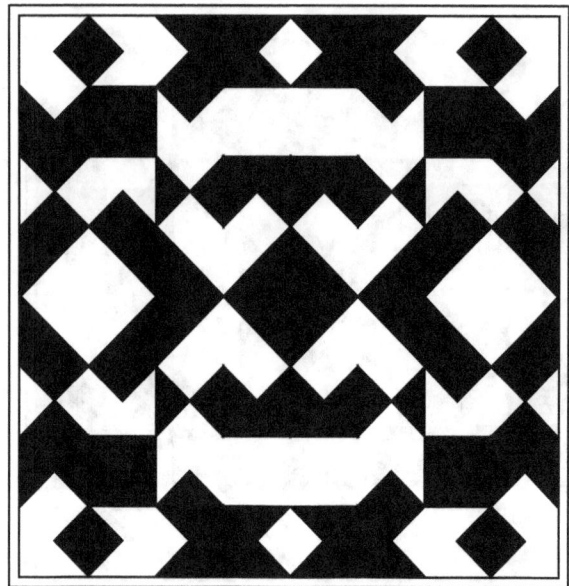

5	2	15	12
8	16	9	1
11	3	6	14
10	13	4	7

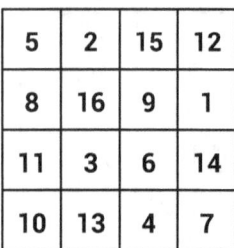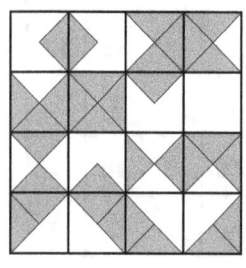

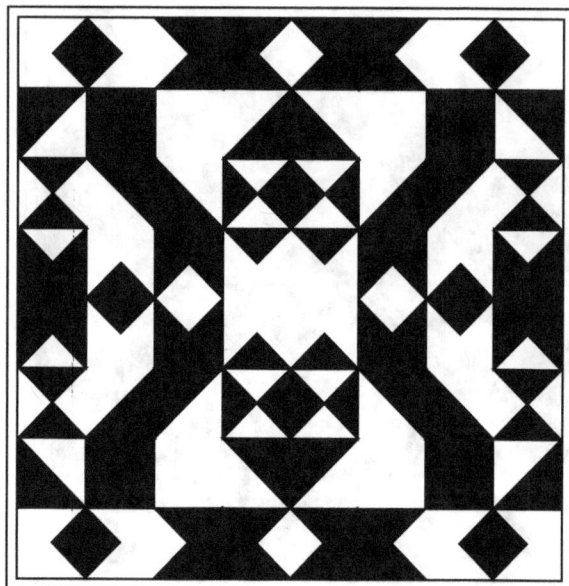

5	2	15	12
10	16	1	7
11	13	4	6
8	3	14	9

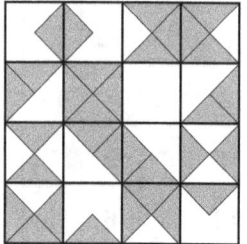

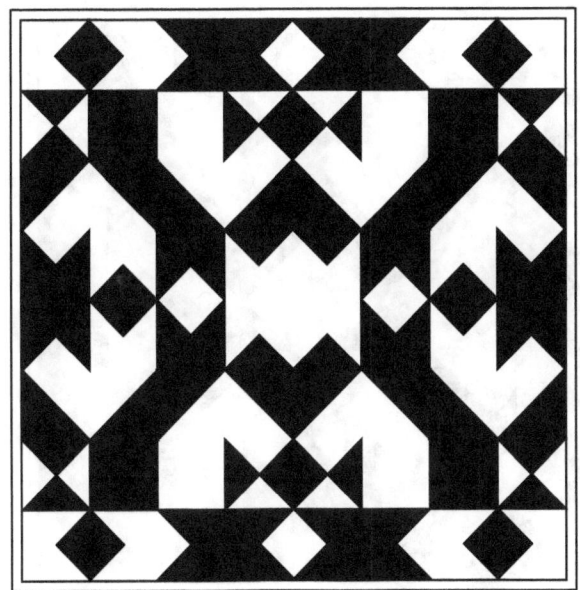

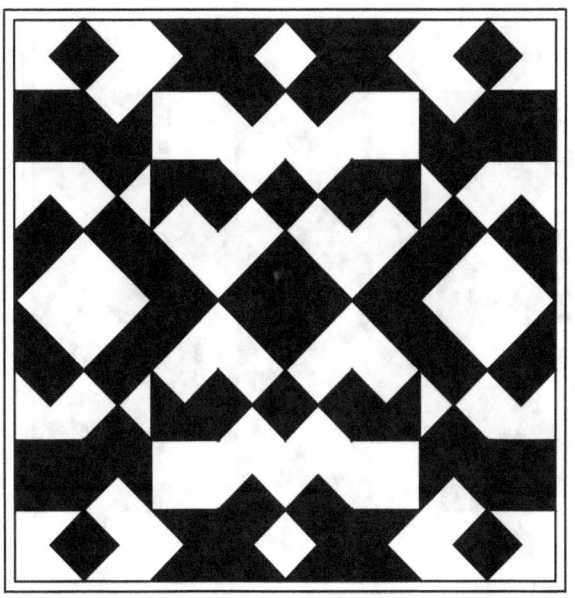

5	2	15	12
11	16	1	6
10	13	4	7
8	3	14	9

5	2	15	12
16	8	1	9
3	11	14	6
10	13	4	7

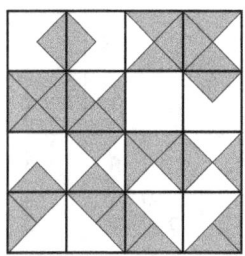

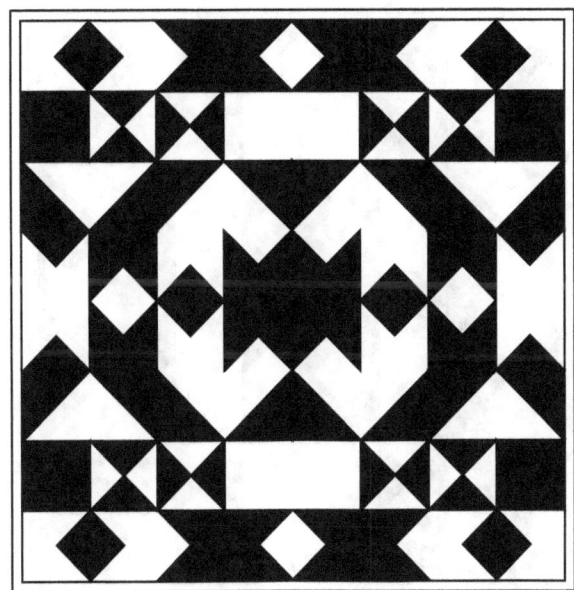

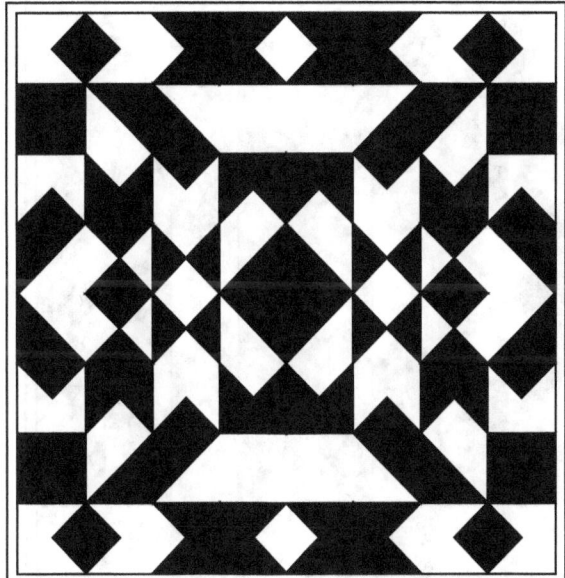

5	2	15	12
16	11	6	1
4	7	10	13
9	14	3	8

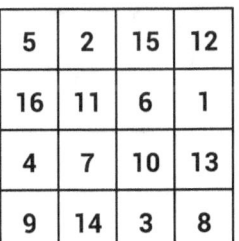

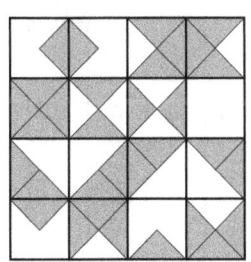

5	2	15	12
16	13	4	1
3	8	9	14
10	11	6	7

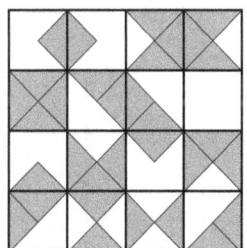

205

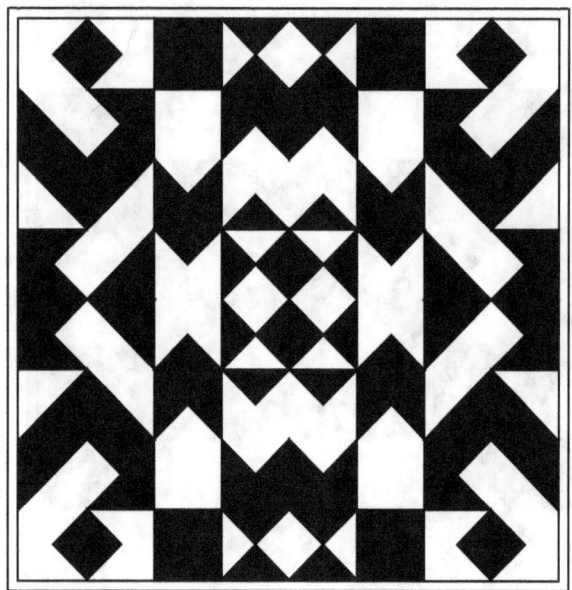

5	2	16	11
4	15	1	14
13	10	8	3
12	7	9	6

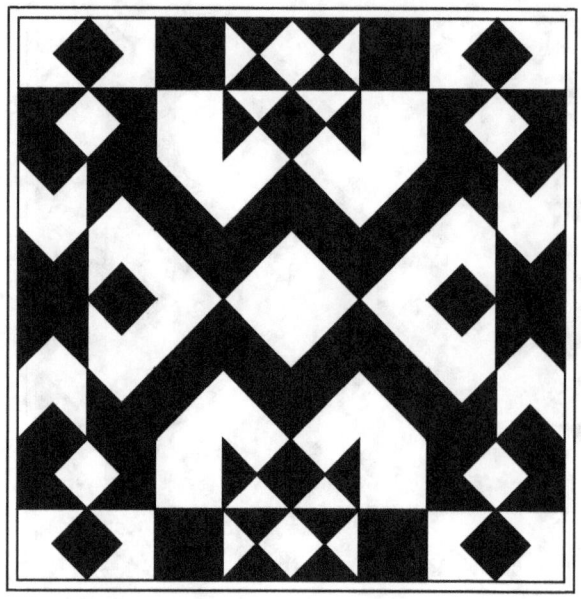

5	2	16	11
12	15	1	6
9	14	4	7
8	3	13	10

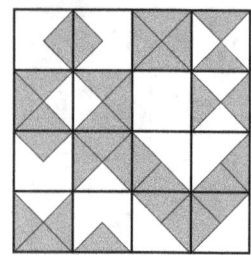

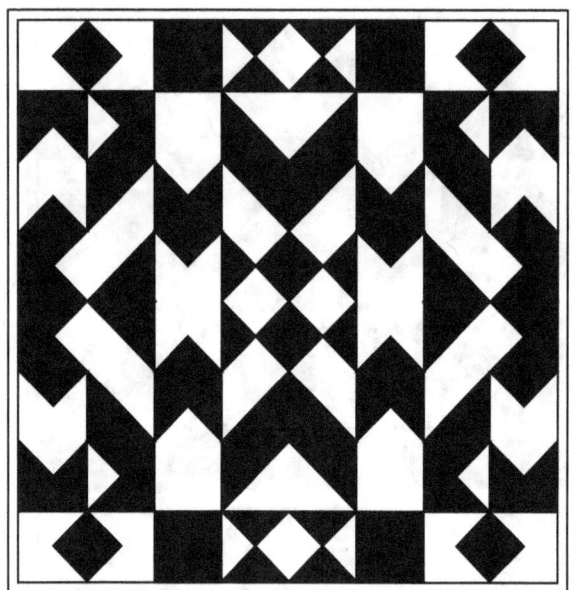

5	2	16	11
14	15	1	4
3	10	8	13
12	7	9	6

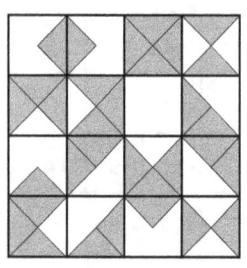

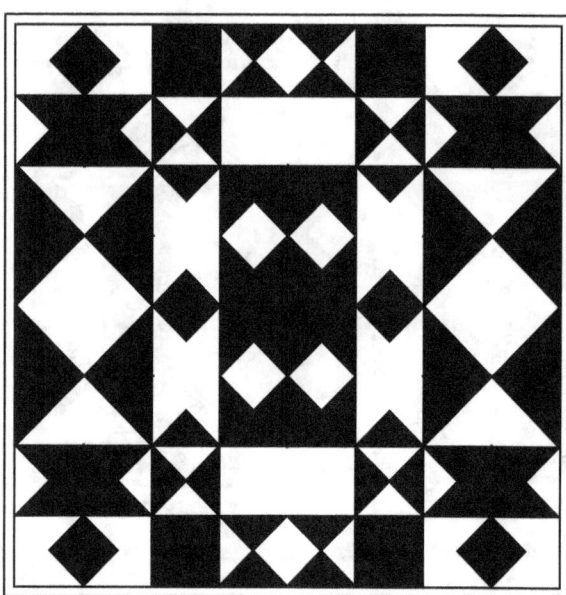

5	2	16	11
15	12	6	1
4	7	9	14
10	13	3	8

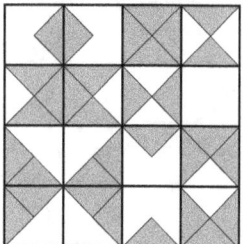

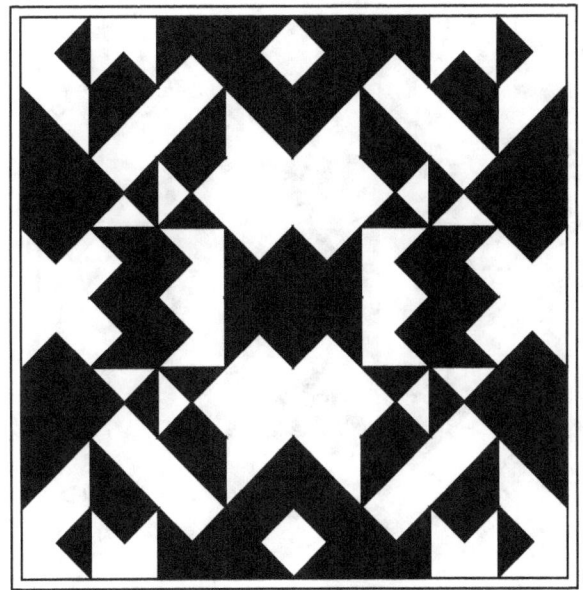

5	3	14	12
4	10	7	13
16	6	11	1
9	15	2	8

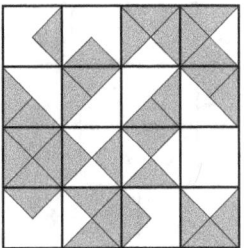

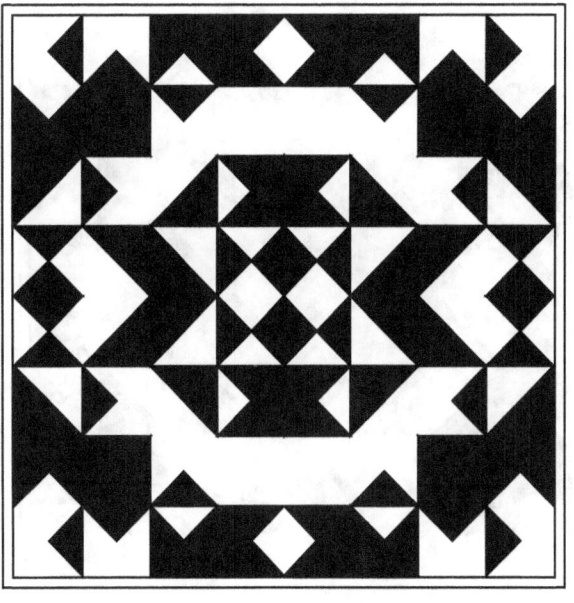

5	3	14	12
8	16	9	1
10	2	7	15
11	13	4	6

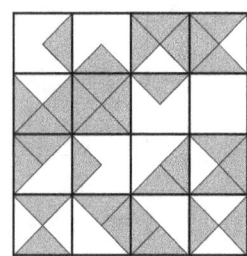

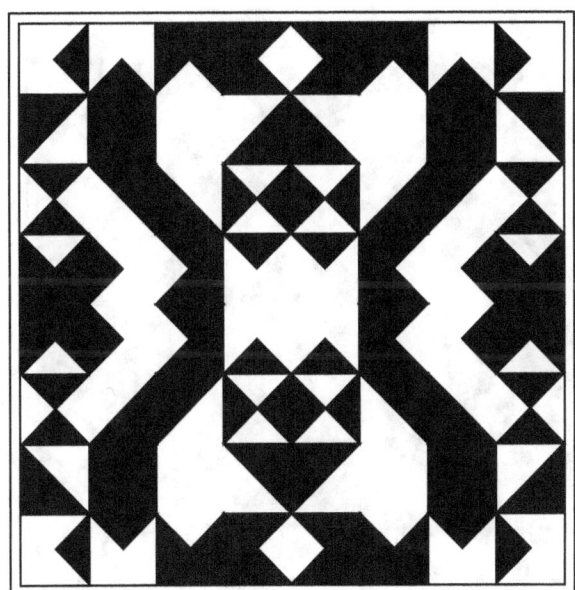

5	3	14	12
10	16	1	7
11	13	4	6
8	2	15	9

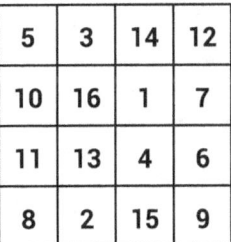
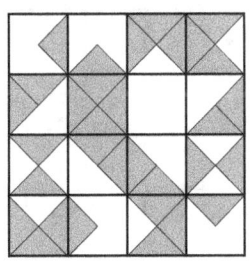

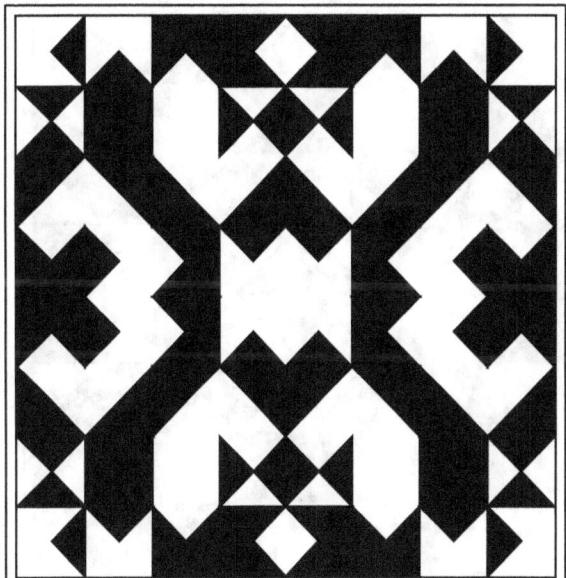

5	3	14	12
11	16	1	6
10	13	4	7
8	2	15	9

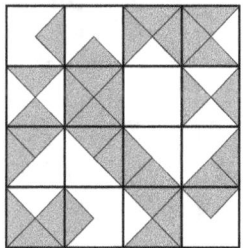

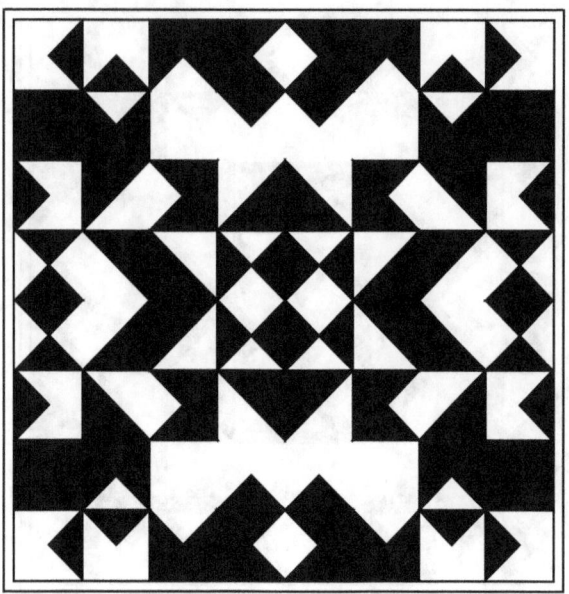

5	3	14	12
16	8	1	9
2	10	15	7
11	13	4	6

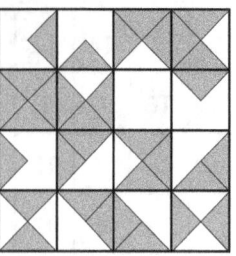

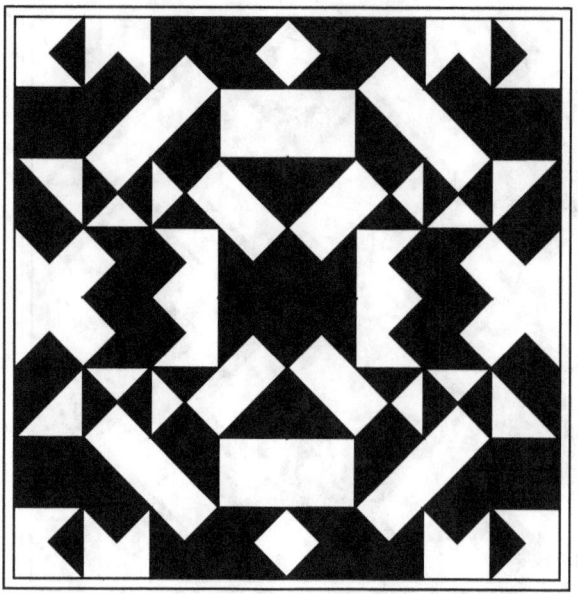

5	3	14	12
16	10	7	1
4	6	11	13
9	15	2	8

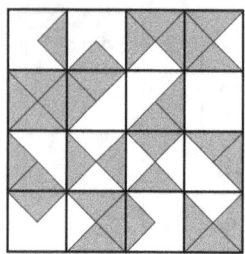

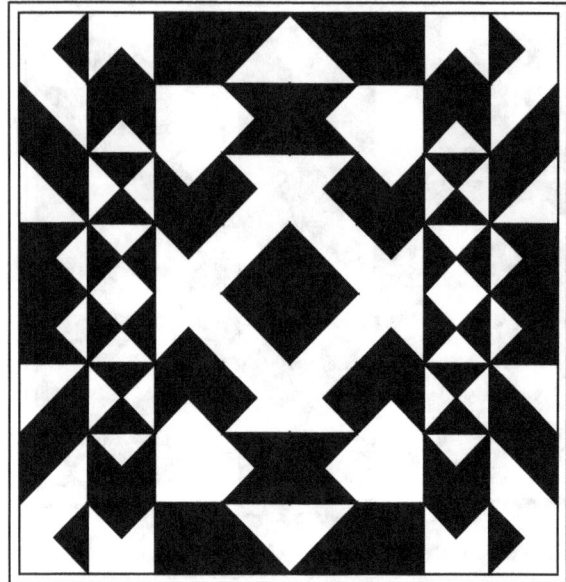

5	3	16	10
4	14	1	15
13	11	8	2
12	6	9	7

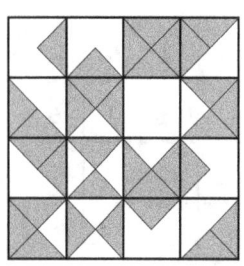

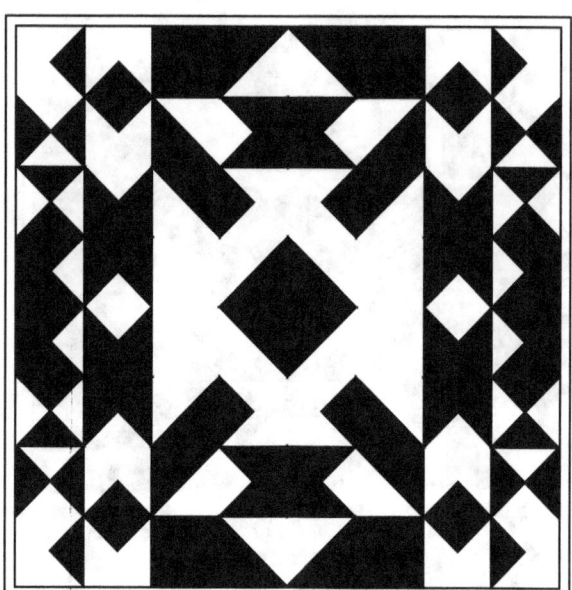

5	3	16	10
6	9	4	15
11	8	13	2
12	14	1	7

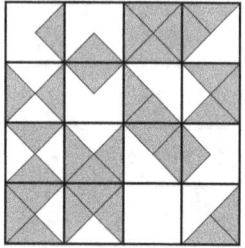

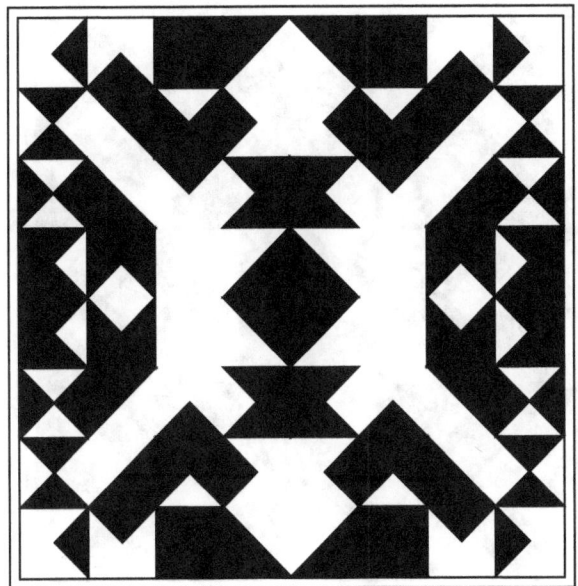

5	3	16	10
11	13	8	2
6	4	9	15
12	14	1	7

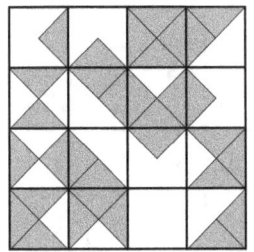

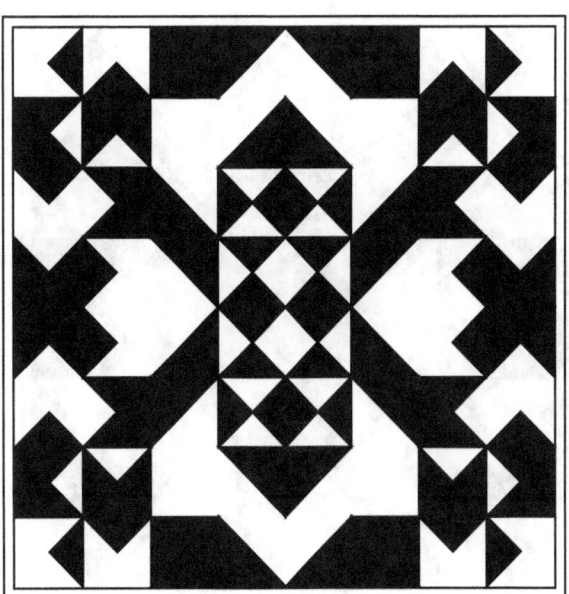

5	3	16	10
12	14	1	7
9	15	4	6
8	2	13	11

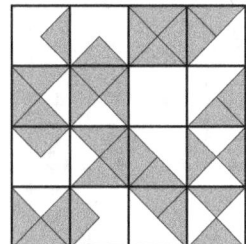

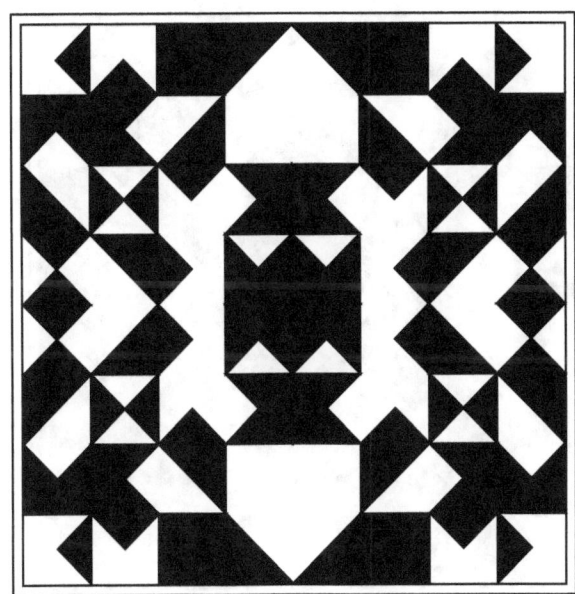

5	3	16	10
14	12	7	1
4	6	9	15
11	13	2	8

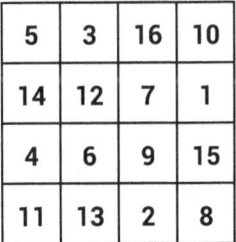
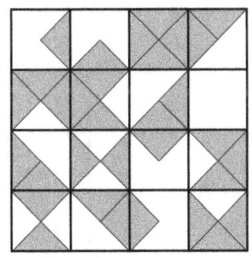

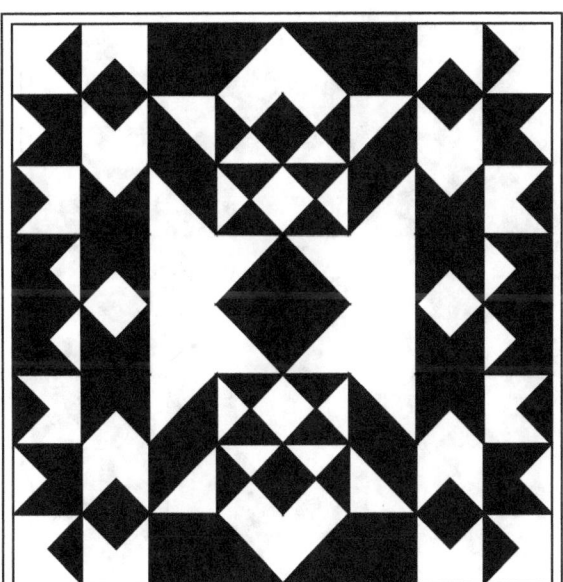

5	3	16	10
15	9	4	6
2	8	13	11
12	14	1	7

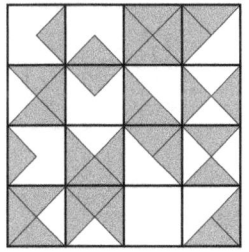

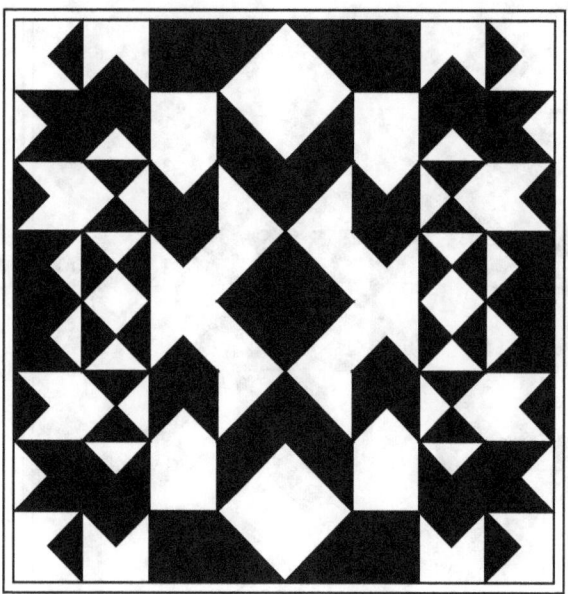

5	3	16	10
15	14	1	4
2	11	8	13
12	6	9	7

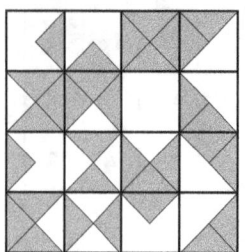

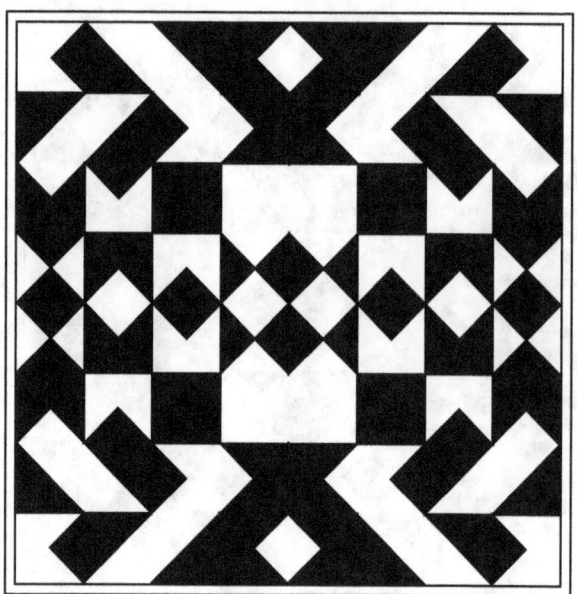

5	4	13	12
10	7	2	15
8	9	16	1
11	14	3	6

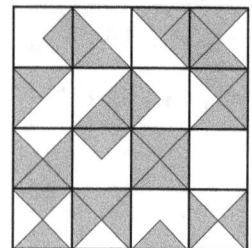

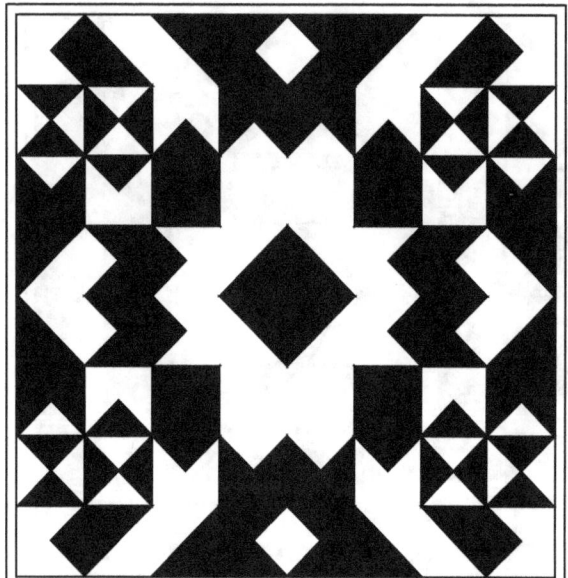

5	4	13	12
11	6	3	14
8	9	16	1
10	15	2	7

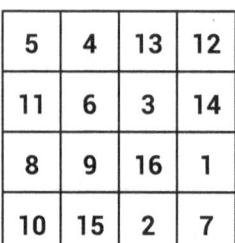
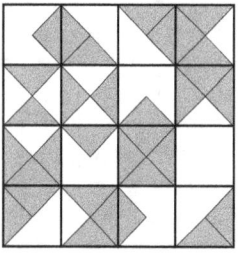

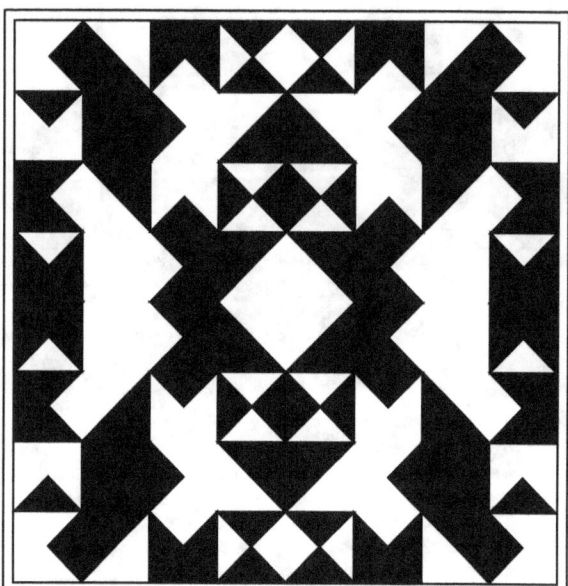

5	4	14	11
9	16	2	7
12	13	3	6
8	1	15	10

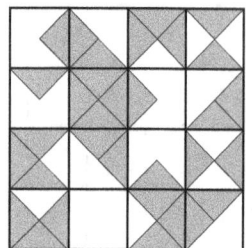

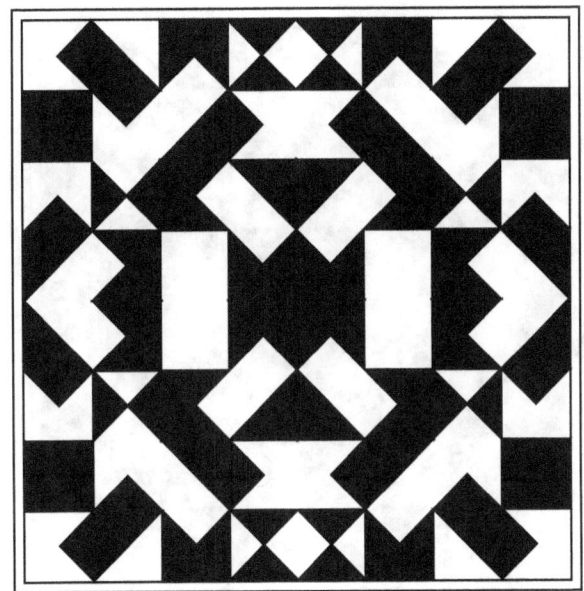

5	4	14	11
16	9	7	2
3	6	12	13
10	15	1	8

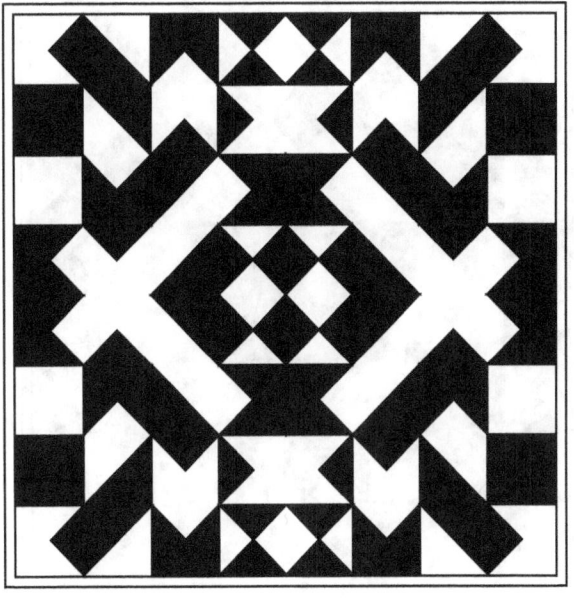

5	4	14	11
16	13	3	2
1	8	10	15
12	9	7	6

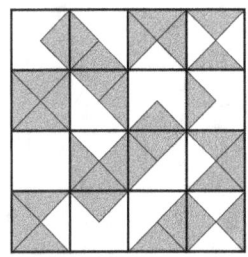

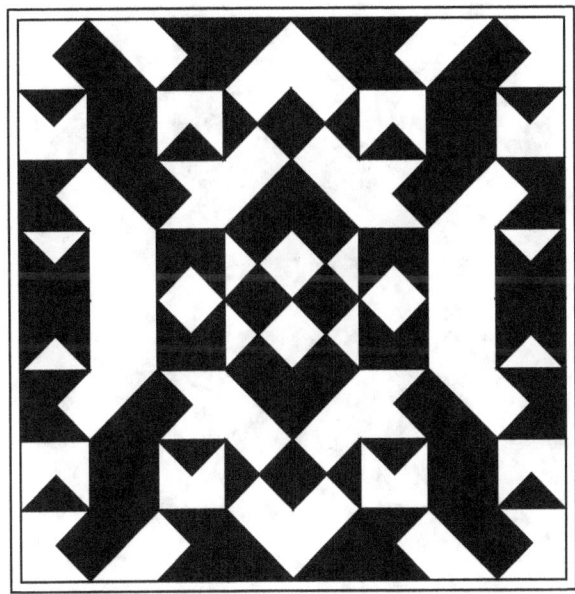

5	4	15	10
9	16	3	6
12	13	2	7
8	1	14	11

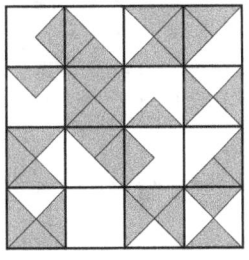

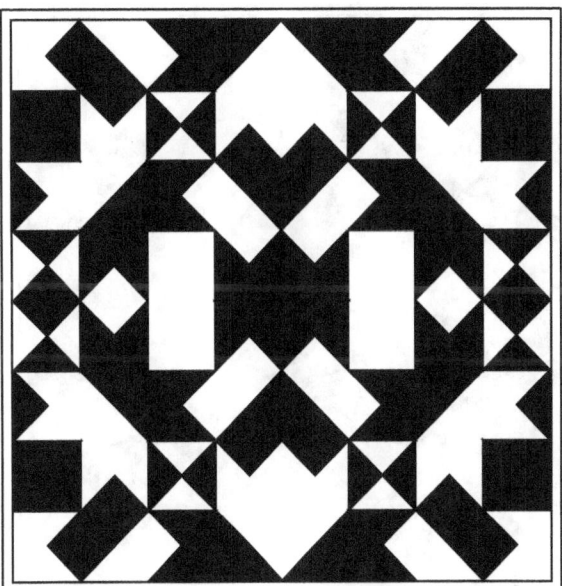

5	4	15	10
16	9	6	3
2	7	12	13
11	14	1	8

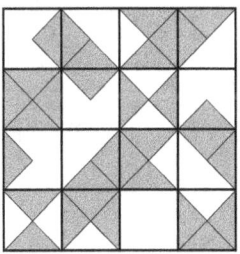

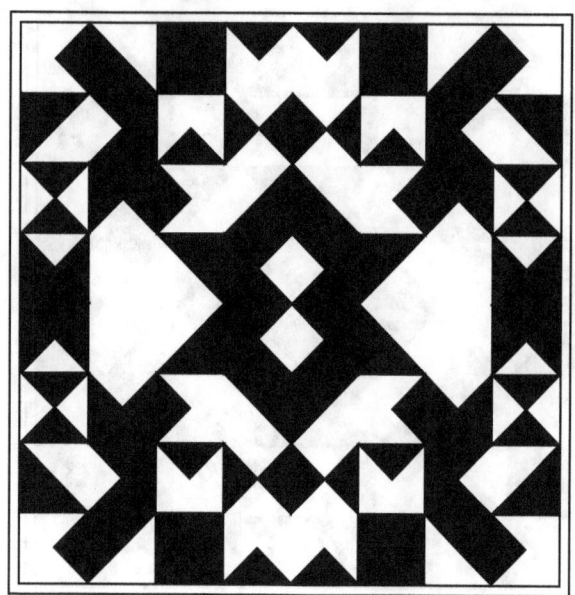

5	4	16	9
10	15	3	6
11	14	2	7
8	1	13	12

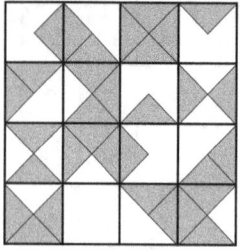

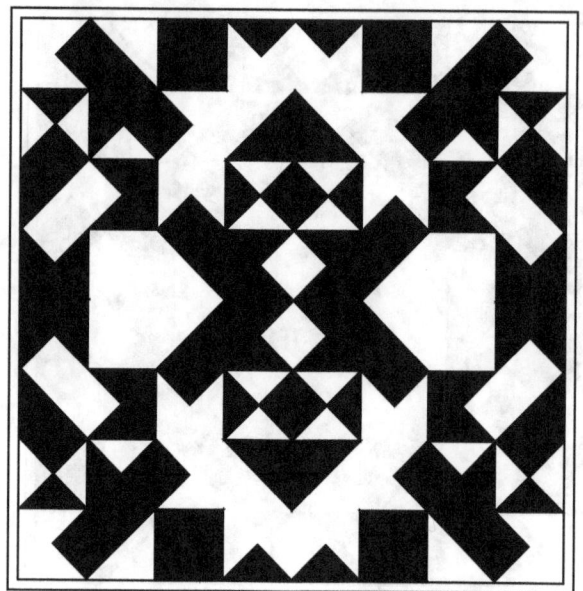

5	4	16	9
11	14	2	7
10	15	3	6
8	1	13	12

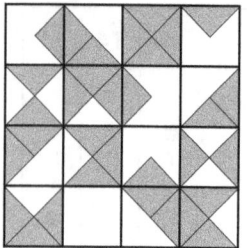

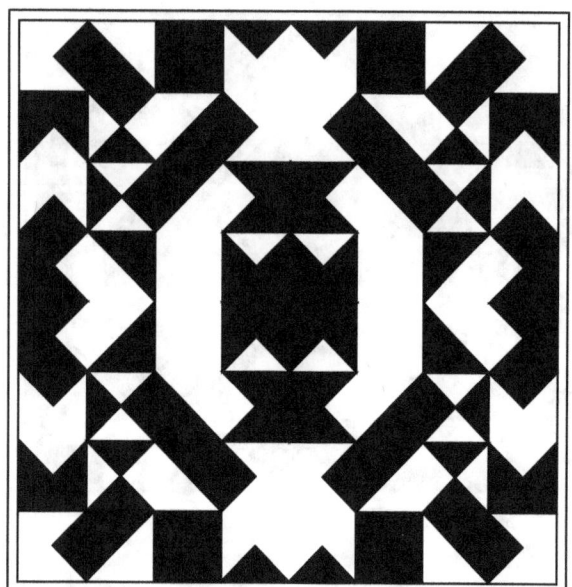

5	4	16	9
14	11	7	2
3	6	10	15
12	13	1	8

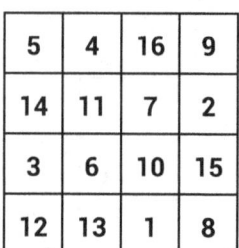

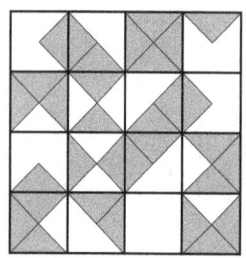

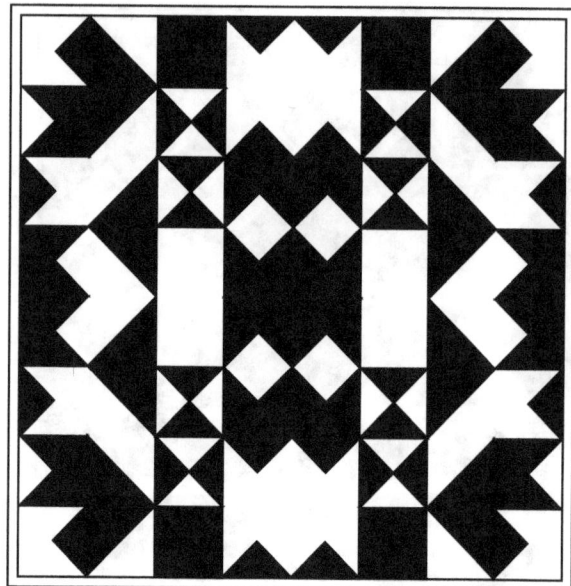

5	4	16	9
15	10	6	3
2	7	11	14
12	13	1	8

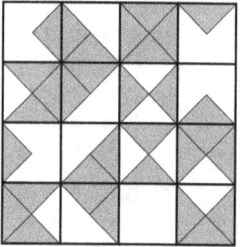

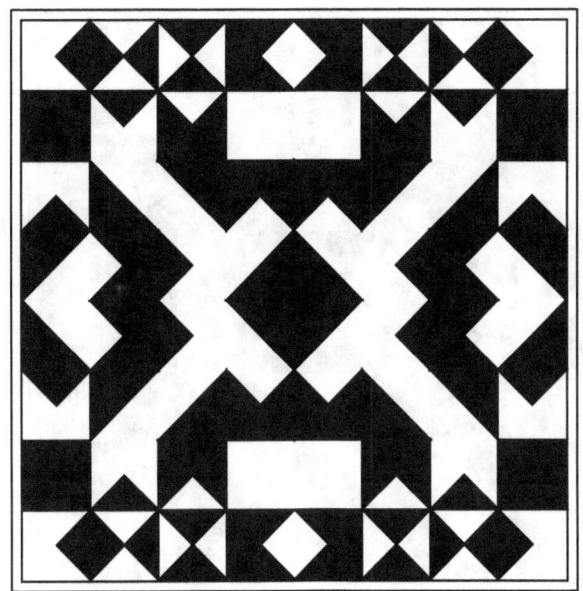

5	6	11	12
16	9	8	1
3	4	13	14
10	15	2	7

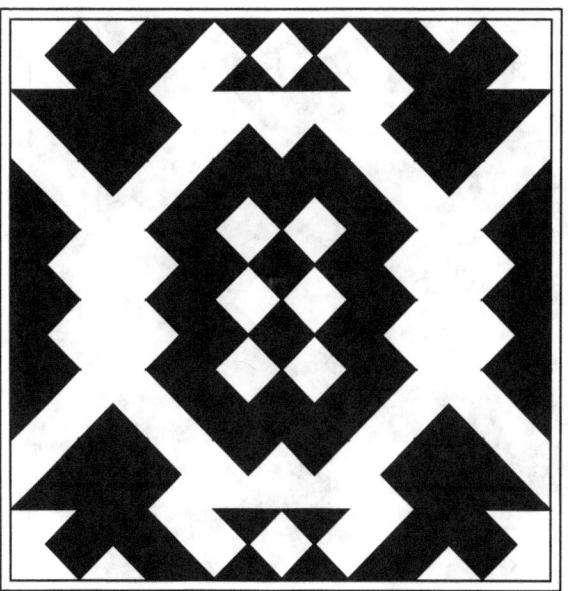

5	8	10	11
13	16	2	3
4	9	7	14
12	1	15	6

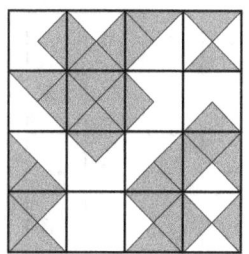

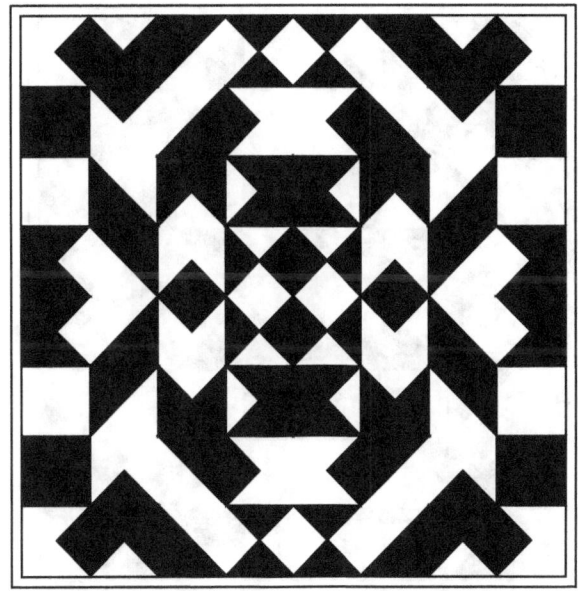

5	8	10	11
16	9	7	2
1	4	14	15
12	13	3	6

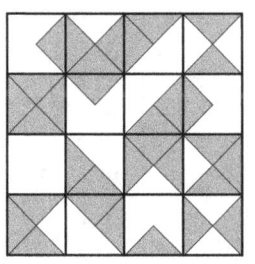

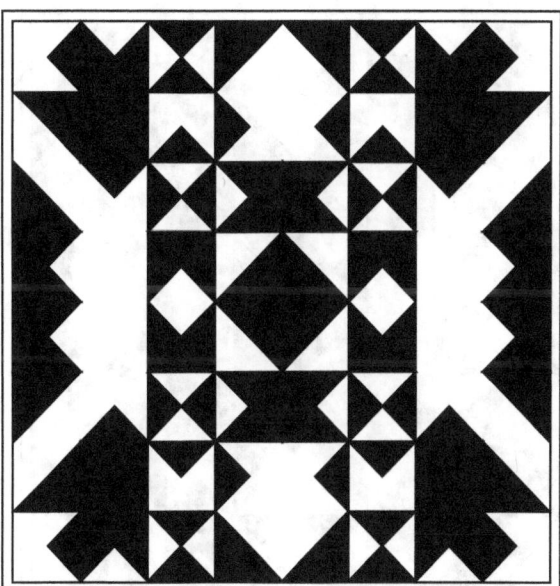

5	8	11	10
13	16	3	2
4	9	6	15
12	1	14	7

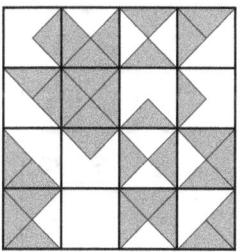

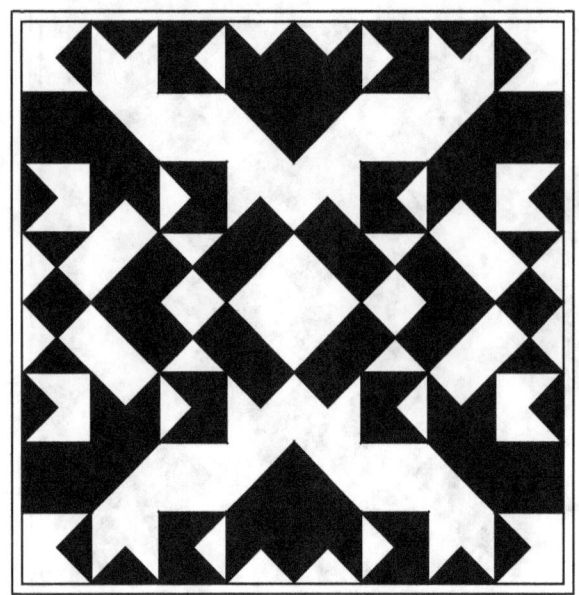

5	9	12	8
16	4	1	13
2	14	15	3
11	7	6	10

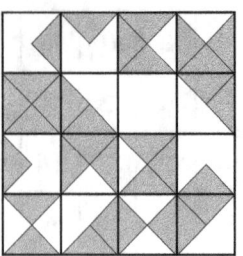

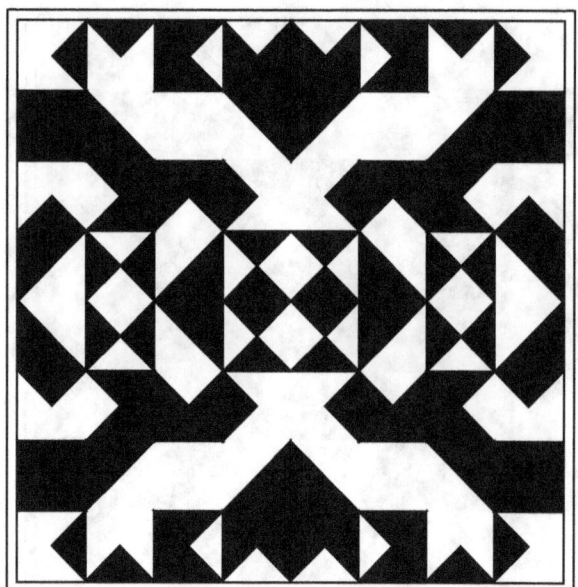

5	9	12	8
16	4	1	13
3	15	14	2
10	6	7	11

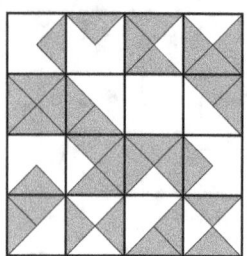

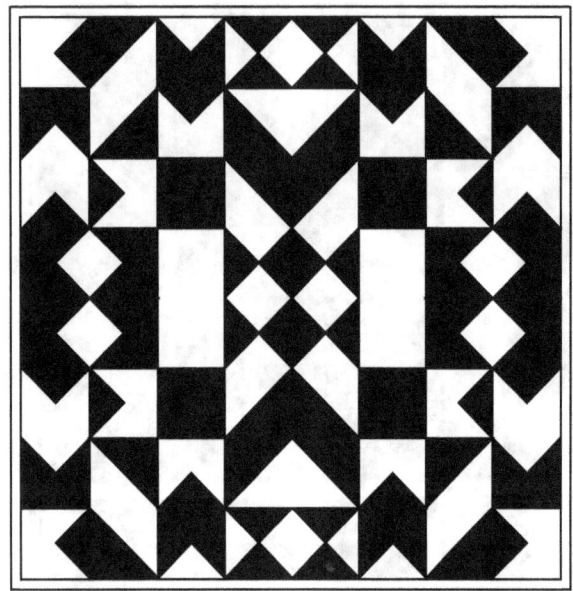

5	10	8	11
14	7	9	4
3	2	16	13
12	15	1	6

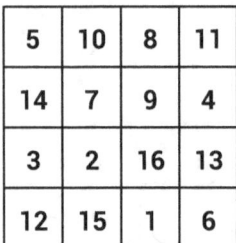

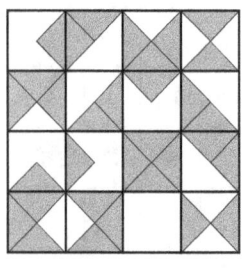

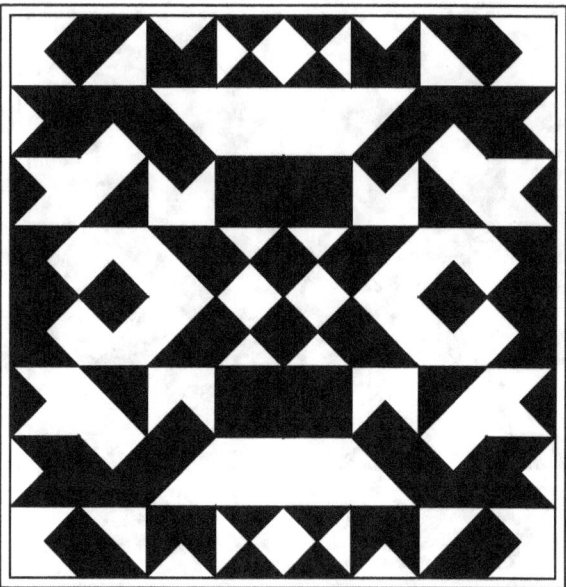

5	10	8	11
15	14	4	1
2	7	9	16
12	3	13	6

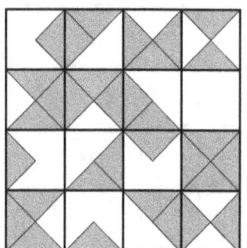

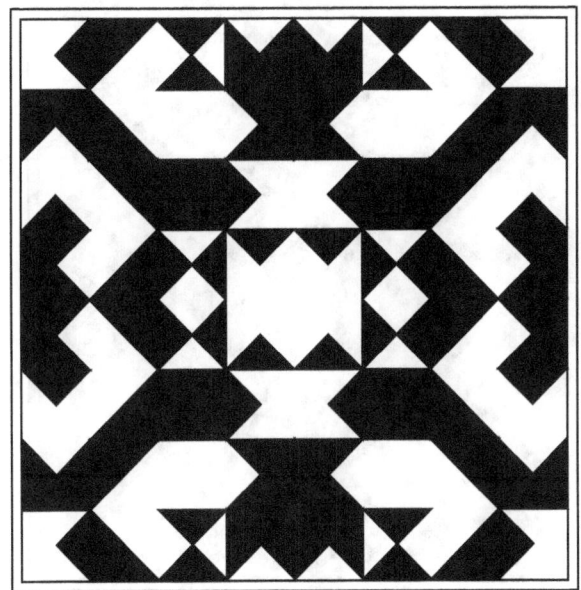

5	10	11	8
14	4	1	15
3	13	16	2
12	7	6	9

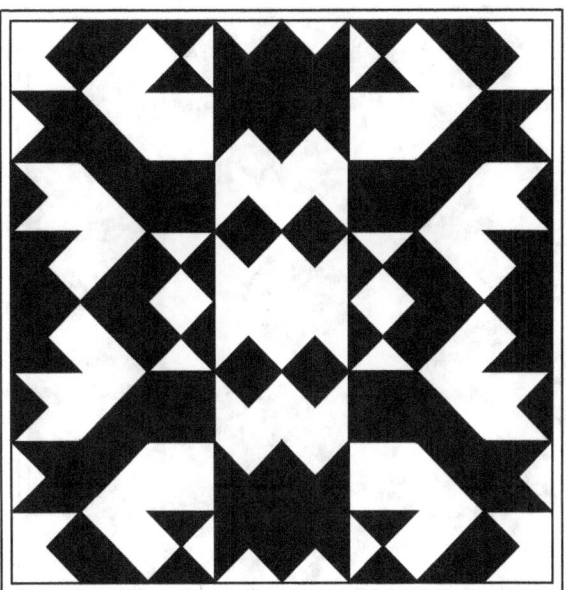

5	10	11	8
15	4	1	14
2	13	16	3
12	7	6	9

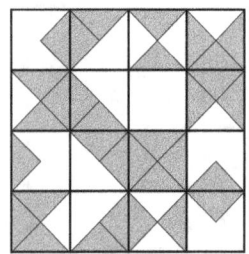

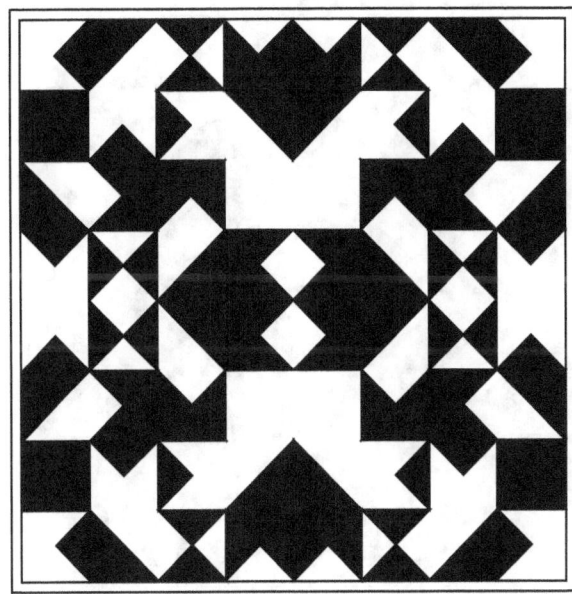

5	10	11	8
16	3	2	13
4	15	14	1
9	6	7	12

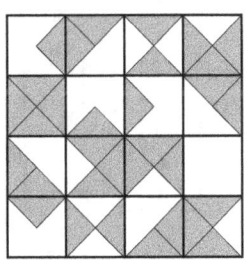

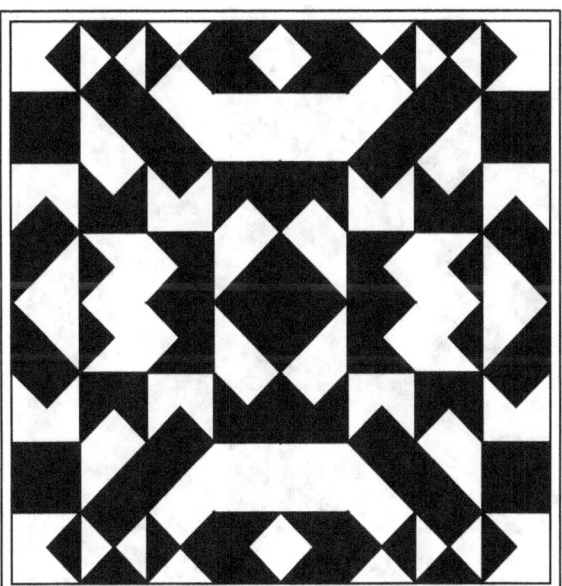

5	11	6	12
16	13	4	1
3	8	9	14
10	2	15	7

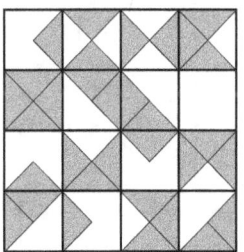

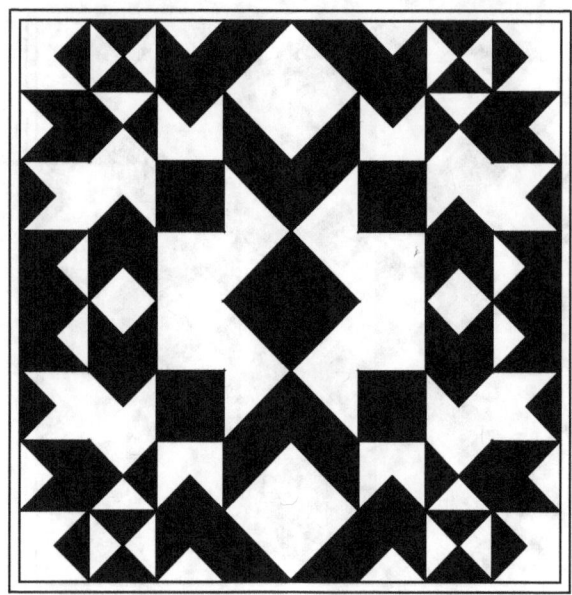

5	11	8	10
15	6	9	4
2	3	16	13
12	14	1	7

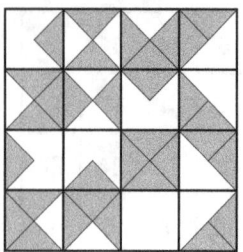

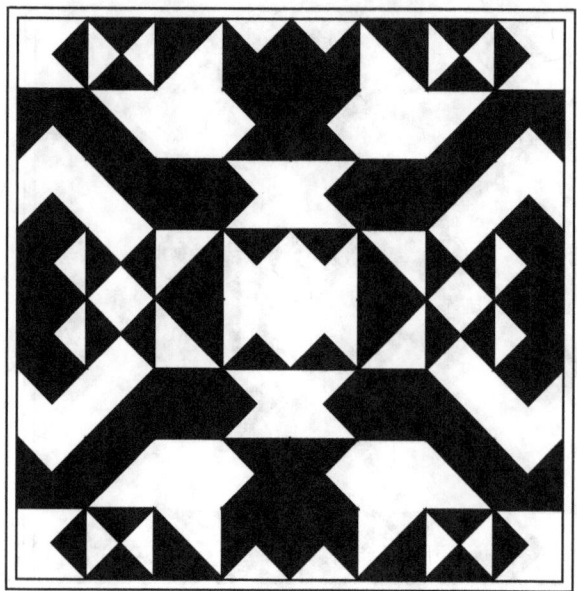

5	11	10	8
14	4	1	15
3	13	16	2
12	6	7	9

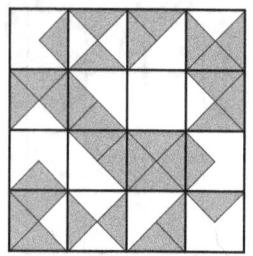

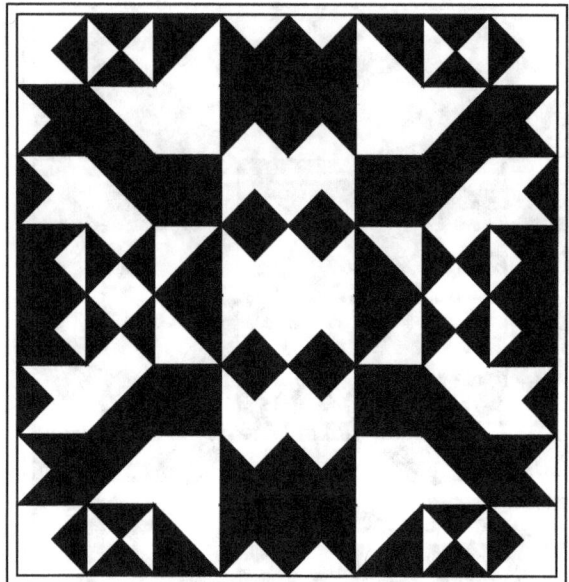

5	11	10	8
15	4	1	14
2	13	16	3
12	6	7	9

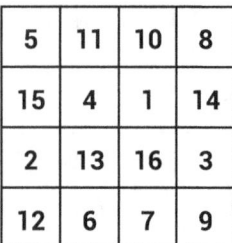
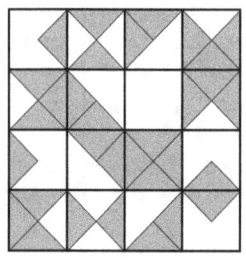

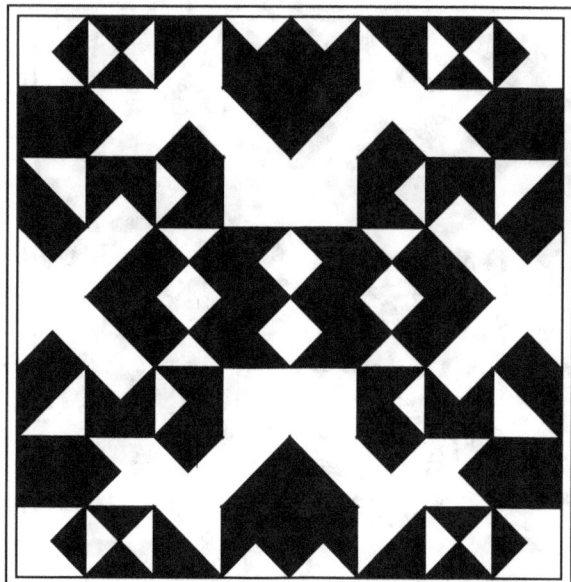

5	11	10	8
16	2	3	13
4	14	15	1
9	7	6	12

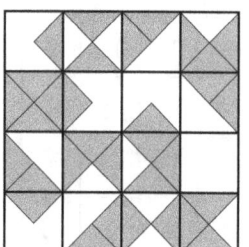

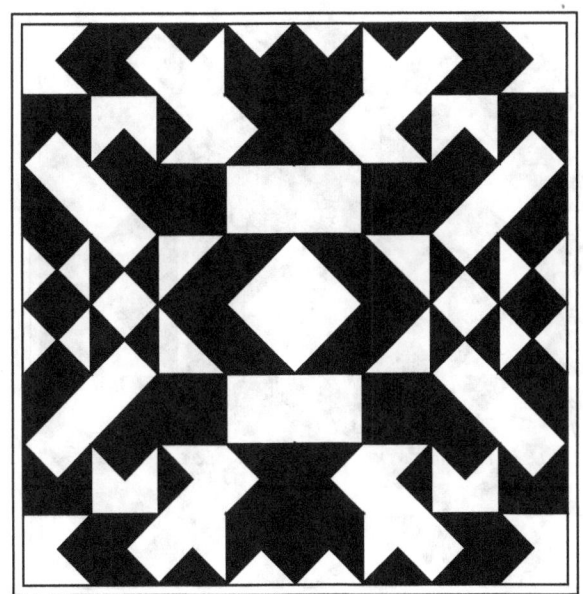

5	12	9	8
14	3	2	15
4	13	16	1
11	6	7	10

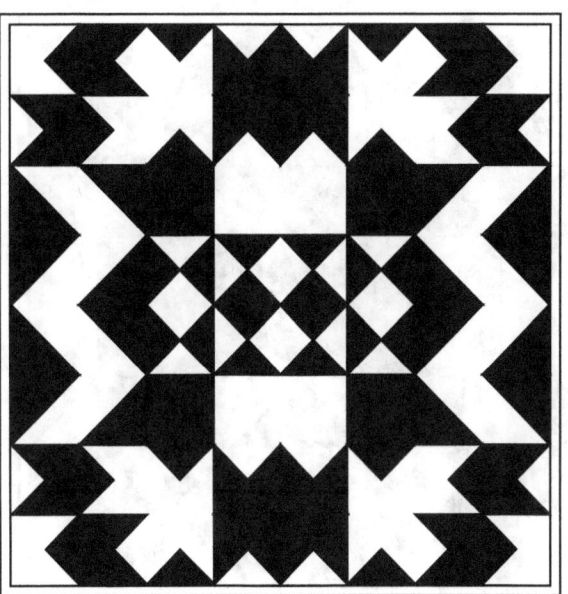

5	12	9	8
15	2	3	14
4	13	16	1
10	7	6	11

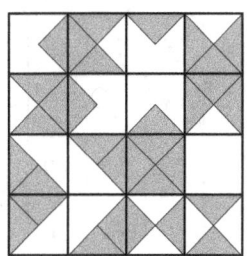

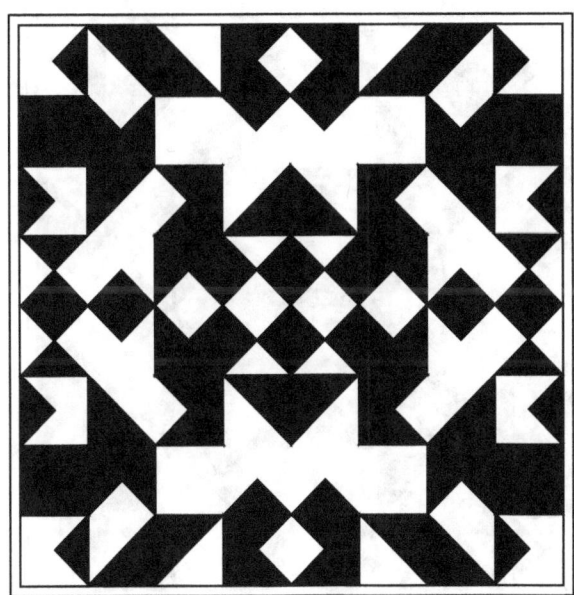

5	13	4	12
16	8	1	9
2	10	15	7
11	3	14	6

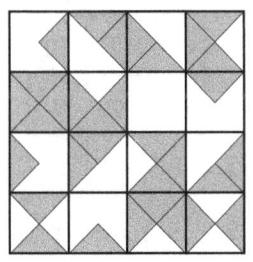

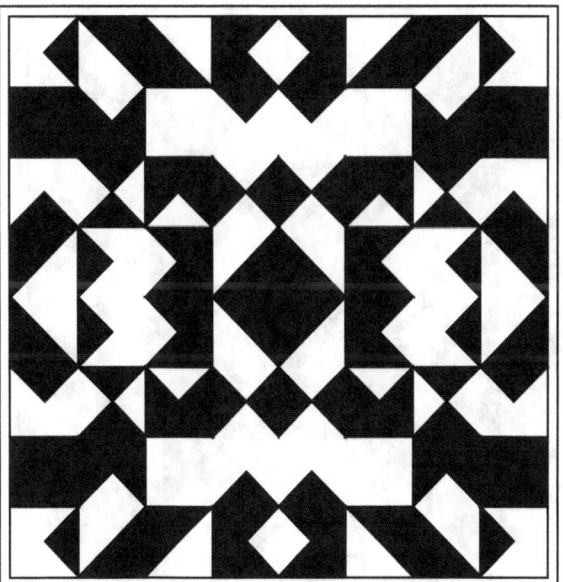

5	13	4	12
16	8	1	9
3	11	14	6
10	2	15	7

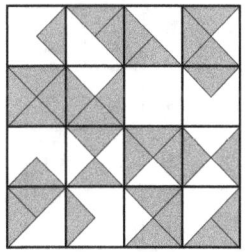

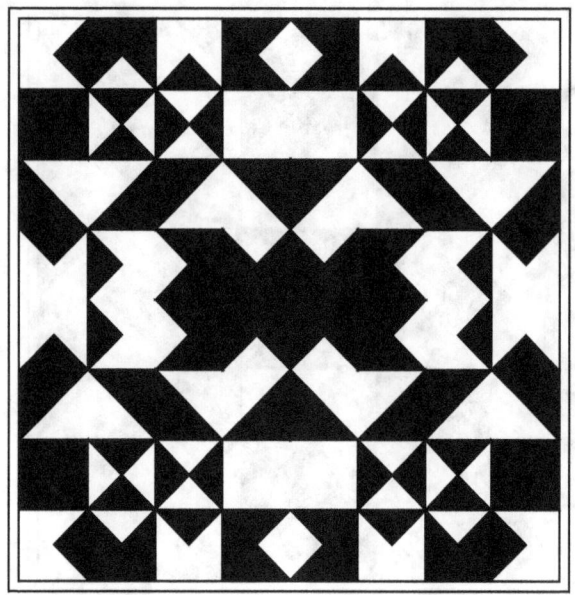

5	14	3	12
16	11	6	1
4	7	10	13
9	2	15	8

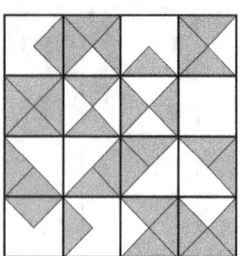

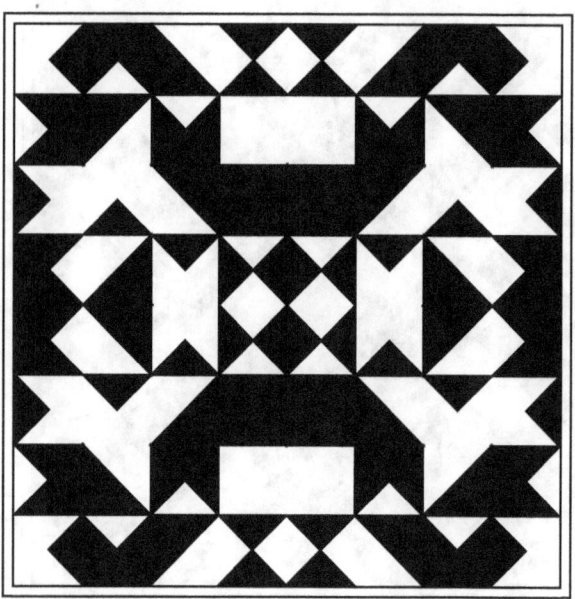

5	14	4	11
15	10	8	1
2	3	13	16
12	7	9	6

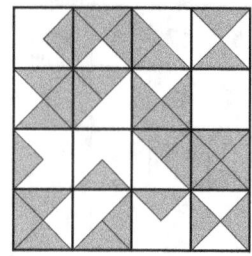

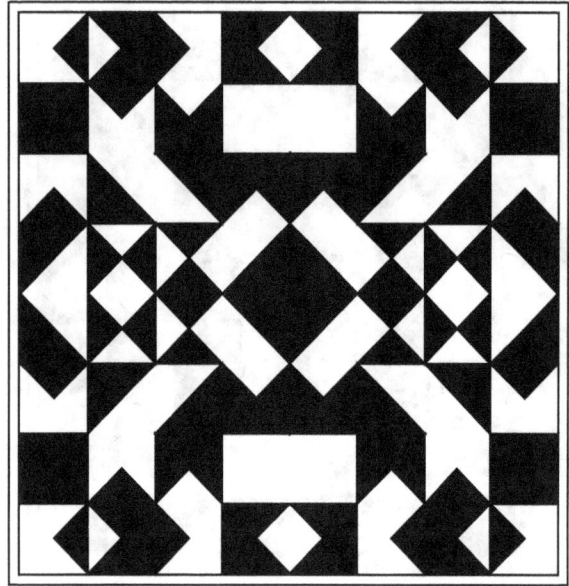

5	15	2	12
16	9	8	1
3	4	13	14
10	6	11	7

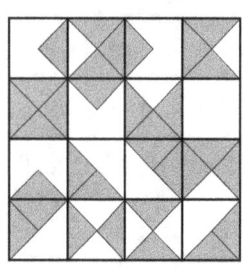

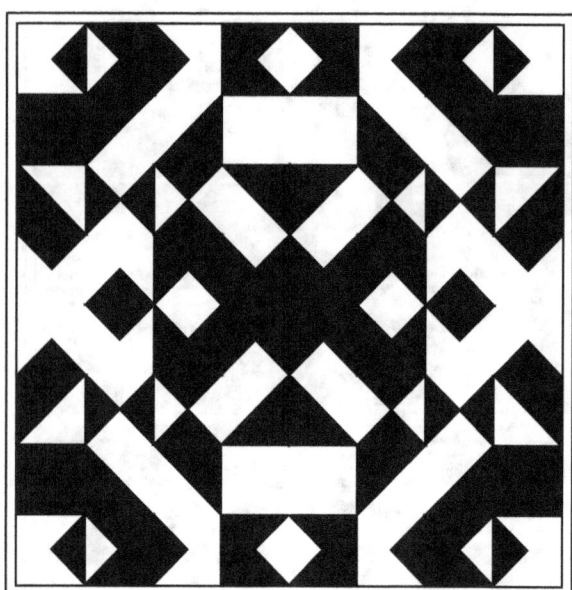

5	15	2	12
16	10	7	1
4	6	11	13
9	3	14	8

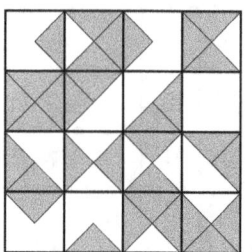

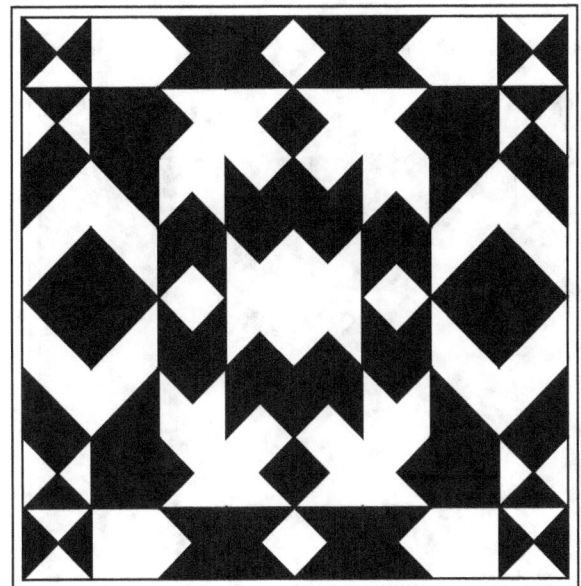

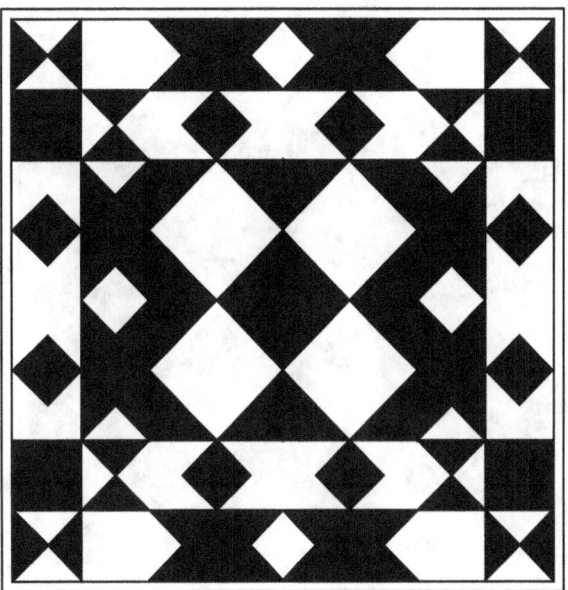

6	1	15	12
11	16	2	5
10	13	3	8
7	4	14	9

6	1	15	12
16	11	5	2
3	8	10	13
9	14	4	7

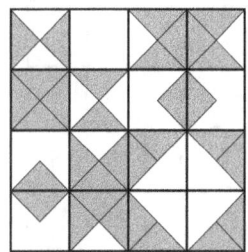

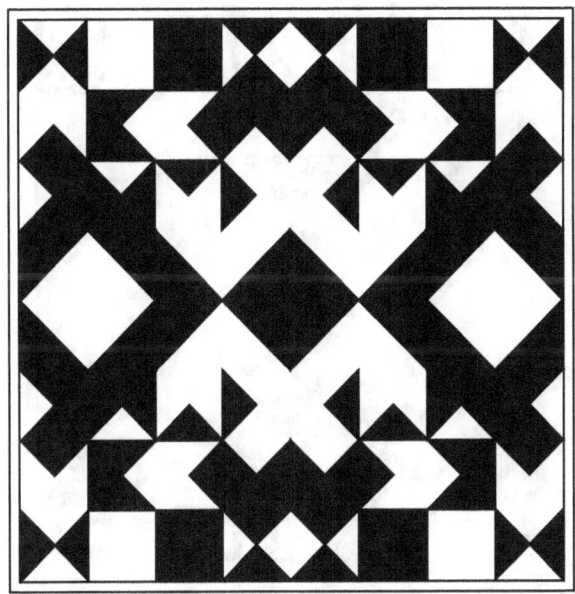

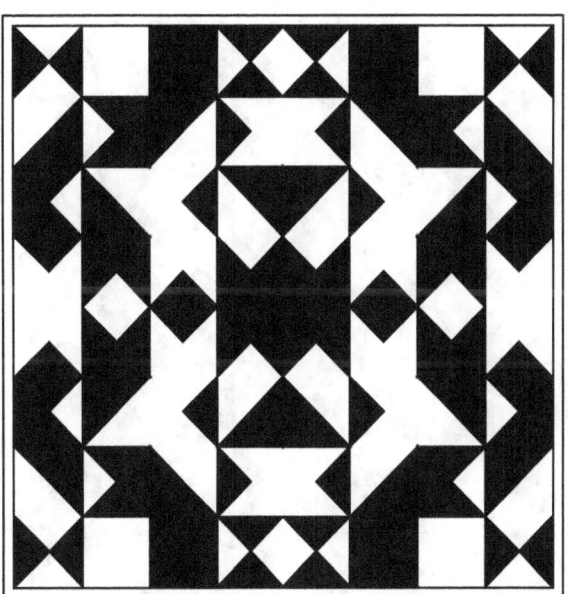

6	1	16	11
3	12	5	14
15	8	9	2
10	13	4	7

6	1	16	11
7	15	10	2
12	4	5	13
9	14	3	8

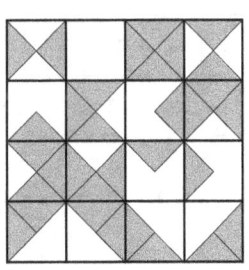

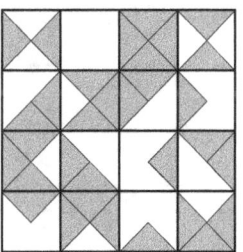

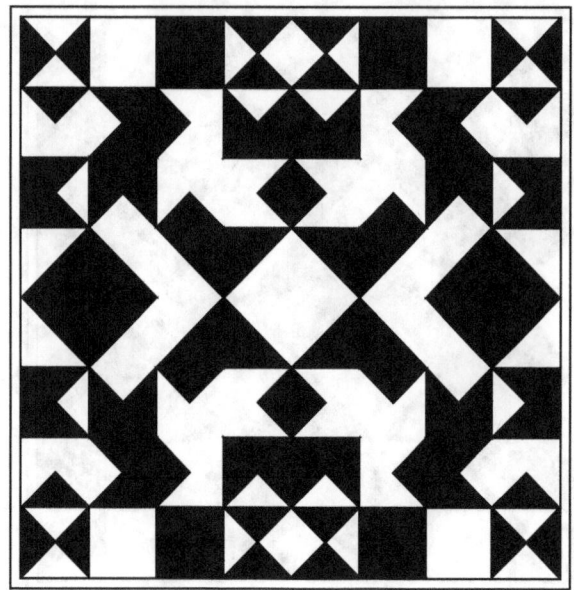

6	1	16	11
9	15	2	8
12	14	3	5
7	4	13	10

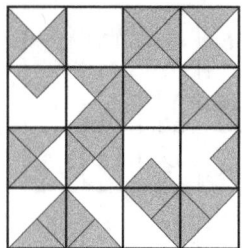

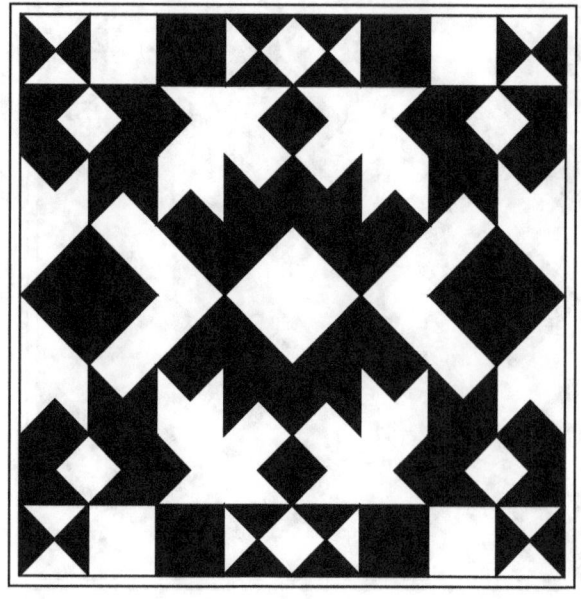

6	1	16	11
12	15	2	5
9	14	3	8
7	4	13	10

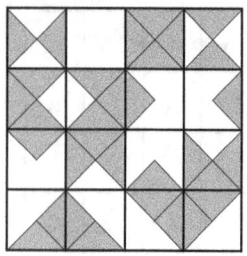

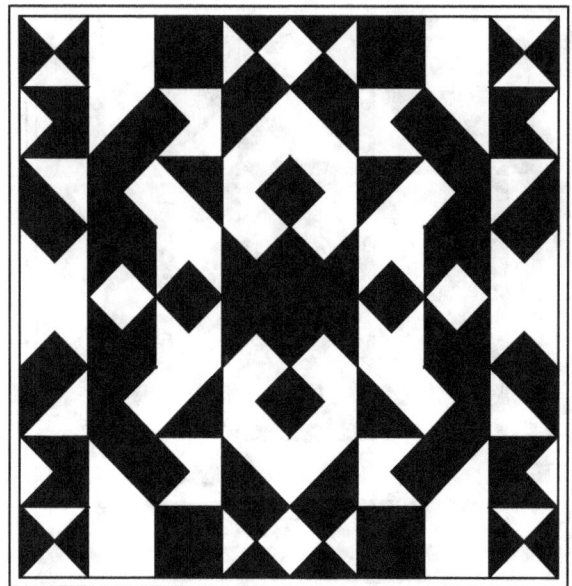

6	1	16	11
15	7	2	10
4	12	13	5
9	14	3	8

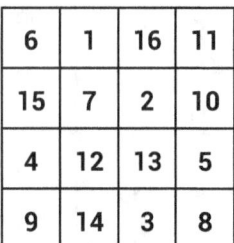
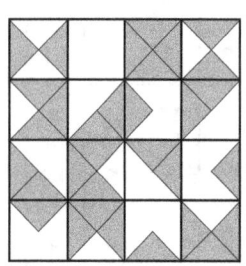

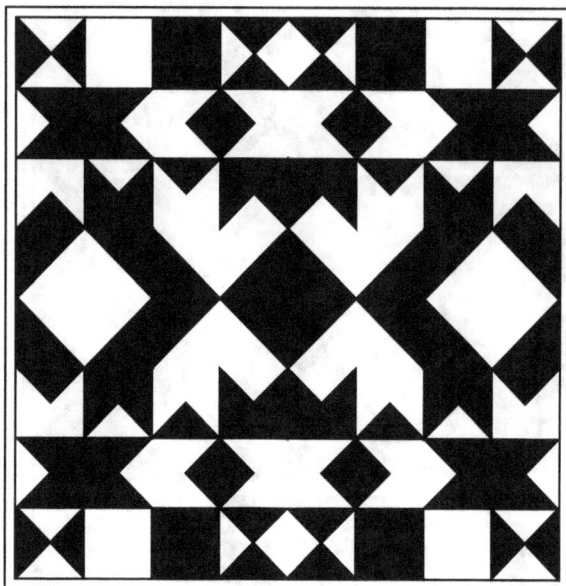

6	1	16	11
15	12	5	2
3	8	9	14
10	13	4	7

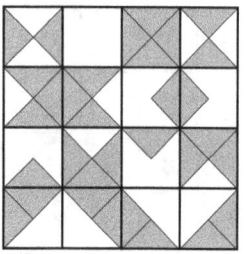

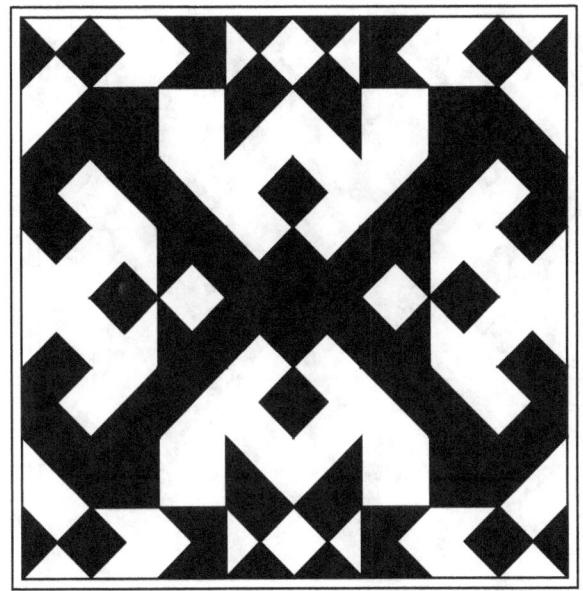

6	2	15	11
7	16	1	10
12	13	4	5
9	3	14	8

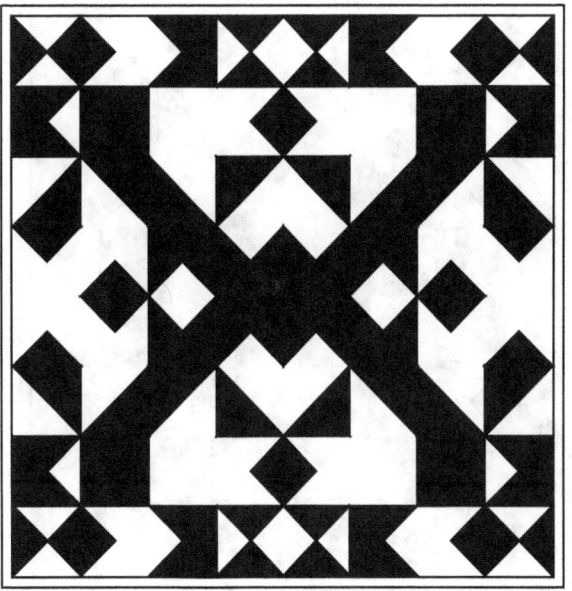

6	2	15	11
12	16	1	5
7	13	4	10
9	3	14	8

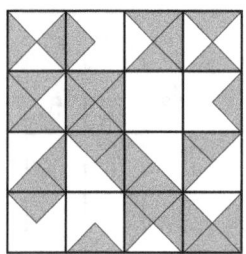

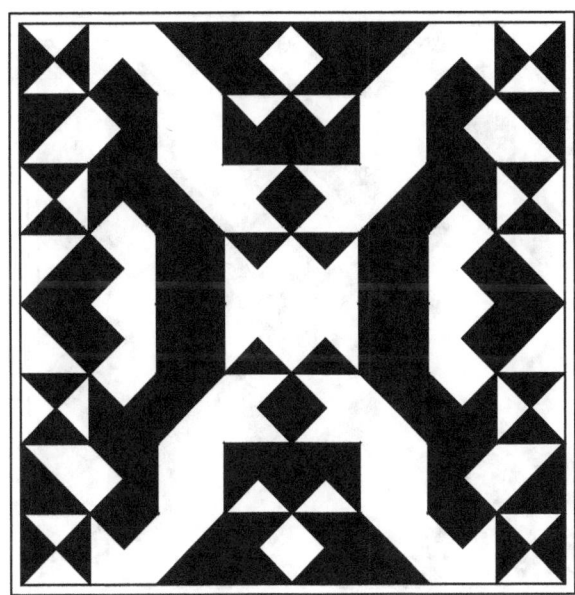

6	3	13	12
10	15	1	8
11	14	4	5
7	2	16	9

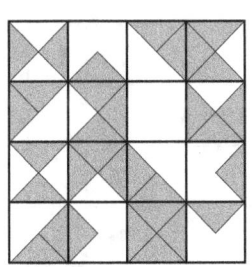

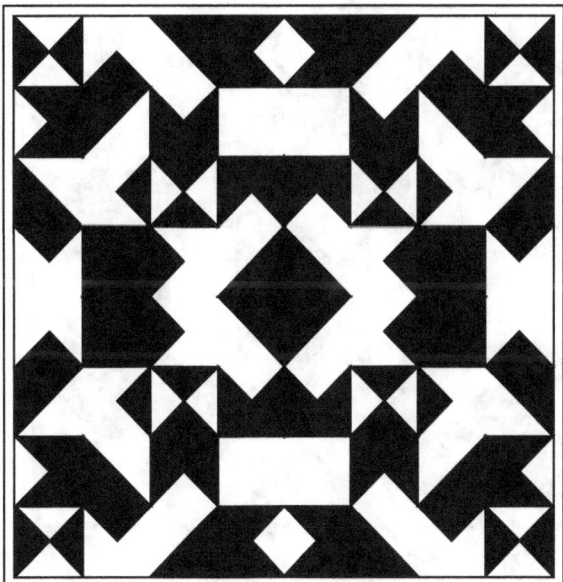

6	3	13	12
15	10	8	1
4	5	11	14
9	16	2	7

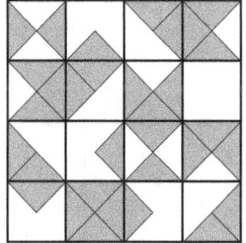

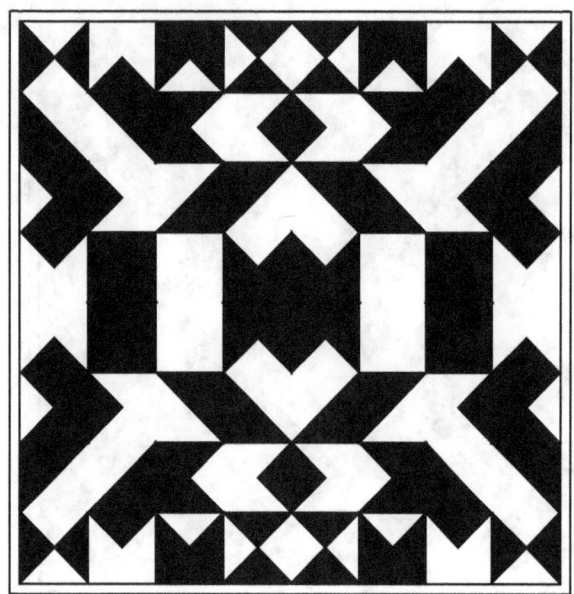

6	3	14	11
4	13	12	5
15	2	7	10
9	16	1	8

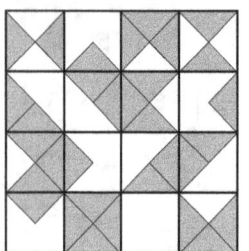

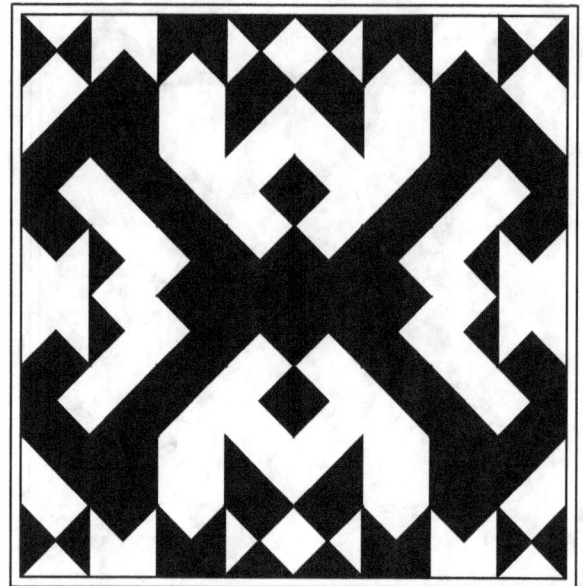

6	3	14	11
7	16	1	10
12	13	4	5
9	2	15	8

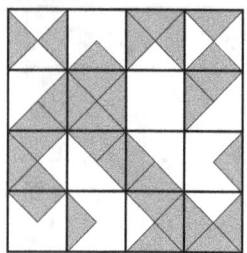

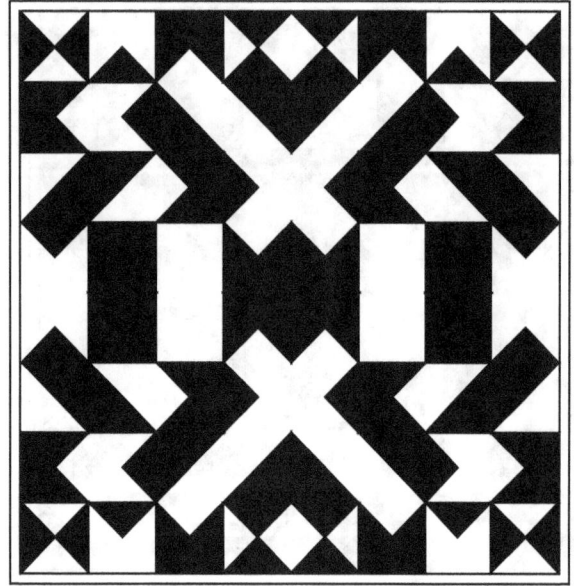

6	3	14	11
12	5	4	13
7	10	15	2
9	16	1	8

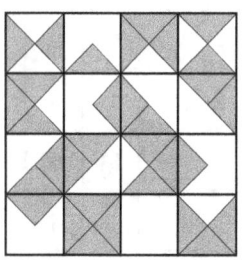

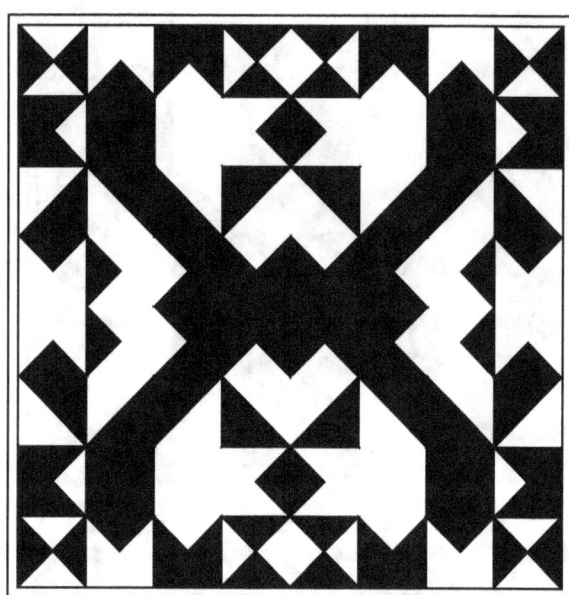

6	3	14	11
12	16	1	5
7	13	4	10
9	2	15	8

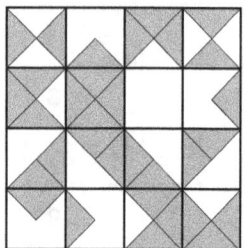

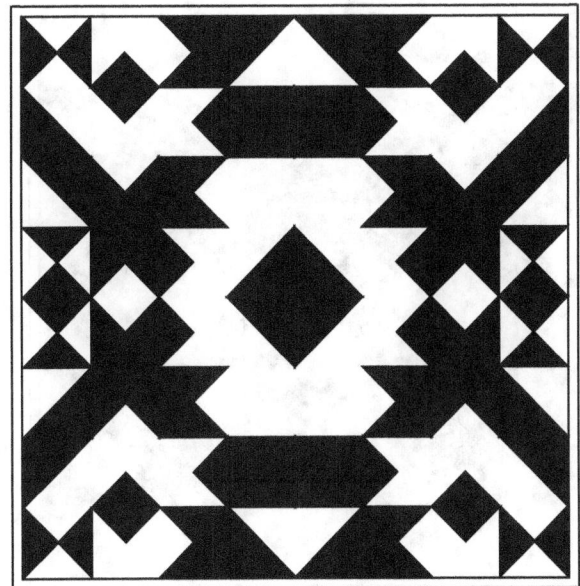

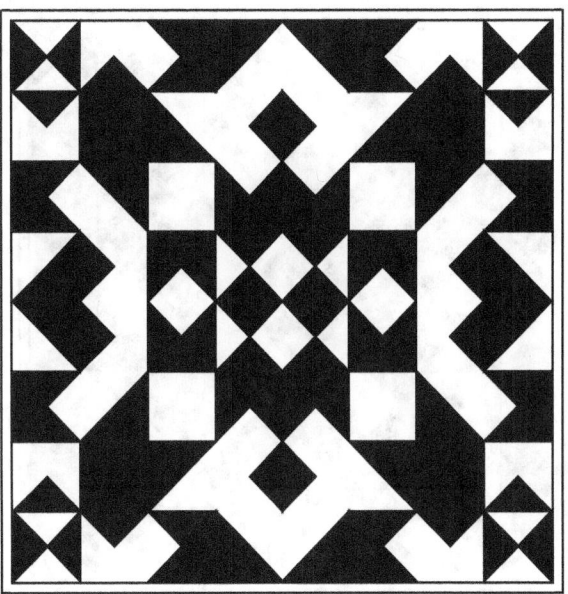

6	3	15	10
4	9	5	16
13	8	12	1
11	14	2	7

6	3	15	10
9	16	4	5
12	13	1	8
7	2	14	11

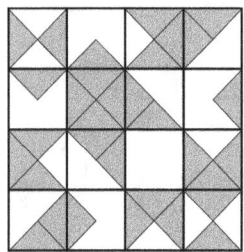

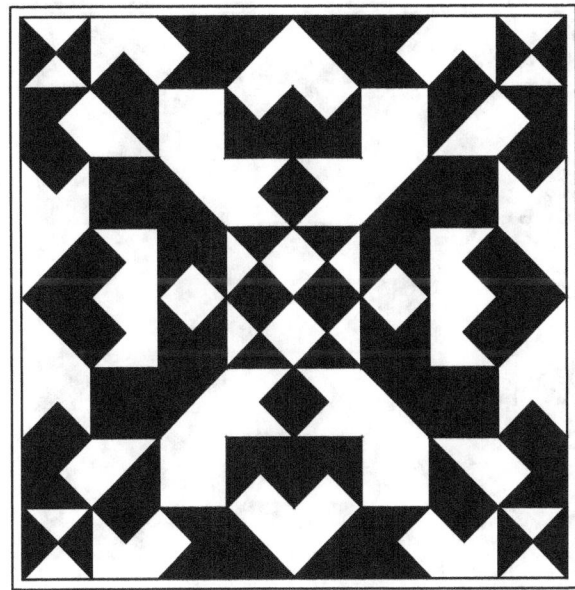

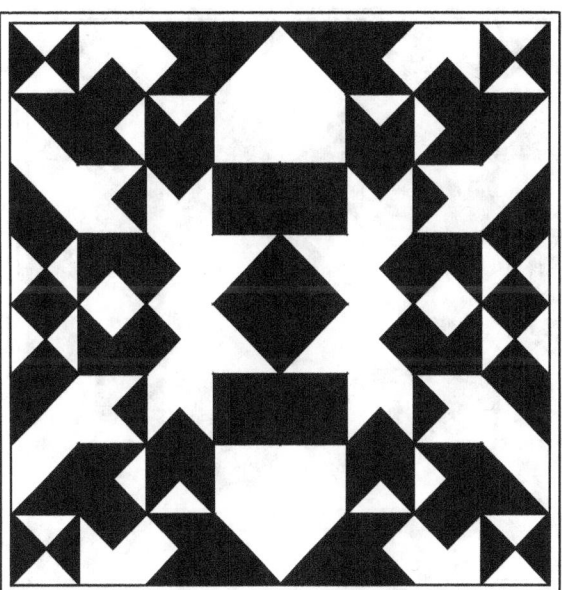

6	3	15	10
12	13	1	8
9	16	4	5
7	2	14	11

6	3	15	10
13	12	8	1
4	5	9	16
11	14	2	7

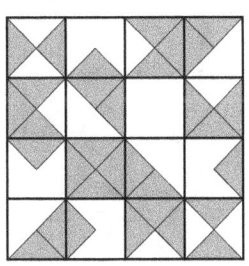

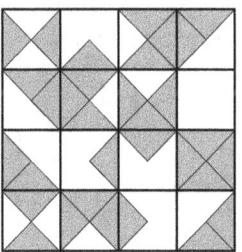

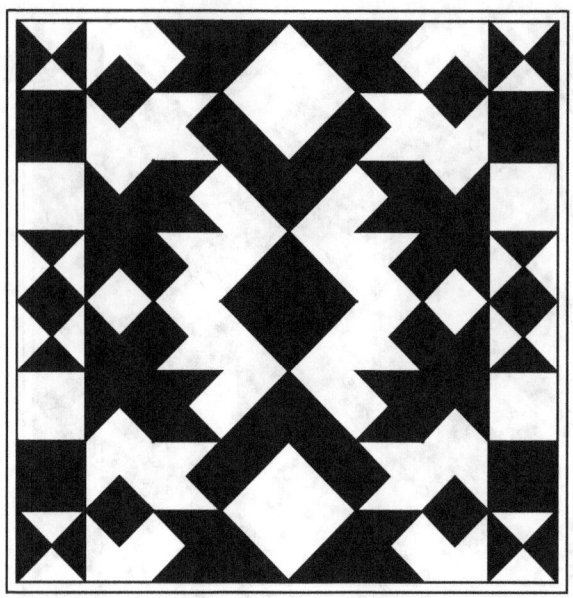

6	3	15	10
16	9	5	4
1	8	12	13
11	14	2	7

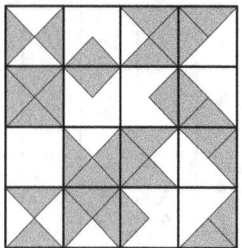

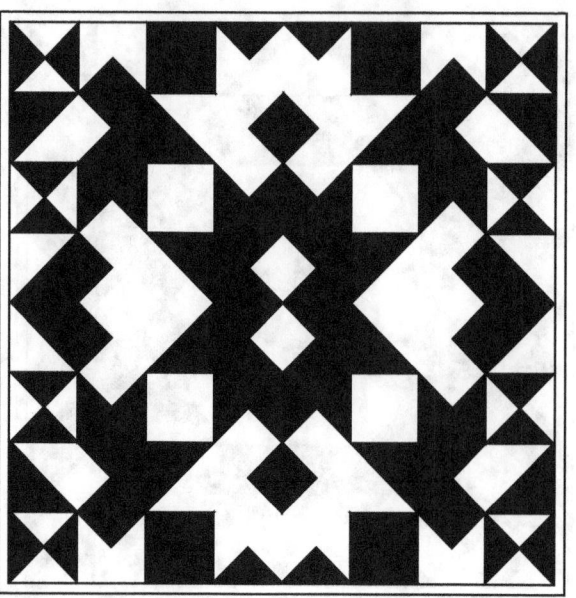

6	3	16	9
10	15	4	5
11	14	1	8
7	2	13	12

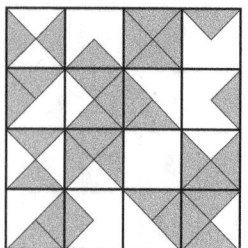

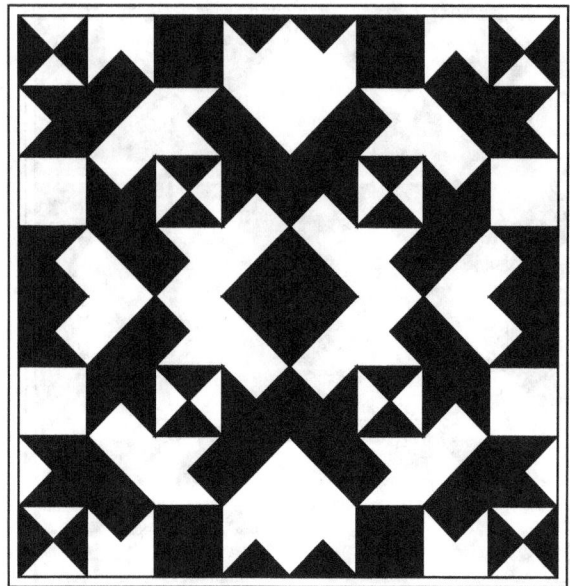

6	3	16	9
15	10	5	4
1	8	11	14
12	13	2	7

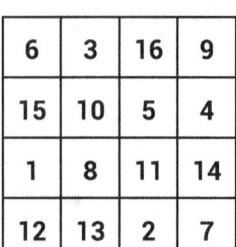
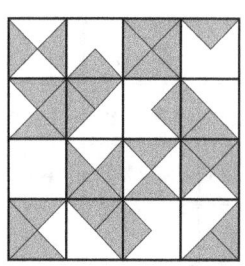

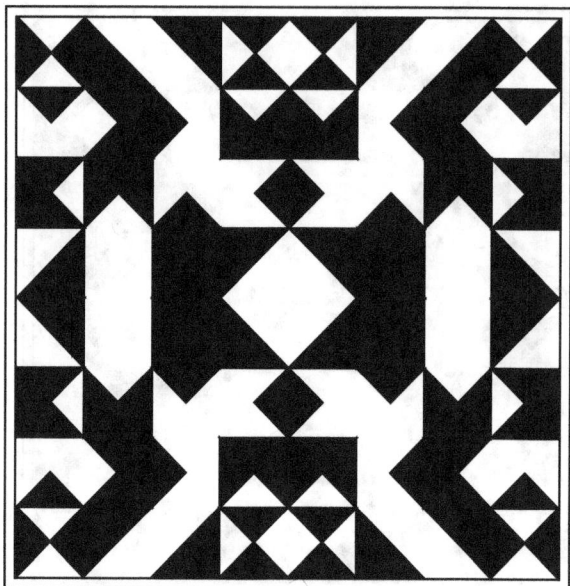

6	4	13	11
9	15	2	8
12	14	3	5
7	1	16	10

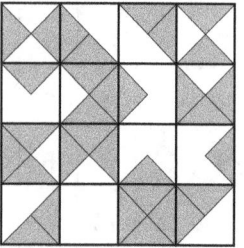

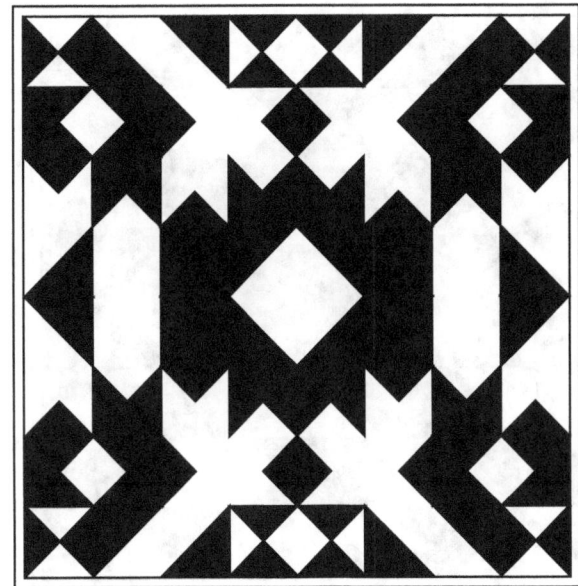

6	4	13	11
12	15	2	5
9	14	3	8
7	1	16	10

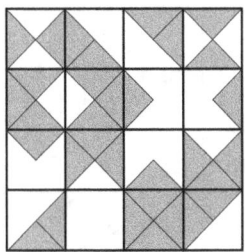

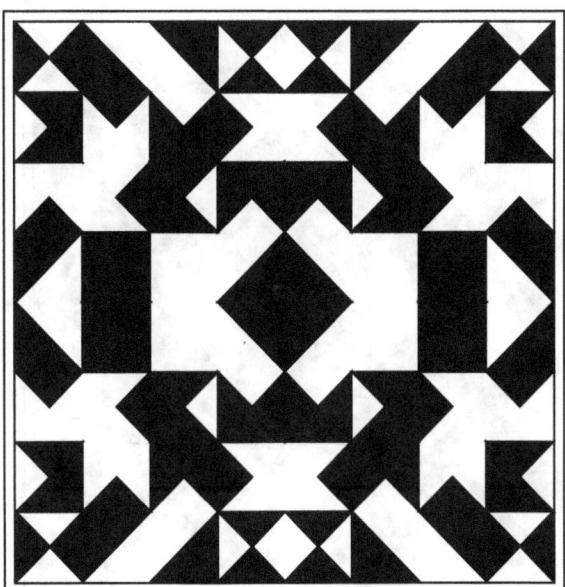

6	4	13	11
15	9	8	2
3	5	12	14
10	16	1	7

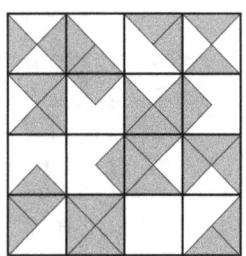

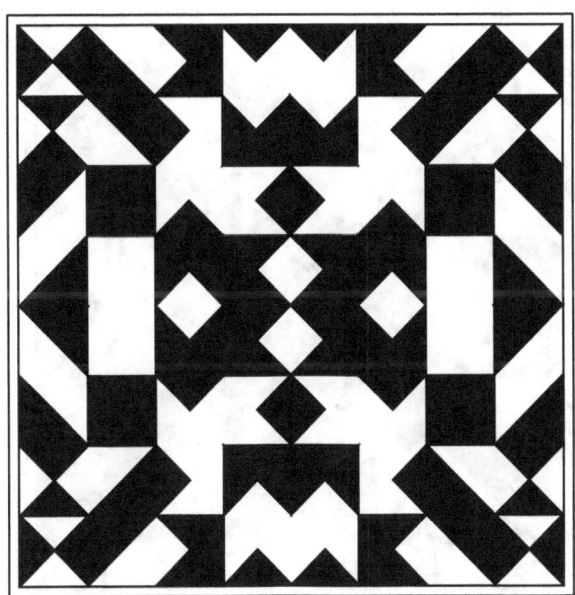

6	4	15	9
11	13	2	8
10	16	3	5
7	1	14	12

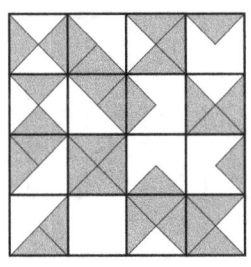

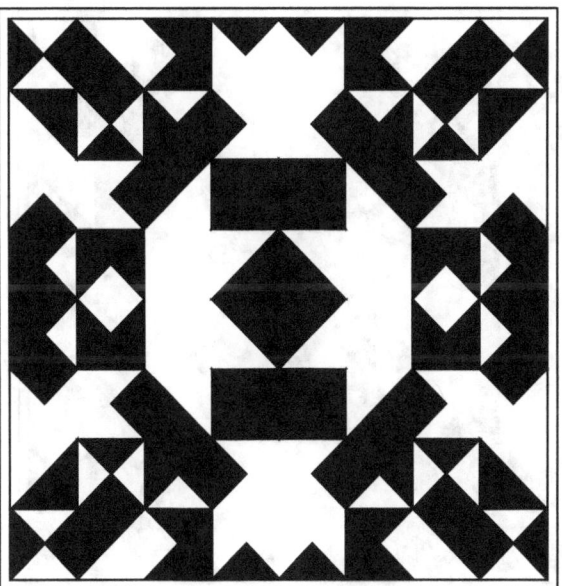

6	4	15	9
13	11	8	2
3	5	10	16
12	14	1	7

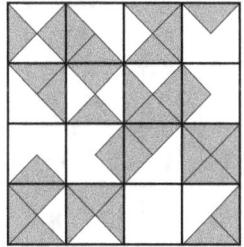

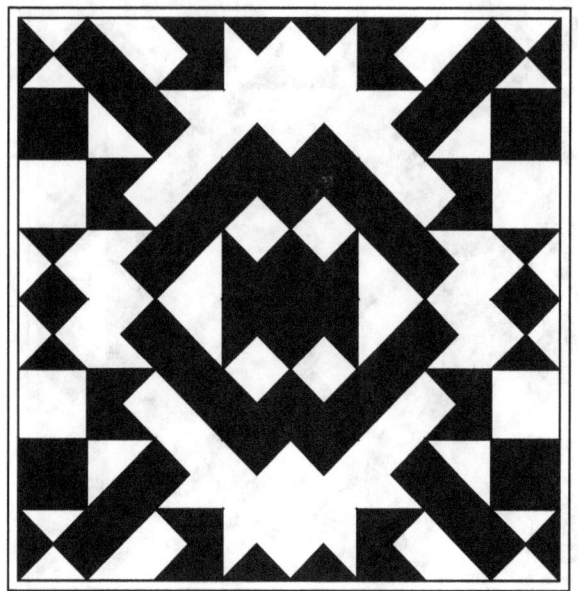

6	4	15	9
16	13	2	3
1	12	7	14
11	5	10	8

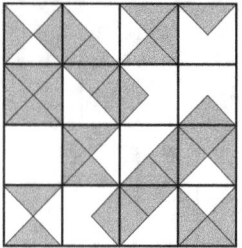

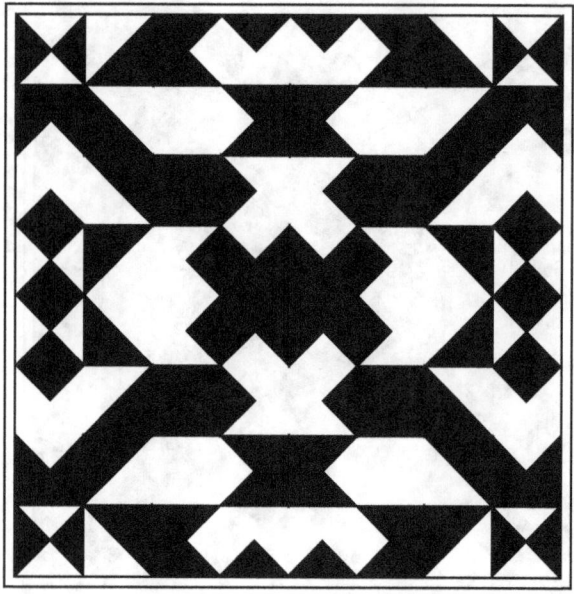

6	7	12	9
14	4	1	15
3	13	16	2
11	10	5	8

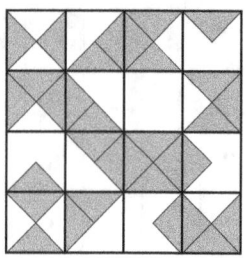

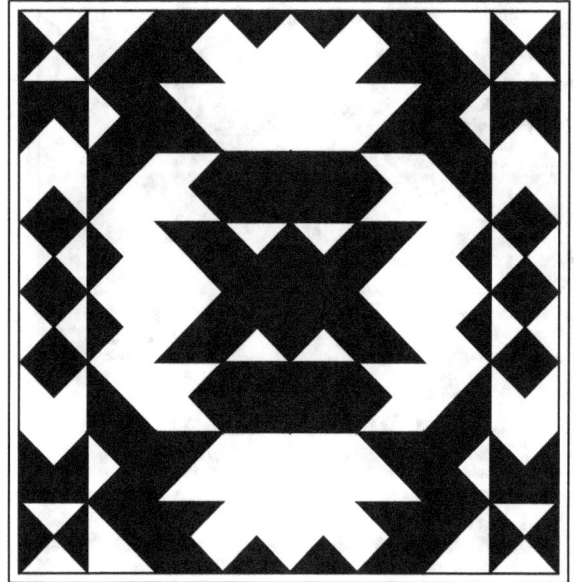

6	7	12	9
14	15	4	1
3	10	5	16
11	2	13	8

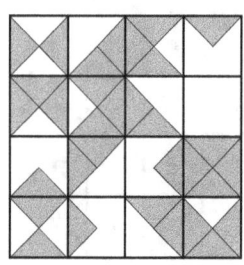

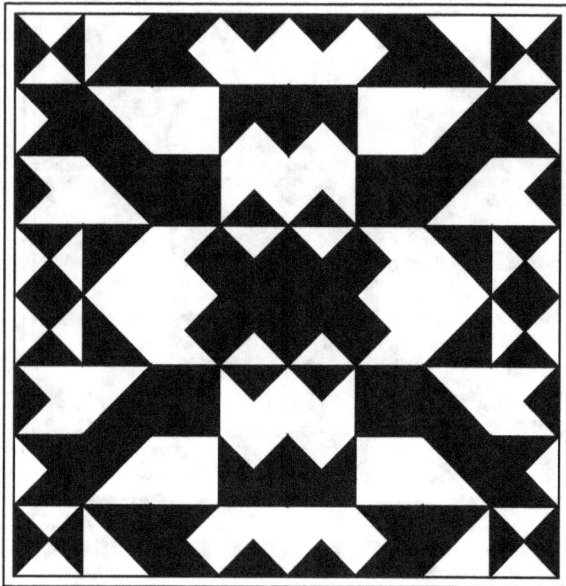

6	7	12	9
15	4	1	14
2	13	16	3
11	10	5	8

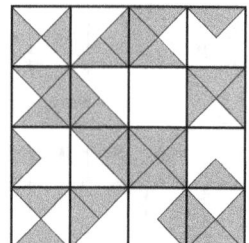

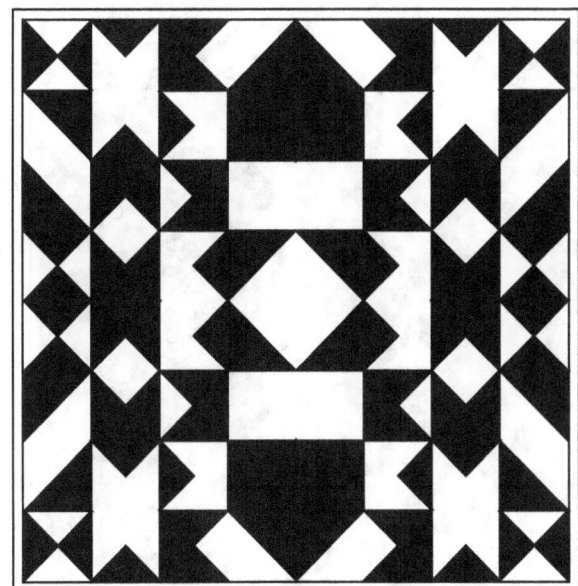

6	9	12	7
13	3	2	16
4	14	15	1
11	8	5	10

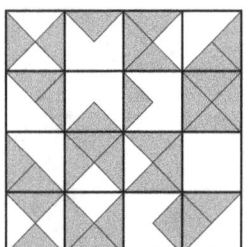

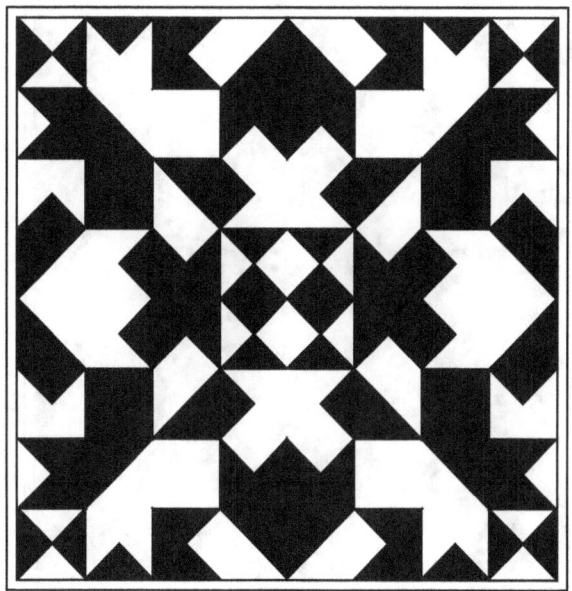

6	9	12	7
15	4	1	14
3	16	13	2
10	5	8	11

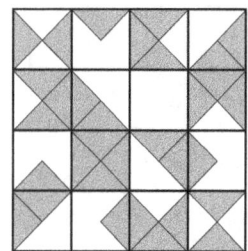

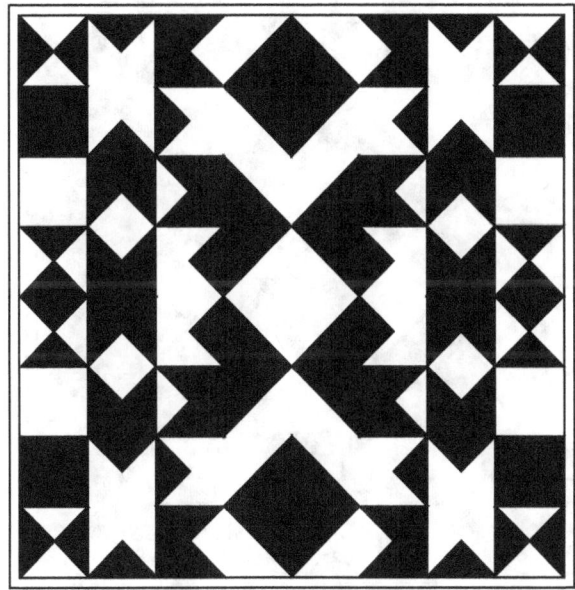

6	9	12	7
16	3	2	13
1	14	15	4
11	8	5	10

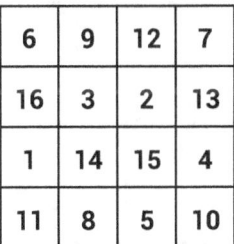

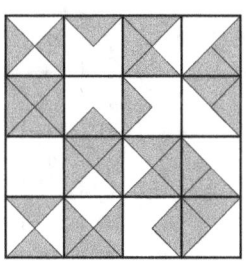

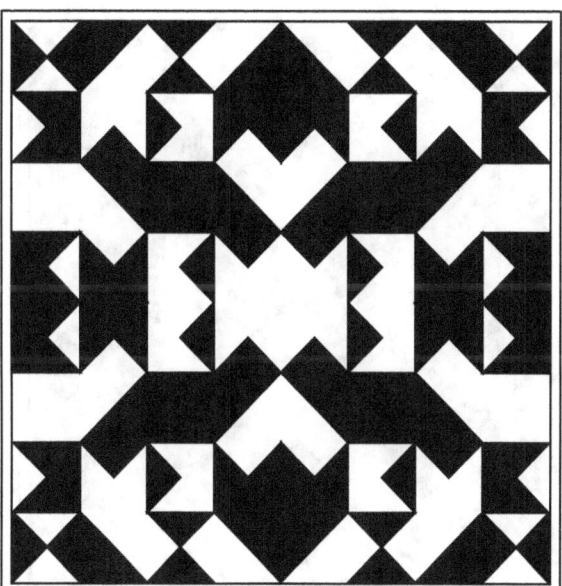

6	10	11	7
15	3	2	14
1	13	16	4
12	8	5	9

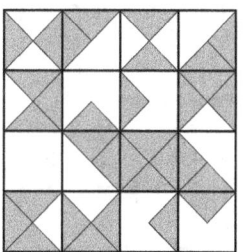

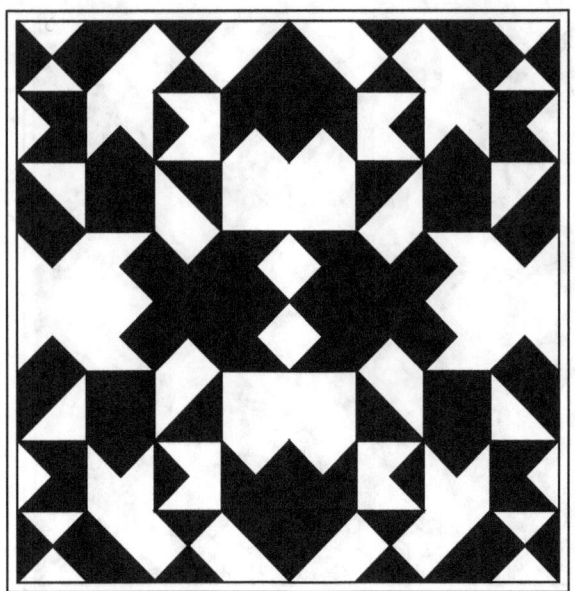

6	10	11	7
15	3	2	14
4	16	13	1
9	5	8	12

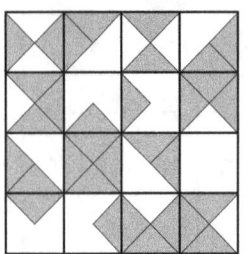

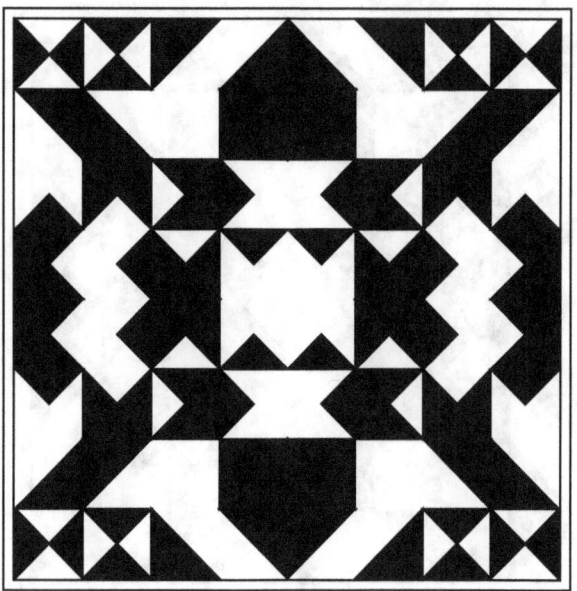

6	11	10	7
13	4	1	16
3	14	15	2
12	5	8	9

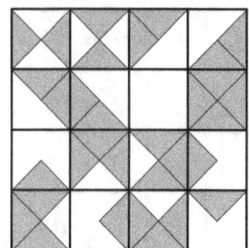

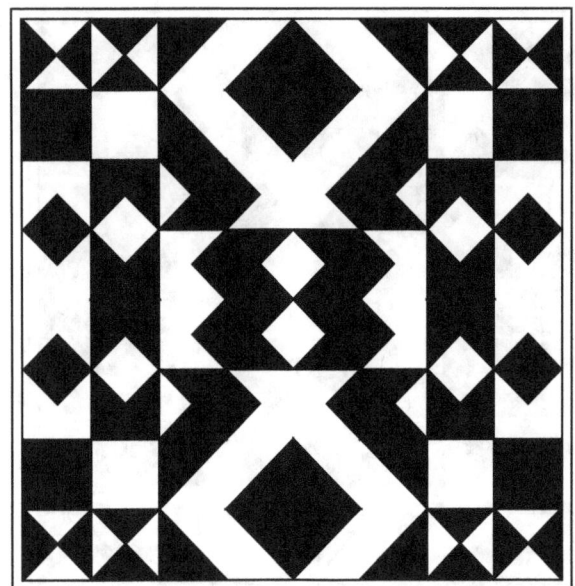

6	11	10	7
16	1	4	13
3	14	15	2
9	8	5	12

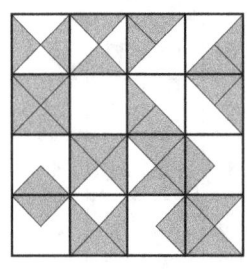

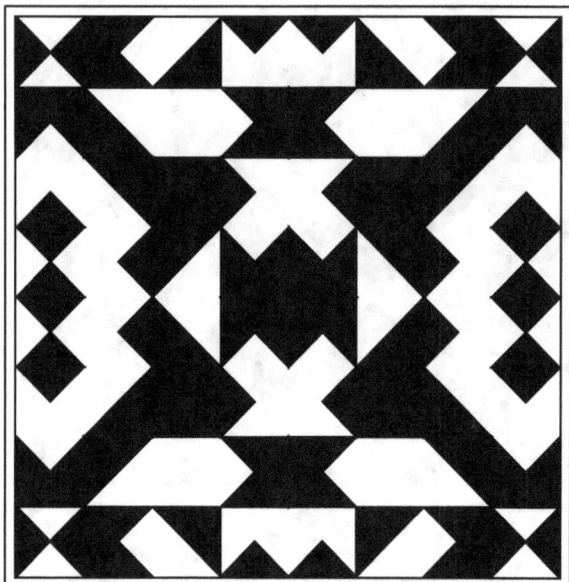

6	12	7	9
14	4	1	15
3	13	16	2
11	5	10	8

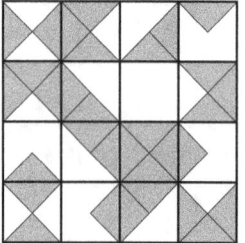

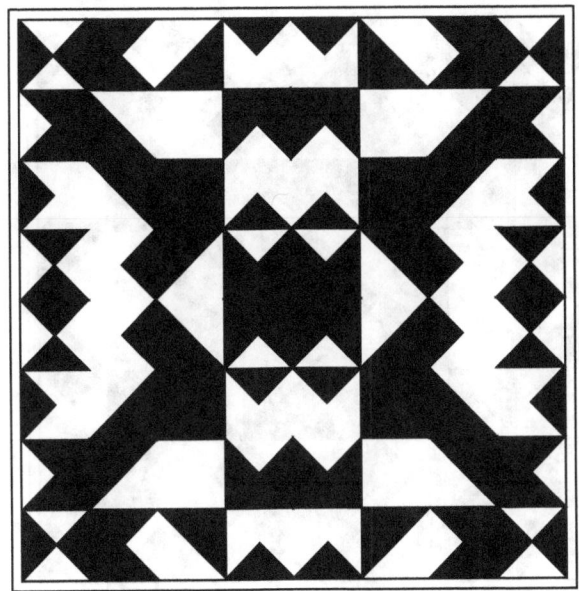

6	12	7	9
15	4	1	14
2	13	16	3
11	5	10	8

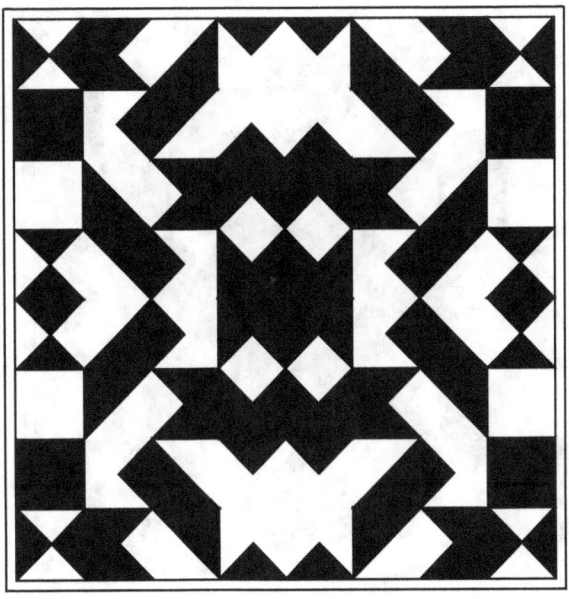

6	12	7	9
16	5	10	3
1	4	15	14
11	13	2	8

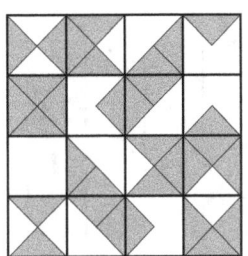

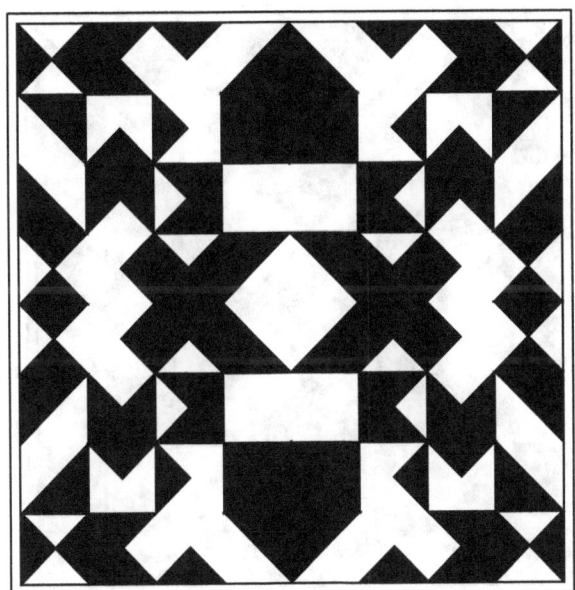

6	12	9	7
13	3	2	16
4	14	15	1
11	5	8	10

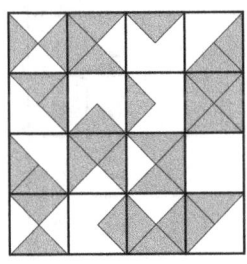

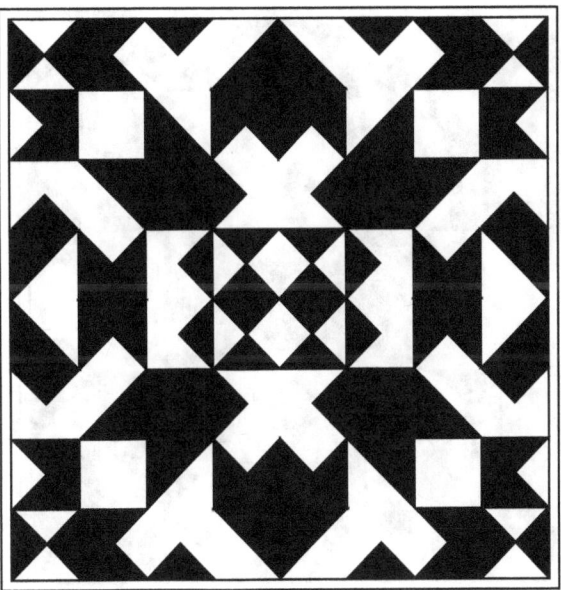

6	12	9	7
15	1	4	14
3	13	16	2
10	8	5	11

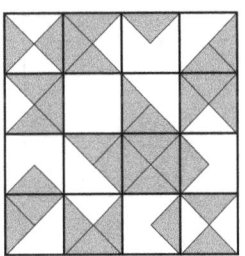

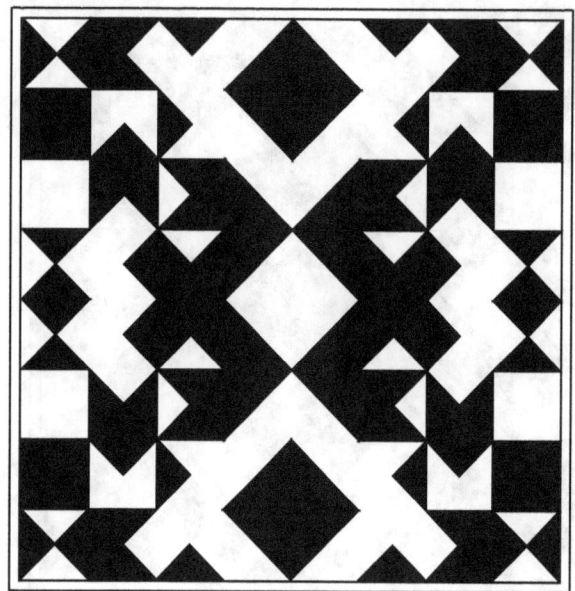

6	12	9	7
16	3	2	13
1	14	15	4
11	5	8	10

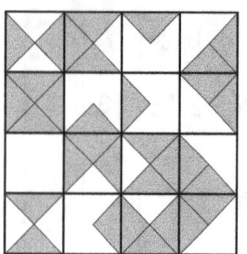

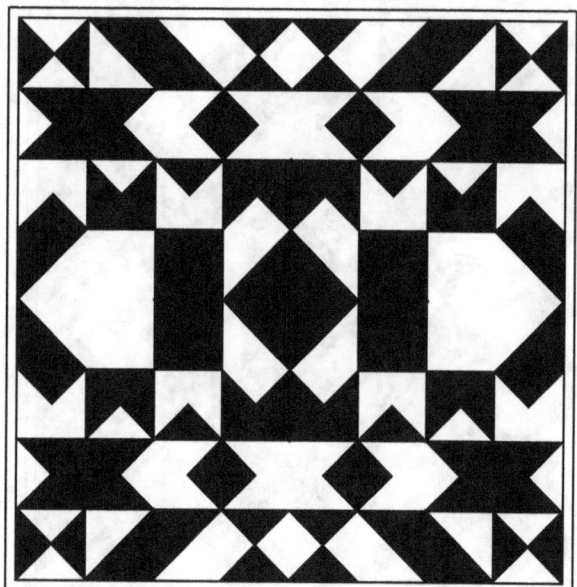

6	13	4	11
15	12	5	2
3	8	9	14
10	1	16	7

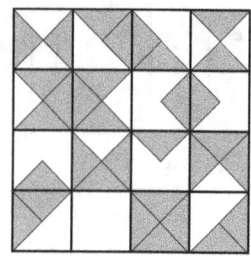

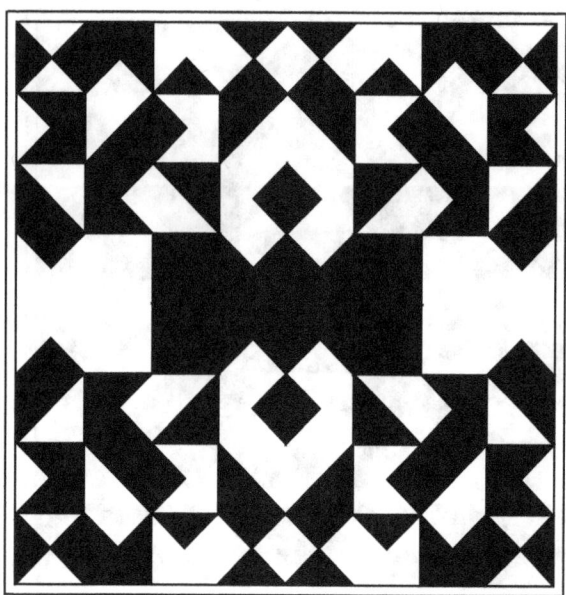

6	14	3	11
15	7	2	10
4	12	13	5
9	1	16	8

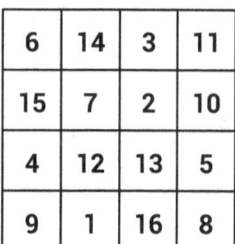
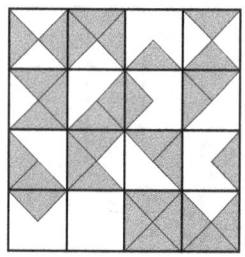

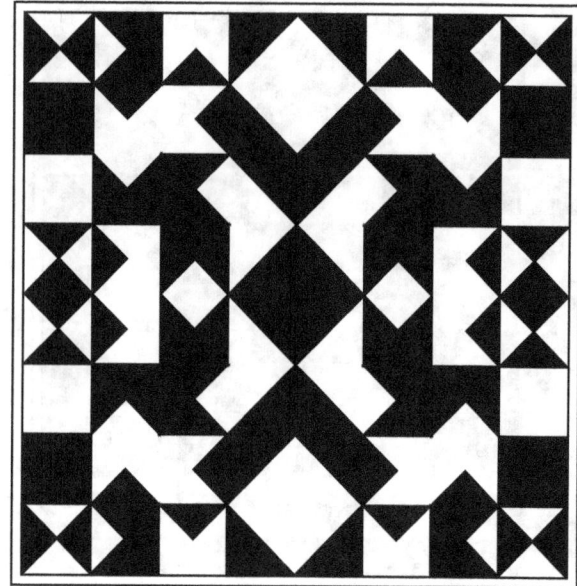

6	15	3	10
16	9	5	4
1	8	12	13
11	2	14	7

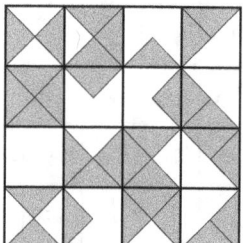

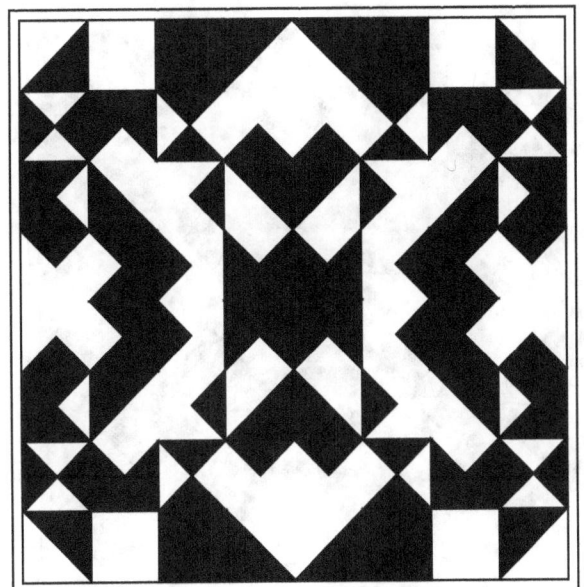

7	1	16	10
6	14	11	3
12	4	5	13
9	15	2	8

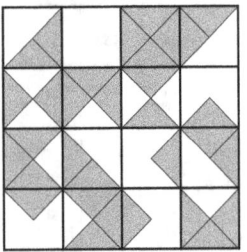

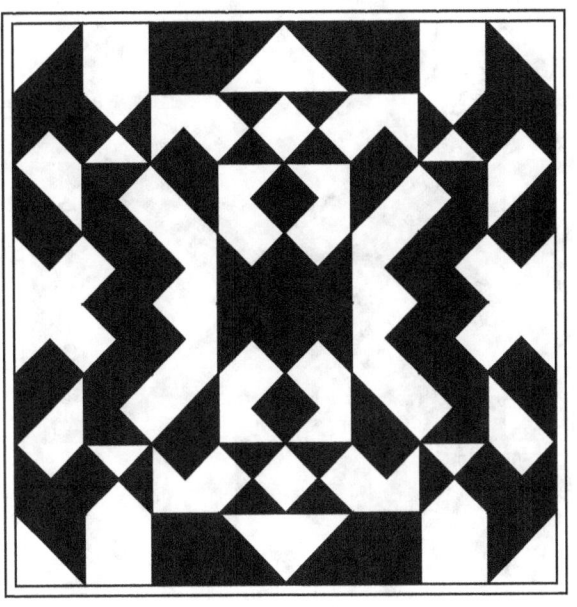

7	1	16	10
14	6	3	11
4	12	13	5
9	15	2	8

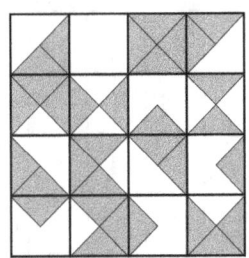

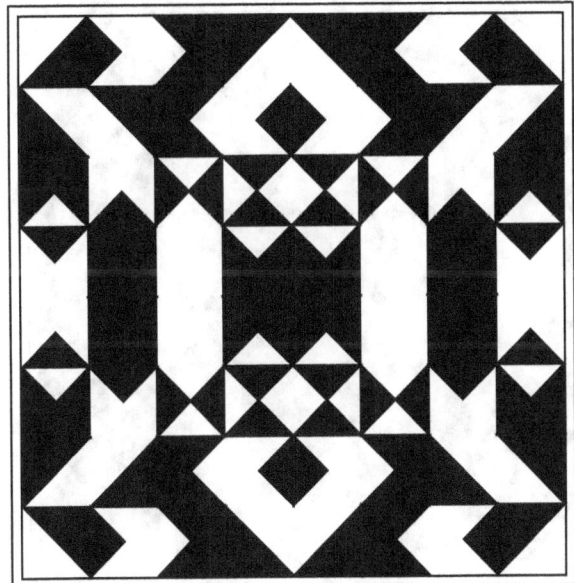

7	2	15	10
4	13	12	5
14	3	6	11
9	16	1	8

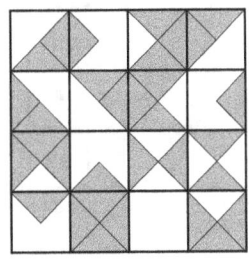

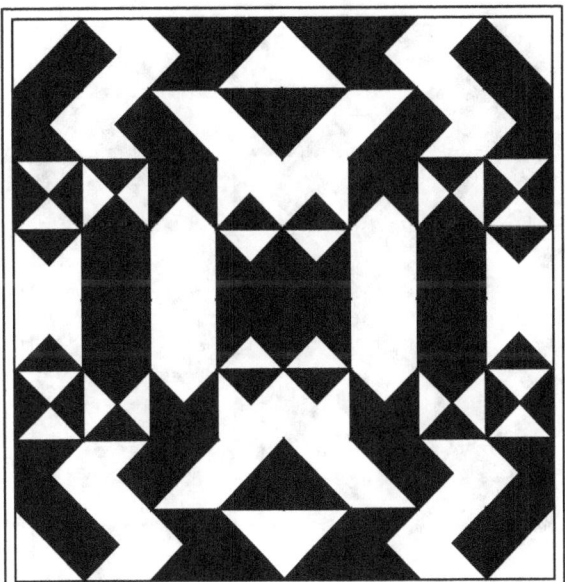

7	2	15	10
12	5	4	13
6	11	14	3
9	16	1	8

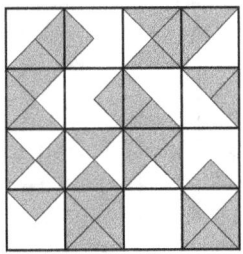

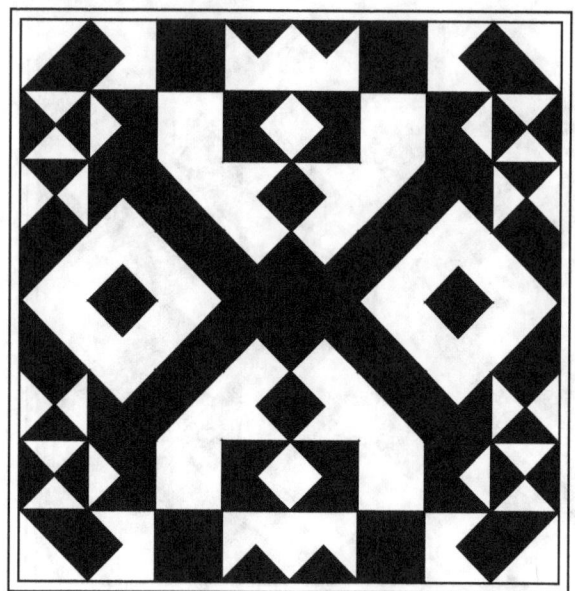

7	2	16	9
6	15	1	12
11	14	4	5
10	3	13	8

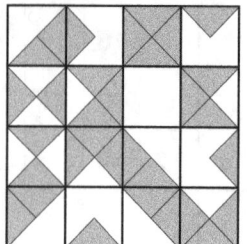

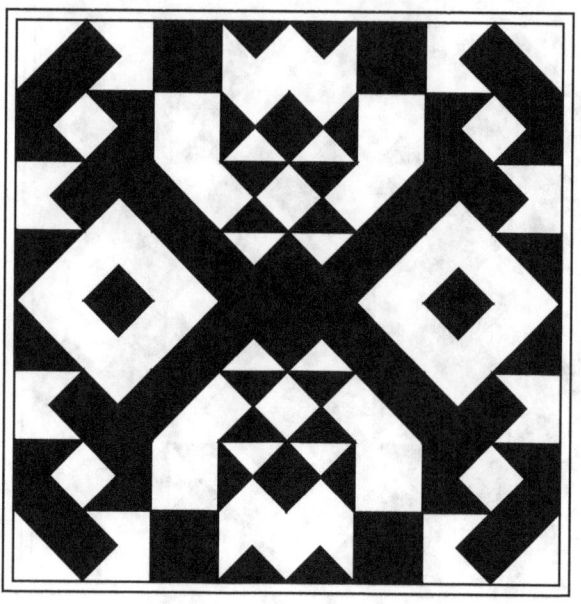

7	2	16	9
12	15	1	6
5	14	4	11
10	3	13	8

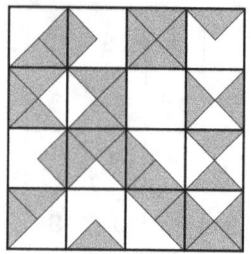

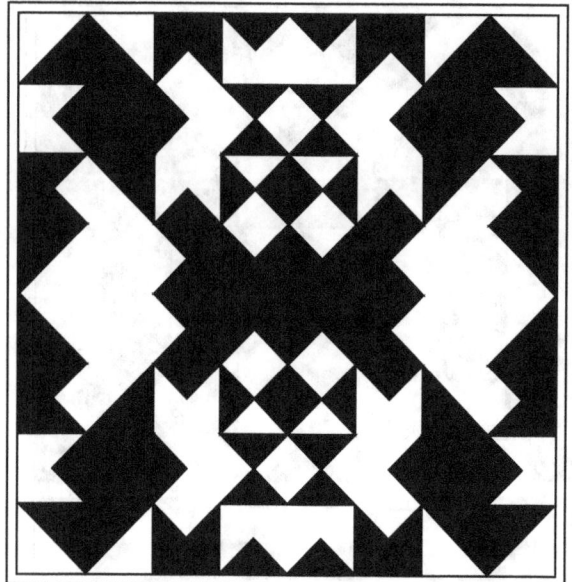

7	4	14	9
5	16	2	11
12	13	3	6
10	1	15	8

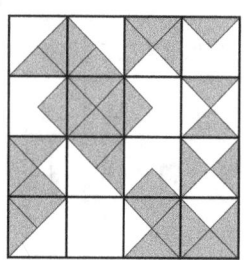

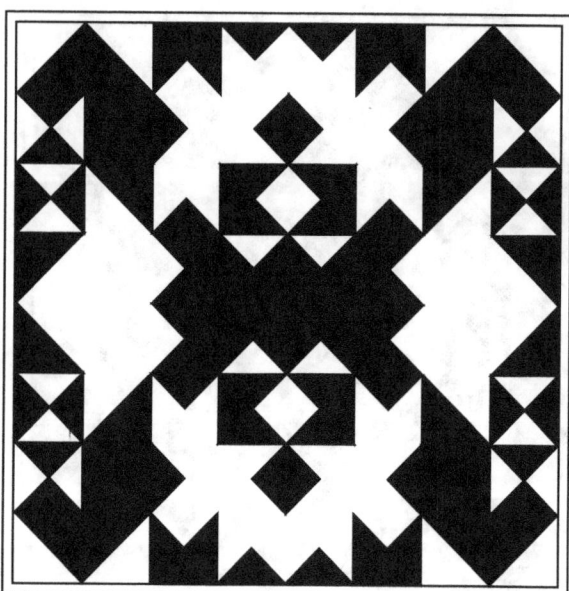

7	4	14	9
11	16	2	5
6	13	3	12
10	1	15	8

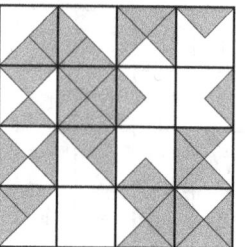

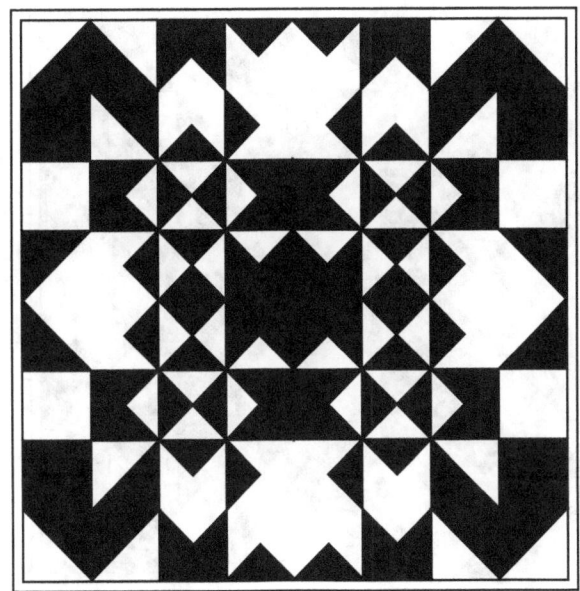

7	4	14	9
16	13	3	2
1	12	6	15
10	5	11	8

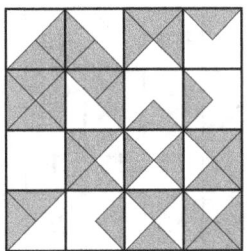

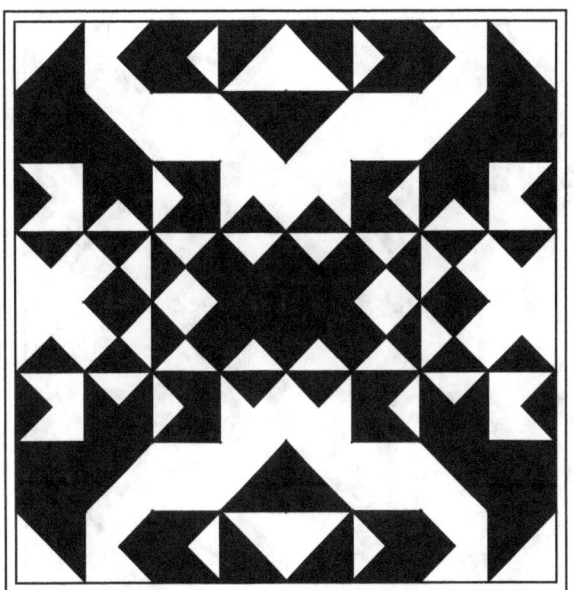

7	5	12	10
16	4	1	13
2	14	15	3
9	11	6	8

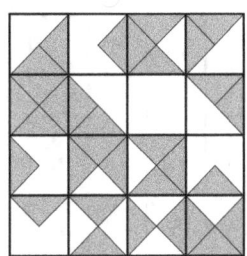

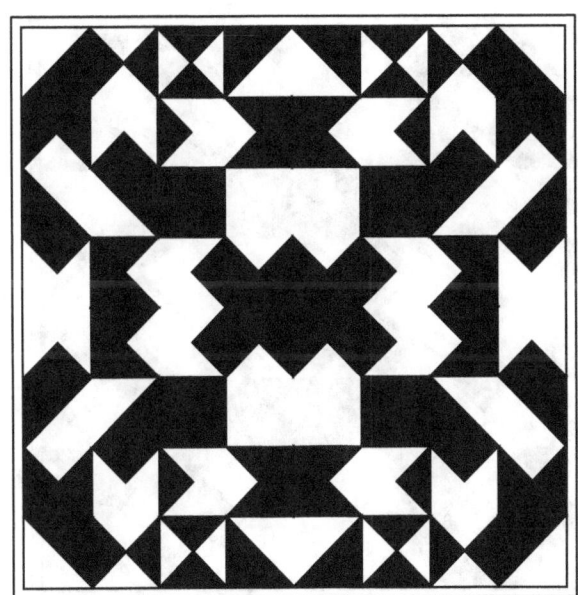

7	6	11	10
14	3	2	15
4	13	16	1
9	12	5	8

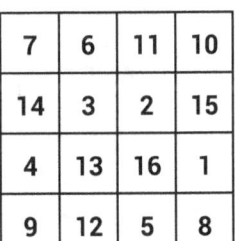
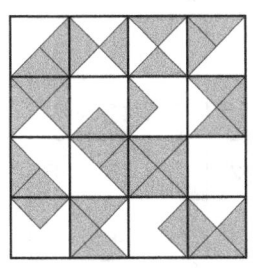

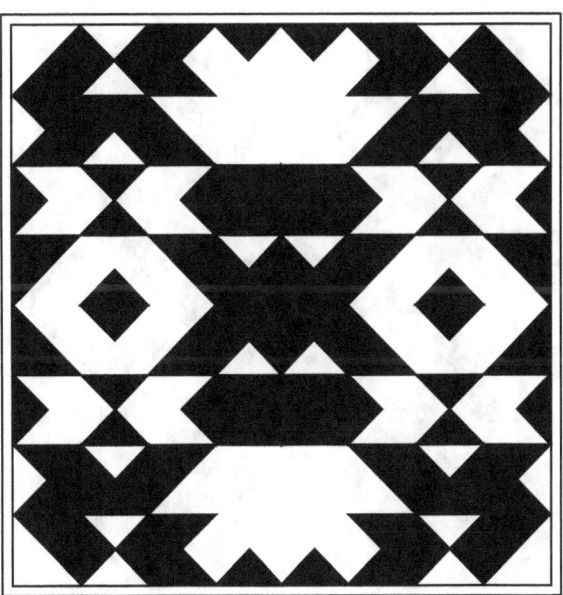

7	6	12	9
15	14	4	1
2	11	5	16
10	3	13	8

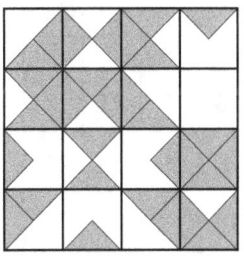

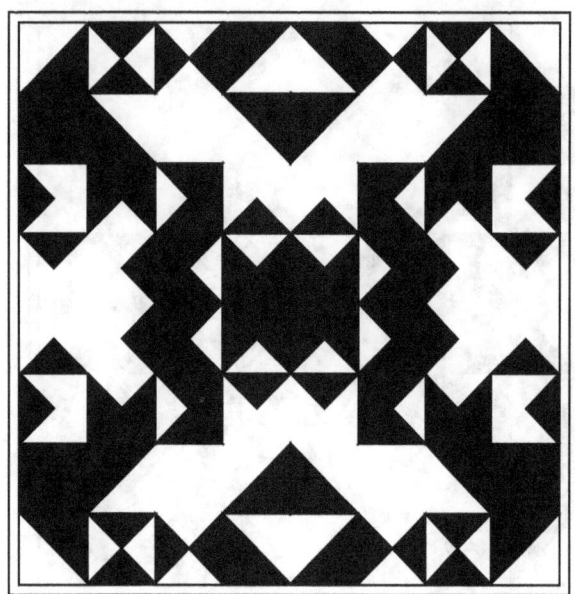

7	11	6	10
16	4	1	13
2	14	15	3
9	5	12	8

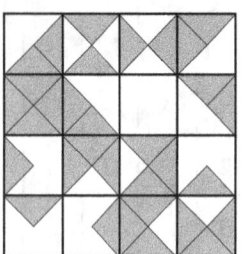

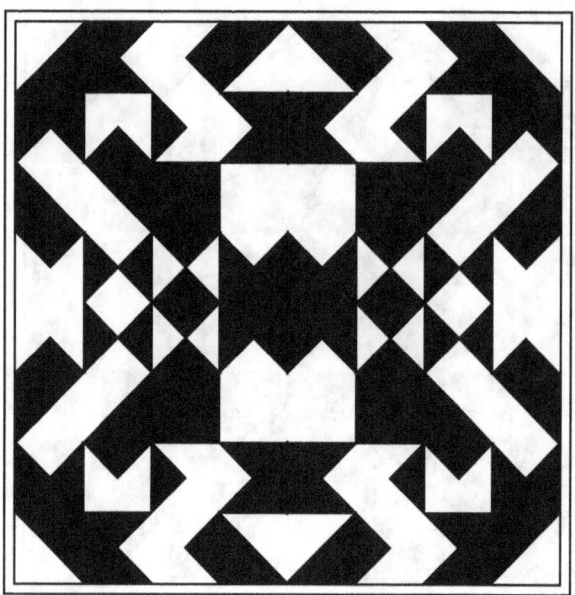

7	12	5	10
14	3	2	15
4	13	16	1
9	6	11	8

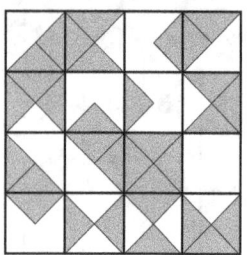

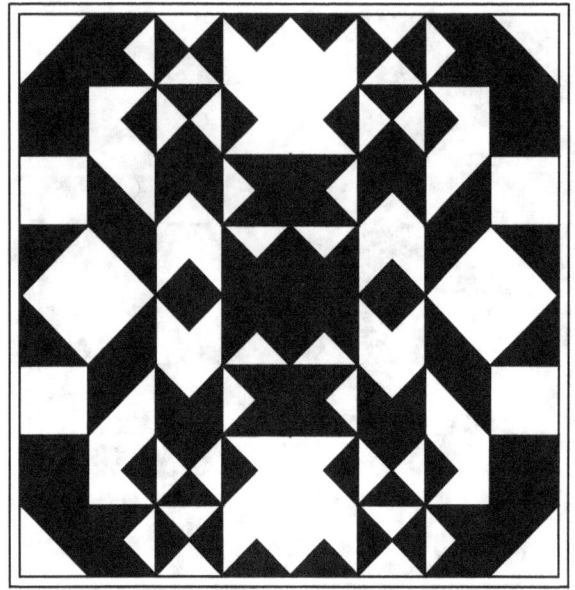

7	12	6	9
16	5	11	2
1	4	14	15
10	13	3	8

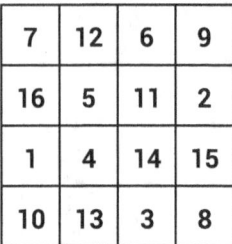
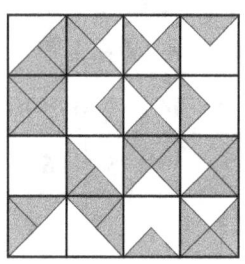

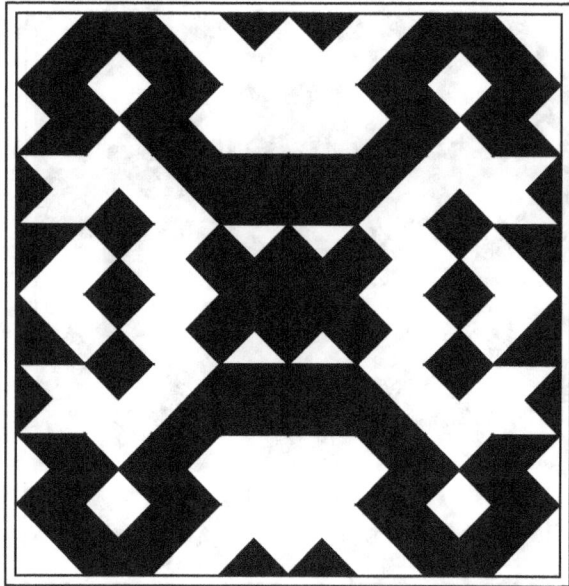

7	14	4	9
15	6	12	1
2	3	13	16
10	11	5	8

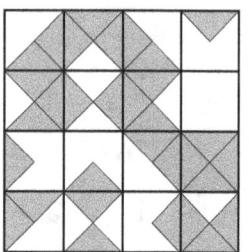

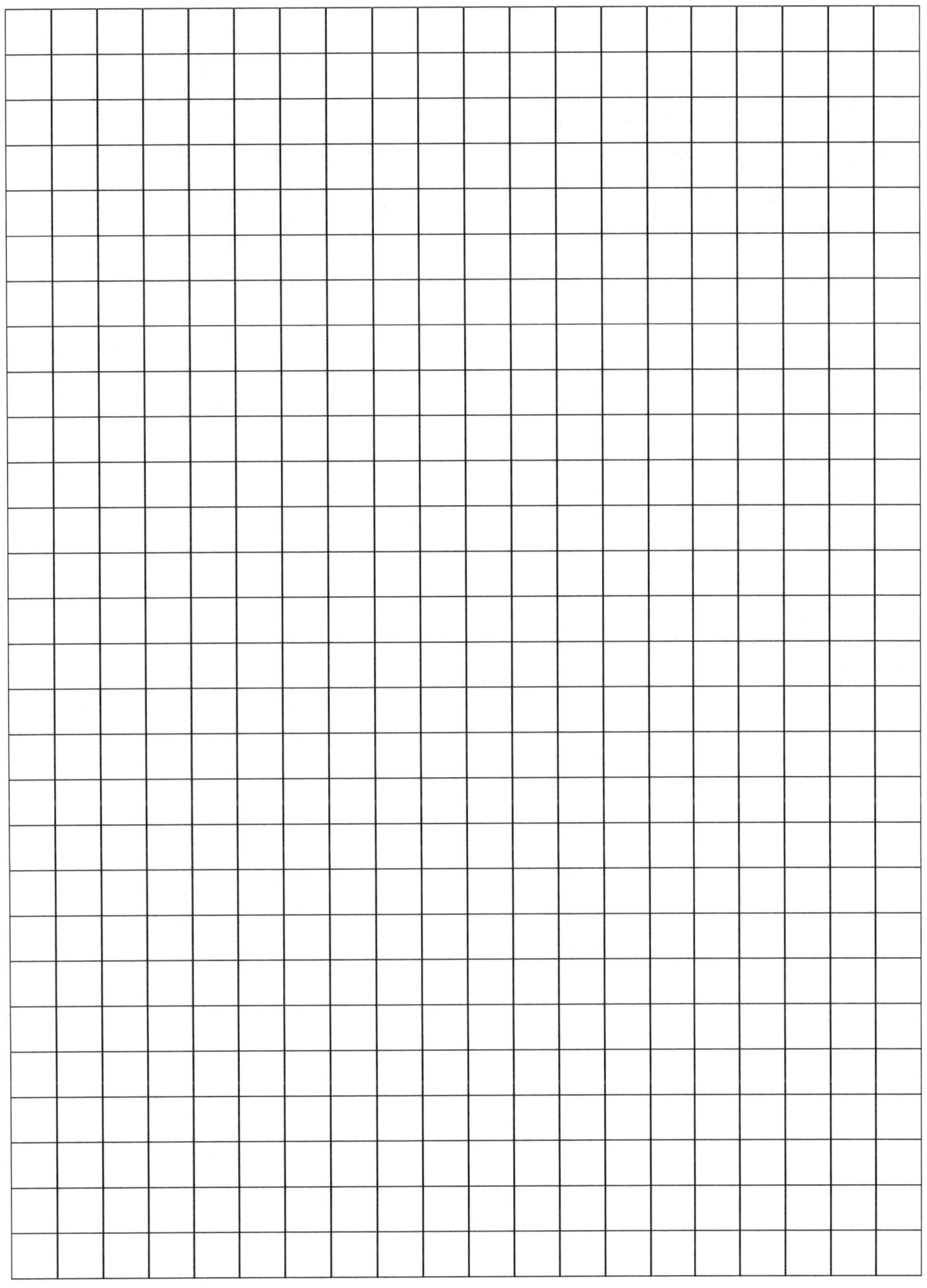

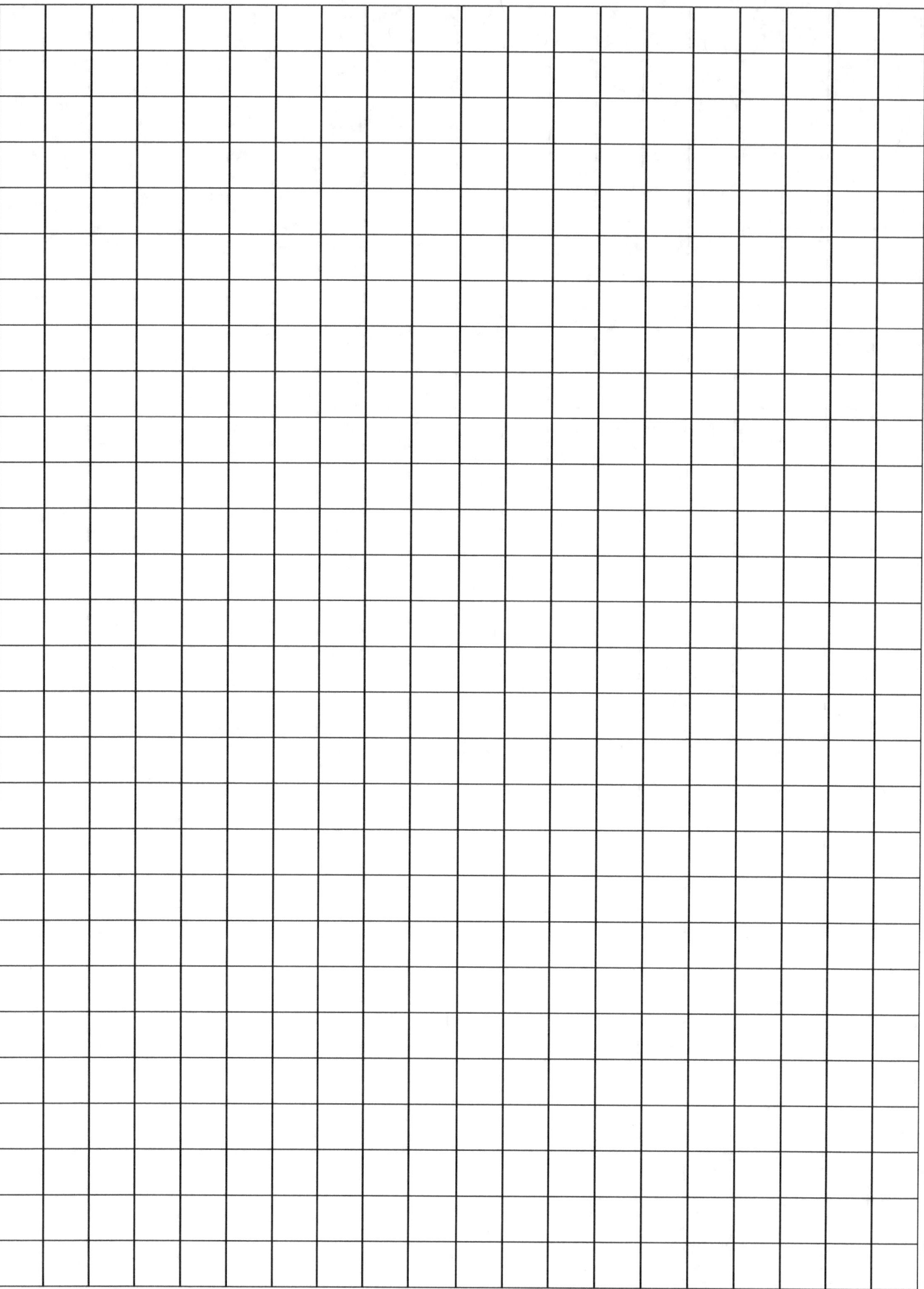

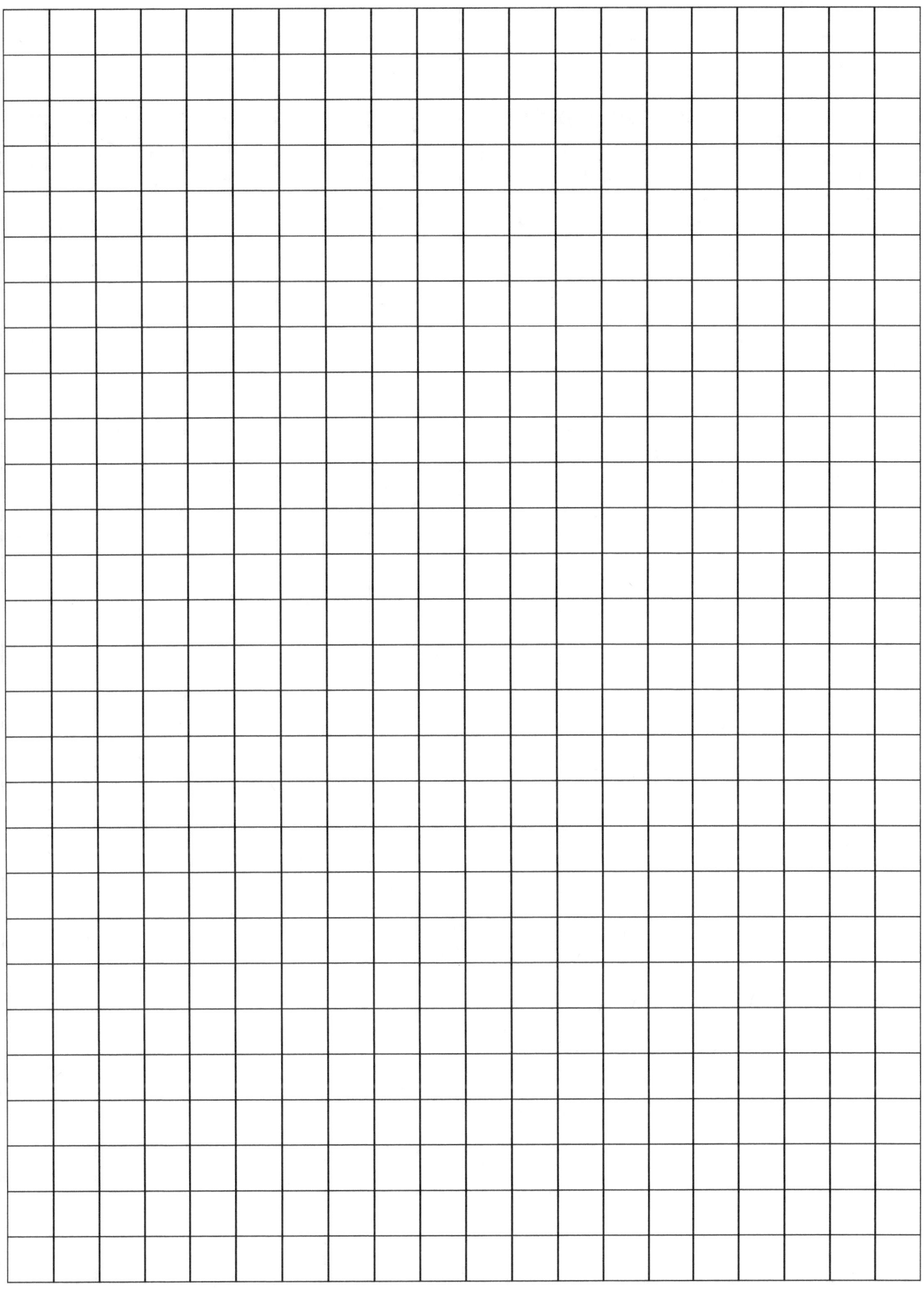

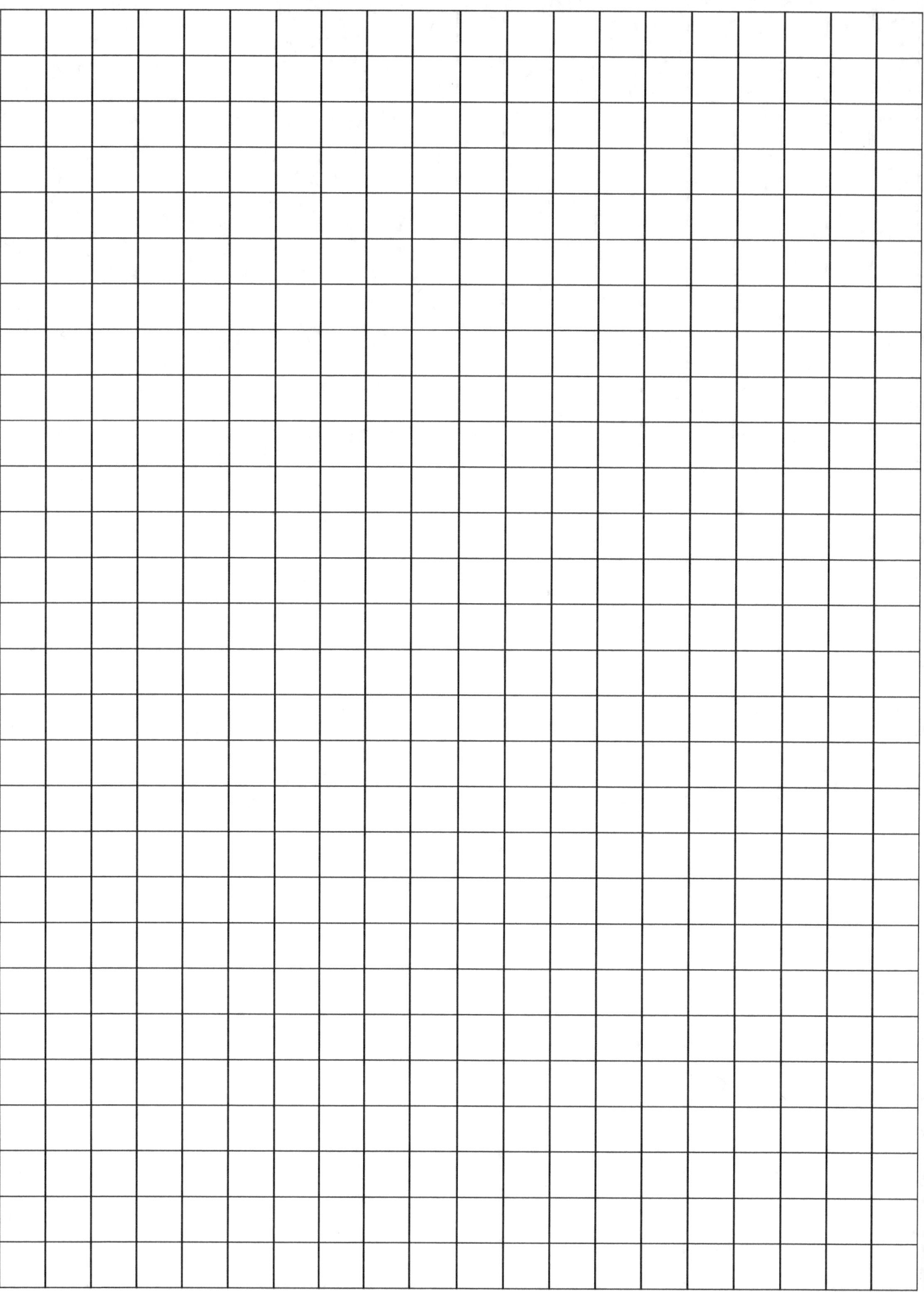

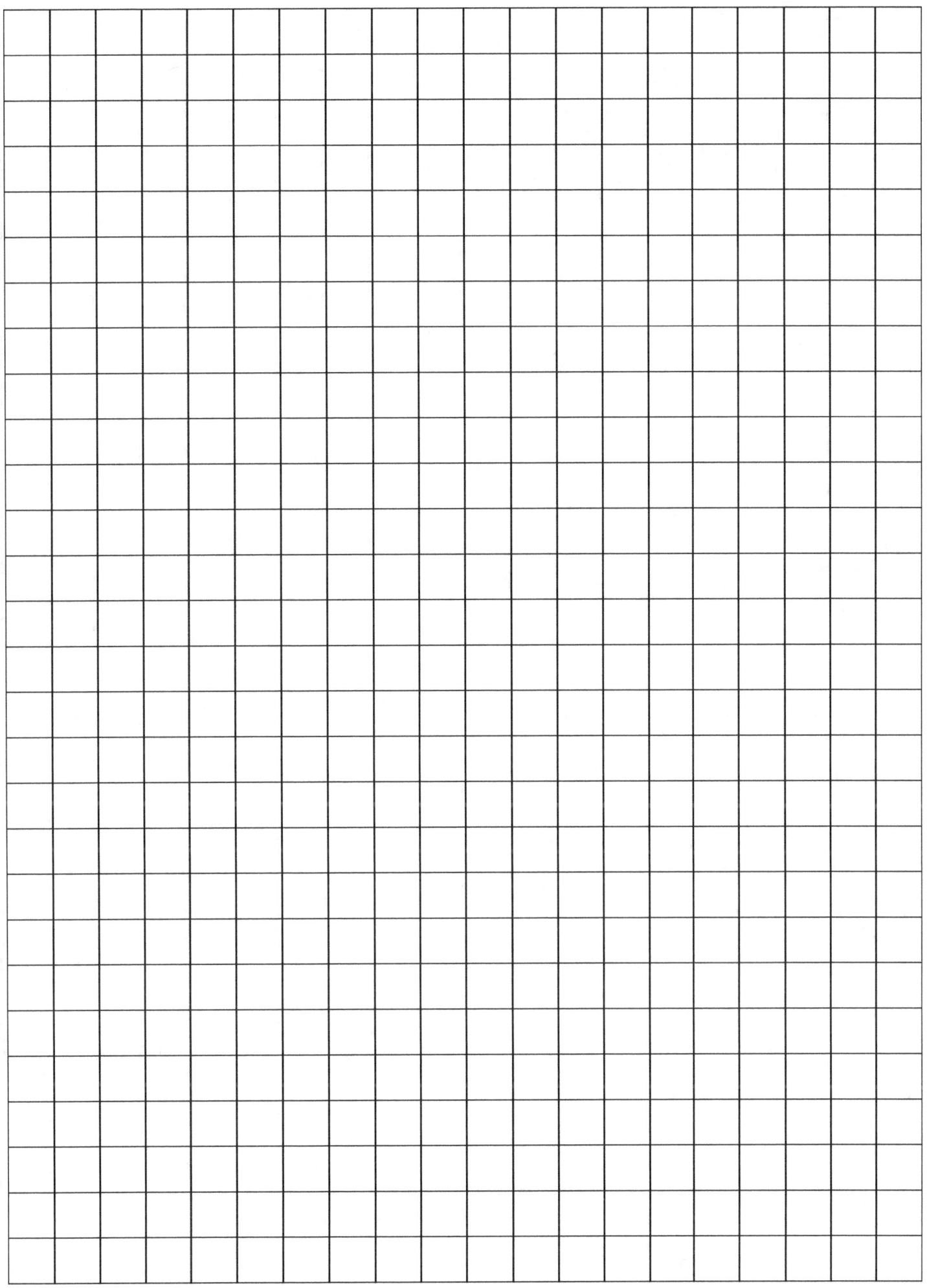

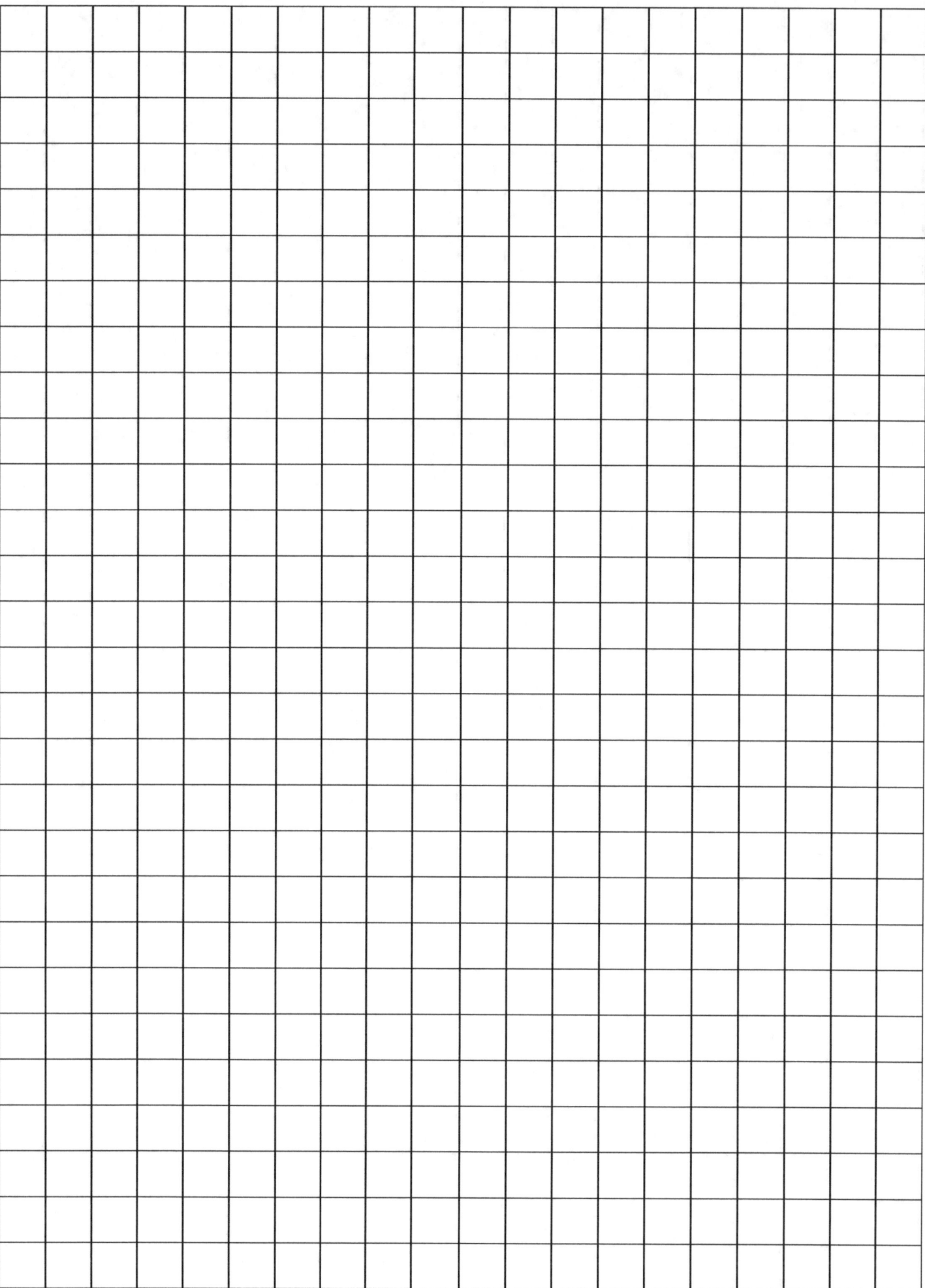